Emotionen und Emotionsregulation
in Schule und Hochschule

Waxmann Verlag GmbH
Steinfurter Straße 555, 48159 Münster
info@waxmann.com

Gerda Hagenauer, Tina Hascher (Hrsg.)

Emotionen und Emotionsregulation in Schule und Hochschule

Waxmann 2018
Münster · New York

Bibliografische Informationen der Deutschen Nationalbibliothek
Die Deutsche Nationalbibliothek verzeichnet diese Publikation in
der Deutschen Nationalbibliografie; detaillierte bibliografische
Daten sind im Internet über http://dnb.dnb.de abrufbar.

Print-ISBN   978-3-8309-3756-2
E-Book-ISBN   978-3-8309-8756-7

© Waxmann Verlag GmbH, 2018
www.waxmann.com
info@waxmann.com

Umschlaggestaltung: Inna Ponomareva, Düsseldorf
Titelfoto: © highwaystarz – Fotolia.com
Satz: Stoddart Satz- und Layoutservice, Münster

Gedruckt auf alterungsbeständigem Papier,
säurefrei gemäß ISO 9706

Printed in Germany
Alle Rechte vorbehalten. Nachdruck, auch auszugsweise, verboten.
Kein Teil dieses Werkes darf ohne schriftliche Genehmigung des
Verlages in irgendeiner Form reproduziert oder unter Verwendung
elektronischer Systeme verarbeitet, vervielfältigt oder verbreitet werden.

Inhalt

Gerda Hagenauer und Tina Hascher
Editorial 9

Teil I – Schüler/innen und Studierende:
Emotionen, Emotionsregulation, Lernverhalten und Leistung

Judith Fränken und Marold Wosnitza
Stolz im Schulalltag. Worauf sind Schülerinnen und Schüler stolz? 15

Catherine Gunzenhauser, Anne-Kathrin Stiller und Antje von Suchodoletz
Kognitive Neubewertung statt Unterdrückung von Emotionen:
Emotionsregulation und Leistung bei Grundschulkindern 29

Alex Bertrams und Chris Englert
Regulation von Stereotyp-Bedrohung in Leistungssituationen.
Die Rolle der momentanen Selbstkontrollkapazität 43

Annette Lohbeck, Juliane Schlesier, Uta Wagener und Barbara Moschner
Emotionsregulationsstrategien, Emotionen und kognitive
Lernstrategien von Studierenden 57

Maria Tulis und Markus Dresel
Emotionales Erleben und dessen Bedeutung für das Lernen aus Fehlern 73

Teil II – Schüler/innen und Studierende:
Individuelle, soziale und unterrichtliche Antezedenzien von Emotionen

Carmen Zurbriggen und Martin Venetz
Diversität und aktuelles emotionales Erleben von Schülerinnen und
Schülern im inklusiven Unterricht 87

Tina Hascher und Gerda Hagenauer
Die Bedeutung von Qualitätsfaktoren des Unterrichts und Lernemotionen
für das Wohlbefinden in der Schule 103

Florian Hofmann, Melanie Bonitz, Nikoletta Lippert und Michaela Gläser Zikuda
Wohlbefinden von Grundschülerinnen und Grundschülern.
Zur Bedeutung individueller, sozialer und schulischer Faktoren 121

Carolin Schultz und Marold Wosnitza
Emotionen von Studierenden in einem computerbasierten
kollaborativen Setting 137

Justine Stang und Detlef Urhahne
Genauigkeit der Einschätzung von Emotionen von Schülerinnen und
Schülern durch Lehrpersonen 151

Teil III – Lehrpersonen und Dozierende:
Emotionen, Emotionsregulation, Emotionsausdruck und Unterricht

Melanie M. Keller und Eva S. Becker
Erleben und Regulation positiver Emotionen bei Lehrpersonen 165

Anne C. Frenzel und Jamie L. Taxer
„Das kannst Du doch besser!" – Effekte von Lehrerärger und -mitleid
auf das Misserfolgs-Attributionsmuster und die Persistenz von Lernenden 181

Sonja Bieg und Markus Dresel
Förderung von Motivation und emotionalem Erleben von Schülerinnen
und Schülern: Wie Humor dabei helfen kann... 197

Robert Kordts-Freudinger und Katharina Thies
Regulate this! Emotionsregulation und Lehrorientierungen der
Hochschullehrenden 211

Julia Mendzheritskaya, Miriam Hansen, Sonja Scherer und Holger Horz
„Wann, wie und wem gegenüber darf ich meine Emotionen zeigen?"
Regeln der emotionalen Darbietung von Hochschullehrenden in der
Interaktion mit Studierenden in unterschiedlichen kulturellen Kontexten 227

Teil IV – Messung:
Erfassung von Emotionen und Emotionsregulation

Jörn R. Sparfeldt, Christin Lotz und Rebecca Schneider
Leistungsangstverlauf im Vorfeld einer Klausur – kurz gefasst 243

Elisabeth Vogl, Reinhard Pekrun und Krista R. Muis
Validierung eines deutschsprachigen Instruments zur
Messung epistemischer Emotionen: Die Epistemic Emotion
Scales – Deutsch (EES-D) 259

Ulrike E. Nett, Thomas Götz und Maike Krannich
Skalen zur Erfassung von Langeweile-Coping im Lern- und Leistungskontext......... 273

Teil V – Intervention:
Positives emotionales Erleben und Emotionsregulation unterstützen

Jessica Lang, Bettina Schumacher, Josephine Berger, Carolin Rupp und Bernhard Schmitz
Lebenskunst zur verbesserten Regulation von Emotionen im Lernkontext.
Zusammenhänge, Interventionsansätze und Möglichkeiten für
zukünftige Forschung 289

Gerda Hagenauer, Alexander Strahl, Josef Kriegseisen und Franz Riffert
Emotionen von Schülerinnen und Schülern im Physikunterricht auf
Basis des Lernzyklenunterrichts.
Befunde einer zweijährigen Interventionsstudie 303

Claudia C. Brandenberger und Nicole Moser
Förderung der Lernfreude und Reduzierung der Angst im
Mathematikunterricht in der Sekundarstufe 1 323

Zusammenfassung und Ausblick

Tina Hascher und Bernhard Schmitz
Emotionen in Schule und Hochschule – Perspektiven 339

Autorinnen und Autoren... 345

Gerda Hagenauer und Tina Hascher
Editorial

1. Der Anlass dieses Buches

Emotionen sind an Schulen sowie an Hochschulen allgegenwärtig. In Modellen schulischen und hochschulischen Lehrens und Lernens gehen sie einerseits als relevante Bedingungen für erfolgreiche Lehr-Lernprozesse ein (Helmke, 2012), andererseits werden sie auch explizit als Zielkriterien definiert (z.B. Studienzufriedenheit; Braun, Weiß, & Seidel, 2014). Die Erweiterung unseres Wissens über emotionale Aspekte des Lehrens und Lernens ist auch aus einer Veränderungsperspektive zentral: Mittlerweile ist hinreichend bekannt, dass eine positive affektive Haltung der Schülerinnen und Schüler gegenüber dem Lernen im Laufe der Schulzeit kontinuierlich abnimmt (Hagenauer, 2011; Hascher & Hagenauer, 2011). Lehrpersonen ihrerseits erleben ihre Profession häufig als emotional herausfordernd und nicht selten als belastend (Rothland, 2013), wodurch bei länger andauernder emotionaler Belastung negative Entwicklungen wie beispielsweise ein vermehrtes Auftreten von Burn-Out oder ein frühzeitiger Berufsausstieg ausgelöst werden können (Schmitz & Jehle, 2013).

Theoretische Modelle und empirische Befunde zeigen jedoch, dass es durch eine emotionssensible Ausgestaltung der schulischen (Hascher, 2004) und hochschulischen (Hagenauer, Gläser-Zikuda & Moschner, 2017) Umwelt gelingen kann, positives emotionales Erleben zu stärken und negatives emotionales Erleben zu verringern. Neben der Umwelt, die emotionsgünstig(er) oder ungünstig(er) gestaltet sein kann, trägt auch die Fähigkeit der Lernenden und Lehrenden, mit ihren Emotionen umzugehen, d.h. sie adäquat zu regulieren, zu einem positive(re)n oder negative(re)n Emotionserleben im Kontext Schule/Hochschule bei.

Das Ziel des vorliegenden Buches besteht darin, auf empirischer Evidenz basierte Studien zur Thematik „Emotion und Emotionsregulation in Schule und Hochschule" vorzustellen, Diskussionen anzuregen und dadurch neue Impulse für das Forschungs- und Praxisfeld zu generieren. Das Buch ist nicht als „Handbuch" konzipiert (z.B. Pekrun & Linnbenbrink-Garcia, 2014), und es ist auch nicht als „Lehrbuch" (z.B. für ein Lehramtsstudium; Götz, 2011) zu verstehen. Der Fokus wurde bewusst auf die Darstellung von empirischen Originalbeiträgen gelegt, um einen authentischen Blick in das Forschungsfeld zu geben und dessen Komplexität im Hinblick auf die untersuchten Fragestellungen, die verwendeten theoretischen Konzepte, die angewandten Methoden und die umgesetzten Analyseverfahren aufzuzeigen. Adressiert werden mit diesem Buch jene Personen, die sich mit affektiven Faktoren im Lehr-Lernkontext und Lebensraum „Schule und Hochschule" beschäftigen bzw. sich dafür interessieren, sei es im Zuge eigener Forschung, sei es in der schulischen und/oder hochschulischen Praxis oder auch im Studium.

2. Die Beiträge

Das Buch gliedert sich in vier Themenbereiche: Im *ersten Abschnitt* werden die Emotionen und die Emotionsregulation von Schüler/innen und Studierenden und deren Effekte auf das Lernen und die Leistung thematisiert. Der *zweite Abschnitt* befasst sich mit den Bedingungsfaktoren von Emotionen bei Schüler/innen und Studierenden. Im *dritten Abschnitt* stehen die Emotionen und die Emotionsregulation von Lehrpersonen und Dozierenden im Vordergrund. In *Abschnitt vier* werden (quantitative) Instrumente zur Erfassung von Emotionen und Emotionsregulation vorgestellt. Der *fünfte Abschnitt* beschreibt Interventionsstudien, die sich zum Ziel gesetzt haben, positives emotionales Erleben von Schüler/innen und Studierenden zu fördern und negatives zu reduzieren.

Die Zuordnung der Beiträge zu den Abschnitten war vielfach nicht eindeutig möglich, worin sich auch die Komplexität des Forschungsgegenstands widerspiegelt. Die Erforschung von Emotionen und Emotionsregulation in Schule und Hochschule birgt viele Herausforderungen, da Schule und Hochschule soziale Kontexte darstellen, in denen Personen interagieren, Beziehungen formen, sich wechselseitig beeinflussen und in denen zudem verschiedene Ebenen auf das emotionale Erleben Einfluss nehmen, wie das Individuum, die Klasse bzw. Lerngruppe, die Schule oder die Lernkultur. Dieser Komplexität nicht nur theoretisch, sondern auch forschungsmethodisch adäquat gerecht zu werden, ist aktuell eine der großen Herausforderungen der Forschungsarbeiten in diesem Feld (siehe im Überblick: Zembylas & Schutz, 2016).

Wir haben darauf verzichtet, die Beiträge an dieser Stelle einzeln kurz vorzustellen, wie es häufig in Editorials der Fall ist. Vielmehr finden Sie eine tabellarische Zusammenfassung der Beiträge, die sich anhand der folgenden Kriterien orientiert:
1) Welches affektive Merkmal / welche affektiven Merkmale wurde(n) in der Studie fokussiert? (z.B. Angst, Freude, Emotionsregulation)
2) Welche Zielgruppe wurde adressiert? (z.B. Schüler/innen)
3) Welche Methodik wurde angewandt?

Diese Zusammenschau soll Sie als Leser/Leserin darin unterstützen, einen ersten Überblick über die Beiträge zu erhalten. Die strukturierenden Kriterien werden am Ende des Buches von Tina Hascher und Bernhard Schmitz im Artikel „Emotionen in Schule und Hochschule – Perspektiven" erneut aufgegriffen und um den Aspekt des „theoretischen Zugangs" ergänzt. Die Beiträge des Sammelbands werden unter diesen Gesichtspunkten gesamthaft diskutiert.

Wir wünschen Ihnen viel Freude beim Lesen der Beiträge.

Bern, im November 2017
Gerda Hagenauer & Tina Hascher

Literatur

Braun, E., Weiß, T., & Seidel, T. (2014). Lernumwelten in der Hochschule. In T. Seidel, & A. Krapp (Hrsg.), *Pädagogische Psychologie* (6. vollst. überarb. Aufl.) (S. 433–453) Weinheim: Beltz.

Götz, T. (2011). *Emotion, Motivation und selbstreguliertes Lernen.* Paderborn: Schöningh.

Hagenauer, G. (2011). *Lernfreude in der Schule.* Münster: Waxmann.

Hagenauer, G., Gläser-Zikuda, M. & Moschner, B. (2017). University students' emotions, life-satisfaction and study commitment: a self-determination theoretical perspective. *Journal of Further and Higher Education.* doi: 10.1080/0309877X.2017.1323189

Hascher, T., & Hagenauer, G. (2011). Schulisches Wohlbefinden im Jugendalter – Verläufe und Einflussfaktoren. In A. Ittel, H. Merkens, L. Stecher, & J. Zinnecker (Hrsg.). *Jahrbuch Jugendforschung 2010* (S. 15–45). Wiesbaden: VS.

Hascher, T. (2004). *Wohlbefinden in der Schule.* Münster: Waxmann.

Helmke, A. (2012). *Unterrichtsqualität und Lehrerprofessionalität. Diagnose, Evaluation und Verbesserung des Unterrichts* (4. Aufl.). Seelze-Velber: Kallmeyer.

Pekrun, R. & Linnenbrink-Garcia, L. (Eds.). (2014). *International Handbook on Emotions in Education.* New York & London: Routledge.

Rothland, M. (Hrsg.). (2013). *Belastung und Beanspruchung im Lehrerberuf* (2. vollst. überarb. Aufl.). Wiesbaden: Springer VS.

Schmitz, E., & Jehle, P. (2013). Innere Kündigung und vorzeitige Pensionierung von Lehrkräften. In M. Rothland (Hrsg.), *Belastung und Beanspruchung im Lehrerberuf* (S. 155–174). Wiesbaden: Springer VS.

Zembylas, M., & Schutz, P. A. (2016). *Methodological advances in research on emotion and education.* Springer International Publishing. doi:10.1007/978-3-319-29049-2

Danksagung

Wir bedanken uns bei Talia Stadelmann für ihre Sorgfalt und Geduld beim Formatieren und Editieren dieses Buches.

Beitragsüberblick

Autor/innen	affektives Merkmal	Stichprobe	N	methodischer Zugang	
Teil 1					
J. Fränken & M. Wosnitza	Stolz	Schüler/innen Sekundarschule	112	qual qan	(wiederholte) schriftl. Befragung
C. Gunzenhauser, A.-K. Scheibe & A. von Suchodoletz	Emotionsregulation: Unterdrückung und Neubewertung	Schüler/innen Grundschule	78	quan	Experiment
A. Bertrams & C. Englert	Regulation von Stereotype Threat	Studierende	215	quan	Experiment
A. Lohbeck, J. Schlesier, U. Wagener & B. Moschner	Freude/Angst Emotionsregulation	Studierende	421	quan	Schriftl. Befragung (Querschnitt)
M. Tulis & M. Dresel	Emotionen nach Fehlern	Studierende	55	quan qual	Schriftl. Befragung (situativ) Stimulated Recall
Teil 2					
C. Zurbriggen & M. Venetz	Pos. und neg. Affekt	Schüler/innen Grundschule	719	quan	Experience Sampling
T. Hascher & G. Hagenauer	Freude, Angst, Langeweile Wohlbefinden	Schüler/innen Sekundarstufe	840	quan	Schriftliche Befragung (Querschnitt)
F. Hofmann, M. Bonitz, N. Lippert & M. Gläser-Zikuda	Wohlbefinden	Schüler/innen Grundschule	404	quan	Schriftliche Befragung (Querschnitt)
C. Schultz & M. Wosnitza	Emotionen in einem kollaborativen Setting	Studierende	44	quan qual	Schriftl. Befragung Lautes Denken
J. Stang & D. Urhahne	Angst und Freude im Mathematikunterricht	Schüler/innen & deren Lehrkräfte Grundschule	251 und 14	quan	Schriftl. Befragung (Querschnitt)
Teil 3					
M. M. Keller & E. S. Becker	Erleben und Regulation von Freude	Lehrkräfte Gymnasium	38 (420)	quan	Experience Sampling
A. C. Frenzel & J. L. Taxer	Freude- und Mitleidsausdruck bei Lehrpersonen	Schüler/innen Sekundarstufe	88	quan	Experiment

Autor/innen	affektives Merkmal	Stichprobe	N	methodischer Zugang	
S. Bieg & M. Dresel	Humor von Lehrkräften und Emotionen von Schüler/innen	Schüler/innen Gymnasium	985 und 774	quan	Schriftliche Befragung (Querschnitt + Längsschnitt)
R. Kordts-Freudinger & K. Thies	Emotionsregulation	Dozierende	104	quan	Schriftliche Befragung (Querschnitt)
J. Mendzheritskaya, M. Hansen, S. Scherer & H. Horz	Emotionsausdruck	Deutsche + russische Dozierende	60 / 99 und 22 / 24	quan qual	Schriftliche Befragung (Querschnitt) Teilstrukt. Interviews
Teil 4					
J. Sparfeldt, C. Lotz & R. Schneider	Leistungsangst	Studierende	190	quan	Schriftliche Befragung (Längsschnitt)
E. Vogl, R. Pekrun & K. R. Muis	Epistemische Emotionen	Studierende	160	quan	Validierung innerhalb einer exp. Studie
U. Nett, T. Götz & M. Krannich	Regulation/ Coping von Langeweile	Studierende	748	quan	Schriftl. Befragung (Querschnitt)
Teil 5					
J. Lang, B. Schumacher, J. Berger, C. Rupp & B. Schmitz	Lebenskunst	Schüler/innen + Studierende	–	quan	(mehrere) Interventionsstudien
G. Hagenauer, A. Strahl, J. Kriegseisen & F. Riffert	Emotionen im Physikunterricht (state + trait)	Schüler/innen Sekundarstufe (Mittelschule)	120	quan	Interventionsstudie
C. C Brandenberger & N. Moser	Freude und Angst im Mathematikunterricht	Schüler/innen Sekundarstufe	348	quan	Interventionsstudie

Anmerkung: quan = quantitativer Zugang; qual = qualitativer Zugang

Judith Fränken und Marold Wosnitza

Stolz im Schulalltag
Worauf sind Schülerinnen und Schüler stolz?

Abstract
Stolz ist eine selbstbezogene Leistungsemotion, die positiv aktivierend wirkt. Dadurch kann sie einen positiven Einfluss auf das Lernen von Schüler/innen haben. Dennoch erhält Stolz in der empirischen Emotionsforschung im Schulkontext bisher kaum Aufmerksamkeit. Die vorliegende explorative Studie untersucht Stolz-Aussagen von 112 Schüler/innen einer deutschen Gesamtschule der Klassen 5-8. Die Schüler/innen wurden über ein Halbjahr hinweg wöchentlich mittels eines Fragebogens befragt, auf was sie stolz sind. Dabei zeigte sich ein breites Spektrum von Aspekten, welche sowohl im Schul- als auch im außerschulischen Bereich anzusiedeln sind. Hauptkategorien waren hierbei „Lernen in der Schule", „Tätigkeiten abseits des Lernorts Schule", „Personen und Tiere" „Soziale Aspekte" und „Ich". Hauptsächlich fokussierten die Schüler/innen auf die drei erstgenannten Kategorien. Geschlechterunterschiede konnten unter anderem innerhalb der Kategorie „Lernen in der Schule" festgestellt werden, in der Schülerinnen signifikant mehr Stolz-Objekte nannten als ihre Mitschüler. Dieser Beitrag soll als Grundlage für weiterführende Forschung zum Stolzempfinden von Schüler/innen und dessen Auswirkungen auf ihr schulisches Leben dienen.

1. Einführung

Die Erkenntnis, dass positive Emotionen unter anderem Prädiktoren für physische Gesundheit, positive Selbsteinschätzung, Leistung sowie extrinsische und intrinsische Motivation darstellen, demonstriert die Bedeutsamkeit des Erlebens positiver Emotionen im Alltag (Moskowitz & Saslow, 2014; Oades-Sese, Matthews, & Lewis, 2014; Pekrun, Frenzel, Götz, & Perry, 2007; Pekrun, Götz, Frenzel, Barchfeld, & Perry, 2011). So fördert das Erleben positiver Emotionen die Vergegenwärtigung von persönlichen Zielen und erweitert das Denk- und Handlungsrepertoire von Personen, wodurch persönliche Ressourcen gebildet werden und das psychische Wohlbefinden gefördert wird (Fredrickson, 2001, 2004; Pekrun, Götz, Titz, & Perry, 2002). Das Wissen um die kontinuierliche Abnahme von positiven Emotionen, insbesondere der Lernfreude, von Schüler/innen im Laufe ihrer Schulzeit (Hagenauer, 2011; Hascher & Edlinger, 2009; Helmke, 1993) verleiht Studien zu positiv aktivierenden Lernemotionen von Schüler/innen insofern Relevanz, als dass solche Emotionen unter anderem Interesse und Motivation steigern (Pekrun et al., 2007) und somit dieser negativen Entwicklung entgegensteuern können.

Stolz ist eine solche positiv aktivierende Emotion, die, trotz des beschriebenen postulierten positiven Einflusses, in der empirischen Emotionsforschung bisher nur wenig Aufmerksamkeit erhalten hat (Götz & Hall, 2013; Tracy & Robins, 2007a). Dabei wird Stolz als eine Leistungsemotion (Pekrun & Perry, 2014) definiert, da sie direkt mit Lern- und Leistungsaktivitäten sowie -resultaten verknüpft ist.

In der Kontroll-Wert-Theorie identifiziert Pekrun zwei zentrale Bewertungsvorgänge für die Entstehung von Leistungsemotionen: die subjektive Kontrolle über Lern- und

Leistungsaktivitäten und ihre Resultate sowie deren subjektiven Wert (Pekrun, 2006; Pekrun & Perry, 2014). Die subjektive Einschätzung von Kontrolle und Wert wird somit zum Bestimmungsfaktor von Leistungsemotionen. Für Stolz kann folglich angenommen werden, dass er aus einer positiven, retrospektiven Bewertung einer bestimmten Handlung oder eines Resultats hervorgeht, über das eine Person die Kontrolle hat und dem sie persönliche Wichtigkeit zuschreibt (Pekrun et al., 2011; Pekrun & Perry, 2014). Die Einschätzung der Kontrolle erfolgt ebenfalls retrospektiv und ist auf die eigene Person bezogen, während der subjektive Wert immer als positiv wahrgenommen wird und die Lern- und Leistungsaktivität mit persönlichem Erfolg verknüpft ist (Pekrun, 2006; Pekrun & Perry, 2014).

Die Bewertung des eigenen Verhaltens erfolgt dabei in Bezug auf external festgelegte, vom Individuum akzeptierte und adaptierte Standards, Regeln und Erwartungen. Wenn sich demnach jemand für eine spezifische Handlung verantwortlich fühlt, entsteht Stolz daraus, dass diese Handlung hinsichtlich der normativen Standards als erfolgreich bewertet wird (Lagattuta & Thompson, 2007; Lewis, 2016).

Die Emotion Stolz geht jedoch im Hinblick auf ihre Entstehung, bei der die Bewertung des eigenen Handels eine zentrale Rolle spielt, über den Status der Leistungsemotion hinaus. Stolz wird als eine selbstbezogene Emotion definiert und kann nur auftreten, wenn eine handelnde Person über ein Selbstkonzept verfügt, was komplexe kognitive Prozesse wie Selbstwahrnehmung und Selbsteinschätzung erfordert (Lewis, 2016; Tracy & Robins, 2007c). Kinder entwickeln zwar um das zweite Lebensjahr herum bereits ein Ich-Bewusstsein und können ab vier Jahren die Emotion Stolz erkennen. Jedoch unterscheiden sie erst ab dem Alter von neun Jahren zunehmend Stolz von Freude und verstehen, dass Stolz Personen zugeschrieben wird, deren Erfolg auf internale Faktoren wie z.B. Anstrengung zurückzuführen ist und nicht auf externale Faktoren wie beispielsweise Glück (Hart & Matsuba, 2007; Kornilaki & Chlouverakis, 2004; Tracy, Robins, & Lagattuta, 2005; Tracy, Shariff, & Cheng, 2010). Dieser komplexe kognitive Bewertungsprozess ist spätestens ab dem elften Lebensjahr so ausgeprägt, dass Kinder Objekte ihres Stolzes im Zuge von internalen Zuschreibungen identifizieren und benennen können (Hart & Matsuba, 2007). Umso wichtiger ist es, das Stolz-Gefühl von Kindern dieses Alters anzuregen und zu unterstützen, da dies die Wahrnehmung fördert selbst für den eigenen Erfolg verantwortlich zu sein (Thompson, 1991) und verantwortlich sein zu können.

Diese für die Entstehung von Leistungsemotionen zentralen Ursachenzuschreibungen sind Teil der von Bernard Weiner (1985) implementierten Attributionstheorie. Attributionen sind die subjektiven Interpretationen der Ursachen von Erfolg oder Misserfolg (Frenzel & Stephens, 2011). Während Stolz immer aus internalen Attributionen resultiert, können diesen Zuschreibungen darüber hinaus aber sowohl instabile oder stabile, spezifische oder globale sowie kontrollierbare oder unkontrollierbare Ursachen zugrunde liegen (Tracy & Robins, 2007b; Tracy et al., 2010). Wenn die Selbstzuschreibungen auf instabilen, spezifischen und kontrollierbaren Gründen basieren, beispielsweise wenn aufgrund von harter Arbeit eine gute Note geschrieben wurde, haben diese in der Regel authentischen Stolz zur Folge. Authentischer Stolz ist eine moralische Konzeption von Stolz, die aus spezifischen Leistungen resultiert, das heißt, wenn jemand stolz auf das ist, was er getan hat (Tracy & Robins, 2007b, 2007c). Diese handlungs-

und leistungsorientierte Facette von Stolz ist mit Selbstwertgefühl, prosozialem Verhalten und der Tendenz, sich nach einer Niederlage neue Ziele zu setzen, verbunden (Carver, Sinclair, & Johnson, 2010; Tracy et al., 2010; Wubben, De Cremer, & van Dijk, 2012). Folglich sollte diese Form von Stolz in lern- und leistungsorientierten Settings wie Schulen angeregt und gefördert werden.

Stolz kann jedoch auch gegenläufige Formen annehmen. Stabile, globale und unkontrollierbare Attributionen, beispielsweise wenn eine gute Note mit natürlicher Begabung begründet wird, können in anmaßendem Stolz resultieren. Anmaßender Stolz bzw. Hybris ist die selbstverherrlichende und antisoziale Facette von Stolz, die mit Narzissmus assoziiert wird und zu Aggressionen, zwischenmenschlichen Problemen, sozialer Dominanz und Diskriminierung führen kann (Ashton-James & Tracy, 2012; Cheng, Tracy, & Henrich, 2010; Tracy & Robins, 2007b, 2007c; Tracy et al., 2010). Anmaßender Stolz resultiert aus einer allgemeinen Überzeugung von Fähigkeiten und Stärken, d.h. jemand ist stolz auf das, was er ist (Tracy & Robins, 2007b). Während sich anmaßender Stolz für die Person, die ihn erlebt, positiv anfühlt, ist das Erleben dieser Emotion in der Wahrnehmung anderer Personen unangenehm und gesellschaftlich unerwünscht (Lewis, 2016). Im Lernort Schule kann die Förderung von anmaßendem Stolz, beispielsweise durch das Loben von natürlicher Begabung oder Intelligenz, die Motivation und Leistung der Schüler/innen untergraben (Mueller & Dweck, 1998).

Ein weiterer zentraler Punkt beim Erleben und dem Ausdruck von Stolz ist das Geschlecht des Stolz-Erlebenden. Tracy und Beall (2011) fanden heraus, dass der Ausdruck von Stolz bei Männern als sehr attraktiv, bei Frauen hingegen als weniger attraktiv wahrgenommen wird, was wiederum dazu führen kann, dass Frauen weniger Stolz offenbaren als Männer. Jedoch wird nicht nur die Offenbarung von Stolz sondern auch das tatsächliche Erleben dieser Emotion stereotypisch eher Männern als Frauen zugeordnet (z.B. Plant, Hyde, Keltner, & Devine, 2000). Frenzel, Pekrun und Götz (2007) fanden außerdem heraus, dass Mädchen signifikant weniger Stolz im Fach Mathematik berichten als Jungen, auch wenn sie sich auf einem ähnlichen Leistungsstand befinden. Geschlechterspezifische Stereotype hinsichtlich fachbezogener Fähigkeiten oder des Empfindens bestimmter Emotionen spielen somit eine tragende Rolle sowohl beim Erleben als auch bei der Offenbarung von Stolz.

Zusammenfassend kann der aktuellen empirischen Emotionsforschung entnommen werden, dass die selbstbezogene Leistungsemotion Stolz unter anderem eine zentrale Rolle in Bezug auf Lernfreude, Motivation und Selbstwertgefühl darstellt. Um künftig umfassend den Stolz von Schüler/innen zu untersuchen, sollte die Forschung zunächst ermitteln, was Schüler/innen in der Schule bewegt. Entsprechend beschäftigt sich diese Studie konkret damit, worauf Schüler/innen im Schulalltag stolz sind. Das Hauptziel dieser Studie ist, verschiedene Kategorien von Stolz von Schüler/innen zu identifizieren und Schwerpunkte zu ermitteln.

2. Methodischer Zugang

Um die Emotion Stolz bei Schüler/innen im Schulalltag zu untersuchen, wurde ein explorativer Ansatz gewählt um erste Erkenntnisse über die Objekte des Stolzempfindens von Schüler/innen zu gewinnen. 112 Schüler/innen (46 % weiblich) der Schuljahre 5-8 einer deutschen Gesamtschule[1] nahmen an der Studie teil. Es handelt sich um eine traditionelle Gesamtschule, in der der Fachunterricht überwiegend lehrerzentriert durchgeführt wird.

Es wurden über ein Schulhalbjahr (= 18 Wochen) wöchentlich Bögen ausgeteilt, auf denen die Schüler/innen jeweils den Satz „Ich bin stolz auf ..." vervollständigten. Dabei sollten die Schüler/innen ihr Stolzempfinden im Schulalltag frei formulieren, unabhängig davon, ob der Stolz-Auslöser im schulischen oder außerschulischen Bereich anzusiedeln ist.

In einem ersten Schritt wurden alle Einträge in einzelne Aussagen separiert, falls Schüler/innen mehr als ein Objekt ihres Stolzes nannten. So konnten insgesamt 1794 Stolz-Aussagen identifiziert werden. In einem zweiten Schritt wurden die Stolz-Aussagen nach der qualitativen Inhaltsanalyse nach Mayring analysiert (Mayring, 2010, 2015) und mittels einer induktiven Kategorienbildung ein Kategoriensystem entwickelt, in welches alle Aussagen kodiert wurden. 50.45 % aller Aussagen wurden doppelt kodiert (Interrater-Agreement κ = .91). 8.92 % aller Aussagen waren nicht kodierbar.

3. Ergebnisse

Durch induktive Kategorienbildung zeigten sich mit Blick auf die Stolz-Objekte der Schüler/innen fünf Hauptkategorien: *Lernen in der Schule, Soziale Aspekte, Tätigkeiten abseits des Lernorts Schule, Ich* und *Personen und Tiere*.[2]

In der Oberkategorie *Lernen in der Schule* verteilen sich die Aussagen der Schüler/innen zum einen in die Unterkategorie Leistung und Resultate, in die Aussagen zu bestimmten Ergebnissen in Form von Noten, Lob, Smileys u.ä. kodiert wurden („mich weil ich eine 3 in Mathe habe und ich ernsthaft mit einer 6 gerechnet habe"[3] (#29-7)[4]) sowie die Unterkategorie Lernprozess und -fortschritt („dass ich Physik langsam verstehe" (#48-5)).

Unter *Soziale Aspekte* fallen die Unterkategorien Sozialverhalten („dass ich meine Freundin getröstet habe" (#104-3)), Emotionen und Emotionsregulierung („Das ich es jede Woche aushalte mit Emily an einem Tisch zu sitzen und obwohl ich sie hasse" (#102-10)), Integration („darauf das ich in der Klasse wieder Anschluss gefunden habe" (#13-10)) und Andere stolz zu machen („Wenn ich meine Mutter stolz mache weil ich nicht am Handy war" (#34-7)).

---

1 Gemeinsame Schule für Schüler/innen aller Leistungsniveaus
2 Detaillierter Überblick des Kategoriensystems: siehe Anhang
3 Die Stolz-Aussagen der Schüler/innen wurden nicht korrigiert im Original übernommen
4 Aussage von Schüler/in Nr. 29 in Schulwoche Nr. 7

Tätigkeiten abseits des Lernorts Schule meint die Unterkategorien Hobbys und Freizeit („das ich in einem Videospiel gegen meinen Freund gewonnen habe" (#23-2)), Aufgaben auszuführen und zu unterstützen („Dass ich meiner Mama mit Putzen geholfen habe" (#30-2)) und Materialistische Aspekte („meine neuen Schuhe" (#108-14)).

Unter die Kategorie *Ich* fallen Aspekte zu Persönlichkeit und Charakter („(…)selbstbewusster bin" (#14-2)) oder Äußerlichkeiten („Und ich bin stolz auf meine Haare" (#103-3)) und das nicht weiter begründete stolz sein „Auf mich" („ich bin stolz auf mich" (#81-14)) oder auf „Mein Leben" („Ich bin stolz auf mein leben" (#92-7)).

Aussagen in der Kategorie *Personen und Tiere* sind nicht direkt auf die eigene Person sondern auf Andere gerichtet. Unterschieden werden Aussagen, die spezifische Handlungen Anderer als Stolz-Objekt nennen: Stolz auf ihre Handlungen („Lisa, weil sie eine 2 in Mathe hat" (#2-14)) und Aussagen, die ohne Begründung direkt auf die andere Person oder das Tier gerichtet sind („auf mein Pferd" (#15-10)) oder sich lediglich darauf beziehen stolz zu sein, diese zu haben („das ich eine so große tolle Familie habe" (#67-2)): Stolz auf sie oder sie zu haben. Neben den Stolz-Aussagen dieser Kategorien gaben Schüler/innen ebenfalls an, *Auf nichts stolz* zu sein („nichts diese Woche, da nichts passiert ist" (#1-17)).

24.36 % aller Aussagen beziehen sich auf die Kategorie *Lernen in der Schule*. Auf die Oberkategorie *Soziale Aspekte* entfallen 3.45 %, auf *Tätigkeiten abseits des Lernorts Schule* 20.18 %, und auf *Ich* 3.96 % aller Aussagen. Der Kategorie *Personen und Tiere* sind 24.14 % der Aussagen zugeordnet, 14.99 % besagen, *Auf nichts stolz* zu sein und 8.92 % aller Aussagen sind nicht kodierbar (detaillierter Überblick siehe Tabelle 1).

Innerhalb der Kategorie *Lernen in der Schule* bezieht sich die Mehrheit der Aussagen auf Leistung und Resultate und somit auf konkrete Ergebnisse als Resultate schulischer Aktivitäten von Schüler/innen. Ein geringerer Anteil der Aussagen nennt den tatsächlichen Lernprozess und -fortschritt als Stolz-Objekt. Die Stolz-Aussagen über *Soziale Aspekte* umfassen hauptsächlich das Sozialverhalten gegenüber Anderen und die eigenen Emotionen und Emotionsregulierung. Im Bereich der *Tätigkeiten abseits des Lernorts Schule* liegt der Hauptfokus auf Hobbys und Freizeit, während sich in der Kategorie *Ich* die Aussagen ohne klaren Schwerpunkt auf alle Unterkategorien verteilen. Wenn Aussagen über andere *Personen oder Tiere* gemacht wurden, bezogen sie sich mehrheitlich auf Stolz auf sie oder sie zu haben und weniger auf Stolz auf ihre Handlungen.

Tabelle 1: Überblick der Haupt-Stolzkategorien von Schüler/innen

Stolzkategorien von Schüler/innen	Aussagen gesamt	Aussagen ♂	Aussagen ♀
Lernen in der Schule	24.36% (437)	20.11% (179)	28.54% (258)
Leistung und Resultate	87.19% (381)	86.03% (154)	87.98% (227)
Lernprozess und -fortschritt	12.81% (56)	13.97% (25)	12.02% (31)
Soziale Aspekte	3.45% (62)	2.13% (19)	4.76% (43)
Sozialverhalten	50% (31)	42.11% (8)	53.49% (23)
Emotionen und Emotionsregulierung	30.64% (19)	26.32% (5)	32.56% (14)
Integration	9.68% (6)	0% (0)	13.95% (6)
Andere stolz zu machen	9.68% (6)	31.58% (6)	0% (0)
Tätigkeiten abseits des Lernorts Schule	20.18% (362)	18.54% (165)	21.79% (197)
Hobbys und Freizeit	76.52% (277)	73.94% (122)	78.68% (155)
Aufgaben auszuführen und zu unterstützen	6.63% (24)	2.42% (4)	10.15% (20)
Materialistische Aspekte	16.85% (61)	23.64% (39)	11.17% (22)
Ich	3.96% (71)	6.18% (55)	1.77% (16)
Persönlichkeit und Charakter	21.13% (15)	23.64% (13)	12.5% (2)
Äußerlichkeiten	19.72% (14)	9.09% (5)	56.25% (9)
„Auf mich"	28.17% (20)	29.09% (16)	25% (4)
„Auf mein Leben"	30.98% (22)	38.18% (21)	6.25% (1)
Personen und Tiere	24.14% (433)	20.9% (186)	27.32% (247)
Stolz auf ihre Handlungen	21.94% (95)	17.2% (32)	25.51% (63)
Stolz auf sie oder sie zu haben	78.06% (338)	82.8% (154)	74.49% (184)
Auf nichts stolz	14.99% (269)	20.11% (179)	9.96% (90)
Rest	8.92% (160)	12.02% (107)	5.86% (53)
GESAMT	100% (1794)	49.61% (890)	50.39% (904)

Aufgrund der Ergebnisse vorheriger Forschung wurden die Aussagen der Schüler/innen nach Geschlechtern getrennt analysiert. Hierbei zeigte der Vergleich innerhalb verschiedener Kategorien signifikante Unterschiede.

Schülerinnen machten signifikant mehr Aussagen als ihre Mitschüler in der Kategorie *Lernen in der Schule* [χ^2(1, N = 1794) = 16.832, $p < 0.001$]. Innerhalb dieser Kategorie gaben die Schülerinnen signifikant öfter die Fächer, in denen Sprachen unterrichtet werden, als Objekt ihres Stolz-Erlebens an [χ^2(1, N = 437) = 3.999, $p < 0.05$]. Bezüglich der Stolz-Aussagen im Fach Mathematik konnten keine signifikanten geschlechterspezifischen Unterschiede festgestellt werden. Schülerinnen nannten des Weiteren signifikant mehr Stolz-Objekte in der Kategorie *Soziale Aspekte* [χ^2(1, N = 1794) = 8.470, $p < 0.005$]. Innerhalb der Kategorie *Soziale Aspekte* nannten wiederum Schüler signifikant häufiger Andere stolz zu machen als Schülerinnen

[χ^2(1, N = 62) = 11.683, p < 0.001]. Innerhalb der Oberkategorie *Tätigkeiten abseits des Lernorts Schule* machten Schülerinnen signifikant mehr Aussagen zu Aufgaben auszuführen und zu unterstützen als Schüler [χ^2(1, N = 362) = 7.460, p < 0.01] während die Schüler signifikant mehr Materialistische Aspekte nannten als ihre Mitschülerinnen [χ^2(1, N = 362) = 9.094, p < 0.005]. Des Weiteren machten Schüler in der Kategorie *Ich* signifikant mehr Aussagen [χ^2(1, N = 1794) = 21.799, p < 0.001] und innerhalb dieser Kategorie signifikant häufiger Aussagen zu Auf mein Leben als Schülerinnen [χ^2(1, N = 71) = 4.511, p < 0.05]. Die Schülerinnen bezogen sich hingegen signifikant häufiger auf Äußerlichkeiten [χ^2(1, N = 71) = 14,561, p < 0.001]. *Personen und Tiere* wurden ebenfalls signifikant öfter von Schülerinnen genannt [χ^2(1, N = 1794) = 9.760, p < 0.005] wohingegen Schüler signifikant häufiger aussagten, auf nichts stolz zu sein [χ^2(1, N = 1794) = 35.503, p < 0.001].

4. Diskussion

Die Ergebnisse der vorliegenden Studie weisen hinsichtlich der Frage, worauf Schüler/innen im Schulalltag stolz sind, ein sehr breites Spektrum von Objekten auf. Erwartungsgemäß wurde eine Vielzahl von Aussagen getroffen, die im schulischen Rahmen verortet sind. So finden sich die drei von Pekrun et al. (2011) definierten schulischen (= klassen-, lern-, und prüfungsbezogenen) Leistungs-Settings, in denen Leistungsemotionen auftreten, in den Stolz-Aussagen der Schüler/innen wieder. Die große Vielfalt an genannten Stolz-Objekten von Schüler/innen der Klassen 5-8 zeigt, wie verschiedenartig ihr Stolz-Empfinden im Schulkontext ist.

Ein großer Anteil der Stolz-Aussagen ist nicht im direkten Schulkontext einzuordnen. Welche zentrale Rolle auch nicht-schulbezogene Objekte im Lern- und Leistungskontext Schule für Schüler/innen spielen, zeigt sich unter anderem in der Kategorie *Tätigkeiten abseits des Lernorts Schule*, die jede fünfte aller Aussage betrifft. Ihre Freizeitaktivitäten beschäftigen die Schüler/innen demnach im Schulalltag ähnlich intensiv wie das *Lernen in der Schule*, welches ein Viertel der Aussagen abdeckt. Diese Freizeit-Orientierung im Schulkontext spiegelt einen Faktor der Problematik von Schulentfremdung von Schüler/innen wider und kann auf eine Disparität von schulischem und nicht-schulischem Leben und einhergehend auf einen Motivationskonflikt zwischen Schule und Freizeit hindeuten (Hascher & Hagenauer, 2010; Hofer, Schmid, & Zivkovic, 2008). Das Zusammenspiel von Stolz auf *Tätigkeiten abseits des Lernorts Schule* und der Lernmotivation von Schüler/innen kann vor dem Hintergrund für zukünftige Forschung relevant sein.

Des Weiteren konnte gezeigt werden, dass die Schüler/innen ihren Stolz zu Aspekten bezüglich *Lernen in der Schule* deutlich auf ihre Leistung und Resultate fokussieren. Der eigene Lernprozess und -fortschritt ist nur für wenige Schüler/innen ein Grund dafür, Stolz zu offenbaren. Self-Brown und Mathews (2003) zeigen in dem Kontext, dass verschiedene Unterrichtsmethoden die Lern- und Leistungsziele von Schüler/innen beeinflussen und verschiedene Lernsettings auch verschiedene Stolz-Auslöser anbieten können. Demnach sollen Schüler/innen in einem kompetitiven Unterrichtsetting, in welchem die Ziele klar definiert und standardisiert sind, stark leistungsorientiert in ihrer eigenen Leistungsziel-Formulierung sein. Schüler/innen dagegen, die ihre Lernziele individuell bestimmen und evaluieren können, sind in ihrer Zielsetzung mehr lernorientiert. Da an der untersuchten Schule der Unterricht traditionell lehrerzentriert durchgeführt wird, können die Schüler/innen ihren Lernprozess und ihre Lernziele nicht individuell mitbestimmen und somit auch keine Verantwortung dafür übernehmen. Da Stolz jedoch nur dann auftreten kann, wenn man sich selbst für den Erfolg einer spezifischen Handlung verantwortlich hält (Lagattuta & Thompson, 2007; Lewis, 2016), kann angenommen werden, dass dies der Grund dafür ist, dass die Schüler/innen ihren eigenen Lernprozess selten als Stolz-Objekt nennen.

Die Kategorie *Soziale Aspekte* deckt lediglich 3.45 % aller Aussagen ab. Der Fokus der Schüler/innen liegt deutlich auf spezifischen Resultaten, sowohl im schulischen als auch im außerschulischen Bereich, und weniger auf dem eigenen Verhalten. Stattdessen repräsentieren andere *Personen und Tiere* fast ein Viertel aller genannten Stolz-Objekte. Da Schüler/innen der Klassen 5-8 ihr Selbstkonzept erst noch entwickeln und kognitive Prozesse wie Selbstwahrnehmung und Selbsteinschätzung dafür gefordert sind (Lewis, 2016; Tracy & Robins, 2007c), kann davon ausgegangen werden, dass es den Schüler/innen durch mehr Routine in Selbstreflexion einfacher fallen würde, sich selber Erfolge zuzuschreiben. So fällt es den Schüler/innen offenbar schwer, ihr eigenes Handeln zu reflektieren und zu bewerten, sodass sie sich entsprechend auf andere Personen konzentrieren. Stolz für andere zu empfinden ist jedoch kein seltenes Phänomen. Empfundener Stolz als Reaktion auf den Erfolg anderer unterscheidet sich von individuellem Stolz nach Tracy et al. (2010) lediglich durch die aktivierte Selbstwahrnehmung. Beispielsweise kann sich jemand für den Erfolg eines anderen mitverantwortlich fühlen bzw. sich durch die Identifikation mit der anderen Personen so fühlen, als sei es der eigene Erfolg (Hareli & Weiner, 2002; Tracy et al., 2010). Jedoch betreffen nur 21.94 % der auf andere Personen oder Tiere bezogenen Stolz-Aussagen der Schüler/innen tatsächlich spezifische Handlungen. 78.06 % nennen entweder keinen Grund oder sagen lediglich aus, stolz zu sein, diese Personen oder Tiere zu haben. Dies unterstützt die These, dass es den Schüler/inne/n schwer fällt, das eigene Handeln aber auch das Handeln anderer zu reflektieren und zu bewerten. Folglich sollte in Schulen aktiv gefördert werden, dass Schüler/innen lernen, sich ihr eigenes Handeln und resultierende Erfolge bewusst zu machen und dies entsprechend offenbaren zu können.

Die Kategorie *Ich* repräsentiert mit den Unterkategorien Persönlichkeit und Charakter, Äußerlichkeiten, „Auf mich" und „Auf mein Leben" Stolz-Objekte, die nicht direkt auf spezifische Handlungen zurückzuführen sind. Während Schüler/innen, die auf sich selbst oder ihr Leben stolz sind, sich mit dieser Aussage auch auf vergangene Handlungen und damit verbundene Erfolge beziehen könnten, scheinen die Schüler/innen, die sich auf ihren eigenen Charakter und Äußerlichkeiten beziehen, anmaßenden Stolz zu repräsentieren, da sie auf etwas stolz sind, was sie *sind* und nicht auf das, was sie *getan* haben (Tracy & Robins, 2007b).

Es wurden des Weiteren geschlechterspezifische Unterschiede der Schüler/innen deutlich. So machten Schülerinnen signifikant mehr Aussagen zu *Lernen in der Schule* als Schüler. Dies überrascht zunächst nicht vor dem Hintergrund, dass Jungen in den meisten Leistungsbereichen in deutschen Schulen insgesamt schlechter abschneiden als Mädchen (Mößle & Lohmann, 2014). Auf Fachebene war basierend auf den Ergebnissen von Frenzel et al. (2007) zu erwarten, dass Schüler häufiger Stolz im Fach Mathematik kommunizieren als ihre Mitschülerinnen. Jedoch konnte bei der Nennung von Stolz-Objekten im Fach Mathematik kein signifikanter Unterschied zwischen den Geschlechtern festgestellt werden. Der Bezug auf die Ergebnisse von Frenzel et al. (2007) lässt den Schluss zu, dass Schülerinnen zwar genauso oft Stolz im Fach Mathematik empfinden wie Schüler, die Ausprägung des Stolz-Gefühls jedoch bei Schülern größer ist. Dass Schülerinnen signifikant häufiger Aussagen zu *Soziale Aspekte* machen, sowie zu Aufgaben auszuführen und zu unterstützen, passt dazu, dass Frauen als gemeinschaftlicher und sozial engagierter als Männer gelten (Brosi, Spörrle, Welpe, & Heilman, 2016).

Auffallend hingegen ist das Ergebnis, dass Schüler signifikant häufiger aussagen, *Auf nichts stolz* zu sein, als Schülerinnen. Während die Ergebnisse von Tracy und Beall (2011) bezüglich der Offenbarung von Stolz als Zeichen von (Un)Attraktivität vermuten lassen, dass Schülerinnen weniger Stolz kommunizieren als Schüler, ist dies in den Klassenstufen 5-8 nicht der Fall. Dies könnte darauf hindeuten, dass in dieser Altersspanne die Offenbarung von Stolz scheinbar noch nicht mit der Attraktivität des eigenen Geschlechts einhergeht. Da die Stolz-Aussagen der Schüler/innen jedoch anonym und nicht vor anderen offenbart wurden, kann davon ausgegangen werden, dass insbesondere der öffentliche Ausdruck von Stolz bei Frauen als Minderung der Attraktivität eingeschätzt werden kann. Eine weitere mögliche Erklärung für diesen signifikanten Unterschied ist, dass Schülerinnen in Bezug auf die Reflektion der eigenen Handlungen allgemein motivierter sind als ihre Mitschüler, welche die Stolz-Aussagen mitunter schnellstmöglich ausfüllen wollten, ohne diese bewusst zu reflektieren.

Insgesamt zeigt die vorliegende Studie, dass Schüler/innen der 5.-8. Klasse ein sehr breites Spektrum an Stolz-Objekten haben, die sie beschäftigen. Auffallend ist dabei im schulischen Bereich der Schwerpunkt auf *Leistung und Resultate* sowie der starke Fokus auf *Tätigkeiten abseits des Lernorts Schule* und andere *Personen und Tiere*.

5. Ausblick

Aufgrund des in der Einleitung dargestellten Einflusses von Stolz auf unter anderem Lernleistung, intrinsische Motivation und Selbstwertgefühl, sollte diese Emotion in lern- und leistungsorientierten Settings wie Schule angeregt und gefördert werden. Das in den Ergebnissen dargestellte breite Spektrum an Stolz-Objekten zeigt, dass es dazu viele Ansatzpunkte gibt. Die vorliegende Studie kann als Grundlage dafür dienen, Stolz-Typen zu ermitteln und zu definieren. Weiterführend sollte differenziert zwischen authentischem und anmaßendem Stolz von Schüler/innen unterschieden werden. Darauf aufbauend kann das Zusammenspiel von verschiedenen Stolz-Typen und deren Motivation, Lernfreude, schulischer Leistung sowie Lern- und -Leistungszielorientierung erforscht werden. Auf diesem Weg können Ansätze aufgezeigt werden, die zur Steigerung von positiven Emotionen und Motivation beitragen können.

Die Ergebnisse zeigen weiterhin, dass viele Stolz-Objekte im Schulalltag von Schüler/innen außerhalb des Schulkontextes angesiedelt sind. Dies lässt die Frage offen, ob und welchen Einfluss nicht schulbezogene Stolz-Objekte auf den Schulalltag von Schüler/

innen haben und ob dies sinnvoll in der Lern- und Leistungsförderung genutzt werden kann.

Des Weiteren lässt der starke Fokus im schulischen Bereich auf Leistung und Resultate vermuten, dass dies unter anderem durch das traditionelle Unterrichtskonzept des lehrerzentrierten Unterrichts beeinflusst wird. Dementsprechend sollte untersucht werden, ob an Schulen mit unterschiedlichen Unterrichtskonzepten ähnliche oder andere Schwerpunkte im Stolz-Empfinden von Schüler/innen zu finden sind.

Literatur

Ashton-James, C. E., & Tracy, J. L. (2012). Pride and prejudice: How feelings about the self influence judgments of others. *Personality and Social Psychology Bulletin, 38*(4), 466–476.

Brosi, P., Spörrle, M., Welpe, I. M., & Heilman, M. E. (2016). Expressing pride: Effects on perceived agency, communality, and stereotype-based gender disparities. *Journal of Applied Psychology, 101*(9), 1319–1328.

Carver, C. S., Sinclair, S., & Johnson, S. L. (2010). Authentic and hubristic pride: Differential relations to aspects of goal regulation, affect, and self-control. *Journal of Research in Personality, 44*(6), 698–703.

Cheng, J. T., Tracy, J. L., & Henrich, J. (2010). Pride, personality, and the evolutionary foundations of human social status. *Evolution and Human Behavior, 31*(5), 334–347.

Fredrickson, B. L. (2001). The role of positive emotions in positive psychology: The broaden-and-build theory of positive emotions. *The American Psychologist, 56*(3), 218–226.

Fredrickson, B. L. (2004). The broaden-and-build theory of positive emotions. *Philosophical Transactions of the Royal Society B: Biological Sciences, 359*(1449), 1367–1378.

Frenzel, A. C., Pekrun, R., & Götz, T. (2007). Girls and mathematics – A "hopeless" issue? A control-value approach to gender differences in emotions towards mathematics. *European Journal of Psychology of Education, 22*(4), 497–514.

Frenzel, A. C., & Stephens, E. J. (2011). Emotionen. In T. Götz (Hrsg.), *Emotion, Motivation und selbstreguliertes Lernen* (S. 15–77). Paderborn: Ferdinand Schöningh.

Götz, T., & Hall, N. C. (2013). Emotion and achievement in the classroom. In J. Hattie, & E. M. Anderman (Eds.), *International guide to student achievement* (pp. 192–196).

Hagenauer, G. (2011). *Lernfreude in der Schule*. Münster: Waxmann.

Hareli, S., & Weiner, B. (2002). Social emotions and personality inferences: A scaffold for a new direction in the study of achievement motivation. *Educational Psychologist, 37*(3), 183–193.

Hart, D., & Matsuba, M. K. (2007). The development of pride and moral life. In J. L. Tracy, R. W. Robins, & J. P. Tangney (Eds.), *The self-conscious emotions: Theory and research* (pp. 114–133). New York, NY, US: Guilford Press.

Hascher, T., & Edlinger, H. (2009). Positive Emotionen und Wohlbefinden in der Schule – ein Überblick über Forschungszugänge und Erkenntnisse. *Psychologie in Erziehung und Unterricht, 56*(2), 105–122.

Hascher, T., & Hagenauer, G. (2010). Alienation from school. *International Journal of Educational Research, 49*(6), 220–232.

Helmke, A. (1993). Die Entwicklung der Lernfreude vom Kindergarten bis zur 5. Klassenstufe. *Zeitschrift für Pädagogische Psychologie, 7*(2-3), 77–86.

Hofer, M., Schmid, S., & Zivkovic, I. (2008). Schule-Freizeit-Konflikte, Wertorientierungen und motivationale Interferenz in der Freizeit. Eine kulturübergreifende Studie. *Zeitschrift für Entwicklungspsychologie und Pädagogische Psychologie, 40*(2), 55–68.

Kornilaki, E. N., & Chlouverakis, G. (2004). The situational antecedents of pride and happiness: Developmental and domain differences. *British Journal of Developmental Psychology, 22*(4), 605–619.

Lagattuta, K. H., & Thompson, R. A. (2007). The development of self-conscious emotions: Cognitive processes and social influences. In J. L. Tracy, R. W. Robins, & J. P. Tangney (Eds.), *The self-conscious emotions: Theory and research* (pp. 91–113). New York: Guilford Press.

Lewis, M. (2016). Self-conscious emotions. Embarrassment, pride, shame, guilt, and hubris. In L. Feldman Barrett, M. Lewis, & J. M. Haviland-Jones (Eds.), *Handbook of emotions* (4th ed., pp. 792–814). New York: The Guilford Press.

Mayring, P. (2010). Qualitative Inhaltsanalyse. In G. Mey, & K. Mruck (Hrsg.), *Handbuch Qualitative Forschung in der Psychologie* (S. 601–613). Wiesbaden: VS.

Mayring, P. (2015). *Qualitative Inhaltsanalyse: Grundlagen und Techniken* (12. Aufl.). Weinheim: Beltz.

Moskowitz, J. T., & Saslow, L. R. (2014). Health and psychology. The importance of positive effect. In M. M. Tugade, M. N. Shiota, & L. D. Kirby (Eds.), *Handbook of positive emotions* (pp. 413–431). New York: The Guilford Press.

Mößle, T., & Lohmann, A. (2014). Entwicklung akademischer Leistungen im Geschlechtervergleich In T. Mößle, C. Pfeiffer, & D. Baier (Hrsg.), *Die Krise der Jungen. Phänomenbeschreibung und Erklärungsansätze* (S.19–27). Baden-Baden: Nomos.

Mueller, C. M., & Dweck, C. S. (1998). Praise for intelligence can undermine children's motivation and performance. *Journal of Personality and Social Psychology, 75*(1), 33–52.

Oades-Sese, G. V., Matthews, T. A., & Lewis, M. (2014). Shame and pride and their effects on student achievement. In R. Pekrun, & L. Linnenbrink-Garcia (Eds.), *International handbook of emotions in education* (pp. 246–264). New York: Routledge.

Pekrun, R. (2006). The control-value theory of achievement emotions: Assumptions, corollaries, and implications for educational research and practice. *Educational Psychology Review, 18*(4), 315–341.

Pekrun, R., Frenzel, A. C., Götz, T., & Perry, R. P. (2007). The control-value theory of achievement emotions: an integrative approach to emotions in education. In P. A. Schutz, & R. Pekrun (Eds.), *Emotion in education* (pp. 13–36). Amsterdam: Academic Press.

Pekrun, R., Götz, T., Frenzel, A. C., Barchfeld, P., & Perry, R. P. (2011). Measuring emotions in students' learning and performance: The achievement emotions questionnaire (AEQ). *Contemporary Educational Psychology, 36*(1), 36–48.

Pekrun, R., Götz, T., Titz, W., & Perry, R. P. (2002). Positive emotions in education. In E. Frydenberg (Ed.), *Beyond coping: Meeting goals, visions, and challenges* (pp. 149–174). Oxford, UK: Elsevier.

Pekrun, R., & Perry, R. P. (2014). Control-value theory of achievement emotions. In R. Pekrun, & L. Linnenbrink-Garcia (Eds.), *Handbook of emotions in education* (pp. 120–141). New York: Taylor & Francis.

Plant, E. A., Hyde, J. S., Keltner, D., & Devine, P. G. (2000). The gender stereotyping of emotions. *Psychology of Women Quarterly, 24*(1), 81–92.

Self-Brown, S. R., & Mathews, S. (2003). Effects of classroom structure on student achievement goal orientation. *The Journal of Educational Research, 97*(2), 106–112.

Thompson, R. (1991). Emotional regulation and emotional development. *Educational Psychology Review, 3*(4), 269–307.

Tracy, J. L., & Beall, A. T. (2011). Happy guys finish last: The impact of emotion expressions on sexual attraction. *Emotion, 11*(6), 1379–1387.

Tracy, J. L., & Robins, R. W. (2007a). The nature of pride. In J. L. Tracy, R. W. Robins, & J. P. Tangney (Eds.), *The self-conscious emotions: Theory and research* (pp. 263–282). New York: Guilford Press.

Tracy, J. L., & Robins, R. W. (2007b). The psychological structure of pride: A tale of two facets. *Journal of Personality and Social Psychology, 92*(3), 506–525.

Tracy, J. L., & Robins, R. W. (2007c). The self in self-conscious emotions. A cognitive appraisal approach. In J. L. Tracy, R. W. Robins, & J. P. Tangney (Eds.), *The self-conscious emotions: Theory and research* (pp. 3–20). New York: The Guilford Press.

Tracy, J. L., Robins, R. W., & Lagattuta, K. H. (2005). Can children recognize pride? *Emotion, 5*(3), 251–257.

Tracy, J. L., Shariff, A. F., & Cheng, J. T. (2010). A naturalist's view of pride. *Emotion Review, 2*(2), 163–177.

Weiner, B. (1985). An attributional theory of achievement motivation and emotion. *Psychology Review, 92*(4), 548–573.

Wubben, M. J. J., De Cremer, D., & van Dijk, E. (2012). Is pride a prosocial emotion? Interpersonal effects of authentic and hubristic pride. *Cognition and Emotion, 26*(6), 1084–1097.

Kategorien	Kategorie-Beschreibungen	Beispielzitate
1 Lernen in der Schule	Aspekte, die im direkten Zusammenhang mit Lernen in der Schule stehen.	
1.1 Leistung und Resultate	Ergebnisse/Reaktionen als Resultate schulischer Aktivitäten von Schüler/inne/n sowie Skills/Wissen der Schüler/innen, welches sie in der Schule erworben haben.	„mich weil ich eine 3 in Mathe habe und ich ernsthaft mit einer 6 gerechnet habe"[1] (#29-7)[2] „[…] das ich schneller lernen kann als meine Mitschüler" (#105-7)
1.2 Lernprozess und -fortschritt	Aspekte des individuellen Lernprozesses, ohne auf entsprechende Resultate zu fokussieren.	„dass ich Physik langsam verstehe" (#48-5) „und das ich mit meiner Freundin am Dienstag und am Mittwoch für englisch gelernt habe" (#102-7)
2 Soziale Aspekte	Soziale Aspekte, die nicht im direkten Zusammenhang mit Lernen in der Schule stehen müssen.	
2.1 Sozialverhalten	Handlungen und Verhaltensweisen gegenüber anderen Personen.	„[…] dass ich meine Freundin getröstet habe […]" (#104-3) „mich weil ich den ersten Schritt gemacht habe und wir uns vertragen haben" (#80-5)
2.2 Emotionen und Emotionsregulierung	Das Erleben von Emotionen sowie deren Regulierung.	„Ich bin stolz dass ich verliebt bin" (#90-3) „Das ich es jede Woche aushalte mit Emily an einem Tisch zu sitzen und obwohl ich sie hasse" (#102-10)
2.3 Integration	Die Eingewöhnung innerhalb der Schule/das Finden von Freunden im Schulkontext.	„darauf das ich in der Klasse wieder anschluss gefunden habe" (#13-10) „das ich von anderen Klassen auch freunde habe" (#64-3)
2.4 Andere stolz zu machen	Aspekte, mit denen der Stolz anderer Personen auf sich gezogen werden konnte.	„Wenn ich meine Mutter stolz mache weil ich nicht am Handy war" (#34-7) „mich wenn ich meine Eltern stolz mache!" (#31-13)
3 Tätigkeiten abseits des Lernorts Schule	Aktivitäten und Aspekte, die im außerschulischen Bereich anzusiedeln sind und nicht im direkten Zusammenhang mit Lernen in der Schule stehen müssen.	
3.1 Hobbys und Freizeit	Handlungen und Resultate, die die Freizeit und die Hobbys der Schüler/innen betreffen.	„das ich in einem Videospiel gegen meinen Freund gewonnen habe" (#23-2) „mich weil ich diese Woche ganz viel Akkordeon geübt habe" (#29-9)

3.2	Aufgaben auszuführen und zu unterstützen	Aufgaben, die abseits des Lernorts Schule ausgeführt wurden/die aktive Unterstützung anderer Personen.	„[…] Dass ich meiner mama mit Putzen geholfen habe […]" (#30-2) „dass ich am Wochenende die Ganzen einkäufe alleine besorgt habe […]" (#33-3)
3.3	Materialistische Aspekte	Besitztümer und materielle Anschaffungen, die keinen Bezug zu eigenen Handlungen aufweisen.	„meine neuen Schuhe" (#108-14) „[…] Ich bin stolz auf das ich ein neues handy habe" (#69-7)
4	**Ich**	Aspekte, die auf die eigene Person bezogen sind und keine konkreten Handlungen betreffen.	
4.1	Persönlichkeit und Charakter	Aspekte, die auf die eigene Persönlichkeit/den eigenen Charakter bezogen sind.	„[…] Und das ich selbstbewusster gegenüber den geworden bin, der mich immer beleidigt" (#104-3) „meine Sportlichkeit" (#17-10)
4.2	Äußerlichkeiten	Aspekte, die auf das eigene Aussehen bezogen sind.	„[…] Und ich bin stolz auf meine Haare" (#103-3) „mich das ich abgenommen habe […]" (#1-7)
4.3	„Auf mich"	Die Angabe von Stolz auf die eigene Person, ohne einen Grund dafür anzugeben.	„ich bin stolz auf mich" (#81-14)
4.4	„Mein Leben"	Die Angabe von Stolz auf das eigene Leben, ohne einen Grund dafür anzugeben.	„Ich bin stolz auf mein leben" (#92-7)
5	**Personen und Tiere**	Aspekte, die nicht direkt die eigene Person sondern andere Menschen oder Tiere betreffen.	
5.1	Stolz auf ihre Handlungen	Handlungen oder Resultate anderer Personen oder Tiere.	„Lisa, weil sie eine 2 in Mathe hat" (#2-14) „meinen Hund, weil er einen Trick gelernt hat" (#11-4)
5.2	Stolz auf sie oder sie zu haben	Die Angabe von Stolz auf andere Personen oder Tiere, ohne dies zu begründen oder mit der Begründung, denjenigen zu haben.	„auf mein Pferd" (#15-10) „das ich eine so große tolle Familie habe" (#67-2)
6	Auf nichts stolz		„nichts diese Woche, da nichts passiert ist" (#1-17)
7	Rest	Nicht kodierbare Aussagen.	„Nicht gut: Mein Knie" (#28-7)

1 Die Stolz-Aussagen der Schüler/innen wurden nicht korrigiert im Original übernommen
2 Aussage von Schüler/in Nr. 29 in Schulwoche Nr. 7

*Catherine Gunzenhauser, Anne-Kathrin Stiller und
Antje von Suchodoletz*

Kognitive Neubewertung statt Unterdrückung von Emotionen: Emotionsregulation und Leistung bei Grundschulkindern

Abstract

Emotionsregulationsstrategien können sich im Schulkontext unterschiedlich auf die kognitive Leistung auswirken. In der vorliegenden Studie wurden die Effekte der Emotionsregulationsstrategien Unterdrückung und Neubewertung auf die nachfolgende kognitive Leistung bei Grundschulkindern untersucht. An der Studie nahmen N = 78 Kinder aus dritten Klassen teil (M_{Alter} = 8.52 Jahre, SD = 0.42; 50 % Mädchen). Die Auswirkungen von Unterdrückung und Neubewertung während eines emotionsauslösenden Filmausschnitts wurden jeweils mit einer Kontrollgruppe verglichen, die nicht zur Emotionsregulation aufgefordert wurde. Kognitive Leistung wurde mit einem Konzentrationstest erfasst. Anders als für Erwachsene belegt fanden sich in der vorliegenden Studie keine Hinweise auf negative Auswirkungen des Einsatzes von Unterdrückung auf die kognitive Leistung. Die Kinder zeigten jedoch bessere kognitive Leistungen, wenn sie während des Filmausschnitts die Emotionsregulationsstrategie Neubewertung eingesetzt hatten. Die Ergebnisse weisen darauf hin, dass Neubewertung von Emotionen bei Grundschulkindern als adaptive und leistungsunterstützende Strategie fungieren kann.

1. Einleitung

Ärger über Streit unter Klassenkameraden, Freude über ein Lob der Lehrkraft, Frust angesichts des Misserfolgs bei einer schwierigen Aufgabe, Angst vor einer Prüfung: Im Schulalltag sind Kinder sowohl in alltäglichen Interaktionen mit Gleichaltrigen und Erwachsenen als auch in Bezug auf Lern- und Leistungsaufgaben häufig emotional relevanten Situationen ausgesetzt. Eine adaptive Regulation von emotionalem Empfinden und Emotionsausdruck gehört zu den wichtigsten Entwicklungsaufgaben in der frühen und mittleren Kindheit (Eisenberg, Cumberland, & Spinrad, 1998). Dabei kann die Entscheidung für bestimmte Emotionsregulationsstrategien im schulischen Lern- und Leistungskontext Auswirkungen darauf haben, wie gut die entsprechende Aufgabe bewältigt wird (vgl. Gunzenhauser & Suchodoletz, 2014). Die Untersuchung der Zusammenhänge von Emotionsregulationsstrategien und kognitiven Leistungen im Grundschulalter sind besonders wichtig: In diesem Alter könnten die Präferenzen für bestimmte Emotionsregulationsstrategien noch durch erzieherischen Einfluss modifiziert und somit möglicherweise ungünstige langfristige Folgen eher dysfunktionaler Strategien vermieden werden (vgl. John & Gross, 2004). Im Zentrum der vorliegenden Studie stand die Untersuchung der Auswirkungen von zwei spezifischen Emotionsregulationsstrategien, *Unterdrückung* und *Neubewertung*, auf die kognitive Leistung von Drittklässlern in deutschen Grundschulen.

2. Emotionsregulation: Folgen für Lernen und Leistung

Emotionen können Lernprozesse und kognitive Leistung beeinflussen. So betonen Modelle des selbstregulierten Lernens die Rolle positiver und negativer Emotionen sowohl während der Planung und Auswertung von Lernprozessen (z.B. Vorfreude bzw. Stolz auf Erfolg, Angst vor oder Enttäuschung über Misserfolg) als auch während der Beschäftigung mit Lernmaterial oder Testaufgaben (z.B. Vergnügen oder Langeweile) (Pekrun, Götz, Titz, & Perry, 2002). Generell gelten positive Emotionen eher als förderlich und negative Emotionen eher als hinderlich für die kognitive Leistung (Pekrun et al., 2002). Darüber hinaus kann eine hohe emotionale Erregung unabhängig von der Valenz der erlebten Emotion – die auch von einem Ereignis außerhalb der eigentlichen Lern- oder Leistungsaufgabe, also etwa durch einen Streit mit Mitschüler/innen, herrühren kann – die kognitive Leistung einschränken (Pekrun, Elliot, & Maier, 2009). Eine effektive Emotionsregulation, also die Modifikation des eigenen emotionalen Empfindens und Emotionsausdrucks (Gross, Richards, & John, 2006), bildet daher eine wichtige Grundlage für Lernen und Leistung in der Schule (Ben-Eliyahu & Linnebrink-Garcia, 2015).

Zur konkreten Umsetzung von Emotionsregulation können Erwachsene und Kinder auf verschiedene spezifische Emotionsregulationsstrategien zurückgreifen, die unterschiedliche Auswirkungen auf die kognitive Leistung haben können. Das *Prozessmodell der Emotionsregulation* (Gross & John, 2003) unterscheidet zwischen vorbereitungsorientierten Strategien, die bereits in den Entstehungsprozess der emotionalen Erfahrung eingreifen, und antwortorientierten Strategien, deren Ziel die Modifikation einer bereits voll entwickelten emotionalen Reaktion ist (vgl. Abler & Kessler, 2009; Gross & John, 2003). In der persönlichkeitspsychologischen Literatur wurden zwei prototypische Strategien bei Erwachsenen ausführlich untersucht: Die vorbereitungsorientierte Strategie *Neubewertung* (Reappraisal) und die antwortorientierte Strategie *Unterdrückung* (expressive Suppression). Neubewertung bezieht sich auf eine Veränderung des emotionalen Empfindens durch eine Neuinterpretation der Situation, während Unterdrückung ein Verschleiern des Emotionsausdrucks beschreibt (Gross & John, 2003).

In der entwicklungspsychologischen Forschung hat sich gezeigt, dass Kinder Unterdrückung und Neubewertung ab dem Kindergartenalter spontan einsetzen (Cole, 1986; Stansbury & Sigman, 2010). Die sich in diesem Alter substanziell verbessernde inhibitorische Kontrollfähigkeit trägt dazu bei, dass sich Kinder von emotionalen Situationen nicht sofort überwältigen lassen (Carlson & Wang, 2007). Emotionsregulationsstrategien wie Unterdrückung und Neubewertung werden wahrscheinlich zunächst durch Nachahmung und Internalisierung der von Bezugspersonen angewandten Strategien im Umgang mit emotionalen Situationen erworben, allerdings noch nicht reflektiert (Stegge & Meerum Terwogt, 2007). Ab einem Alter von ungefähr sieben Jahren können Kinder aufgrund ihres wachsenden Wissens über Ursprünge und Folgen von Gedanken, Gefühlen und Empfindungen bei sich und anderen (Theory of Mind) Neubewertung und Unterdrückung bewusst zur Emotionsregulation einsetzen (Stegge & Meerum Terwogt, 2007).

2.1 Kognitive Folgen von Unterdrückung

In manchen sozialen Situationen können bestimmte emotionale Ausdrucksformen als unangemessen bewertet werden. Beispiele im Schulkontext sind Schadenfreude angesichts einer falschen Antwort eines anderen Kindes oder ein genervtes Augenrollen über eine Lehreräußerung. In solchen Situationen kann Unterdrückung eine sinnvolle Strategie sein (vgl. John & Gross, 2004). In Leistungssituationen kann sich Unterdrückung jedoch nachteilig auswirken (Richards & Gross, 2000; Wang & Yang, 2014).

Als mögliche Erklärung wurde eine Erschöpfung der Selbstkontrollressourcen nach dem Kraftspeichermodell der Selbstkontrolle herangezogen (Richards & Gross, 2000). Nach dem Kraftspeichermodell könnte außerdem die Erschöpfung von Selbstkontrollressourcen eine Rolle spielen (Ego Depletion). Nach Baumeister, Vohs, & Tice (2007) führt die Ausübung von Selbstkontrolle, definiert als die „Veränderung eigener Verhaltensweisen, vor allem um diese in Übereinstimmung mit Verhaltensstandards zu bringen" (S. 351, eigene Übersetzung), zu einem temporären, über einen gewissen Zeitraum andauernden Leistungsabfall in nachfolgenden Handlungen, die ebenfalls Selbstkontrolle erfordern. Da Selbstkontrolle eine bereichsübergreifende Ressource ist, kann Erschöpfung also auch dann eintreten, wenn es sich um unterschiedliche Anforderungen an die Selbstkontrolle handelt (Baumeister et al., 2007; für eine Zusammenfassung einschließlich kritischer Stimmen siehe Hagger, Wood, Stiff, & Chatzisarantis, 2010). Da sowohl die über einen längeren Zeitraum aufrechtzuerhaltende Unterdrückung des Emotionsausdrucks als auch die zur Lösung anstrengender kognitiver Aufgaben notwendige Aufmerksamkeitsfokussierung Selbstkontrolle erfordern (Kaplan & Berman, 2010; Richards & Gross, 2000), könnte Unterdrückung auf diesem Weg die kognitive Leistung beeinträchtigen.

Während es Hinweise darauf gibt, dass eine Erschöpfung der Selbstkontrollressourcen grundsätzlich auch bei Kindern auftreten kann (Powell & Carey, 2017), bezieht sich der Großteil empirischer Untersuchungen speziell zu kognitiven Folgen von Unterdrückung auf Erwachsene (siehe Richards & Gross, 2000). Eine Ausnahme ist die Studie von Gunzenhauser und Suchodoletz (2014), die bei 4- bis 6-jährigen Kindern nach experimentell induzierter Unterdrückung keine Hinweise auf eine Beeinträchtigung des Gedächtnisses für verbale Information fanden. Allerdings zeigte sich ein Effekt von Unterdrückung auf die nachfolgende Leistung in einer Aufgabe zur fokussierten Aufmerksamkeit. Die Leistung wurde vor und nach der Emotionsinduktion erfasst. Kinder in der Unterdrückungsbedingung zeigten keine Prä-Posttest-Unterschiede in ihrer kognitiven Leistung. Dagegen wurde bei Kindern in der Kontrollbedingung eine Verbesserung der Leistung beobachtet. Die Autorinnen vermuten, dass sich in der Unterdrückungsbedingung (leistungssteigernde) Übungseffekte und (leistungsmindernde) Erschöpfungseffekte die Waage hielten, wohingegen in der Kontrollbedingung die Übungseffekte zu einer Leistungssteigerung führten. Da die Studie als Kontrollbedingung die Emotionsregulationsstrategie Neubewertung verwendete, war die Erhöhung der nachfolgenden kognitiven Leistung möglicherweise auf die Instruktionen der Kontrollbedingung zurückzuführen (vgl. Gunzenhauser & Suchodolletz, 2014). Ein Vergleich der kognitiven Folgen von Unterdrückung mit denen einer emotionalen Situation ohne spezifische Anweisung zur Emotionsregulationsstrategie (also einer „just watch"-Bedingung, wie sie in entsprechenden Studien mit Erwachsenen häufig eingeführt wurde; Richards & Gross, 2000) wurde, unseres Wissens, bei Kindern noch nicht vorgenommen.

2.2 Kognitive Folgen von Neubewertung

In der vorliegenden Studie konzentrierten wir uns in Anlehnung an Gross und John (2003) auf die vorbereitungsorientierte Emotionsregulationsstrategie neutrale Neubewertung. Bei dieser Strategie nimmt die Person in einer emotionalen Situation eine neutrale Beobachterrolle ein. Dadurch wird die emotionale Bedeutsamkeit der Situation von Beginn an reduziert, wodurch sich in der Folge die emotionale Erregung verringert und so das emotionale Erleben verändert wird (McRae, Ciesielski, & Gross, 2012). Neubewertung erfordert daher nur eine kurzzeitige Anstrengung. Bei erfolgreicher Neubewertung wird keine weitere Selbstkontrolle benötigt, so dass eine Erschöpfung der Ressourcen unwahrscheinlich ist (Gross & John, 2003; Richards & Gross, 2000).

In mehreren experimentellen Studien zeigte sich dementsprechend kein signifikanter Einfluss von neutraler Neubewertung auf nachfolgende kognitive Leistung (Richards & Gross, 2000; Schmeichel, Vohs, & Baumeister; 2003; für Anwendungen im pädagogischen Kontext siehe Leroy, Grégoire, Magen, Gross, & Mikolajczak; 2012; Strain & D'Mello, 2015).

In der neueren Literatur gibt es jedoch Hinweise darauf, dass Neubewertung unter Umständen sogar förderlich für die kognitive Leistung sein könnte. So zeigten 6- bis 13-jährige Kinder, die ihre Traurigkeit über einen emotionsauslösenden Film zuvor durch Neubewertung reguliert hatten, ein besseres Erinnerungsvermögen für Inhalte eines danach gezeigten Lehrfilms (Davis & Levine, 2013). Allerdings wurde die Anweisung zur Neubewertung erst nach Betrachtung des traurigen Films gegeben, es handelt sich also nicht um vorbereitungsorientierte Neubewertung im engeren Sinne. Vorbereitungsorientierte neutrale Neubewertung scheint auch die empfundene negative Valenz von Emotionen und das Ausmaß emotionaler Erregung abzumildern (Denny & Ochsner, 2014; McRae et al., 2012). Es kann daher davon ausgegangen werden, dass vorbereitende Neubewertung eine günstige Grundlage für Lernen und Leistung schafft (Pekrun et al., 2002; 2009). Gleichzeitig ist es aber bisher nicht empirisch abgesichert, dass Kinder die Strategie Neubewertung ebenso effizient anwenden wie Erwachsene. Ebenso wurden die kognitiven Folgen von vorbereitungsorientierter Neubewertung im Grundschulalter, unserer Kenntnis nach, noch nicht empirisch untersucht.

2.3 Die vorliegende Studie

Die Wahl der Emotionsregulationsstrategie in einer emotionsauslösenden Situation kann die nachfolgende kognitive Leistung beeinflussen. Insbesondere gibt es Hinweise darauf, dass die Strategie *Unterdrückung* (also ein Verschleiern des emotionalen Ausdrucks) die nachfolgende kognitive Leistung beeinträchtigt (Gross et al., 2006; Gunzenhauser & Suchodoletz, 2014; Richards & Gross, 2000). Dagegen verursacht die Strategie *Neu-*

bewertung (eine Veränderung des Empfindens durch Neuinterpretation der Situation) niedrige kognitive Kosten und trägt möglicherweise über eine Verringerung der emotionalen Erregung sowie der negativen Valenz sogar zur Steigerung der kognitiven Leistung bei (McRae et al., 2012; Pekrun et al., 2009).

Obwohl Kinder im Grundschulalter beide Emotionsregulationsstrategien bewusst anwenden und ihre Funktionsweise reflektieren (Stegge & Meerum Terwogt, 2007), liegen zu kognitiven Folgen von Neubewertung und Unterdrückung in dieser Altersgruppe bisher nur wenige empirische Arbeiten vor. Die vorliegende Studie untersucht die Effekte von Unterdrückung und Neubewertung auf die nachfolgende kognitive Leistung bei Drittklässler/innen in Deutschland. Nach dem Vorbild entsprechender experimenteller Forschung mit Erwachsenen (Richards & Gross, 2000) wurden die Auswirkungen von Neubewertung und Unterdrückung mit einer Kontrollbedingung ohne spezifische Anweisung zur Emotionsregulation verglichen. Während die kognitiven Kosten von Unterdrückung vor allem durch die andauernde Anstrengung zur Selbstkontrolle erklärt werden (also unabhängig von der erfolgreichen Umsetzung der Strategie), hängen mögliche positive kognitive Folgen von Neubewertung davon ab, dass die Strategie tatsächlich rasch und erfolgreich umgesetzt wird und damit weitere Selbstkontrolle überflüssig wird.

Untersucht wurden folgende Forschungsfragen:
1. Beeinträchtigt Unterdrückung des Emotionsausdrucks die nachfolgende kognitive Leistung im Vergleich zur Kontrollbedingung?
2. Verbessert Neubewertung die nachfolgende kognitive Leistung im Vergleich zur Kontrollbedingung? Wird dieser Effekt umso stärker, je besser einem Kind die Neubewertung gelingt?

3. Methode

3.1 Stichprobe

Teilgenommen haben $N = 78$ Kinder aus Süddeutschland, welche die dritte Grundschulklasse besuchten (M_{Alter} 8.52 Jahre, $SD = 0.42$; 50 % Mädchen). Alle bis auf ein Kind sprachen zu Hause Deutsch. Es handelt sich um zufällig ausgewählte Teilnehmende eines größeren Projekts (Suchodoletz, Larsen, Gunzenhauser, & Fäsche, 2015). Das unten beschriebene Experiment wurde ursprünglich mit einer etwas größeren Stichprobe ($N = 96$) durchgeführt. In die Datenanalyse gingen aber nur Daten der Kinder ein, die die jeweilige Anweisung zur Emotionsregulation sowie die Instruktion des Tests der kognitiven Leistung zweifelsfrei verstanden hatten (siehe Abschnitt 4.1). Die Eltern wurden über das Projekt informiert und gaben ihre schriftliche Einwilligung zur Teilnahme der Kinder. Alle Kinder erhielten, in Absprache mit den Eltern, einen Gutschein in Höhe von 5 Euro[1].

---

[1] Die hier beschriebene Studie wurde durch eine Sachbeihilfe der Deutschen Forschungsgemeinschaft gefördert (SU 696/¹-1; Projektleitung: Dr. Antje von Suchodoletz).

3.2 Vorgehen

Die Datenerhebung wurde von sechs geschulten Testleitenden in Einzelsitzungen im Labor der örtlichen Universität durchgeführt. Es wurde ein standardisiertes Protokoll verwendet[2]. Testleitereffekte konnten statistisch ausgeschlossen werden. Die Kinder wurden zufällig einer der drei experimentellen Bedingungen (Neubewertung, Unterdrückung, Kontrollbedingung) zugeteilt. Es wurden mehr Kinder in die Neubewertungs-Bedingung ($n = 39$) und in die Unterdrückungs-Bedingung ($n = 38$) aufgenommen als in die Kontrollbedingung ($n = 19$), da eine Pilotierung ergab, dass die Kontrollbedingung von den Kindern zweifelsfrei verstanden wurde und so in dieser Gruppe nur ein geringer Ausfall zu erwarten war.

In allen Bedingungen sahen die Kinder zunächst einen kurzen Filmausschnitt zur Orientierung bezüglich des Hintergrunds des Films (Zeichentrickfilm, Tiere als Charaktere), es folgte der zentrale Filmausschnitt zur Emotionsinduktion. Je nach Bedingung erhielten die Kinder vor dem zweiten Filmausschnitt eine spezifische Instruktion zur Emotionsregulation, die als „Aufgabe während des Films" bezeichnet wurde. Die für jede Bedingung spezifischen Kerninstruktionen lauteten: „Du sollst ein Gesicht machen, als wäre Dir alles egal – so dass ich nicht sehen kann, wie Du Dich in Wirklichkeit fühlst" (Unterdrückung), „Du sollst Dir ganz klar machen, dass das nur ein Film ist. Das passiert nicht wirklich" (Neubewertung), und „Du sollst Dir den Film einfach anschauen. So hast Du das ja eben auch schon gemacht" (Kontrolle). Anschließend bearbeitete jedes Kind eine bedingungsspezifische Übungsaufgabe (z.B. Unterdrückung: „Mach' mal ein Gesicht, als wäre dir alles egal – so, dass ich nicht sehen kann, wie du dich in Wirklichkeit fühlst."). Dann wurden die Kinder gebeten, ihre jeweilige Aufgabe nochmal zu formulieren; bei Bedarf halfen die Testleitenden, bis das Kind die Instruktion korrekt wiederholen konnte. Danach sahen alle Kinder den emotionsauslösenden Filmausschnitt und wurden gleich darauf gebeten, erneut ihre Aufgabe während des Films zu wiederholen. Die Antwort wurde wörtlich notiert und später von zwei unabhängigen Beurteilern eingeschätzt. Anschließend beurteilten alle Kinder, wie gut es ihnen gelungen war, den Anweisungen zur Emotionsregulation zu folgen. Zuletzt wurde die kognitive Leistung erfasst. Im Rahmen der Testung wurden außerdem einige weitere Daten erhoben, welche, für die vorliegende Studie, nicht ausgewertet wurden.

Von allen Kindern lagen zudem Informationen zur fluiden Intelligenz vor, die im Rahmen des größeren Projekts wenige Monate zuvor mittels der Raven Coloured Progressive Matrices erfasst wurde (Raven, Court, & Raven, 1986; vgl. Suchodoletz et al., 2015).

---

2 Das Untersuchungsprotokoll einschließlich des genauen Wortlauts der Instruktionen ist auf Nachfrage bei der Erstautorin erhältlich.

3.3 Verfahren

3.3.1 Emotionsinduktion

Zur Emotionsinduktion wurde ein dreiminütiger Filmausschnitt aus dem Animationsfilm „Der König der Löwen" gezeigt. Der Filmausschnitt wurde bereits an einer altersgleichen deutschsprachigen Stichprobe erprobt und löst negative Emotionen aus (Leupoldt, Rhode, Bergova, & Thordsen-Sörensen, 2007). Alle Kinder sahen den Filmausschnitt im Vollbildmodus auf einem Laptop, der vor ihnen auf dem Tisch stand. Zuvor wurden alle Kinder gebeten, mit Hilfe von Self-Assessment-Manikins auf einer fünfstufigen Skala ihren momentanen emotionalen Zustand einzuschätzen („Wie traurig/fröhlich/aufgeregt fühlst Du dich?"); direkt nach dem Filmausschnitt wurden sie nach ihren Emotionen während des Films befragt (Bradley & Lang, 1994). Nach Anschauen des Filmausschnitts fühlten sich die Kinder signifikant trauriger ($t[75] = -12.58$, $p < .01$) und weniger froh ($t[76] = 14.89$, $p < .01$); berichteten aber keinen Unterschied in der erlebten Aufregung.

3.3.2 Qualität der Umsetzung der Emotionsregulationsstrategie

Die Kinder schätzten auf einer fünfstufigen visuellen Analogskala mit unterschiedlich großen Kreisen (vgl. Federer, Stüber, Margraf, Schneider, & Herrle, 2001) ein, wie gut es ihnen gelungen war, die jeweils spezifische Anweisung zur Emotionsregulation während des Filmclips umzusetzen (kleinster Kreis: 1 = gar nicht; größter Kreis: 5 = sehr gut). Um Effekte sozialer Erwünschtheit zu minimieren, wurden sie nach einer mündlichen Erläuterung der Skala beim Ausfüllen allein gelassen. Die ausgefüllte Skala legten die Kinder zusammengefaltet in eine Schachtel. Der Mittelwert der Selbsteinschätzung betrug in der gesamten Stichprobe $M = 3.99$ ($SD = 0.87$).

3.3.3 Kognitive Leistung nach der Emotionsregulation

Die kognitive Leistung im Anschluss an die Emotionsregulation wurde mit dem d2-Aufmerksamkeits- und Belastungstest (Brickenkamp, 2002) erfasst. Es handelt sich um einen Durchstreichtest, bei dem ähnliche visuelle Reize unter Zeitdruck unterschieden werden müssen. Hierfür ist Selbstkontrolle erforderlich, da die Teilnehmenden ihre Aufmerksamkeit aufrechterhalten (Duckworth, Gendler, & Gross, 2014) und gleichzeitig das versehentliche Markieren ähnlicher Zielreize inhibieren müssen. Ein vergleichbarer Test zur fokussierten Aufmerksamkeit hat sich in der Studie von Gunzenhauser und Suchodoletz (2014) als sensitiv für die Erschöpfung von Selbstkontrollressourcen nach Einsatz verschiedener Emotionsregulationsstrategien gezeigt. Der d2-Test zeigt in der Normstichprobe interne Konsistenzen von Cronbach's $\alpha > .94$ (Brickenkamp, 2002). Für die vorliegende Studie wurde der Kennwert „Konzentrationsleistung" verwendet (Anzahl bearbeiteter Zielobjekte abzüglich Anzahl Auslassungs- und Verwechslungsfehler; Brickenkamp, 2002). Dem eigentlichen Test gehen Übungsaufgaben voraus, so dass Schwierigkeiten im Verständnis der Testinstruktionen deutlich werden. In unserer Stichprobe betrug die mittlere Konzentrationsleistung $M = 32.54$ ($SD = 13.85$; Min. = 0; Max = 62).

4. Ergebnisse

4.1 Vorbereitende Analysen

Daten von Kindern, die sich nach Einschätzung mindestens eines Beurteilers nicht korrekt an ihre jeweilige Anweisung zur Emotionsregulation erinnerten, wurden aus der Analyse ausgeschlossen ($n = 16$). Weiterhin wurden Daten von $n = 2$ Kindern nicht berücksichtigt, die die Instruktion des d2-Tests nicht verstanden hatten. Für ein weiteres Kind lag keine Einschätzung zur Umsetzung der Emotionsregulationsstrategie vor. Da dieser Wert nicht für alle Analysen der vorliegenden Studie relevant ist, wurden die Daten dieses Kindes zunächst verwendet. Die endgültige Stichprobe bestand aus $n = 33$ Kindern in der Bedingung Neubewertung, $n = 28$ Kindern in der Bedingung Unterdrückung und $n = 17$ Kindern in der Kontrollbedingung.

Zunächst wurde überprüft, ob sich die Kinder in den jeweiligen Bedingungen in Bezug auf wichtige Hintergrundvariablen unterschieden. Es zeigten sich keine signifikanten Gruppenunterschiede im Hinblick auf Alter ($F[2;75] = 0.86$; $p = .43$), Geschlechtsverteilung ($\chi^2 (2) = 1.21$; $p = .55$) und fluide Intelligenz ($F[2;75] = 0.10$; $p = .91$). Diese Variablen wurden in die weiteren Analysen daher nicht als Kovariaten aufgenommen. Weiter ergab eine einfaktorielle Varianzanalyse keine Hinweise auf systematische Gruppenunterschiede in der Selbsteinschätzung der Kinder hinsichtlich der Qualität der Umsetzung ihrer jeweiligen Emotionsregulationsstrategie, $F(2;74) = 1.26$; $p = .29$

4.2 Kognitive Folgen von Unterdrückung

Entsprechend unserer ersten Fragestellung untersuchten wir, ob die Unterdrückung des Emotionsausdrucks die nachfolgende kognitive Leistung im Vergleich zur Kontrollbedingung beeinträchtigt[3]. Dazu wurde ein einseitiger Mittelwertvergleichstest durchgeführt. Die mittlere Konzentrationsleistung in der Unterdrückungsbedingung betrug 32.46 ($SD = 15.40$), in der Kontrollbedingung 28.94 ($SD = 11.65$). Es zeigte sich kein signifikanter Gruppenunterschied in der kognitiven Leistung nach der Emotionsregulation, $t(43) = -0.81$, $p = .21$; Cohens $d = .26$.

---

3 Zusätzlich wurden die Analysen auch unter Einbezug der Kinder durchgeführt, die die jeweilige Anweisung zur Emotionsregulation sowie die Instruktion des Tests der kognitiven Leistung nicht zweifelsfrei verstanden hatten. Mit dieser Stichprobe zeigt sich ebenfalls kein Leistungsunterschied zwischen den Bedingungen Unterdrückung und Kontrolle, allerdings auch kein Unterschied zwischen den Bedingungen Neubewertung und Kontrolle.

4.3 Kognitive Folgen von Neubewertung

Wie in unserer zweiten Fragestellung vorgesehen überprüften wir, ob Neubewertung als Emotionsregulationsstrategie die nachfolgende kognitive Leistung im Vergleich zur Kontrollbedingung verbessert[2]. Die mittlere Konzentrationsleistung in der Neubewertungsbedingung betrug 34.45 (SD = 13.51), in der Kontrollbedingung wie oben berichtet 28.94 (SD = 11.65). Ein einseitiger Mittelwertvergleichstest zeigte eine Tendenz zu einer höheren kognitiven Leistung der Kinder in der Bedingung Neubewertung, $t(48)$ = -1.43, p = .07; Cohens d = .44.

Weiter untersuchten wir, ob dieser Effekt stärker ist, wenn einem Kind die Neubewertung besser gelingt. Hierzu wurde eine Moderationsanalyse mittels des SPSS-Macro Process (Hayes, 2014) durchgeführt, wobei die Qualität der Umsetzung der instruierten Emotionsregulationsstrategie als Moderator des Zusammenhangs zwischen Gruppenzugehörigkeit (Neubewertung vs. Kontrolle) und nachfolgender kognitiver Leistung eingesetzt wurde. Dabei wurde ein Bootstrapping mit 1.000 Stichproben durchgeführt, um die Power der Moderationsanalyse zu erhöhen. Das resultierende Modell zeigte eine zufriedenstellende Passung zu den Daten, $F(3;45)$ = 11.99, p < .01. Die Ergebnisse ergaben einen signifikanten Moderationseffekt, B = 13.77 (SE = 3.97), p < .01; ΔR^2 = .20. Eine Überprüfung der Gruppenunterschiede in der d2-Testleistung für verschiedene Qualitäten der Umsetzung der Emotionsregulation zeigte, dass der Vorteil der Emotionsregulationsstrategie Neubewertung umso stärker zum Tragen kommt, je besser einem Kind die Umsetzung der Emotionsregulationsstrategie gelungen ist (siehe Abbildung 1). Entsprechend zeigte sich innerhalb der Gruppe Neubewertung auch eine tendenziell signifikante positive Korrelation zwischen der Umsetzungsqualität der Strategie und der kognitiven Leistung, $r(33)$ = .29; p < .10.

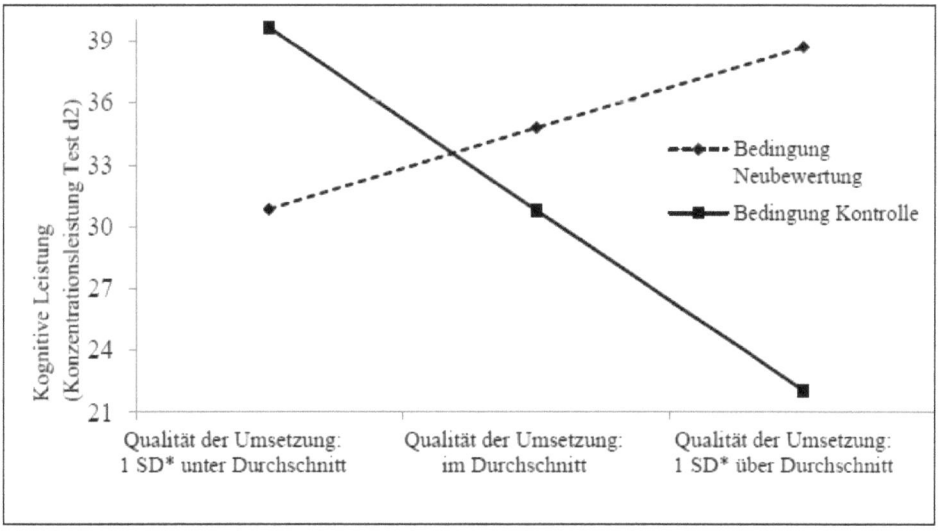

Abbildung 1: Moderationsanalyse: Einfluss der Qualität der Umsetzung der Emotionsregulationsstrategie auf die Unterschiede zwischen Kindern in der Neubewertungs- und Kontrollbedingung in der kognitiven Leistung

5. Diskussion

Emotionsregulationsstrategien scheinen sich darin zu unterscheiden, wie stark sie Selbstkontrollressourcen in Anspruch nehmen und könnten sich daher im Schulkontext unterschiedlich auf die kognitive Leistung auswirken (Gross et al., 2006; Gunzenhauser & Suchodoletz, 2014; Richards & Gross, 2000). In der vorliegenden Studie wurden die Effekte von Unterdrückung und Neubewertung auf die nachfolgende kognitive Leistung bei Grundschulkindern untersucht. In Anlehnung an experimentelle Forschung mit Erwachsenen (Richards & Gross, 2000) wurden die Auswirkungen von Unterdrückung und Neubewertung während eines emotionsauslösenden Filmausschnitts jeweils mit einer Kontrollbedingung (ohne Anweisung zur Emotionsregulation) verglichen.

Anders als für Erwachsene belegt (Richards & Gross, 2000), fanden sich in der vorliegenden Studie keine Hinweise auf negative Auswirkungen des Einsatzes von Unterdrückung auf die nachfolgende kognitive Leistung. In Übereinstimmung mit Davis und Levine (2013) zeigten die Kinder jedoch tendenziell bessere kognitive Leistungen, wenn sie während des Filmausschnitts die Emotionsregulationsstrategie Neubewertung eingesetzt hatten. Die vorliegende Studie ist damit im Einklang mit den empirischen Ergebnissen, die Gunzenhauser und Suchodoletz (2014) für Kinder im Kindergartenalter berichten. Die Autorinnen fanden eine Leistungsverbesserung der Kinder in einer Bedingung mit Neubewertung und gleichbleibende Leistung in einer Bedingung mit Unterdrückung. Da eine Konfundierung mit Übungseffekten nicht auszuschließen war, konnte in der Studie von Gunzenhauser und Suchodoletz (2014) ein förderlicher Effekt von Neubewertung noch nicht eindeutig angenommen werden.

Neubewertung scheint sich nach den Ergebnissen der vorliegenden Studie also möglicherweise positiv auf die nachfolgende Leistung auszuwirken. Eine Erklärung könnte in der Verminderung der emotionalen Erregung und der negativen emotionalen Valenz liegen (Pekrun et al., 2002; 2009). Weiter zeigte sich der positive Effekt von Neubewertung erwartungsgemäß umso stärker, je besser es den Kindern gelang, die Instruktionen zum Einsatz von Neubewertung umzusetzen. Dieses Ergebnis steht im Einklang mit theoretischen Annahmen von Gross und John (2003): Nur gelungene Neubewertung erfordert nach kurzzeitiger Anstrengung keine weitere Selbstkontrolle und schont Selbstkontrollressourcen, die damit für nachfolgende kognitive Leistung zur Verfügung stehen. Die Ergebnisse können für die Anwendung in pädagogischen Kontexten vielversprechende Folgen haben. Für Erwachsene konnte bereits gezeigt werden, dass die Strategie Neubewertung erfolgreich und nachhaltig trainiert werden kann (Denny & Ochsner, 2014). Ein unterstützender Umgang der Eltern mit negativen Emotionen ihres Kindes sowie eine Modellierung von Neubewertungsprozessen durch die Eltern tragen dazu bei, Neubewertung bei Kindern zu fördern (Gunzenhauser, Fäsche, Friedlmeier, & Suchodoletz, 2014). Es scheint daher denkbar, dass auch im Grundschulkontext – also durch Lehrkräfte – Neubewertung als funktionale und das Lernen unterstützende Emotionsregulationsstrategie geübt werden kann. Zu beachten ist, dass neben der hier untersuchten neutralen Neubewertung weitere spezifische Formen der Neubewertung bekannt sind (z.B. Neubewertung mit dem expliziten Ziel, stärkere positive Emotionen zu empfinden, siehe McRae et al. [2012] für einen Überblick). Zukünftige Studien sollten die Auswirkungen spezifischer Formen von Neubewertung auf Lernen und Leistung klären, um noch gezieltere Empfehlungen möglich zu machen (vgl. Stiller, Kattner, Gunzenhauser, & Schmitz, 2016).

Im Hinblick auf Unterdrückung legt die vorliegende Studie die Interpretation nahe, dass diese Emotionsregulationsstrategie bei Kindern möglicherweise die kognitive Leistung noch nicht in dem Maße beeinträchtigt, wie es für Erwachsene der Fall zu sein scheint. Dies könnte auf die noch eingeschränkten metakognitiven Fähigkeiten von Kindern im Grundschulalter zurückzuführen sein (vgl. Best, Miller, & Naglieri, 2011) siehe auch Gunzenhauser & Suchodoletz, 2014). Diese könnten zur Folge haben, dass sich Kinder während der Anwendung von Unterdrückung noch wenig selbst überwachen – also auch weniger Selbstkontrolle benötigen. Eine erfolgreiche Anwendung von Unterdrückung im täglichen Leben ist ab dem Vorschulalter belegt (vgl. Cole, 1986). Möglicherweise wenden Kinder Unterdrückung im Alltag jedoch eher in Situationen an, in denen ihnen dies aufgrund sozialer Konventionen schon zur Gewohnheit geworden ist und daher nicht aufwändig überwacht werden muss (siehe Diamond, 2013). In der experimentellen Situation der vorliegenden Studie wurden die Kinder zwar über die Qualität ihrer Umsetzung der Anweisung zur Unterdrückung befragt. In zukünftigen Studien wären darüber hinaus jedoch Verhaltensdaten, etwa die Beobachtung von Gesichtsausdruck und Körperhaltung, wünschenswert. Gleichzeitig sollten auch die bei Erwachsenen vorliegenden Befunde zu den Auswirkungen von Unterdrückung auf die kognitive Leistung Replikationsversuchen unterzogen werden. Aktuelle Studien legen nahe, dass der vom Kraftspeichermodell vorhergesagte Effekt möglicherweise in einigen früheren Studien überschätzt worden sein könnte (siehe Hagger et al., 2010; Hagger et al., 2016).

Neben ihren Stärken hat die vorliegende Studie einige Schwächen. An erster Stelle ist hier die kleine Stichprobengröße und die ungleiche Größe der experimentellen Gruppen zu nennen. Bei geringen Stichprobengrößen sind auch trotz randomisierter Zuordnung der Teilnehmenden zu den experimentellen Bedingungen vorher bestehende Unterschiede zwischen den Gruppen nicht ausgeschlossen. Da wichtige Hintergrundvariablen kontrolliert wurden und trotz der vergleichsweise geringen Power die Ergebnisse weitgehend mit den von Gunzenhauser und Suchodoletz (2014) übereinstimmen, scheint eine starke Verzerrung aber unwahrscheinlich. Dennoch ist es wünschenswert, dass zukünftige Studien die berichteten Effekte mit größeren Stichproben überprüfen. Weiter wurden mit Unterdrückung und Neubewertung nur zwei spezifische Emotionsregulationsstrategien untersucht. Wir konzentrierten uns auf diese beiden Strategien, weil sie für Erwachsene bereits gut untersucht sind, so dass gezielte Hypothesen zu ihrer Rolle für die kognitive Leistung von Kindern abgeleitet werden konnten (vgl. Gross et al., 2006; Gunzenhauser & Suchodoletz, 2014; Richards & Gross, 2000). In einem nächsten Schritt sollten weitere im Grundschulalter und -kontext häufig angewandte Emotionsregulationsstrategien identifiziert und ihre Folgen für Lernen und Leistung untersucht werden.

5.1 Schlussfolgerungen

Die Ergebnisse dieser Studie weisen darauf hin, dass die Unterdrückung des Emotionsausdrucks im Grundschulalter möglicherweise anders als bei Erwachsenen noch nicht die nachfolgende kognitive Leistung beeinträchtigt (vgl. Richards & Gross, 2000). Dieses Ergebnis sollte durch weitere Studien abgesichert werden. Es wäre unter dem Blickwinkel der pädagogischen Praxis begrüßenswert, da zunächst keine kumulativen negativen Folgen von häufig angewandter Unterdrückung für Lernen und Leistung zu befürchten wären. Im Hinblick auf die unerwünschten Folgen von gewohnheitsmäßiger Unterdrückung bei Erwachsenen scheint es dennoch ratsam, diese Strategie im Kindesalters nicht zu ermutigen und vielmehr eine Lernumgebung zu schaffen, in der Kinder ihren Gefühlen Ausdruck verleihen dürfen (vgl. Gunzenhauser & Suchodoletz, 2014). Neutrale Neubewertung als Emotionsregulationsstrategie kann sich möglicherweise sogar positiv auf Lernen und Leistung auswirken. Obwohl Studien zur Förderung von Neubewertung im Schulkontext noch ausstehen, scheint ein unterstützender und wertschätzender Umgang mit Emotionen sowie das Vorleben von Neubewertungsprozessen in Elternhaus und Schule die Entwicklung dieser Emotionsregulationsstrategie zu fördern. Die vorliegende Studie trägt dazu bei, Modellierung und Instruktion förderlicher Emotionsregulationsstrategien als eine wichtige Aufgabe erziehender und pädagogischer Bezugspersonen zu identifizieren.

Literatur

Abler, B., & Kessler, H. (2009). Emotion regulation questionnaire – Eine deutschsprachige Fassung des ERQ von Gross und John. *Diagnostica, 55*, 144–152.

Baumeister, R. F., Vohs, K. D., & Tice, D.M. (2007). The strength model of self-control. *Current Directions in Psychological Science, 16*, 351–355.

Ben-Eliyahu, A., & Linnenbrink-Garcia, L. (2015). Integrating the regulation of affect, behavior, and cognition into self-regulated learning paradigms among secondary and post-secondary students. *Metacognition and Learning, 10*, 15–42.

Best, J. R., Miller, P. H., & Naglieri, J. A. (2011). Relations between executive function and academic achievement from ages 5 to 17 in a large, representative national sample. *Learning and Individual Differences, 21*, 327–336.

Bradley, M. M., & Lang, P. J. (1994). Measuring emotion: The self-assessment manikin and the semantic differential. *Journal of Behavior Therapy and Experimental Psychiatry, 25,* 49–59.

Brickenkamp, R. (2002). *Test d2 – Aufmerksamkeits- und Belastungstest* (9. überarbeitete und neu normierte Auflage). Göttingen: Hogrefe.

Carlson, S. M., & Wang, T. S. (2007). Inhibitory control and emotion regulation in preschool children. *Cognitive Development, 22*, 489–510.

Cole, P. M. (1986). Children's spontaneous control of facial expression. *Child Development, 57*, 1309–1321.

Davis, E. L., & Levine, L. J. (2013). Emotion regulation strategies that promote learning: Reappraisal enhances children's memory for educational information. *Child Development, 84*, 361–374.

Denny, B. T., & Ochsner, K. N. (2014). Behavioral effects of longitudinal training in cognitive reappraisal. *Emotion, 14*, 425–433.

Diamond, A. (2013). Executive functions. *Annual Review of Psychology, 64*, 135–168.

Duckworth, A. L., Gendler, T. S., & Gross, J. J. (2014). Self-control in school-age children. *Educational Psychologist, 49*, 199–217.

Eisenberg, N., Cumberland, A., & Spinrad, T. L. (1998). Parental socialization of emotion. *Psychological Inquiry, 9*, 241–273.

Federer, M., Stüber, S., Margraf, J., Schneider, S., & Herrle, J. (2001). Selbst- und Fremdeinschätzung der Kinderängstlichkeit. *Zeitschrift für Differentielle und Diagnostische Psychologie, 22*, 194–205.

Gross, J. J., & John, O. P. (2003). Individual differences in two emotion regulation processes: Implications for affect, relationships, and well-being. *Journal of Personality and Social Psychology, 85*, 348–362.

Gross, J. J., Richards, J. M., & John, O. P. (2006). Emotion regulation in everyday life. In D. K. Snyder, J. Simpson, & J. N. Hughes (Eds.), *Emotion regulation in couples and families: Pathways to dysfunction and health* (pp. 13–35). Washington, DC: APA.

Gunzenhauser, C., Fäsche, A., Friedlmeier, W., & Suchodoletz, A. v. (2014). Face it or hide it: Parental socialization of reappraisal and response suppression. *Frontiers in Psychology*, 4:992.

Gunzenhauser, C., & Suchodoletz, A. v. (2014). Preschoolers' use of suppression influences subsequent self-control but does not interfere with verbal memory. *Learning and Individual Differences, 32*, 219–224.

Hagger, M. S., Chatzisarantis, N. L. D., Alberts, H., Anggono, C. O., Batailler, C., Birt, A. R., & Zwienenberg, M. (2016). A multilab preregistered replication of the ego-depletion effect. *Perspectives on Psychological Science, 11*, 546–573.

Hagger, M. S., Wood, C., Stiff, C., & Chatzisarantis, N. L. D. (2010). Ego depletion and the strength model of self-control: A meta-analysis. *Psychological Bulletin, 136*, 495–525.

Hayes, A., (2014). *Process for SPSS (Version 2.13.2)*. Retrieved http://www.processmacro.org/index.html

John, O. P., & Gross, J. J. (2004). Healthy and unhealthy emotion regulation: Personality processes, individual differences, and life-span development. *Journal of Personality, 72*, 1301–1333.

Kaplan, S., & Berman, M. G. (2010). Directed attention as a common resource for executive functioning and self-regulation. *Perspectives on Psychological Science, 5*, 43–57.

Leroy, V., Grégoire, J., Magen, E., Gross, J. J., & Mikolajczak, M. (2012). Resisting the sirens of temptation while studying: Using reappraisal to increase focus, enthusiasm, and performance. *Learning and Individual Differences, 22*, 263–268.

Leupoldt, A., Rhode, J., Bergova, A., & Thordsen-Sörensen, I. (2007). Films for eliciting emotional states in children. *Behavior Research Methods, 39*, 606–609.

McRae, K., Ciesielski, B., & Gross, J. J. (2012). Unpacking cognitive reappraisal: goals, tactics, and outcomes. *Emotion, 12*, 250–5.

Pekrun, R., Elliot, A. J., & Maier, M. A. (2009). Achievement goals and achievement emotions: Testing a model of their joint relations with academic performance. *Journal of Educational Psychology, 101*, 115–135.

Pekrun, R., Götz, T., Titz, W., & Perry, R. P. (2002). Academic emotions in students' self-regulated learning and achievement: a program of qualitative and quantitative research. *Educational Psychologist, 37*, 91–105.

Powell, L. J., & Carey, S. (2017). Executive function depletion in children and its impact on theory of mind. *Cognition, 164*, 150–162.

Raven, J. C., Court, J. H. & Raven, J. (1986). *Raven's coloured progressive matrices*. London, England: Pearson Assessment.

Richards, J.M., & Gross, J. J. (2000). Emotion regulation and memory: The cognitive costs of keeping one's cool. *Journal of Personality and Social Psychology, 79*, 410–424.

Schmeichel, B. J., Vohs, K. D., & Baumeister, R. F. (2003). Intellectual performance and ego depletion: Role of the self in logical reasoning and other information processing. *Journal of Personality and Social Psychology, 85*, 33–46.

Stansbury, K., & Sigman, M. (2000). Responses of preschoolers in two frustrating episodes: Emergence of complex strategies for emotion regulation. *The Journal of Genetic Psychology: Research and Theory on Human Development, 161,* 182–202.

Stegge, H., & Meerum Terwogt, M. M. (2007). Awareness and regulation of emotion in typical and atypical development. In J. J. Gross (Ed.), *Handbook of emotion regulation* (pp. 269–268). New York, NY: Guilford.

Stiller, A. K., Kattner, F., Gunzenhauser, C., & Schmitz, B. (2016). *The effect of positive reappraisal on the availability of self-control resources and self-regulated learning.* Manuscript submitted for publication.

Strain, A. C., & D'Mello, S. K. (2015). Affect regulation during learning: the enhancing effect of cognitive reappraisal. *Applied Cognitive Psychology, 29,* 1–19.

Suchodoletz, A. v., Larsen, R. A., Gunzenhauser, C., & Fäsche, A. (2015). Reading and spelling skills in German third graders: Examining the role of student and context characteristics. *British Journal of Educational Psychology, 85,* 533–550.

Wang, Y., & Yang, L. (2014). Suppression (but not reappraisal) impairs subsequent error detection: an ERP study of emotion regulation's resource-depleting effect. *PloS one, 9,* e96339.

Alex Bertrams und Chris Englert

Regulation von Stereotyp-Bedrohung in Leistungssituationen
Die Rolle der momentanen Selbstkontrollkapazität

Abstract

Die Aktivierung eines Stereotyps über die angeblich geringere Leistungsfähigkeit einer sozialen Gruppe kann in Testsituationen zu Leistungseinbußen bei den betroffenen Gruppenmitgliedern führen (sog. Stereotyp-Bedrohung). Aktuelle Forschungsergebnisse zeigen außerdem, dass ängstliche Menschen mit hoher (im Vergleich zu niedriger) Selbstkontrollkapazität ihre Angst und deren leistungsmindernden Wirkungen in bedrohlichen Testsituationen erfolgreicher regulieren können. In dem vorliegenden Experiment untersuchten wir die Annahme, dass die momentane Selbstkontrollkapazität auch den Effekt einer Stereotyp-Bedrohung moderiert. Dazu manipulierten wir in einer Stichprobe aus 215 Studierenden die momentane Selbstkontrollkapazität und das Vorhandensein einer Stereotyp-Bedrohung für Studierende ohne akademischen elterlichen Bildungshintergrund. Vor und nach der Manipulation der Stereotyp-Bedrohung bearbeiteten die Studierenden Parallelversionen eines verbalen kognitiven Leistungstests. Prinzipiell stiegen die Leistungswerte in der Stichprobe von der ersten zur zweiten Testbearbeitung an, was das grundsätzliche Auftreten eines Lerneffekts nahelegt. Weitere Analysen zeigten jedoch, dass der Leistungsanstieg durch die Stereotyp-Bedrohung verhindert wurde – allerdings nur, wenn die Selbstkontrollkapazität momentan niedrig war. Das Befundmuster impliziert, dass der leistungsmindernde Effekt einer Stereotyp-Bedrohung bei Vorliegen einer hohen Selbstkontrollkapazität reguliert werden kann. Interventionen zur Förderung der Selbstkontrollkapazität dürften daher eine Möglichkeit zur Verhinderung der Leistungseinbußen durch Stereotyp-Bedrohungen sein.

1. Einleitung

Standardisierte Bewertungssituationen sind Teil des Bildungssystems. Mittels Tests werden der Wissensstand oder die Ausprägung von Fertigkeiten bei Lernenden in Schulen, Ausbildungsgängen und Studienfächern mehrmals im Jahr geprüft und in der Regel in eine numerische Form transferiert (Noten). Die abschließende Bewertung kann eine wesentliche Rolle für den weiteren Bildungs- bzw. Lebensweg spielen – insbesondere bei Bewerbungen (z.B. Numerus Clausus). Aufgrund dieser manchmal recht nachhaltigen Bedeutung von Testergebnissen sollten Tests valide sein. Die Testergebnisse sollten möglichst nicht durch andere Variablen als die, die der Tests messen soll, zustande kommen. Dass dem nicht immer so ist, liegt auf der Hand.

1.1 Forschung zur Bedrohung in Testsituationen

Besondere Aufmerksamkeit als potentiell ergebnisverzerrender Einflussfaktor hat in der Forschung die Wahrnehmung von Bedrohung während Tests erfahren. Dazu bestehen verschiedene Forschungslinien. Am bekanntesten dürften die zur Leistungs- oder Prüfungsangst (test anxiety) und zur Stereotyp-Bedrohung (stereotype threat) sein.

So geht beispielsweise Spielberger in seinem transaktionalen Prozessmodell davon aus, dass Bedrohungserleben zu Angst führt (siehe Spielberger & Vagg, 1995). Im Rahmen der Prüfungsangstforschung wurde häufig untersucht, wie Angst mit der Leistung in Testsituationen zusammenhängt (für einen Überblick, siehe Zeidner, 1998). Angst wirkt sich nach Meinung mehrerer Autoren störend auf die Aufmerksamkeitsfokussierung und damit auch negativ auf die Testleistung aus (z.B. Eysenck, Derakshan, Santos, & Calvo, 2007; Wine, 1971).

In der Forschung zur Stereotyp-Bedrohung besteht die Annahme, dass die Aktivierung des Stereotyps über die vermeintliche relative Leistungsschwäche einer sozialen Gruppe bei den betroffenen Gruppenmitgliedern zu einer Leistungsminderung führen kann (Steele & Aronson, 1995; für einen Überblick siehe Martiny & Götz, 2011). Die verringerte Leistung ist nicht in der tatsächlichen Fähigkeit begründet, sondern entsteht durch die bedrohliche Situation: Die Gruppenzugehörigen befürchten, dem Stereotyp zu entsprechen, sind daher nicht voll auf die Aufgabe konzentriert und schneiden deshalb schlechter ab, als sie könnten. Dies wurde unter anderem für Studierende mit niedrigem sozio-ökonomischem Status (SÖS) und deren verbalen kognitiven Leistungen gezeigt (Croizet & Claire, 1998; Spencer & Castano, 2007).

1.2 Selbstkontrolle in Testsituationen

In einer Reihe von Experimenten konnten wir in der Vergangenheit demonstrieren, dass der Zusammenhang zwischen der Angst in potentiell bedrohlichen Testsituationen und der Testleistung von der momentanen Selbstkontrollkapazität abhängt (z.B. Bertrams, Englert, Dickhäuser, & Baumeister, 2013; Bertrams & Englert, 2014). Unter Selbstkontrolle wird die willentliche Überwindung dominanter Reaktionstendenzen verstanden (Baumeister & Vohs, 2016). Dabei kommt der Aufmerksamkeitssteuerung eine entscheidende Rolle zu (Schmeichel & Baumeister, 2010).

In den angesprochenen Experimenten nutzten wir die Theorie und die dazugehörigen Befunde, dass Menschen nach einer anfänglichen Selbstkontrollanforderung weniger Selbstkontrolle bei anderen, anschließenden Anforderungen aufbieten (Baumeister & Vohs, 2016). Die Selbstkontrollkapazität ist quasi vorübergehend erschöpft – ein Zustand, der auch in der deutschsprachigen Literatur als *Ego Depletion* bezeichnet wird. Wenn sich Studienteilnehmende in dem Ego Depletion-Zustand befanden, war ihre Testleistung typischerweise umso geringer, je höher ihre Angst war. Bei den Teilnehmenden, deren Selbstkontrollkapazität nicht durch eine vorangegangene Aufgabe herabgesetzt war, hing die Angst nicht mit der Testleistung zusammen.

Wir erklären dieses Muster damit, dass durch den Einsatz von Selbstkontrolle (der bei Ego Depletion nicht oder in zu geringem Maße stattfindet) die aufmerksamkeitsstörenden Wirkungen der Angst reguliert werden. In anderen Worten: Bei ausreichend hoher Selbstkontrollkapazität fokussieren ängstliche Menschen ihre Aufmerksamkeit willentlich auf die Testaufgaben, aber unter Ego Depletion tun sie dies weniger wahrscheinlich. Empirische Evidenz bezüglich der angenommenen Aufmerksamkeitsprozesse findet sich beispielsweise bei Englert, Zwemmer, Bertrams und Oudejans (2015).

1.3 Die vorliegende Studie: Stereotyp-Bedrohung und Selbstkontrolle

Die soeben beschriebenen Befunde beziehen sich allesamt auf persönlichkeitsbezogene interindividuelle Unterschiede in der Neigung zu Angst in Testsituationen. In einem nächsten Schritt intendierten wir, den Bezug zu einer anderen Forschungslinie, namentlich der Stereotyp-Bedrohung, herzustellen. Es stellt sich die Frage, ob das Paradigma nicht nur auf Persönlichkeitsunterschiede (unterschiedliche Neigungen zu Angst in Testsituationen), sondern auch auf soziale Gruppenzugehörigkeiten angewendet werden kann. Dies ist vor dem Hintergrund aktuell diskutierter sozialer Ungleichheiten (z.B. Steinmayr, Dinger, & Spinath, 2010) von Bedeutung.

In einer experimentellen Studie untersuchten wir, ob der leistungshemmende Effekt einer Stereotyp-Aktivierung bei Studierenden mit niedrigem SÖS (Croizet & Claire, 1998; Spencer & Castano, 2007) durch die Selbstkontrollkapazität moderiert wird. Davon gehen wir auf Grundlage unserer früheren Befunde hinsichtlich bedrohlicher Testsituationen aus. Wir sagten voraus, dass bei niedrigem SÖS und aktiviertem Stereotyp im Zustand von Ego Depletion – jedoch nicht bei intakter Selbstkontrollkapazität – Leistungsdefizite auftreten.

SÖS operationalisierten wir eindimensional über den elterlichen Bildungshintergrund. Dieser ist ein Kernmerkmal in Operationalisierungen des SÖS (z.B. Dumont et al., 2012). Der elterliche Bildungshintergrund liegt außerdem im Fokus soziologischer Untersuchungen zur Bildungsdisparität (z.B. Middendorff, Apolinarski, Poskowsky, Kandulla, & Netz, 2013), die ein aktuell wichtiges gesellschaftliches Thema darstellt. Andere Indikatoren des SÖS (finanzielle Lage, Beruf) sparten wir aus. Unser Interesse galt einem Statusmerkmal, das sich in der Regel nicht verändert und das die eigene Person nicht verantwortet – nämlich, ob die eigenen Eltern studiert haben oder nicht. Als abhängige Variable wählten wir die verbale kognitive Leistung. Diese wurde in der Vergangenheit häufig in Studien zur Stereotyp-Bedrohung aufgrund der Schichtzugehörigkeit untersucht (z.B. Croizet & Claire, 1998; Spencer & Castano, 2007; Steele & Aronson, 1995).

2. Methode

2.1 Versuchsteilnehmende

Die finale Stichprobe bestand aus 215 Studierenden einer deutschen Universität (davon 159 weiblich; M_{Alter} = 22.39 Jahre, SD_{Alter} = 1.26). Wir rekrutierten gezielt Studierende aus Studiengängen, in denen verbale Fertigkeiten eine wichtige Rolle spielen (z.B. Kommunikationswissenschaften, Germanistik, Jura, Philosophie). Dafür wurden Listen, in die sich Studierende für die freiwillige Teilnahme eintragen konnten, in entsprechenden Lehrveranstaltungen herumgereicht. Zudem wurden Studierende der geeigneten Studiengänge über einen Email-Verteiler der Universität angesprochen. Alle Teilnehmenden gaben an, fließend Deutsch zu sprechen und gaben ihr Einverständnis zur freiwilligen und anonymen Teilnahme an der Studie. Kein/e Teilnehmende/r kannte bis zur abschließenden Aufklärung die eigentliche Untersuchungshypothese (dies bestätigten die Antworten zur Frage nach dem Untersuchungszweck am Ende der individuellen Teilnahmesessions). Als Aufwandsentschädigung erhielten die Teilnehmenden nach der Studienteilnahme 4€.

Es gab drei weitere Teilnehmende, die wir aufgrund unvollständiger Daten nicht in den Analysen berücksichtigten. Des Weiteren schlossen wir weitere neun Teilnehmende von den Analysen aus, da sie deutlich älter als die anderen Studierenden unserer Stichprobe waren (d.h. > 30 Jahre bzw. mehr als 2 SD über dem Altersmittelwert der Stichprobe). Wir betrachten die älteren Studierenden im Hinblick auf die vorliegende Studie als einer eigenen Population zugehörig: Zum einen ändern sich die kognitiven Leistungen mit dem Alter, zum anderen dürfte sich der Einfluss der elterlichen Biografie zugunsten der eigenen Biografie mit zunehmendem Alter verringern. Zudem verteilten sich die älteren Studierenden ungleich auf die Versuchsbedingungen, da sie allesamt aus nichtakademischen Elternhäusern stammten.

2.2 Experimentelles Design

Wir verwendeten ein Messwiederholungsdesign, bei dem die verbale kognitive Leistung als abhängige Variable zweimal innerhalb derselben experimentellen Sitzung kurz hintereinander gemessen wurde (einmal vor der experimentellen Manipulation der Stereotyp-Bedrohung = Baselinemessung = T1; einmal nach der experimentellen Manipulation der Stereotyp-Bedrohung = T2). Neben der Messwiederholung gab es drei unabhängige Variablen: Stereotyp-Aktivierung (experimentell manipuliert: bedrohlich vs. nicht-bedrohlich), momentane Selbstkontrollkapazität (experimentell manipuliert: niedrig vs. hoch) und elterlicher Bildungshintergrund (gemessen wie vorhanden: akademisch vs. nicht-akademisch). Somit wendeten wir ein Vierfaktoren-Design (2 X 2 X 2 X 2) mit einem Messwiederholungsfaktor und drei Gruppenfaktoren an.

2.3 Ablauf der Studie und verwendete Messinstrumente

Die Datenerhebung fand in einem Laborraum der Universität Mannheim statt. Die beiden Versuchsleitungen (eine Frau und ein Mann) befanden sich in Unkenntnis über die jeweiligen Untersuchungsbedingungen der teilnehmenden Personen. Nach Betreten des Labors erhielten die Teilnehmenden zunächst die Einwilligungserklärung zur Studienteilnahme. Nachdem sie diese unterschrieben hatten, bearbeiteten sie eine Abschreibaufgabe zur Manipulation der momentanen Selbstkontrollkapazität. Die Aufgabe bestand darin, einen Textabschnitt über die Geschichte der Stadt Mannheim auf ein leeres Blatt Papier mittels Kugelschreiber abzuschreiben. Aus dem Text waren jegliche potenziell mit Bedrohung assoziierte Inhalte (z.B. Schlachten) entfernt worden. Nach zufälliger Zuteilung erhielten die Teilnehmenden entweder die Instruktion, beim Abschreiben die im Deutschen häufigsten Buchstaben e und n konsequent auszulassen (z.B. „Mannheim" als „Mahim" zu schreiben), oder keine Zusatzinstruktion, wie der Text abzuschreiben sei (d.h. er wurde in gewöhnlicher Schreibweise transkribiert). Die Teilnehmenden, die ihre normalen Schreibgewohnheiten für die Aufgabe überwinden mussten, hatten im Vergleich zu den anderen Teilnehmenden mehr Selbstkontrolle aufzuwenden; dadurch sollte ihre Selbstkontrollkapazität für nachfolgende Anforderungen vergleichsweise niedrig sein. Diese Aufgabe hat sich in der Vergangenheit als brauchbar erwiesen, um die momentane Selbstkontrollkapazität zu manipulieren (z.B. Bertrams, Englert, & Dickhäuser, 2010; Bertrams et al., 2013; Dummel & Rummel, 2016; Wolff, Baumgarten, & Brand, 2013). Nach sechs Minuten bat die Versuchsleitung die Teilnehmenden, den Stift niederzulegen.

Als Nächstes füllten die Teilnehmenden einen Fragebogen aus, der drei Items als Manipulations-Check zur Abschreibaufgabe (z.B. „Wie sehr haben Sie Ihre normalen Schreibgewohnheiten bei der Abschreibaufgabe unterdrückt"; Bertrams & Englert, 2014), ein Item zur wahrgenommenen Kompetenz hinsichtlich der Abschreibaufgabe („Wie sehr ist Ihnen die Durchführung der Abschreibaufgabe gelungen?"; Bertrams & Englert, 2014) und die Kurzversion des Positive and Negative Affect Schedule (PANAS; Mackinnon et al., 1999) enthielt. Die Kurzversion des PANAS besteht aus fünf Items zum positiven Affekt (z.B. „begeistert") und weiteren fünf Items zum negativen Affekt (z.B. „verärgert"). Der Manipulations-Check und das Item zur wahrgenommenen Kompetenz wurden jeweils auf Skalen von 1 (*gar nicht*) bis 7 (*sehr*) beantwortet, die PANAS-Items jeweils auf Skalen von 1 (*gar nicht*) bis 5 (*äußerst*). Die wahrgenommene Kompetenz und das PANAS dienten der Kontrolle des potentiellen (ungewollten) Einflusses von Selbstsicherheit und Stimmung auf die Manipulation der momentanen Selbstkontrollkapazität (vgl. Bertrams et al., 2013; Schmeichel, 2007).

Danach erhielten die Teilnehmenden die Instruktionen und zwei Beispielitems zu den so betitelten „sprachlichen Intelligenztestaufgaben". Instruktionen und Beispiele entstammten dem Testteil zur verbalen Intelligenz im Intelligenz-Struktur-Test 2000 R (I-S-T 2000-R; Untertest *Gemeinsamkeiten*; Liepmann, Beauducel, Brocke, & Amthauer, 2007). In diesem Untertest werden für jedes Item sechs Wörter vorgegeben und die Testperson ist angehalten, jeweils die beiden Wörter anzukreuzen, für die ein gemeinsamer Oberbegriff existiert (z.B. Delphin, Schiff, Wal, Meer, Seetang, Qualle; die Lösung ist hier Delfin und Wal, da beides Meeressäuger sind). Nachdem die Teilnehmenden der Versuchsleitung bestätigten, dass sie die Aufgabenstellung verstanden haben, bekamen sie ein Blatt mit 20 derartigen Aufgaben; dabei handelte es sich um die Aufgaben aus dem I-S-T 2000 R in der Version *Form A*, die in beliebiger Reihenfolge gelöst werden durften. Die Versuchsleitung bat die Teilnehmenden, so schnell wie möglich zu arbeiten, gleichzeitig aber inkorrekte Lösungen zu vermeiden. Die Teilnehmenden wurden außerdem vorab über die Bearbeitungszeit von fünf Minuten informiert. Danach startete die Versuchsleitung den Test und brach die Bearbeitung nach fünf Minuten ab. Die Anzahl korrekt gelöster Aufgaben diente uns als Baseline-Wert (T1) zur verbalen kognitiven Leistung.

Direkt im Anschluss teilte die Versuchsleitung den Teilnehmenden ein Blatt aus, das mit „Instruktion zu den sprachlichen Intelligenztestaufgaben (zweiter Aufgabenblock)" betitelt war. In diesem wurde darüber informiert, dass nach einer kurzen Verschnaufpause ein weiterer Aufgabenblock zur Messung der sprachlichen Intelligenz bearbeitet werden soll und dass ein zweiter (weiterer) Aufgabenblock eine genauere Fähigkeitserfassung erlaube. Zudem wurde die Instruktion zur Aufgabenbearbeitung kurz wiederholt.

Als vorgeblicher Pausenfüller füllten die Teilnehmenden das Fragebogenblatt „Familiärer Bildungshintergrund" aus. Auf diesem gaben sie jeweils für ihren Vater und ihre Mutter den höchsten Bildungsabschluss an. Für jedes Elternteil gab es fünf Antwortoptionen, von denen sich eine auf einen akademischen („Hochschulabschluss [einschließlich Lehrerausbildung und Fachhochschule]") und vier auf einen nicht-akademischen Abschluss (z.B. „keinen Berufsabschluss", „Lehre bzw. Facharbeiterabschluss") bezogen. Dieses Messinstrument wird üblicherweise in großen Umfragen in Deutschland benutzt (z.B. Middendorff et al., 2013). Wurden ein oder zwei Elternteile mit akademischem Abschluss angegeben, kodierten wir dies als akademischen Bildungshintergrund, wurde kein Elternteil mit akademischem Abschluss angegeben, kodierten wir dies als nicht-akademischen Bildungshintergrund (Ramm, Multrus, Bargel, & Schmidt, 2014).

Nach den Angaben zum Bildungshintergrund reichte die Versuchsleitung den Teilnehmenden ein Blatt, das mit „Erklärung zur Erhebung des familiären Bildungshintergrunds" überschrieben war. Dieses beinhaltete die experimentelle Manipulation der Stereotyp-Bedrohung für die Teilnehmenden mit nicht-akademischer Herkunft. Alle Teilnehmenden lasen, dass die Erhebung familienbezogener Daten den betroffenen Studienteilnehmenden unmittelbar im Anschluss daran erklärt werden müsse. Per zufälliger Zuteilung folgte dann eine von zwei Textversionen. Die Textversion in der Stereotyp-Bedrohungs-Bedingung machte auf das Auftreten von Unterschieden in verbalen Intelligenztestleistungen in Abhängigkeit vom Bildungshintergrund aufmerksam; die Textversion in der nicht-bedrohlichen Vergleichsbedingung betonte das Nichtvorhandensein derartiger Unterschiede (in den eckigen Klammern steht, was in der nicht-bedrohlichen Bedingung anders war):

> Aktuelle Forschung hat gezeigt, dass Studierende in Abhängigkeit von ihrem familiären Bildungshintergrund [zusätzlich: „<u>nicht</u>"] unterschiedlich in auf Sprache bezogenen Intelligenzaufgaben abschneiden. Personen, die aus Nichtakademiker-Familien stammen (d.h. beide Elternteile haben keinen Hochschulabschluss), schneiden anders ab als [anstelle von „anders ab als": „genauso so ab wie"] Personen, die aus Akademiker-Familien stammen (d.h. ein Elternteil oder beide Elternteile haben einen Hochschulabschluss). Da dies bei der Datenanalyse relevant ist, haben wir Sie um die entsprechenden Angaben gebeten.

Der Hinweis auf (angebliche) Unterschiede zwischen sozialen Gruppen ohne die Richtung des Unterschieds explizit zu nennen, ist eine häufig angewandte Methode zur Herbeiführung von Stereotyp-Bedrohung (z.B. Cadinu, Maass, Rosabianca, & Kiesner, 2005; Keller, 2007).

Nachfolgend fand die zweite Messung (T2) der verbalen kognitiven Leistung statt. Diese war analog zur Baseline-Messung mit der Ausnahme, dass andere Testitems zum Einsatz kamen. Dieses Mal benutzten wir die *Form C* des Untertests *Gemeinsamkeiten* des I-S-T 2000-R. Es handelt sich dabei um die standardisierte Parallelversion zur *Form A*, die nahezu gleiche statistische Kennwerte wie die *Form A* aufweist. *Form C* kann bei Personen angewendet werden, die bereits die *Form A* des Untertests bearbeitet haben (Liepmann et al., 2007). Die Bearbeitungszeit war erneut mit fünf Minuten festgesetzt.

In einem anschließend ausgeteilten Abschlussfragebogen gaben die Teilnehmenden ihre Aufgabenmotivation für jeden der beiden verbalen Leistungstests über jeweils zwei

Items an („Ich habe mich bemüht, möglichst viele Aufgaben zu lösen" und „Ich habe mich bemüht, falsche Antworten zu vermeiden"). Die Antworten wurden auf Skalen von 1 (*trifft gar nicht zu*) bis 7 (*trifft völlig zu*) gegeben. Über Fragen mit offenem Antwortformat erfassten wir zudem, ob die Teilnehmenden Hypothesenvermutungen hatten (z.B. „Beschreiben Sie bitte mit Ihren Worten und aus Ihrer Sicht, was wir untersuchen") und ob sie die Instruktion zur Manipulation der Stereotyp-Bedrohung bewusst wahrgenommen haben („Was haben Sie während dieser Untersuchung bezüglich Unterschieden zwischen bestimmten Personengruppen gelesen"). Der Fragebogen enthielt außerdem Fragen zu Alter, Geschlecht, Studiengang, Migrationshintergrund und Flüssigkeit in der deutschen Sprache. Es wurde auch gefragt, ob man sich selber eher einer Nichtakademiker-Familie oder eher einer Akademiker-Familie zuordnet. Zum Abschluss wurden die Teilnehmenden über die Studie aufgeklärt, ihnen wurde gedankt und die Aufwandentschädigung ausgehändigt.

3. Ergebnisse

3.1 Voranalysen

Die Teilnehmenden, die instruiert wurden, bei der Abschreibaufgabe Buchstaben auslassen, berichteten im Manipulations-Check ($\alpha = .82$) erwartungsgemäß, mehr Selbstkontrolle ausgeübt zu haben als die anderen Teilnehmenden ($M = 4.72$, $SD = 1.16$ vs. $M = 2.32$, $SD = 0.97$), $t(213) = 16.51$, $p < .001$, $d = 2.25$. Die Manipulation der Selbstkontrollkapazität beeinflusste nicht den positiven Affekt ($\alpha = .75$), $p = .33$. Allerdings berichteten die Teilnehmenden, die Buchstaben beim Abschreiben ausließen, im Vergleich zu den anderen Teilnehmenden höheren negativen Affekt ($\alpha = .61$), ($M = 1.41$, $SD = 0.49$ vs. $M = 1.22$, $SD = 0.28$), $t(213) = 3.46$, $p < .001$, $d = 0.48$, und dass ihnen die Abschreibaufgabe weniger gut gelungen sei, ($M = 4.59$, $SD = 1.34$ vs. $M = 5.33$, $SD = 1.16$), $t(213) = -4.36$, $p < .001$, $d = -0.59$. Um den potentiellen Einfluss negativen Affekts und wahrgenommener Kompetenz zu kontrollieren, fügten wir die beiden Variablen in den Analysen, die einen Vergleich zwischen niedriger und hoher Selbstkontrollkapazität beinhalteten, als Kovariaten ein. (Die Ergebnisse änderten sich bei Wiederholung der Analysen ohne diese Kovariaten jedoch nicht.)

Wir klassifizierten die Berichte der Teilnehmenden im Abschlussfragebogen, was sie über Unterschiede zwischen bestimmten Personengruppen gelesen hatten, in drei Kategorien: (1) dass der familiäre Bildungshintergrund einen Unterschied machen würde vs. (2) dass der familiäre Bildungshintergrund keinen Unterschied machen würde vs. (3) eine andere Aussage. Ein Chi-Quadrat-Test erbrachte, dass die Aussagen der Teilnehmenden mit den Aussagen, die ihnen randomisiert ausgeteilt wurden, korrespondierten, $\chi^2(2, N = 215) = 150.68$, $p < .001$, Cramér's $V = .84$.

Die Selbstzuordnungen der Teilnehmenden zu einer eher akademischen oder eher nicht-akademischen Familie korrespondierten mit den Klassifikationen, die wir auf Grundlage der höchsten Bildungsabschlüsse der Eltern vornahmen, $\chi^2_{corr}(1, N = 214) = 111.51$, $p < .001$, $\Phi = .73$ (eine Teilnehmerin machte keine Selbstzuordnung).

Um zu überprüfen, ob in den untersuchten Gruppen gleiche Ausgangsbedingungen in der verbalen kognitiven Leistung gegeben waren, führten wir eine dreifaktorielle Kovarianzanalyse mit den Faktoren Stereotyp-Aktivierung, momentane Selbstkontrollkapazität und elterlicher Bildungshintergrund als unabhängige Variablen und der Baselinemessung der verbalen kognitiven Leistung (T1) als abhängiger Variable durch. Kovariaten waren der negative Affekt und die wahrgenommene Kompetenz. Die Dreifach-Interaktion war nicht signifikant, $p = .15$. Dieselbe Analyse nahmen wir auch für die Motivationsmessungen bezüglich der beiden Leistungstests vor. Auch hier fanden sich keine signifikanten Dreifach-Interaktionen, $p > .36$. Diese Nullbefunde zeigen an, dass für die Hauptanalysen vergleichbare Ausgangsbedingungen hinsichtlich der verbalen kognitiven Leistung und der Testmotivation vorlagen.

3.2 Hauptanalysen

Wir führten eine vierfaktorielle Kovarianzanalyse mit Messwiederholung durch (siehe 2.2). Als Kovariaten nahmen wir den negativen Affekt und die wahrgenommene Kompetenz auf (siehe 3.1). Tabelle 1 zeigt die Ergebnisse. Die Analyse erbrachte, dass die verbale kognitive Leistung von T1 zu T2 insgesamt signifikant anstieg ($M_{T1, adj} = 10.30$, $SE_{T1, adj} = 0.19$ vs. $M_{T2, adj} = 11.18$, $SE_{T2, adj} = 0.22$). Zudem waren die Zweifach-Interaktionen zwischen Messzeitpunkt und Stereotyp-Aktivierung sowie Messzeitpunkt und momentaner Selbstkontrollkapazität signifikant. Die Aussagekraft dieser Effekte unterer Ordnung ist allerdings eingeschränkt, da auch die Vierfach-Interaktion hypothesenkonform signifikant war. Demnach variierte die Veränderung der Testleistung von T1 zu T2 in Abhängigkeit von der Stereotyp-Aktivierung, der momentanen Selbstkontrollkapazität und dem elterlichen Bildungshintergrund.

Tabelle 1: Ergebnisse der Kovarianzanalyse mit Messwiederholung

	$F(1, 205)$	p	η^2_p
Zeitpunkt (Leistungsveränderung von T1 zu T2)	3.86	.05	.02
Stereotyp-Aktivierung	0.03	.86	<.001
Selbstkontrollkapazität	1.29	.26	.006
Bildungshintergrund	0.01	.92	<.001
Zeitpunkt X Stereotyp-Aktivierung	4.77	.03	.02
Zeitpunkt X Selbstkontrollkapazität	6.97	.009	.03
Zeitpunkt X Bildungshintergrund	0.001	.97	<.001
Stereotyp-Aktivierung X Selbstkontrollkapazität	0.008	.93	<.001
Stereotyp-Aktivierung X Bildungshintergrund	0.29	.59	.001
Selbstkontrollkapazität X Bildungshintergrund	1.27	.26	.006
Zeitpunkt X Stereotyp-Aktivierung X Selbstkontrollkapazität	3.23	.07	.02
Zeitpunkt X Stereotyp-Aktivierung X Bildungshintergrund	1.53	.22	.007
Zeitpunkt X Selbstkontrollkapazität X Bildungshintergrund	1.43	.23	.007
Stereotyp-Aktivierung X Selbstkontrollkapazität X Bildungshintergrund	0.20	.65	.001
Zeitpunkt X Stereotyp-Aktivierung X Selbstkontrollkapazität X Bildungshintergrund	5.79	.02	.03

Um die Vierfach-Interaktion mit Blick auf unsere Untersuchungshypothese zu interpretieren, führten wir vier geplante Vergleiche durch (siehe Tabelle 2). Diese wurden a priori so bestimmt, dass ihr gemeinsames Muster Folgendes zeigen kann: (a) Die hier vorliegende Stereotyp-Bedrohung kann sich ungünstig auf die Leistung auswirken und (b) eine vergleichsweise hohe Selbstkontrollkapazität hilft, diesen Stereotyp-Bedrohungs-Effekt zu überwinden. Zuerst betrachteten wir die Leistungsveränderung von T1 zu T2 der Teilnehmenden aus nicht-akademischen Haushalten unter den für diese Gruppe aus theoretischer Sicht ungünstigsten Bedingungen (d.h. bei bedrohlicher Stereotyp-Aktivierung und niedriger Selbstkontrolle). Bei diesen Teilnehmenden stieg die Leistung – entgegen dem signifikanten Haupteffekt der Messwiederholung – von T1 zu T2 nicht signifikant an.

Daraufhin sahen wir uns die Leistungsveränderung der Teilnehmenden aus akademischen Haushalten unter denselben Bedingungen an (d.h. bei bedrohlicher Stereotyp-Aktivierung und niedriger Selbstkontrolle). Hier fand sich – anders als bei der direkten Vergleichsgruppe mit nicht-akademischer Herkunft – ein signifikanter Anstieg der Leistung von T1 zu T2.

Im nächsten Schritt analysierten wir die Leistungsänderung der Teilnehmenden aus nicht-akademischen Elternhäusern, deren Selbstkontrollkapazität ebenso wie in den vorherigen beiden Vergleichen niedrig war, die jedoch keine bedrohliche Stereotyp-Aktivierung erfuhren. In dieser Gruppe stieg die Testleistung von T1 zu T2 an. Schließlich betrachteten wir die Leistungsänderung in der Gruppe der Teilnehmenden mit nicht-akademischer Herkunft, die sich zwar einer Stereotyp-Bedrohung gegenübersahen, deren momentane Selbstkontrollkapazität jedoch hoch war. Auch bei diesen Teilnehmenden konnte ein Testleistungsanstieg von T1 zu T2 beobachtet werden.

Tabelle 2: Geplante Vergleiche zur verbalen kognitiven Leistung

Gruppe	n	M_{T1} (SD_{T1})	M_{T2} (SD_{T2})	Paarweiser Vergleich von M_{T1} und M_{T2}			
				t	df	p	d_z
Mit Stereotyp-Bedrohung Selbstkontrolle niedrig Nicht-akademisch	26	10.62 (2.00)	10.77 (3.25)	-0.29	25	.78	-0.06
Mit Stereotyp-Bedrohung Selbstkontrolle niedrig Akademisch	27	9.85 (2.88)	10.85 (3.07)	-3.17	26	.004	-0.61
Ohne Stereotyp-Bedrohung Selbstkontrolle niedrig Nicht-akademisch	27	9.85 (3.29)	11.48 (2.95)	-4.27	26	<.001	-0.82
Mit Stereotyp-Bedrohung Selbstkontrolle hoch Nicht-akademisch	30	10.00 (2.97)	11.20 (3.16)	-2.81	29	.009	-0.51

In Verbindung mit dem Haupteffekt der Messwiederholung (d.h. insgesamt ein Leistungsanstieg von T1 zu T2) sprechen die geplanten Vergleiche dafür, dass der Leistungsanstieg auch für die teilnehmenden Studierenden mit nicht-akademischer Herkunft das Grundmuster darstellte: Ohne Stereotyp-Bedrohung oder mit ausreichender Selbstkontrollkapazität, um die Bedrohung zu überwinden, stieg die Testleistung von T1 zu T2 an. Kein solcher Leistungsanstieg fand sich jedoch, wenn die Bedrohung bei niedriger momentaner Selbstkontrollkapazität induziert wurde. Im Gegensatz dazu stieg die Leistung der Teilnehmenden aus akademischen Elternhäusern auch unter den Umständen an, unter denen es bei den Teilnehmenden mit nicht-akademischer Herkunft keinen Leistungsanstieg gab. Somit waren die Teilnehmenden aus nicht-akademischen Familien im Einklang mit früherer Forschung tatsächlich vom leistungsmindernden Effekt der Stereotyp-Bedrohung betroffen, konnten diesem aber durch Selbstkontrolle entgegenwirken.

3.3 Zusatzanalysen

Frühere Forschung fand in Deutschland eine Überlappung von SÖS und Migrationshintergrund (z.B. $r = -.33$ bei Niklas & Schneider, 2013). In der hier vorliegenden Stichprobe korrelierten der elterliche Bildungs- und der Migrationshintergrund allerdings nur gering miteinander, $\chi^2_{corr}[1, N = 215] = 3.20$, $p = .07$, $\Phi = .13$. Zudem änderten sich die Befunde bei statistischer Kontrolle des Migrationshintergrunds nicht.

Bei der Wiederholung der Hauptanalysen unter Einschluss der neun zuvor aus Altersgründen ausgeschlossenen Studierenden reduzierte sich der Effekt der Vierfach-Interaktion leicht, $p = .053$, $\eta^2_p = 0.02$. Die Ergebnisse der geplanten Vergleiche veränderten sich jedoch nicht.

4. Diskussion

Die vorliegende Studie untersuchte, ob die Selbstkontrollkapazität während einer Testsituation den zuvor vielfach gezeigten Stereotyp-Bedrohungs-Effekt auf kognitive Leistung moderiert. Dazu wurden in einer Stichprobe aus Studierenden nicht-akademischer sowie akademischer Herkunft zuerst die momentane Selbstkontrollkapazität und dann die Aktivierung eines auf den Sozialstatus bezogenen Stereotyps experimentell manipuliert. Vor und nach der Stereotypaktivierung wurde jeweils die Leistung in einem verbalen kognitiven Intelligenztest gemessen.

Insgesamt sprechen die Ergebnisse dafür, dass sich bei den Studierenden aus nicht-akademischen Elternhäusern der Stereotyp-Bedrohungs-Effekt erwartungsgemäß zeigte, wenn die Selbstkontrollkapazitäten momentan vergleichsweise niedrig waren (Ego Depletion). Bei Studierenden in derselben Stereotyp-Bedrohungs-Situation, deren Selbstkontrollkapazitäten vergleichsweise hoch waren (d.h. kein Ego Depletion), fand sich hingegen keine Beeinträchtigung der verbalen kognitiven Leistung. Bestimmte Alternativerklärungen für die Rolle der Selbstkontrollkapazität (z.B. Affektunterschiede) wurden kontrolliert und waren für den gefundenen Effekt nicht verantwortlich.

Selbstkontrolle scheint somit bei der Bedrohung, die durch die Zugehörigkeit zu einer sozialen Gruppe entstehen kann, eine puffernde Rolle zu spielen. Analoge Befunde ergaben sich bereits mehrfach bei der Berücksichtigung der Bedrohung aufgrund der persönlichen Neigung zu Angst in Testsituationen (z.B. Bertrams & Englert, 2014; Bertrams et al., 2013). Eine mögliche Interpretation ist, dass die Bedrohung durch Stereotype – ebenso wie die dispositionelle Prüfungsängstlichkeit – ein Antezedens für Zustandsangst und angstbezogene Prozesse ist, an denen dann die Selbstkontrolle ansetzen kann. Martiny und Götz (2011) stellen bezüglich des Zusammenhangs zwischen negativen Emotionen und Leistungsminderung im Kontext von Stereotyp-Bedrohung fest, „dass es empirische Evidenz gibt, die auf den Einfluss negativer Emotionen hinweist, die Rolle negativer Emotionen jedoch empirisch weniger eindeutig ist, als aufgrund theoretischer Annahmen zu erwarten wäre" (S. 160). Die beschriebene inkonsistente Befundlage ist möglicherweise darauf zurückzuführen, dass bislang die Selbstkontrollkapazität als moderierende Variable keine Berücksichtigung fand.

Diskussionswürdig ist, dass sich der Stereotyp-Bedrohungs-Effekt nicht als Leistungsabfall bemerkbar machte, sondern als ausbleibender Leistungsanstieg. Das Grundmuster in dieser Stichprobe war eine erhöhte Leistung im kognitiven Test von vor zu nach der Stereotyp-Aktivierung. Dies dürfte am Einsatz paralleler Testversionen liegen, die in enger zeitlicher Abfolge bearbeitet wurden. Obwohl sich die Aufgaben der beiden Testversionen unterschieden, waren der Aufgabentypus und der standardisierte Testaufbau komplett identisch. Somit fand vermutlich ein Lernprozess hinsichtlich einer effektiveren Aufgabenbearbeitung statt, der sich in höherer Leistung im zweiten Test manifestierte. Dies konnte teilweise auch schon in früherer Forschung beobachtet werden (z.B. Beilock, Rydell, & McConnell, 2007). Wenn nun im Gegensatz zum Grundmuster die Leistung der Teilnehmenden, die sich in einer bedrohlichen Situation befanden und gleichzeitig verringerte Selbstkontrollkapazitäten aufwiesen, vom ersten zum zweiten Test gleichblieb, kann dies im Sinne eines Lerndefizits interpretiert werden. Eine andere Möglichkeit ist, dass zwar ein Lernen hinsichtlich des Umgangs mit den Aufgaben stattfand, aber der auch schon in der Vergangenheit beobachtete Bedrohungseffekt, der die Leistungserbringung direkt stört (Croizet & Claire, 1998; Spencer & Castano, 2007), den Lerneffekt vollständig überlagerte. In beiden Fällen resultiert im sozialen Vergleich ein kognitives Leistungsdefizit, das auf ungünstige Testumstände zurückgeführt werden kann. Es ist außerdem möglich, dass bei stärkerer Reduzierung der Selbstkontrollkapazität als in der vorliegenden Studie – beispielsweise durch eine länger als sechs Minuten anhaltende anfängliche Selbstkontrollanforderung – eine absinkende Leistung vom ersten zum zweiten Test festzustellen wäre.

Als theoretische Implikation der vorliegenden Ergebnisse ist vornehmlich die Bedingtheit des Stereotyp-Bedrohungs-Effekts zu nennen. Frühere Forschung hat bereits verschiedene Moderatoren dieses Effekts identifiziert (z.B. Leistungsfähigkeit und -motivation; siehe Martiny & Götz, 2011). Bislang unberücksichtigt blieb der Einfluss der Anforderungen, die in zeitlicher Nähe vor den bedrohlichen Testsituationen liegen. Unsere Befunde sprechen dafür, dass sich der Stereotyp-Bedrohungs-Effekt auf Situationen beschränkt, in denen die Selbstkontrollkapazität aufgrund vorheriger selbstregulatorischer Anforderungen momentan vermindert ist. Auf der Seite der praktischen Implikationen ist die selbstkontrollkapazitätsschonende Gestaltung von Testsituationen zu nennen: Erschöpfende Anforderungen vor Leistungstests sollten vermieden werden (z.B. sollte zuvor kein konzentrationsintensiver Unterricht oder gar ein anderer Test stattgefunden haben). Die eingangs genannte Gefährdung der Validität von Tests könnte damit reduziert werden. Obendrein dürften die Möglichkeiten, die Selbstkontrollkapazität gegen Erschöpfung zu stärken bzw. den Ego Depletion-Zustand aufzuheben (Baumeister & Vohs, 2016), von praktischer Relevanz sein. Prüflinge könnten damit im Falle ungünstiger Testbedingungen einen Leistungseinbruch verhindern.

Wir scheuen davor zurück, herkunftsbedingte soziale Disparitäten im Bildungssystem einzig und allein auf Stereotyp-Effekte zurückzuführen. Es ist jedoch plausibel, dass solche Effekte einen Teil dazu beitragen (vgl. Martiny, Götz, & Keller, 2013). Die Selbstkontrollkapazität kann in Anbetracht unserer Befunde daher eine Stellschraube sein, über die benachteiligte Personen der Ungleichheit ein Stück weit entgegenwirken können.

Der Geltungsbereich unserer Studienergebnisse wird durch die künstliche Laborsituation eingeschränkt. Die hohe Kontrollierbarkeit der experimentellen Untersuchungssituation ging zulasten der ökologischen Validität. In Ergänzung zu unserem Laborexperiment, in dem das vermutete kausale Zusammenhangsmuster nachgewiesen wurde, können zukünftige Feldstudien helfen, die Stärke und praktische Bedeutsamkeit der hier gefundenen Effekte einzuschätzen.

Literatur

Baumeister, R. F., & Vohs, K. D. (2016). Strength model of self-regulation as limited resource: Assessment, controversies, update. *Advances in Experimental Social Psychology, 54*, 67–127.

Beilock, S. L., Rydell, R. J., & McConnell, A. R. (2007). Stereotype threat and working memory: Mechanisms, alleviation, and spillover. *Journal of Experimental Psychology: General, 136*, 256–276.

Bertrams, A., & Englert, C. (2014). Test anxiety, self-control, and knowledge retrieval in secondary school students. *Zeitschrift für Entwicklungspsychologie und Pädagogische Psychologie, 46*, 165–170.

Bertrams, A., Englert, C., & Dickhäuser, O. (2010). Self-control strength in the relation between trait test anxiety and state anxiety. *Journal of Research in Personality, 44*, 738–741.

Bertrams, A., Englert, C., Dickhäuser, O., & Baumeister, R. F. (2013). Role of self-control strength in the relation between anxiety and cognitive performance. *Emotion, 13*, 668–680.

Cadinu, M., Maass, A., Rosabianca, A., & Kiesner, J. (2005). Why do women underperform under stereotype threat? Evidence for the role of negative thinking. *Psychological Science, 16*, 572–578.

Croizet, J. C., & Claire, T. (1998). Extending the concept of stereotype threat to social class: The intellectual underperformance of students from low socioeconomic backgrounds. *Personality and Social Psychology Bulletin, 24*, 588–594.

Dummel, S., & Rummel, J. (2016). Effects of ego-depletion on choice behaviour in a multi-attribute decision task. *Journal of Cognitive Psychology, 28*, 374–383.

Dumont, H., Trautwein, U., Lüdtke, O., Neumann, M., Niggli, A., & Schnyder, I. (2012). Does parental homework involvement mediate the relationship between family background and educational outcomes? *Contemporary Educational Psychology, 37*, 55–69.

Englert, C., Zwemmer, K., Bertrams, A., & Oudejans, R. R. D. (2015). Ego depletion and attention regulation under pressure: Is a temporary loss of self-control strength indeed related to impaired attention regulation? *Journal of Sport and Exercise Psychology, 37*, 127–137.

Eysenck, M. W., Derakshan, N., Santos, R., & Calvo, M. G. (2007). Anxiety and cognitive performance: Attentional control theory. *Emotion, 7*, 336–353.

Keller, J. (2007). Stereotype threat in classroom settings: The interactive effect of domain identification, task difficulty and stereotype threat on female students' maths performance. *British Journal of Educational Psychology, 77*, 323–338.

Liepmann, D., Beauducel, A. Brocke, B., & Amthauer, R. (2007). *Intelligenz-Struktur-Test 2000 R* (2. Aufl.). Göttingen: Hogrefe.

Mackinnon, A., Jorm, A. F., Christensen, H., Korten, A. E., Jacomb, P. A., & Rodgers, B. (1999). A short form of the Positive and Negative Affect Schedule: evaluation of factorial validity and invariance across demographic variables in a community sample. *Personality and Individual Differences, 27*, 405–416.

Martiny, S. E., & Götz, T. (2011). Stereotype Threat in Lern- und Leistungssituationen: Theoretische Ansätze, empirische Befunde und praktische Implikationen. In K. A. Heller, A. Ziegler, & F. J. Mönks (Hrsg.), *Talentförderung – Expertiseentwicklung – Leistungsexzellenz*. Berlin: LIT.

Martiny, S. E., Götz, T., & Keller, M. (2013). Emotionsregulation im Kontext von Stereotype Threat: Die Reduzierung der Effekte negativer Stereotype bei ethnischen Minderheiten. In P. Genkova, T. Ringeisen, & F. T. L. Leong (Hrsg.), *Handbuch Stress und Kultur. Interkulturelle und kulturvergleichende Perspektiven* (S. 397–415). Wiesbaden: Springer VS.

Middendorff, E., Apolinarski, B., Poskowsky, J., Kandulla, M., & Netz, N. (2013). *Die wirtschaftliche und soziale Lage der Studierenden in Deutschland 2012: 20. Sozialerhebung des Deutschen Studentenwerks durchgeführt durch das HIS-Institut für Hochschulforschung*. Berlin: Bundesministerium für Bildung und Forschung.

Niklas, F., & Schneider, W. (2013). Home literacy environment and the beginning of reading and spelling. *Contemporary Educational Psychology, 38*, 40–50.

Ramm, M., Multrus, F., Bargel, T., & Schmidt, M. (2014). *Studiensituation und studentische Orientierungen: 12. Studierendensurvey an Universitäten und Fachhochschulen*. Berlin: Bundesministerium für Bildung und Forschung.

Schmeichel, B. J. (2007). Attention control, memory updating, and emotion regulation temporarily reduce the capacity for executive control. *Journal of Experimental Psychology: General, 136*, 241–255.

Schmeichel, B. J., & Baumeister, R. F. (2010). Effortful attention control. In B. Bruya (Ed.), *Effortless attention: A new perspective in the cognitive science of attention and action* (pp. 29–49). Cambridge, MA: MIT Press.

Spencer, B., & Castano, E. (2007). Social class is dead. Long live social class! Stereotype threat among low socioeconomic status individuals. *Social Justice Research, 20*, 418–432.

Steele, C. M., & Aronson, J. (1995). Stereotype threat and the intellectual test performance of African Americans. *Journal of Personality and Social Psychology, 69*, 797–811.

Spielberger, C. D., & Vagg, P. R. (1995). Test anxiety: A transactional process model. In C. D. Spielberger, & P. R. Vagg (Eds.), *Test anxiety: Theory, assessment, and treatment* (pp. 3–14). Washington, DC: Taylor & Francis.

Steinmayr, R., Dinger, F. C., & Spinath, B. (2010). Parents' education and children's achievement: The role of personality. *European Journal of Personality, 24*, 535–550.

Wine, J. (1971). Test anxiety and direction of attention. *Psychological Bulletin, 76*, 92–104.

Wolff, W., Baumgarten, F., & Brand, R. (2013). Reduced self-control leads to disregard of an unfamiliar behavioral option: An experimental approach to the study of neuroenhancement. *Substance Abuse Treatment, Prevention, and Policy, 8*, 41–48.

Zeidner, M. (1998). *Test anxiety: The state of the art*. New York: Plenum Press.

Annette Lohbeck, Juliane Schlesier, Uta Wagener und Barbara Moschner

Emotionsregulationsstrategien, Emotionen und kognitive Lernstrategien von Studierenden

Abstract
Ausgehend von der Broaden-and-build-Theorie von Fredrickson (1998) und den Befunden der Stimmungsforschung werden in der vorliegenden, querschnittlich angelegten Fragebogenstudie die Zusammenhänge zwischen den Emotionsregulationsstrategien *Neubewertung* und *Unterdrückung*, den Emotionen *Freude* und *Angst* sowie den kognitiven Lernstrategien *Wiederholung*, *Elaboration* und *Organisation* untersucht. Zudem werden mögliche Mediatoreffekte der Emotionen analysiert. Befragt wurden 421 Studierende an den Universitäten Vechta und Oldenburg zu Beginn des Wintersemesters 2016/2017. Korrelationsanalysen zeigten, dass eine höhere Neubewertung mit mehr Freude im Studium und einer häufigeren selbstberichteten Nutzung von Wiederholungs- und Organisationsstrategien einhergeht. Dagegen korrelierte Unterdrückung negativ mit Freude und den Wiederholungs- und Organisationsstrategien, jedoch positiv mit Angst. Latente Regressionsanalysen belegten, dass alle drei kognitiven Lernstrategien durch die Freude signifikant positiv erklärbar sind und die Wiederholungs- und Elaborationsstrategien lediglich durch die Angst signifikant positiv tangiert wird. Freude erwies sich dabei als signifikanter Mediator zwischen den beiden Emotionsregulationsstrategien und allen drei kognitiven Lernstrategien, während Angst lediglich als signifikanter Mediator zwischen der Unterdrückung und den Elaborationsstrategien fungierte. Studentinnen berichteten zudem eine stärkere Nutzung von Organisationsstrategien als Studenten, die dagegen eine stärkere Unterdrückung angaben.

1. Einführung

Beim Erleben von Erfolgen und Misserfolgen im Studium werden unmittelbar Emotionen ausgelöst, die von Studierenden auf unterschiedlichste Weise reguliert werden können. Gelingt eine adäquate Emotionsregulation jedoch nicht, kann es zu Problemen im Umgang mit den Emotionen kommen, die sich ungünstig auf wünschenswerte Lernmerkmale wie z.B. kognitive Lernstrategien auswirken können (Hascher, 2005; Pekrun, Götz, Titz, & Perry, 2002). Um Hinweise zur Förderung des Lernverhaltens von Studierenden zu gewinnen, ist es deshalb notwendig, das Zusammenspiel zwischen den Emotionsregulationsstrategien, den Emotionen und den kognitiven Lernstrategien von Studierenden zu erkennen. Die vorliegende Studie beschäftigt sich deshalb speziell mit den Zusammenhängen zwischen den Emotionsregulationsstrategien *Neubewertung* und *Unterdrückung*, den Emotionen *Freude* und *Angst* sowie den drei kognitiven Lernstrategien *Wiederholung*, *Elaboration* und *Organisation* von Studierenden. Sie ist dabei nicht nur empirisch, sondern auch theoretisch von hoher Relevanz, da sie anhand der sog. Broaden-and-build-Theorie (Fredrickson, 1998) und den Befunden der Stimmungsforschung (vgl. Hascher, 2005) die Zusammenhänge zwischen diesen drei Konstrukten erklären will.

2. Theoretischer Hintergrund

2.1 Emotionsregulation

Emotionsregulation kann als die zielgerichtete Aufrechterhaltung, Steigerung oder Senkung der eigenen Emotionen und der Emotionen anderer Menschen verstanden werden (Gross & Thompson, 2007). Sie bezeichnet die Fähigkeit, Emotionen in ihrer Qualität, Intensität, Häufigkeit, ihrem Verlauf und Ausdruck in Hinblick auf die selbst gesetzten Ziele zu modifizieren (vgl. Thompson, 1994). Emotionsregulation stellt einen Prozess dar, bei dem spezifische Strategien zur Steuerung von Emotionen und damit verbundenen Interaktionen, Verhaltensweisen und physiologischen Zustände angewendet werden (Kullik & Petermann, 2012). In dem Prozessmodell von Gross und John (2003) wird deutlich, dass Emotionsregulation sowohl Aufmerksamkeitsprozesse, kognitive Bewertungen, physiologische Reaktionen, subjektives Erleben als auch Ausdrucksverhalten beinhaltet.

Emotionsregulation spielt in Lern- und Leistungskontexten eine zentrale Rolle (Pekrun, 2016), wenn Studierende z.B. Misserfolge im Studium erleben, die negativ interpretiert werden und in der Folge negative Emotionen auslösen. Ein wichtiges Charakteristikum der Emotionsregulation ist die Aktivierung eines Ziels (Gross, 2015), nach welchem die Emotionen beeinflusst werden (Eisenberg & Spinrad, 2004). Zur Realisierung dieses Ziels werden Dauer, Qualität und Intensität der Emotionen anhand verschiedener Emotionsregulationsstrategien bestimmt (Holodynski, Hermann, & Kromm, 2013). Zwei Emotionsregulationsstrategien, die in der vorliegenden Studie im Vordergrund stehen, sind Neubewertung und Unterdrückung (Abler & Kessler, 2009). Neubewertung beschreibt eine kognitive Emotionsregulationsstrategie, bei der die Bedeutung eines emotionalen Reizes neu gedeutet wird, sodass eine neue emotionale Wirkung entsteht. Unterdrückung bezeichnet dagegen eine antwortorientierte Emotionsregulationsstrategie, bei der das emotional-expressive Verhalten gehemmt wird (Gross, 1998).

2.2 Emotionen

Emotionen zeichnen sich durch einen affektiven Kern, genauer ein typisches, psychisches Erleben, aus, bei dem verschiedene Komponenten zusammenwirken (Frenzel, Götz, & Pekrun, 2015): Beim Erleben von Prüfungsangst können Studierende z.B. eine erhöhte Herzrate bei sich wahrnehmen (physiologische Komponente), negative Gedanken wie „Ich werde versagen" entwickeln (kognitive Komponente), Verzweiflung ausdrücken (expressive Komponente) oder Arbeit meiden (motivationale Komponente). Emotionspsychologische Theorien nehmen an, dass Emotionen meist auf ein spezifisches Ereignis (z.B. eine gute Note) zurückführbar sind, wobei das Erleben von Emotionen nicht von der Situation selbst, sondern eher von der Einschätzung der emotionsauslösenden Situation abhängig ist (Lazarus, 1991; Moors, Ellsworth, Scherer, & Frijda, 2013): Sehen Studierende z.B. eine Klausur als sehr wichtig an, könnten sie mehr Angst vor dieser Klausur haben.

Grundsätzlich zu differenzieren sind State- und Trait-Emotionen (Frenzel et al., 2015): Während State-Emotionen sich auf unmittelbar erlebte Situationen wie z.B. Angst in einer Prüfungssituation beziehen, stellen Trait-Emotionen eher dispositionelle, stabile Merkmale dar, die in der vorliegenden Studie auf den Kontext „Studium" bezogen wurden. In Lern- und Leistungskontexten wird zudem zwischen Lern- und Leistungsemotionen unterschieden: Während Leistungsemotionen sich auf leistungsbezogene Aktivitäten beziehen, die anhand eines Gütemaßstabes bestimmt werden (Pekrun, 2006), betreffen Lernemotionen ausschließlich Lernprozesse und subjektive Ergebniserwartungs- und Ergebnisbewertungsprozesse (Titz, 2001). Da Lernsituationen häufig auch Leistungssituationen sind, werden Lernemotionen auch als eine Teilgruppe von Leistungsemotionen aufgefasst (Frenzel et al., 2015).

Im Fokus der vorliegenden Studie stehen die Emotionen Freude und Angst, da diese zu den Grundemotionen von Menschen gehören (Frenzel, 2014). Freude geht häufig mit einem höheren Wohlbefinden einher, das entweder aus einem bevorstehenden wünschenswerten Ereignis (antizipatorische Freude), aus einer angenehmen Aktivität (aktivitätsbezogene Freude) oder aus einem erwünschten vergangenen Ereignis resultiert (ergebnisbezogene Freude; vgl. Frenzel, 2014). Angst setzt sich dagegen aus aversiven physiologischen und affektiven (Schwitzen, Schütteln) sowie kognitiven Komponenten (Sorgen) zusammen (Frenzel, 2014). Sie tritt typischerweise auf, wenn Menschen mit Bedrohung konfrontiert werden und denken, die Bedrohung nicht bewältigen zu können (Smith & Lazarus, 1993).

2.3 Kognitive Lernstrategien im Studium

Lernstrategien definieren allgemein „jene Verhaltensweisen und Kognitionen, die von Lernenden aktiv zum Zweck des Wissenserwerbs eingesetzt werden" (Wild, 2010, S. 479). Sie werden meist in kognitive Lernstrategien, metakognitive Lernstrategien und Strategien des Ressourcenmanagements eingeteilt (Pintrich, Smith, Garcia, & McKeachie, 1991; Weinstein & Mayer, 1986). Fokussiert werden in der vorliegenden Studie die kognitiven Lernstrategien, die sich allgemein in Wiederholungs-, Elaborations- und Organisationsstrategien aufgliedern lassen (Wild, 2010). Wiederholungsstrategien beinhalten alle Verhaltensweisen, bei denen die Lerninhalte wiederholt eingeübt werden. Dazu gehören z.B. mehrmaliges Lesen, Schreiben oder Auswendiglernen. Organisationsstrategien subsumieren dagegen alle Vorgehensweisen, bei denen die Lerninhalte strukturiert werden, indem z.B. Oberbegriffe oder Überbeschriften für Textteile generiert werden. Elaborationsstrategien beschreiben zudem alle Verhaltensweisen, bei denen die bereits vorhandenen Kenntnisse mit neuem Wissen verknüpft werden (Wild, 2010). Da Elaborations- und Organisationsstrategien häufig mit einem besseren Verständnis der Lerninhalte einhergehen (Artelt & Moschner, 2005; Marton & Säljö, 1984), werden sie auch als Tiefenstrategien bezeichnet, Wiederholungsstrategien dagegen als Oberflächenstrategien. Bereits mehrere Studien haben gezeigt, dass ein reflektierter Einsatz von Lernstrategien eine wichtige Determinante von Leistungen ist (Chevalier, Parrila, Ritchie, & Deacon, 2017; Meng, Muñoz, King Hess, & Liu, 2017; vgl. die Meta-Analyse von Dent & Koenka, 2016). Lernstrategien können sowohl abwechselnd als auch nacheinander angewendet werden. Es gibt weder „gute" noch „schlechte" Lernstrategien, da es eher um den adaptiven Umgang mit den Lernstrategien geht. So kann z.B. plausibel angenommen werden, dass das Wiederholen von Lerninhalten eine genauso gute Lernstrategie wie andere Lernstrategien ist, um Grundwissen zu erwerben.

2.4 Empirische Befunde

Gross und John (2003) belegen, dass Emotionsregulation sich kausal auf Emotionen auswirkt. Die Befunde von Kordts-Freudinger (2017) weisen zudem darauf hin, dass der Zusammenhang zwischen Emotionsregulation und bestimmten Lernansätzen durch die erlebten Emotionen bei Studierenden vermittelt wird. Für die vorliegende Studie kann somit angenommen werden, dass Emotionsregulationsstrategien die erlebten Emotionen der Studierenden bestimmen, die wiederum die Anwendung kognitiver Lernstrategien der Studierenden tangieren.

Zur Erklärung des Zusammenspiels zwischen Emotionsregulationsstrategien, Emotionen und kognitiven Lernstrategien bietet sich vor allem die Broaden-and-build-Theorie von Fredrickson (1998) an: Positive Emotionen erweitern den Gedankenspielraum, während negative Emotionen ihn einschränken (Fredrickson & Branigan, 2005). Ein breiteres Gedankenrepertoire geht dabei häufig mit besseren individuellen Ressourcen einher, wie z.B. gute soziale Beziehungen (Aron, Norman, Aron, McKenna, & Heyman, 2000), höhere intellektuelle Fähigkeiten (Panksepp, 1998) oder eine höhere psychische Stabilität (Fredrickson, Tugade, Waugh, & Larkin, 2003). Auch die Befunde der Stimmungsforschung geben einige Erklärungen zur Wirkung von Emotionen auf das Lernen (vgl. Hascher, 2005): (1) Bei positiven Gefühlen bzw. in positiver Stimmung werden häufiger angenehme Informationen ausgewählt, während bei negativen Emotionen bzw. in negativer Stimmung eher unangenehme Informationen selektiert werden (Stimmungskongruenz). (2) Negative Gefühle fördern analytisches Denken, während positive Emotionen die Anwendung intuitiv-holistischer Denkmuster erleichtern, bei denen alle möglichen Antworten ohne längeres Nachdenken miteinbezogen werden (Informationsverarbeitung). 3) Positive oder negative Emotionen geben einer Person einen gewissen Grad an Sicherheit in der jeweiligen Situation (Informationspotenzial): Positive Emotionen sollten kognitive Prozesse fördern, negative Emotionen jedoch hemmen. (4) Das Erleben positiver Gefühle treibt dazu an, den positiven Gefühlszustand aufrechtzuerhalten, sodass häufig solche Aufgaben gemieden werden, die positive Gefühle gefährden könnten (Stimmungserhalt).

Bislang liegen noch relativ wenige Studien zu den Zusammenhängen zwischen Emotionsregulationsstrategien, Emotionen und kognitiven Lernstrategien vor. Einige Befunde aus der Stimmungsforschung weisen darauf hin, dass sowohl positive als auch negative Stimmungen kognitive Ressourcen verbrauchen und kognitive Leistungen negativ beeinflussen (vgl. Hascher, 2005). Empirisch konnte z.B. wiederholt gezeigt werden, dass vor allem die Aufmerksamkeit, die kognitive Planung und die Leistungen sowohl in negativer als auch in positiver Stimmung schwächer ausgeprägt sind als in neutraler Stimmung (z.B. Meinhardt & Pekrun, 2003; Mitchell & Phillips, 2007). Demzufolge lässt sich für die vorliegende Studie annehmen, dass auch lern- und leistungsbezogene Emotionen wie das Erleben von Freude und Angst im Studium hohe kognitive Ressourcen verbrauchen und die Anwendung kognitiver Lernstrategien erklären. So konnte z.B. Zeidner (1998) nachweisen, dass prüfungsängstliche Schüler/innen Lernzeiten schlechter nutzen und sich den Lernstoff eher durch oberflächliche Lernstrategien aneignen, wobei ebenso die umgekehrte Wirkrichtung nicht auszuschließen ist, d.h. Misserfolge in Prüfungssituationen auch die Prüfungsangst nachfolgender Prüfungen verstärken können. Teilweise ähnliche Befunde finden sich auch bei Pekrun et al. (2002), die sieben Querschnitts- und drei Längsschnittstudien sowie eine Tagebuchstudie bei Studierenden und Schülern/-innen durchführten: Freude hängt positiv mit Elaborationsstrategien und nur schwach positiv mit Wiederholungsstrategien zusammen, während Angst negativ mit Elaborationsstrategien und nur schwach positiv mit Wiederholungsstrategien assoziiert ist. Auch Trigwell, Ellis und Han (2012) berichten, dass positive Zusammenhänge zwischen positiven Emotionen und Tiefenstrategien sowie zwischen negativen Emotionen und Oberflächenstrategien bestehen.

Kordts-Freudinger (2017) untersuchte darüber hinaus die Zusammenhänge zwischen verschiedenen Emotionen, den Emotionsregulationsstrategien Unterdrückung und Neubewertung sowie den Lehransätzen *schülerorientiert* und *lehrerzentriert*. Die Ergebnisse zeigten, dass ausschließlich die positiven, nicht jedoch die negativen Emotionen mit einem schülerorientierten Lehransatz zusammenhängen, während die negativen Emotionen eher mit dem lehrerzentrierten Ansatz korrespondieren. Positive Zusammenhänge fanden sich auch für die positiven Emotionen mit Neubewertung, aber nicht mit Unterdrückung. Der schülerorientierte Lehransatz war zudem signifikant positiv mit Neubewertung und negativ mit Unterdrückung assoziiert. Die positiven Emotionen erwiesen sich dabei als Mediator zwischen der Neubewertung und dem schülerorientierten Lehransatz. Sowohl positive Emotionen als auch Neubewertung konnten den schülerorientierten Lehransatz erklären. Weitere Befunde stellten auch Gross und John (2003) fest, wonach positive Emotionen positiv mit Neubewertung, jedoch negativ mit Unterdrückung einhergehen.

Zusammenfassend machen diese Befunde deutlich, dass positive Emotionen nicht dirckt mit einem schülerorientierten Lehransatz zusammenhängen und teilweise als Mediator zwischen Neubewertung und einem schülerorientierten Ansatz fungieren. Aus diesen Befunden lässt sich somit für die vorliegende Studie schließen, dass positive oder negative Emotionen möglicherweise auch mit anderen kognitiven Merkmalen wie z.B. selbstberichtete kognitive Lernstrategien korrespondieren.

2.5 Fragestellungen und Hypothesen

Ausgehend von der eingangs beschriebenen Broaden-and-build-Theorie von Fredrickson (1998) und den Befunden der Stimmungsforschung (vgl. Hascher, 2005) ist es ein Anliegen der vorliegenden Studie, das Zusammenspiel zwischen den Emotionsregulationsstrategien Neubewertung und Unterdrückung, den Emotionen Freude und Angst und den kognitiven Lernstrategien Wiederholung, Elaboration und Organisation von Studierenden genauer zu untersuchen. Den Befunden von Kordts-Freudinger (2017) und Gross und John (2003) entsprechend soll dabei eine Zusammenhangskette

überprüft werden, bei der die Emotionsregulationsstrategien Neubewertung und Unterdrückung jeweils auf die Emotionen Freude und Angst gerichtet sind, die wiederum auf die drei kognitiven Lernstrategien zeigen. Vor dem Hintergrund des dargestellten Forschungsstands lassen sich zu den direkten Zusammenhängen zwischen den Emotionsregulationsstrategien und Emotionen folgende Hypothesen formulieren:
- Hypothese 1a) Neubewertung hängt positiv mit Freude und negativ mit Angst zusammen.
- Hypothese 1b) Unterdrückung hängt negativ mit Freude und positiv mit Angst zusammen.

Zu den direkten Zusammenhängen zwischen Emotionen und kognitiven Lernstrategien sollen zudem folgende Hypothesen überprüft werden:
- Hypothese 2a) Freude korreliert positiv mit den Elaborations- und Organisationsstrategien, während mit den Wiederholungstrategien keine Annahmen aus dem Forschungsstand abzuleiten sind.
- Hypothese 2b) Angst korreliert positiv mit den Wiederholungstrategien, jedoch negativ mit den Elaborations- und Organisationsstrategien.

Wenngleich bislang noch keine belastbare Empirie zu den Zusammenhängen zwischen Emotionsregulationsstrategien und kognitiven Lernstrategien vorliegt, lassen sich den Befunden von Kordts-Freudinger (2017) folgend auch direkte Zusammenhänge zwischen den beiden Emotionsregulationsstrategien und den drei kognitiven Lernstrategien annehmen. Die entsprechenden Hypothesen lauten:
- Hypothese 3a): Neubewertung korreliert positiv mit den Elaborations- und Organisationsstrategien, jedoch negativ mit den Wiederholungstrategien.
- Hypothese 3b): Unterdrückung korreliert negativ mit allen drei kognitiven Lernstrategien.

Aus den Befunden der Stimmungsforschung lassen sich schließlich ebenso bedeutsame, jedoch differenzielle Mediatoreffekte der beiden Emotionen zwischen den beiden Emotionsregulationsstrategien und den drei kognitiven Lernstrategien vermuten, wobei aufgrund der bislang noch fehlenden Studien in Bezug auf die kognitiven Lernstrategien keine Hypothesen formuliert werden sollen.

3. Methode

3.1 Stichprobe und Durchführung

Datengrundlage dieser querschnittlich angelegten Studie bildet eine Stichprobe von 421 Studierenden (89 Männer, 339 Frauen) der Erziehungswissenschaften ($n = 212$, 49.0 %) und des Lehramts ($n = 221$, 51.0 %). Insgesamt nahmen 329 Studierende der Universität Vechta (78.1 %) und 92 Studierende der Universität Oldenburg (21.9 %) teil, wovon 239 Bachelorstudierende (56.8 %) und 182 Masterstudierende (43.2 %) waren. 219 Studierende befanden sich im ersten Fachsemester eines Bachelorstudienganges. Das Alter der Studierenden variierte zwischen 18 und 46 Jahren ($M = 22.63$, $SD = 3.23$).

Alle Datenerhebungen fanden zu Beginn des Wintersemesters 2016/2017 in der zweiten und dritten Lehrveranstaltungswoche in verschiedenen Vorlesungen statt. Die Teilnahme war freiwillig und anonym.

3.2 Messinstrumente

Emotionsregulationsstrategien
Die Emotionsregulationsstrategien Neubewertung und Unterdrückung wurden mit zwei Skalen aus dem deutsch-übersetzten *Emotion Regulation Questionnaire* von Gross und John (ERQ; Abler & Kessler, 2009) erfasst. In der Einleitung des Fragebogens wurde dabei explizit betont, dass alle Items auf die Emotionsregulationsstrategien im Studium bezogen werden sollten. Die Skala Neubewertung umfasste sechs Items (z.B. „Wenn ich mehr positive Gefühle (wie Freude oder Heiterkeit) empfinden möchte, ändere ich, woran ich denke."; $\alpha = .82$) und die Skala Unterdrückung vier Items (z.B. „Ich behalte meine Gefühle für mich.", $\alpha = .75$). Alle Items konnten auf einer siebenstufigen Likert-Skala von 1 (*stimmt überhaupt nicht*) bis 7 (*stimmt vollkommen*) beurteilt werden. Die Zwei-Faktorenstruktur ließ sich hinreichend anhand konfirmatorischer Faktorenanalysen (CFA) reproduzieren ($c^2 = 37.841$, $df = 32$, $CFI = .994$, $TLI = .992$, $RMSEA = .021$).

Emotionen
Zur Erfassung der Emotionen Freude und Angst im Studium wurden zwei Skalen aus dem deutsch-übersetzten *Emotions Questionnaire for Teachers* (EQT; Frenzel, Pekrun, & Götz, 2013) in leicht modifizierter Form adaptiert, d.h. alle Items wurden auf das Studium bezogen, da der EQT auf das Unterrichten von Lehrkräften fokussiert. Beide Emotionen wurden mit jeweils vier Items auf einer vierstufigen Likert-Skala von 1 (*stimmt nicht*) bis 4 (*stimmt genau*) erfasst (z.B. Freude: „Im Allgemeinen macht mir das Studium Freude.", $\alpha = .70$, Angst: „Im Studium bin ich im Allgemeinen angespannt und nervös.", $\alpha = .72$). Die Ergebnisse einer CFA wiesen auf die Angemessenheit eines Zwei-Faktorenmodells hin ($c^2 = 34.138$, $df = 19$, $CFI = .971$, $TLI = .957$, $RMSEA = .044$).

Kognitive Lernstrategien
Zur Erfassung der kognitiven Lernstrategien Wiederholung, Elaboration und Organisation wurden drei Skalen aus dem Fragebogen zu Lernstrategien im Studium (LIST; Wild & Schiefele, 1994) herangezogen. Die Skala Wiederholung beinhaltete sechs und die Skalen Elaboration und Organisation erfassten jeweils acht Items. Alle Items konnten auf einer sechsstufigen Likert-Skala von 1 (*trifft nicht zu*) bis 6 (*trifft voll zu*) bewertet werden (Wiederholung: z.B. „Ich lerne Regeln, Fachbegriffe oder Formeln auswendig", $\alpha = .81$; Organisation: z.B. „Ich fertige Tabellen, Diagramme oder Schaubilder an, um den Lernstoff besser strukturiert vorliegen zu haben.", $\alpha = .78$; Elaboration: z.B. „Ich überlege mir, ob der Lernstoff auch für mein Alltagsleben von Bedeutung ist." $\alpha = .85$). Eine CFA bestätigte die Drei-Faktorenstruktur ($c^2 = 333.026$, $df = 171$, $CFI = .934$, $TLI = .919$, $RMSEA = 0.047$). Da sich einige Items allerdings inhaltlich auch auf den Alltag beziehen, andere dagegen auf das Studium, ist eine mögliche

Konfundierung der kontextspezifischen und allgemeinen Ebene nicht auszuschließen. Darauf hinzuweisen ist dennoch zugleich, dass die Skalen des LIST bereits in zahlreichen Studien angewendet werden.

3.3 Datenauswertung

Zur Überprüfung der Zusammenhänge wurden sowohl manifeste als auch latente Korrelationen berechnet. Prädiktive Zusammenhänge wurden mit einem Strukturgleichungsmodell (SEM) in Mplus (Muthén & Muthén, 1998–2012) spezifiziert, wobei die Koeffizienten mit dem *Full Information Maximum Likelihood*-Verfahren geschätzt wurden. Da davon auszugehen war, dass zwischen den Prädiktoren wechselseitige Abhängigkeiten bestehen, wurden alle Prädiktoren und die drei kognitiven Lernstrategien als Kriterium simultan in das Modell aufgenommen. Alle Variablen wurden latent modelliert und um den Gesamtmittelwert z-standardisiert. Geschlecht und Alter dienten als Kontrollvariablen. Korrelationen zwischen den Residuen der jeweiligen Modellfaktoren sowie zwischen den Fehlerfaktoren der Items wurden zugelassen. Als Gütekriterien für die Modellanpassung wurden der an den Freiheitsgraden relativierte χ^2-Wert, der *Comparative Fit Index* (CFI), der *Tucker-Lewis-Index* (TLI) und der *Root Mean Square Error of Approximation* (RMSEA) herangezogen. Ein guter Modellfit lag bei folgenden Grenzwerten vor (Weiber & Mühlhaus, 2014): CFI- und TLI-Werte ≥ .95 und RMSEA-Werte ≤ .05. Mögliche Mediatoreffekte der Emotionen wurden zudem mit dem Ansatz von Baron und Kenny (1986) überprüft.

4. Ergebnisse

4.1 Deskriptive Analysen

Die Mittelwerte und Interkorrelationen der zentralen Variablen dieser Studie stellt Tabelle 1 für die Gesamtstichprobe dar.

Tabelle 1: Deskriptive Statistik und (Inter-)Korrelationen für die zentralen Variablen

Variablen	1	2	3	4	5	6	7
1 Neubewertung[1]	–	.16**	.18***	.05	.05	.21***	.16**
2 Unterdrückung[1]	.19**	–	.16**	.23***	.11*	–.09	–.15**
3 Freude[2]	.24***	–.22**	–	.35***	.09	.32***	.27***
4 Angst[2]	.07	.30***	–.50***	–	.10*	–.02	–.05
5 Wiederholung[3]	.05	–.13*	.11	.12	–	.05	.56***
6 Elaboration[3]	.17**	–.19**	.35***	–.09	.04	–	.39***
7 Organisation[3]	.24***	–.11	.40***	–.02	.72***	.45***	–
M	3.84	3.22	2.70	2.11	4.45	3.60	3.99
SD	1.11	1.24	0.56	0.64	0.94	0.95	0.96

Anmerkung: Das Antwortformat war [1]siebenstufig, [2]vierstufig und [3]sechsstufig. Die manifesten Korrelationen sind in der oberen und die latenten Korrelationen in der unteren Dreiecksmatrix dargestellt. *$p < .05$, **$p < .01$, ***$p < .001$

Bei einem siebenstufigen Antwortformat lassen sich sowohl für die Neubewertung als auch für die Unterdrückung eher durchschnittliche Skalenmittelwerte erkennen. Doch auch bei den sechsstufigen Skalen der drei Lernstrategien fallen die Mittelwerte eher durchschnittlich aus. Die Mittelwerte für die Freude und die Angst sind dagegen bei einem vierstufigen Antwortformat etwas höher ausgeprägt.

Signifikant positive Korrelationen zeigen sich sowohl auf manifester als auch latenter Ebene für die Neubewertung mit der Unterdrückung, der Freude und den Elaborations- sowie den Organisationsstrategien. Etwas differenziertere Zusammenhangsmuster finden sich dagegen für die Unterdrückung: Auf beiden Ebenen liegen signifikant negative Korrelationen mit der Freude und den Wiederholungsstrategien sowie eine signifikant positive Korrelation mit der Angst vor. Auf manifester Ebene korreliert die Unterdrückung zudem mit den Organisationsstrategien und auf latenter Ebene zusätzlich mit den Elaborationsstrategien signifikant negativ. Freude korreliert auf beiden Ebenen signifikant negativ mit Angst, jedoch signifikant positiv mit den Elaborations- und Organisationsstrategien. Angst ist lediglich auf manifester Ebene mit den Wiederholungsstrategien schwach signifikant positiv assoziiert.

Die Interkorrelationen für die drei kognitiven Lernstrategien fallen durchgehend positiv aus, wobei lediglich die Korrelation zwischen den Wiederholungs- und Elaborationsstrategien nicht signifikant ist.

4.2 Vorhersage kognitiver Lernstrategien

Die Ergebnisse des SEM zur Vorhersage der drei kognitiven Lernstrategien durch die Emotionsregulationsstrategien Neubewertung und Unterdrückung und den Emotionen Freude und Angst führt Tabelle 2 auf.

Während sich das Alter für keine der Variablen in diesem Modell als bedeutsam erweist, stellen sich drei signifikante Geschlechtsunterschiede für die Unterdrückung, Angst und die Organisationsstrategien heraus: Danach geben Studenten an, häufiger Emotionen im Studium zu unterdrücken als Studentinnen, während letztere häufiger Angst im Studium und mehr Organisationsstrategien berichten als Studenten. Ein signifikant positiver Regressionskoeffizient findet sich auch für die Neubewertung zu der Freude, wonach Studierende mehr Freude im Studium erleben, wenn sie ihre Emotionen häufiger umbewerten. Unterdrückung ist dagegen signifikant negativ mit der Freude sowie signifikant positiv mit der Angst assoziiert: Je mehr Studierende ihre Emotionen demzufolge unterdrücken, desto weniger Freude und mehr Angst erleben sie im Studium.

Die Emotionsregulationsstrategien spielen jedoch für die drei kognitiven Lernstrategien keine prädiktive Rolle. Alle drei kognitiven Lernstrategien lassen sich direkt signifikant positiv durch die Freude erklären und die Wiederholungs-und Elaborationsstrategien durch die Angst. Je höher die Freude demnach ausgeprägt ist, desto häufiger berichten Studierende, kognitive Lernstrategien anzuwenden, wenngleich auch eine höhere Angst mit einer häufiger selbstberichteten Nutzung von Wiederholungs- und Elaborationsstrategien einhergeht.

Tabelle 2: Ergebnisse des Strukturgleichungsmodells

Prädiktoren	Neubewertung	Unterdrückung	Freude	Angst	Wiederholung	Elaboration	Organisation
Alter	.09 (0.06)	-.05 (0.06)	.08 (0.07)	-.10 (0.06)	-.08 (0.05)	.12 (0.07)	-.07 (0.05)
Geschlecht (1 = männlich, 2 = weiblich)	-.00 (0.05)	-.24*** (0.06)	-.01 (0.06)	.14* (0.06)	.18 (0.06)	-.03 (0.05)	.22** (0.07)
Neubewertung	–	–	.28*** (0.06)	.01 (0.06)	.02 (0.07)	.13 (0.06)	.13 (0.07)
Unterdrückung	–	–	-.27*** (0.06)	.33*** (0.07)	-.12 (0.07)	-.11 (0.07)	-.11 (0.07)
Freude	–	–	–	–	.23** (0.09)	.44*** (0.09)	.36*** (0.09)
Angst	–	–	–	–	.23** (0.08)	.24** (0.09)	.10 (0.08)
R^2	.01	.05	.15	.12	.13	.24	.24
Mediatoreffekte							
Neubewertung * Wiederholung			.07* (0.03)				
Neubewertung * Elaboration			.12** (0.04)				
Neubewertung * Organisation			.09** (0.03)				
Unterdrückung * Wiederholung			-.06* (0.03)				
Unterdrückung * Elaboration			-.12* (0.04)	.08* (0.04)			
Unterdrückung * Organisation			-.09** (0.03)				

Anmerkung: Dargestellt werden die standardisierten Koeffizienten. $*p < .05$, $**p < .01$, $***p < .00$

Freude stellt zudem einen signifikanten Mediator zwischen den Emotionsregulationsstrategien und allen drei kognitiven Lernstrategien dar, Angst jedoch lediglich zwischen Unterdrückung und den Elaborationsstrategien. Die Varianzaufklärung in den verschiedenen Variablen variiert jedoch zwischen .01 und .24 nur im sehr geringen Bereich. Die Fit-Indizes dieses Modells können als akzeptabel bezeichnet werden (c2 = 1092.676, df = 736, CFI = .920, TLI = .911, $RMSEA$ = .03). Abbildung 1 fasst die signifikanten standardisierten Pfadkoeffizienten der Prädiktoren zusammen.

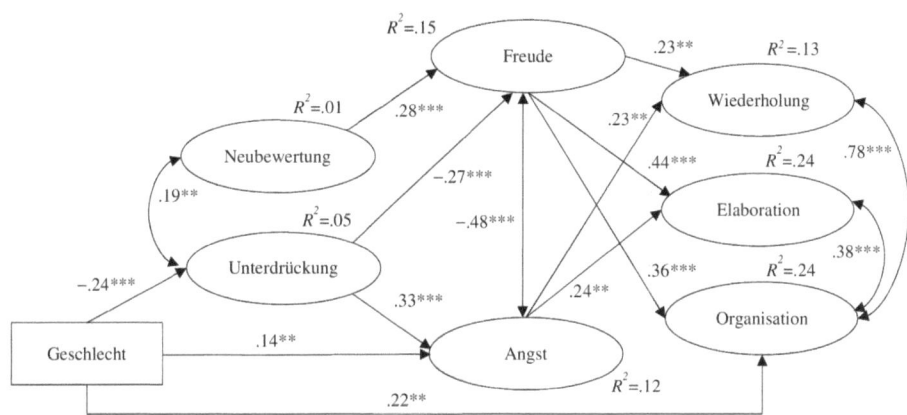

Abbildung 1: Signifikante standardisierte Regressionskoeffizienten des Strukturgleichungsmodells
*$p < .05$; **$p < .01$; ***$p < .001$

5. Diskussion

Ziel der vorliegenden Studie war es, ausgehend von der Broaden-and-build-Theorie von Fredrickson (1998) und den Befunden der Stimmungsforschung (vgl. Hascher, 2005) die Zusammenhänge zwischen den Emotionsregulationsstrategien Neubewertung und Unterdrückung, den Emotionen Freude und Angst und den kognitiven Lernstrategien Wiederholung, Elaboration und Organisation bei Studierenden zu untersuchen.

Empirische Evidenz fand sich zunächst nur teilweise für Hypothese 1a), da Neubewertung lediglich mit Freude signifikant positiv korrelierte, jedoch nicht negativ mit Angst. Eindeutig empirisch stützen ließ sich dagegen Hypothese 1b), da Unterdrückung negativ mit Freude und positiv mit Angst zusammenhing. Zudem lagen differenzielle Zusammenhänge für die beiden Emotionen mit den drei kognitiven Lernstrategien vor: In Einklang mit Hypothese 2a) zeigten sich positive Zusammenhänge für die Freude mit den Elaborations- und Organisationsstrategien. Diese Ergebnisse stimmen auch mit den Befunden von Pekrun et al. (2002) überein, wonach Tiefenstrategien sehr eng mit positiven Emotionen korrespondieren. Studierende geben demzufolge an, häufiger Elaborations- und Organisationsstrategien anzuwenden, wenn sie mehr Freude im Studium erleben und negative Emotionen umbewerten. Zu erklären wäre dies vor allem mit der sogenannten Theorie der kognitiven Belastung (Sweller, 2003): Emotionsregulation verbraucht kognitive Ressourcen, die für weitere kognitive Prozesse nicht mehr zur Verfügung stehen. Auch Hypothese 2b) kann mit den Daten dieser Studie bestätigt werden, da Angst positiv mit den Wiederholungsstrategien und negativ mit den Elaborations- und Organisationsstrategien zusammenhing. Dies passt unter anderem auch zu den Befunden von Lee, Pekrun, Taxer, Schutz, Vogel und Xie (2016), wonach Angst negativ mit Tiefenstrategien einhergeht.

Weitere empirische Evidenz für eine geringere kognitive Verarbeitung von Lerninhalten gaben auch die Korrelationen zwischen den Emotionsregulationsstrategien und den drei kognitiven Lernstrategien: Hypothese 3a) kann jedoch ebenso nur teilweise mit den Daten dieser Studie gestützt werden: Neubewertung korrelierte positiv mit den Elaborations- und Organisationsstrategien, aber nicht negativ mit den Wiederholungsstrategien. Den Befunden von Kordts-Freudinger (2017) und Hypothese 3b) entsprechend zeigten sich dennoch für die Unterdrückung mit allen drei kognitiven Lernstrategien negative Korrelationen, wenngleich diese nicht durchgängig signifikant ausfielen. Dies weist somit erneut darauf hin, dass eine stärker erlebte Emotionsunterdrückung ein höheres Ausmaß an kognitiver Kapazität erfordert. Zudem legen die Befunde dieser Studie nahe, dass Unterdrückung bei den Studierenden dieser Stichprobe generell für die Nutzung kognitiver Lernstrategien weniger vorteilhaft ist, unabhängig davon, ob sie häufiger Tiefen- oder Oberflächenstrategien anwenden. Dies stellt insofern einen neuen Erkenntnisfortschritt für die Forschung dar, als er darauf hindeutet, dass Studierende von einer geringeren Nutzung kognitiver Lernstrategien berichten, wenn sie ihre Emotionen im Studium häufiger unterdrücken. Möglicherweise könnte die Unterdrückung von Emotionen sogar die Anwendung kognitiver Lernstrategien blockieren, was sich auch mit der Theorie der kognitiven Belastung (Sweller, 2003) begründen lässt: Unterdrückung stellt eine höhere kognitive Belastung dar, sodass geringere kognitive Ressourcen zur Anwendung von Tiefenstrategien zur Verfügung stehen. Insgesamt machen die Befunde dieser Studie damit deutlich, dass adaptive Emotionsregulationsstrategien wie Neubewertung für das Lernverhalten von Studierenden von hoher Relevanz sind.

Etwas heterogenere Befunde ließen sich in dem nachfolgend berechneten SEM zur Vorhersage der drei kognitiven Lernstrategien durch die Emotionsregulationsstrategien und die Emotionen feststellen: Bei Kontrolle des Alters und Geschlechts erwies sich die Freude wie in anderen Studien (z.B. Mega, Ronconi, & De Beni, 2014) als signifikant positiv prädiktiv für alle drei kognitiven Lernstrategien. Doch auch Angst stellte einen signifikant positiven Prädiktor für die Wiederholungs- und Elaborationsstrategien dar, obwohl für Angst eher ein negativer Zusammenhang zu erwarten gewesen wäre. Dies lässt sich aber mit der Broaden-and-build-Theorie (Fredrickson, 1998) und den Befunden der Stimmungsforschung (vgl. Hascher, 2005) erklären: Positive Emotionen gehen mit einem flexibleren Denkstil einher, während negative Emotionen ihn einschränken. Eine mögliche Erklärung für diesen erwartungswidrigen Befund wäre zudem, dass Studierende bei einer höher wahrgenommenen Angst vor Misserfolg besonders elaboriert lernen, um nicht zu scheitern, vor allem wenn sie denken, dass sie nicht besonders begabt im Studium sind. Zu begründen wäre dieser Befund aber auch damit, dass sämtliche Daten in der vorliegenden Studie bereits zu Beginn des Semesters in der zweiten Lehrveranstaltungswoche erhoben wurden, wo gewöhnlicherweise noch keine Prüfungen oder Klausuren stattfinden, vor denen Studierende Angst haben könnten oder auch damit, dass Studierende bis zu diesem Zeitpunkt noch fast keine Lernstrategien angewendet haben. Denkbar wäre in diesem Kontext außerdem, dass Studierende, die sehr gewissenhaft im Studium arbeiten, gerade deswegen häufiger Wiederholungs- und Elaborationsstrategien anwenden, um Misserfolge zu vermeiden und trotz höherer Angst noch gute Leistungen zu erreichen. Hinweise darauf geben nicht zuletzt einige Studien, die auf enge Zusammenhänge zwischen Lernstrategien und den Persönlichkeitsmerkmalen von Schülern/-innen oder Studierenden hinweisen: So konnten z.B. Chamorro-Premuzic, Furnham und Lewis (2007) bei Schülern/innen nachweisen, dass emotionale Stabilität häufiger mit Tiefenstrategien einhergeht. Donche, Maeyer, Coertjens, Daal und Petegem (2013) stellten zudem bei Studierenden fest, dass Neurotizismus – als gegensätzliches Konstrukt zu emotionaler Stabilität – häufiger mit Oberflächenstrategien einhergeht. Weitere Studien sollten deshalb die Persönlichkeitsmerkmale von Studierenden bei der Untersuchung der Zusammenhänge zwischen Emotionen und Lernstrategien mehr berücksichtigen.

Den Befunden von Gross und John (2003) entsprechend zeigten sich schließlich auch in dieser Untersuchung signifikante Mediatoreffekte der Emotionen zwischen den Emotionsregulationsstrategien und den drei kognitiven Lernstrategien: Während Freude sich für alle Zusammenhänge zwischen den Emotionsregulationsstrategien und den drei Lernstrategien als bedeutsamer Mediator erwies, stellte Angst lediglich für den Zusammenhang zwischen Unterdrückung und Elaboration ein signifikanter Mediator dar. Diese Befunde legen somit nahe, dass Emotionsregulationsstrategien über die Emotionen nur indirekt mit kognitiven Lernstrategien zusammenhängen. Darauf hinzuweisen ist jedoch zugleich, dass auch die umgekehrte Wirkrichtung nicht auszuschließen ist, die in der vorliegenden Studie allerdings nicht weiter untersucht werden konnte.

Abschließend sollen die Limitationen dieser Studie angesprochen werden: Eine erste Limitation betrifft die Stichprobe, da sich diese überwiegend aus Bachelorstudierenden im ersten Fachsemester zusammensetzte. Die Einschätzungen von Erstsemestern basieren also lediglich auf zwei- bis dreiwöchigen Studienerfahrungen. So muss davon ausgegangen werden, dass die Studierenden dieser Stichprobe eher ihre Erfahrungen aus der Schulzeit oder eventuell auch eine hypothetische Einschätzung angegeben haben. In heterogeneren oder älteren Studierendensamples sollten sich deshalb höhere Zusammenhänge ergeben. Zu berücksichtigen ist zudem, dass sämtliche Merkmale aus der Selbstsicht der Studierenden erfasst wurden, die möglicherweise nicht unbedingt den tatsächlichen Emotionen oder tatsächlich angewendeten Lernstrategien entsprechen. Problematisch ist außerdem auch das Querschnittsdesign dieser Studie, da sich auf querschnittlicher Datenebene lediglich Hinweise, jedoch keine soliden Aussagen zu prädiktiven Zusammenhängen gewinnen lassen. Längsschnittstudien müssen deshalb folgen, um die Ergebnisse dieser Studie zu untermauern.

Dennoch kann bereits auf dieser querschnittlichen Datenebene ein wichtiges Ergebnis festgehalten werden, das für die weitere Forschung und Hochschullehre von hoher Relevanz ist: Günstigere Emotionsregulationsstrategien wie Neubewertung gehen mit einer höheren Freude im Studium einher, was sich positiv auf die Sichtweise der Studierenden auswirkt, kognitive Lernstrategien im Studium auch anzuwenden. Die Unterdrückung von Emotionen scheint dagegen die Nutzung kognitiver Lernstrategien bei Studierenden zu blockieren. Dozierende sollten deshalb günstige Emotionsregulationsstrategien aktivieren und die Relevanz adaptiver Emotionsregulationsstrategien wie die Neubewertung negativ erlebter Emotionen betonen. Dies könnte letztlich die Freude der Studierenden erhöhen und zu besseren Studienleistungen führen.

Literatur

Abler, B., & Kessler, H. (2009). Emotion Regulation Questionnaire – Eine deutschsprachige Fassung des ERQ von Gross und John. *Diagnostica, 55*, 144–152.

Aron, A., Norman, C. C., Aron, E. N., McKenna, C., & Heyman, R. E. (2000). Couples' shared participation in novel and arousing activities and experienced relationship quality. *Journal of Personality and Social Psychology, 78*, 273–284.

Artelt C., & Moschner, B (2005). *Lernstrategien und Metakognition. Implikationen für Forschung und Praxis*. Münster: Waxmann.

Baron, R. M., & Kenny, D. A. (1986). The moderator-mediator variable distinction in social psychological research: Conceptual, strategic, and statistical considerations. *Journal of Personality and Social Psychology, 51*, 1173–1182

Chamorro-Premuzic, T., Furnham, A., & Lewis, M. (2007). Personality and approaches to learning predict preference for different teaching methods. *Learning and Individual Differences, 17*, 241–250.

Chevalier, T. M., Parrila, R., Ritchie, K. C., & Deacon, S. H. (2017). The role of metacognitive reading strategies, metacognitive study and learning strategies, and behavioral study and learning strategies in predicting academic success in students with and without a history of reading difficulties. *Journal of Learning Disabilities, 50*, 34–48.

Dent, A. L., & Koenka, A. C. (2016). The relation between self-regulated learning and academic achievement across childhood and adolescence: a meta-analysis. *Educational Psychology Review, 28*, 425–474.

Donche, V., Maeyer, S., Coertjens, L., Daal, T., & Petegem, P. (2013). Differential use of learning strategies in first-year higher education: The impact of personality, academic motivation, and teaching strategies. *British Journal of Educational Psychology, 83*, 238–251.

Eisenberg, N., & Spinrad T. L. (2004). Emotion-related regulation. Sharpening the definition. *Child Development, 75*, 334–339.

Fredrickson, B. L. (1998). What good are positive emotions? *Review of General Psychology, 2*, 300–319.

Fredrickson, B. L., & Branigan, C. (2005). Positive emotions broaden the scope of attention and thought-action repertoires. *Cognition & Emotion, 19*, 313–332.

Fredrickson, B. L., Tugade, M. M., Waugh, C. E., & Larkin, G. R. (2003). What good are positive emotions in crisis? A prospective study of resilience and emotions following the terrorist attacks on the United States on September 11th, 2001. *Journal of Personality and Social Psychology, 84*, 365–376.

Frenzel, A. C. (2014). Teacher emotions. In R. Pekrun, & E. A. Linnenbrink-Garcia (Eds.), *International Handbook of Emotions in Education* (pp. 494–519). New York: Routledge.

Frenzel, A. C., Götz, T., & Pekrun, R. (2015). Emotionen. In E. Wild, & J. Möller (Hrsg.), *Pädagogische Psychologie* (S. 202–224). Springer: Heidelberg.

Frenzel, A. C., Pekrun, R., & Götz, T. (2013). *Emotions Questionnaire for Teachers (EQT) – User's manual*. University of Munich: Department of Psychology.

Gross, J. J. (1998). Antecedent- and response-focused emotion regulation: divergent consequences for experience, expression and physiology. *Journal of Personality and Social Psychology, 74*, 224–237.

Gross, J. J. (2015). Emotion regulation: Current status and future prospects. *Psychological Inquiry, 26*, 1–26.

Gross, J. J., & John, O. P. (2003). Individual differences in two emotion regulation processes: Implications for affect, relationships, and well-being. *Journal of Personality and Social Psychology, 69*, 195–205.

Gross, J. J., & Thompson, R. A. (2007). Emotion regulation: Conceptual foundations. In J. J. Gross (Ed.), *Handbook of emotion regulation* (pp. 3–24). New York: Guilford.

Hascher, T. (2005). Emotionen im Schulalltag: Wirkungen und Regulationsformen. *Zeitschrift für Pädagogik, 51*, 610–625.

Holodynski, M., Hermann, S., & Kromm, H. (2013). Entwicklungspsychologische Grundlagen der Emotionsregulation. *Psychologische Rundschau, 64*, 196–207.

Kordts-Freudinger, R. (2017). Feel, think, teach: Emotional underpinnings of approaches to teaching in higher education. *International Journal of Higher Education, 6*, 217–229.

Kullik, A., & Petermann, F. (2012). Die Rolle der Emotionsdysregulation für die Genese von Angststörungen im Kindes- und Jugendalter. *Zeitschrift für Psychiatrie, Psychologie und Psychotherapie, 60*, 165– 175.

Lazarus, R. S. (1991). *Emotion and adaptation*. New York: Oxford University Press.

Lee, M., Pekrun, R., Taxer, J. L., Schutz, P. A., Vogl, E., & Xie, X. (2016). Teachers' emotions and emotion management: integrating emotion regulation theory with emotional labor research. *Social Psychology of Education, 19*, 843–863.

Marton, F., & Säljö, R. (1984). Approaches to Learning. In F. Marton, D. J. Hounsell, & N. J. Entwistle (Eds.), *The experience of learning* (pp. 36–55). Edingburgh: Scottish Academic Press.

Mega, C., Ronconi, L., & De Beni, R. (2014). What makes a good student? How emotions, self-regulated learning, and motivation contribute to academic achievement. *Journal of Educational Psychology, 106*, 121–131.

Meinhardt, J., & Pekrun, R. (2003). Attentional resource allocation to emotional events: An RP study. *Cognition and Emotion, 17*, 477–500.

Meng, L., Muñoz, M., King Hess, K., & Liu, S. (2017). Effective teaching factors and student reading strategies as predictors of student achievement in PISA 2009: The case of China and the United States. *Educational Review, 69*, 68–84.

Mitchell, R. L. C., & Phillips, L. H. (2007). The psychological, neurochemical and functional neuroanatomical mediators of the effects of positive and negative mood on executive functions. *Neuropsychologia, 45*, 617–629.

Moors, A., Ellsworth, P. C., Scherer, K. R., & Frijda, N. H. (2013). Appraisal theories of emotion: State of the art and future development. *Emotion Review, 5*, 119–124.

Muthén, L. K., & Muthén, B. O. (1998–2012). *Mplus Version 7*. Los Angeles, CA: Muthén & Muthén.

Panksepp, J. (1998). Attention deficit hyperactivity disorders, psychostimulants, and intolerance of childhood playfulness: A tragedy in the making? *Current Directions in Psychological Science, 7*, 91–98.

Pekrun, R. (2006). The control-value theory of achievement emotions: Assumptions, corollaries, and implications for educational research and practice. *Educational Psychology Review, 8*, 315–341.

Pekrun, R. (2016). Academic emotions. In K. R. Wentzel, & D. B. Miele (Eds.), *Handbook of Motivation at School* (pp. 120–144). New York/London: Routledge, Taylor & Francis.

Pekrun, R., Götz, T., Titz, W., & Perry, R. (2002). Academic emotions in students' self-regulated learning and achievement: A program of qualitative and quantitative research. *Educational Psychology, 37*, 91–106.

Pintrich, P. R., Smith, D., Garcia, T., & McKeachie, W. (1991). *A manual for the use of the Motivated Strategies for Learning Questionnaire (MSLQ)*. University of Michigan, Ann Arbor, MI.

Smith, C. A., & Lazarus, R. S. (1993). Appraisal components, core relational themes, and the emotions. *Cognition and Emotion, 7*, 233–269.

Sweller, J. (2003). Evolution of human cognitive architecture. *The Psychology of Learning and Motivation, 43*, 215–266.

Thompson, R. A. (1994). Emotion regulation: A theme in search of definition. *Monographs of the Society for Research in Child Development, 59*, 25–52.

Titz, W. (2001). *Emotionen von Studierenden in Lernsituationen*. Münster: Waxmann.

Trigwell, K., Ellis, R. A., & Han, F. (2012). Relations between students' approaches to learning, experienced emotions and outcomes of learning. *Studies in Higher Education, 37*, 811–824.

Weiber, R., & Mühlhaus, D. (2014). *Strukturgleichungsmodellierung: eine anwendungsorientierte Einführung mit Hilfe von AMOS, SmartPLS und SPSS* (2., erweit. Aufl.). Heidelberg: Springer.

Weinstein, C. E., & Mayer, R. E. (1986). The teaching of learning strategies. In M. C. Wittrock (Ed.), *Handbook of research in teaching* (pp. 315–327). New York: Macmillan.

Wild, K. P. (2010). Lernstrategien und Lernstile. In D. Rost (Hrsg.), *Handwörterbuch Pädagogische Psychologie* (S. 427–432). Weinheim: Beltz.

Wild, K.-P., & Schiefele, U. (1994). Lernstrategien im Studium: Ergebnisse zur Faktorenstruktur und Reliabilität eines neuen Fragebogens. *Zeitschrift für Differentielle und Diagnostische Psychologie, 15*, 185–200.

Zeidner, M. (1998). *Test anxiety: The state of the art*. New York: Plenum.

Maria Tulis und Markus Dresel

Emotionales Erleben und dessen Bedeutung für das Lernen aus Fehlern

Abstract
Fehler, als natürliche Bestandteile von Lernprozessen, sind durch ihren hohen emotionalen Selbstbezug von unterschiedlichen Emotionen begleitet. Um das Lernpotenzial von Fehlern zu nutzen, muss die aktuelle Motivation – untrennbar verbunden mit dem Erleben aktivierender Emotionen – vorhanden sein, um sich ausreichend mit der Analyse und Klärung der Fehlerursache sowie deren Korrektur zu beschäftigen. „Lernen aus Fehlern" erfordert demnach affektiv-motivational adaptive und handlungsadaptive Reaktionen auf Fehler, um die Basis für die notwendigen kognitiven Verarbeitungs- und Selbsterklärungsprozesse zu schaffen. Der vorliegende Beitrag fokussiert darauf, welche individuellen Voraussetzungen einen affektiv-motivational günstigen bzw. lernförderlichen Umgang mit eigenen Fehlern unterstützen. Dabei konzentrieren wir uns auf das emotionale Erleben von Lernenden. Nach einer theoretischen Übersicht fokussieren wir insbesondere darauf, welche Emotionen nach Fehlern erlebt werden und stellen dazu zwei prozessbezogene Studien vor, in denen das emotionale Erleben von Lernenden mit unterschiedlichen methodischen Zugängen erfasst wurde. Die Ergebnisse machen deutlich, dass Fehler bzw. deren Rückmeldung die Motivation und die Emotionen von Lernenden stark – und in der Regel negativ – beeinflussen. In einer weiterführenden Diskussion mündet der Beitrag schließlich in Überlegungen, inwiefern eine positive Einstellung zu Fehlern das emotionale Erleben sowie adaptive Reaktionen auf Fehler beeinflusst.

1. Lernen und Fehler: Ein unzertrennliches Duo

Schulische bzw. akademische Lernsituationen zeichnen sich unter anderem dadurch aus, dass neue Inhalte erarbeitet, verstanden, geübt und angewendet werden. Dabei müssen kognitive Verarbeitungsprozesse stattfinden, welche die Fokussierung der Aufmerksamkeit auf relevante Lerninhalte, deren Aufnahme, Elaboration, Organisation und anschließende Reflexion umfassen. Lernen bedeutet jedoch auch, dass das, was (noch) nicht angemessen verstanden oder beherrscht wird, analysiert, überdacht, erklärt und korrigiert wird (vgl. Minski, 1997; Oser & Spychiger, 2005; Van Lehn, 1988). Fehler können Hinweise auf Wissenslücken und Fehlkonzepte geben, und aufzeigen, welche Lernaktivitäten noch vertieft werden sollten. Die empirischen Befunde sprechen in der Tat dafür, dass Fehler Lernprozesse in Gang setzen, in eine Richtung lenken oder vorantreiben können – sofern Lernende diese Lerngelegenheiten aufgreifen bzw. darin unterstützt werden (Keith & Frese, 2005; Künsting, Kempf, & Wirth, 2013; Mathan & Koedinger, 2005; Van Lehn et al., 2014). Dieses „Aufgreifen" des Lernpotenzials von Fehlern muss also auf unterschiedlichen Ebenen stattfinden, um aus Fehlern tatsächlich lernen zu können (Tulis, Steuer, & Dresel, 2016):

In affektiv-motivationaler Hinsicht müssen Lernende ihre Motivation aufrechterhalten, um sich mit der Fehlerursache eingehend zu beschäftigen (Grassinger & Dresel, 2017). Emotionales Erleben und eine (mehr oder weniger bewusste) Motivations-

und Emotionsregulation spielen für diese *affektiv-motivational adaptiven Reaktionen auf Fehler* (Dresel, Schober, Ziegler, Grassinger & Steuer, 2013) eine zentrale Rolle (vgl. Boekaerts, 1999). Mehrere Studien belegen den positiven Zusammenhang zwischen affektiv-motivationaler Adaptivität von Reaktionen auf Fehler und dem Fähigkeitsselbstkonzept (d.h. den selbstbezogenen Kognitionen von Lernenden bezüglich ihrer akademischen Fähigkeiten), als auch den Einfluss des Fehlerklimas (Steuer, Rosentritt-Brunn, & Dresel, 2013; Tulis, Grassinger, & Dresel, 2011). Misslungene Emotionsregulation bzw. maladaptive affektiv-motivationale Reaktionen (z.B. Angst vor Fehlern) weisen hingegen konsistent negative Zusammenhänge mit Anstrengung und Leistung und einen positiven Zusammenhang mit Hilflosigkeitserleben auf (Dresel et al., 2013; Keith & Frese, 2005; Kreutzmann, Zander, & Hannover, 2014).

Neben affektiv-motivational lernförderlichen Fehlerreaktionen bzw. darauf basierend müssen Lernende ihr Lernverhalten nach Fehlern anpassen und entsprechende Lernhandlungen initiieren, um die Ursache zu analysieren, den Fehler zu korrigieren und bestehende Fehlkonzepte zu modifizieren. Mehrfach konnte gezeigt werden, dass diese *Handlungsadaptivität nach Fehlern* von der oben genannten affektiv-motivationalen Adaptivität nicht nur theoretisch, sondern auch empirisch trennbar ist – wenngleich erwartungsgemäß nicht unabhängig davon (Dresel et al., 2013; Tulis, Steuer & Dresel, revision submitted). Für handlungsadaptive Reaktionen nach Fehlern stehen vor allem selbstregulative Kompetenzen und metakognitive Prozesse zur Planung, Überwachung und Evaluation des Lernverhaltens im Vordergrund. Im Einklang dazu berichten Dresel et al. (2013) Zusammenhänge mit Anstrengungseinsatz und Lernengagement. Handlungsadaptivität erwies sich zudem als Mediator der günstigen Effekte von Lernzielorientierung (d.h. dem vordergründigen Ziel von Lernenden, die eigenen Kompetenzen zu erweitern und ihre Lernfortschritte an individuellen Maßstäben zu bemessen) sowie von subjektivem Wert auf Anstrengung. Das Lernverhalten ließ sich durch Hinzunahme der Handlungsadaptivität von Fehlerreaktionen schließlich besser erklären, als nur durch motivationale Orientierungen (Dresel et al., 2013). Auch Keith und Frese (2005) stellten als Ergebnis ihrer Studien metakognitive Aktivitäten als wichtigen Mediator für Lernen aus Fehlern und Leistung heraus, und Tulis et al. (2011) lieferten erste Hinweise, dass handlungsadaptive Reaktionen auf Fehler ein Charakteristikum von Overachievement sein könnten. Als Overachiever werden Schüler/innen bezeichnet, die (erwartungswidrig hohe) schulische Leistungen oberhalb ihres intellektuellen Potenzials erreichen.

Schließlich muss das Lernpotenzial von Fehlern auch in kognitiver Hinsicht „aufgegriffen" werden, indem angemessene kognitive und metakognitive Strategien zur Reflexion der zugrundeliegenden Fehlvorstellungen und deren Richtigstellung eingesetzt werden. Zahlreiche Forschungsbefunde zu diesem letzten Aspekt geben Grund zur Annahme, dass durch das Erkennen von Fehlern *Selbsterklärungsprozesse* angestoßen werden, die im Zuge ihrer „Reflexion" letztlich für erfolgreiches Lernen aus Fehlern verantwortlich sind (z.B. Chi, 1996, 2000; Siegler, 2002). Viele Befunde beziehen sich jedoch vorwiegend auf advokatorisches, also stellvertretendes Lernen aus Fehlern anhand fehlerhaft ausgearbeiteter Lösungsbeispiele (z.B. Durkin & Rittle-Johnson, 2012; Große & Renkl, 2007; Kopp, Stark, Heitzmann, & Fischer, 2010).

Optimale Lernaufgaben sind herausfordernd und beinhalten somit von Natur aus ein Potenzial für Fehler. Im Gegensatz zum stellvertretenden bzw. exemplarischen Lernen aus fehlerhaft ausgearbeiteten Lösungsbeispielen ist anzunehmen, dass der emotionale Selbstbezug und damit die Bedeutung der jeweils erlebten Emotionen im Umgang mit eigenen Fehlern höher ausfallen. Diese Annahme wird durch empirische Befunde gestützt, die zeigen, dass herausfordernde Lernsituationen besonders durch motivationale Hochs und Tiefs und einem raschen Wechsel unterschiedlicher Emotionen gekennzeichnet sind (D'Mello & Graesser, 2012; Graesser & D'Mello, 2012). Dabei gehen Fehler nicht notwendigerweise mit dem Erleben von Misserfolg, d.h. mit der vordergründigen Bewertung der negativen Konsequenzen einher (vgl. Zhao & Olivera, 2006; Tulis et al., 2016). In Abhängigkeit von situativen Gegebenheiten und Kontextmerkmalen (z.B. Lern- oder Leistungssituation, Fehlerklima im Unterricht) sowie individuellen Voraussetzungen der Lernenden (z.B. Vorwissen, Einschätzung der eigenen Fähigkeiten, Orientierung an persönlichen Lernzielen, Einstellung zu Fehlern) werden Fehler auch als Lernchance interpretiert und genutzt (Kapur & Bielaczyc, 2012; Große & Renkl, 2007). Um aus Fehlern zu lernen, bedarf es demnach unterschiedlicher individueller Prozesse und Bedingungen in affektiv-motivationaler, handlungsbezogener und kognitiver Hinsicht, die in Wechselwirkung mit der Umwelt stehen (für ein umfassendes Modell siehe: Tulis et al., 2015, 2016). Lernförderliche, aktivierende Emotionen, die für die aktuelle Motivation[1] (d.h. in dieser spezifischen Situation) unerlässlich sind, legen dabei den Grundstein für ein effektives Lernen aus Fehlern.

2. Emotionales Erleben nach Fehlern

Lern- und Leistungsemotionen haben generell – und auch nach Fehlern – eine wichtige Funktion, denn sie „regulieren Kognition, Motivation und Verhalten in vielfältiger Weise und wirken so auf das zielgerichtete Handeln zurück" (Rothermund & Eder, 2009, S. 675). So lenken Emotionen die Aufmerksamkeit von Lernenden (vgl. Anderson, 2005), dienen als „Relevanz-Detektoren" bzw. Informationsquelle für Veränderungen oder Hindernisse im Lernprozess (vgl. Reisenzein, 2006; Schwarz, 1990) und können somit Selbstregulationsprozesse in Gang setzen (Boekaerts, 2010; Pintrich & Schunk, 2002). Insbesondere nach Fehlern besitzen Emotionen eine Signalfunktion, die zusammen mit den primären Einschätzungen der Situation hinsichtlich subjektiver Relevanz und Bedrohungsgehalt (Lazarus & Folkman, 1984) weitere Handlungs- und Bewertungsprozesse in Gang setzen (vgl. Tulis et al., 2015). Emotionen sind auch insofern handlungsleitend, als dass sie persistentes Lernverhalten unterstützen (D'Mello, Lehman, & Person, 2010; Pekrun, Götz, Daniels, Stupnisky, & Perry, 2010; Pekrun & Linnenbrink-Garcia, 2012; Tulis & Fulmer, 2013) und als „Monitoring-System" die Zielverfolgung nach Rückschlägen überwachen (Kolodner, 1983, 1997; Carver & Scheier, 1990). Befunde aus Studien zu Lern- und Leistungsemotionen zeigen eindrucksvoll, dass positive, aktivierende Emotionen (z.B. Lernfreude, Interesse) günstige Auswirkungen auf Lernen und Leistung ausüben – vorwiegend vermittelt über vermehrte Anstrengung und den Einsatz tiefenorientierter Lernstrategien – während sich negative, deaktivieren-

---

1 Für die Unterscheidung zwischen aktueller (Lern-)Motivation und motivationaler Orientierung siehe z.B. Buff, Reusser und Pauli (2010).

de Emotionen (z.B. Langeweile, Hoffnungslosigkeit) ungünstig auf Aufmerksamkeit und Anstrengungseinsatz sowie den Einsatz (meta-)kognitiver Strategien auswirken (z.B. Linnenbrink & Pintrich, 2004; Pekrun, Götz, Titz, & Perry, 2002; Pekrun, Elliot, & Maier, 2006). Schüler/innen, die davon ausgehen, dass Fehler im Unterricht zu negativen Bewertungen oder Tadel führen, berichten vermehrt negative fachspezifische Emotionen (Frenzel, Pekrun, & Götz, 2007).

Prozessbezogene Analysen zeigen jedoch auch, dass negative, aktivierende Emotionen, wie etwa situationsbezogener Ärger oder Verwirrung (engl. confusion), im Sinne epistemischer Emotionen die kognitive Auseinandersetzung mit Fehlern begünstigen können (z.B. D'Mello & Graesser, 2012; Pekrun & Stephens, 2012; Tulis & Fulmer, 2013). Es ist demnach wichtig, *welche* Emotionen von Lernenden nach Fehlern erlebt werden – auch weil die situationsspezifische Motivation und das ausdauernde Lernverhalten in Fehlersituationen untrennbar mit dem Erleben *aktivierender* Emotionen verknüpft sind.

Die wenigen, spezifisch auf das emotionale Erleben nach Fehlern bezogenen Studien aus dem Schul- und Arbeitskontext weisen darauf hin, dass nach Fehlern – insbesondere in öffentlichen, aber auch in individuellen Fehlersituationen – primär negative Emotionen erlebt werden. Hascher und Hagenauer (2010) befragten hierzu Schüler/innen unterschiedlicher Altersstufen in strukturierten Interviews zu ihrem (hypothetischen) emotionalen Erleben in ausgewählten schulischen Fehlersituationen. Besonders negative Emotionen wurden bei Fehlern genannt, die vor dem gesamten Klassenverband salient (gemacht) wurden. Aber auch Lernsituationen, in denen die Fehler unentdeckt blieben, waren negativ konnotiert – insbesondere wenn dadurch das subjektive Kompetenzerleben der Schüler/innen in Frage gestellt wurde. In dieser Hinsicht zeigen auch ältere, fragebogenbasierte Befunde, dass vor allem Lernende mit geringer Kompetenz- und Kontrollüberzeugung sowie einer niedrigen Lernzielorientierung vermehrt ungünstige, negative Emotionen nach Fehlern erleben (Turner, Thorpe, & Meyer, 1998). In den vereinzelten Studien mit einem stärker situativen Ansatz (d.h. tatsächlich selbst erlebte Fehler bei der individuellen Bearbeitung von Aufgaben und Erfassung der Emotionen mittels Stimulated Recall Interviews) finden sich ebenfalls vorrangig negative Emotionen, wie z.B. Ärger (Krone, Hamborg, & Gediga, 2002; Prawat & Anderson, 1994).

Im Folgenden werden zwei diesem Ansatz folgende, prozessbezogene Studien hinsichtlich der Motivation und der Emotionen von Lernenden nach Fehlern dargestellt. Hierbei untersuchten wir mit unterschiedlichen methodischen Zugängen das emotionale Erleben nach Fehlern sowie Zusammenhänge mit der selbstberichteten Motivation der Lernenden. Die zentrale Fragestellung in beiden Studien konzentrierte sich darauf, welche Emotionen von Lernenden (d.h. in einer Lern- und Übungsphase) nach Fehlern (d.h. unmittelbar nach der Fehlerrückmeldung) erlebt werden. Im Speziellen erwarteten wir ein Absinken der Motivation und (vermehrt) negative Emotionen nach Fehlern.

3. Studie 1: Stimulated Recall Interviews zum emotionalen Erleben nach Fehlern

3.1 Methode und Stichprobe

In einem individuellen, computerbasierten Lern-und Übungssetting zum Thema „Navigation – Berechnung von Kursen unter Berücksichtigung von Ablenkung und Missweisung" bearbeiteten 55 (Lehramts-) Studierende nach einer Lernphase zwei Übungsaufgaben; zunächst eine einfache Aufgabe, gefolgt von einer schwierigen Aufgabe, die so konzipiert war, dass sie eine sehr geringe Lösungswahrscheinlichkeit aufwies. In den Analysen wurden nur jene Lernende berücksichtigt, die diese zweite Aufgabe falsch bzw. fehlerhaft bearbeiteten[2]. Bei beiden Aufgaben erhielten die Lernenden unmittelbar Rückmeldung (knowledge of result) zu ihren Lösungsversuchen. Mittels integrierter Webcam wurden die Lernenden während der gesamten Lern- und Übungsphase (zunächst ohne ihr Wissen) videografiert. Der Zeitpunkt der Lösungseingabe bzw. der darauffolgenden Rückmeldung konnte aufgrund von gesetzten zeitlichen Markern sowie durch ein akustisches Signal beim Drücken der Enter-Taste eindeutig identifiziert werden. Anhand von Selbstberichten – je ein Einzelitem zu Freude, Ärger, Angst und Scham unmittelbar nach der Fehlerrückmeldung, sowie mittels Stimulated Recall Interviews am Ende der insgesamt 60-minütigen Lern-/Übungseinheit – wurde das emotionale Erleben der Lernenden erhoben. Das durchschnittliche Alter der Studierenden betrug 20.7 Jahre ($SD = 2.17$), 75 % waren weiblich, was auf den hohen Anteil weiblicher Lehramtsstudierender zurückzuführen ist. Die Mehrheit der Studienteilnehmer (73.2 %) befanden sich im ersten Semester, 14.3 % im zweiten Semester, 5.3 % im dritten Semester und einige wenige in höheren Semestern, jeweils mit unterschiedlichen Fächerkombinationen.

3.2 Messinstrumente

Die Einzelitems zur Erfassung der *state-Emotionen* (z.B. „Ich freue mich.") wurden zu Beginn der Lerneinheit und unmittelbar nach dem Feedback zu jeder Aufgabe vorgelegt. Basierend auf der dreidimensionalen Taxonomie von Lern- und Leistungsemotionen (Pekrun, Frenzel, Götz & Perry, 2007) und deren Relevanz in Lern-/ Leistungssituationen wurde Freude als tätigkeitsbezogene, positive Emotion ausgewählt, sowie Ärger, Angst und Scham als negative Emotionen. Das Antwortformat reichte von 1 (*stimmt gar nicht*) bis 6 (*stimmt völlig*).

In den *Interviews* am Ende der Sitzung wurden den Studierenden die entsprechenden Videoaufzeichnungen ihres Gesichtsausdrucks zum Zeitpunkt der Fehlerrückmeldung gezeigt. Dabei wurden sie nach ihrem emotionalen Erleben in diesem Moment befragt. Alle Interviews wurden auf Tonband aufgezeichnet und transkribiert. Methodisch an der qualitativen Inhaltsanalyse nach Mayring (2010) orientiert, wurden in den Inter-

---

2 In Studie 1 lösten 50 % der Versuchspersonen die (einfachere) erste Aufgabe richtig, während nur zwei Versuchspersonen bei der (schwierigen) zweiten Aufgabe eine korrekte Lösung erzielten und daher von den weiteren Analysen ausgeschlossen wurden.

viewtranskripten die Antworten auf die Frage nach dem emotionalen Befinden zum Zeitpunkt der Fehlerrückmeldung (=Analyseeinheit) näher betrachtet. In einem ersten, induktiven Schritt wurden alle Emotionswörter bzw. Gefühlsbeschreibungen innerhalb der Analyseeinheit markiert und ausgezählt (prozentuale Beurteilerübereinstimmung: 99 %). Verschiedene adverbiale, adjektivische und substantivische Formen mit gleichem Wortstamm wurden als synonym gewertet (z.B. „ärgern", „verärgert", „Ärger"). Quantifizierende Adverbien (z.B. „sehr geärgert") wurden nicht berücksichtigt. In einem zweiten Schritt wurden alle Nennungen auf Basis der zusätzlichen Erläuterungen der Befragten (gesamte Analyseeinheit) übergeordneten Kategorien von Lern- und Leistungsemotionen (Pekrun et al., 2002) zugeordnet bzw. zusammengefasst. Die Kategorienbildung erfolgte demnach deduktiv; die Beurteilerübereinstimmung war hierbei zufriedenstellend (Cohens Kappa = .86). Mehrmaliges Auftreten einer Aussage innerhalb einer Kategorie wurde nur einmal berücksichtigt (z.B. „überrascht" und „verwundert" wurde einmal als „Überraschung" gezählt). Zwischen Kategorien waren Mehrfachantworten innerhalb einer Person möglich.

Die *state-Motivation* wurde mit fünf Items (siehe Tabelle 1) erfasst, deren Reliabilität in beiden Studien sehr zufriedenstellend ausfiel (Cronbach's α < .90). Eingesetzt wurde ein sechsstufiges Antwortformat von 1 (*stimmt gar nicht*) bis 6 (*stimmt völlig*). Erwartungsgemäß korrelierte Freude signifikant positiv mit der aktuellen Motivation ($r = .66$) und negativ mit Ärger ($r = -.43$), Angst ($r = -.31$) und Scham ($r = -.42$), während negative Emotionen negative oder keine Korrelationen zur Motivation aufwiesen (Ärger: $r = -.33$, Angst: n.s., Scham: $r = -.38$). Ärger korrelierte zudem positiv mit Angst ($r = .57$) sowie Scham ($r = .61$), ebenso Angst mit Scham ($r = .56$).

Tabelle 1: Itemstatistiken und Item-Interkorrelationen zur State-Motivation

	M	SD	r_{tt}	2	3	4	5
1 Diese Aufgabe macht mir Spaß.	3.02	1.23	.80	.82	.77	.67	.57
2 Ich finde diese Aufgabe interessant.	3.25	1.16	.77		.69	.62	.59
3 Ich habe Lust, weiter zu machen.	3.41	1.32	.86			.79	.75
4 Ich freue mich auf die nächste Aufgabe.	3.41	1.25	.81				.77
5 Ich bin gespannnt, was die nächste Aufgabe sein wird.	3.91	1.30	.75				-

Anmerkung: Alle Korrelationen $p < .001$. Dargestellt sind Mittelwerte, Standardabweichungen und Trennschärfen für die Messung nach der zweiten Aufgabe.

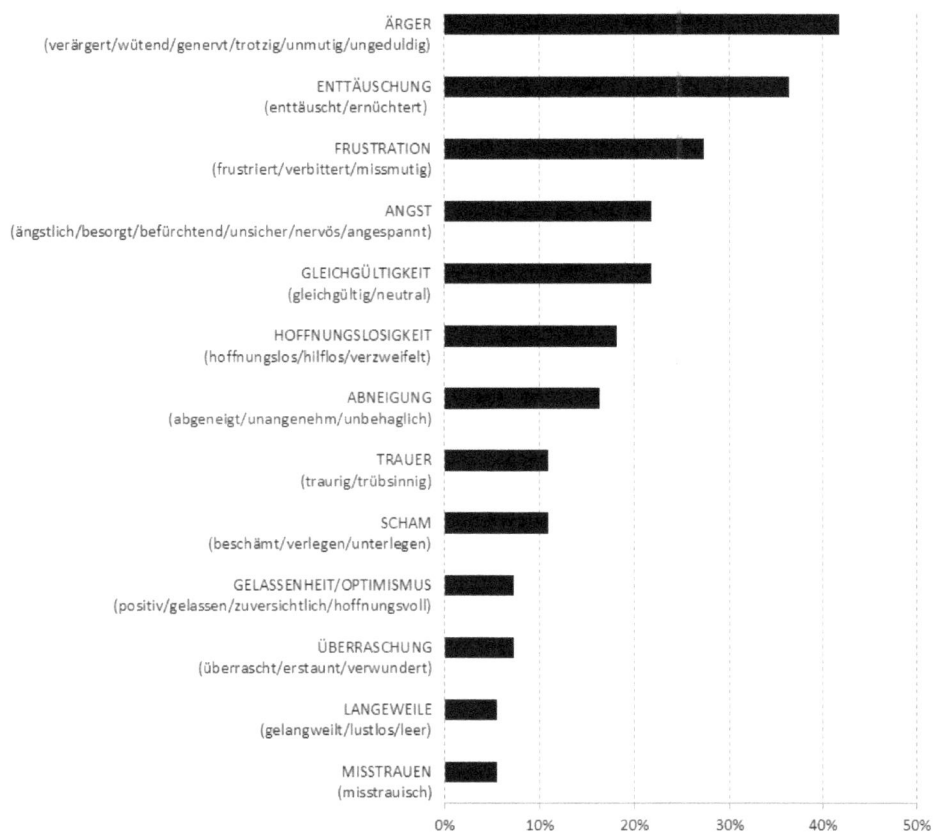

Abbildung 1: Relative Häufigkeiten (Prozentanteile der Versuchspersonen, N = 55) der im Stimulated Recall Interview berichteten Emotionen (Mehrfachnennungen berücksichtigt)

3.3 Ergebnisse

Ebenfalls erwartungsgemäß war die Motivation der Lernenden nach Fehlern bzw. nach der Fehlerrückmeldung niedriger als nach der korrekten Lösungsrückmeldung ($M = 4.01$ vs. 3.55, $F(1,26) = 26.248$, $p < .001$, $\eta^2 = .50$). Im Einklang dazu fielen die selbstberichteten Ausprägungen von Ärger ($M = 1.56$ vs. 2.37, $F(1,26) = 13.678$, $p = .001$, $\eta^2 = .35$) und Scham nach Fehlern ($M = 1.37$ vs. 1.67, $F(1,26) = 4.522$, $p = .04$, $\eta^2 = .15$) zum zweiten Messzeitpunkt signifikant höher aus als zum ersten Messzeitpunkt, der Unterschied in den Ausprägungen von Angst war nicht signifikant. Freude wurde nach der Fehlerrückmeldung deutlich geringer berichtet ($M = 4.48$ vs. 3.00, $F(1,26) = 41.935$, $p < .001$, $\eta^2 = .62$). Schließlich wurden in den Interviews auch fast ausschließlich negative emotionale Zustände nach Fehlern berichtet (siehe Abbildung 1). Am häufigsten wurden Emotionen im Zusammenhang mit Ärger oder Enttäuschung genannt, aber auch deaktivierende Emotionen wie Hoffnungslosigkeit oder Langeweile wurden berichtet. Nur wenige Lernende blieben nach der Fehlerrückmeldung „gelassen" oder „zuversichtlich".

4. Studie 2: Psychophysiologische Erfassung des emotionalen Erlebens nach Fehlern

4.1 Methode und Stichprobe

Analog zu Studie 1 eigneten sich die Lernenden anhand eines Lerntextes Wissen zu einem neuen Lerninhalt (Navigation beim Segeln) an und bearbeiteten danach eine einfache und eine schwierige Übungsaufgabe mit jeweils unmittelbarem Feedback[3]. Dabei wurden psychophysiologische Messungen an 53 (Lehramts-) Studierenden durchgeführt (Alter in Jahren: $M = 21.1$, $SD = 3.02$, 76 % weiblich, vorwiegend erstes und zweites Semester). Im Speziellen wurde zur Erfassung positiver und negativer Emotionen Gesichtsmuskel-EMG eingesetzt und die Aktivierung (Arousal) mittels Herzrate und Hautleitfähigkeit erfasst.

4.2 Messinstrumente

Die mimischen und physiologischen Aktivtäten wurden mittels Kontaktelektroden über das Verstärkersystem BIOPAC MP150 Version 4.1.1 an einen weiteren Rechner mit der Aufzeichnungs- und Analyse-Software AcqKnowledge übermittelt und gespeichert. In der Datenauswertung konnte durch entsprechende Marker der Zeitpunkt der Fehlerrückmeldung eindeutig identifiziert werden.

Herzrate und Hautleitfähigkeit
Als „Events" wurden jeweils der Zeitpunkt der Fehlerrückmeldung definiert und Messwerte im Intervall von 3 Sekunden analysiert. Eine durch Ärger hervorgerufene Erregung zum Beispiel sollte sich in einer gesteigerten Herzrate widerspiegeln (vgl. Cacioppo, Berston, Larsen, Poehlmann, & Ito, 2000; Levenson, Ekman, & Friesen, 1990), analog dazu sollte sich eine erhöhte Aktivierung in einer Zunahme der elektrodermalen Aktivität (Krone, 2005; für einen Überblick siehe Potter & Bolls, 2011) auswirken.

Gesichtsmuskel-Elektromyografie
Bei der Messung der elektrischen Aktivität bzw. der feinen Ladungsveränderungen der Gesichtsmuskulatur durch Oberflächenelektroden stehen Veränderungen der elektrischen Aktivität des Corrugator Supercilii – dicht über den Augenbrauen auf der Stirn liegend – für das Erleben negativer Emotionen (vgl. Augenbrauen zusammenziehen bei Ärger), während Veränderungen des Zygomaticus Major – entlang der Wange – das Erleben positiver Emotionen (vgl. Mundwinkeln nach oben ziehen bei Freude) kennzeichnen (Potter & Bolls, 2011; Vossel & Zimmer, 2009).

Die *aktuelle Motivation* wurde analog zu Studie 1 erfasst.

---

[3] In Studie 2 lösten 80 % der Versuchspersonen die (einfachere) erste Aufgabe richtig, während fünf Versuchspersonen bei der (schwierigen) zweiten Aufgabe die richtige Lösung erzielten und daher von den weiteren Analysen ausgeschlossen wurden.

4.3 Ergebnisse

Auch in dieser Studie ließ sich bei allen Versuchspersonen ein Absinken der Motivation vom ersten Messzeitpunkt (nach der richtig gelösten ersten Aufgabe) zum zweiten Messzeitpunkt (nach der fehlerhaften zweiten Aufgabe) beobachten ($F(1,36) = 29.302$, $p < .001$, $\eta^2 = .45$). Im Einklang dazu fielen die selbstberichteten Ausprägungen von Angst ($M = 4.05$ vs. 2.86, $F(1,36) = 23.642$, $p < .001$, $\eta^2 = .40$), Ärger ($M = 1.30$ vs. 2.30, $F(1,36) = 27.750$, $p < .001$, $\eta^2 = .44$) und Scham nach Fehlern ($M = 1.27$ vs. 1.70, $F(1,36) = 14.582$, $p = .001$, $\eta^2 = .29$) zum zweiten Messzeitpunkt signifikant höher aus als zum ersten Messzeitpunkt. Freude wurde nach der fehlerhaft gelösten Aufgabe erwartungsgemäß deutlich weniger erlebt ($M = 4.05$ vs. 2.86, $F(1,36) = 23.642$, $p < .001$, $\eta^2 = .40$). Die psychophysiologischen Messungen zeigten analog dazu einen Arousal-Anstieg nach der Fehlerrückmeldung, gemessen anhand der Hautleitfähigkeit ($F(2,66) = 9.324$, $p < .001$, $\eta^2 = .22$). Zudem zeigte sich eine erhöhte Corrugator Supercilii Muskelaktivität (welche mit dem Erleben negativer Emotionen verbunden ist) im Vergleich zur entsprechenden elektrischen Aktivität nach der korrekt gelösten Aufgabe ($2.22 < t(30) < 2.71$, $.01 < p < .03$). Hinsichtlich der Herzrate fiel der Anstieg in den ersten drei Sekunden nach der Fehlerrückmeldung zur zweiten Aufgabe nur von jenen Lernenden signifikant aus, die bereits bei der ersten Aufgabe eine Fehlerrückmeldung aufgrund einer falschen Aufgabenlösung erhielten ($F(2,86) = 3.393$, $p = .04$, $\eta^2 = .07$, signifikanter Interaktionseffekt).

5. Zusammenfassung und Forschungsperspektiven

Insgesamt sprechen sowohl theoretische Annahmen als auch die empirischem Evidenzen dafür, dass Fehler(rückmeldungen) das emotionale Erleben und die Motivation von Lernenden stark beeinflussen. Die Vielfalt an (vorwiegend) negativen Emotionen nach Fehlern, die von Lernenden – in einem individuellen Lernsetting ohne Bewertungsaspekt! – erlebt werden, erfordert einen detaillierteren Blick auf weitere individuelle Merkmale, um die Voraussetzungen für günstige emotionale Reaktionen zu identifizieren. So könnte eine positive Sichtweise auf akademische Fehler als Lernchance, anstatt die eigenen Fehler als Bedrohung anzusehen, dazu beitragen, positive Emotionen aufrechtzuerhalten (Diener & Dweck, 1978; Tulis & Ainley, 2011) oder negativ aktivierende Emotionen in lernförderlicher Weise zu nutzen (Tulis & Fulmer, 2013). Es ist anzunehmen, dass durch eine positive Einstellung zu Fehlern die Fehlersituation als solche weniger als (selbstwert-)bedrohlich, sondern als notwendiger Bestandteil individueller Kompetenzerweiterung angesehen wird (vgl. Rybowiak, Garst, Frese, & Batinic, 1999). In der Tat belegen die bislang wenigen Studien zu diesem Thema, dass die Betrachtung von Fehlern als Lerngelegenheit den vermehrten Einsatz tiefenorientierter Lernstrategien sowie adaptiver Strategien zur Selbstregulation begünstigt (z.B. Hesketh & Ivancic, 2002; Keith & Frese, 2005; Rybowiak et al., 1999) und positiv mit affektiv-motivationalen und handlungsbezogenen adaptiven Fehlerreaktionen assoziiert ist (Tulis, Steuer, & Dresel, revision submitted). Darüber hinaus scheint das so (an)erkannte Potenzial von Fehlern auch günstige Effekte auf die Emotionen, die Schüler/innen mit bestimmten Unterrichtsfächern verbinden, zu haben: In einer längsschnittlichen Studie über ein Schulhalbjahr hinweg erwies sich die positive Einstellung von Schüler/innen als signifikant negativer Prädiktor für Langeweile, Angst und Ärger, sowie als positiver Prädiktor für Freude in Mathematik – jeweils unter Kontrolle der fachspezifischen Emotion zu Schuljahresbeginn (Tulis, 2013). Die von den Schüler/innen wahrgenommene „Fehlerfreundlichkeit" der Mathematiklehrkraft übte dabei einen substanziellen, positiven Einfluss auf deren eigene Einstellung aus. In Anbetracht der wichtigen Bedeutung fachspezifischer Lern- und Leistungsemotionen für schulische Motivation und Leistung (z.B. Pekrun et al., 2002) stellt die Förderung einer positiven Einstellung zu Fehlern also auch in dieser Hinsicht eine zentrale Aufgabe von Lehrpersonen dar.

Lehrkräfte tragen maßgeblich dazu bei, die Entwicklung einer solch positiven Einstellung bei ihren Schüler/innen durch eine entsprechende eigene positive Haltung gegenüber Fehlern (die sich auch in beobachtbarem Verhalten im Unterricht widerspiegelt) zu unterstützen (Tulis, 2013). Durch die Etablierung eines positiven Fehlerklimas eröffnen sie ihren Schüler/innen die Möglichkeit, einen adaptiven Umgang mit Fehlern zu übernehmen (Steuer et al., 2013). Die Einstellung bzw. das Verhalten der Lehrkräfte in Fehlersituationen ist dabei jedoch nur ein Aspekt: So üben auch die Mitschüler/innen bzw. die Einstellung und Reaktionsweisen der Peers (z.B. Tulis, Reindl, & Dresel, revision submitted) einen Einfluss auf die individuellen Fehlerreaktionen von Lernenden aus. Ebenso spielt die Gestaltung des Lernkontextes, beispielsweise eine klare Trennung von Lern- versus Leistungssituation, eine nicht zu vernachlässigende Rolle für effektives Lernen aus Fehlern (Meyer, Seidel, & Prenzel, 2006; Weinert, 1999). Empirische Erkenntnisse zu diesen Kontextmerkmalen als auch zu spezifischen individuellen Merkmalen bilden die Grundlage zur Vorhersage effektiver Lernprozesse. Die Bedeutung von Selbsterklärungsprozessen für das eigentliche Lernen aus Fehlern ist hierbei unumstritten – vielmehr ging es in diesem Beitrag darum, individuelle Bedingungsfaktoren für einen adaptiven Umgang mit Fehlern herauszustellen, welche diese elaborativen Prozesse anstoßen und unterstützen. Das emotionale Erleben von Lernenden spielt dabei eine zentrale Rolle.

Literatur

Anderson, A. K. (2005). Affective influences on the attentional dynamics supporting awareness. *Journal of Experimental Psychology: General, 134,* 258–281.

Boekaerts, M. (1999). Self-regulated learning: Where we are today. *International Journal of Educational Research, 31,* 445–475.

Boekaerts, M. (2010). Coping with stressful situations: An important aspect of self-regulation. In P. Peterson, E. Baker, & B. McGaw (Eds.), *International encyclopedia of education* (Vol. 6, pp. 570–575). Oxford: Academic Press/Elsevier.

Buff, A., Reusser, K., & Pauli, C. (2010). Die Qualität der Lernmotivation in Mathematik auf der Basis freier Äusserungen: Welches Bild präsentiert sich bei Deutschschweizer Schülerinnen und Schülern im 8. und 9. Schuljahr? In K. Reusser, C. Pauli, & M. Waldis (Hrsg.), *Unterrichtsgestaltung und Unterrichtsqualität – Ergebnisse einer internationalen und schweizerischen Videostudie zum Mathematikunterricht* (S. 253–278). Münster: Waxmann.

Cacioppo, J. T., Berston, G. G., Larsen, J. T., Poehlmann, K. M., & Ito, T. A. (2000). The psychophysiology of emotion. In M. Lewis, & J. M. Haviland-Jones (Eds.), *Handbook of emotions* (pp. 173–191). New York: Guilford Press.

Carver, C. S., & Scheier, M. F. (1990). Origins and functions of positive and negative affect: A control process view. *Psychological Review, 97*, 19–35.

Chi, M. T. H. (1996). Constructing self-explanations and scaffolded explanations in tutoring. *Applied Cognitive Psychology, 10*, 33–49.

Chi, M. T. H. (2000). Self-explaining: The dual processes of generating inference and repairing mental models. In R. Glaser (Ed.), *Advances in instructional psychology: Educational design and cognitive science* (Vol. 5, pp. 161–238). Mahwah, NJ: Lawrence Erlbaum.

D'Mello, S. K., & Graesser, A. C. (2012). Dynamics of affective states during complex learning. *Learning and Instruction, 22*, 145–157.

D'Mello, S. K., Lehman, B. A., & Person, N. (2010). Monitoring affect states during effortful problem solving activities. *International Journal of Artificial Intelligence in Education, 20*, 361–389.

Diener, C. I., & Dweck, C. S. (1978). An analysis of learned helplessness: Continuous changes in performance, strategy and achievement cognitions following failure. *Journal of Personality and Social Psychology, 36*, 451–462.

Dresel, M., Schober, B., Ziegler, A., Grassinger, R., & Steuer, G. (2013). Affektiv-motivational adaptive und handlungsadaptive Reaktionen auf Fehler im Lernprozess. *Zeitschrift für Pädagogische Psychologie, 27*, 255–271.

Durkin, K., & Rittle-Johnson, B. (2012). The effectiveness of using incorrect examples to support learning about decimal magnitude. *Learning and Instruction, 22*, 206–214.

Frenzel, A.; Pekrun, R., & Götz, T. (2007). Perceived learning environment and students' emotional experiences: A multilevel analysis of mathematics classrooms. *Learning and Instruction, 17*, 478–493.

Graesser, A. C., & D'Mello, S. K. (2012). Emotions during the learning of difficult material. In B. Ross (Ed.), *Psychology of learning und motivation* (Vol. 57, pp. 183–225). Amsterdam: Elsevier.

Grassinger, R., & Dresel, M. (2017). Who learns from errors on a class test? Antecedents and profiles of adaptive reactions to errors in a failure situation. *Learning and Individual Differences, 53*, 61–68.

Große, C. S., & Renkl, A. (2007). Finding and fixing errors in worked examples: Can this foster learning outcomes? *Learning and Instruction, 17*, 612–634.

Hascher, T., & Hagenauer, G. (2010). Lernen aus Fehlern. In C. Spiel, R. Reimann, B. Schober, & P. Wagner (Hrsg.), *Bildungspsychologie* (S. 377–381). Göttingen: Hogrefe.

Hesketh B., & Ivancic K. (2002). Enhancing performance through training. In S. Sonnentag, (Ed.), *Psychological management of individual performance* (pp. 249–265). New York, NY: Wiley.

Kapur, M., & Bielaczyc, K. (2012): Designing for productive failure. *Journal of the Learning Sciences, 21*, 45–83.

Keith, N., & Frese, M. (2005). Self-regulation in error management training: Emotion control and metacognition as mediators of performance effects. *Journal of Applied Psychology, 90*, 677–691.

Kolodner, J. (1983). Towards an understanding of the role of experience in the evolution from novice to expert. *International Journal of Man-Machine Studies, 19*, 497–518.

Kolodner, J. (1997). Educational implications of analogy: A view from case-based reasoning. *American Psychologist, 52*, 57–66.

Kopp, V., Stark, R., Heitzmann, N., & Fischer, M. R. (2010). Self-regulated learning with case-based worked examples: effects of errors. *Evaluation and Research in Education, 22*, 107–119.

Kreutzmann, M., Zander, L., & Hannover, B. (2014).Versuch macht klug/g?! Der Umgang mit Fehlern auf Klassen- und Individualebene. Zusammenhänge mit Selbstwirksamkeit, Anstrengungsbereitschaft und Lernfreude von Schülerinnen und Schülern. *Zeitschrift für Entwicklungspsychologie und Pädagogische Psychologie, 2*, 101–113.

Krone, A. (2005). *Leistungsemotionen: Ärger und Freude bei Leistungsrückmeldungen.* Stuttgart: Ibidem.

Krone, A., Hamborg, K. C., & Gediga, G. (2002). Zur emotionalen Reaktion bei Fehlern in der Mensch-Computer-Interaktion. *Zeitschrift für Arbeits- und Organisationspsychologie, 46*, 185–200.

Künsting, J., Kempf, J., & Wirth, J. (2013). Enhancing scientific discovery learning through metacognitive support. *Contemporary Educational Psychology, 38*, 349–360.

Lazarus, R. S., & Folkman, S. (1984). *Stress, appraisal, and coping.* New York: Springer.

Levenson, R. W., Ekman, P., & Friesen, W. V. (1990). Voluntary facial action generates emotion-specific autonomic nervous system activity. *Psychophysiology, 27*, 363–384.

Linnenbrink, E. A., & Pintrich, P. R. (2004). Role of affect in cognitive processing in academic contexts. In D. Y. Dai, & R. J. Sternberg (Eds.), *Motivation, emotion, and cognition. Integrative perspectives on intellectual functioning and development* (pp. 57–88). Mahwah, NJ: Lawrence Erlbaum Ass.

Mathan, S. A., & Koedinger, K. R. (2005). Fostering the intelligent novice: Learning from errors with metacognitive tutoring. *Educational Psychologist, 40*, 257–265.

Mayring, P. (2010). *Qualitative Inhaltsanalyse. Grundlagen und Techniken.* Weinheim und Basel: Beltz.

Meyer, L., Seidel, T., Prenzel, M. (2006). Wenn Lernsituationen zu Leistungssituationen werden: Untersuchung zur Fehlerkultur in einer Videostudie. *Schweizerische Zeitschrift für Bildungswissenschaften, 28*, 21–41.

Minsky, M. (1997). Negative expertise. In P. J. Feltovich, K. M. Ford, & R. R. Hoffman (Eds.), *Expertise in context* (pp. 515–521). Menlo Park: AAAI.

Oser, F., & Spychiger, M. (2005). *Lernen ist schmerzhaft. Zur Theorie des Negativen Wissens und zur Praxis der Fehlerkultur.* Weinheim: Beltz.

Pekrun, R., Elliot, A. J., & Maier, M. A. (2006). Achievement goals and discrete achievement emotions: A theoretical model and prospective test. *Journal of Educational Psychology, 98*, 583–597.

Pekrun, R., Götz, T., Daniels, L. M., Stupnisky, R. H., & Perry, R. P. (2010). Boredom in achievement settings: Control-value antecedents and performance outcomes of a neglected emotion. *Journal of Educational Psychology, 102*, 531–549.

Pekrun, R., Frenzel, A., Götz, T., & Perry, R. P. (2007). The control-value theory of achievement emotions: An integrative approach to emotions in education. In P. A. Schutz, & R. Pekrun (Eds.), *Emotions in education* (pp. 13–36). San Diego: Academic Press.

Pekrun, R., Götz, T., Titz, W., & Perry, R. P. (2002). Academic emotions in students' self-regulated learning and achievement: a program of quantitative and qualitative research. *Educational Psychologist, 37*, 91–106.

Pekrun, R., & Linnenbrink-Garcia, L. (2012). Academic emotions and student engagement. In S. L. Christenson, A. L. Reschly, & C. Wylie (Eds.), *Handbook of research on student engagement* (pp. 259–292). New York: Springer.

Pekrun, R., & Stephens, E. J. (2012). Academic emotions. In K. R. Harris, S. Graham, T. Urdan, S. Graham, J. M. Royer, & M. Zeidner (Eds.), *APA educational psychology handbook* (Vol. 2, pp. 3–31). Washington, DC: American Psychological Association.

Pintrich, P. R., & Schunk, D. H. (2002). *Motivation in education: Theory research, und applications.* Upper Saddle River: Prentice Hall.

Potter, R. F., & Bolls, P. D. (2011). *Physiological measurement and meaning: Cognitive and emotional processing of media.* New York: Routledge.

Prawat, R. S., & Anderson, A. L. H. (1994). The affective experiences of children during mathematics. *Journal of Mathematical Behaviour, 13*, 201–222.

Reisenzein, R. (2006). Denken und Emotionen. In J. Funke, & P. A. Frensch (Hrsg.), *Handbuch der Allgemeinen Psychologie – Kognition* (Handbuch der Psychologie, Band 4, S. 475–484). Göttingen: Hogrefe.

Rothermund, K., & Eder, A. B. (2009). Emotion und Handeln. In V. Brandstätter, & J. H. Otto (Hrsg.), *Handbuch der Psychologie: Motivation und Emotion* (S. 675–685). Göttingen: Hogrefe.

Rybowiak, V., Garst, H., Frese, M., & Batinic, B. (1999). Error orientation questionnaire (EOQ): Reliability, validity, and different language equivalence. *Journal of Organizational Behavior, 20*, 527–547.

Schwarz, N. (1990). Feelings as information: Informational and motivational functions of affective states. In E. T. Higgins, & R. M. Sorrentino (Eds.). *Handbook of motivation and cognition: Foundations of social behavior* (Vol. 2, pp. 528–561). New York: Guilford.

Siegler, R. S. (2002). Microgenetic studies of self-explanation. In N. Granott, & J. Parziale (Eds.), *Microdevelopment. Transition Processes in Development and Learning* (pp. 31–58). Cambridge, MA: Cambridge University Press.

Steuer, G., Rosentritt-Brunn, G., & Dresel, M. (2013). Dealing with errors in mathematics classrooms: Structure and relevance of perceived error climate. *Contemporary Educational Psychology, 38*, 196–210.

Tulis, M. (2013). Error management behavior in classrooms: Teachers' responses to students' mistakes. *Teaching and Teacher Education, 33*, 56–68.

Tulis, M., & Ainley, M. (2011). Interest, enjoyment and pride after failure experiences? Predictors of students' state-emotions after success and failure during learning mathematics. *Educational Psychology, 31*, 779–807.

Tulis, M., & Fulmer, S. M. (2013). Students' motivational and emotional experiences and their relationship to persistence during academic challenge in mathematics and reading. *Learning and Individual Differences, 27*, 35–47.

Tulis, M., Grassinger, R., & Dresel, M. (2011). Adaptiver Umgang mit Fehlern als Aspekt der Lernmotivation und des Selbstregulierten Lernens von Overachievern. In M. Dresel, & L. Lämmle (Hrsg.), *Motivation, Selbstregulation und Leistungsexzellenz* (S. 29–51). Münster: LIT.

Tulis, M., Reindl, M., & Dresel, M. (2017, revision submitted). Freundschaften im Klassenzimmer und deren Bedeutung für einen adaptiven individuellen Umgang mit Fehlern. *Zeitschrift für Entwicklungspsychologie und Pädagogische Psychologie*.

Tulis, M., Steuer, G., & Dresel, M. (2015). Learning from errors: Process and contextual conditions. Towards a model of individual processes within contexts. In M. Gartmeier, H. Gruber, T. Hascher, & H. Heid (Hrsg.), *Funktionen von Fehlern im Kontext individueller und gesellschaftlicher Entwicklung* (S. 53–70). Münster: Waxmann.

Tulis, M., Steuer, G., & Dresel, M. (2016). Learning from errors: A model of individual processes. *Frontline Learning Research, 4*, 12–26.

Tulis, M., Steuer, G., & Dresel, M. (2017, revision submitted). Positive beliefs about errors as an important element of adaptive individual dealing with errors during academic learning. *Educational Psychology*.

Turner, J. C., Thorpe, P. K., & Meyer, D. K. (1998). Students' reports of motivation and negative affect: A theoretical and empirical analysis. *Journal of Educational Psychology, 90*(4), 758–771.

Van Lehn, K. (1988). Toward a theory of impasse-driven learning. In H. Mandl, & A. Lesgold (Eds.), *Learning issues for intelligent tutoring systems* (pp. 19–41). New York: Springer.

Van Lehn, K., Burleson, W., Girard, S., Chavez-Echeagaray, M. E., Gonzalez-Sanchez, J., Hidalgo-Pontet, Y., & Zhang, L. (2014). The affective meta-tutoring project: Lessons learned. In *Lecture Notes in Computer Science* (Vol. 8474 LNCS, pp. 84–93). Springer.

Vossel, G., & Zimmer, H. (2009). Psychophysiologie. V. Brandstätter, & J. H. Otto (Hrsg.), *Handbuch der Allgemeinen Psychologie: Motivation und Emotion* (S. 501–511). Göttingen: Hogrefe.

Weinert, F. E. (1999). Aus Fehlern lernen und Fehler vermeiden lernen. In W. Althof (Hrsg.), *Fehlerwelten. Vom Fehlermachen und Lernen aus Fehlern* (S. 101–109). Opladen: Leske+Budrich.

Zhao, B., & Olivera, F. (2006). Error reporting in organizations. *Academy of Management Review, 31*, 1012–1030.

Carmen Zurbriggen und Martin Venetz

Diversität und aktuelles emotionales Erleben von Schülerinnen und Schülern im inklusiven Unterricht

Abstract

Inklusiver Unterricht anerkennt Diversität innerhalb der Schülerschaft und hat zum Ziel, jeder Schülerin und jedem Schüler die aktive Beteiligung am Lerngeschehen zu ermöglichen. Einen bedeutsamen Indikator für effektive Teilhabe bildet das subjektive Wohlbefinden der Schülerinnen und Schüler. In Zentrum dieses Beitrages steht deshalb das emotionale Erleben von Schülerinnen und Schülern im inklusiven Unterricht. Hierzu gaben 719 Schülerinnen und Schüler aus 40 Primarschulklassen an 14 Zeitpunkten während einer Schulwoche mittels der Experience-Sampling-Methode Auskunft zu ihrer positiven und negativen Aktivierung sowie zu Merkmalen der jeweiligen Unterrichtssituation. In einem ersten Schritt wurden mittels latenter Profilanalysen vier Subtypen innerhalb der Schülerschaft identifiziert. Die Mehrebenenanalysen zeigen, dass das emotionale Erleben in etwa zu gleichen Anteilen von Situation und Person abhängig ist. Bei Schülerinnen und Schülern, welche sich vorrangig durch externalisierendes Verhalten beschreiben lassen, fluktuiert die negative Aktivierung stärker über den Unterrichtsalltag hinweg. In Bezug auf zentrale Merkmale inklusiven Unterrichts ergeben sich kaum differenzielle Effekte: Kooperative Lernformen, die Möglichkeit zur Aufgabenwahl sowie ein individuell angemessener Schwierigkeitsgrad gehen generell mit positiveren Erlebenszuständen einher. Bei Schülerinnen und Schülern mit überdurchschnittlichen Schulleistungen und einem gut angepassten Sozialverhalten ist jedoch die positive Aktivierung erst bei subjektiv als schwierig eingestuften Aufgaben am höchsten.

1. Einführung

Trotz seiner bewusst positiven Konnotation wird Diversität international als eine der zentralen Herausforderungen für Lehrpersonen betrachtet (European Agency for Special Needs and Inclusive Education, 2015; OECD, 2010). Im Zuge der vielzitierten zunehmend multikulturellen Gesellschaft und der Ausweitung schulischer Inklusion stehen Lehrpersonen verstärkt vor der Aufgabe, mit der Vielfalt der Schülerschaft produktiv umzugehen und den Unterricht so zu gestalten, dass alle Schülerinnen und Schüler ihre Kompetenzen weiterentwickeln und ihre Ressourcen gezielt einsetzen können. Weichen jedoch die schulischen Kompetenzen eines Kindes oder Jugendlichen deutlich von den jeweiligen Standards ab, fühlen sich Lehrpersonen häufig gefordert bis überfordert. Insbesondere gering ausgeprägte sozial-emotionale Kompetenzen, welche sich in auffälligen, im Unterricht störenden Verhaltensweisen äußern, zählen zu den größten Belastungen für Lehrpersonen, welche bis zur emotionalen Erschöpfung führen können (z.B. Bakker, Hakanen, Demerouti, & Xanthopoulou, 2007). Vor diesem Hintergrund ist gut nachvollziehbar, dass dem subjektiven Wohlbefinden von Lehrpersonen im Kontext von Inklusion besondere Aufmerksamkeit zukommt.

Doch wie geht es den Kindern und Jugendlichen im inklusiven Unterricht? Diese Frage ist erst in den letzten Jahren ins Zentrum des Forschungsinteresses gerückt. Das subjektive Wohlbefinden von Schülerinnen und Schülern wird dabei sowohl als übergeordnete Zielvorstellung als auch als bedeutsamer Indikator von Qualität schulischer Inklusion erachtet (z.B. Kullmann, Geist, & Lütje-Klose, 2015; Venetz, 2015). Denn ein gleichberechtigter Zugang zum allgemeinen Bildungssystem bildet zwar eine notwendige, aber keine hinreichende Voraussetzung für Inklusion (z.B. Loreman, Forlin, Chambers, Sharma, & Deppeler, 2014). Gefordert ist ein qualitativ hochwertiger Unterricht, welcher zum einen die kognitive Entwicklung und zum anderen die emotionale und soziale Entwicklung aller Schülerinnen und Schüler möglichst optimal unterstützt (UNESCO, 2009). Während die schulische Leistungsentwicklung, das akademische Selbstkonzept sowie soziale Aspekte in der Inklusionsforschung seit längerem viel Aufmerksamkeit erhalten (im Überblick z.B. Bless & Mohr, 2007; Oh-Young & Filler, 2015; Ruijs & Peetsma 2009), wurde das emotionale Erleben von Schülerinnen und Schülern bislang jedoch noch wenig untersucht. Im Fokus dieses Beitrages steht deshalb das emotionale Erleben von Schülerinnen und Schülern im inklusiven Unterricht.

1.1 Umgang mit Diversität im inklusiven Unterricht

Im wissenschaftlichen Diskurs bezieht sich Diversität grundsätzlich auf verschiedenste Heterogenitätsdimensionen wie Alter, Geschlecht, Ethnizität oder soziale Herkunft, wohlgemerkt ohne eine hierarchische Strukturierung vorzunehmen. Die (sonder-) pädagogische Praxis orientiert sich hingegen mehrheitlich an den beiden Differenzlinien *Schulleistungen* und *sozial-emotionale Kompetenzen*, wobei im Falle einer mehrfach beobachteten Unterschreitung gewisser Standards eine kategoriale Zuweisung zu unterstützenden Maßnahmen erfolgt. Die gängigen Kategorisierungen wie etwa sonderpädagogischer Förderbedarf (SPF) im Bereich Lernen sind allerdings stark von der jeweiligen Zuweisungs- oder Selektionspraxis abhängig und daher über verschiedene Gemeinden, Kantone und Länder hinweg nur bedingt vergleichbar (vgl. z.B. Kronig, 2011). Kategoriale Zuweisungen stehen zudem in einem gewissen Widerspruch zu den Grundgedanken schulischer Inklusion.

Denn inklusiver Unterricht nimmt sich zum Ziel, dass sich jede Schülerin bzw. jeder Schüler am Regelschulunterricht aktiv beteiligen und einen größtmöglichen Lerngewinn daraus ziehen kann. Der Unterricht wird demgemäß an die individuellen lernrelevanten Unterschiede innerhalb der Schülerschaft adaptiert (z.B. Buholzer & Kummer Wyss, 2012).

Zu den zentralen allgemeinen Merkmalen eines inklusiven oder zumindest inklusiv ausgerichteten Unterrichts zählen: *Differenzierung*, *Individualisierung* und *kooperatives Lernen*. Eine *Differenzierung* kann dabei unterschiedliche Aspekte betreffen (z.B. Komplexitätsgrad, Interesse) und in unterschiedlichen Formen erfolgen (z.B. kooperatives Lernen, Leistungsgruppen). Um dem inklusiven Gedankengut gerecht zu werden, hat Differenzierung nicht als schulorganisatorische Maßnahme im Sinne einer äußeren Differenzierung zu erfolgen. Ziel einer inneren bzw. Binnendifferenzierung ist die Passung von individuellen Lernvoraussetzungen und Lernangebot im Rahmen des gemeinsamen Unterrichts (Müller Bösch & Schaffner Menn, 2014). Bezogen auf eine konkrete Aufgabe bedeutet dies, dass deren Anforderungsgrad als individuell angemessen eingestuft werden kann. Innere Differenzierung bildet insofern eine Voraussetzung für *Individualisierung*. Ein wesentliches Element für individualisiertes Lernen ist, dass für die Schülerinnen und Schüler innerhalb entsprechender Rahmenbedingungen gewisse Wahlmöglichkeiten bestehen (Klippert, 2016). Anstelle einer Zuteilung von individuell abgestimmten Aufgaben durch die Lehrperson, können Schülerinnen oder Schüler z.B. im Rahmen eines Wochenplans aus einem Kontingent von Aufgabenstellungen selbst wählen.

Im Umgang mit Diversität wird *kooperatives Lernen* zu einem weiteren wichtigen Ansatzpunkt inklusiven Unterrichts. Mit Blick auf soziale Partizipation unterstützen kooperative Lernformen Schülerinnen und Schüler dabei, Peers als Ressourcen zu nutzen und gleichzeitig soziale Kompetenzen zu entwickeln. Die Hauptmerkmale inklusiven Unterrichts lassen sich demnach weitgehend den allgemeinen Merkmalen von Unterrichtsqualität zuordnen (z.B. Helmke, 2010), jedoch mit einem Schwerpunkt auf Differenzierung und Individualisierung.

1.2 Emotionales Erleben und dessen Erfassung im Kontext von Inklusion

Eine der Ausnahmen der frühen Inklusionsforschung in Bezug auf emotionale Aspekte stellt die breit angelegte Untersuchung von Haeberlin, Bless, Moser und Klaghofer (1990) dar. Die Schweizer Autorengruppe kam aufgrund ihrer empirischen Ergebnisse zum Schluss, dass sich «schulleistungsschwache Schüler emotional weniger gut in die Schule integriert einschätzen als gute Schüler» (ebd., S. 328).

Die Ergebnisse aus aktuelleren Studien ergeben ein inkonsistentes Bild: Gemäß einer großen irischen Studie von McCoy und Banks (2012) gefällt es Schülerinnen und Schülern mit SPF im Bereich Lernen oder im Bereich sozial-emotionale Entwicklung in der Schule weniger gut als ihren Peers. Im Gegensatz dazu ergab eine österreichische Untersuchung, dass sich das schulische Wohlbefinden von Schülerinnen und Schülern mit vs. ohne SPF nicht unterscheidet (Schwab et al., 2015). In einer Studie aus Deutschland wiederum zeigten sich für Schülerinnen und Schüler mit SPF im Bereich Lernen sowohl bei positiven als auch negativen Emotionen gegenüber der Schule keine signifikanten Unterschiede zwischen den drei Grundschulsettings Integrationsklasse, Förderschule und Unterstützung durch sonderpädagogisches Kompetenzzentrum (Wild et al., 2015).

Diesen Studien ist gemeinsam, dass das subjektive Wohlbefinden mittels konventioneller, schriftlicher Befragung retrospektiv erfasst wurde. Damit liegen jeweils bilanzierende, kognitiv verarbeitete Einschätzungen zum habituellen Befinden in der Schule vor, die unter anderem vom jeweiligen Kontext abhängig sind, in dem die Befragung stattgefunden hat (vgl. z.B. Stone & Litcher-Kelley, 2006). Unklar dabei ist, welche schulischen Situationen oder Erlebnisse in diese Gesamteinschätzung einfließen oder hierfür ausschlaggebend sind. Demgegenüber wird bei Befragungen mittels der Experience-Sampling-Methode (ESM; z.B. Hektner, Schmidt, & Csikszentmihalyi, 2007) das aktuelle Befinden *in situ* und somit unmittelbar im tatsächlichen Kontext erfasst. Dadurch können zum einen Retrospektionseffekte vermindert und zum anderen eine hohe ökologische Validität gewährleistet werden. Von ihrer Grundidee beabsichtigt die

ESM die Ziehung einer repräsentativen Stichprobe von Momentaufnahmen aus dem Lebensalltag, welche meist mehrmals täglich über eine oder mehrere Wochen hinweg erhoben werden – im Sinne von intensiven longitudinalen Messungen (z.B. Venetz & Zurbriggen, 2015). Merkmale der Situation zum Zeitpunkt der Erhebung sind dabei nicht Störfaktoren, sondern lassen sich explizit analysieren.

Die ESM kam im Bereich der Inklusionsforschung in einer Untersuchung von Venetz, Tarnutzer, Zurbriggen und Sempert (2012) zum Einsatz. Das aktuelle emotionale Erleben wurde basierend auf dem Circumplex-Modell affektiver Zustände von Watson und Mitarbeitenden (Watson & Tellegen, 1985; Watson, Wiese, Vaidya, & Tellegen, 1999) operationalisiert. Anhand der bipolaren Dimensionen *Positive Aktivierung (PA)* und *Negative Aktivierung (NA)* lässt sich das Befinden in seiner Wertigkeit und Ausprägung sowie in Kombination positiver und negativer Aktivierung beschreiben. Grundannahme dieses dimensionalen Ansatzes ist, dass emotionales Erleben als stimmungs- oder gefühlsmäßige Verfassung (*core affect*) allgegenwärtig ist (für einen Überblick zu Konzeptualisierungen von Emotionen vgl. Shuman & Scherer, 2014). Hohe PA umfasst positive Erlebenszustände, die motivational eng mit dem Annäherungssystem verknüpft sind; hohe NA hingegen negativ erlebte Spannungszustände, die mit vermeidendem Verhalten einhergehen (vgl. Watson et al., 1999).

Ein Hauptbefund aus der ESM-Studie von Venetz et al. (2012) ist, dass Schülerinnen und Schüler mit schwachen Schulleistungen im inklusiven Unterricht generell stärker positiv aktiviert sind als ihre Mitschülerinnen und Mitschüler. Demgegenüber sind Schülerinnen und Schüler, deren Verhalten von ihren Klassenlehrpersonen als auffällig wahrgenommen wird, im inklusiven Unterricht generell stärker negativ aktiviert als ihre Peers. Diese Befunde geben das emotionale Erleben über verschiedene Unterrichtssituationen hinweg wieder. Es können hingegen keine Aussage darüber gemacht werden, wie bestimmte Situationen eines inklusiv ausgerichteten Unterrichts erlebt werden. Bei Zurbriggen und Venetz (2016) zeigte sich etwa, dass kooperative Lernformen mit einem positiven emotionalen Erleben einhergehen.

1.3 Variablen- vs. personenorientierter Ansatz in der Inklusionsforschung

In der Inklusionsforschung werden die teilnehmenden Schülerinnen und Schüler üblicherweise entweder gemäß den im jeweiligen schulischen Kontext verwendeten Kategorien (z.B. SPF im Bereich Lernen) oder anhand von (eigens für die Studie vorgenommenen) Screenings in Gruppen eingeteilt. In beiden Fällen erfolgt die Gruppenzuweisung aufgrund der Ausprägung auf einer bestimmten Dimension (z.B. Schulleistung).

Damit wird in der Inklusionsforschung größtenteils eine tendenziell variablenorientierte Herangehensweise gewählt. Tendenziell insofern, da die theoretische Konzeptualisierung zwar eher personenorientiert verstanden werden kann, die methodologische Umsetzung wiederum einem variablenorientierten Ansatz entspricht, bei dem – vereinfacht ausgedrückt – die relevanten Variablen gemessen sowie deren (meist linearen) Beziehungen oder Veränderungen untersucht werden (vgl. Bergman & Trost, 2006). Gemäß von Eye und Bogat (2006) erfordert ein variablenorientierter Ansatz relativ homogene Populationen. Ist die Zielpopulation jedoch als heterogen zu betrachten – was in der Inklusionsforschung von ihren Grundgedanken her anzunehmen ist, bietet sich eine personorientierte Herangehensweise an. Heterogen meint verschiedenartig und damit: Keine zwei Personen sind genau gleich. Konsequenterweise müssten für jede Schülerin bzw. jeden Schüler die Analysen einzeln durchgeführt werden. Um die Komplexität von Vielfalt zu reduzieren, werden im Rahmen des personenorientierten Ansatzes innerhalb der heterogenen Population homogenere Subpopulationen mit ähnlichen Mustern oder Profilen zu identifizieren versucht.

Vor diesem Hintergrund vermag ein personenorientierter Zugang der Diversität der Schülerschaft gerechter zu werden als eine variablenorientierte Herangehensweise. Des Weiteren können beim personenorientierten Ansatz gleichzeitig mehrere Dimensionen für die Gruppenbildung berücksichtigt werden.

2. Fragestellung

Eine *erste Fragestellung* widmet sich der Diversität der Schülerschaft in Regelschulklassen. Konkret wird der Frage nachgegangen, ob sich innerhalb der Vielfalt von Schülerinnen und Schülern eine begrenzte Anzahl von homogenen Subgruppen mit spezifischen Profilen in Bezug auf Schulleistungen und sozial-emotionale Kompetenzen identifizieren lassen.

In einer *zweiten Fragestellung* soll untersucht werden, inwiefern sich das emotionale Erleben dieser Subgruppen unterscheidet. Wie bereits in der Studie von Venetz et al. (2012) wird damit das aktuelle Erleben von Schülerinnen und Schülern über verschiedene Unterrichtssituationen hinweg wiedergegeben. Dies lässt keine Aussage darüber zu, wie gewisse Situationen eines inklusiv ausgerichteten Unterrichts erlebt werden.

Die *dritte Fragestellung* beschäftigt sich daher nun mit differentiellen Effekten von Merkmalen inklusiven Unterrichts auf das emotionale Erleben. In den Blick genommen werden sollen einzelne Merkmale von Differenzierung, Individualisierung und kooperativen Lernens.

3. Methode

3.1 Stichprobe und Durchführung

Zur Klärung der Fragestellung wurden Daten eines schweizerischen Forschungsprojekts verwendet (Venetz et al., 2012). In die Analysen wurden Schulklassen einbezogen, in welchen Schülerinnen und Schüler mit SPF gemeinsam mit ihren Peers den Regelunterricht besuchen und dabei zusätzlich von einer Fachperson für Sonderpädagogik unterstützt werden.

Die Stichprobe umfasst 352 Schülerinnen und 367 Schüler ($N = 719$) aus 40 Schulklassen der fünften (8.2 %) und sechsten Primarschulstufe (81.8 %). Das Alter lag im Mittel bei 12.18 Jahren ($SD = 0.79$). Knapp 40 % der Schülerschaft gab an, zu Hause (auch) eine andere Sprache als Deutsch zu sprechen. 142 Schülerinnen und Schüler (19.8 %) erhielten eine sonderpädagogische Unterstützungsmaßnahme, wobei auch Deutsch als Zweitsprache dazu gezählt wird.

In der Studie kamen ein konventioneller Fragebogen sowie die Experience-Sampling-Methode (ESM) zum Einsatz. Für die ESM-Erhebung wurde jede Schulkasse vor der Untersuchung während einer (didaktisch aufbereiteten) Lektion über das Vorgehen instruiert. In der Untersuchungswoche erhielten die unterrichtenden Lehrpersonen via Mobiltelefon oder Pager an 14 Zeitpunkten ein Signal, auf das hin alle Schülerinnen und Schüler ihr momentanes emotionales Erleben und Merkmale des aktuellen Unterrichtskontextes anhand eines standardisierten Kurzfragebogens in Booklet-Form protokollierten. Das Ausfüllen eines Kurzfragebogens nahm rund drei bis vier Minuten in Anspruch. Die 14 pro Klasse zugesandten Signale wurden unter Berücksichtigung des Stundenplanes nach Zufallsprinzip programmiert. Insgesamt liegen 8835 Kurzprotokolle vor (im Mittel 12.28 Protokolle pro Schüler/Schülerin).

Während rund 46 % der Zeitpunkte waren die Schülerinnen und Schüler alleine beschäftigt, zu knapp 19 % arbeiteten sie zu zweit oder in einer Gruppe, während etwa 20 % wurde gemeinsam im Klassenverband gelernt und zu 15 % hörten sie der Lehrperson oder einem Mitschüler bzw. einer Mitschülerin zu. An 21 % der Unterrichtssituationen konnte zwischen verschiedenen Aufgaben gewählt werden.

3.2 Instrumente

Zur Erfassung des aktuellen emotionalen Erlebens wurden die PANAVA-Kurzskalen von Schallberger (2005) eingesetzt. Mit je vier bipolaren Items werden anhand siebenstufiger Likert-Skalen die beiden Dimensionen *Positive Aktivierung* (PA; z.B. lustlos – hoch motiviert) und *Negative Aktivierung* (NA; z.B. entspannt – gestresst) erfasst. In vorliegender Studie beträgt die interne Konsistenz (Cronbach's α) der Skalen auf Zeitpunktebene .80 (PA) bzw. .75 (NA), auf Personebene .89 (PA) bzw. .86 (NA).

Als Merkmale des Unterrichts wurden Aufgabenwahl und -schwierigkeit (Individualisierung, Differenzierung) sowie die Sozialform (kooperatives Lernen) erhoben. Bei der Sozialform werden vier Kategorien unterschieden: *Einzelarbeit*, *Partner-/Gruppenarbeit*, *im Klassenverband* sowie (der Lehrperson oder einem Mitschüler bzw. einer Mitschülerin) *zuhören*. Die Aufgabenwahl wurde anhand der Frage «Konntest du zwischen verschiedenen Aufgaben wählen?» und den Kategorien *ja* und *nein* operationalisiert. Die subjektiv wahrgenommene Aufgabenschwierigkeit wurde mittels einer siebenstufigen Likert-Skala erfasst.

Grundlage für die latente Profilanalyse bilden Schulleistungen sowie sozial-emotionale Kompetenzen der Schülerinnen und Schüler. Die schulischen Leistungen in Deutsch und Mathematik wurden mit dem Testsystem *Klassencockpit* gemessen, die sozial-emotionalen Kompetenzen anhand der vier Problemskalen *Emotionale Probleme, Verhaltensprobleme, Hyperaktivität und Peer-Probleme* der Lehrerversion des *Strengths and Difficulties Questionnaire* (SDQ) von Goodman (1997). Die innere Konsistenz der SDQ-Skalen variieren zwischen .74 (Peer-Probleme) und .87 (Hyperaktivität).

3.3 Analysen

Zur Identifikation homogener Subgruppen (Fragestellung 1) wurde in M*plus* Version 7.4 (Muthén & Muthén, 2015) eine Serie von latenten Profilanalysen (LPA) durchgeführt. Als Indikatoren dienten die Leistungen in Deutsch und Mathematik sowie die Testwerte der vier SDQ-Problemskalen. Zur Bestimmung der optimalen Anzahl latenter Klassen wurden Informationskriterien sowie der Lo-Mendell-Rubin-Test (LMR; Lo, Mendell & Rubin, 2001) herangezogen.

Das emotionale Erleben (Fragestellung 2) sowie differentielle Effekte von Merkmalen inklusiven Unterrichts auf das emotionale Erleben (Fragestellung 3) wurden mit Strukturgleichungsmodellen in Mplus untersucht. Dazu wurden unter Verwendung eines robusten Maximum-Likelihood-Schätzers (MLR) Zwei-Ebenen-Modelle spezifiziert: Level 1 umfasst die Momentaufnahmen bzw. Protokolle (Zeitpunktebene), Level 2 die Schülerinnen und Schüler (Personebene). Da in den PANA-Items kaum klassenbedingte Varianz vorhanden ist – die Intraclass-Korrelationen (ICC) schwanken zwischen .015 und .047, wurde keine dritte Ebene (Klassenebene) modelliert. Allerdings wurden in Mplus mittels der Option complex die Standardfehler sowie χ^2-Statistiken adjustiert. Vergleiche zwischen den latenten Profiltypen erfolgten anhand von multiplen Gruppenanalysen (MGA). Effekte von Unterrichtsmerkmalen auf das emotionale Erleben wurden mittels Regressionen auf Level 1 bestimmt. Dazu wurden die Prädiktoren am Person-Mittelwert zentriert.

4. Ergebnisse

Zur Klärung der ersten Fragestellung wurde eine Reihe von latenten Profilanalysen durchgeführt. Wie Tabelle 1 entnommen werden kann, spricht der LMR-LR-Test für die 4-Klassenlösung: 5-Klassen passen nicht signifikant besser auf die Daten als 4-Klassen ($p = .143$). Die Informationskriterien (AIC, BIC und ABIC) hingegen legen Lösungen mit mehr als vier Profilen nahe. Aus Gründen der Sparsamkeit und aus inhaltlichen Überlegungen wurde das Modell mit vier latenten Profilen favorisiert. Mit einem Entropie-Wert von .84 kann die Güte der Klassifikation dieses Modells gesamthaft als gut bezeichnet werden. Auch die mittleren Klassenzuordnungswahrscheinlichkeiten (zwischen .87 und .94) sprechen für die Zuverlässigkeit der 4-Klassenlösung.

Tabelle 1: Fit-Kriterien der latenten Profilanalysen (LPA)

latente Klassen	Loglikelihood	AIC	BIC	ABIC	LMR-LRT	Entropie
1	-7997.36	16018.73	16073.66	16035.56	–	1.00
2	-7679.76	15397.52	15484.50	15424.17	$p < .001$	0.92
3	-7463.79	14979.58	15098.60	15016.05	$p < .001$	0.83
4	-7366.49	14798.98	14950.05	14845.27	$p = .004$	0.84
5	-7269.69	14619.37	14802.49	14675.48	$p = .143$	0.85
6	-7218.53	14531.06	14746.22	14596.98	$p = .123$	0.86

Anmerkung: N = 719. AIC = Aikaikes Informationskriterium, BIC = Bayessches Informationskriterium, ABIC = adjustierter BIC. LMR-LRT = Lo-Mendell-Rubin-Likelihood-Ratio-Test.

Profiltyp 1: Dieser Profiltyp umfasst knapp die Hälfte (46.4 %) der gesamten Stichprobe. Schülerinnen und Schüler, die diesem Typ zugeordnet sind, lassen sich durch überdurchschnittliche Schulleistungen in Mathematik und Deutsch sowie ein gut *angepasstes Sozialverhalten* kennzeichnen (Abbildung 1).

Profiltyp 2: In diesem Profiltyp ist knapp ein Drittel (32.7 %) der Stichprobe vereint. Charakteristisch für Schülerinnen und Schüler dieses Typs sind *deutlich unterdurchschnittliche Schulleistungen* und ein gut *angepasstes Sozialverhalten*.

Profiltyp 3: Schülerinnen und Schüler dieses Profiltyps (13.4 %) lassen sich primär durch hohe Ausprägungen in den Skalen Verhaltensprobleme und Hyperaktivität charakterisieren, welche als *externalisierende Verhaltensweisen* bezeichnet werden können. Die Leistungen in Deutsch und Mathematik sind im Mittel *leicht unterdurchschnittlich*.

Profiltyp 4: Dieser Profiltyp umfasst 7.5 % der Schülerschaft. Hohe Ausprägungen in den Skalen Emotionale Probleme und Peer-Probleme verweisen auf *internalisierende Erlebens- und Verhaltensweisen*. Die schulischen Leistungen liegen im Mittel *moderat unter dem Durchschnitt*.

Die Klärung der zweiten Fragestellung, nämlich ob sich das emotionale Erleben im Unterricht je nach Profiltyp unterscheidet, setzt die Äquivalenz der Messungen zwischen den Profiltypen voraus (Brown, 2015). Diese wurde im Rahmen von Zwei-Ebenen-Modellen mit multiplen Gruppen überprüft (Tabelle 2, M1-M3). Der Modellfit für das konfigurale Modell (M1) ist gut, und der Fit des metrischen Modells (M2) ist nicht signifikant schlechter. Das skalare Modell (M3) passt jedoch signifikant schlechter auf die Daten als das metrische Modell (M2). In Anlehnung an Cheung und Rensvold (2002), wonach ein restriktiveres Modell erst bei CFI-Differenzen grösser -.01 verworfen werden sollte, kann von der Messäquivalenz der PANA-Items ausgegangen und somit das emotionale Erleben der einzelnen Gruppen verglichen werden.

Unterschiede im emotionalen Erleben wurden überprüft, indem in einer Serie von Modellen (M4-M6) zuerst die Varianzen (M4), dann die Kovarianzen (M5) und schließlich die Mittelwerte (M6) über die Gruppen hinweg (partiell) restringiert wurden.

Als Hauptergebnis dieser Analysen kann festgehalten werden, dass insgesamt vier Varianzen, zwei Kovarianzen und zwei Mittelwerte frei geschätzt werden mussten, um ein Modell (M6a) zu erhalten, dessen Modellfit nicht signifikant schlechter ist als der des skalaren Modells (M3).

Diversität und aktuelles emotionales Erleben von Schülerinnen und Schülern im inklusiven Unterricht | 95

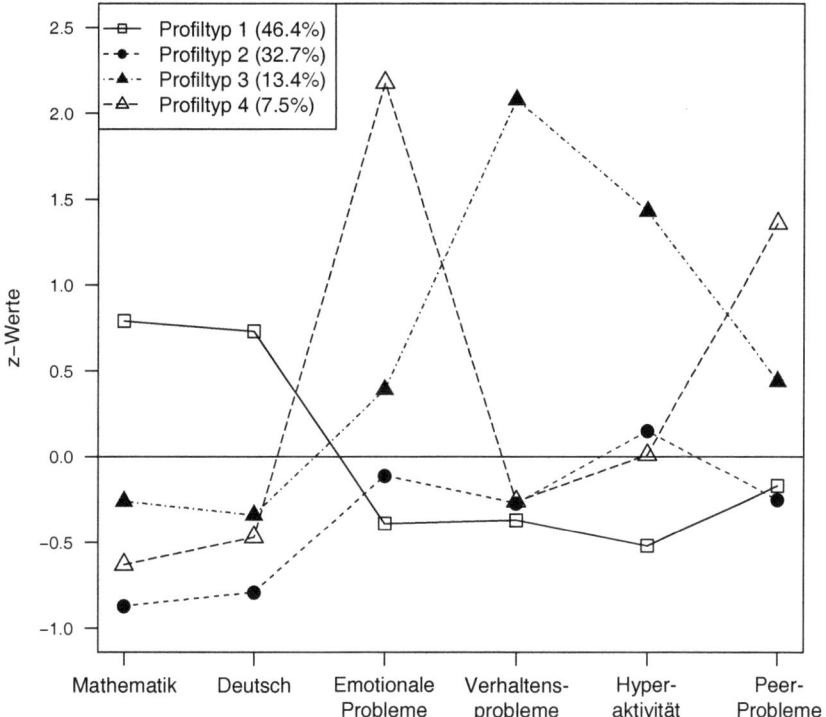

Abbildung 1: Mittlere Schulleistungen und SDQ-Problemskalenwerte der vier Profiltypen

Die Hauptbefunde lassen sich wie folgt zusammenfassen (siehe Tabelle 3): Die Varianzanteile auf Level 1 und Level 2 zeigen, dass das emotionale Erleben im Unterricht ein Zusammenspiel von Person und Situation ist. Dabei ist NA generell etwas stärker von der Situation (60 % der Gesamtvarianz) abhängig als PA (52 % der Gesamtvarianz). Beim Profiltyp 2 ist das Ausmaß an PA jedoch deutlich stärker von der Person als von der Situation abhängig (61 % vs. 39 %). Profiltyp 3 wiederum weist vor allem auf Zeitpunktebene und in NA ein etwas anderes Muster auf: Über den Unterrichtsalltag hinweg schwankt PA, vor allem aber NA stärker.

Die Korrelationen zwischen PA und NA sind mit -.64 bzw. -.73 sowohl auf Zeitpunkt- wie auch auf Personebene relativ hoch. Beim Profiltyp 2 korrelieren sie auf Personebene gar mit -.86, beim Profiltyp 3 auf Zeitpunktebene mit -.77.

Tabelle 2: Modell des emotionalen Erlebens: Fit-Statistiken der multiplen Gruppenvergleiche

Modell		df	MLR-χ^2	CFI	RMSEA	SRMR$_{I/Z}$	Vergleich	ΔMLR-c^2	Δdf	p	ΔCFI
\multicolumn{12}{l}{Überprüfung des Messmodells}
M1	Konfigurales Modell	137	470.16*	.970	.033	.030 / .060					
M2	Metrisches Modell	185	565.13*	.966	.031	.033 / .068	M1 vs. M2	64.32	48	.058	-.004
M3	Skalares Modell	203	602.76*	.964	.030	.033 / .067	M3 vs. M2	29.81	18	.039	-.002
\multicolumn{12}{l}{Überprüfung des Strukturmodells}
M4	M3 + Faktorvarianzen gleich	215	671.85*	.959	.031	.039 / .075	M4 vs. M3	71.10	12	<.001	-.005
M4a	M4, 4 Varianzen frei geschätzt	211	617.43*	.963	.030	.033 / .070	M4a vs. M3	13.20	8	.105	-.001
M5	M4a + Faktorenkovarianzen gleich	217	655.05*	.960	.030	.041 / .083	M5 vs. M3	53.92	14	<.001	-.004
M5a	M5, 2 Kovarianzen gleich	215	621.42*	.963	.029	.033 / .074	M5a vs. M3	16.33	12	.177	-.001
M6	M5a + Faktorenmittelwerte gleich	220	643.45*	.962	.030	.033 / .074	M6 vs. M3	38.52	17	.002	-.002
M6a	M6, 2 Mittelwerte gleich	219	628.52*	.963	.029	.033 / .074	M6a vs. M3	21.19	16	.320	-.001
\multicolumn{12}{l}{Überprüfung der Regressionskoeffizienten}
M7	Alle Regressionskoeffizienten frei	363	1017.87*	.951	.030	.028 / .074					
M8	Alle Regressionskoeffizienten gleich	399	1068.10*	.950	.029	.031 / .074	M8 vs. M7	51.23	36	.048	-.001
M8a	M8, 3 Koeffizienten frei	396	1043.05*	.952	.028	.030 / .074	M8a vs. M7	24.70	33	.850	.002

Anmerkung: $N_{Level 1}$ = 8835, $N_{Level 2}$ = 719. CFI = Comparative Fit Index, RMSEA = Root Mean Square Error of Approximation, SRMR = Standardized Root Mean Square Residual (SRMR$_I$ = innerhalb, SRMR$_Z$ = zwischen); ΔMLR-c^2 = MLR-χ^2-Differenz (robuster Maximum-Likelihood-Schätzer).
* $p < .001$

Der Vergleich der Mittelwerte zeigt schließlich, dass Schülerinnen und Schüler des Profiltyps 2 im Mittel über mehr PA im Unterricht als alle anderen Profiltypen berichten, jene des Profiltyps 3 über generell mehr NA.

Tabelle 3: Struktur des emotionalen Erlebens im Unterricht nach Profiltyp (Modell 6a)

	über alle Gruppen gleich geschätzte Parameter	in einzelnen Gruppen frei geschätzte Parameter	
		Profiltyp 2	Profiltyp 3
Zeitpunktebene (Level 1)			
Varianz PA	0.68	0.49	0.79
Varianz NA	1.00		1.33
Kovarianz (Korrelation)	-0.53 (-.64)		-0.79 (-.77)
Personebene (Level 2)			
Varianz PA	0.62	0.79	
Varianz NA	0.68		
Kovarianz (Korrelation)	-0.47 (-.73)	-0.63 (-.86)	
Mittelwert PA	0.00	0.24	
Mittelwert NA	0.00		0.37

Anmerkung: $N_{Level\,1}$ = 8835, $N_{Level\,2}$ = 719. Alle Parameter ungleich 0 sind signifikant ($p < .05$).

Die Ergebnisse zur dritten Fragestellung sind Tabelle 4 zu entnehmen (Modellfit-Statistiken: Tabelle 2, M7 & M8). Zunächst kann gesagt werden, dass kaum differenzielle Effekte zu beobachten sind: Über alle Profiltypen hinweg haben die einbezogenen Unterrichtsmerkmale denselben positiven Effekt auf das emotionale Erleben, nämlich die gleichzeitige Zunahme von PA und Abnahme von NA. Kooperative Lernformen, die Möglichkeit zur Aufgabenwahl sowie ein individuell angemessener Schwierigkeitsgrad werden demnach von Schülerinnen und Schülern generell als motivierender (PA+) und weniger «stressig» (NA-) erlebt. Zwei differenzielle Effekte lassen sich dennoch verzeichnen: Beim Profiltyp 4 hat die Aufgabenwahl erstens keinen vermindernden Effekt auf NA. Zweitens ist bei Profiltyp 1 die Beziehung zwischen Aufgabenschwierigkeit und PA anders geartet als bei den anderen Profiltypen: Wie in Abbildung 2 veranschaulicht, steigt PA beim Profiltyp 1 bei unterdurchschnittlich erlebter Aufgabenschwierigkeit vergleichsweise viel stärker an und erreicht Höchstwerte erst bei Aufgaben, die als deutlich überdurchschnittlich schwierig erlebt werden.

Tabelle 4: Effekte (unstandardisiert) von Merkmalen inklusiven Unterrichts auf das emotionale Erleben (Modell 8a)

	Positive Aktivierung (PA)	Negative Aktivierung (NA)
Sozialform (Referenzkategorie: allein)		
Partner-/Gruppenarbeit	.192*	-.095*
im Klassenverband	.186*	-.160*
Zuhören	-.002	-.055
Aufgabenwahl (ja)	.165*	-.276* (PT 4: .060)
Aufgabenschwierigkeit	.085* (PT 1: .302*)	-.197*

Anmerkung: $N_{Level\,1}$ = 8127, $N_{Level\,2}$ = 719. PT = Profiltyp. * p < .05

5. Diskussion

Das Erkenntnisinteresse dieses Beitrages richtete sich auf das emotionale Erleben von Schülerinnen und Schülern im inklusiven Unterricht. Ein besonderes Augenmerk galt in diesem Zusammenhang der Diversität der Schülerschaft.

Mit Blick auf die Heterogenitätsdimensionen Schulleistungen und sozial-emotionale Kompetenzen zeigen die Befunde, dass innerhalb der Schülerschaft vier Subgruppen mit spezifischen Profilen identifiziert werden können: Knapp die Hälfte der Schülerinnen und Schüler weisen vergleichsweise gute schulische Leistungen in Deutsch und Mathematik auf und sind sozial gut angepasst. Rund ein Drittel der Schülerschaft verfügt zwar über gute sozial-emotionale Kompetenzen, ihre schulischen Leistungen liegen jedoch deutlich unter dem Durchschnitt. Die übrigen rund 20 % der Schülerinnen und Schüler weisen Schwierigkeiten im sozial-emotionalen Bereich auf, wobei sich zwei Typen unterscheiden lassen, nämlich einen mit externalisierenden und einen mit internalisierenden Verhaltensweisen. Die Profile dieser beiden Typen liefern zudem Hinweise dafür, dass sozial-emotionale Schwierigkeiten mit niedrigeren Schulleistungen einhergehen.

Die Ergebnisse zeigen ferner, dass der Unterrichtsalltag je nach Profiltyp unterschiedlich erlebt wird: Etwas überraschend ist der Befund, dass Schülerinnen und Schüler mit schwachen Schulleistungen im Unterricht stärker positiv aktiviert sind als ihre Peers (siehe aber Sideridis, 2009). Entgegen einer weit verbreiteten Meinung scheinen Schülerinnen und Schüler mit schwachen Schulleistungen nicht dauerhaft überfordert zu sein, sondern durchaus engagiert am Unterrichtsgeschehen beteiligt zu sein. Allerdings sind die interindividuellen Unterschiede innerhalb dieses Profiltyps vergleichsweise groß.

Im Gegensatz dazu erleben Schülerinnen und Schüler mit externalisierenden Verhaltensweisen den Unterrichtsalltag weniger positiv: Sie berichten im Mittel über mehr negative Aktivierung als ihre Peers. Außerdem ist die intraindividuelle Variabilität emotionalen Erlebens – vor allem in Bezug auf die negative Aktivierung – größer als bei Schülerinnen und Schüler der anderen Profiltypen. Ihr emotionales Erleben ist demnach stärker von situativen Gegebenheiten abhängig und verweist auf eine geringe Emotionskontrolle bzw. -regulation. Unklar bleibt allerdings, ob die erhöhte negative Aktivierung in bestimmten Situationen auch in ihrem Verhalten zum Ausdruck kommt. Von Interesse wäre unter anderem, in welcher Beziehung ihr emotionales Erleben mit jenem der jeweiligen Lehrperson steht.

Die Ergebnisse zu Effekten ausgewählter Unterrichtsmerkmale auf die Qualität des Erlebens können aus inklusionspädagogischer Sicht positiv interpretiert werden: Kooperative Lernformen, die Möglichkeit zur Aufgabenwahl sowie Aufgaben mit individuell angemessenem Schwierigkeitsgrad gehen mit einem positiven Erleben einher – und zwar unabhängig vom Profiltyp. Einzig bei Schülerinnen und Schülern mit internalisierenden Verhaltensweisen scheint eine Wahlmöglichkeit nicht mit der Abnahme von negativer Aktivierung verknüpft zu sein. Aufgrund der geringen Gruppengröße sind jedoch zusätzliche Untersuchungen angezeigt. Optimierungsbedarf besteht zudem in Bezug auf die Erfassung von Unterrichtsmerkmalen, welche im Rahmen der ESM mit Einzel-Items erhoben wurden.

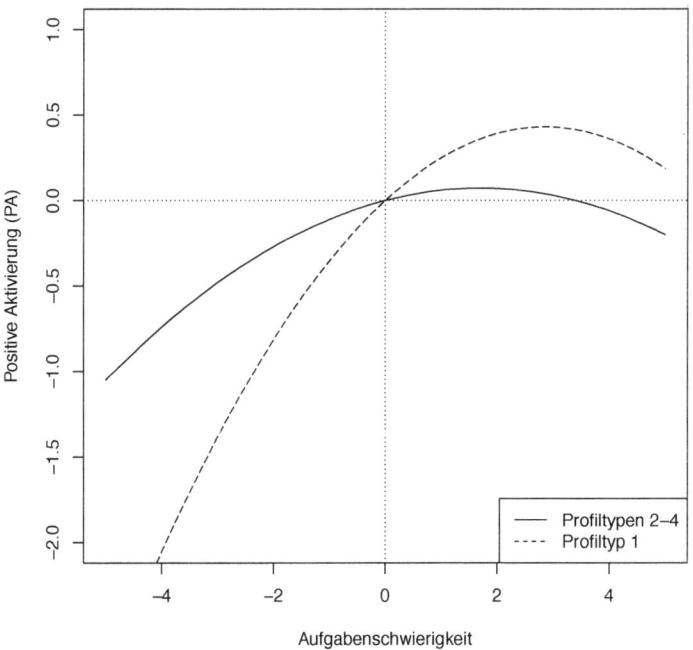

Abbildung 2: Beziehung zwischen Aufgabenschwierigkeit und PA nach Profiltyp

Für weiterführende Untersuchungen im Bereich Individualisierung sprechen vor allem auch Befunde zur subjektiv erlebten Aufgabenschwierigkeit. So ist etwa bei Schülerinnen und Schülern mit überdurchschnittlichen Schulleistungen und einem gut angepassten Sozialverhalten die aktuelle positive Aktivierung erst bei subjektiv als schwierig eingestuften Aufgaben am höchsten. Näher zu ermitteln wäre beispielsweise, ob im inklusiven Unterricht eine genügend breite und anforderungsvariable

Palette an Aufgabenstellungen geboten wird, damit alle Schülerinnen und Schüler sich ihrem Kompetenzniveau entsprechend aktiv am Lerngeschehen beteiligen können. Das differenzielle Befundmuster könnte aber auch dahingehend interpretiert werden, dass die Schülergruppen unterschiedliche ‚emotionale Komfortzonen' in Bezug auf schulische Anforderungen haben.

Gesamthaft betrachtet scheinen kooperative Lernformen und ein an den individuellen Kompetenzen der Schülerinnen und Schüler gestalteter Unterricht einen positiven Effekt auf das emotionale Erleben zu haben. Die Qualität emotionalen Erlebens wurde in diesem Beitrag als Indikator einer aktiven Teilhabe am inklusiven Unterricht herangezogen. Ungewiss ist, ob das positive emotionale Erleben in bestimmten Situationen wie etwa bei kooperativem Lernen tatsächlich zu einem größeren Lerngewinn führt. Zu untersuchen bleibt die bekanntlich wechselseitige Beeinflussung von emotionalen und kognitiven Prozessen in Abhängigkeit des sozialen und erzieherischen Kontextes (vgl. Fiedler & Beier, 2014). Angezeigt wären hierzu beispielsweise Untersuchungen mit einem doppelt-längsschnittlichen Design (mit zwei oder mehr ESM-Phasen), oder die ESM mit anderen Erhebungsmethoden (z.B. Beobachtung) zu ergänzen oder zusätzliche Perspektiven (z.B. Lehrperson) einzubeziehen.

Optimiert werden könnte darüber hinaus die Gruppenbildung: Die in diesem Beitrag identifizierten Profiltypen bieten im Vergleich zur üblicherweise verwendeten variablenorientierten Zugangsweise zwar ein differenzierteres Bild der Schülerschaft in Regelschulklassen. Um der Diversität der Schülerschaft noch besser gerecht werden zu können, wäre indessen die Berücksichtigung von weiteren relevanten Heterogenitätsdimensionen wünschenswert.

Literatur

Bakker, A. B., Hakanen, J. J., Demerouti, E., & Xanthopoulou, D. (2007). Job resources boost work engagement, particularly when job demands are high. *Journal of Educational Psychology, 99*(2), 274–284.

Bergman, L. R., & Trost, K. (2006). The person-oriented versus the variable-oriented approach: Are they complementary, opposites, or exploring different worlds? *Merrill-Palmer Quarterly, 52*(3), 601–632.

Bless, G., & Mohr, K. (2007). Die Effekte von Sonderunterricht und gemeinsamem Unterricht auf die Entwicklung von Kindern mit Lernbehinderungen. In J. Walter, & F. B. Wember (Hrsg.), *Sonderpädagogik des Lernens. Handbuch Sonderpädagogik* (S. 375–383). Göttingen: Hogrefe.

Brown, T. A. (2015). *Confirmatory factor analysis for applied research.* New York: Guilford.

Buholzer, A., & Kummer Wyss, A. (2012). Zur Einführung: Reaktionen auf Heterogenität in Schule und Unterricht. In A. Buholzer, & A. Kummer Wyss (Hrsg.), *Alle gleich – alle unterschiedlich! Zum Umgang mit Heterogenität in Schule und Unterricht* (S. 78–85). Zug: Klett und Balmer.

Cheung, G. W., & Rensvold, R. B. (2002). Evaluating goodness-of-fit indexes for testing measurement invariance. *Structural Equation Modeling: A Multidisciplinary Journal, 9*(2), 233–255.

European Agency for Special Needs and Inclusive Education. (2015). *Empowering teachers to promote inclusive Education. Literature Review.* Odense, Denmark: European Agency for Special Needs and Inclusive Education. Retrieved from www.european-agency.org

Fiedler, K., & Beier, S. (2014). Affect and cognitive processes in educational contexts. In R. Pekrun, & L. Linnenbrink-Garcia (Eds.), *International handbook of emotions in education* (pp. 36–55). New York: Routledge.

Goodman, R. (1997). The strengths and difficulties questionnaire: A research note. *Journal of Child Psychology and Psychiatry, 38*(5), 581–586.

Haeberlin, U., Bless, G., Moser, U., & Klaghofer, R. (1990). *Die Integration von Lernbehinderten. Versuche, Theorien, Forschungen, Enttäuschungen, Hoffnungen*. Bern: Haupt.

Hektner, J. M., Schmidt, J. A., & Csikszentmihalyi, M. (2007). *Experience sampling method. Measuring the quality of everyday life*. Thousand Oaks: Sage Publications.

Helmke, A. (2010). *Unterrichtsqualität und Lehrerprofessionalität. Diagnose, Evaluation und Verbesserung des Unterrichts* (3. Aufl.). Seelze-Velber: Klett / Kallmeyer.

Klippert, H. (2016). *Heterogenität im Klassenzimmer. Wie Lehrkräfte effektiv und zeitsparend damit umgehen können* (4. Aufl.). Weinheim: Beltz.

Kronig, W. (2011). Heterogenität als Problem und als Problemlösung – einige pädagogische Irritationen. In H. Faulstich-Wieland (Hrsg.), *Umgang mit Heterogenität und Differenz* (S. 201–212). Baltmannsweiler: Schneider / Hohengehren.

Kullmann, H., Geist, S., & Lütje-Klose, B. (2015). Erfassung schulischen Wohlbefindens in inklusiven Schulen. In P. Kuhl, P. Stanat, B. Lütje-Klose, C. Gresch, H. A. Pant, & M. Prenzel (Hrsg.), *Inklusion von Schülerinnen und Schülern mit sonderpädagogischem Förderbedarf in Schulleistungserhebungen* (S. 301–333). Wiesbaden: Springer VS.

Lo, Y., Mendell, N. R., & Rubin, D. B. (2001). Testing the number of components in a normal mixture. *Biometrika, 88*, 767–778.

Loreman, T., Forlin, C., Chambers, D., Sharma, U., & Deppeler, J. (2014). Conceptualising and measuring inclusive education. In C. Forlin (Ed.), *Measuring inclusive education* (pp. 3–17). Bingley, UK: Emerald.

McCoy, S., & Banks, J. (2012). Simply academic? Why children with special educational needs don't like school. *European Journal of Special Needs Education, 27*(1), 81–97.

Müller Bösch, C., & Schaffner Menn, A. (2014). Individuelles Lernen in Kooperation am Gemeinsamen Gegenstand im inklusiven Unterricht. In R. Luder, A. Kunz, & C. Müller Bösch (Hrsg.), *Inklusive Pädagogik und Didaktik* (S. 75–116). Zürich: PH ZH.

Muthén, L. K., & Muthén, B. 0. (2015). *Mplus user's guide* (7th ed.). Los Angeles, CA: Muthén & Muthén.

OECD. (2010). *Educating teachers for diversity: Meeting the challenge*. Paris, France: OECD.

Oh-Young, C., & Filler, J. (2015). A meta-analysis of the effects of placement on academic and social skill outcome measures of students with disabilities. *Research in Developmental Disabilities, 47*, 80–92.

Ruijs, N. M., & Peetsma, T. T. D. (2009). Effects of inclusion on students with and without special educational needs reviewed. *Educational Research Review, 4*(2), 67–79.

Schallberger, U. (2005). *Kurzskalen zur Erfassung der Positiven Aktivierung, Negativen Aktivierung und Valenz in Experience Sampling Studien (PANAVA-KS)*. Zürich: Psychologisches Institut der Universität.

Schwab, S., Rossmann, P., Tanzer, N., Hagn, J., Oitzinger, S., Thurner, V., & Wimberger, T. (2015). Schulisches Wohlbefinden von SchülerInnen mit und ohne sonderpädagogischen Förderbedarf. *Zeitschrift für Kinder- und Jugendpsychiatrie und Psychotherapie, 43*(4), 265–274.

Shuman, V., & Scherer, K. R. (2014). Concepts and structures of emotions. In R. Pekrun, & L. Linnenbrink-Garcia (Eds.), *International handbook of emotions in education* (pp. 13–35). New York: Routledge.

Sideridis, G. D. (2009). Motivation and learning disabilities. Past, present, and future. In K. R. Wentzel, & A. Wigfield (Eds.), *Handbook of motivation at school* (pp. 605–625). New York: Routledge.

Stone, A. A., & Litcher-Kelly, L. (2006). Momentary capture of real-world data. In M. Eid, & E. Diener (Eds.), *Multimethod measurement in psychology* (pp. 61–72). Washington: APA.

UNESCO. (2009). *Policy guidelines on inclusion in education*. Paris, France: UNESCO.
Venetz, M. (2015). Schulische Integration und Wohlbefinden von Kindern und Jugendlichen mit besonderem Förderbedarf. *Vierteljahresschrift für Heilpädagogik und ihre Nachbarsgebiete, 84*(1), 57–59.
Venetz, M., Tarnutzer, R., Zurbriggen, C., & Sempert, W. (2012). *Emotionales Erleben im Unterricht und schulbezogene Selbstbilder. Vergleichende Analysen von Lernenden in integrativen und separativen Schulformen*. Bern: SZH/CSPS.
Venetz, M., & Zurbriggen, C. (2015). Intensive Longitudinal Methods – ihre Eignung für die sonderpädagogische Forschung und exemplarische Anwendungsmöglichkeiten. *Empirische Sonderpädagogik, 7*(3), 194–205.
von Eye, A., & Bogat, A. G. (2006). Person-oriented and variable-oriented research: Concepts, results, and development. *Merrill-Palmer Quarterly, 52*(3), 390–420.
Watson, D., & Tellegen, A. (1985). Toward a consensual structure of mood. *Psychological Bulletin, 98*, 219–235.
Watson, D., Wiese, D., Vaidya, J., & Tellegen, A. (1999). The two general activation systems of affect: Structural findings, evolutionary considerations, and psychobiological evidence. *Journal of Personality and Social Psychology, 76*(5), 820–838.
Wild, E., Schwinger, M., Lütje-Klose, B., Yotyodying, S., Gorges, J., Stranghöner, D., & Kurnitzki, S. (2015). Schülerinnen und Schüler mit dem Förderschwerpunkt Lernen in inklusiven und exklusiven Förderarrangements: Erste Befunde des BiLief-Projektes zu Leistung, sozialer Integration, Motivation und Wohlbefinden. *Unterrichtswissenschaft, 43*(1), 7–21.
Zurbriggen, C., & Venetz, M. (2016). Soziale Partizipation und aktuelles Erleben im gemeinsamen Unterricht. *Empirische Pädagogik, 30*(1), 98–112.

Tina Hascher und Gerda Hagenauer

Die Bedeutung von Qualitätsfaktoren des Unterrichts und Lernemotionen für das Wohlbefinden in der Schule

Abstract
Wohlbefinden in der Schule ist eine wichtige Voraussetzung für Lernen und Entwicklung. Bisher ist weitgehend ungeklärt, welche Rolle einzelnen Unterrichtsfächern für die Entwicklung des Wohlbefindens zukommt. Das Ziel des vorliegenden Beitrags besteht darin, den Zusammenhang zwischen der wahrgenommenen Qualität des Mathematikunterrichts, den fachbezogenen Schüler/innen-Emotionen und ihrem Wohlbefinden unter Kontrolle des fachbezogenen Selbstkonzepts genauer zu beleuchten. Als Datengrundlage dient die Pilotierungsstudie 2015 für das nationale Bildungsmonitoring zur Überprüfung der Grundkompetenzen im Fach Mathematik von N = 840 Schweizer Schüler/innen am Ende der obligatorischen Schulzeit (9. Klassenstufe). Die Ergebnisse bestätigen die Relevanz des bedürfnisunterstützenden Mathematikunterrichts und der fachbezogenen Emotionen, insbesondere Angst, für mehrere Komponenten des schulischen Wohlbefindens.

1. Einleitung

Die neue Akzentsetzung der PISA-Studie 2015 auf das Wohlbefinden von Schülerinnen und Schülern am Ende der obligatorischen Schulzeit (OECD, 2017) verdeutlicht einen Wandel in der Bildungsforschung, der sich schon über die letzten zehn Jahre hinweg abgezeichnet hat. Standen bei den PISA-Studien seit ihrer Gründung die Lernergebnisse und ihre Prädiktoren im Mittelpunkt, greift die OECD-Studie nun auch Faktoren, welche die schulische Leistung nicht unmittelbar abbilden, gezielt auf und untersucht deren Prädiktoren. Dieser Ansatz ist allerdings nicht neu. Beispielsweise gehen Studien zur Untersuchung des Wohlbefindens in der Schule zurück auf die 1990er Jahre und wurden durch die Forschungsarbeiten zum Sozialklima in den 1980er Jahren vorbereitet (siehe im Überblick Hascher, 2004).

Der vorliegende Beitrag versteht sich als eine Weiterentwicklung unserer bisherigen Arbeiten zum Thema „Wohlbefinden in der Schule" in der Schweiz (z.B. Hascher & Baillod, 2000; Hascher, 2004; 2010; 2011; 2012). Er verbindet die grundlegende Bedeutung des Wohlbefindens mit dem Anliegen der Qualitätssicherung von Unterricht und Schule. Zudem adressiert er die Interaktion von fachspezifischen Emotionen der Schüler/innen und ihrem Wohlbefinden: Es wird der Frage nachgegangen, welche Zusammenhänge zwischen der Unterrichtsqualität, den Emotionen der Schüler/innen im Mathematikunterricht und – im Sinne eines Transfereffekts – ihrem Wohlbefinden bestehen. Die Vorbereitungsarbeiten zum nationalen Bildungsmonitoring in der Schweiz, das im Jahr 2016 systematisch eingeführt wurde, stellen den empirischen Rahmen dar.

2. Wohlbefinden in der Schule

Im Jahr 2017 erschien der dritte Bericht zu den PISA 2015-Ergebnissen mit einem besonderen Fokus auf das Wohlbefinden der Schüler/innen (OECD, 2017). Zum ersten Mal wurden in dieser internationalen Large-Scale-Studie Faktoren in den Mittelpunkt gestellt, die nicht primär auf die Leistungsergebnisse der Schüler/innen fokussieren. Diese, von der OECD neu adressierte Thematik wird seit längerem in der Schul- und Unterrichtsforschung (siehe z.B. Bleicher et al., 1999; Fend, Knörzer, Nagl, Specht, & Väth-Szusdziara, 1976; Hascher & Baillod, 2000), seit etlichen Jahren in der Gesundheitsforschung (siehe z.B. die Studie zum Health Behaviour of School aged Children, HBSC-Studie, Samdal, Wold, Klepp, & Kannas, 2000) und auch in der internationalen Studie zum Wohlbefinden von Kindern (Dinisman & Rees, 2014) diskutiert. Im Angebot-Nutzungsmodell des Unterrichts von Lipowsky (2006) gelten motivationale und emotionale Aspekte ebenfalls als Indikatoren für Schulerfolg. Dies ist ein deutlicher Ausdruck dafür, dass Schule heute nicht nur in Hinblick auf das Erreichen kognitiver Lernergebnisse bewertet werden sollte. Vielmehr gilt es, die schulische Bildung weiter zu fassen und die Wirksamkeit von Schule und Unterricht dahingehend zu analysieren, inwiefern es ihr gelingt, leistungsübergreifende Faktoren wie Motivation, Lernemotionen, Interesse und Wohlbefinden zu fördern. Diesen Faktoren wird damit sowohl die Funktion als Gelingensbedingungen von Lernen und Leistung, als auch der Status von Zielkriterien von Bildung mit einer eigenen Valenz zugeschrieben (Ben-Arieh, 2008). Wohlbefinden wird in diesem Kontext als eine subjektive Erlebnisqualität verstanden, die in der Schule gezielt zu berücksichtigen und zu fördern ist, da sie einerseits eine Schlüsselfunktion für die menschliche Entwicklung einnimmt, andererseits ein Qualitätsmerkmal guter Schulen darstellt (Deci & Ryan, 2001; Dinisman & Rees, 2014; Fend & Sandmeier, 2004)

Dieser sich allmählich abzeichnende Konsens hinsichtlich der Relevanz des Wohlbefindens in der Schule lässt sich auch in der Bestimmung des Begriffs Wohlbefinden nachvollziehen. Während Wohlbefinden vor allem in frühen Arbeiten auf einzelne Aussagen zur Zufriedenheit in der Schule reduziert wurde, haben sich in der Zwischenzeit sog. Mehrkomponentenmodelle durchgesetzt (siehe Hascher, 2004, 2011, 2012; Kern, Adler, & White, 2015; Knoppick, Becker, Neumann, Maaz, & Baumert, 2015). In Anlehnung an die Arbeiten der psychologischen Wohlbefindensforschung (z.B. Diener, Diener, & Diener, 1995) gehen diese Modelle davon aus, dass Wohlbefinden als ein komplexes, subjektives Konstrukt zu verstehen ist, das aus verschiedenen Teilbereichen (Komponenten) besteht und zu dessen konstituierenden Merkmalen das Freudeerleben und die explizite Berücksichtigung sowohl positiver als auch negativer Aspekte (z.B. Mayring, 1991; Ryff & Keyes, 1995) gehört. Für das schulische Wohlbefinden wurde ein Sechs-Komponentenmodell entwickelt (Hascher, 2004, S. 151):

1. Positive Emotionen gegenüber der Schule
2. Freude in/an der Schule
3. Schulisches Selbstbewusstsein
4. Keine Sorgen wegen der Schule
5. Keine körperlichen Beschwerden wegen der Schule
6. Keine sozialen Probleme in der Schule

Der Mehrkomponenten-Ansatz hat sich auch in der PISA-2015-Studie niedergeschlagen, in der Wohlbefinden als mehrdimensionales Konstrukt mit psychologischen, kognitiven, sozialen und physischen Anteilen definiert wird (OECD, 2017, S. 62f):

a) Als psychologische Dimension wurden die selbstberichtete Leistungsmotivation sowie die Schulangst erhoben.
b) Zentrale Variablen für die soziale Dimension waren das subjektive Zugehörigkeitsgefühl zur Schule und die Erfahrungen mit Bullying und der (Un-)-Fairness von Lehrpersonen.
c) Kognitives Wohlbefinden wurde durch die Leistungen in den PISA-Domänen gemessen.
d) Als Indikatoren der physischen Dimension dienten die Häufigkeit sportlicher Betätigung und die Regelmäßigkeit des Essens.

Im OECD-Report (2017) bleibt jedoch offen, was genau unter schulischem Wohlbefinden zu verstehen ist. Zwar wird das Konzept in seiner Gesamtheit eingeführt, die konkrete Operationalisierung erscheint jedoch – nicht zuletzt aufgrund der sehr umfassenden Beschreibung – selektiv. Es ergibt sich kein stringentes Gesamtbild, was Wohlbefinden in der Schule ausmacht und worauf es basiert. Zudem liefert der Bericht kaum Hinweise auf die Quellen des Wohlbefindens und seine möglichen Entstehungsprozesse. Unklar bleibt auch, warum die Lebenszufriedenheit der Jugendlichen als „key indicator of well-being" (OECD, 2017, S. 65) verstanden wird.

Wie fühlen sich Kinder und Jugendliche in der Schule? Für die Schweiz lässt sich ein überwiegend positives Bild nachzeichnen: Bereits in unseren frühen Studien (Hascher & Baillod, 2000; Hascher, 2004) wurde deutlich, dass sich die Mehrheit der Schüler/innen wohl fühlt. Allerdings leiden etwa 10 % kontinuierlich unter Sorgen und Problemen und ca. 15 % zweifeln an ihren Fähigkeiten. Freude in der Schule wird von ca. 20 % selten erlebt. Zu einem ähnlichen Ergebnis, wenn auch anhand anderer Indikatoren, kommt die PISA-Studien (OECD, 2017), in der Schweizer Schüler/innen sowohl 2013 als auch 2015 recht gute Werte aufweisen und 2015 beispielsweise bei der Lebenszufriedenheit und in zwei von vier Fragen des Zugehörigkeitsgefühls über dem OECD-Durchschnitt, hinsichtlich Bullying-Erfahrungen dagegen unter dem Durchschnitt liegen.

Dieser prinzipiell positive Befund soll aber nicht über die Tatsache hinwegtäuschen, dass sich das Wohlbefinden der Schüler/innen im Laufe der Sekundarstufe verschlechtert (z.B. Hascher & Hagenauer, 2011; Konu, Joronen, & Lintonen 2014). Ähnliche Effekte zeigen sich für positive Emotionen und motivationale Orientierungen (z.B. Gnambs & Hanfstingl, 2016; Hagenauer & Hascher, 2011). Es gibt zudem Indizien dafür, dass sich bereits vor dem Wechsel in die Sekundarstufe I Rückgänge im Wohlbefinden und den positiven Emotionen vollziehen (z.B. Hascher, Hagenauer, & Schaffer, 2011; Kohl, Striegler, Peters, & Leyendecker, 2011). Es bleibt demnach wichtig, mehr über die Prädiktoren des Wohlbefindens zu erfahren. In früheren Studien konnte gezeigt werden, dass unterrichtliche Faktoren eine wesentliche Rolle spielen (Dinisman & Rees, 2014; Hascher, 2004, 2011, 2012). Eine genauere Analyse schulischer Faktoren wurde jedoch selten unternommen und die Frage, wie Unterricht auf das Wohlbefinden wirkt, ist nach wie vor weitgehend unbeantwortet.

3. Zur Bedeutung des Unterrichts für Emotionen und das Wohlbefinden in der Schule

Emotionen der Schüler/innen sind in einem wesentlichen Maß vom täglich erlebten Unterricht abhängig (z.B. Hagenauer, 2011; Hascher, 2004; Pekrun & Perry, 2014). Unterricht lässt sich damit als proximaler Faktor für die (fachbezogene) Emotionsgenese definieren, dem auch für die Entstehung von Wohlbefinden in der Schule eine Bedeutung zukommt, da die täglichen Lernsituationen wesentlich für die individuellen Bildungsverläufe und die Rollenerfüllung als Schüler/in sind (z.B. Hascher, 2004; OECD, 2017). Als Kernvariablen der Unterrichtsqualität gelten Klarheit der Instruktion, kognitive Aktivierung und Klassenmanagement (z.B. Liposwky, 2006). Gelingen diese Gestaltungselemente, so sollte sich dies prinzipiell positiv im fachspezifischen emotionalen Erleben und im Wohlbefinden niederschlagen; von Qualitätsmängeln wie überhöhten Leistungsanforderungen durch die Lehrperson oder Konflikten in der Klasse hingegen sind negative Effekte zu erwarten. Dabei gilt zu berücksichtigen, dass die Wahrnehmung des Unterrichts subjektiv ist und die Urteile der Schüler/innen von verschiedenen individuellen Variablen mitbestimmt wird, darunter das fachbezogene, akademische Selbstkonzept. So ist anzunehmen, dass kognitive Selbstständigkeit je nach individuellem Selbstkonzept als positiv oder negativ wahrgenommen wird.

In Bezug auf diese Zusammenhänge zwischen Fachunterricht und Wohlbefinden sind noch viele Fragen offen: Welche Rolle kommt Faktoren der Unterrichtsqualität für das Wohlbefinden der Schüler/innen zu? Tragen sie eine vergleichbare Bedeutung oder unterscheiden sie sich? Wirken sie direkt oder vermittelt über andere Variablen? Wie wichtig sind die Eingangsvoraussetzungen der Schüler/innen für diese Zusammenhänge? Sind Korrelationen zwischen Unterricht, Emotionen und Wohlbefinden fachspezifisch?

In der Forschung finden sich erste Hinweise darauf, dass Qualitätsfaktoren unterschiedlich fungieren. Allerdings ist zu berücksichtigen, dass Wohlbefinden in den Studien, die im Folgenden berichtet werden, unterschiedlich definiert und operationalisiert wurde. Grundlegend lassen sich zwei Dimensionen unterscheiden: didaktische Faktoren der Unterrichtsgestaltung und soziale Faktoren in der Unterrichtsinteraktion. Hinsichtlich didaktischer Faktoren zeigen sich beispielsweise die negativen Konsequenzen eines hohen Leistungsdrucks auf die Schüler/innen und die positiven Effekte eines gut strukturierten Unterrichts (Gruehn, 1995; Hascher, 2004). Hascher (2004) sowie Tian, Chen und Huebner (2014) fanden heraus, dass insbesondere das Bedürfnis nach Kompetenzerleben erfüllt sein muss, damit sich Schüler/innen wohl fühlen. Dieser Befund bestätigt sich auch anhand der Beeinträchtigung des Wohlbefindens durch ungenügende Leistungen (de Róiste, Kelly, Molcho, Gavin, & Nic-Gabhainn, 2012; Hascher, 2004; Hascher & Hagenauer, 2011). Als ebenfalls prädiktiv erweisen sich die Erfahrungen von Gerechtigkeit bzw. Ungerechtigkeit durch die Lehrpersonen (Hascher, 2004; Pretsch et al., 2015). Des Weiteren lässt sich aus den Befunden zum schulischen Engagement ableiten, dass kognitive Aktivierung und selbstreguliertes Lernen (z.B. Rotgans & Schmidt, 2011) das Wohlbefinden fördern. Darüber hinaus hängt das Wohlbefinden in der Schule positiv mit den Möglichkeiten, sich in der Schule einzubringen, zusammen (de Róiste et al., 2012; John-Akinola & Nic-Gabhainn, 2014;

Konu, Lintonen, & Rimpela, 2002; OECD, 2017). Fühlen sich Schüler/innen von ihren Lehrpersonen unterstützt und finden im Unterricht wenige Störungen statt, so trägt dies zu ihrem Wohlbefinden bei (OECD, 2017).

In Bezug auf die sozialen Aspekte des Unterrichts erweisen sich die Beziehung zu den Lehrpersonen (PISA 2012) und der Zusammenhalt unter den Schüler/innen als wesentlich für das Wohlbefinden (Fend, 1997; Hascher & Lobsang, 2004), sowohl im Unterricht als auch in den Schulpausen (Hascher, 2004). Bei den Lehrpersonen ist vor allem die Unterstützung beim Lernen relevant (Aldridge et al., 2016; Malecki & Demaray, 2006). Die Lehrpersonen scheinen also auf mehreren Ebenen wesentlich mitverantwortlich für das Wohlbefinden ihrer Schüler/innen zu sein.

Zusammenfassend lässt sich festhalten, dass es bisher zwar etliche Hinweise darauf gibt, dass Unterrichtsfaktoren das Wohlbefinden von Schülerinnen und Schülern mitbestimmen. Insgesamt ist die Forschungslage jedoch noch eher dürftig, da wenig darüber bekannt ist, welchen Faktoren eine Bedeutung zukommt. Es scheint deshalb notwendig, weiteres Wissen über die Zusammenhänge von Unterricht und emotionalen Variablen zu generieren. Zu untersuchen ist dabei, inwiefern Faktoren der Unterrichtsqualität, also Faktoren, welche die Lern- und Leistungsergebnisse der Schüler/innen positiv beeinflussen, auch für das Wohlbefinden relevant sind.

4. Zur Bedeutung von Emotionen für das Wohlbefinden in der Schule

Vor dem Hintergrund unserer Frage, wie Unterricht mit den Emotionen der Schüler/innen und diese wiederum mit dem schulischen Wohlbefinden zusammenhängen, gilt es, die Beziehungen zwischen Emotionen und Wohlbefinden genauer zu klären. Wie bereits erwähnt, stellt das Erleben von Freude ein Kernelement des Wohlbefindens dar. Die erlebte Freude in einem Fach trägt damit auch zum Wohlbefinden bei.

Im Kontext der schulischen Wohlbefindensforschung wird Freude bisher als eine eher generelle Emotion verstanden, indem z.B. allgemein nach ihrem Erleben in der Schule gefragt wird (z.B. Hascher, 2004). Die Stärken einer solchen holistischen Vorgehensweise bestehen darin, dass ein Gesamtbild des schulischen Erlebens ersichtlich wird und die vielfältigen Quellen des Wohlbefindens in der Schule einbezogen werden. Die Schwächen liegen jedoch darin, dass die Variabilität emotionalen Erlebens zu wenig berücksichtigt wird und relevante emotionale Kontexte nicht angemessen spezifiziert werden. Dadurch bleibt teilweise offen, worauf sich die Emotionen und damit auch das Erleben von Freude und Wohlbefinden gründen.

Mindestens drei Gründe sprechen dafür, die Rolle von Emotionen im Kontext der schulischen Wohlbefindensforschung näher zu untersuchen:
a) Emotionen bestehen aus verschiedenen Komponenten, darunter die sog. Appraisal-Komponente, anhand derer ein Individuum den erlebten Situationen subjektive Bedeutung zuschreibt (Fiedler & Beier, 2014; Pekrun & Bühner, 2014; Shuman & Scherer, 2014). Angst wird z.B. dann ausgelöst, wenn eine Situation als bedrohlich wahrgenommen wird; Ärger basiert auf der Einschätzung, eine Situation sei ungerecht; Freude drückt aus, dass die Situation als positiv und angenehm interpretiert wird. Freude beim Lernen ist ein Indikator dafür, dass der Lernsituation und den

Lerninhalten positiver Wert beigemessen wird (Hagenauer & Hascher, 2011). Solche Bedeutungszuschreibungen sind nicht nur für die Entstehung einzelner Emotionen, sondern generell für den Lebenskontext und das (schulische) Wohlbefinden relevant. Es ist jedoch noch wenig geklärt, wie sie zum Wohlbefinden in der Schule beitragen.

b) Die Schule ist neben der Familie und den Peers der Lebensbereich für Kinder und Jugendliche, in dem sie einen Großteil ihrer Zeit verbringen und eine Vielzahl von Emotionen erleben. Vermehrt wird darauf hingewiesen, dass nicht nur kognitive und soziale Prozesse, sondern auch Emotionen einen wichtigen Bestandteil des täglichen Schulalltags darstellen (siehe im Überblick Pekrun & Linnenbrink-Garcia, 2014), denn sie begleiten und beeinflussen das Denken und Handeln von Lernenden und Lehrenden sowie deren generelles Erleben. Aufgrund ihrer hohen Prävalenz und Bedeutung ist davon auszugehen, dass sie auch das schulische Wohlbefinden mitbestimmen. Offen ist jedoch, wie sich ihr spezifischer Einfluss gestaltet.

c) Befunde aus der Unterrichtsforschung legen nahe, dass das Erleben von Emotionen fachspezifisch ist bzw. von der jeweiligen Lehr-Lernsituation abhängen kann (z.B. Götz, Frenzel, Pekrun, & Hall, 2006; Pekrun & Bühner, 2014; Turner & Trucano, 2014). Einerseits werden Freude, Angst und Langeweile beispielsweise in den Fächern Mathematik, Physik oder Musik unterschiedlich häufig und mit unterschiedlicher Intensität erlebt (Götz & Hall, 2014). Andererseits erweisen sich Qualitätsmerkmale des Fachunterrichts wie Klarheit, Verständlichkeit und Struktur als präventiv gegen Langeweile (Götz, Lüdtke, Nett, Keller, & Lipnevich, 2013) und förderlich für Freude (Hagenauer, 2011). Damit stellt sich die Frage nach der Rolle fachspezifischer Emotionen für das schulische Wohlbefinden.

5. Fragestellung

Zu überprüfen ist die Annahme, dass die Qualität des Unterrichts diskrete Emotionen bei den Schüler/innen auslöst, die wiederum deren Wohlbefinden mitbestimmen. Wohlbefinden wird dabei als ein psychologisches Konstrukt verstanden, das aus sechs Komponenten (positive Emotionen und Kognitionen gegenüber der Schule, Freude in/ an der Schule, schulisches Selbstbewusstsein, keine Sorgen und Probleme wegen der Schule, keine körperlichen Beschwerden wegen der Schule, keine sozialen Probleme in der Schule) besteht. Die Rolle von Emotionen für das Wohlbefinden soll fachspezifisch, nämlich in Bezug auf den Mathematikunterricht, untersucht werden. Schulfächer sind sowohl bei den Schüler/innen als auch gesellschaftlich mit unterschiedlicher Valenz konnotiert (Grootenboer & Marshman, 2016): Auf individueller Ebene führt dies zu Präferenzen wie Lieblingsfächern. Auf gesellschaftlicher Ebene kommt Schulfächern für den Bildungsverlauf und -erfolg eine unterschiedliche Bedeutung zu, was sich beispielsweise in der Einteilung in sog. Haupt- und Nebenfächer oder den Schwerpunkt auf Hauptfächer wie Mathematik und Sprachen bei Klassenversetzungen und Transitionen im Schulsystem widerspiegelt. Insbesondere bei „wichtigen" Fächern wie Mathematik sollten Emotionen eine Bedeutung für das schulische Wohlbefinden innehaben, also einen gewissen Transfereffekt ausüben. Dem fachbezogenen Selbstkonzept in Mathematik sollte dabei eine Funktion für die Wahrnehmung von Unterricht und gemäß der Kontroll-Wert-Theorie (z.B. Pekrun & Perry, 2014) auch für die Entstehung von Emotionen zukommen.

Im Projekt zielten wir daher unter anderem darauf ab, den Zusammenhang zwischen der wahrgenommenen Qualität des Mathematikunterrichts, den fachbezogenen Schüler/innen-Emotionen und ihrem Wohlbefinden zu modellieren. Unsere Hypothesen lauteten wie folgt:

H1: Die wahrgenommene Qualität des Mathematikunterrichts durch die Schüler/innen korreliert mit ihren fachbezogenen Emotionen: Eine positive Beurteilung hängt positiv mit positiven Emotionen (Freude) und negativ mit negativen Emotionen (Angst, Langeweile) zusammen.

H2: Die Emotionen der Schüler/innen im Fach Mathematik (Freude, Angst, Langeweile) erweisen sich als prädiktiv für das Wohlbefinden in der Schule.

H3: Die wahrgenommene Qualität des Mathematikunterrichts erweist sich als prädiktiv für das Wohlbefinden in der Schule.

6. Methode

6.1 Studieneinbettung und Stichprobe

In der Schweiz fand 2016 ein nationales Bildungsmonitoring zur Überprüfung der *Grundk*ompetenzen (ÜGK) der Schweizer Schüler/innen am Ende der obligatorischen Schulzeit (9. Klassenstufe[1], Fach Mathematik) statt. Neben der Testung der Grundkompetenzen[2] wurden in einem Kontextfragebogen weitere relevante Merkmale der Lehr-Lernumwelt sowie der Lerner/innen erfasst. Eine Pilotierung der ÜGK Instrumente wurde im Jahr 2015 durchgeführt. Die Stichprobe des vorliegenden Beitrags bezieht sich auf die Daten dieser Pilotierung. Der Kontextfragebogen wurde von 949 Schüler/innen beantwortet. Nach Ausschluss der invaliden Fälle, die sich im Zuge der Pilotierung ergaben, resultierte eine Stichprobengröße von N = 840. Das mittlere Alter der Schüler/innen lag bei 15.85 Jahren (SD = 0.71), 50.3 % der Schüler/innen waren weiblich. Die Mehrheit der Schüler/innen ist in der Schweiz geboren (86.6 %). 64.6 % der Schüler/innen gaben Deutsch als Erstsprache an, weitere 31.4 % der Schüler/innen Französisch und 4.0 % der Schüler/innen Italienisch.

---

[1] Im Rahmen der interkantonalen Vereinbarung über die Harmonisierung der obligatorischen Schule, auch kurz HarmoS-Konkordat genannt, wurde auch die Zählung der Schulstufen geändert. Neu umfasst die Zählung die 11 obligatorischen Schuljahre und beginnt entsprechend beim ersten Vorschuljahr. Die 9. schulische Klassenstufe wird in der Schweiz als 11. Schuljahr bezeichnet.

[2] Für Informationen zu ÜGK, siehe: https://www.edudoc.ch/static/web/arbeiten/harmos/grundkomp_faktenblatt_d.pdf).

6.2 Messinstrumente

Das allgemeine schulische Wohlbefinden wurde anhand von sechs Subdimensionen gemessen (Hascher, 2004). Des Weiteren wurden die Emotionen Freude, Langeweile (Pekrun, Götz, & Frenzel, 2005) und Angst im Mathematikunterricht (PISA 2012; Schiepka-Tiska & Schmidtner, 2013) erhoben. Als Merkmale der Unterrichtsqualität wurden ein Bedürfnis unterstützender Unterricht entsprechend der Annahmen der Selbstbestimmungstheorie und die kognitive Selbstständigkeit (im Sinne einer kognitiven Aktivierung) im Mathematikunterricht erfasst (adaptiert nach Baumert et al., 2008). Zudem wurde das Mathematik-Selbstkonzept auf Basis der PISA-2012-Skalen erhoben. Die Skalen sind im Überblick in Tabelle 1 dargestellt.

Tabelle 1: Verwendete Messinstrumente

Skala	Beispielitem (Itemanzahl)	Skalierung	Alpha
Positive Einstellungen zur Schule	Ich gehe gerne in die Schule. (3)	1-6	.83
Freude in/an der Schule	Kam es in den vergangenen paar Wochen vor, dass du dich gefreut hast, weil du zeigen konntest, was du kannst bzw. was du gelernt hast? (3)	1-6	.80
Schulischer Selbstwert	Schwierigkeiten mit dem Lernstoff in der Schule kann ich leicht lösen. (3)	1-6	.82
Sorgen wegen der Schule	Kam es in den vergangenen paar Wochen vor, dass du dir Sorgen gemacht hast wegen der Schule? (3) rec.	1-6	.72
Soziale Probleme in der Schule	Kam es in den vergangenen paar Wochen vor, dass du Probleme mit deiner Klasse hattest? (3) rec.	1-6	.76
Körperliche Probleme in der Schule	Kam es in den letzten Wochen vor, dass du Bauchschmerzen wegen der Schule hattest? (4) rec.	1-6	.82
Freude in Mathematik	Ich freue mich auf die Mathematik-Stunde. (4)	1-5	.90
Langeweile in Mathematik	Vor Langeweile schalte ich im Mathematikunterricht ab. (4)	1-5	.86
Angst in Mathematik	Ich bin sehr angespannt, wenn ich Mathematikhausaufgaben machen muss. (5)	1-4	.87
Bedürfnisorientierte Unterrichtsgestaltung	*Autonomie*: Der Mathematiklehrer / Die Mathematiklehrerin ist offen für unterschiedliche Beiträge der Schülerinnen und Schüler. (3)	1-4	.72
	Kompetenz: Der Mathematiklehrer / Die Mathematiklehrerin traut mir auch anspruchsvolle Dinge zu. (3)	1-4	.82
	Eingebundenheit: Der Mathematiklehrer / Die Mathematiklehrerin schätzt meine Mitarbeit im Unterricht. (3)	1-4	.78
	Second Order (3 Subskalen integr. zu einer Gesamtskala)		.86
Kognitive Selbstständigkeit	Unser Mathematiklehrer / Unsere Mathematiklehrerin stellt auch Aufgaben, bei denen man mehrere Lösungswege zeigen muss. (8)	1-4	.82
Mathematik-Selbstkonzept	Im Fach Mathematik bekomme ich gute Noten (Kontrollvariable)	1-4	.90

7. Ergebnisse

Alle Analysen wurden auf Basis des Rohdatensatzes des ÜGK Prätests ohne die Berücksichtigung von Gewichtungen durchgeführt. Bei den Modellen (Faktorenanalysen und Strukturgleichungsmodell) wurde eine Missingimputation (FIML) im Programm *Mplus* (Muthén & Muthén, 1998–2014) durchgeführt. Die deskriptiven Statistiken beruhen auf dem Originaldatensatz ohne Imputationen und wurden im Programm SPSS berechnet. Der Missinganteil in den Merkmalen war insgesamt gering. Bei den Wohlbefindensindikatoren lag der Anteil unter 1 %; bei den Emotionen bei max. 2.7 % und bei den Unterrichtsmerkmalen bei max. 3.5 %.

7.1 Faktorielle Struktur des schulischen Wohlbefindens

Eine konfirmatorische Faktorenanalyse bestätigte die Sechs-Faktorenstruktur des schulischen Wohlbefindens. Sie war einer Einfaktorenlösung (Generalfaktormodell) bzw. einer Drei-Faktorenlösung (positive Einstellungen zur Schule PES, Freude in der Schule FIS, schulische Selbstwert SSW versus Sorgen wegen der Schule SOS, soziale Probleme in der Schule SOZ, körperliche Beschwerden wegen der Schule KOB) überlegen (siehe Tabelle 2). Das Sechs-Faktorenmodell ist in Abbildung 1 dargestellt.

Tabelle 2: Fit-Indizes der konfirmatorischen Faktorenanalysen

Modell	Faktoren	χ^2	df	RMSEA	SRMR	TLI	CFI
1	1	4348.64	152	.18	.18	.26	.34
2	2	2202.16	151	.13	.09	.68	.64
3	6	306.39	137	.04	.03	.97	.97

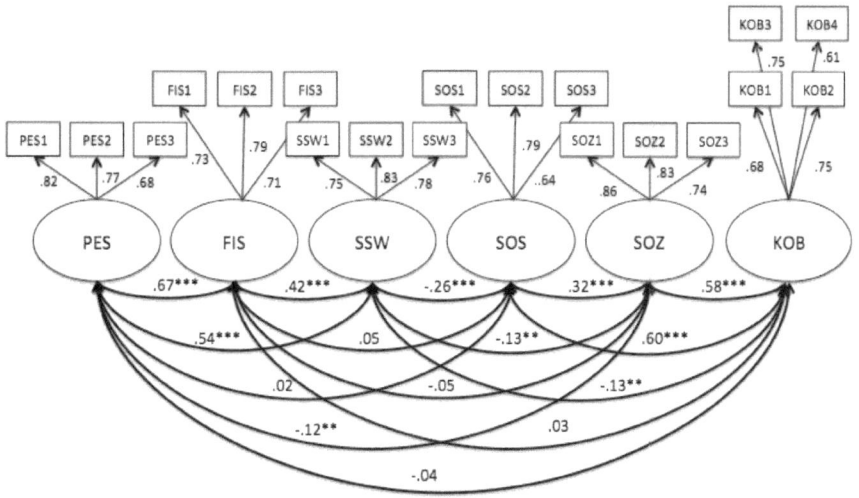

Abbildung 1: Konfirmatorische Faktorenanalyse: Sechs-Faktorenmodell des schulischen Wohlbefindens

Die Zusammenhänge der Facetten des schulischen Wohlbefindens mit den anderen Variablen sind in der folgenden Tabelle 3 dargestellt.

Tabelle 3: Interkorrelationen zwischen den Merkmalen

	PES	FIS	SSW	SOZ	SOS	KOB	Freude	Langeweile	Angst	Bedürfnis-Unterst.	Kogn. Selbstst.
PES	–										
FIS	.52***	–									
SSW	.40***	.33***	–								
SOZ	-.07*	-.06	-.11**	–							
SOS	.01	.03	-.27***	.25***	–						
KOB	-.05	-.15***	.50***	.47***		–					
Freude	.24***	.31***	.27***	.01	-.12**	-.05	–				
Langeweile	-.25***	-.22***	-.11**	.06	.10**	.16***	-.33***	–			
Angst	.01	.01	-.21***	.23***	.42***	.38***	-.30***	.34***	–		
Bed.Unt.	.31***	.31***	.37***	-.04	-.11**	-.09*	.45***	-.18***	-.18***	–	
KoSS	.20***	.20***	.28***	.01	-.01	.01	.32***	-.09**	.01	.60***	–

7.2 Deskriptive Statistiken

Die Mittelwerte des schulischen Wohlbefindens illustrieren, dass die drei Positivkomponenten (PES, FIS und SSW) deutlich höher ausgeprägt sind als die Negativdimensionen SOZ und KOB (siehe Tabelle 4). Auffällig sind jedoch die relativ geringe Freude in der Schule (FIS) und die relativ starken Sorgen der Schüler/innen (SOS). Relativ hohe Mittelwerte zeigen sich ebenfalls hinsichtlich des Erlebens von Angst und Langeweile im Mathematikunterricht. Es wird jedoch auch Freude berichtet.

Tabelle 4: Mittelwerte, Standardabweichungen und Geschlechtsunterschiede in den zentralen Merkmalen

Merkmal	Gesamt	Mädchen	Jungen	Geschlechtsunterschied	
(Skalierung)	MW (SD)	MW (SD)	MW (SD)	Eta²	
PES (1-6)	4.30 (1.14)	4.51 (0.96)	4.08 (1.27)	.044	M > J
FIS (1-6)	3.72 (1.24)	3.84 (1.15)	3.59 (1.32)	.012	M > J
SSW (1-6)	4.39 (0.98)	4.35 (0.92)	4.44 (1.04)	n.s.	
SOZ (1-6)	1.57 (0.94)	1.62 (0.94)	1.51 (0.95)	n.s.	
SOS (1-6)	3.16 (1.38)	3.45 (1.35)	2.87 (1.35)	.043	M > J
KOB (1-6)	1.83 (1.02)	2.03 (1.05)	1.63 (0.95)	.035	M > J
Freude (1-5)	2.56 (1.02)	2.36 (1.00)	2.77 (1.00)	.040	J > M
Langeweile (1-5)	2.71 (1.03)	2.69 (1.05)	2.74 (1.02)	n.s.	
Angst (1-4)	2.13 (0.77)	2.36 (0.78)	1.89 (0.68)	.092	M > J
Mathematik-Selbstkonzept (1-4)	2.41 (0.95)	2.16 (0.89)	2.68 (0.93)	.072	J > M
Bedürfnisorient. Unterricht (1-4)	2.66 (0.66)	2.58 (0.64)	2.75 (0.66)	.014	J > M
Kognitive Selbstständigkeit (1-4)	2.65 (0.57)	2.63 (0.57)	2.66 (0.56)	n.s.	

Anmerkung: Die Werte basieren auf dem Rohdatensatz ohne Missingimputation.

Im Vergleich zwischen Geschlechtern ergibt sich eine höhere Freude, ein höheres akademisches Selbstkonzept und vor allem eine geringere Angst für Jungen im Mathematikunterricht als für Mädchen. Die Jungen schätzen zudem die bedürfnisorientierte Unterrichtsgestaltung im Mathematikunterricht besser ein. Im Hinblick auf das schulische Wohlbefinden hingegen weisen die Mädchen eine positivere Einstellung zur Schule auf und erleben auch generell mehr Freude in der Schule. Allerdings berichten sie auch von stärkeren Sorgen und intensiveren körperlichen Problemen (siehe Tabelle 3).

7.3 Modelltestung

Das Strukturgleichungsmodell wurde mit Hilfe der Software *Mplus* (Muthén & Muthén, 1998–2014) berechnet. Das Mathematik-Selbstkonzept, das in der vorliegenden Operationalisierung überwiegend auf die erreichten Schulnoten und den Erfolg im Fach Mathematik fokussierte, wurde als Kontrollvariable im Modell berücksichtigt. Wie erwartet, stand dieses in bedeutsamen Zusammenhang mit der Bewertung der Unterrichtsgestaltung ($\beta_{\text{Bedürfnisunt. Unterricht}}$ = .30; $\beta_{\text{Kogn.Selbstst}}$ = .19) und den erlebten Emotionen (β_{Freude} = .64; $\beta_{\text{Langeweile}}$ = -.29; β_{Angst} = -.64).

Unter Kontrolle des fachlichen Selbstkonzepts Mathematik konnten die folgenden Beziehungen eruiert werden (CFI = .94; TLI = .93; SRMR = .04; RMSEA = .04; Chi-Square = 2522.95; df = 1204): Ein *bedürfnisunterstützender Unterricht in Mathematik* geht mit einer höheren Freude und einer geringeren Angst einher; keine Beziehung kann zur Langeweile festgestellt werden. Des Weiteren steht diese Art der Unterrichtsgestaltung im direkten positiven Zusammenhang mit den drei positiven Wohlbefindensindikatoren PES, FIS und SSW. Die *kognitive Selbstständigkeit in der Unterrichtsgestaltung* korreliert lediglich mit der Angst im Mathematikunterricht auf signifikantem Niveau: Umso höher die Schüler/innen die kognitive Selbstständigkeit, die von ihnen im Mathematikunterricht erwartet wird, einschätzen, desto höher ist auch die Angst ausgeprägt. Keine direkten Beziehungen zeigen sich zu den Aspekten des schulischen Wohlbefindens.

Die fachbezogenen Emotionen der Schüler/innen Freude, Angst und Langeweile stehen in Zusammenhang mit etlichen Wohlbefindensindikatoren. So sind beispielsweise bei hoher Freude auch die Komponenten PES und FIS höher ausgeprägt; der gegenteilige Effekt zeigt sich für Langeweile. Die stärksten Zusammenhänge liegen mit der selbstberichteten Angst in Mathematik vor: Erwartungskonform geht diese mit einem geringeren Selbstwert, höheren Sorgen, sozialen Problemen und körperlichen Problemen einher, wobei insbesondere die Beziehung zwischen Angst und Sorgen (SOS), (unter Kontrolle der anderen Merkmale im Modell) sehr stark ausgeprägt ist. Entgegen der Erwartungen lassen sich jedoch positive Zusammenhänge zwischen der Angst und einer positiven Einstellung zur Schule und dem Freudeerleben in der Schule aufzeigen. Die Varianzaufklärung aller Komponenten des schulischen Wohlbefindens durch das Modell (siehe Abbildung 2) ist substanziell (PES = .24; FIS = .23; SSW = .20; SOS = .34; SOZ = .09; KOB = .22).

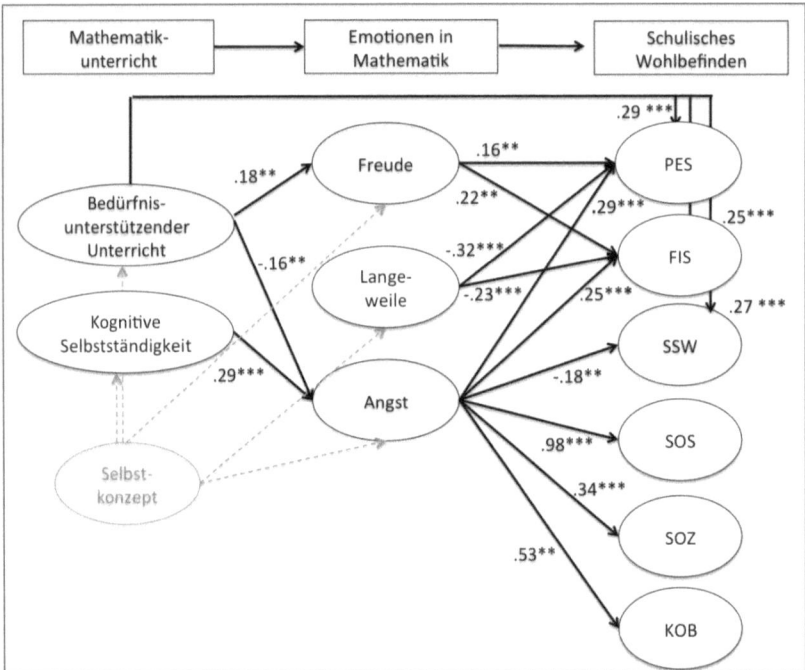

Anmerkung: Dargestellt sind die signifikanten Pfadkoeffizienten. Residualkorrelationen zwischen Freude, Langeweile und Angst wie auch zwischen den beiden Merkmalen zur Unterrichtsgestaltung sind zugelassen, jedoch nicht im Modell eingezeichnet; ein bedürfnisunterstützender Unterricht ist als Second-Order-Konstrukt in das Modell eingegangen.

Abbildung 2: SEM Modell zur Erklärung des schulischen Wohlbefindens durch die Unterrichtsgestaltung und die erlebten Emotionen im Mathematikunterricht

8. Diskussion

Das Ziel des vorliegenden Beitrags bestand darin, den Zusammenhang zwischen der wahrgenommenen Qualität des Mathematikunterrichts, den fachbezogenen Schüler/innen-Emotionen und ihrem Wohlbefinden unter Kontrolle des fachbezogenen Selbstkonzepts genauer zu beleuchten. Die Analysen wurden im Rahmen der Pilotierung der Instrumente für das nationale Bildungsmonitoring zur Überprüfung der *Grundkompetenzen* (ÜGK) im Fach Mathematik der Schweizer Schüler/innen am Ende der obligatorischen Schulzeit durchgeführt. Bei der Durchsicht der deskriptiven Ergebnisse fällt auf, dass die Freude in der Schule der Schüler/innen der neunten Klassenstufe relativ gering ist, ihre Sorgen relativ hoch sind, was sich bereits in früheren Studien zum Wohlbefinden Schweizer Schüler/innen (Hascher, 2004) zeigte.

Hypothesenkonform bestätigt sich die Annahme (Hypothese 1), dass die wahrgenommene Qualität des Mathematikunterrichts mit den fachbezogenen Emotionen der Schüler/innen unter Kontrolle des fachspezifischen Selbstkonzepts in einem Zusammenhang steht. Allerdings trifft dies nicht gleichermaßen für die beiden erhobenen Variablen der Unterrichtsqualität (bedürfnisunterstützender Unterricht, kognitive Selbständigkeit) und nicht für alle drei erhobenen Emotionen (Freude, Angst, Langeweile) zu. Werden die Bedürfnisse der Schüler/innen unterstützt, so scheint dies ihr Freudeerleben im Mathematikunterricht zu fördern und zugleich Angst zu reduzieren. Kognitive Selbstständigkeit hingehen löst Angst aus, obwohl dieses Qualitätsmerkmal beispielsweise von Pekrun et al. (2006) als Maßnahme gegen den Anstieg negativer und das Absinken positiver Emotionen erachtet wird. Dieser unerwartete Zusammenhang ist besonders interessant, bedenkt man, dass das Mathematik-Selbstkonzept der Schüler/innen kontrolliert wurde. Eine Analogie zum Zusammenhang von kognitiver Aktivierung oder selbstreguliertem Lernen und dem Leistungsniveau der Schüler/innen – leistungsstärkere und an Mathematik interessierte Schüler/innen profitieren mehr von kognitiver Aktivierung (Klieme, Lipowsky, Rakoczy, & Ratzka, 2006) bzw. leistungsschwächere Schüler/innen profitieren weniger von selbstreguliertem Lernen (z.B. Chall, Jacobs, & Baldwin 1990 für das Lesen) – scheint damit nicht auf der Hand zu liegen. Möglicherweise hängt dieser Effekt mit dem generellen Image von Mathematik als schwierigem Fach zusammen (Grootenboer & Marshman, 2016; Hannover & Kessels 2004), der Prävalenz von Angst im Mathematikunterricht (Hagenauer, 2011) und geschlechtsspezifischen Unterschieden in Bezug auf Selbstkonzept und Leistung in Mathematik (Götz & Frenzel 2006). Langeweile scheint erwartungsdiskonform (Götz & Hall, 2014) in keinem Zusammenhang mit den untersuchten Unterrichtsvariablen zu stehen. Der angenommene positive Zusammenhang zwischen einer positiven Beurteilung des Unterrichts mit positiven Emotionen (Freude) und der negative Zusammenhang mit negativen Emotionen (Angst, Langeweile) muss folglich differenziert werden.

Wie erwartet, kommt den Emotionen im Mathematikunterricht eine Rolle für das Wohlbefinden in der Schule zu (Hypothese 2). Anhand des überprüften Modells ist es zudem gelungen, diese Zusammenhänge genauer zu spezifizieren: So sagt das Freudeerleben in Mathematik zwei Dimensionen schulischen Wohlbefindens, nämlich die positiven Einstellungen zur Schule und das generelle Freudeerleben in der Schule, vorher, wohingegen der Langeweile im Mathematikunterricht die genau gegenteilige Funktion zukommt. Deutlich wird insbesondere die Prädiktorfunktion der Angst für das Wohlbefinden der Schüler/innen, da Angst mit allen sechs Dimensionen in einer bedeutsamen Beziehung steht. Hypothesenkonform schmälert Angst in Mathematik das allgemeine schulische Selbstwertgefühl, sie fördert in hohem Maß das Erleben von Sorgen und körperlichen Beschwerden und steht in Verbindung mit dem Auftreten sozialer Probleme in der Klasse. Dieser Befund erweitert damit bisherige Erkenntnisse zur Rolle von Angst in der Schule (z.B. leistungsmindernde Wirkung des Angsterlebens, z.B. Schnabel, 1998; Zeidner, 2014), da er auf einen Transfereffekt des Angsterlebens im Mathematikunterricht auf das Wohlbefinden in der Schule und damit auf dessen Bedeutung für weitere bildungsrelevante Faktoren hinweist. Irritierend ist jedoch der Befund, dass sich nach Kontrolle aller Variablen eine positive Beziehung zwischen Angst im Mathematikunterricht und den positiven Einstellungen zur Schule bzw. der Freude in der Schule ergab. Inwiefern sich hinter diesem Ergebnis ein Kompensationseffekt im Sinne einer positiven Gewichtung anderer Fächer bzw. Aspekte des Schulalltags oder ein Ausdruck der Regulation der Angst im Mathematikunterricht verbergen könnte, muss an dieser Stelle offenbleiben.

Es wurde angenommen, dass sich die wahrgenommene Qualität des Mathematikunterrichts auch als direkt prädiktiv für das Wohlbefinden in der Schule (Hypothese 3) erweist. Dies bestätigt sich teilweise, da dem bedürfnisunterstützenden Unterricht Relevanz für drei positive Wohlbefindensindikatoren (positive Einstellungen zur Schule, Freude in der Schule, schulischer Selbstwert) zukommt. In Bezug auf die negativen Indikatoren (Sorgen wegen der Schule, soziale Probleme und körperlichen Beschwerden) finden sich aber keine Zusammenhänge; ebenso wenig mit der kognitiven Selbständigkeit. Dies weist auf einen partiellen Transfereffekt und auf die Rolle des Mathematikunterrichts für die Erfüllung der psychologischen Grundbedürfnisse der Schüler/innen hin (Ryan & Deci, 2000).

Obschon die berichtete Studie einige Limitationen aufweist, wie z.B. das Querschnittdesign, der eingeschränkte Fokus auf den Mathematikunterricht und die Klassenstufe 9, lassen sich die Ergebnisse doch dahingehend deuten, dass der Unterricht in Mathematik nicht nur unter dem Gesichtspunkt der Schulleistungen für den individuellen Schulverlauf, -erfolg relevant ist, sondern auch mit Bezug auf emotionale Faktoren wie Freudeerleben im Unterricht und Wohlbefinden in der Schule. Es bedarf jedoch weiterer Forschungsarbeiten, um den Zusammenhang zwischen der Qualität der Unterrichtsfächer, den Emotionen der Schüler/innen und ihrem Wohlbefinden in der Schule besser zu verstehen.

Literatur

Aldridge, J. M., Fraser, B. J., Fozdar, F., Ala'i, K., Earnest, J., & Afari, E. (2016). Students' perceptions of school climate as derterminants of wellbeing, resilience and identity. *Improving Schools, 19*(1), 5–26.

Baumert, J., Blum, W., Brunner, M., Dubberke, T., Jordan, A., Klusmann, U., Krauss, S., Kunter, M., Löwen, K., Neubrand, M., & Tsai, Y.-M. (2008). *Professionswissen von Lehrkräften, kognitiv aktivierender Mathematikunterricht und die Entwicklung von mathematischer Kompe-*

tenz (COACTIV): Dokumentation der Erhebungsinstrumente. Berlin: Max-Planck-Institut für Bildungsforschung.

Ben-Arieh, A. (2008). The child indicators movement: Past, present, and future. *Child Indicators Research, 1*(1), 3–16.

Bleicher, M., Fix, M., Fuss, S., Gläser-Zikuda, M., Laukenmann, M., Mayring, P., Melenk, H., & von Rhöneck, C. (1999). *Einfluss emotionaler Faktoren auf das Lernen in den Fächern Physik und Deutsch – erste Ergebnisse aus dem Forschungsprojekt* (Forschungsbericht 1). Ludwigsburg: Forschungsstelle der Pädagogischen Hochschule Ludwigsburg.

Chall, J. S., Jacobs, V. A., & Baldwin, L. E. (1990). *The reading crisis. Why poor children fall behind.* London: Harvard University Press.

De Róiste, A., Kelly, C., Molcho, M., Gavin, A., & Nic-Gabhainn, S. (2012). Is school participation good for children? Associations with health and wellbeing. *Health Education, 112*(2), 88–104.

Deci, E. L., Koestner, R., & Ryan, R. M. (2001). Extrinsic rewards and intrinsic motivation in education: Reconsidered once again. *Review of Educational Research, 71*(1), 1–27.

Diener, E., Diener, M., & Diener, C. (1995). Factors predicting the subjective well-being of nations. *Journal of Personality and Social Psychology, 69*(5), 851–864.

Dinisman, T., & Rees, G. (2014). *Findings from the first wave of data collection. Children's Worlds: International Survey of Children's Well-Being.* York, UK: Children's Worlds Project (ISCWeB)

Fend, H. (1997). *Der Umgang mit Schule in der Adoleszenz. Aufbau und Verlust von Lernmotivation, Selbstachtung und Empathie.* Bern: Huber.

Fend, H., Knörzer, W., Nagel, W., Specht, W., & Väth-Szusdziara, R. (1976). *Sozialisationseffekte der Schule. Soziologie der Schule II.* Weinheim: Beltz.

Fend, H., & Sandmeier, A. (2004). Wohlbefinden in der Schule: „Wellness" oder Indiz für gelungene Pädagogik? In T. Hascher (Hrsg.), *Schule positiv erleben. Ergebnisse und Erkenntnisse zum Wohlbefinden von Schülerinnen und Schülern* (S.161–183). Bern: Haupt.

Fiedler, K., & Beier, S. (2014). Affect and cognitive processes in educational contexts. In R. Pekrun, & L. Linnenbrink-Garcia (Eds.), *International handbook of emotions in education* (pp. 36–55). New York & London: Routledge.

Gnambs, T., & Hanfstingl, B. (2016). The decline of academic motivation during adolescence: an accelerated longitudinal cohort analysis on the effect of psychological need satisfaction. *Educational Psychology, 36*(9), 1691–1705.

Götz, T., & Frenzel, A. C. (2006). Phänomenologie schulischer Langeweile. *Zeitschrift für Entwicklungspsychologie und Pädagogische Psychologie, 38*(4), 149–153.

Götz, T., Frenzel, A. C., Pekrun, R., & Hall, N. C. (2006). The domain specificity of academic emotional experiences. *The Journal of Experimental Education, 75*(1), 5–29.

Götz, T., & Hall, N. C. (2014). Academic boredom. In R. Pekrun, & L. Linnenbrink-Garcia (Eds.), *International handbook of emotions in education* (pp. 311–330). New York & London: Routledge.

Götz, T., Lüdtke, O., Nett, U. E., Keller, M. M., & Lipnevich, A. A. (2013). Characteristics of teaching and students' emotions in the classroom: Investigating differences across domains. *Contemporary Educational Psychology, 38*(4), 383–394.

Grootenboer, P., & Marshman, M. (2016). *Mathematics, affect, and learning: Middle school students' beliefs and attitudes about mathematics education.* New York: Springer.

Gruehn, S. (1995). Vereinbarkeit kognitiver und nichtkognitiver Ziele im Unterricht. *Zeitschrift für Pädagogik, 41*(4), 531–553.

Hagenauer, G. (2011). *Lernfreude in der Schule.* Münster: Waxmann.

Hagenauer, G., & Hascher, T. (2011). Schulische Lernfreude in der Sekundarstufe 1 und deren Beziehung zu Kontroll-und Valenzkognitionen. *Zeitschrift für Pädagogische Psychologie, 25*(1), 63–80.

Hannover, B., & Kessels, U. (2004). Self-to-prototype matching as a strategy for making academic choices. Why high school students do not like math and science. *Learning and Instruction, 14*(1), 51–67.

Hascher, T. (2004). *Wohlbefinden in der Schule*. Münster: Waxmann.

Hascher, T. (2010). Wellbeing. In P. Peterson, E. Baker, & B. McGaw (Eds.), *International encyclopedia of education, 3rd edition, Vol. 6* (pp. 732–738). Oxford: Elsevier.

Hascher, T. (2011). Wellbeing. In S. Järvelä (Ed.), *Social and emotional aspects of learning* (pp. 99–105). Oxford: Elsevier.

Hascher, T. (2012). Well-being and learning in school. In N. M. Seel (Ed.), *Encyclopedia of the sciences of learning* (pp. 3453–3456). Heidelberg: Springer.

Hascher, T., & Baillod, J. (2000). Auf der Suche nach dem Wohlbefinden in der Schule. *Schweizer Schule, 87*(3), 3–12.

Hascher, T., & Hagenauer, G. (2011). Schulisches Wohlbefinden im Jugendalter – Verläufe und Einflussfaktoren. In A. Ittel, H. Merkens, & L. Stecher (Hrsg.), *Jahrbuch Jugendforschung 2010* (S. 15–45). Wiesbaden: VS.

Hascher, T., Hagenauer, G., & Schaffer, A. (2011). Wohlbefinden in der Grundschule. *Erziehung und Unterricht, 161*(3–4), 381–392.

Hascher, T., & K. Lobsang (2004). Das Wohlbefinden von Schülerinnen. In T. Hascher (Hrsg.) *Schule positiv erleben* (S. 208–228). Bern: Haupt.

John-Akinola, Y., & Nic-Gabhainn, S. (2014). Parental participation in primary schools; the views of parents and children. *Health Education, 114*(5), 378–397.

Kern, M. L., Adler, A., Waters, L. E., & White, M. A. (2015). Measuring whole-school well-being in students and staff. In M. A. White, & A. S. Murray (Eds.) *Evidence-based approaches in positive education* (pp. 65–91). Houten: Springer.

Klieme, E., Lipowsky, F., Rakoczy, K., Ratzka, N. (2006) Qualitätsdimensionen und Wirksamkeit von Mathematikunterricht. Theoretische Grundlagen und ausgewählte Ergebnisse des Projekts „Pythagoras". In M. Prenzel, & L. Allolio-Näcke (Hrsg.), *Untersuchungen zur Bildungsqualität von Schule, Abschlussbericht des DFG Schwerpunktprogramms* (S. 127–146). Münster: Waxmann

Knoppick, H., Becker, M., Neumann, M., Maaz, K., & Baumert, J. (2015). Der Einfluss des Übergangs in differenzielle Lernumwelten auf das allgemeine und schulische Wohlbefinden von Kindern. *Zeitschrift für Pädagogische Psychologie, 29*(3–4), 163–176.

Kohl, K., Striegler, K., Peters, K., & Leyendecker, B. (2011). Positive Schuleinstellung, Lernfreude und respektvolle Schüler-Lehrer-Beziehung – die Situation von Kindern aus zugewanderten Familien in der Grundschule. In A. Ittel, H. Merkens, & L. Stecher (Hrsg.), *Jahrbuch Jugendforschung 2010* (S. 46–73). Wiesbaden: VS.

Konu, A., Joronen, K., & Lintonen, T. (2015). Seasonality in school well-being: The case of Finland. *Child Indicators Research, 8*(2), 265–277.

Konu, A. I., Lintonen, T. P., & Rimpelä, M. K. (2002). Factors associated with school children's general subjective well-being. *Health Education Research, 17*(2), 155–165.

Lipowsky, F. (2006). Auf den Lehrer kommt es an. Empirische Evidenzen für Zusammenhänge zwischen Lehrerkompetenzen, Lehrerhandeln und dem Lernen der Schüler. *Zeitschrift für Pädagogik*, 51. Beiheft, 47–70.

Malecki, C. K., & Demaray, M. K. (2006). Social support as a buffer in the relationship between socioeconomic status and academic performance. *School Psychology Quarterly, 21*(4), 375–395.

Mayring, P. (1991). *Psychologie des Glücks*. Stuttgart: Kohlhammer.

Muthén, L. K., & Muthén, B. (1998–2014). *Mplus user's guide* (7th ed.). Los Angeles, CA: Muthén & Muthén.

OECD (2017). *PISA 2015 Results. Students' well-being* (Volume III). OECD publishing: Paris. http://dx.doi.org/10.1787/9789264273856-en

Pekrun, R., & Bühner, M. (2014). Self-report measures of academic emotions. In A. A. Lipnevich, F. Preckel, & R. D. Roberts (Eds.), *Psychosocial skills and school systems in the 21st century* (pp. 279–298). New York: Springer.

Pekrun, R., Götz, T., & Frenzel, A. C. (2005). *Achievement Emotions Questionnaire –Mathematics (AEQ-M). User's manual.* München: Institut für Psychologie.

Pekrun, R., & Linnenbrink-Garcia, L. (Eds.). (2014). *International handbook of emotions in education.* New York & London: Routledge.

Pekrun, R., vom Hofe, R., Blum, W., Götz, T., Wartha, S., Frenzel, A. C., & Jullien, S. (2006). Projekt zur Analyse der Leistungsentwicklung in Mathematik (PALMA). Entwicklungsverläufe, Schülervoraussetzungen und Kontextbedingungen von Mathematikleistungen bei Schülerinnen und Schülern der Sekundarstufe I. In M. Prenzel & L. Allolio-Näcke (Hrsg.), *Untersuchungen zur Bildungsqualität von Schule. Abschlussbericht des DFG-Schwerpunktprogramms* (S. 21–53). Münster: Waxmann.

Pekrun, R., & Perry, R. P. (2014). Control-value theory of achievement emotions. In R. Pekrun, & L. Linnenbrink-Garcia (Eds.), *International handbook of emotions in education* (pp. 120–141). New York & London: Routledge.

Pretsch, J., Ehrhardt, N., Engl, L., Risch, B., Roth, J., Schumacher, S., & Schmitt, M. (2015). Injustice in school and students' emotions, well-being, and behavior: A longitudinal study. *Social Justice Research, 29*(1), 119–138.

Rotgans, J. I., & Schmidt, H. G. (2011). Situational interest and academic achievement in the active-learning classroom. *Learning and Instruction, 21*(1), 58–67.

Ryan, R. M., & Deci, E. L. (2000). Self-determination theory and the facilitation of intrinsic motivation, social development, and well-being. *American Psychologist, 55*(1), 68–78.

Ryff, C. D., & Keyes, C. L. M. (1995). The structure of psychological well-being revisited. *Journal of Personality and Social Psychology, 69*(4), 719–727.

Samdal, O., Wold, B., Klepf, K. I., & Kannas, L. (2000). Students' perception of school and their smoking and alcohol use: a cross-national study. *Addiction Research, 8*(2), 141–167.

Schnabel, K. (1998). *Prüfungsangst und Lernen. Empirische Analysen zum Einfluss fachspezifischer Leistungsängstlichkeit auf schulischen Lernfortschritt.* Münster: Waxmann.

Schiepka-Tiska, A., & Schmidtner, S. (2013). Mathematikbezogene emotionale und motivationale Orientierungen, Einstellungen und Verhaltensweisen von Jugendlichen in PISA 2012. In M. Prenzel, C. Sälzer, E. Klieme, & O. Köller (Hrsg.), PISA 2012 (S. 99–121). Münster: Waxmann.

Shuman, V., & Scherer, K. R. (2014). Concepts and structures of emotions. In R. Pekrun, & L. Linnenbrink-Garcia (Eds.), *International handbook of emotions in education* (pp. 13–35). New York & London: Routledge.

Tian, L., Chen, H., & Huebner, E. S. (2014). The longitudinal relationships between basic psychological needs satisfaction at school and school-related subjective well-being in adolescents. *Social Indicators Research, 119*(1), 353–372.

Turner, J. C., & Trucano, M. (2014). Measuring situated emotions. In R. Pekrun, & L. Linnenbrink-Garcia (Eds.), *International handbook of emotions in education* (pp. 643–658). New York & London: Routledge.

Zeidner, M. (2014). Anxiety in education. In R. Pekrun, & L. Linnenbrink-Garcia (Eds.), *International handbook of emotions in education* (pp. 265–288). New York & London: Routledge.

Danksagung

Wir danken der Abteilung Qualitätssicherung der Schweizerischen Konferenz der Erziehungsdirektion, namentlich der Leiterin, Frau Dr. Vera Husfeld, und dem Kosta HarmoS-Ausschuss, namentlich dem Vorsitzenden, Herrn Dr. Christian Aeberli, für die Genehmigung, die Daten für die vorliegende Publikation zu verwenden.

*Florian Hofmann, Melanie Bonitz, Nikoletta Lippert und
Michaela Gläser Zikuda*

Wohlbefinden von Grundschülerinnen und Grundschülern
Zur Bedeutung individueller, sozialer und schulischer Faktoren

Abstract
Zentrale Aufgabe der Grundschule ist es, Kinder mit Blick auf den gesamten Bildungsverlauf in ihren grundlegenden Kompetenzen zu stärken sowie ein positiver Lebens- und Erfahrungsraum für Kinder zu sein. Das Wohlbefinden der Kinder in der Grundschule spielt hier eine wichtige Rolle. Im vorliegenden Beitrag wird daher eine Studie vorgestellt, im Rahmen derer das schulische Wohlbefinden von 404 Grundschüler/innen an 13 Schulen im Bundesland Thüringen untersucht wurde. Ziel war es, Prädiktoren des schulischen Wohlbefindens in der Grundschule zu identifizieren. Mit Hilfe eines Fragebogens wurden die psychische und physische Dimension des schulischen Wohlbefindens sowie verschiedene individuelle, soziale und schulische Bedingungsfaktoren erfasst. Die Ergebnisse der Studie zeigen, dass Mädchen im Vergleich zu Jungen ihr „psychisches Wohlbefinden" signifikant höher einschätzen. Tendenziell geht ein vorliegender Migrationshintergrund aus Sicht der befragten Grundschüler/innen mit einem geringeren „psychischen Wohlbefinden" einher. Individuelle, außerschulische soziale und schulische Faktoren hängen systematisch mit schulischem Wohlbefinden zusammen. „Schulische Leistung" in der Grundschule sowie die „Zufriedenheit mit der Lernsituation an der Schule" sind die beiden zentralen Prädiktoren für schulisches Wohlbefinden von Grundschüler/innen. Wider Erwarten besitzen die „Unterstützung durch die Eltern" sowie die „Unterrichtsqualität" keinen direkten Einfluss auf die Vorhersage des schulischen Wohlbefindens.

1. Theoretischer Hintergrund

1.1 Zur Bedeutung von Wohlbefinden in der Grundschule

Der Grundschule kommt die besondere Rolle und Verantwortung zu, die Schüler/innen zum einen in ihrem grundlegenden Bildungsprozess sowie bei der Entwicklung von Kompetenzen zu unterstützen, zum anderen aber auch ein Ort zu sein, wo sie sich gerne aufhalten und wohlfühlen. Positive Gefühle und Einstellungen gegenüber der Schule sind wesentliche Bedingungen für gelingende Lern- und Bildungsprozesse. Die Grundschule ist mit Aufgaben aus einem breiten Spektrum betraut, unter anderem zählen hierzu die Berücksichtigung des „psychischen" und „physischen Wohlbefindens" (z.B. Kultusministerium Sachsen Anhalt, 2007, S. 10f.). Die IGLU-Studie zeigt beispielsweise, dass ein Viertel der Grundschüler/innen gerne in die Schule geht (Valtin, Wagner, & Schwippert, 2005). In der SCHOLASTIK-Studie wurde im Verlauf der Grundschule allerdings ein Absinken wohlbefindensrelevanter Faktoren festgestellt (Weinert & Helmke 1997.)

1.2 Schulisches Wohlbefinden – Klärung des Konstrukts

Schulisches Wohlbefinden kann nach Eder (1995a) als die subjektiv-wertende Selbstwahrnehmung schulbezogener Merkmale hinsichtlich der eigenen Person und der Beziehungen zu relevanten Faktoren der schulischen Umwelt verstanden werden. Becker (1994) unterscheidet unter Rückgriff auf das „Strukturmodell des Wohlbefindens" zwischen „psychischem" und „physischem Wohlbefinden". Grob et al. (1991) differenzieren wiederum fünf Teilaspekte (vgl. Berner Fragebogen zum Wohlbefinden). Nach Hascher (2004a, S. 150) stellt sich schulisches Wohlbefinden ein, wenn „positive Emotionen und Kognitionen gegenüber der Schule, den Personen in der Schule und dem schulischen Kontext bestehen und gegenüber negativen Emotionen und Kognitionen (dominieren)". Sie entwickelte einen Fragebogen mit sechs Dimensionen: „Positive Einstellungen und Emotionen gegenüber der Schule", „Keine körperlichen Beschwerden", „Schulischer Selbstwert", „Keine sozialen Probleme in der Schule", „Keine Sorgen in der Schule" und „Anerkennung und Freude in der Schule" (Hascher, 2004a; b). So herrscht im wissenschaftlichen Diskurs augenblicklich weitestgehend dahingehend Einigkeit, dass (schulisches) Wohlbefinden ein multidimensionales und komplexes Konstrukt darstellt (vgl. Mayring, 1994), das man am besten mit Mehrkomponentenmodellen untersucht (Hascher, 2004a; b). Nach wie vor uneins ist man sich jedoch, wie (schulisches) Wohlbefinden konkret und trennscharf definiert werden sollte (Hascher, 2009).

1.3 Determinanten schulischen Wohlbefindens

Mögliche Einflussfaktoren auf die verschiedenen Komponenten des Wohlbefindens lassen sich in drei verschiedene Bereiche bzw. Ebenen unterteilen: Individuum (Persönlichkeit, Kognitionen etc.), außerschulisches soziales Umfeld (Eltern, Peers etc.) und Schule (Schul-, Klassenstruktur, Lehrer/innen etc.) (Becker, 1994; Diener, 2000; Hascher, 2004a; b).

Zu den individuellen Faktoren des schulischen Wohlbefindens sind unter anderem Geschlecht, schulische Leistung, das Fähigkeitsselbstkonzept oder ein potentieller Migrationshintergrund zu zählen. Czerwenka et al. (1990) konnten in diesem Zusammenhang feststellen, dass Mädchen prinzipiell zufriedener mit der Schule sind als Jungen. Hinsichtlich des Fähigkeitsselbstkonzepts zeigte Spinath (2004), dass die Fähigkeitsselbstwahrnehmung bei Grundschüler/innen unter anderem durch die Leistungsfremdeinschätzung der Lehrkraft beeinflusst wird. Bei Primarstufenschüler/innen mit Migrationshintergrund sind für die Entwicklung des Fähigkeitsselbstkonzepts vor allem deren sprachliche Kompetenz sowie die Akzeptanz durch die Peers besonders bedeutsam. Allerdings ist die Befundlage hinsichtlich der Effekte eines Migrationshintergrundes nicht einheitlich: Während bei Kohl, Striegler, Peters, und Leyendecker (2011) der Migrationshintergrund keine Rolle für die Einstellung des Kindes gegenüber der Schule spielte, fanden Rauer und Schuck (2004) bedeutsame Unterschiede.

Innerhalb der außerschulischen sozialen Einflussfaktoren nehmen neben den Peers die Eltern eine zentrale Stellung ein (Wustmann Seiler, Schüpbach, & Herzog, 2015): So wird eine aktive Beteiligung der Eltern beim Lernprozess bzw. den Hausaufgaben als bedeutsamer Faktor für Schulerfolg und Wohlbefinden eingestuft (Scheyhing 2016).

Schulische Faktoren lassen sich in einer ersten Differenzierungsebene zum einen in Faktoren, welche die Lehrkraft und den Unterricht betreffen, und zum anderen in Faktoren, die Mitschüler/innen und Klassengemeinschaft beinhalten, untergliedern. Während im Primarstufenbereich Lehrpersonen von den Schüler/innen noch überwiegend positiv gesehen werden, äußern sich Lernende in höheren Jahrgangsstufen vermehrt negativ zu ihren Lehrer/innen (z.B. Bergmann & Eder, 1995). Gläser-Zikuda und Fuß (2004) ermittelten demgegenüber positive Effekte der Lehrperson bzw. von Unterrichtsmerkmalen (Motivierung durch die Lehrperson, Strukturiertheit des Unterrichts und individuelle Bezugsnormorientierung) auf das Wohlbefinden von Sekundarschüler/innen. Auch schülerorientierte Unterrichtsmethoden können durch das Erleben positiver Emotionen die Entwicklung von Wohlbefinden unterstützen (Bergmann & Eder, 1995). Ebenfalls positive Effekte auf das Wohlbefinden von Schüler/innen besitzen das professionelles Verhalten der Lehrperson (Bergmann & Eder, 1995) sowie eine gewisse Langsamkeitstoleranz der Lehrperson (Helmke & Schrader, 1990). Czerwenka et al. (1990) betonen, dass Grundschüler/innen ihre Zufriedenheit in der Schule sehr stark über ihre Beziehung zu den Lehrer/innen definieren (Fend, Knörzer, Nagl, Specht, & Väth-Szusdziara, 1976). Weiterhin von großer Bedeutung für das schulische Wohlbefinden sind Ausmaß sowie Qualität der sozialen Beziehungen innerhalb der Schule. So beschrieben Grundschüler/innen in einer qualitativen Studie von Gläser-Zikuda und Rotter (2004) positive soziale Beziehungen zu Mitschüler/innen und der Lehrperson als besonders wohlbefindensfördernd (vgl. zudem Eder, 2007). Das Gefühl, von Mitschüler/innen abgelehnt zu werden, kann hingegen zu einem Rückgang des Wohlbefindens führen (Schwarzer & Leppin, 1994).

1.4 Zusammenfassung und Fragestellungen der vorliegenden Studie

Während das schulische Wohlbefinden im Sekundarbereich verhältnismäßig intensiv untersucht wurde, liegen im Grundschulbereich nur wenige fundierte Studien vor (Hascher, Hagenauer, & Schaffner, 2011; Walsen, 2013). Weiterhin erweist es sich als schwierig, dass einige Untersuchungen verschiedene Komponenten des schulischen Wohlbefindens erfassen (z.B. Czerwenka et al., 1990; Eder, 2007), andere Studien jedoch nur einzelne Aspekte des Wohlbefindens in den Fokus rücken (z.B. Petillon, 1993; Spinath, 2004).

Ziel des vorliegenden Beitrages ist es demzufolge, verschiedene Facetten des schulischen Wohlbefindens von Grundschüler/innen mit Blick auf individuelle, außerschulische soziale und schulische Bedingungsfaktoren entlang folgender Forschungsfragen und Hypothesen zu untersuchen:
1) Wie ist das schulische Wohlbefinden von Grundschüler/innen ausgeprägt?
2) Grundschüler/innen unterschiedlichen Alters, Geschlechts sowie mit/ohne Migrationshintergrund weisen ein unterschiedlich ausgeprägtes schulisches Wohlbefinden auf.

3) Individuelle Bedingungsfaktoren (schulische Leistung), soziale Bedingungsfaktoren (Eltern, Klasse) und schulische Bedingungsfaktoren (Lehrperson, Unterricht) leisten einen Beitrag zur Vorhersage des schulischen Wohlbefindens von Grundschüler/innen.

2. Methode

2.1 Stichprobe

Im Rahmen eines Schulentwicklungsprojektes nahmen 13 Grund- bzw. Primarschulen aus Thüringen freiwillig an einer Befragung von April bis Juli 2014 teil. Insgesamt wurden N = 404 Schüler/innen befragt, welche die dritte Klasse an Grundschulen bzw. die entsprechende Stufe an Gemeinschaftsschulen besuchten. Die teilnehmenden Schulen vertreten hinsichtlich ihres Schulprogramms größtenteils reformpädagogisch orientierte Konzepte. Die befragten Grundschüler/innen waren zum Befragungszeitpunkt durchschnittlich neun Jahre alt (M = 9.00; SD = 0.64; Altersspanne von 8-11 Jahre), wobei eine ziemlich ausgeglichene Geschlechterverteilung vorlag (47 % Mädchen und 53 % Jungen).

2.2 Design und Instrument

Die Grundschüler/innen wurden basierend auf einem „Paper-Pencil-Verfahren" während einer regulären Unterrichtsstunde befragt. Die Einverständniserklärung der Eltern lag vor, und bei Bedarf wurden die Kinder bei der Bearbeitung des Fragebogens unterstützt. Der Fragebogen bestand aus sechs überwiegend standardisierten Skalen mit 34 Items (siehe Tabelle 1.) Teile des Fragebogens mussten auf Hinweis der Schulaufsichtsbehörde modifiziert werden. Ein Teil der Ursprungsskalen war für die Sekundarstufe konzipiert worden, und daher erfolgte eine semantische und auf den Umfang des Fragebogens bezogene Adaption an die Primarstufe.

2.3 Konstrukte und Skalen

Die soziodemographischen Angaben umfassten Alter, Geschlecht, Klassenstufe sowie die Familien- bzw. Muttersprache. Die Schulleistung setzt sich aus den Noten in Deutsch und Mathematik zusammen. Im neu konzipierten Fragebogen wurde das „Wohlbefinden in der Schule" in die beiden Hauptdimensionen „psychisches" und „physisches Wohlbefinden" untergliedert (vgl. Becker, 1994). In die Dimension „psychisches Wohlbefinden" gingen Items ein, die mehrere Facetten schulischen Wohlbefindens abbilden: „Positive Einstellungen und Emotionen gegenüber der Schule", „soziales Wohlbefinden in der Schule" sowie „Anerkennung und Freude in der Schule" (vgl. Scheerens & Bosker 1997; Steinert, Gerecht, Klieme, & Doebrich, 2003). Eine explorative Faktorenanalyse ergab die theoretisch angedachte Zwei-Faktoren-Lösung, die gemeinsam 52.4 % der Varianz aufklärt. Die qualitätsvolle elterliche Unterstützung (vgl. Gerecht, Steinert, Klieme, & Doebrich, 2007; Kunter et al., 2002), als Bestandteil einer hochwertigen Eltern-Kind-Beziehung, wird über die Teilkomponenten „Lernunterstützung" und „elterliches Engagement bei den Hausaufgaben" (Helmke, Schrader, & Hosenfeld, 2004; Stecher, 2000) erfasst. Die Skala „Zufriedenheit der Schüler/innen mit der Lernsituation in Schule und Unterricht" als Teil des Konstrukts lernförderliches Schulklima (vgl. Becker, 1994; Scheerens & Bosker, 1997) wurde bis auf einige geringfügige Änderungen von Steinert et al. (2003) übernommen. Auch die Konstruktion der Skala „Zufriedenheit der Schüler/innen mit den Lehrer/innen" orientierte sich stark an Steinert et al. (2003). Die „Qualitätsmerkmale von Unterricht" wurden mit Items aus dem standardisierten Schüler-Feedback-Instrument „Schüler als Experten für Unterricht (SEfU)" (Groot-Wilken 2013) erfasst. Während sich die „Zufriedenheit […] mit den Lehrer/innen" durch eine positive Schüler-Lehrer-Beziehung ausdrückt, umfasst Unterrichtsqualität zentrale Dimensionen der Schuleffektivitätsforschung (z.B. strukturierter Unterricht). Eine Faktorenanalyse bestätigte die vier Faktoren „elterliche Unterstützung", „Zufriedenheit […] mit der Lernsituation …", „Zufriedenheit […] mit den Lehrkräften" sowie „Qualitätsmerkmale von Unterricht". Die vier-Komponenten-Lösung klärt zusammen 55.1 % der Varianz auf (siehe Tabelle 1).

Tabelle 1: Skalenkennwerte des entwickelten Fragebogens

Skala	n- Items	Beispielitem	Herkunft	a	MIC
Schulleistung (Deutsch und Mathematik)	2	Welche Note hattest du im letzten Schuljahr in Mathematik?		.60	.432
Unterstützung durch die Eltern	2	Meine Eltern helfen mir bei meinen Hausaufgaben.	Steinert et al. (2003); Gerecht et al. (2007)	.69	.527
Zufriedenheit […] mit der Lernsituation…	5	In meiner Klasse wird viel gelernt.	Steinert et al. (2003); Gerecht et al. (2007)	.71	.329
Zufriedenheit […] mit den Lehrkräften	6	Er/Sie geht gut mit mir um.	Steinert et al. (2003); Gerecht et al. (2007)	.80	.397
Qualitätsmerkmale von Unterricht	9	Ich weiß, was ich im Unterricht tun soll.	Kämpfe (2009); Groot-Wilken (2013)	.71	.215
Physisches Wohlbefinden	2	Ich hatte schon Bauchschmerzen wegen der Schule.	Steinert et al. (2003); Hascher (2004a)	.70	.542
Psychisches Wohlbefinden	8	Ich fühle mich in meiner Schule wohl.	Steinert et al. (2003); Hascher (2004a)	.82	.362

3. Ergebnisse

3.1 Deskriptive Ergebnisse

Nachfolgend werden zunächst die deskriptiven Ergebnisse für alle erhobenen Skalen (siehe Tabelle 2) und in einem zweiten Schritt auf der Ebene der einzelnen Items für das „psychische" und „physische Wohlbefinden" in der Schule (siehe Tabelle 3) präsentiert.

Tabelle 2: Deskriptive Statistik der Skalen

Skala	M	SD
Schulleistung (*SL*)	4.81	0.71
Unterstützung durch die Eltern (*UDE*)	3.28	1.03
Zufriedenheit der Schüler/innen mit der Lernsituation in der Schule (*ZSLS*)	4.06	0.72
Zufriedenheit der Schüler/innen mit den Lehrkräften (*ZSLK*)	4.48	0.60
Qualitätsmerkmale von Unterricht (*QMU*)	4.20	0.54
Psychisches Wohlbefinden (*PSYW*)	4.22	0.67
Physisches Wohlbefinden (*PHW*) (r)	3.90	1.33

Anmerkung: Die Skalenwerte rangieren bei der Schulleistung (SL) zwischen 1 und 6 (rekodiert), bei den anderen Skalen zwischen 1 und 5. Physisches Wohlbefinden wurde rekodiert (r).

Insgesamt liegen die Mittelwerte aller erfassten Variablen (siehe Tabelle 2) auf einem relativ hohen bis sehr hohen Niveau; dies gilt auch für die Schulnoten. Eine Ausnahme bildet die Skala „Unterstützung durch die Eltern". Dies ist erstaunlich, zumal es sich bei der erfassten Schülerkohorte um Drittklässler/innen handelt und die Frage nach dem Übergang in weiterführende Schulen zeitnah ansteht.

Theoriekonform wurden hohe Mittelwerte für das schulische Wohlbefinden ermittelt. Während derjenige für das psychische Wohlbeinfinden hoch ausfällt, liegt ein deutlich niedrigerer Mittelwert im Falle des physischen Wohlbefindens vor (zusätzlich auch eine sehr hohe Standardabweichung). Die Grundschüler/innen geben eine sehr hohe Zufriedenheit mit ihren Lehrkräften sowie mit der Lernsituation in der Schule an. Auch die Unterrichtsqualität schätzen sie als hoch ein.

Da sich die Skala „psychisches Wohlbefinden", wie erläutert, aus acht Items rekrutiert, die verschiedene Facetten dieser Komponente abbilden, ist eine Analyse auf Ebene der Einzelitems aufschlussreich. Zur leichteren Auswertung wird in der Tabelle angeführt, auf welche Teilkomponenten des schulischen Wohlbefinden sich die Items beziehen.

Die deskriptiven Ergebnisse zeigen erwartungsgemäß seitens der Grundschüler/innen eine hohe Zustimmung bei allen Items des „psychischen Wohlbefindens" und homogene Mittelwerte bei den Items der Skala „physisches Wohlbefinden". Die höchsten Mittelwerte innerhalb der Skala „psychisches Wohlbefinden" liegen bei den Items „In der Schule bin ich gerne mit anderen Schülern zusammen" ($M = 4.47$; $SD = 0.89$) und „Er/Sie lobt mich, wenn ich Fortschritte beim Lernen mache" ($M = 4.41$; $SD = 0.87$) vor. Der im Vergleich zu den anderen Items der Skala niedrigste Mittelwert wurde für das Item „Ich gehe gerne in die Schule" ($M = 3.93$; $SD = 1.17$), und zwar mit hoher Standardabweichung, festgestellt. Obwohl auch die Auswertung der beiden Items der Skala „physisches Wohlbefindens" ein prinzipiell großes Wohlbefinden bei den Grundschüler/innen zeigt, haben sich mit Blick auf die relativ hohe Standardabweichung (bei beiden Items $SD = 1.50$) schon mehrere Schüler/innen körperlich unwohl wegen der Schule gefühlt.

Tabelle 3: Deskriptive Statistik Items schulisches Wohlbefinden

Item	Skala	Teilkomponente	M	SD
Ich fühle mich in meiner Schule wohl.	PSYW	PEE	4.21	1.06
Ich gehe gerne in die Schule.	PSYW	PEE	3.93	1.17
Meine Schule ist freundlich und einladend.	PSYW	PEE	4.18	0.99
In meiner Klasse fühle ich mich wohl.	PSYW	SWS	4.25	1.03
In meiner Klasse finde ich leicht Freundinnen und Freunde.	PSYW	SWS	4.27	0.98
In der Schule bin ich gerne mit anderen Schülern zusammen.	PSYW	SWS	4.47	0.89
Er/Sie lobt mich, wenn ich Fortschritte beim Lernen mache.	PSYW	AFS	4.41	0.87
In der Schule zu lernen, macht mir Freude.	PSYW	AFS	4.12	1.04
Ich hatte schon Bauchschmerzen wegen der Schule. (r)	PHW	---	3.90	1.50
Mir war schon schlecht vor lauter Aufregung wegen der Schule. (r)	PHW	---	3.94	1.50

Anmerkung: Rekodierte Items sind mit „r" bezeichnet; Skala: PSYW = Psychisches Wohlbefinden; PHW = Physisches Wohlbefinden; Teilkomponenten des schulischen Wohlbefindens: PEE = Positive Einstellungen und Emotionen gegenüber der Schule; SWS = Soziales Wohlbefinden in der Schule; AFS = Anerkennung und Freude in der Schule.

3.2 Gruppenunterschiede

Für die Untersuchung von Gruppenunterschieden bezüglich schulischen Wohlbefindens wurden t-Tests bzw. einfaktorielle Varianzanalysen mit Post-Hoc-Mehrfachvergleichen nach Tukey berechnet (siehe Tabelle 4).

Es zeigt sich, dass Mädchen wie erwartet ein signifikant höheres „psychisches Wohlbefinden" (siehe Tabelle 4) aufweisen (Mädchen: $M = 4.32$; $SD = .59$; Jungen: $M = 4.13$; $SD = .73$; $t_{(397)} = 2.84**$). Über die Analyse der Effektstärken wurde deutlich, dass auch die „Familiensprache Deutsch" einen kleinen Effekt auf das „psychische Wohlbefinden" besitzt ($d = 0.20$): Schüler/innen mit Deutsch als Familien- bzw. Muttersprache fühlen sich wohler als Schüler/innen aus Familien, in denen zu Hause überwiegend in einer anderen Sprache gesprochen wird. Allerdings ist anzumerken, dass auch die Mittelwerte der Kinder mit Migrationshintergrund noch in einem relativ hohen Bereich liegen ($M = 4.08$; $SD = 0.90$).

Das Alter übt einen schwachen Effekt ($\eta^2 = 0.012$) auf das „physische Wohlbefinden" aus, wobei das körperliche Wohlbefinden hier mit zunehmendem Alter abnimmt.

Der Gesamteffekt, dass sich Mädchen prinzipiell psychisch wohler fühlen als Jungen, bestätigt auch eine Analyse auf Itemebene: Alle Items der Skala „psychisches Wohlbefinden" weisen bei den Grundschülerinnen einen höheren Mittelwert auf als bei den Grundschülern. Deutliche Unterschiede zeigen sich zum Beispiel bei den Items „In der Schule bin ich gern mit anderen Schülern zusammen" (Mädchen: $M = 4.62$; $SD = 0.73$; Jungen: $M = 4.34$; $SD = 0.99$) und „In meiner Klasse finde ich leicht Freundinnen und Freunde" (Mädchen: $M = 4.39$; $SD = 0.89$; Jungen: $M = 4.14$; $SD = 1.09$). Unter Berücksichtigung, dass in das „psychische Wohlbefinden" Aspekte der sozialen Integration, der positiven Einstellung zur Schule sowie des Freudeerlebens in der Schule einfließen, kann festgestellt werden, dass vor allem bei den Items zum sozialen Wohlbefinden die Mädchen deutlich höhere Zustimmungswerte aufweisen.

Tabelle 4: Gruppenunterschiede bezüglich schulischen Wohlbefindens

Faktor	Vergleich	Skala		M (SD)	$t_{(df)}$ bzw. $F_{(df)}$	η^2 bzw. Cohen's d
Geschlecht $n_W = 189$; $n_m = 213$	w – m	PSYW		4.32 > 4.13 (0.59) (0.73)	$t_{(397)} = 2.84^{**}$	$d = 0.29$
		PHW		3.89 < 3.90 (1.29) (1.37)	$t_{(396)} = 0.09$	$d = 0.01$
Alter $n_8 = 82$; $n_9 = 242$; $n_{10+} = 71$	8 – 9 – 10+	PSYW	8 J.[1]	4.18 (0.72)		
			9 J.[1]	4.27 (0.63)	$F_{(2,392)} = 1.12$	$\eta^2 = 0.006$
			10+ J.[1]	4.16 (0.70)		
		PHW	8 J.[1]	4.01 (1.21)		
			9 J.[1]	3.95 (1.32)	$F_{(2,391)} = 2.37$	$\eta^2 = 0.012$
			10+ J.[1]	3.59 (1.46)		
Deutsch als Familiensprache $n_d = 355$; $n_{nd} = 44$	d – nicht d	PSYW		4.24 > 4.08 (0.64) (0.90)	$t_{(397)} = 1.46$	$d = 0.20$
		PHW		3.88 < 4.02 (1.33) (1.36)	$t_{(396)} = 0.68$	$d = 0.11$

Anmerkung: ** Mittelwertdifferenz ist bei Niveau 0.01 signifikant (zweiseitig); * Mittelwertdifferenz ist bei Niveau 0.05 signifikant (zweiseitig);
[1] Keine signifikanten Unterschiede zwischen den Gruppen (Skalen); PSYW = Psychisches Wohlbefinden; PHW = Physisches Wohlbefinden

3.3 Zusammenhang zwischen schulischem Wohlbefinden und individuellen, sozialen sowie schulischen Bedingungsfaktoren

Das „psychische Wohlbefinden" korreliert hoch mit nahezu allen individuellen, sozialen und schulischen Bedingungsfaktoren (siehe Tabelle 5). Der stärkste Zusammenhang für „psychisches Wohlbefinden" liegt bei der „Zufriedenheit der Schüler/innen mit der Lernsituation an der Schule" ($r = .73^{**}$) vor. Eher unerwartet erscheint der nicht signifikante Wert für die Korrelation mit der „Unterstützung durch die Eltern" ($r = .08$). Auch die Schulleistung korreliert schwächer mit dem „psychischen Wohlbefinden" als vermutet ($r = .15^*$).

„Physisches Wohlbefinden" wiederum korreliert moderat mit der „schulischen Leistung" (r = .22**), negativ mit der „Unterstützung der Eltern" (r = -.14**) sowie moderat mit „Zufriedenheit der Schüler/innen mit der Lernsituation an der Schule" (r = .19**). Keine bedeutsamen Zusammenhänge finden sich überraschenderweise für die „Zufriedenheit der Schüler/innen mit den Lehrkräften" sowie für die „Qualitätsmerkmale von Unterricht".

Tabelle 5: Pearson-Korrelationen zwischen schulischen Bedingungsfaktoren und schulischem Wohlbefinden

	SL	UDE	ZSLS	ZSLK	QMU
Psychisches Wohlbefinden	.15*	.08	.73**	.60**	.51**
Physisches Wohlbefinden	.22**	-.14**	.19**	.09	.06

Anmerkung: SL = Schulleistung; UDE = Unterstützung durch die Eltern; ZSLS = Zufriedenheit der Schüler/innen mit der Lernsituation an der Schule; ZSLK = Zufriedenheit der Schüler/innen mit den Lehrkräften; QMU = Qualitätsmerkmale von Unterricht; **Korrelation ist bei Niveau 0.01 signifikant (zweiseitig); *Korrelation ist bei Niveau 0.05 signifikant (zweiseitig).

3.4 Prädiktoren schulischen Wohlbefindens: Ergebnisse der Regressionsanalysen

Um Prädiktoren des „psychischen" und „physischen Wohlbefindens" zu identifizieren, wurde eine multiple Regressionsanalyse mit den Variablen, die sich in der Korrelationsanalyse als relevant erwiesen hatten, als Prädiktoren durchgeführt. Auch das Geschlecht, welches sich in den Gruppenanalysen als bedeutsam zeigte, wurde in die Berechnung aufgenommen. Eine Prüfung der Korrelationen zwischen den potentiellen Prädiktoren zeigte die erwarteten partiellen schwachen bzw. moderaten Zusammenhänge. Die Interkorrelationen fielen jedoch insgesamt so gering aus, dass keine Multikollinearität vorliegt.

Für das „psychische Wohlbefinden" zeigte sich in erster Linie (siehe Tabelle 6) die „Zufriedenheit der Schüler/innen mit der Lernsituation an der Schule" als bedeutsam. Deutlich weniger Gewicht besitzen die weiteren Prädiktoren, wobei die Variablen „Zufriedenheit der Schüler/innen mit der Lernsituation" und die „Qualitätsmerkmale von Unterricht" noch den größten Einfluss auf das „psychische Wohlbefinden" besitzen. Mit dem ermittelten Modell können immerhin 55 % der Varianz geklärt werden. Deutlich geringer fällt mit 11 % der Anteil der geklärten Varianz beim Modell der Kriteriumsvariable „physisches Wohlbefinden" aus.

Tabelle 6: Ergebnisse der Regressionsanalysen zur Ermittlung von Prädiktoren des Wohlbefindens

	Psychisches Wohlbefinden			Physisches Wohlbefinden		
	B	SE	β	B	SE	β
Konstante	.08	.34		1.74	.95	
Zufriedenheit […] mit der Lernsituation…(ZSLS)	.52	.05	.54**	.42	.15	.22*
Zufriedenheit […] mit den Lehrkräften (ZSLK)	.17	.07	.14	.03	.20	.01
Qualitätsmerkmale von Unterricht	.16	.07	.12	.07	.20	.03
Unterstützung durch die Eltern	.06	.03	.08	.19	.08	.14
Schulleistung	.07	.04	.08	.33	.11	.18
Geschlecht	.06	.06	.05	.26	.16	.10
R^2			.55			.11

Anmerkung: ZSLS = Zufriedenheit der Schüler/innen mit der Lernsituation an der Schule; ZSLK = Zufriedenheit der Schüler/innen mit den Lehrkräften; ** p ≤ .01; *** p ≤ .001

Wie beim Modell zum „psychischen Wohlbefinden" stellt die „Zufriedenheit der Schüler/innen mit der Lernsituation an der Schule" den wichtigsten Prädiktor dar. Das „physische Wohlbefinden" wird in diesem Modell weiter durch die „Unterstützung der Eltern" sowie der „Schulleistung" vorhergesagt. Zu berücksichtigen ist jedoch der schon angeführte eher unbefriedigende R-Quadrat-Wert. Das bedeutet, dass gewichtige Prädiktoren für das „physische Wohlbefinden" nicht ins Modell aufgenommen wurden. Folglich müssten für ein aussagekräftigeres Modell weitere, unabhängige Variablen auf der individuellen (z.B. schulisches Selbstkonzept), sozialen und schulischen Ebene, die in der vorliegenden Studie aus erwähnten Gründen leider nicht erhoben werden konnten, hinzugezogen werden.

4. Diskussion

4.1 Einordnung der zentralen Ergebnisse

Basierend auf dem Ergebnis einer explorativen Faktorenanalyse wurde ein Instrument mit zwei Skalen zum schulischen Wohlbefinden („psychisches" und „physisches Wohlbefinden") sowie weiteren Skalen zur Zufriedenheit mit den Lehrkräften, zur Unterrichtsqualität, der Lernsituation und der qualitätsvollen Elternarbeit entwickelt. In einem zweiten Schritt wurde das schulische Wohlbefinden der befragten Grundschüler/innen im Rahmen einer Querschnittserhebung erfasst und bezogen auf die Hauptforschungsfrage sowie die formulierten Hypothesen analysiert.

Die Mehrheit, der in dieser Studie befragten Grundschüler/innen, fühlt sich in der Schule ziemlich wohl. Dieses Ergebnis bestätigt die bisherigen Studien (vgl. Hascher et al., 2011; Hurrelmann, Andresen, & TNS Infratest Sozialforschung, 2010; Walsen, 2013). Mit Blick auf alters-, geschlechts- und migrationsrelevante Unterschiede zeigte sich ein signifikanter Geschlechtsunterschied für das „psychische Wohlbefinden" zugunsten der Mädchen. Eine Analyse der Einzelitems der Skala „psychisches Wohlbefinden" illustriert, dass sich die Mädchen in erster Linie bezüglich derjenigen Aspekte bzw. Items deutlich von den Jungen unterscheiden, die sich auf das soziale Wohlbefinden in der Schule beziehen. Für den Gesamteffekt kann ein angepassteres schulisches Verhalten der Mädchen sowie die Überrepräsentation weiblicher Lehrkräfte in der Grundschule, was generell als Vorteil für die Mädchen betrachtet wird, als Ursache vermutet werden (Weschke-Meißner, 1990). Mit Blick auf die Gender-Differenzen bei den Items zum sozialen Wohlbefinden in der Schule kann gefolgert werden, dass Mädchen ihren Freundschaften in der Regel eine höhere Bedeutung zuschreiben und sie auch außerhalb der Schule stärker pflegen (Valtin, 2001). Dies könnte sich auch in ihrer empfundenen sozialen Integration widerspiegeln. Hinsichtlich des Alters der Schüler/innen lassen sich keine signifikanten Unterschiede ermitteln. Wie die deskriptiven Ergebnisse allerdings vermuten lassen, steigt das „psychische Wohlbefinden" mit zunehmendem Alter tendenziell, während das „physische Wohlbefinden" eher sinkt (vgl. Hascher et al., 2011; Walsen, 2013). Schließlich wurde überprüft, ob sich das Wohlbefinden der Grundschüler/innen in Abhängigkeit von der Muttersprache (Deutsch vs. Nicht-Deutsch als Indikator für Migrationshintergrund) unterscheidet. Zwar liegen keine signifikanten Effekte vor, allerdings ist eine deutliche Tendenz mit Blick auf das „psychische Wohlbefinden" zu Ungunsten der Kinder mit einer anderen Familiensprache als Deutsch, also Kindern mit Migrationshintergrund, zu verzeichnen, obgleich der Mittelwert mit insgesamt 4.08 noch in einem relativ hohen Bereich liegt.

Schulisches Wohlbefinden von Grundschüler/innen korrelierte wie erwartet mit individuellen, sozialen und schulischen Merkmalen, und zwar eher im Falle des „psychischen", als des „physischen Wohlbefindens". Dass „Schulleistung" eher für „physisches Wohlbefinden" relevant sein würde, war mit Blick auf Selektionsprozesse, die sich auch in der Grundschule ab der dritten Klassenstufe auswirken, zu erwarten. Unerwartet war hingegen der fehlende Zusammenhang mit der wahrgenommenen „Unterstützung der Eltern", obwohl die Übergangsentscheidungen in weiterführende Schulen für die befragten Kinder zeitnah anstanden. Möglicherweise liegt hier aber ein Stichprobeneffekt (aufgrund der sehr reformorientierte Schulen und einer entsprechenden Elternklientel) vor.

Die Ergebnisse der Regressionsanalyse bestätigten die aufgrund der Korrelationsmatrix vermutete große Bedeutung der „Zufriedenheit [...] mit der Lernsituation an der Schule" als sozialen Bedingungsfaktor schulischen Wohlbefindens für die Vorhersage „psychischen Wohlbefindens". Auch die „Zufriedenheit [...] mit den Lehrkräften" sowie „Qualitätsmerkmale von Unterricht" werden als zentrale Prädiktoren ausgewiesen.

Um „physisches Wohlbefinden" vorherzusagen, zeigen sich die „Schulleistung", als auch die „Zufriedenheit der Schüler/innen mit der Lernsituation in der Schule" als bedeutsame Prädiktoren (aber mit geringem Anteil an aufgeklärten Gesamtvarianz). Folglich sind die Prädiktoren, die für „psychisches Wohlbefinden" einen bedeutsamen Teil der Varianz aufklären konnten, für eine tatsächliche Vorhersage des „physischen Wohlbefindens" nur bedingt geeignet. Möglicherweise besitzen hier Aspekte wie „Prüfungsangst", „Leistungsdruck" (vgl. Pixner & Kaufmann 2013) oder die „Hausaufgabenbelastung" (vgl. Kohler 2015) einen größeren Einfluss.

Es kann bilanziert werden, dass die „Zufriedenheit der Schüler/innen mit der Lernsituation an der Schule" für beide Teilkomponenten schulischen Wohlbefindens als stärkster Prädiktor gilt. Der geringe Anteil an aufgeklärter Varianz im Falle des „physischen Wohlbefindens" mit denselben Prädiktoren ist ein Indikator für die mehrdimensionale Beschaffenheit schulischen Wohlbefindens. Gerade, weil in der vorliegenden Studie Schulen aus lediglich einem deutschen Bundesland und darüber hinaus noch mit einer sehr ausgeprägten Reformorientierung teilgenommen haben, könnte sich dieser spezifische Kontext entsprechend auf die Ergebnisse ausgewirkt haben. In künftigen Studien zum Wohlbefinden in der Grundschule sollten daher Längsschnitt-Designs gewählt, größere und überregionale Stichprobe gezogen und weitere Variablen (z.B. Leistungsdruck, Hausaufgaben- und Arbeitsbelastung, Erziehungsstil der Eltern etc.) erhoben werden, um schulisches Wohlbefinden von Grundschüler/innen differenzierter und hinsichtlich kausaler Argumentationen auf eine sichere Basis stellen zu können.

4.2 Forschungsmethodische Aspekte

Die hier präsentierten Daten und Ergebnisse stammen aus einer Schulentwicklungsstudie, die stark durch das betreffende Ministerium gesteuert wurde. Insofern unterliegen die eingesetzten Skalen gewissen Limitationen, wie sie in Kapitel 2.2 bereits adressiert wurden. Die beteiligten Grundschulen und Gemeinschaftsschulen stellen zudem eine Positivauswahl dar und die schulischen Bedingungen sind von daher als besonders vorteilhaft zu bezeichnen. Eine Verallgemeinerbarkeit der hier präsentierten Ergebnisse ist daher nicht möglich. Gleichwohl ist es gelungen ein theoretisch fundiertes und mehrdimensionales Instrument zur Erfassung schulischen Wohlbefindens zu entwickeln und reliable Skalen zur Messung schulischer sowie sozialer Bedingungsfaktoren zusammenzustellen. Ziel war es ein Instrument zu konzipieren, welches mit relativ geringem Zeitaufwand und niedriger Abbruchquote eingesetzt werden kann. Die Erhebung hat gezeigt, dass so gut wie keine Missing-Data zu finden sind und alle Items zielgruppengerecht angepasst wurden. Auch zeigten sich die Grundschüler/innen hoch motiviert bei der Befragung, und sie kamen mit dem Umfang sowie dem Format des Fragebogens gut zurecht. Das Antwortverhalten der Grundschüler/innen war allerdings äußert zustimmend, d.h. die Daten weisen eine linksschiefe Verteilung auf. Bekannt ist, dass jüngere Schüler/innen tendenziell zu eher positiven Einschätzungen neigen und sie sich eher noch unkritisch äußern. Besonders mit Blick auf die Tatsache, dass das Wohlbefinden in der Grundschule im Vergleich zu den weiterführenden Schulen noch am höchsten ausgeprägt ist, wäre ein Instrument günstiger, das für diese Altersgruppe im oberen Bewertungsbereich besser differenziert. Die mit Blick auf den Einsatz in der Primarstufe durchaus gerechtfertigte ökonomische Grundausrichtung des Fragebogens zieht zudem zwangsläufig nach sich, dass einige Konstrukte im Rahmen dieser Erhebung nicht erfasst werden konnten.

Literatur

Becker, P. (1994). Theoretische Grundlagen. In A. Abele, & P. Becker (Hrsg.), *Wohlbefinden: Theorie, Empirie, Diagnostik* (2. Aufl.) (S. 13–50). Weinheim u. München: Juventa.

Bergmann, C., & Eder, F. (1995). Das Befinden von Schülerinnen und Schülern – eine Untersuchung mit dem Befindenstagebuch. In F. Eder (Hrsg.), *Das Befinden von Kindern und Jugendlichen in der Schule* (S. 169–207). Innsbruck: Studienverlag.

Czerwenka, K., Nölle, K., Pause, G., Schlotthaus, W., Schmidt, H. J., & Tesslo, J. (1990). *Schülerurteile über die Schule: Bericht über eine internationale Untersuchung.* Frankfurt am Main: Lang.

Ditton, H. (2001). *DFG-Projekt „Qualität von Schule und Unterricht" – QuaSSU Skalenbildung Hauptuntersuchung.* Online unter: http://www.quassu.net/SKALEN_1.pdf (letzter Zugriff: 20.02.2017).

Diener, E. (2000). Subjective well-being – The science of happiness and a proposal for a national index. *American Psychologist, 55*, 34–43.

Eder, F. (1995). Das Befinden von Schülerinnen Schülern in öffentlichen Schulen – Ergebnisse der Repräsentativerhebung. In F. Eder (Hrsg.), *Das Befinden von Kindern und Jugendlichen in der Schule* (S. 232–252). Innsbruck: Studienverlag.

Eder, F. (2007). *Das Befinden von Kindern und Jugendlichen in der österreichischen Schule: Befragung 2005.* Innsbruck: Studienverlag.

Fend, H., Knörzer, W., Nagl, W., Specht, W., & Väth-Szusdziara, R. (1976). *Sozialisationseffekte der Schule.* Weinheim: Beltz.

Gerecht, M., Steinert, B., Klieme, E., & Doebrich, P. (2007). *Skalen zur Schulqualität: Dokumentation der Erhebungsinstrumente. Pädagogische Entwicklungsbilanzen (PEB)* (2. Aufl.). Frankfurt a. M.: Gesellschaft zur Förderung Pädagogischer Forschung.

Gläser-Zikuda, M., & Fuß, S. (2004). Wohlbefinden von Schülerinnen und Schülern im Unterricht. In T. Hascher (Hrsg.), *Schule positiv erleben: Ergebnisse und Erkenntnisse zum Wohlbefinden von Schülerinnen und Schülern* (S. 27–48). Bern: Haupt.

Gläser-Zikuda, M., & Rotter, C. (2004). Das emotionale Befinden in der Grundschule – Wie zufrieden sind Grundschüler mit ihrer Schule? *Grundschulzeitschrift, 180*, 55–64.

Grob, A., Lüthi, R., Kaiser, F. G., Flammer, A., Mackinnon, A., & Waering. A. J. (1991). Berner Fragebogen zum Wohlbefinden Jugendlicher (BFW). *Diagnostica, 37*(1), 66–75.

Groot-Wilken, B. (2013). Evaluationsergebnisse zu SEfU. Erfahrungen mit dem fairen Schülerfeedbacksystem. *Schule NRW, 65*(12), 591–593.

Hascher, T. (Hrsg.). (2004a). *Schule positiv erleben: Ergebnisse und Erkenntnisse zum Wohlbefinden von Schülerinnen und Schülern.* Bern: Haupt.

Hascher, T. (2004b). *Wohlbefinden in der Schule.* Münster: Waxmann.

Hascher, T (2009). Positive Emotionen und Wohlbefinden in der Schule – ein Überblick über Forschungszugänge und Erkenntnisse. *Psychologie in Erziehung und Unterricht, 56*, 105–122.

Hascher, T., Hagenauer, G., & Schaffner, A. (2011). Wohlbefinden in der Grundschule. *Erziehung und Unterricht, 161*(3/4), 381–392.

Helmke, A., Schrader, F.-W., & Hosenfeld, I. (2004). Elterliche Lernunterstützung und Schulleistungen ihrer Kinder. *Bildung und Erziehung, 57*(3), 251–277.

Helmke, A., & Schrader, F.-W. (1990). Zur Kompatibilität kognitiver, affektiver und motivationaler Zielkriterien des Schulunterrichts – Clusterähnliche Studien. In M. Knopf, & W. Schneider (Hrsg.), *Entwicklung: Allgemeine Verläufe – Individuelle Unterschiede – Pädagogische Konsequenzen* (S. 180–200). Göttingen: Hogrefe.

Hurrelmann, K., Andresen, S., & TNS Infratest Sozialforschung. (2010). *Kinder in Deutschland 2010 – 2. World Vision Kinderstudie* (World Vision Deutschland e.V., Hrsg.). Frankfurt am Main: Fischer.

Kohler, B. (2015). Die Vergabe von Hausaufgaben im Unterricht: Erste Daten zu einer vernachlässigten Schlüsselsituation. *Empirische Pädagogik, 29*(2), 189–210.

Kohl, K., Striegler, K., Peters, K., & Leyendecker, B. (2011). Positive Schuleinstellung, Lernfreude und respektvolle Schüler-Lehrer-Beziehung. Die Situation von Kindern aus zugewanderten Familien in der Grundschule. In A. Ittel, H. Merkens, & L. Stecher (Hrsg.), *Jahrbuch Jugendforschung* (S. 46–73). Opladen: Leske + Budrich.

Kultusministerium Sachsen-Anhalt (2007). *Lehrplan Grundschule – Grundsatzband.* Online unter: https://www.bildung-lsa.de/pool/RRL_Lehrplaene/lpgsgrnds.pdf (letzter Zugriff: 18.04.2017).

Kunter, M., Schümer, G., Artelt, C., Baumert, J., Klieme, E., Neubrand, M., Prenzel, M., Schiefele, U., Schneider, W., Stanat, P., Tillmann, K.-J., & Weiß, M. (2002). *PISA 2000: Dokumentation der Erhebungsinstrumente.* Berlin: Max-Planck-Institut für Bildungsforschung.

Mayring, P. (1994). Die Erfassung subjektiven Wohlbefindens. In A. Abele, & P. Becker (Hrsg.), *Wohlbefinden: Theorie-Empirie-Diagnostik* (S. 51–70) (2. Aufl.). Weinheim: Juventa.

Petillon, H. (1993). *Soziales Lernen in der Grundschule: Anspruch und Wirklichkeit.* Frankfurt am Main: Diesterweg.

Pixner, S., & Kaufmann, L. (2013). Prüfungsangst, Schulleistung und Lebensqualität bei Schülern. *Lernen und Lernstörungen, 2*(2), 111–124.

Rauer, W., & Schuck, K. D. (2004). *Fragebogen zur Erfassung emotionaler und sozialer Schulerfahrungen von Grundschulkindern erster und zweiter Klassen: FEESS 1-2; Manual.* Göttingen: Beltz-Test.

Scheerens, J., & Bosker, R. (1997). *The Foundations of Educational Effectiveness.* New York: Pergamon.

Scheyhing, D. (2016). *Die Stärkung von schulischem Wohlbefinden bei Schülern durch die Förderung von Eigenaktivität am Beispiel einer bayerischen Haupt- bzw. Mittelschule* (zugl. Phil. Diss. Universität Passau). Passau: Universität Passau.

Schöne, C., Dickhäuser, O., Spinath, B., & Stiensmeier-Pelster (2002). *Skalen zur Erfassung des schulischen Selbstkonzepts (SESSKO).* Göttingen: Hogrefe.

Schwarzer, R., & Leppin, A. (1994). Soziale Unterstützung und Wohlbefinden. In A. Abele, & P. Becker (Hrsg.), *Wohlbefinden: Theorie – Empirie – Diagnostik* (S. 175–189) (2. Aufl.). Weinheim: Juventa.

Spinath, B. (2004). Determinanten von Fähigkeitsselbstwahrnehmungen im Grundschulalter. *Zeitschrift für Entwicklungspsychologie und Pädagogische Psychologie, 36*(2), 63–68.

Stecher, L. (2000). Entwicklung der Lern- und Schulfreude im Übergang von der Kindheit zur Jugend. Welche Rolle spielt die Familienstruktur und die Qualität der Eltern-Kind-Beziehung? *Zeitschrift für Soziologie der Erziehung und Sozialisation, 20*(1), 70–88.

Steinert, B., Gerecht, M., Klieme, E., & Doebrich, P. (2003). *Skalen zur Schulqualität: Dokumentation der Erhebungsinstrumente. ArbeitsPlatzUntersuchung (APU), Pädagogische EntwicklungsBilanzen (PEB).* Frankfurt a. M.: Gesellschaft zur Förderung Pädagogischer Forschung.

Valtin, R., Wagner, C., & Schwippert, K. (2005). Schülerinnen und Schüler am Ende der vierten Klasse- schulische Leistungen, lernbezogene Einstellungen und außerschulische Lernbedingungen. In W. Bos, E.-M. Lankes, M. Prenzel, K. Schwippert, R. Valtin, & G. Walther (Hrsg.), *IGLU. Vertiefende Analysen zu Leseverständnis, Rahmenbedingungen und Zusatzstudien* (S. 187–218). Münster, Waxmann.

Valtin, R,. (2001). Geschlechtsspezifische Sozialisation in der Schule — Folgen der Koedukation). In W. Giesecke (Hrsg.), *Handbuch zur Frauenbildung* (S. 345–354). Berlin: VS, Springer.

Walsen, J. C. (2013). *Das Wohlbefinden von Grundschulkindern. Soziale und emotionale Schulerfahrungen in der Primarstufe.* Carl von Ossietzky Universität Oldenburg – Fakultät I Erziehungs- und Bildungswissenschaften. Oldenburg. Online unter: http://oops.uni-oldenburg.de/1929/1/walwoh13.pdf (letzter Zugriff: 28.03.2017).

Weinert, F. E., & Helmke, A. (Hrsg). (1997). *Entwicklung im Grundschulalter.* Beltz/PVU.

Weschke-Meißner, M. (1990). Der stille Beitrag der Mädchen zur Schulkultur. In M. Horstkemper, & L. Wagner-Winterhager (Hrsg.), *Mädchen und Jungen – Männer und Frauen in der Schule.* (S. 89–96). Weinheim: Beltz.

Wustmann Seiler, C., Schüpbach, M., & Herzog, W. (2015). Schulisches Wohlbefinden am Schulanfang im Selbst- und Fremdurteil: Einflüsse familiärer Struktur- und Prozessmerkmale. *Psychologie in Erziehung und Unterricht, 62*(3), 174–187.

Carolin Schultz und Marold Wosnitza

Emotionen von Studierenden in einem computerbasierten kollaborativen Setting

Abstract
Das Lernen und Arbeiten in Gruppen stellt durch den hohen Interaktionsgrad zwischen den Gruppenmitgliedern einen fruchtbaren Boden für die Entstehung von Emotionen dar. So auch im Schul- und Hochschulkontext: Bunt gemischte Gruppen interagieren, lernen und arbeiten miteinander, face-to-face aber auch immer häufiger online vernetzt in digitalen Kontexten, und erleben eine Vielzahl an positiven und negativen Emotionen. Im Fokus dieses Beitrags stehen die Emotionen, die während eines kollaborativen Serious Games entstehen und die Frage nach Einflüssen der Gruppenzusammensetzung hinsichtlich des Ausmaßes, in dem sich die Mitglieder einer Gruppe kennen als auch der jeweiligen Vorkenntnisse der Gruppenmitglieder.

Die Stichprobe der vorliegenden Untersuchung besteht aus elf Gruppen mit je vier Studierenden (Alter zwischen 19 und 40 Jahre, 23 weiblich) die im Rahmen des Serious Games *Team Up* gemeinsam Aufgaben bearbeiten und lösen. Die einzelnen Gruppenmitglieder und das Gesamtgeschehen werden per Video aufgezeichnet und diese Aufzeichnunger als Stimuli beim Nachträglichen Lauten Denken der einzelnen Gruppenmitglieder genutzt. Die Videoaufnahmen und Transkripte des Lauten Denkens werden zur Analyse herangezogen. Die Ergebnisse der Studie gewähren einen Einblick in kollaborative Prozesse von Studierenden während eines Serious Games, ihren Emotionen und dem Einfluss der jeweiligen Gruppenzusammensetzung.

Das Arbeiten in Gruppen stellt für viele eine besonders komplexe und sozial anspruchsvolle Lernerfahrung dar (Kimmel & Volet, 2010), bei der die Interaktionen zwischen den Gruppenmitgliedern eine Vielzahl an Emotionen hervorrufen (Linnenbrink, Rogat, & Koskey, 2011). Diese sind neben kognitiven und motivationalen Aspekten zentrale Bestandteile kollaborativer Lern- und Arbeitsprozesse (Pekrun & Linnenbrink-Garcia, 2014; Thompson & Fine, 1999). Es überrascht, dass trotz dieser Bedeutsamkeit nur wenige empirische Arbeiten zu Emotionen in kollaborativen Lern- und Arbeitssettings vorliegen (z.B. Järvelä, Lehtinen, & Salonen, 2000; O'pt Eynde, De Corte, & Verschaffel, 2007). Forschung zu Emotionen in kollaborativen, online und computergestützten Settings stellt in diesem Zusammenhang, trotz der wachsenden Bedeutsamkeit in allen Lehrbereichen, ein besonders unterrepräsentiertes Forschungsfeld dar. Die wenigen Studien in diesem Zusammenhang unterstreichen jedoch die besondere Bedeutsamkeit von Emotionen in diesem speziellen Lern- und Arbeitssetting. (z.B. Azevedo et al., 2017; Bosch, D'Mello, Ocumpaugh, Baker, & Shute, 2016; Järvenoja & Järvelä, 2005; Wosnitza & Volet, 2005).

Der vorliegende Beitrag befasst sich mit Emotionen von Studierenden, die in solch einem Setting zusammenarbeiten. Er geht den Fragen nach, welche Emotionen dabei erlebt werden und wie die Gruppenzusammensetzung hinsichtlich der Bekanntschaft und Vorkenntnisse der Gruppenmitglieder das emotionale Erleben dieser mitbestimmt.

1. Kollaboratives Lernen und Arbeiten

Das Lernen und Arbeiten in Gruppen in der schulischen und universitären Ausbildung ist heute eine beliebte und effektive Methode zur Festigung von bereits Gelerntem sowie zur Erarbeitung neuer Inhalte. So kann Gruppenarbeit tiefgehende Lernprozesse anregen, wie beispielsweise die Konstruktion neuen Wissens, Erlangung eines erweiterten Verständnisses von bereits Gelerntem oder komplexes Problemlösen (King, 2008; Summers & Volet, 2010). Der Erfolg hängt dabei stark von der Art der Zusammenarbeit der Gruppenteilnehmer ab. So kann eine Aufgabe entweder in Teilaufgaben unterteilt, die von jeweils einzelnen Gruppenmitgliedern bearbeitet und am Ende zu einem Ergebnis zusammengesetzt werden (Kooperation), oder gemeinsam bearbeitet, durchdacht, besprochen und gelöst werden (Kollaboration) (z.B. Barron, 2003; Cohen, 1994; King, 2008; Zschocke, Wosnitza, & Bürger, 2016). Im Fall von Kollaboration profitieren die Mitglieder von Wissen und Kompetenzen der Anderen und können ihre eigenen Fähigkeiten verbessern oder ausbauen. Herausforderungen für das Lernen und Arbeiten in Gruppen stellen laut Behfar, Kern und Brett (2006) unter anderem Planung, Entscheidungsprozesse, Konfliktmanagement, Einhaltung von Zeitplänen und Festlegung akzeptabler Verhaltensweisen dar. Darüber hinaus zeigen vielfältige Studien, dass die Zusammensetzung der Gruppe (z.B. Gruppengröße, demographische Merkmale, Fähigkeiten oder Persönlichkeitsmerkmale der einzelnen Gruppenmitglieder) einen weiteren Einflussfaktor darstellen kann (für einen Überblick: Wilkinson & Fung, 2002). Dies gilt insbesondere für das Ausmaß, in dem sich die Mitglieder einer Gruppe kennen als auch für das Ausmaß, in dem sie gemeinsame oder spezialisierte Kenntnisse oder Fähigkeiten haben (z.B. Gruenfeld, Mannix, Williams, & Neale, 1996; Kulik, 1992). Gruppen, deren Zusammensetzung homogen hinsichtlich der Fähigkeiten ihrer Gruppenmitglieder sind, scheinen besser in ihren Leistungen abzuschneiden als heterogene Gruppen und dies unabhängig des jeweiligen Niveaus der Mitglieder (Kulik & Kulik, 1987; Kulik, 1992).

Kennen sich die Mitglieder einer Gruppe gut, so ist anzunehmen, dass mehr Zeit mit Geselligkeit und privaten Unterhaltungen verbracht wird als in Gruppen, deren Mitglieder sich nicht kennen. Darüber hinaus nutzen befreundete Gruppenmitglieder aber auch mehr Zeit für aufgabenbezogene Themen wie Planung, inhaltliche Diskussionen, Performance und moralische Unterstützung (Shah & Jehn, 1993). Gruppenmitglieder die sich nicht kennen versammeln dafür mit einer hohen Wahrscheinlichkeit ein breiteres Wissen und unterschiedliche Perspektiven, was zu einer effektiveren Gruppenleistung führen kann. Ihnen fehlen dann jedoch soziale Bindungen, um diese Verschiedenheiten zu nutzen. Gudykunst (2005) weist darauf hin, dass das Zusammenarbeiten mit Fremden Unsicherheit und sogar Angst hervorrufen kann, da Verhaltensweisen von unbekannten Gruppenmitgliedern schwer vorhersagbar sind. Diese Unsicherheit ruft ein unbehagliches Gefühl hervor und somit stellt die Reduzierung von Unsicherheit ein wichtiger Mechanismus in Gruppenarbeitsprozessen dar (Grieve & Hogg, 1999).

2. Emotionen in kollaborativen Settings

Studien zu Emotionen in kollaborativen Settings zeigen, dass positive Emotionen das Engagement der Gruppenmitglieder in Kleingruppenarbeiten unterstützen (Ainley, Corrigan, & Richardson, 2005; Efklides & Petkaki, 2005; Pekrun, Frenzel, Götz, & Perry, 2007). Negative Emotionen hingegen sind nicht so eindeutig einzuordnen. So können deaktivierende negative Emotionen (z.B. Trauer, Langeweile) das Engagement in Gruppenarbeiten verringern, während aktivierende negative Emotionen (z.B. Angst, Ärger) dieses sowohl erhöhen (Pekrun et al., 2007) als auch verringern können (Ainley et al., 2005; Assor, Kaplan, Kanat-Maymon, & Roth, 2005; Boekaerts, 2007; Pekrun, Götz, Titz, & Perry, 2002).

Studien mit appraisaltheoretischem Fokus auf Zusammenhänge zwischen den bereits bestehenden kognitiven Bewertungen (Appraisals) hinsichtlich Gruppenarbeit und der emotionalen Erfahrung während einer Gruppenarbeit (z.B. Zschocke et al., 2016) konnten zeigen, dass positive Emotionen vor und während einer Gruppenarbeit zu einem erfolgreichen Ergebnis und einer positiven Gruppenarbeitserfahrung führen können. Darüber hinaus wurden Ergebnisse aus vorheriger Forschung bestätigt, dass sich Erfahrungen aus zürückliegenden auf folgende Gruppenarbeiten auswirken (habitualisierte Emotionen) (z.B. Volet & Mansfield, 2006; Linnenbrink et al., 2011). Somit stellen Appraisals nicht nur die Ursachen für Emotionen dar, vielmehr kann von einer reziproken Dynamik zwischen Appraisals und Emotionen gesprochen werden (Pekrun, 2006).

Zschocke et al. (2016) konnten in ihrer Fragebogenstudie bestätigen, dass Emotionen stark mit kognitiven Prozessen verknüpft sind. Produktive Interaktionen unter Studierenden haben positive emotionale Implikationen. Ferner weisen die Autor/innen auf die Notwendigkeit hin, Gruppenarbeitserfahrungen von Studierenden als multidimensional zu erfassen, da die verschiedenen Dimensionen von Gruppenarbeit (Kognition, Motivation, Management, Interpersonelles, Bewertung) klare Auswirkungen auf das emotionale Erleben der Gruppenmitglieder haben.

Mit Einzug moderner Technologien entwickelten sich neue, computergestützte Formen des Lernens und Arbeitens (z.B. Kozlowski & Bell, 2002) und veränderten auch das emotionale Erleben des Arbeitens in Gruppen. Je nach Implementation des Online-Lernens kann der/die Lernende mit mehr (Järvenoja & Järvelä, 2005) oder weniger (Wosnitza & Volet, 2005) sozialen Interaktionen als im herkömmlichen Klassenzimmer konfrontiert sein. So zeigen Wosnitza und Volet in ihrer Studie, dass soziale Emotionen eine große Rolle in kollaborativen Online-Settings spielen. Diese Emotionen können sich auf andere einzelne Studierende oder eine Gruppe Studierender beziehen oder sie können als Gruppe geteilt und auf eine andere Gruppe gerichtet sein und haben unter anderem Einfluss auf das Engagement der Studierenden und die Bereitschaft zur Teilnahme an den gemeinsamen Aufgaben. Järvenoja und Järvelä (2005) fanden in ihrer Interviewstudie heraus, dass die wahrgenommene Kontrolle und die Bewertung von Lernen und Leistung die Emotionen von Studierenden während eines computergestützten kollaborativen Lernprojektes formen. Weiterhin wurde deutlich, dass die Emotionen der Studierenden von großer Bedeutung hinsichtlich Lernbereitschaft und volitionalen Kontrolle des Lernprozesses sind. Ziel der vorliegenden Studie ist die Identi-

fikation konkreter Emotionen, die während eines computergestützten kollaborativen Settings entstehen sowie eine detaillierte Betrachtung der erlebten Emotionen mit Blick auf die Gruppenzusammensetzung (Ausmaß der Bekanntschaft und Vorkenntnisse der einzelnen Gruppenmitglieder) und die Beantwortung der folgenden Forschungsfragen:
- Über welche konkreten Emotionen berichten Studierende in solch einem Setting?
- Welche Rolle spielt die Gruppenzusammensetzung hinsichtlich des Ausmaßes der Bekanntschaft der einzelnen Gruppenmitglieder und ihren Vorkenntnissen mit Blick auf die berichteten Emotionen?

3. Methodischer Zugang

Als kollaborative computergestützte Umgebung wurde das Serious Game *Team Up* (Mayer, van Dierendonck, van Ruijven, & Wenzler, 2014) gewählt. Ziel des Spiels ist die Überquerung einer Insel. Um dieses Ziel zu erreichen, braucht es alle vier Gruppenmitglieder und eine funktionierende Kommunikation, Kooperation und Kollaboration untereinander. Während der Zusammenarbeit sitzen alle Teilnehmer/innen im selben Raum und jede/r Einzelne wiederum an einem eigenen Laptop, ohne Sicht auf die Bildschirme der anderen Gruppenmitglieder (vgl. Abbildung 1). Die Spielzeit war unbegrenzt sodass die Gruppen so lange spielen konnten, bis sie das Ziel des Spiels erreicht hatten. Die Spieldauer lag über alle Gruppen hinweg zwischen 28 und 70 Minuten.

Die Erfassung von Emotionen stellt eine methodische Herausforderung dar (Scherer, 2005; Wosnitza & Volet, 2005). In dieser Studie wurde ein Datenmix aus Videoaufzeichnung, Nachträglichem Lauten Denken (z.B. Lyle, 2003) und Fragebögen eingesetzt.

Die Gesichter der Teilnehmenden wurden während des Spiels mit den jeweiligen Webcams aufgezeichnet. Darüber hinaus wurden Aufnahmen der vier Screens und eine Gesamtaufnahme des Settings erstellt. Die jeweiligen Videoaufnahmen der Gesichter kombiniert mit den Screenaufnahmen während der Zusammenarbeit dienten als Stimulus für die Teilnehmenden, um ihre erlebten Emotionen während des Spielverlaufes zu berichten. Um retrospektive Verzerrungen soweit wie möglich zu reduzieren, wurden die vier Gruppenmitglieder direkt an das Spiel anschließend gebeten, in getrennten Räumen ihre Videoaufnahme des gesamten Spielverlaufs hinsichtlich ihrer erlebten Emotionen zu kommentieren (Nachträgliches Lautes Denken).

Vor und nach dem Spiel füllten die Teilnehmenden zudem einen Online-Fragebogen aus und schätzten dabei unter anderem ihre Spielerfahrung, ihre generelle Einstellung zu Gruppenarbeiten und wie gut sie die anderen Gruppenmitglieder kannten, ein.

Im Mittelpunkt dieses Kapitels stehen die über die Methode des Lauten Denkens gewonnenen Daten und ausgewählte Daten aus dem Fragebogen (Bekanntschaft der Gruppenmitglieder und Vorkenntnisse in Form von Spielerfahrung). Die Tonspuren des Lauten Denkens wurden transkribiert und anschließend inhaltsanalysiert (Mayring, 2010). Die inhaltlich-strukturierende Inhaltsanalyse diente hier insbesondere der Erfassung konkreter Emotionen, die von den Teilnehmenden benannt wurden.

Emotionen von Studierenden in einem computerbasierten kollaborativen Setting | 141

Abbildung 1: Das Setting

3.1 Stichprobe

Die Stichprobe der vorliegenden Untersuchung besteht aus elf Gruppen mit je vier Studierenden im Alter zwischen 19 und 40 Jahren ($M = 26.18$; $SD = 4.37$) in unterschiedlichen Zusammensetzungen. 23 Studierende (52.72 %) waren weiblich. Eine Übersicht aller Gruppen, ihre jeweilige Zusammensetzung und die individuellen Einschätzungen hinsichtlich der eigenen Spielerfahrung (2 = viel, 1 = etwas; 0 = keine) und dem Ausmaß der Bekanntschaft mit den anderen Gruppenmitgliedern (2 = sehr gut; 1 = etwas; 0 = nicht) sowie der jeweiligen Spieldauer bietet Abbildung 2.

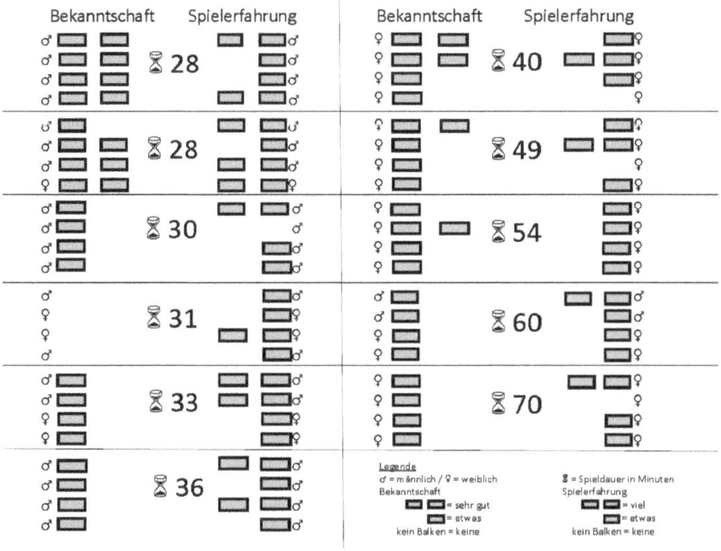

Abbildung 2: Übersicht aller Gruppen: Geschlecht, Bekanntschaft und Spielerfahrung der Gruppenmitglieder sowie Spieldauer

4. Ergebnisse

Identifikation erlebter Emotionen während eines computerbasierten kollaborativen Settings
Die Teilnehmer/innen berichteten über eine breite Spanne an Emotionen, die sie während der Kollaboration durchlebten. Die gebildeten Kategorien umfassen die Emotionen (Angst, Ärger, Aufregung, Dankbarkeit, Entspannung, Enttäuschung, Erleichterung, Freude, Frustration, Genervt-Sein, Hoffnung, Hoffnungslosigkeit, Langeweile, Empathie, Nervosität, Stolz, Trauer, Überraschung, Unzufriedenheit, Zufriedenheit, Interesse und Scham) sowie ihre Ausrichtung (sozial ausgerichtet, selbst ausgerichtet, auf den Kontext gerichtet oder aufgabenbezogen und hier unterteilt in retrospektiv, prospektiv und prozesshaft). Die Aussage *„Ich habe mich gefreut, dass die Grafik so cool ist."* (TN4_1) stellt beispielsweise ein Freudeerleben gerichtet auf den Kontext und *„Da habe ich mich über mich selbst geärgert."* (TN2_2) ein Beispiel für auf einen selbst ausgerichteten Ärger dar. Tabelle 1 bietet einen Überblick über alle genannten Emotionen.

Insgesamt wurde über alle Gruppen hinweg die Emotion Freude am häufigsten berichtet (212 Nennungen in allen Gruppen, dies beträgt 26.84 % aus allen berichteten Emotionen). Neben Freude wurde Genervt-Sein (89 Nennungen in 10 Gruppen), Frustration (64 Nennungen in 8 Gruppen) und Langeweile (61 Nennungen in 10 Gruppen) mehrfach berichtet. Hoffnungslosigkeit (2 Nennung in 2 Gruppen), Scham (4 Nennungen in 3 Gruppen) wie auch Empathie (5 Nennungen in 4 Gruppen) und Dankbarkeit (6 Nennungen in 3 Gruppen) wurden am wenigsten häufig genannt (siehe Tabelle 1). 25 % der Aussagen wurden doppelt kodiert. Die Interraterübereinstimmung ist im guten Bereich ($\kappa = .84$).

Die Teilnehmenden waren genervt und fühlten sich frustriert in Situationen von Orientierungs- und Aussichtslosigkeit, wenn keine Ideen zu Lösungsansätzen bestanden (*„Ich suche halt die ganze Zeit irgendwie verzweifelt nach einer Lösung um da nicht noch länger rum stehen zu müssen"* (TN2_2); *„Da habe ich mich wirklich geärgert und war total genervt, dass ich da immer wieder falsch getreten bin."* (TN2_4)) und es wurden Freude, Hoffnung und Erleichterung berichtet, sobald mindestens ein Gruppenmitglied einen möglichen Lösungsansatz vorschlug, unabhängig davon ob die Idee am Ende zur Lösung des Problems tatsächlich beitrug (*„Ich hatte irgendwie gehofft, dass mal ein Vorschlag kommt, wie ich gehen soll... Jetzt war ich ganz froh, dass TN3 mal was gesagt hat, wie ich gehen soll"* (TN2_4) (weitere Zitate für die jeweiligen Emotionen und ihre Ausrichtung finden sich in Tabelle 1).

Basierend auf den Inhalten der Aussagen kann angenommen werden, dass sich sowohl die Bekanntschaft der Teilnehmenden untereinander als auch die Erfahrung und damit einhergehenden Kenntnisse im Umgang mit Computerspielen auf die berichteten Emotionen auswirken. So resultierte Freude aus der Tatsache, mit bekannten Mitspieler/innen zusammenzuarbeiten (*„Da habe ich mich gefreut, dass wir dieses Spiel machen."* (TN1_3); *„Ich war froh, dass wir alle zusammenspielen."* (TN5_1)) oder daraus, dass Aufgaben gemeinsam als Team gemeistert wurden (*„Da hat man sich auch so richtig gefreut, das hat gut geklappt im Team!"* (TN7_1)).

Mit Blick auf die Spielerfahrung resultierten negative Emotionen unter anderem aus dem Gefühl von Unsicherheit (*„Jetzt bin ich total unsicher, ob ich das auch wirk-

Tabelle 1: Häufigkeiten der genannten Emotionen aus den Daten des Lauten Denkens

	Genannte Emotionen	Gesamt	Sozial ausgerichtet	Aufgabe: Retrospektiv	Aufgabe: Prozess	Aufgabe: Prospektiv	Selbst ausgerichtet	Kontext	O-Töne
Positiv	Freude	212	40	115	43	9	2	3	Ich habe mich voll gefreut, dass es endlich funktioniert hat! (TN7_1) (retrospektiv)
	Hoffnung	56	2	0	0	54	0	0	Es war ein bisschen Hoffnung, dass es jetzt diesmal klappt! (TN2_3) (prospektiv)
	Erleichterung	36	1	35	0	0	0	0	Da war ich echt erleichtert! (TN1_1) (retrospektiv)
	Zufriedenheit	20	4	12	0	0	4	0	Da lächele ich auch, weil ich so zufrieden mit mir bin. (TN9_3) (selbst)
	Stolz	16	3	9	0	0	4	0	Ich bin ganz stolz, dass wir das als Team geschafft haben! (TN7_1) (sozial)
	Entspannung	9	0	0	9	0	0	0	Hier konnte ich mich entspannt zurücklehnen und warten. (TN10_1) (prozess)
	Dankbarkeit	6	6	0	0	0	0	0	Da war ich sehr dankbar, dass die anderen mir die Entscheidung abgenommen haben. (TN3_3) (sozial)
	Empathie	5	5	0	0	0	0	0	Die Arme tat mir echt leid, weil sie die Aufgabe hatte, uns da raus zu führen. (TN7_3) (sozial)
Negativ	Genervt-Sein	89	13	5	48	0	2	21	Da war ich genervt, weil jeder gelaufen ist, wie er wollte. (TN1_1) (sozial)
	Frustration	64	5	8	48	0	0	3	Das fand ich echt frustrierend, dass da immer dieses Tor zugeht. (TN1_2) (prozess)
	Langeweile	61	0	0	61	0	0	0	Das war für mich persönlich wieder langweilig … (TN8_1) (prozess)
	Ärger	54	12	5	21	0	9	7	Da habe ich mich wirklich geärgert und war total genervt, dass ich da immer wieder falsch getreten bin. (TN2_4) (selbst)
	Angst	29	5	0	17	7	0	0	Habe jetzt wieder Angst, irgendwo abzustürzen. (TN7_1) (prozess)
	Unzufriedenheit	13	1	8	0	0	1	3	Bisschen unzufrieden mit der Hardware hier … (TN4_3) (kontext)
	Enttäuschung	13	2	9	0	0	0	1	… und dann wieder enttäuscht, weil es doch noch nicht das Ziel war. (TN2_1) (retrospektiv)
	Nervosität	12	1	0	9	0	2	0	Da habe ich dann ein bisschen nervös, weil man muss sich ja auf den anderen verlassen. (TN3_3) (sozial)
	Trauer	7	1	2	4	0	0	0	Da war ich traurig, dass das wieder nicht geklappt hat. (TN2_2) (retrospektiv)
	Scham	4	4	0	0	0	0	0	Das war mir sehr peinlich, dass ich da ein bisschen zu schnell war, ja … (TN11_1) (sozial)
	Hoffnungslosigkeit	2	0	0	0	2	0	0	Da habe ich dann wieder die Hoffnung verloren, da kommen wir nie im Leben hoch. (TN3_3) (prospektiv)
Weder positiv noch negativ	Aufregung	38	0	0	18	20	0	0	Jetzt bin ich dran und ich bin ganz aufgeregt. (TN1_2) (prozess)
	Überraschung	31	2	29	0	0	0	0	Ah, ich war überrascht! (TN2_1) (retrospektiv)
	Interesse	13	0	0	12	0	0	0	Jetzt bin ich interessiert, … (TN9_1)(prozess)

lich schaffe. Mir macht die Steuerung zu schaffen! Ich bin hoch konzentriert." (TN2_1)). Frustration und Stress wurden berichtet, wenn der Eindruck von mangelnder Kompetenz mit Blick auf den Umgang von Steuerung oder Lösungswegen in Computerspielen und entsprechende Handlungsunfähigkeit entstand (*„Ich fühle mich doch sehr inkompetent. Ich habe das Gefühl, ich laufe dich ganze Zeit nur im Kreis (...) So langsam steigt die Frustration." (TN7_1)*).

Die berichteten Emotionen werden im Folgenden mit Blick auf die bereits gesammelten Erfahrungen mit Computerspielen und der eingeschätzten Bekanntschaft mit den anderen Gruppenmitgliedern detaillierter betrachtet.

Betrachtung der erlebten Emotionen mit Blick auf die Bekanntschaft der einzelnen Gruppenmitglieder

Die Wahrnehmung der Bekanntschaft mit den anderen Gruppenmitgliedern variiert von Gruppe zu Gruppe und ist auch innerhalb der jeweiligen Gruppen divers. Eine Gruppe gab geschlossen an, sich sehr gut zu kennen, alle vier Teilnehmer/innen einer anderen Gruppe gaben an, sich nicht zu kennen. Insgesamt gaben elf Personen an, ihre Gruppenmitglieder sehr gut zu kennen, und 29 sagten aus, ihre Mitspieler/innen etwas zu kennen.

Die Aussagen des Lauten Denkens zeigen, dass Teilnehmer/innen, die angaben, sich bereits sehr gut zu kennen, eine gute Zusammenarbeit antizipierten (*„Wir kennen uns sowieso schon alle ziemlich gut. Also ich glaube das war von Anfang an klar, dass wir da relativ gut zusammen im Team arbeiten können." (TN4_1)*).

Teilnehmer/innen, die sich vor der Gruppenarbeit nicht kannten, berichteten zu Beginn der Gruppenarbeitsphase von Schwierigkeiten des „Aufeinander-Einstellens" und den Versuchen, über die gemeinsame Aufgabe hinaus, eine angenehme Atmosphäre herzustellen (*„Da habe ich mich bemüht, mit den anderen nett zu reden, weil wir uns ja gar nicht kannten. Dann so ein bisschen (...) Lockerheit rein zu kriegen, irgendwie." (TN11_2); „Es gab auf jeden Fall am Anfang noch recht viele Schwierigkeiten, sich aufeinander einzustellen (...). (TN11_4)*). Am Ende der Gruppenarbeit waren sich die Teilnehmer/innen einig, dass die Kollaboration erfolgreich war und Spaß gemacht hat: *„Es hat irgendwie ziemlich gut geklappt mit den Leuten (...) obwohl man die halt auch gar nicht kannte. Vielleicht war das sogar von Vorteil, dass man die nicht kannte, weil noch keiner vorbelastet oder darauf eingestellt war, wie der andere so ist." (TN11_4)*.

Kannte sich ein Teil der Gruppe (TN9_1, TN9_3, TN9_4) bereits vor dem Spiel, wurde diese heterogene Zusammensetzung auch in den Aussagen des Lauten Denkens deutlich: *„Ich fand die Idee von TN9_2 nicht so super, aber ich habe gedacht: Man muss ja auch von anderen Leuten mal die Ideen respektieren und wahrnehmen." (TN9_1); „Man hat schon gemerkt, dass die Kommunikation mit TN9_3 und TN9_4 am besten geklappt hat, weil ich die schon kenne." (TN9_1)*

Der unbekannte Mitspieler fühlte sich übergangen bzw. nicht gehört (*„Meine Teammitglieder kannten sich schon vorher und ich habe gemerkt, mir fiel das schwer, da rein zu treten und selbst mit Ideen zu kommen." (TN9_2), „Die anderen haben mir entweder nicht zugehört oder irgendwie missverstanden oder ja, auf jeden Fall nicht wirklich meine Idee verfolgt..." (TN9_2)*) und hielt sich mit Lösungsvorschlägen zurück (*„Aber ich habe das dann auch zurückgehalten in dem Moment, weil ich hatte in diesem Moment doch* *keine Lust in den Diskurs zu gehen." (TN9_2))*. Sobald von ihm eingebrachte Vorschläge angenommen und umgesetzt wurden, berichtet er von einem Gefühl der Zufriedenheit (*„Ja, in dem Moment war ich recht zufrieden, weil die Leute einfach mal auf mich gehört haben." (TN9_2))*.

Betrachtung der erlebten Emotionen mit Blick auf jeweiligen Vorkenntnisse der einzelnen Gruppenmitglieder
In vier Gruppen versammelten die Teilnehmenden recht heterogene Spielerfahrungen. So gab mindestens je ein Gruppenmitglied an, viel Erfahrung mit Computerspielen und ein anderes keine Spielerfahrung zu haben. In sieben Gruppen waren die Teilnehmenden hinsichtlich bereits gemachter Spielerfahrung homogener, die Angaben unterschieden sich nur geringfügig. Von spielerfahrenen Teilnehmer/innen wurden negative Emotionen wie z.B. Enttäuschung, Frustration und Genervt-Sein von dem Equipment, der Grafik des Spiels oder einem verzögerten Reagieren der Computermaus berichtet (*„Enttäuschung aufgrund der Grafik und der Steuerung." (TN4_3); „Was aber sehr viel Aufmerksamkeit verlangt hat ist leider die Steuerung, mit der ich zugegebenermaßen äußerst unzufrieden bin." (TN10_1))*. Im Hinblick auf die Aufgaben und das Bewältigen der einzelnen Herausforderungen wurden wenige Emotionen berichtet und sogar eher von einer gewissen Emotionslosigkeit gesprochen (*„Ich find es jetzt auch ehrlich gesagt sehr schwierig meine Emotionen zu kommentieren, weil ich relativ reserviert an solche Situationen herangehe und da keine besonders emotionale Reaktion irgendwie empfinde... Emotional kann ich dazu ehrlich gesagt keinen Kommentar abgeben, weil ich zu dieser Situation auch einfach nichts gefühlt habe." (TN4_3))*.

Die Teilnehmer/innen mit wenig oder sogar keiner Spielerfahrung berichteten von (anfänglicher) Unsicherheit und ließen mehr Vorsicht bei der Erkundung der Spielumgebung und dem Ausprobieren von Lösungswegen walten (*„Jetzt bin ich total unsicher, ob ich das auch wirklich schaffe. Mir macht die Steuerung zu schaffen! Ich bin hoch konzentriert." (TN2_1))*. Gefühle von Frustration und Stress wurden berichtet, wenn der Eindruck von mangelnder Kompetenz und Handlungsunfähigkeit entstand (*„Ich fühle mich doch sehr inkompetent. Ich habe das Gefühl, ich laufe die ganze Zeit nur im Kreis (...) So langsam steigt die Frustration." (TN7_1))*.

Sind Gruppen mit Blick auf die Spielerfahrung homogen, so kann dies als ein verbindendes Merkmal bezeichnet werden welches die Gruppenmitglieder zusammenschweißt (*„Es ist ganz witzig, dass wir alle nicht so gut sind, im Laufen und mit der Steuerung" (TN7_1))*. Nach Erreichen des Ziels wurde von den Gruppenmitgliedern das Gefühl des Stolzes berichtet (*„Ich bin ganz stolz, dass wir das geschafft haben!" (TN7_1))*.

Ist die Gruppe heterogen hinsichtlich bereits gesammelter Spielerfahrung, so wurde die vorhandene Spielerfahrung der einzelnen Teilnehmer/innen nicht genutzt. Ideen und Vorschläge zum weiteren Vorgehen oder Hinweise auf mögliche Hilfen im Spiel wurden von den anderen Mitgliedern weitestgehend ignoriert (*„Ja, da habe ich doch gemerkt, dass ich mehr Game-erfahren bin. Da war ich nämlich auch stolz darauf, dass ich das rausgefunden habe und die anderen rannten da noch so kopflos durch die Gegend. Das war so eine Mischung aus leichtem Stolz, leicht genervt." (TN1_3))*. Spielunerfahrenen Mitgliedern wurde allgemein weniger Kompetenz zugesprochen und eingebrachte Lösungsvorschläge wurden häufiger ignoriert (*„Man fühlt sich hier ein bisschen nutzlos.*

Also irgendwie entsteht bei mir das Gefühl, dass man nicht eingebunden ist und quasi nur mitläuft." (TN1_4)). Die Ergebnisse werden im Folgenden diskutiert.

5. Diskussion

Ziel der Studie war es, konkrete Emotionen, die während eines kollaborativen Serious Games erlebt werden, zu erfassen und die Rolle der Gruppenzusammensetzung mit Blick auf Vorkenntnisse und Ausmaß der Bekanntschaft der Gruppenmitglieder auf das emotionale Erleben zu erforschen. Emotionen, die in der bisherigen Forschung als relevant in individuellen Lern- und Leistungssettings identifiziert wurden (für einen Überblick siehe Pekrun & Linnenbrink-Garcia, 2014) wurden ebenso in einer kollaborativen computergestützten Umgebung identifiziert. So durchlebten die Teilnehmer/innen ein breites Spektrum an Emotionen. Mindestens ein Spieler/eine Spielerin berichtete mindestens einmal von Angst, Ärger, Aufregung, Dankbarkeit, Entspannung, Enttäuschung, Erleichterung, Freude, Frustration, Genervt-Sein, Hoffnung, Hoffnungslosigkeit, Langeweile, Empathie, Nervosität, Stolz, Trauer, Überraschung, Unzufriedenheit, Zufriedenheit, Interesse und Scham. Dabei stellt Freude die am häufigsten berichtete Emotion dar, gefolgt von Genervt-Sein, Frustration, Langeweile und Hoffnung.

Teilnehmer/innen die sich vor der Zusammenarbeit nicht kannten, berichteten von einem anfänglichen „Aufeinander-Einstellen" und den Bemühungen, eine angenehme Atmosphäre, unabhängig von der gemeinsamen Aufgabe, herzustellen. Nach dem Spiel berichteten die Teilnehmer/innen unabhängig voneinander von einer erfolgreichen Kollaboration und Spaß, den sie während des Spiels hatten.

Dillenbourg (1999) und Clark und Schaefer (1989) fanden heraus, dass Personen in einer Gruppe zunächst ein gewisses Maß an Gemeinsamkeiten (*common ground*) benötigen, indem sie gegenseitiges Verständnis, Wissen, Glauben, Annahmen und Voraussetzungen aufbauen und teilen, um tiefergehende Interaktionen und Lernerfahrungen zu ermöglichen. Diese Gemeinsamkeiten sind bei Personen, die sich bereits vor einer Zusammenarbeit kennen, eher gegeben und ersparen den Aufbau notwendiger gemeinsamer (Arbeits-)Grundlagen, der unter Umständen negative Emotionen hervorrufen kann. So antizipierten die Teilnehmer/innen, die sich bereits vor der Gruppenarbeit kannten, eine gute Zusammenarbeit. Sie konnten Lösungsvorschläge der anderen Gruppenmitglieder einfacher und ohne Hinterfragen annehmen. Dies kann ein Hinweis auf zu Grunde liegendes Vertrauen sein. Die Tatsache, dass bereits vorher gemeinsam Dinge erlebt und bewältigt und Kompetenzen zugesprochen wurden, kann sowohl den Einstieg als auch das gemeinsame Arbeiten in einer Gruppe erleichtern.

Dies zeigt sich auch in den Aussagen der Mitglieder der heterogenen Gruppe bestehend aus drei Freunden und einem Unbekannten. Es fehlten soziale Bindungen und das fremde Gruppenmitglied berichtete von negativen Emotionen resultierend aus der Ignoranz der anderen Gruppenmitglieder, was zu einem Rückzug aus der Gruppe führte.

Ähnliches zeigten die Aussagen mit Blick auf die Spielerfahrung: War die Gruppe heterogen hinsichtlich der Spielerfahrung, so wurden Kenntnisse des erfahrenen Mitglieds nicht genutzt. Vorschläge und Hinweise zur Lösung wurden von den anderen

Gruppenmitgliedern ignoriert. In homogenen Gruppen wurde die Spielerfahrung, unabhängig ob diese hoch, mittel oder niedrig war, als verbindendes Merkmal angesehen und es wurde von überwiegend positiven Emotionen berichtet.

So bleibt festzuhalten, dass die Gruppenzusammensetzung das emotionale Erleben der Gruppenmitglieder mit beeinflussen kann. Bleiben Emotionen unkontrolliert, können sie einen schädlichen Einfluss auf das Lernen und Arbeiten haben (z.B. Frustration, die in Langeweile und Abkopplung übergeht) (Azevedo et al., 2017) und sich auf Problemlösungen und die Durchführung von Aufgaben in den unterschiedlichsten Bereichen auswirken. Um dem vorzubeugen, bedarf es bei der Zusammensetzung von Gruppen der Aufmerksamkeit auf den Kenntnissen der einzelnen Gruppenmitglieder, dem Ausmaß der Bekanntschaft und bestehenden sozialen Bindungen und den daraus resultierenden Emotionen.

Eine Einschränkung der hier präsentierten Forschung ist, dass das Wissen gefilmt zu werden, bei wenigen Teilnehmenden zu Beginn des Spiels das emotionale Erleben (Nervosität, Aufregung) beeinflusste. Ferner kamen die Teilnehmenden mit der Methode des Lauten Denkens unterschiedlich gut zurecht. Manchen fiel es leichter, den Spielverlauf hinsichtlich der erlebten Emotionen zu kommentieren als anderen. Die uneinheitliche Bereitschaft bzw. Neigung über Emotionen zu berichten, verzerrt die Ergebnisse und Auswertung insofern, dass sehr wahrscheinlich deutlich mehr Emotionen während der Zusammenarbeit erlebt als anschließend berichtet wurden. Eine weitere Limitation der Studie ergibt sich aus der kleinen Stichprobe.

Zusammenfassend konnte die hier vorliegende Studie trotz dieser Einschränkungen neue Erkenntnisse zum Auftreten von Emotionen in kollaborativen Settings erbringen, die eine gute Grundlage für weiterführende Forschung im Bereich des kollaborativen computergestützten Lernens und Arbeitens und des kollaborativen Serious Gaming bildet. Hier scheinen vor allem Verfahren der automatisierten Emotionsidentifikation (Lewinski, den Uyl, & Butler, 2014; Garbas, Ruf, Unfried, & Dieckmann, 2013) vielversprechend, um die diskutierten Limitationen in zukünftiger Forschung zu umgehen.

Literatur

Ainley, M., Corrigan, M., & Richardson, N. (2005). Students, tasks and emotions: Identifying the contribution of emotions to students' reading of popular culture and popular science texts. *Learning and Instruction, 15*, 433–447.

Assor, A., Kaplan, H., Kanat-Maymon, Y., & Roth, G. (2005). Directly controlling teacher behaviors as predictors of poor motivation and engagement in girls and boys: The role of anger and anxiety. *Learning and Instruction, 15*, 397–413.

Azevedo, R., Millar, G. C., Taub, M., Mudrick, N. V., Bradbury, A. E., & Price, M. J. (2017). *Using data visualizations to foster emotion regulation during self-regulated learning with advanced learning technologies: a conceptual framework.* Paper presented at the Proceedings of the Seventh International Learning Analytics & Knowledge Conference, Vancouver, British Columbia, Canada.

Barron, B. (2003). When smart groups fail. *The Journal of Learning Science, 12*(3), 307–359.

Behfar, K., Kern, M., & Brett, J. (2006). Managing challenges in multicultural teams. In Y. Chen (Ed.), *Research on managing groups and teams: National culture and groups* (Vol. 9, pp. 239–269). Bingley: Emerald Publisher.

Boekaerts, M. (2007). Understanding students' affective processes in the classroom. In P. A. Schutz, & R. Pekrun (Eds.), *Emotion in education* (pp. 37–56). San Diego, CA: Elsevier Academic Press.

Bosch, N., D'Mello, S. K., Ocumpaugh, J., Baker, R., & Shute, V. (2016). Using video to automatically detect learner affect in computer-enabled classrooms. *ACM Transactions on Interactive Intelligent Systems (TiiS), 6*(2), 17.1–17.31.

Clark, H. H., & Schaefer, F. S. (1989). Contributing to discourse. *Cognitive Science, 13*, 259–294.

Cohen, E. G. (1994). Restructuring the classroom: Conditions for productive small groups. *Review of Educational Research, 64*(1), 1–35.

Dillenbourg, P. (1999). Introduction: What do you mean by "collaborative learning"? In P. Dillenbourg (Ed.), *Collaborative learning. Cognitive and computational approaches* (pp. 1–19). Advances in Learning and Instruction Series. Amsterdam: Pergamon.

Efklides, A., & Petkaki, C. (2005). Effects of mood on students' metacognitive experiences. *Learning and Instruction, 15*, 415–431.

Garbas, J.-U., Ruf, T., Unfried, M., & Dieckmann, A. (2013). *Towards robust real-time valence recognition from facial expressions for market research applications.* Humaine Association Conference on Affective Computing and Intelligent Interaction (ACII), 570–575.

Grieve, P. G., & Hogg, M. A. (1999). Subjective uncertainty and inter-group discrimination in the minimal group situation. *Personality and Social Psychology Bulletin 25*(8), 926–940.

Gruenfeld, D. H., Mannix, E. A., Williams, K. Y., & Neale, M. A. (1996). Group composition and decision making: How member familiarity and information distribution affect process and performance. *Organizational Behavior and Human Decision Processes, 67*(1), 1–15.

Gudykunst, W. 2005. An anxiety/uncertainty management (AUM) theory of effective communication. In W. Gudykunst (Ed.), Theorising about intercultural communication (pp. 281–322). Thousand Oaks, CA: Sage.

Järvelä, S., Lehtinen, E., & Salonen, P. (2000). Socio-emotional orientation as a mediating variable in the teaching–learning interaction: Implications for instructional design. *Scandinavian Journal of Educational Research, 44*(3), 293–306.

Järvenoja, H., & Järvelä, S. (2005). How students describe the sources of their emotional and motivational experiences during the learning process: A qualitative approach. *Learning and Instruction, 15*(5), 465–480.

Kimmel, K., & Volet, S. (2010). Significance of context in university students' (meta)cognitions related to group work: A multi-layered, multi-dimensional and cultural approach. *Learning and Instruction, 20*(6), 449–464.

King, A. (2008). Structuring peer interactions to promote thinking and learning. In R. M. Gillies, A. Ashman, & J. Terwell (Eds.), The teacher's role in implementing co-operative learning in the classroom (pp. 73–92). New York: Springer.

Kozlowski, S. W. J., & Bell, B. S. (2003). Work groups and teams in organizations. In W. C. Borman, D. R. Ilgen, & R. J. Klimoski (Eds.), *Handbook of psychology: Industrial and organizational psychology* (Vol. 12, pp. 333–375). London: Wiley.

Kulik, J. A. (1992). *An analysis of research on ability grouping: Historical and contemporary perspectives. Research-based Decision-Making Series.* Storrs, CT: University of Connecticut, National Research Center on the Gifted and Talented.

Kulik, J. A., & Kulik, C.-L. C. (1987). Effects of ability grouping on student achievement. *Equity and Excellence, 23*, 22–30.

Lewinski, P., den Uyl, T. M., & Butler, C. (2014). Automated facial coding: Validation of basic emotions and FACS AUs in FaceReader. *Journal of Neuroscience, Psychology, and Economics, 7*(4), 227–236.

Linnenbrink, L., Rogat, T. K., & Koskey, K. L. K. (2011). Affect and engagement during small group instruction. *Contemporary Educational Psychology, 36*(1), 13–24.

Lyle, J. (2003). Stimulated recall: a report on its use in naturalistic research. *British Educational Research Journal, 29*(6), 861–878.

Mayer, I., van Dierendonck, D., Van Ruijven, T., & Wenzler, I. (2014). Stealth assessment of teams in a digital game environment. In *International Conference on Games and Learning Alliance* (pp. 224–235). Springer International Publishing.

Mayring, P. (2010). Qualitative Inhaltsanalyse. In G. Mey, & K. Mruck (Hrsg.), *Handbuch Qualitative Forschung in der Psychologie* (S. 601–613). Wiesbaden: VS.

O'pt Eynde, P., De Corte, E., & Verschaffel, L. (2007). Students' emotions: A key component of selfregulated learning? In P. Schutz, & R. Pekrun (Eds.), Emotions in education (pp. 185–204). New York: Elsevier.

Pauli, R., Mohiyeddini, C., Bray, D., Michie, F., & Street, B. (2008). Individual differences in negative group work experiences in collaborative student learning. *Educational Psychology, 28*(1), 1–15.

Pekrun, R. (2006). The control-value theory of achievement emotions: Assumptions, corollaries, and implications for educational research and practice. *Educational Psychology Review, 18*(4), 315–341.

Pekrun, R., & Linnenbrink-Garcia, L. (Eds.) (2014). *International Handbook of Emotions in Education*. New York: Routledge.

Pekrun, R., Frenzel, A. C., Götz, T., & Perry, R. P. (2007). The control-value theory of achievement emotions: An integrative approach to emotions in education. In P. A. Schutz, & R. Pekrun (Eds.), *Emotion in education* (pp. 13–36). San Diego, CA: Elsevier Academic Press

Pekrun, R., Götz, T., Titz, W., & Perry, R. P. (2002). Academic emotions in students' self-regulated learning and achievement: A program of qualitative and quantitative research. *Educational Psychologist, 37*, 91–106.

Scherer, K. R. (2005): What are emotions? And how can they be measured? *Social Science Information, 44*(4), 695–729.

Shah, P. P., & Jehn, K. A. (1993). Do friends perform better than acquaintances. The interaction of friendship, conflict, and task. *Group Decision and Negotiation, 2*(2), 149–166.

Summers, M., & Volet, S. (2010). Group work does not necessarily equal collaborative learning: Evidence from observations and self-report. *European Journal of Psychology of Education, 25*, 473–492.

Thompson, L., & Fine, G. (1999). Socially shared cognition, affect, and behavior: A review and integration. *Personality and Social Psychology Review, 3*(4), 278–302.

Volet, S., & Mansfield, C. (2006). Group work at university: Significance of personal goals in the regulation strategies of students with positive and negative appraisals. *Higher Education Research and Development, 25*(4), 341–356.

Wilkinson, I. A. G., & Fung, I. Y. Y. (2002). Small-group composition and peer effects. *International Journal of Educational Research, 37*(5), 425–447.

Wosnitza, M., & Volet, S. (2005). Origin, direction and impact of emotions in social online learning. *Learning and Instruction, 15*(5), 449–464.

Zschocke, K., & Wosnitza, M., & Bürger, K. (2016). Emotions in group work: Insights from an appraisal-oriented perspective. *European Journal of Psychology of Education, 31*(3), 359–384.

Justine Stang und Detlef Urhahne

Genauigkeit der Einschätzung von Emotionen von Schülerinnen und Schülern durch Lehrpersonen

Abstract

In der Forschung zur diagnostischen Kompetenz von Lehrpersonen wurde die Urteilsgenauigkeit zur Leistung von Schülerinnen und Schülern häufig untersucht, selten jedoch Merkmale wie Emotionen in den Blick genommen. Emotionen von Lernenden sind allerdings in vielerlei Hinsicht von Bedeutung. Sie stellen einerseits eine Determinante der Schulleistung dar und geben andererseits den Lehrpersonen Hinweise für die Unterrichtsgestaltung. Daher sollten Lehrpersonen über das emotionale Erleben ihrer Schülerinnen und Schüler informiert sein. In einer Forschungsstudie bearbeiteten 251 Viertklässlerinnen und Viertklässler einen Mathematikleistungstest und beantworteten Fragen zur Lernfreude und Leistungsangst. Parallel dazu beurteilten deren 14 Mathematiklehrkräfte für jeden Lernenden ihrer Klasse die gleichen Merkmale. Die Lehrpersonen schätzten die Lernfreude und Leistungsangst der Schülerinnen und Schüler weniger genau ein als deren Leistung. Das Leistungsniveau der Lernenden wurde überschätzt. Überschätzte erlebten stärker positiven und weniger negativen Affekt als unterschätzte Lernende. Zudem schrieben Lehrpersonen Unterschätzten nicht nur eine schlechtere Schulleistung, sondern auch eine ungünstigere Ausprägung affektiver Merkmale zu. Die Ergebnisse werden diskutiert, und es werden Empfehlungen ausgesprochen, wie Lehrpersonen die Urteilsgenauigkeit steigern können.

1. Einleitung

Wie gut können Lehrpersonen die Emotionen Lernfreude und Leistungsangst von Lernenden einschätzen? Wenn man sich die wenigen empirischen Forschungsbefunde zu diesem Thema ansieht, muss man konstatieren, dass es Lehrkräften sichtlich schwer fällt, Lernemotionen wie Leistungsangst richtig zu beurteilen (Spinath, 2005; Urhahne et al., 2010). Dabei sagen Emotionen sehr viel über Leistungshandeln und Leistungserleben, persönliches Wohlbefinden und die Klassenatmosphäre aus (Hascher & Edlinger, 2009; Helmke & Schrader, 1990; 2010). Sie richtig wahrzunehmen und einzuschätzen kann daher ein Schlüssel zu besserem Unterricht sein.

In diesem Beitrag wird dargestellt, wie genau Lehrpersonen neben der Leistung die Lernemotionen Leistungsangst und Lernfreude von Lernenden einschätzen können. Des Weiteren werden Unterschiede im emotionalen Erleben zwischen in der Leistung über- und unterschätzten Lernenden beleuchtet. Im Zuge dessen wird der Frage nachgegangen, ob Zusammenhänge zwischen der Leistungsbeurteilung der Lehrkräfte und deren Einschätzung der Emotionen bestehen. Abschließend werden die Ergebnisse diskutiert und Vorschläge unterbreitet, wie Lehrpersonen zu genaueren Urteilen über affektive Merkmale von Lernenden gelangen können.

2. Theoretischer Hintergrund zur Einschätzung von Merkmalen von Lernenden durch Lehrpersonen

Im Schulalltag sollten Lehrpersonen neben der Leistung als einem Merkmal auch andere, lernrelevante Charakteristika von Lernenden wie z.B. Leistungsangst korrekt einschätzen, um Lernende optimal fördern zu können.

Lern- und leistungsbezogene Emotionen haben eine besondere Bedeutung für das Lernen in der Schule. Emotionen stellen genau wie die Faktoren Intelligenz, Vorwissen oder Lernmotivation eine Determinante der Schulleistung dar (Helmke & Schrader, 2010). Dabei können sich positive wie negative Emotionen sowohl förderlich als auch hinderlich auf die Schulleistung auswirken. Das Erleben von Ärger kann bspw. dazu führen, dass sich Lernende bei der Aufgabenbearbeitung weniger gut konzentrieren können, wohingegen Lernfreude zu verbesserter Konzentrationsleistung führen kann (Götz, 2004). Daher ist es von Bedeutung, dass auch diese nicht-kognitiven Charakteristika richtig eingeschätzt werden. Die Genauigkeit, mit der Lehrpersonen die verschiedenen Merkmale beurteilen, stellt den Kern ihrer diagnostischen Kompetenz dar (Kaiser, Helm, Retelsdorf, Südkamp, & Möller, 2012).

2.1 Ein Überblick über die Urteilsgenauigkeit von Lehrpersonen

Schrader und Helmke (1987) unterscheiden zwischen drei Komponenten der Urteilsgenauigkeit. Die *Rangkomponente*, welche in Forschungsarbeiten am häufigsten berichtet wird, bildet den Zusammenhang von Lehrkrafturteil und Merkmal der Lernenden ab. Die Korrelationen werden klassenweise berechnet und dann gemittelt. Die *Niveaukomponente* bezieht sich auf die Differenz zwischen Lehrkrafturteil und Merkmal der Lernenden und gibt an, ob das einzuschätzende Merkmal von der Lehrperson über- oder unterschätzt wird. Die *Differenzierungskomponente* veranschaulicht, ob die Streuung des einzuschätzenden Merkmals über- oder unterschätzt wird und ist der Quotient aus der Streuung der Lehrkrafturteile und der Streuung des Merkmals der Lernenden.

Zur Erfassung der Urteilsgenauigkeit stehen zwei Messmethoden zur Verfügung. Bei der *direkten* Messung verwenden Lehrpersonen und Lernende die gleichen Skalen. Sagt die Lehrperson z.B. vorher, wie viele Aufgaben die Lernenden in einem Leistungstest richtig lösen können, handelt es sich um eine direkte Einschätzung (Demaray & Elliott, 1998). Alle drei Komponenten können berechnet werden. Bei der *indirekten* Messung differieren die Skalen zwischen Lehrpersonen und Lernenden. Dies ist der Fall, wenn die Lehrperson bspw. ein Merkmal auf einer mehrstufigen Ratingskala einschätzt, die Lernenden jedoch verschiedene Items beantworten (DuPaul, Rapport, & Perriello, 1991). Bei dieser Vorgehensweise kann nur die Rangkomponente berechnet werden.

In den Studien zur Urteilsgenauigkeit von Lehrpersonen wurde die Einschätzung der Leistung von Lernenden am häufigsten untersucht (Hoge & Coladarci, 1989; Südkamp, Kaiser, & Möller, 2012). Dahingegen wurde die Genauigkeit von Lehrkrafturteilen zu weiteren lern- und leistungsrelevanten Merkmalen deutlich seltener inspiziert.

Aus der Forschung ist bekannt, dass es Lehrpersonen leichter fällt, kognitive gegenüber nicht-kognitiven Merkmalen richtig einzuschätzen (Spinath, 2005; Urhahne, Chao,

Florineth, Luttenberger, & Paechter, 2011). Genauer gesagt können Lehrpersonen die Leistung von Lernenden in verschiedenen Fächern relativ genau beurteilen (Hoge & Coladarci, 1989; Südkamp et al., 2012), wohingegen sie bei der Einschätzung motivationaler und affektiver Merkmale wie dem Fähigkeitsselbstkonzept und der Leistungsangst deutliche Schwierigkeiten haben (Spinath, 2005; Urhahne et al., 2011; Urhahne et al., 2010). Des Weiteren überschätzen Lehrpersonen die Leistungen der Lernenden tendenziell (Bates & Nettelbeck, 2001; Demaray & Elliott, 1998; Urhahne et al., 2010) und zwischen Lernenden, die in der Leistung über- bzw. unterschätzt werden, bestehen Unterschiede in motivational-affektiven Merkmalen (Urhahne et al., 2011; Urhahne, Timm, Zhu, & Tang, 2013; Urhahne et al., 2010; Zhu & Urhahne, 2015). Ergebnisse zur Differenzierungskomponente fallen hingegen heterogen aus (Schrader & Helmke, 1987; Spinath, 2005; Urhahne et al., 2010). Wie gut Lehrkräfte die Emotionen Leistungsangst und Lernfreude einschätzen können und welche Schwierigkeiten dabei bestehen, wird im Folgenden näher betrachtet.

2.2 Unter der Lupe: Genauigkeit und Bedeutung der Lehrkrafteinschätzungen der Emotionen Leistungsangst und Lernfreude von Lernenden

Die negativ konnotierte Emotion *Leistungsangst* ist eine spezifische Form von Angst, bei der der Selbstwert als bedroht wahrgenommen wird (Holodynski, 2014). Erlebt der Lernende ein Ungleichgewicht zwischen den schulischen Anforderungen und den eigenen Fähigkeiten, kann Leistungsangst entstehen (Rost & Schermer, 2006). Leistungsangst geht mit physiologischer Erregung, z.B. Herzrasen und mit einem sich über die eigene Leistung Sorgen und Gedanken an mögliche Konsequenzen einher (Liebert & Morris, 1967). Ein hohes Maß an Leistungsangst kann unterdurchschnittliche Schulleistungen zur Folge haben (Faber, 2006; Sparfeldt, Schilling, Rost, Stelzl, & Peipert, 2005).

In Studien zur Urteilsgenauigkeit von Lehrpersonen zeigt sich einheitlich, dass Lehrpersonen diese Emotion weniger genau vorhersagen können als die Leistung von Lernenden. Es werden kleine negative bis mittlere positive Korrelationskoeffizienten in der Höhe von $r = -.08$ bis $r = .44$ berichtet (Boehnke, Silbereisen, Reynolds, & Richmond, 1986; Karing, Dörfler, & Artelt, 2015; Spinath, 2005; Urhahne, 2015; Urhahne et al., 2011; Urhahne et al., 2010; Zhu & Urhahne, 2014). Im Mittel ergibt sich aus den in den Studien berichteten Werten ein Korrelationskoeffizient von $r = .17$.

Lernfreude als typisch positive Emotion erleben Lernende in Situationen, in denen der Fähig- oder Fertigkeitserwerb oder aber der Umgang mit dem Lerninhalt selbst Freude bereiten (Hagenauer, 2011). Hagenauer (2011) betont, dass dabei die Tätigkeit des Lernens im Vordergrund steht. Lernfreude steht in keiner direkten Verbindung zur Schulleistung (Lohbeck, Hagenauer, & Moschner, 2016), ist aber ein guter Indikator für fachliches Interesse, das wiederum mit Schulleistung zu $r = .30$ korreliert (Schiefele, Krapp, & Schreyer, 1993). Wird der Zusammenhang zwischen Schulleistung und Interesse um andere, bedeutsame Determinanten der Schulleistung wie Intelligenz und Vorwissen kontrolliert, so verschwindet das signifikante Ergebnis (Köller, Baumert, & Schnabel, 2000). Der leistungsförderliche Aspekt wird in dem Fall durch die Prädiktoren Intelligenz und Vorwissen verdeckt.

Die Genauigkeit der Lehrkrafteinschätzungen von Lernfreude wurde selten untersucht. Lehrpersonen haben ebenfalls Schwierigkeiten, diese positiv konnotierte Emotion akkurat einzuschätzen. Die in den Studien berichteten mittleren Korrelationen liegen in einem kleinen bis moderaten Bereich von $r = .15$ bis $r = .48$ (Karing, 2009; Urhahne, 2015; Urhahne & Zhu, 2015; Zhu & Urhahne, 2014). Im Mittel resultiert ein Korrelationskoeffizient von $r = .34$.

Für Lehrpersonen ist es jedoch wichtig, Emotionen von Lernenden erkennen und genau einschätzen zu können. Neben der Bedeutung für die Schulleistung können Emotionen auch eine Bedeutung für die Gestaltung von Unterricht haben. Stellt eine Lehrperson bspw. fest, dass Lernende Angst erleben, kann sie im Unterricht darauf reagieren, um die Furcht abzufangen. Vereinfacht gesagt könnte die Lehrperson z.B. klausurähnliche Übungsaufgaben bearbeiten lassen, sodass die Lernenden besser mit dem Prüfungsstoff vertraut sind. Haben Lernende im Unterricht Freude, kann die Lehrkraft ableiten, welche Aufgabenart diese positive Emotion bewirkt hat und weitere Aufgaben des Typs bereitstellen, um die Leistung zu steigern. Demnach geben die Emotionen der Lernenden den Lehrpersonen Rückmeldung darüber, wie sie ihren Unterricht gestalten können.

Für Lehrkräfte ist es jedoch schwierig, Emotionen von Lernenden richtig wahrzunehmen und genau einzuschätzen. Emotionen sind komplexe Gefühlsregungen (Hascher & Edlinger, 2009), welche mit Veränderungen in der affektiven, kognitiven, physiologischen, motivationalen und expressiven Komponente einhergehen (Krapp, Geyer, & Lewalter, 2014). Für Außenstehende ist jedoch meist nur die expressive Komponente der Emotion ersichtlich. Bildlich gesprochen sehen Lehrpersonen mit der expressiven Komponente nur die Spitze des emotionalen Eisbergs. Die anderen vier Komponenten liegen unter der Oberfläche verborgen und sind für Lehrpersonen als außenstehende Betrachter schwer zu beurteilen (siehe Abbildung 1).

Das *Realistic Accuracy Model* von Funder (1995, 2012) erklärt, warum das Beobachten von Mimik, Gestik oder Verhalten allein nicht ausreichend ist, um Emotionen korrekt zu deuten. Dem Modell folgend sind für ein akkurates Urteil vier Schritte notwendig: Relevante Hinweisreize des zu beurteilenden Merkmals müssen vom Lernenden ausgesendet werden (1) und zur Verfügung stehen (2). Der Beurteilende wiederum muss in der Lage sein, diese relevanten Reize zu erkennen (3), um sie letztlich zur Urteilsgenerierung heranziehen zu können (4). Da Emotionen jedoch mit Veränderungen in mehr als nur einer Komponente einhergehen, ist es für Lehrpersonen schwierig, Emotionen korrekt einzuschätzen, weil auch nicht alle wichtigen Hinweisreize ausgesendet werden oder erkennbar sind. Insbesondere wenn negative, schambehaftete Emotionen erlebt werden, fehlen die Signale (Kenny & West, 2010).

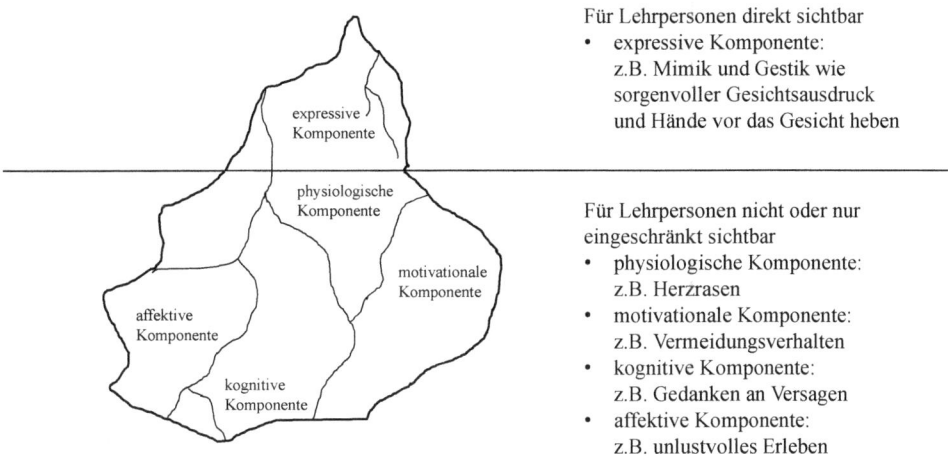

Abbildung 1: Für Lehrpersonen zugängliche und unzugängliche Informationen am Beispiel der Emotion Leistungsangst (eigene Darstellung)

Eine weitere Erklärungsmöglichkeit dafür, dass Einschätzungen affektiver Merkmale von Lernenden relativ ungenau sind, stellen Urteilsfehler und -tendenzen dar. Der *Halo-Effekt* (Thorndike, 1920) meint, dass anhand nicht relevanter Hinweisreize auf globale Merkmale von Lernenden geschlossen wird. So kann bspw. anhand von farbenfroher Kleidung auf einen positiv gestimmten Lernenden geschlossen werden. Das Vorliegen des *logischen Fehlers* kann auch zu solch einem Trugschluss führen. Allerdings erfolgt hier, im Gegensatz zum Halo-Effekt, die Übertragung nicht diffus, sondern anhand von subjektiven Überzeugungen der Lehrperson, verschiedene Merkmale von Lernenden als zusammengehörig anzusehen (Wirtz, 2014). Erlebt ein Lernender z.B. Lernfreude in Physik, könnte es für die Lehrperson logisch sein, dass der Lernende auch in Mathematik Lernfreude empfindet und keine Leistungsangst. Neben diesen Urteilsfehlern können auch Urteilstendenzen (Helmke, 2009) wie die *Tendenz zur Mitte*, die Ausprägung einer Emotion wird im mittleren Bereich angesiedelt, oder die *Tendenz zu den Extremen*, Emotionen von Lernenden werden entweder als sehr schwach oder sehr stark wahrgenommen, zum Tragen kommen.

2.3 Unter der Lupe: Zusammenhang von Urteilsgenauigkeit und Emotionen von Lernenden

Auf Grundlage des Urteils über die Leistung von Lernenden konnten Unterschiede zwischen über- und unterschätzten Lernenden identifiziert werden. Bei Kontrolle der Leistungsfähigkeit erleben unterschätzte deutlich stärker negativen Affekt als überschätzte Lernende (Urhahne et al., 2011; Urhahne et al., 2010; Zhu & Urhahne, 2015).

Im Detail bedeutet dies, dass zwischen über- und unterschätzten Lernenden in verschiedenen Erlebensbereichen Unterschiede bestehen. Neben Unterschieden in der Erfolgserwartung, dem Fähigkeitsselbstkonzept, dem Anspruchsniveau und der Lernmotivation (Urhahne et al., 2011; Urhahne et al., 2013; Urhahne et al., 2010), die zugunsten der Überschätzten ausfallen, zeigen sich auch Unterschiede im emotionalen Erleben: Überschätzte erleben signifikant weniger Leistungsangst und Scham über Lernlücken als unterschätzte Lernende (Urhahne et al., 2011; Urhahne et al., 2010; Zhu & Urhahne, 2015).

Wie können die emotionalen Unterschiede erklärt werden? Eine Antwort darauf liefert die Theorie der sich selbsterfüllenden Prophezeiung. Jussim (1986) beschreibt sie als einen dreistufigen Prozess: Die Lehrperson bildet im ersten Schritt ein Urteil bzw. eine Erwartung aus, welche in einem zweiten Schritt dazu führt, dass sich die Lehrperson entsprechend ihrer Erwartung gegenüber den Lernenden verhält. So nehmen überschätzte im Vergleich zu unterschätzten Lernenden die Lehrperson als zugänglicher, herzlicher und unterstützender wahr (Jussim & Harber, 2005; Stang & Urhahne, 2016; Urhahne, 2015). Über das ihnen entgegengebrachte Verhalten erhalten die Lernenden Informationen über die Lehrkrafterwartung. Das wahrgenommene Lehrkraftverhalten veranlasst Lernende in einem dritten Schritt dazu, sich anzupassen, wodurch die Erwartung der Lehrperson Bestätigung findet. Werden alle Phasen durchlaufen, kommt es zur sich selbsterfüllenden Prophezeiung, die weitreichende Folgen für verschiedene Merkmale Lernender haben kann.

Aus der Forschung zu Lehrkrafterwartungen ist bekannt, dass Erwartungen über die Fähigkeiten von Lernenden deren Leistung, Motivation und Intelligenz beeinflussen können (Friedrich, Flunger, Nagengast, Jonkmann, & Trautwein, 2015; Jussim, 1989; Jussim & Harber, 2005). Genauer gesagt haben hohe Erwartungen, welche eine Leistungsüberschätzung spiegeln, einen positiven Einfluss und niedrige Erwartungen, welche eine Leistungsunterschätzung spiegeln, einen negativen Einfluss auf Merkmale von Lernenden (Babad, Inbar, & Rosenthal, 1982; de Boer, Bosker, & van der Werf, 2010). Demnach können Erwartungen über das Leistungsniveau von Lernenden als ursächlich für Differenzen zwischen über- und unterschätzten Lernenden gelten.

3. Fragestellungen und Hypothesen

Ausgehend von dem defizitären Forschungsstand zur Urteilsgenauigkeit von Lehrpersonen zu Emotionen von Lernenden steht in dieser Arbeit die Frage im Vordergrund, wie genau Lehrkrafteinschätzungen zu den Emotionen Lernfreude und Leistungsangst im Vergleich zur Einschätzung der Leistung von Lernenden ausfallen (Spinath, 2005; Urhahne et al., 2010). Des Weiteren wird die Frage beleuchtet, ob zwischen über- und unterschätzten Lernenden Unterschiede nicht nur im negativen (Urhahne et al., 2010), sondern auch im positiven Affekt bestehen. Auch wird geprüft, ob sich der in vorherigen Arbeiten gefundene Zusammenhang zwischen der Leistungsbeurteilung und der Einschätzung der affektiven Merkmale von Lernenden replizieren lässt (Urhahne et al., 2010). Hierzu wurden folgende Hypothesen formuliert:
1. Lehrpersonen können die Leistung von Lernenden besser einschätzen als deren emotionale Merkmale. Zudem überschätzen sie die Leistung der Lernenden.

2. Überschätzte Lernende erleben mehr positiven und weniger negativen Affekt im Vergleich zu unterschätzten Lernenden.
3. Urteilsfehlern folgend nehmen Lehrpersonen für unterschätzte Lernende an, dass sie weniger positiven und mehr negativen Affekt erleben.

4. Methode

4.1 Stichprobe

An der Studie nahmen 14 Grundschulklassen der vierten Jahrgangsstufe teil. Die 251 Lernenden (42.6 % weiblich) waren im Mittel 9.51 ($SD = 0.56$) Jahre alt. Deren 14 Mathematiklehrkräfte (80 % weiblich) waren durchschnittlich 51.53 ($SD = 6.05$) Jahre alt und verfügten über eine Berufserfahrung von im Schnitt 24.80 ($SD = 7.11$) Jahren. Bei den erhobenen Variablen waren nicht mehr als 0.8 % fehlende Werte zu verzeichnen. Diese wurden in den Analysen nicht ersetzt (listenweiser Fallausschluss).

4.2 Material

Testleistung
Zur Erfassung der mathematischen Fähigkeiten wurde der Deutsche Mathematiktest für vierte Klassen (DEMAT 4; Gölitz, Roick, & Hasselhorn, 2006) mit 40 Aufgaben herangezogen. Der Test basiert auf den Lehrplänen aller deutschen Bundesländer und umfasst die Bereiche Arithmetik (z.B. Subtraktionen), Sachrechnen (z.B. Sachrechnungen) und Geometrie (z.B. Spiegelzeichnungen). Das mathematische Können wurde mit einer Reliabilität von Cronbachs $\alpha = .81$ erfasst.

Affektive Merkmale von Lernenden
Lernfreude spiegelt das Ausmaß der erlebten Freude an schulbezogenen Aufgaben wider. Ein Beispielitem lautet: „Ich lerne gern in der Schule." Lernfreude wurde mit einer Reliabilität von Cronbach's $\alpha = .87$ erfasst. Die Items wurden dem Fragebogen zur Erfassung emotionaler und sozialer Schulerfahrungen von Grundschulkindern dritter und vierter Klassen (FEESS 3-4; Rauer & Schuck, 2003) entnommen.

Leistungsangst indiziert, wie viel Angst Lernende vor Mathematik haben. Ein Beispielitem heißt: „Ich habe Angst vor einer Matheprobe." Leistungsangst wurde mit einer Reliabilität von Cronbach's $\alpha = .84$ erfasst. Die Items stammen aus der UMTB (Ziegler, Dresel, Schober, & Stöger, 2005) und einem Bericht von Hanisch (2004). Die Variablen wurden anhand von neun Items auf einer vierstufigen Likert-Skala von 0 – *stimmt gar nicht* bis 3 – *stimmt genau* gemessen.

Lehrkraftdaten
Die Lehrpersonen machten soziodemografische Angaben zu Alter, Geschlecht und Berufserfahrung. Um mit den Aufgaben des Mathematiktests vertraut zu werden, erhielten sie eine Kopie. Anschließend schätzten sie für jeden Lernenden die Testleistung („Wie viele der 40 Aufgaben des Mathematiktests löst der Lernende richtig?") sowie die Lernfreude („Wie positiv erlebt der Lernende im Allgemeinen schulische Aufgaben") und Leistungsangst („Wie viel Angst hat der Lernende vor Mathematik") ein. Die affektiven Schüler/innenmerkmale wurden im Vergleich zu anderen Lernenden desselben Alters auf einer neunstufigen Likert-Skala von z.B. 0 – *sehr viel weniger* bis 8 – *sehr viel mehr* bewertet. Bei der Einschätzung stehen den Lehrkräften die bisher mit den Lernenden gemachten Erfahrungen zur Verfügung.

4.3 Durchführung

Die Studie wurde im Klassenraum von geschulten Testleitern und Testleiterinnen durchgeführt und nahm 1.5 Schulstunden in Anspruch. Zuerst wurde der Mathematiktest bearbeitet. Danach beantworteten die Lernenden die Items zum emotionalen Erleben. Zeitgleich füllten die Lehrpersonen ihre Fragebögen aus. Nach Studienabschluss erhielten sie auf Klassenebene Rückmeldung über die Testergebnisse und ihre Urteilsgenauigkeit.

4.4 Statistische Analysen

Die Indikatoren der Urteilsgenauigkeit wurden entsprechend der Forschungskonventionen berechnet. Um zwischen über- und unterschätzten Lernenden zu unterscheiden, wurde eine Regressionsanalyse mit der Leistungseinschätzung der Lehrperson als Kriterium und der Leistung der Lernenden als Prädiktor berechnet (Alvidrez & Weinstein, 1999). Die standardisierten Residualwerte wurden herangezogen, um zwischen Über- (oberes Drittel) und Unterschätzten (unteres Drittel) zu differenzieren. Dies bedeutet, dass ein Niveaukomponentenwert ab minus resp. plus sechs eine Unter- resp. Überschätzung indiziert. Varianzanalysen mit Messwiederholung wurden gerechnet, um zu prüfen, ob eine Beziehung zwischen der Einschätzung der Leistung und den Emotionen der Lernenden besteht. Als Innersubjektvariable wurde die Lehrkrafteinschätzung und das dazugehörige Merkmal der Lernenden und als Zwischensubjektvariable die Leistungsüber- und -unterschätzung herangezogen. Der Interaktionseffekt indiziert, ob die Fehleinschätzung den Unterschied zwischen Lehrkrafteinschätzung und Angabe der Lernenden moderiert.

5. Ergebnisse

5.1 Urteilsgenauigkeit

Lehrkrafturteile und Merkmale der Lernenden korrelierten am höchsten in Bezug auf die Testleistung (siehe Tabelle 1). Die Übereinstimmung zwischen Lehrkrafturteil und Angabe der Lernenden fällt für die Lernemotionen Leistungsangst und Lernfreude signifikant niedriger aus ($z = 3.88$ resp. $z = 3.62$, beide $p < .01$). Demnach fällt es Lehrpersonen schwerer, Emotionen der Lernenden einzuschätzen. Zudem überschätzten Lehrpersonen sowohl die Leistung der Lernenden, $t(13) = 5.81$, $p < .001$, als auch die Streuung signifikant, $t(13) = 4.37$, $p < .01$.

Tabelle 1: Genauigkeit der Lehrkrafturteile ($N = 14$).

Variable	M	SD	Min	Max
Rangkomponente				
Testleistung	.62	0.30	-.19	.85
Leistungsangst	.36	0.23	.08	.71
Lernfreude	.38	0.31	-.38	.79
Niveaukomponente				
Testleistung	4.27	5.94	-2.40	10.36
Differenzierungskomponente				
Testleistung	1.31	0.26	.85	1.64

5.2 Vergleich der über- und unterschätzten Lernenden

Die multivariate Varianzanalyse fällt signifikant aus, Wilks-$\Lambda = 0.94$, $F(3, 164) = 3.56$, $p < .05$, $\eta^2 = .06$. Die deskriptiven Ergebnisse können der linken Hälfte von Tabelle 2 entnommen werden. In Bezug auf die Testleistung ergibt sich zwischen Überschätzten und Unterschätzten kein signifikanter Unterschied, $F(1, 166) = 2.13$, n.s., 1-ß = .31. Allerdings unterscheiden sich die Gruppen im emotionalen Erleben signifikant. Unterschätzte erleben signifikant mehr Leistungsangst als Überschätzte, $F(1, 166) = 5.51$, $p < .05$, $\eta^2 = .03$. Zusätzlich fällt die Lernfreude bei Unterschätzten im Vergleich zu Überschätzten signifikant niedriger aus, $F(1, 166) = 6.97$, $p < .05$, $\eta^2 = .04$. Auf korrelativer Ebene zeigt sich zudem, dass die Leistungsüber- und -unterschätzung signifikant mit der erlebten Lernfreude, $r = .20$, und der Leistungsangst, $r = -.18$, zusammenhängt.

5.3 Zusammenhang von Leistungsbeurteilung und der Einschätzung affektiver Merkmale von Lernenden

Die Interaktionseffekte der Varianzanalysen mit Messwiederholung sind in Tabelle 2 aufgelistet. In Bezug auf die Testleistung ergibt sich ein starker Interaktionseffekt, bedingt durch die Aufteilung in über- und unterschätzte Lernende. Jedoch werden auch die Interaktionseffekte zur Leistungsangst und Lernfreude signifikant. Lehrpersonen nehmen deutlich stärkere Unterschiede zwischen den beiden Gruppen an, als sie in Wirklichkeit bestehen. Im Vergleich zum Selbstbericht der Lernenden fällt ihre Einschätzung zudem negativer in Bezug auf Leistungsangst und positiver in Bezug auf Lernfreude aus.

Tabelle 2: Varianzanalytische Vergleiche der Lehrkrafturteile und Merkmale von Lernenden.

Variable	Lernende		Lehrkrafturteil		Interaktionseffekt	
	unterschätzt ($n = 85$)	überschätzt ($n = 84$)	unterschätzt ($n = 85$)	überschätzt ($n = 84$)	$F (1,167)$	η^2
Testleistung	16.55 (6.39)	17.85 (5.05)	14.52 (5.83)	28.39 (4.83)	568.60 ***	.77
Leistungsangst	1.20 (0.78)	0.92 (0.70)	4.27 (1.62)	2.81 (1.71)	6.66*	.04
Lernfreude	1.71 (0.75)	2.01 (0.67)	3.53 (1.62)	4.82 (1.59)	4.91*	.03

Anmerkungen: In die Analysen gingen die z-standardisierten Werte von Leistungsangst und Lernfreude ein
* $p < .05$; *** $p < .001$.

6. Diskussion der Befunde und Empfehlungen

Im Einklang mit anderen Forschungsergebnissen zeigte sich, dass es Lehrpersonen schwerer fällt, Emotionen von Lernenden akkurat einzuschätzen und, dass sie die Leistung der Lernenden überschätzen. Zudem waren auch in dieser Arbeit Unterschiede zwischen Unter- und Überschätzten im emotionalen Erleben zu verzeichnen. Des Weiteren konnte repliziert werden, dass Lehrpersonen unterschätzte Lernende nicht nur im Leistungssegment, sondern auch im emotionalen Bereich schlechter beurteilen (Spinath, 2005; Urhahne et al., 2011; Urhahne et al., 2010).

Warum fallen die Einschätzungen von Lehrpersonen zu affektiven Merkmalen von Lernenden im Vergleich zu Urteilen über die Leistung von Lernenden ungenauer aus (Spinath, 2005; Urhahne et al., 2010)? Dem Modell von Funder (1995, 2012) folgend stehen Lehrpersonen bei der Einschätzung von Emotionen nicht alle relevanten Hinweisreize zur Verfügung. Lehrpersonen können nur die expressive Komponente von Emotionen wahrnehmen und zur Einschätzung heranziehen (siehe Abbildung 1). Da nur ein kleiner Teil der komplexen Gefühlsregung für Außenstehende sicht- und wahrnehmbar ist, hat dies zur Folge, dass Emotionen schwer einschätzbar sind. Auch kann es sein, dass die expressive Komponente der einzuschätzenden Emotion nicht direkt beobachtbar ist. Dies ist der Fall, wenn – insbesondere negativ konnotierte – Emotionen nicht offen gezeigt werden (Kenny & West, 2010), weil ein öffentliches Zur-Schau-Stellen, z.B. durch Weinen, schambehaftet sein kann. Wird eine Emotion maskiert, so fällt den Lehrpersonen auch die expressive Komponente zur Einschätzung weg. So könnte auch erklärt werden, dass den Lehrkräften in dieser Arbeit die Einschätzung einer positiven Emotion leichter fiel als die Einschätzung einer negativen Emotion. Stehen sichtbare Kennzeichen nicht mehr zur Verfügung, muss auf die einzuschätzende Emotion indirekt über andere, beobachtbare Indikatoren geschlossen werden, welche ggf. schwerer zu detektieren oder gar mehrdeutig sind. Daher ist es wichtig, an dieser Stelle anzusetzen und zu verdeutlichen, welche Indikatoren zur Einschätzung einer bestimmten Emotion geeignet sind und welche zu Fehlschlüssen verleiten. Des Weiteren können Urteilsfehler hinzukommen, welche die Einschätzungen verzerren. Auch muss bedacht werden, dass Probleme der sozialen Erwünschtheit bestehen können, weshalb die Einschätzung der Emotionen ungenauer sein könnte. Die Einschätzungen der Lehrpersonen werden mit subjektiven Selbsteinschätzungen der Lernenden verglichen, in denen sich die Lernenden womöglich positiver darstellen. Ein weiterer Grund dafür, dass die Einschätzung der Emotionen ungenauer ausfällt, könnte die Messmethode sein. Die direkte Messung fällt etwas genauer aus als die indirekte Messung (Hoge & Coladarci, 1989). Auch könnte die Ungenauigkeit darin begründet liegen, dass die Lehrperson Emotionen von Lernenden eventuell positiver als die Lernenden selbst beurteilt, da z.B. die Wahrnehmung von Leistungsangst auf unzureichende Unterrichtsqualität zurückgeführt werden könnte.

Unterschiede zwischen Über- und Unterschätzten bestehen nicht nur im negativen, sondern auch im positiven Affekt. Trotz gleicher Schulleistung zeigte sich, dass unterschätzte Lernende sowohl mehr Leistungsangst erleben (Urhahne et al., 2011; Zhu & Urhahne, 2015) als auch weniger Lernfreude. Eine Erklärung für die Unterschiede im affektiven Erleben zwischen den beiden Gruppen liefern Erwartungseffekte (Jussim, 1986), welche bewirken, dass sich die Lernenden erwartungskonform entwickeln. Es ist bekannt, dass Lehrkrafterwartungen nicht nur die Schulleistung, sondern auch andere Merkmale von Lernenden beeinflussen können (Jussim, 1989; Jussim & Harber, 2005).

Dazu passend zeigte sich, dass Lehrpersonen die negative Sichtweise der Unterschätzten teilen und ihnen sogar noch stärkere Ausprägungen im negativen Affekt zuschreiben (Urhahne et al., 2011; Urhahne et al., 2010). Ursächlich dafür könnten Urteilsfehler wie der Halo-Effekt oder der logische Fehler sein, je nachdem ob die Übertragung diffus oder anhand von subjektiven Überzeugungen erfolgte: Die Leistungsbeurteilung scheint die Einschätzung der Emotionen zu leiten, wodurch bei Überschätzten ein deutlich besseres emotionales Erleben vermutet wird.

In der Forschungstradition zur Urteilsgenauigkeit von Lehrpersonen mangelt es an Studien zur Einschätzung von Lernemotionen. Aufgrund des funktionalen Charakters der Emotionen sollten in weiterführenden Arbeiten auch Emotionen wie Langeweile, Stolz und Ärger untersucht werden. Langeweile indiziert z.B. Unterforderung, Stolz bspw. die Bewältigung einer Herausforderung und Ärger z.B. eine misslungene Bewältigung (Eder, 1986; Hascher, 2004; Sparfeldt, Buch, Kolender, & Rost, 2011). Wenn Lehrpersonen diese Emotionen sehr genau einschätzen können, kann sich dies positiv auf die Unterrichtsgestaltung und -qualität auswirken. Durch eine adaptive, an Emotionen orientierte Unterrichtsgestaltung könnte die Lehrperson Lernende im Lernprozess individuell unterstützen und optimal fördern. Nimmt die Lehrperson bspw. Langeweile wahr, kann sie den Lernenden stärker herausfordernde Aufgaben geben.

Wie können Lehrpersonen nun zu genaueren Einschätzungen verschiedener Emotionen von Lernenden kommen? Lehrpersonen sollten über geeignete Indikatoren, welche von den Lernenden weniger gut unterdrückt werden können, verschiedener Emotionen wie starkes Schwitzen, Zittern oder Stottern als Kennzeichen von Leistungsangst (Rost

& Schermer, 1997), informiert sein. Bei mehrdeutigen oder unzureichenden Hinweisreizen sollte die Lehrperson weitere Informationen einholen und bspw. direkt nachfragen, warum ein Lernender gerade traurig ist. Auch sollten Lehrpersonen über verschiedene Urteilsfehler und -tendenzen sowie wie diese umgangen oder behoben werden können Bescheid wissen. Sobald einer Lehrperson bewusst ist, zu welchen Urteilsfehlern oder Urteilstendenzen sie neigt, kann sie aktiv dagegen steuern (Sacher, 2009). Im Zweifelsfall sollten auch Gespräche mit Kolleginnen und Kollegen geführt werden, welche die zu beurteilenden Lernenden besser kennen (Jürgens & Sacher, 2008). Für eine genaue Einschätzung scheint es bedeutsam zu sein, sich ein genaues und umfassendes Bild über die Lernenden zu machen (Sacher, 2009). Des Weiteren sollten Lehrpersonen mit der sich selbsterfüllenden Prophezeiung vertraut sein und insbesondere über den Einfluss einer zu starken Leistungsüber- und -unterschätzung informiert sein. Es sollte ihnen bewusst sein, dass sie auch die Emotionen von Lernenden, welche leistungs- und lernrelevant sind, entscheidend mitbeeinflussen können.

Literatur

Alvidrez, J., & Weinstein, R.S. (1999). Early teacher perceptions and later student academic achievement. *Journal of Educational Psychology, 91*, 731–746.

Babad, E., Inbar, J., & Rosenthal, R. (1982). Pygmalion, Galatea and the Golem: Investigations of biased and unbiased teachers. *Journal of Educational Psychology, 74*, 459–474.

Bates, C., & Nettelbeck, T. (2001). Primary school teachers' judgements of reading achievement. *Educational Psychology, 21*, 177–187.

Boehnke, K., Silbereisen, R. K., Reynolds, C. R., & Richmond, B. O. (1986). What I think and feel – German experience with the revised form of the children's manifest anxiety scale. *Personality and Individual Differences, 7*, 553–560.

de Boer, H., Bosker, R. J., & van der Werf, M. P. C. (2010). Sustainability of teacher expectation bias effects on long-term student performance. *Journal of Educational Psychology, 102*, 168–179.

Demaray, M. K., & Elliott, S. N. (1998). Teachers' judgments of students' academic functioning: A comparison of actual and predicted performances. *School Psychology Quarterly, 13*, 8–24.

DuPaul, G. J., Rapport, M. D., & Perriello, L. M. (1991). Teacher ratings of academic skills: The development of the Academic Performance Rating Scale. *School Psychology Review, 20*, 284–300.

Eder, F. (1986). Schulumwelt und Schulzufriedenheit. *Zeitschrift für erziehungswissenschaftliche Forschung, 20*, 83–103.

Faber, G. (2006). Die Erfassung rechtschreibängstlicher Besorgtheit und Aufgeregtheit. Zur Bedeutung ausgewählter Forschungsergebnisse für lerntherapeutische Diagnose- und Interventionskonzepte. Sprachrohr Lerntherapie. *Zeitschrift für integrative Lerntherapie, 2*, 5–14.

Friedrich, A., Flunger, B., Nagengast, B., Jonkmann, K., & Trautwein, U. (2015). Pygmalion effects in the classroom: Teacher expectancy effects on students' math achievement. *Contemporary Educational Psychology, 41*, 1–12.

Funder, D. C. (1995). On the accuracy of personality judgment: A realistic approach. *Psychological Review, 102*, 652–670.

Funder, D. C. (2012). Accuracy of personality judgment. *Current Directions in Psychological Sciences, 21*, 177–182.

Gölitz, D., Roick, T., & Hasselhorn, M. (2006). *DEMAT 4 – Deutscher Mathematiktest für vierte Klassen*. Göttingen: Beltz.

Götz, T. (2004). *Emotionales Erleben und selbstreguliertes Lernen bei Schülern im Fach Mathematik*. München: Utz.
Hagenauer, G. (2011). *Lernfreude in der Schule*. Münster: Waxmann.
Hanisch, G. (2004). Messung von Schulangst. *Erziehung und Unterricht, 154*, 897–902.
Hascher, T. (2004). *Wohlbefinden in der Schule*. Münster: Waxmann.
Hascher, T., & Edlinger, H. (2009): Positive Emotionen und Wohlbefinden in der Schule – ein Überblick über Forschungszugänge und Erkenntnisse. *Psychologie in Erziehung und Unterricht, 56*, 105–122.
Helmke, A. (2009). *Unterrichtsqualität und Lehrerprofessionalität*. Seelze-Velber: Klett-Kallmeyer.
Helmke, A., & Schrader, F.-W. (1990). Zur Kompatibilität kognitiver, affektiver und motivationaler Zielkriterien des Schulunterrichts – Clusterähnliche Studien. In M. Knopf, & W. Schneider (Hrsg.), *Entwicklung: Allgemeine Verläufe – Individuelle Unterschiede – Pädagogische Konsequenzen* (S. 180–200). Göttingen: Hogrefe.
Helmke, A., & Schrader, F.-W. (2010). Determinanten der Schulleistung. In D. H. Rost (Hrsg.), *Handwörterbuch Pädagogische Psychologie* (S. 90–102). Weinheim: Beltz.
Hoge, R. D., & Coladarci, T. (1989). Teacher-based judgment of academic achievement: A review of literature. *Review of Educational Research, 59*, 297–313.
Holodynski, M. (2014). Leistungsangst. In M. A. Wirtz (Hrsg.), *Dorsch – Lexikon der Psychologie* (17. Aufl., S. 991). Bern: Hans Huber.
Jürgens, E., & Sacher, W. (2008). *Leistungserziehung und Pädagogische Diagnostik in der Schule – Grundlagen und Anregungen für die Praxis*. Stuttgart: Kohlhammer.
Jussim, L. (1986). Self-fulfilling prophecies: A theoretical and integrative review. *Psychological Review, 93*, 429–445.
Jussim, L. (1989). Teacher expectations: Self-fulfilling prophecies, perceptual biases, and accuracy. *Journal of Personality and Social Psychology, 57*, 469–480.
Jussim, L., & Harber, K. D. (2005). Teacher expectations and self-fulfilling prophecies: Knowns and unknowns, resolved and unresolved controversies. *Personality and Social Psychology Review, 9*, 131–155.
Kaiser, J., Helm, F., Retelsdorf, J., Südkamp, A., & Möller, J. (2012). Zum Zusammenhang von Intelligenz und Urteilsgenauigkeit bei der Beurteilung von Schülerleistungen im Simulierten Klassenraum. *Zeitschrift für Pädagogische Psychologie, 26*, 251–261.
Karing, C. (2009). Diagnostische Kompetenz von Grundschul- und Gymnasiallehrkräften im Leistungsbereich und im Bereich Interessen. *Zeitschrift für Pädagogische Psychologie, 23*, 197–209.
Karing, C., Dörfler, T., & Artelt, C. (2015). How accurate are teacher and parent judgements of lower secondary school children's test anxiety? *Educational Psychology: An International Journal of Experimental Educational Psychology, 35*, 909–925.
Kenny, D. A., & West, T. V. (2010). Similarity and agreement in self- and other perception: A meta-analysis. *Personality and Social Psychology Review, 14*, 196–213.
Köller, O., Baumert, J., & Schnabel, K. (2000). Zum Zusammenspiel von schulischem Interesse und Lernen im Fasch Mathematik: Längsschnittanalysen in den Sekundarstufen I und II. In U. Schiefele, & K. P. Wild (Hrsg.), *Interesse und Lernmotivation* (S. 163–181). Münster: Waxmann.
Krapp, A., Geyer, C., & Lewalter, D. (2014). Motivation und Emotion. In T. Seidel, & A. Krapp (Hrsg.), *Pädagogische Psychologie* (S.193–222). Weinheim: Beltz.
Liebert, R. M., & Morris, L. W. (1967). Cognitive and emotional components of test anxiety. *Psychological Reports, 29*, 975–978.
Lohbeck, A., Hagenauer, G., & Moschner, B. (2016). Zum Zusammenspiel zwischen schulischem Selbstkonzept, Lernfreude, Konzentration und Schulleistungen im Grundschulalter. *Zeitschrift für Bildungsforschung, 6*, 53–69.
Rauer, W., & Schuck, K. D. (2003). *FEESS 3-4 – Fragebogen zur Erfassung emotionaler und sozialer Schulerfahrungen von Grundschulkindern dritter und vierter Klassen*. Göttingen: Beltz.

Rost, D. H., & Schermer, F. J. (1997). *Differentielles Leistungsangstinventar (DAI): Handbuch.* Frankfurt am Main: Swets.

Rost, D. H., & Schermer, F. J. (2006). Leistungsängstlichkeit. In D. H. Rost (Hrsg.), *Handwörterbuch Pädagogische Psychologie* (S. 404–416).Weinheim: Beltz.

Sacher, W. (2009). *Leistungen entwickeln, überprüfen und beurteilen. Bewährte und neue Wege für die Primar- und Sekundarstufe.* Bad Heilbrunn: Klinkhardt.

Schiefele, U., Krapp, A., & Schreyer. I. (1993). Metaanalyse des Zusammenhangs von Interesse und schulischer Leistung. *Zeitschrift für Entwicklungspsychologie und Pädagogische Psychologie, 25*, 120–148.

Schrader, F.-W., & Helmke, A. (1987). Diagnostische Kompetenz von Lehrern: Komponenten und Wirkungen. *Empirische Pädagogik, 1*, 27–52.

Sparfeldt, J. R., Buch, S. R., Kolender, J., & Rost, D. H. (2011). Überforderungs- und Unterforderungslangeweile in Mathematik: Differenzierung und Korrelate. In M. Dresel, & L. Lämmle (Hrsg.), *Motivation, Selbstregulation und Leistungsexzellenz* (S. 53–70). Münster: LIT.

Sparfeldt, J. R., Schilling, S. R., Rost, D. H., Stelzl, I., & Peipert, D. (2005). Leistungsängstlichkeit: Facetten, Fächer, Fachfacetten? Zur Trennbarkeit nach Angstfacette und Inhaltsbereich. *Zeitschrift für Pädagogische Psychologie, 19*, 225–236.

Spinath, B. (2005). Akkuratheit der Einschätzung von Schülermerkmalen durch Lehrer und das Konstrukt der diagnostischen Kompetenz. *Zeitschrift für Pädagogische Psychologie, 19*, 85–95.

Stang, J., & Urhahne, D. (2016). Stabilität, Bezugsnormorientierung und Auswirkungen der Urteilsgenauigkeit. *Zeitschrift für Pädagogische Psychologie, 30*, 251–262.

Südkamp, A., Kaiser, J., & Möller, J. (2012). Accuracy of teachers' judgments of students' academic achievement: a meta-analysis. *Journal of Educational Psychology, 104*, 743–762.

Thorndike, E. L. (1920). A constant error on psychological rating. *Journal of Applied Psychology, 4*, 25–29.

Urhahne, D. (2015). Teacher behavior as a mediator of the relationship between teacher judgment and students' motivation and emotion. *Teaching and Teacher Education, 45*, 73–82.

Urhahne, D., Chao, S.-H., Florineth, M. L., Luttenberger, S., & Paechter, M. (2011). Academic self-concept, learning motivation, and test anxiety of the underestimated student. *British Journal of Educational Psychology, 81*, 161–177.

Urhahne, D., Timm, O., Zhu, M., & Tang, M. (2013). Sind unterschätzte Schüler weniger leistungsmotiviert als überschätzte Schüler? *Zeitschrift für Entwicklungspsychologie und Pädagogische Psychologie, 45*, 34–43.

Urhahne, D., Zhou, J., Stobbe, M., Chao, S.-H., Zhu, M., & Shi, J. (2010). Motivationale und affektive Merkmale unterschätzter Schüler. Ein Beitrag zur diagnostischen Kompetenz von Lehrkräften. *Zeitschrift für Pädagogische Psychologie, 24*, 275–288.

Urhahne, D., & Zhu, M. (2015). Accuracy of teachers' judgments of students' subjective well-being. *Learning and Individual Differences, 43*, 226–232.

Wirtz, M. A. (2014). Logischer Fehler. In M. A. Wirtz (Hrsg.), *Dorsch – Lexikon der Psychologie* (17. Aufl., S. 975). Bern: Hans Huber.

Zhu, M., & Urhahne, D. (2014). Assessing teachers' judgments of students' academic motivation and emotions across two rating methods. *Educational Research and Evaluation, 20*, 411–427.

Zhu, M., & Urhahne, D. (2015). Teachers' judgements of students' foreign-language achievement. *European Journal of Psychology of Education, 30*, 21–39.

Ziegler, A., Dresel, M., Schober, B., & Stöger, H. (2005). *Ulm Motivational Test Battery (UMTB): Documentation of items and scales (Ulm Educational Research Report, No. 15)*. Ulm: Ulm University, Department of Educational Psychology.

Melanie M. Keller und Eva S. Becker

Erleben und Regulation positiver Emotionen bei Lehrpersonen

Abstract

Qualitative sowie quantitative Untersuchungen konnten in den letzten Jahren eindrucksvoll die Relevanz von Emotionen bei Lehrpersonen belegen. Diese zeigten sich bedeutsam hinsichtlich des Wohlbefindens, des Instruktionsverhaltens und der Interaktion mit Schülerinnen und Schülern und nicht zuletzt im Hinblick auf die Lernergebnisse von Schülerinnen und Schülern. Beginnend mit einer Definition für Emotionen wird im Kapitel anschließend ein Überblick gegeben über den Stand der empirischen Forschung zu Lehreremotionen mit einem Fokus auf positiven Emotionen sowie deren Regulation. Während die Regulation negativer Emotionen bereits Gegenstand einiger Forschungsarbeiten war, ist die Regulation positiver Emotionen bei Lehrpersonen weitgehend unerforscht. Im Kapitel wird eine „Experience-Sampling Studie" (N = 38 Lehrpersonen mit N = 420 Unterrichtsstunden) vorgestellt, die eher explorativ der Frage nachging, inwieweit Lehrpersonen den Ausdruck einer besonders wichtigen und häufig auftretenden positiven Emotion, nämlich Freude im Klassenzimmer, regulieren. Zusätzlich wurden Geschlechtseffekte sowie mögliche Zusammenhänge zu positiver und negativer Affektivität, emotionaler Dissonanz und emotionaler Erschöpfung untersucht. Es zeigte sich unter anderem, dass Lehrpersonen den Ausdruck von Freude in ca. 1/3 aller Unterrichtsstunden anpassen (Unterdrückung oder Verstärkung) oder sogar simulieren. Emotional erschöpftere Lehrpersonen berichteten dabei seltener, ihren Freudeausdruck zu regulieren. Das Kapitel endet mit einem Ausblick auf das Forschungsfeld positiver Emotionen und Emotionsregulation.

1. Einführung

> „Tolle Gespräche mit meinen Schülern. Wir haben richtig viel gelacht und Spaß gehabt. Genial, dass die Schüler von sich aus sich gegenseitig unterstützen […] Kreativität der Schüler im Kunstunterricht. Große Zufriedenheit ist spürbar!"

> „Die Schulaufgabe ist zwar vom Gesamtergebnis her gut ausgefallen, aber viel zu viele Fünfer[1]! Das hat mich enttäuscht. Ich meine dann immer, ich sollte besser unterrichten."
> [Anmerkung zweier Lehrpersonen in einer Tagebuchstudie im Rückblick auf den Tag]

> „Ich persönlich finde es eine der größten emotionalen Herausforderungen, den Frust/Ärger in einem Klassenraum hinter sich zu lassen, um frisch und gut gelaunt vor der nächsten Klasse zu stehen (die ja nichts dafür kann …)"
> [Anmerkung einer Lehrperson in einer „Experience-Sampling Studie"]

---

[1] Note „mangelhaft" im deutschen Schulsystem.

Diese Äußerungen der Lehrpersonen illustrieren anschaulich, dass der Lehrberuf mit verschiedenen Emotionen einhergehen kann, wobei Freude und Enttäuschung oft nah beieinanderliegen. Dabei zeigt die dritte Aussage, dass die erlebten Emotionen nicht nur reflektiert werden, sondern auch ein aktives Bemühen zur Emotionsregulation vorherrscht: Es gehört zum professionellen Selbstverständnis vieler Lehrpersonen, ihre Emotionen zum Wohle ihrer Schülerinnen und Schüler zu regulieren.

Emotionen sind bei Lehrpersonen im Schulalltag omnipräsent: Lehrpersonen erleben eine ganze Reihe unterschiedlicher Emotionen (u.a. Freude, Stolz oder Ärger; z.B. Keller, Frenzel, Götz, Pekrun, & Hensley, 2014). Diese Emotionen treten jeweils aus unterschiedlichen Gründen auf (z.B. weil Lehrkräfte das Schülerverhalten als ihren Zielen mehr oder weniger zuträglich wahrnehmen; Becker, Keller, Götz, & Frenzel, 2015), in unterschiedlicher Ausprägung (mit Freude als der am stärksten ausgeprägten und am häufigsten erlebten Emotion im Unterricht; Keller, Frenzel et al., 2014) und variierender Regelmäßigkeit (z.B. abhängig von der unterrichteten Klasse; Frenzel, Becker-Kurz, Pekrun, & Götz 2015). Auch dass Lehrpersonen ihre Emotionen regulieren, also beispielsweise Ärger vor ihren Schülerinnen und Schülern verbergen, war Gegenstand vieler Forschungsarbeiten (z.B. Jiang, Vauras, Volet, & Wang, 2016; Sutton, 2004), wohingegen die Regulation positiver Emotionen bei Lehrpersonen bisher nicht systematisch untersucht ist.

2. Theoretischer Hintergrund

2.1 Definition

Konsens bei Forschenden ist, dass Emotionen aus mehreren Komponenten bestehen:

> „Emotion consists of neural circuits […], response systems, and a feeling state/process that motivates and organizes cognition and action. Emotion also provides information to the person experiencing it, and may include antecedent cognitive appraisals and ongoing cognition including an interpretation of its feelings state, expressions or social-communicative signals, and may motivate approach or avoidant behavior, exercise control/regulation of responses, and be social or relational in nature." (Izard, 2010, S. 367)

In ganz ähnlicher Weise benennt Pekrun fünf Komponenten von Emotionen, nämlich eine affektive, kognitive, motivationale, expressive und physiologische Komponente (Pekrun, 2006). Gemein ist in diesen Komponenten-Definitionen die Annahme, dass die Gefühlskomponente, also der Affekt, zentrales Element von Emotionen ist. Wichtig ist zudem, insbesondere im Hinblick auf die Messung von Emotionen und ihrer Regulation, die Unterscheidung der affektiven von einer expressiven Komponente: Emotionen gehen (insofern der Emotionsausdruck nicht reguliert wird) mit einer bestimmten emotionstypischen Expression einher, beispielsweise Lachen bei Freude oder zusammengezogene Augenbrauen bei Ärger.

2.2 Messung der Emotionen von Lehrpersonen

Ein Grund, dass die Emotionen von Lehrpersonen lange Zeit kaum Beachtung in der Forschung fanden, ist nach Zembylas (2003) darin zu sehen, dass die Messung von Emotionen mit verschiedenen Schwierigkeiten behaftet sei. Emotionen gelten als „flüchtige Zustände", die sich schnell verändern können und damit auch schwierig zu fassen sind. Durch technologische Entwicklungen der letzten Jahre stehen der Forschung heute aber prinzipiell verschiedene Methoden zur Erfassung von Emotionen bzw. ihrer Komponenten zur Verfügung:

Basierend auf der Annahme, dass es Emotionen mit prototypischen Gesichtsausdrücken gibt, wurden mehrere Softwareprogramme (z.B. FaceXpress; Byrne, Henskens, Johnston, & Katsikitis, 2003) oder auch Kodier-Systeme für Beobachtungen (z.B. Facial Action Coding System; Cohn, Ambadar, & Ekman, 2007) entwickelt, um Emotionen aus Gesichtsausdrücken zu erfassen. Auf diese Weise lassen sich also Teile der expressiven Komponente von Emotionen messen. Auch gibt es Forschungsarbeiten, die physiologische Messungen zur Erfassung von Emotionen (z.B. Herzschlag, Hautleitfähigkeit) hinzuziehen (z.B. Fairclough, Tattersall, & Houston, 2006). Die motivationale Komponente von Emotionen beinhaltet Handlungstendenzen, die durch Emotionen ausgelöst werden. Dieser Bereich ist nur noch teilweise von außen (z.B. durch Beobachtungen) sichtbar und es bietet sich an, die betroffene Person selbst zu befragen. Dies gilt ebenso und insbesondere für die kognitive und affektive Komponente von Emotionen, die höchst subjektiver Natur sind. So gelten Selbstberichte als Standardverfahren zur Messung von Emotionen.

Auch die bisherigen Forschungsarbeiten zu den Emotionen von Lehrpersonen, sowohl qualitative als auch quantitative Studien, griffen mehrheitlich auf Selbstberichte (siehe Keller, Frenzel et al., 2014), oder auch Selbstberichte der Rezipienten (Wahrnehmung des Emotionsausdruckes der Lehrpersonen durch ihre Schülerinnen und Schüler; Becker, Götz, Morger, & Ranellucci, 2014) zurück. Erst seit kurzem stehen dazu aber etablierte und validierte Skalen zur Verfügung. So entwickelten Frenzel und andere die Teacher Emotion Scales (TES; Frenzel et al., 2016) zur Erfassung von Ärger, Angst und Freude bei Lehrpersonen in Bezug auf ihre Kerntätigkeit, das Unterrichten. Zudem entwickelte Chen (2016) das Teacher Emotion Inventory (TEI), welches aus fünf Skalen zu Freude, Liebe, Traurigkeit, Ärger und Furcht besteht. Die einzelnen Skalen beziehen sich sowohl auf das Unterrichten und die Interaktion mit Schülerinnen und Schülern, als auch auf weitere Faktoren wie das Kollegium, die Schule im Allgemeinen oder auch die Gesellschaft und Politik. Diese fehlende Fokussierung könnte aufgrund der Domänenspezifität von Emotionen (Frenzel et al., 2015) allerdings auch problematisch sein.

Emotionale Selbstberichte stehen allerdings auch in der Kritik, da sie verschiedenen Verzerrungen ausgesetzt sein können. Dies betrifft insbesondere einmalige, generalisierende Erhebungen in der Retrospektive (trait-Erhebungen), die durch subjektive Überzeugungen beeinflusst sein können, da man zunehmend auf semantisches statt auf episodisches Wissen zurückgreifen muss (vgl. Robinson & Clore, 2002). Aus diesem Grund bieten sich Erhebungen an, die näher an der emotionalen Episode sind (state-Erhebungen), zum Beispiel durch Tagebuchstudien (z.B. Frenzel & Götz, 2007) oder „Experience-Sampling Studien" (Götz et al., 2015; Keller, Chang, Becker, Götz, & Frenzel, 2014). In

„Experience-Sampling Studien" werden portable Handcomputer (PDAs) eingesetzt, die Selbstberichte direkt in der Situation ermöglichen und dadurch eine potentiell hohe ökologische Validität aufweisen und weniger von (retrospektiven) Verzerrungen betroffen sind. Diese Methode wurde auch in der aktuell vorliegenden Studie eingesetzt und wird im weiteren Verlauf noch etwas näher beschrieben.

Prinzipiell wäre mittels der „Experience-Sampling Methode" auch eine Kombination mit Methoden zur Messung der physiologischen Komponente von Emotionen denkbar. Dazu gibt es aktuell aber noch keine Forschungsarbeiten, vermutlich da ein Einsatz physiologischer Messverfahren im Klassenzimmer als umständlich gilt. Auch die expressive Komponente der Emotionen von Lehrpersonen wurde bisher kaum untersucht (mit Ausnahme der Forschung zu Lehrerenthusiasmus, die oftmals auf nonverbales expressives Verhalten als Indikator für Enthusiasmus zurückgreift; siehe Keller, Woolfolk Hoy, Götz, & Frenzel, 2016). Zwar würden die vielen existierenden Videostudien von Unterrichtssituationen auch Beobachtungen oder sogar den Einsatz von speziellen Softwares anbieten, jedoch fehlt es dafür häufig an ausreichend guten Nahaufnahmen, die auf die Gesichtsausdrücke fokussieren. Durch die Entwicklungen im Hard- und Softwarebereich ist eine Ergänzung klassischer Selbstberichte aber eine reale Möglichkeit geworden und zukünftige Forschung könnte versuchen, Emotionen in ihren verschiedenen Komponenten zu erfassen.

2.3 Unter der Rubrik „Positives": Lehrerfreude, Enthusiasmus und Co.

> „Emotions often are wonderfully helpful. They can direct attention to key features of the environment, optimize sensory intake, tune decision making, ready behavioral responses, facilitate social interactions, and enhance episodic memory." (Gross, 2014, S. 3)

Diese generelle Aussage Gross' für Emotionen, deren Funktion aus biologisch-evolutionärer Perspektive oftmals in flexiblen und adaptiven Reaktionsmöglichkeiten auf Situationen und Ereignisse gesehen wird (Baumeister, Vohs, DeWall, & Zhang, 2007), lässt sich insbesondere für positive Emotionen unterstreichen. Positive Emotionen sind nicht nur angenehme emotionale Zustände und deshalb wesentlicher Bestandteil psychischen Wohlbefindens, sondern können darüber hinaus auch instrumentelle Funktion haben: So postuliert Fredrickson (2001) im Rahmen ihrer „Broaden- and Build-Theorie", dass positive Emotionen die Aufmerksamkeit erweitern und holistisches und kreatives Denken fördern[2].

Positive Emotionen sind im Schulalltag und bei Lehrerinnen und Lehrern allgegenwärtig: „good teaching is charged with positive emotion" (Hargreaves, 1998, S. 835). Die am häufigsten und intensivsten auftretenden Emotionen im Unterricht sind positive Emotionen (Freude und Stolz; z.B. Keller, Frenzel et al., 2014). Lehrkräfte bezeichnen

---

2 Neuere Arbeiten von Gable und Harmon-Jones (2010) zeigen hingegen differentielle Effekte für positiven Affekt auf Aufmerksamkeit, abhängig von der mit dem Affekt einhergehenden motivationalen Tendenz: Demnach zeigt sich eine geringere Aufmerksamkeitsspanne für positiven Affekt mit gleichzeitiger hoher Annäherungsmotivation, wie beispielsweise Freude.

den Lehrberuf und die Unterrichtstätigkeit als persönlich belohnend und bereichernd (Hargreaves, 2000) und geben insgesamt eine hohe Berufszufriedenheit an (Schult, Münzer-Schrobildgen, & Sparfeldt, 2014). Aus Lehrersicht zählt Begeisterung zu den erstrebenswertesten Eigenschaften (Minor, Onwuegbuzie, Witcher, & James, 2002).

Positiver Affekt bei Lehrkräften wurde bisher auf unterschiedliche Weise mithilfe einer Reihe an verschiedenen Konstrukten beforscht. Kunter und Holzberger (2014) nennen u.a. Leidenschaft (engl. passion), Interesse, Flow, oder Enthusiasmus und fassen diese unter dem Überbegriff der intrinsischen Orientierungen zusammen. Positiver Affekt spielt innerhalb dieser Konstrukte jeweils eine Rolle, wenngleich die Konstrukte unterschiedliche Foki aufweisen.

- *Leidenschaft* (bei Lehrkräften untersucht von Carbonneau, Vallerand, Fernet, & Guay, 2008) wird definiert als „strong inclination toward an activity that people like, that they find important, and in which they invest time and energy" (Vallerand et al., 2003, S. 756) und weist über positiven Affekt oder positives emotionales Erleben hinaus eine stark motivationale Komponente (Engagement) auf.
- In ganz ähnlicher Weise wird *Interesse* (bei Lehrkräften untersucht u.a. von Retelsdorf & Günther, 2011) auf individueller Ebene – d.h. auf der Ebene einer stabilen Disposition im Gegensatz zu einer zeitlich variablen situationalen Ebene – als intrinsische Motivationsform verstanden, die von individueller Wertüberzeugung (etwas tun, weil es wichtig und persönlich relevant ist) und positivem Affekt (positives emotionales Erleben während der Tätigkeit) bestimmt wird (Krapp, 2007).
- Demgegenüber hat *Flow-Erleben* (für Lehrkräfte untersucht von u.a. Bakker, 2005) einen stärker situationalen Charakter und ist definiert als „state of consciousness where people become totally immersed in an activity, and enjoy it intensely" (ebd., S. 26). Im Gegensatz also zu Leidenschaft und Interesse, die auf einer individuellen Ebene als Ursache oder Motiv für Handeln verstanden werden können, beschreibt Flow die Qualität der resultierenden Motivation im Moment, unter anderem durch das Auftreten positiver Emotionen.
- *Enthusiasmus* bei Lehrkräften in den beiden in der Literatur vorherrschenden Konzeptualisierungen – nämlich als dispositionaler, positiver Affekt als die habituell auftretende unterrichtsbezogene Freude von Lehrkräften oder eines (nonverbal) expressiven Verhaltens (siehe Keller et al., 2016) – verschiebt wiederum den Fokus von einer reinen Betrachtung des emotionales Erlebens hin zu entsprechend beobachtbaren Verhalten im Unterricht. Hier lässt sich nun auch der Bogen spannen zur Konzeptualisierung von Emotionen, in der Affekt und Emotionsexpression unterschieden werden: Lehrerenthusiasmus kann demnach verstanden werden als positiver Affekt (Freude) und gleichzeitigem Ausdruck der Freude mittels beispielsweise nonverbaler Verhaltensweisen.

Positive Emotionen sind also, obwohl selten als eigenständige Konstrukte untersucht, gleichwohl eingebettet in eine Reihe anderer motivational-affektiver Variablen bei Lehrkräften, die von der Bildungsforschung adressiert wurden.

2.4 Emotionsregulation bei Lehrpersonen: Das Warum und das Wie

Empirische Befunde der letzten Jahre zeigen klar, dass Lehrpersonen ihre Emotionen regelmäßig regulieren, und dass Emotionsregulation nicht nur Teil ihres schulischen Alltags, sondern auch ihres professionellen Selbstverständnisses ist. Gross (siehe z.B. 2014) definiert Emotionsregulation als diejenigen Prozesse, die beeinflussen, welche Emotionen Individuen haben, wann und wie sie diese Emotion erfahren und wie sie die Emotion zum Ausdruck bringen.

2.4.1 Warum regulieren Lehrpersonen ihre Emotionen?

Grundsätzlich können vier Ziele von Emotionsregulation unterschieden werden (vgl. auch Gross, 2014): (1) Die Verstärkung positiver Emotionen, (2) die Reduzierung negativer Emotionen, (3) die Reduzierung positiver Emotionen sowie (4) die Verstärkung negativer Emotionen.

Hedonistisches Prinzip
Naheliegend ist, dass Individuen (1) ihre positiven Emotionen verstärken sowie (2) ihre negativen Emotionen reduzieren. Diese Ziele werden oftmals unter dem Stichwort des hedonistischen Prinzips gefasst: Demnach ist die Funktion dieser Emotionsregulation „[to] serve hedonic needs that are aimed at promoting pleasure and preventing pain" (Koole, 2009, S. 14). Darüber hinaus ist es für Lehrpersonen Teil ihres professionellen Selbstverständnisses, positive Emotionen in Gegenwart ihrer Schülerinnen und Schüler zu zeigen bzw. negative Emotionen zu verbergen (z.B. Sutton, 2004).

Instrumentelle Emotionsregulation
Neben den hedonistischen Zielen lassen sich auch Situationen finden, in denen Individuen ihre (3) positiven Emotionen dämpfen oder (4) negativen Emotionen intensivieren. Hierbei kommt der Emotionsregulation oftmals eine instrumentelle Funktion zu: Es konnte beispielsweise gezeigt werden, dass im Leistungskontext Schülerinnen und Schüler ihre Freude aus sozialen Gründen dämpfen, nämlich dann wenn sie in einem Leistungstest besser abschneiden als ein/e anwesende/r Mitschüler/in (Schall, Martiny, Goetz, & Hall, 2016).

Aktuelle empirische Befunde zu Emotionsregulation bei Lehrpersonen
Für Lehrpersonen ist Emotionsregulation hauptsächlich im Kontext der Reduzierung negativer Emotionen untersucht. Wird aufgrund impliziter Annahmen über (un)angemessene Emotionen im Klassenzimmer z.B. Ärger unterdrückt, ohne dass das emotionale Erleben entsprechend konvergiert, so spricht man auch von emotionaler Arbeit oder surface acting (Morris & Feldman, 1996). Es wurde vielfach gezeigt, dass emotionale Arbeit mit erhöhter Belastung und Burnout einhergeht (z.B. Keller, Chang et al., 2014). Burnout bei Lehrpersonen ist in der empirischen Bildungsforschung ein häufig untersuchtes Phänomen, und es gibt zahlreiche Befunde, die schließen lassen, Lehrpersonen seien besonders anfällig für Burnout (siehe Chang, 2009). Demgegenüber gibt es

aber auch relativierende Befunde auf Basis eines für Deutschland repräsentativen Datensatzes aus dem Sozioökonomischen Panel (Schult et al., 2014), die zeigen, dass Lehrpersonen sich in der Belastung nicht wesentlich von anderen Berufsgruppen unterscheiden und gleichzeitig eine hohe Berufszufriedenheit angeben. Für das Ziel (4), also der (Ausdrucks-)Intensivierung von negativen Emotionen, gibt es bezüglich Lehrpersonen verstreute Hinweise zur Emotion Ärger. Lehrpersonen simulieren oder intensivieren aus disziplinarischen Gründen ihren Ärger (Gong, Chai, Duan, Zhong, & Jiao, 2013). Der verstärkte Ausdruck von Ärger dient hierbei dazu, Schülerinnen und Schülern Grenzen und Unangemessenheit ihres Verhaltens aufzuzeigen.

Die Regulation positiver Emotionen, also Ziele (1) und (3), ist bei Lehrpersonen bisher nicht (systematisch) untersucht. Es ließe sich vermuten, dass Lehrpersonen der Überzeugung sind, übermäßig gezeigte Freude bzw. Enthusiasmus könnten für Schülerinnen und Schüler aufmerksamkeitsstörend sein und Disziplinprobleme hervorrufen (siehe Keller et al., 2016) und dass sie deswegen ihre Freude bzw. ihren Enthusiasmus dämpfen und verbergen. Ob und inwieweit das tatsächlich geschieht, ist weitgehend unbekannt; dieser Frage widmet sich die im letzten Teil des Kapitels vorgestellte „Experience-Sampling Studie".

2.4.2 Wie regulieren Lehrpersonen ihre Emotionen?

Ausgehend von einem Prozessmodell für Emotionen, in dem die kausale Kette von Situation über Aufmerksamkeit/Wahrnehmung, hin zu Appraisals und schließlich emotionaler Reaktion verläuft (Gross, 2014), ergeben sich fünf Einflussmöglichkeiten auf das eigene Emotionserleben (siehe Abbildung 1):

Auswahl der Situation:
Das eigene emotionale Erleben kann dadurch beeinflusst werden, dass beispielsweise unangenehme oder potentiell Ärger auslösende Situationen vermieden oder potentiell Freude hervorrufende Situationen aufgesucht werden. Insgesamt stehen Lehrpersonen hier häufig nur begrenzte Möglichkeiten zur Verfügung (z.B. bei der Wahl von Klassen). Doch könnte eine gezielte Wahl der Schule oder Schulform, in der Lehrpersonen sich entscheiden tätig zu werden, auch vor dem Hintergrund des hedonistischen Prinzips erklärt werden. Forschungsbefunde haben auch gezeigt, dass Lehrpersonen es vermeiden, außerhalb des Unterrichts mit Schülerinnen und Schülern zu sprechen, wenn sie sich ärgern (Jiang et al., 2016).

Änderung der Situation:
Eine weitere Möglichkeit, Emotionserleben zu regulieren, besteht darin, eine Situation abzuändern. Lehrpersonen stehen hierzu im Klassenzimmer vielfältige Maßnahmen zur Verfügung: So machen Lehrpersonen bei schlechter Stimmung im Klassenzimmer einen Scherz (Gong et al., 2013; Sutton, 2004). Auch suchen Lehrpersonen gezielt spezifische Schülergruppen auf oder meiden diese während einer Gruppenarbeitsphase, um negative Emotionen zu regulieren (Gong et al., 2013).

Steuerung der Aufmerksamkeit:
Unter Aufmerksamkeitssteuerung werden Strategien verstanden, welche die momentane Aufmerksamkeit auf eine Sache gezielt hinsteuern oder davon ablenken. Lehrpersonen setzen diese Strategie mehrheitlich vor dem Unterricht bzw. bevor sie zur Schule gehen, ein (z.B. indem sie sich mit positiven Gedanken vor dem Schultag beschäftigen), oder führen Gespräche mit Kolleginnen und Kollegen (Sutton, 2004). Im Unterricht ignorieren Lehrpersonen störende Ereignisse im Klassenzimmer (Gong et al., 2013) oder steuern ihre Aufmerksamkeit gezielt auf positive Elemente im Lernprozess, wie beispielsweise hohes Interesse, Lernfortschritt oder persönliche Reife der Schülerinnen und Schüler (Jiang et al., 2016).

Kognitionsänderung:
Gross (2014) versteht hierunter Strategien, welche bei den Appraisals ansetzen, sowie bei der Wahrnehmung und Bewusstmachung der individuell verfügbaren Kapazitäten, um die Anforderungen in einer Situation bewältigen zu können. Bei Lehrpersonen fallen unter diese Strategien typische Vorgehensweisen der Reflexion beispielsweise über eine Unterrichtsstunde und Ursachen für das Misslingen oder Gelingen („I reflect on why I didn't get good return on my effort"; Gong et al., 2013, S. 873).

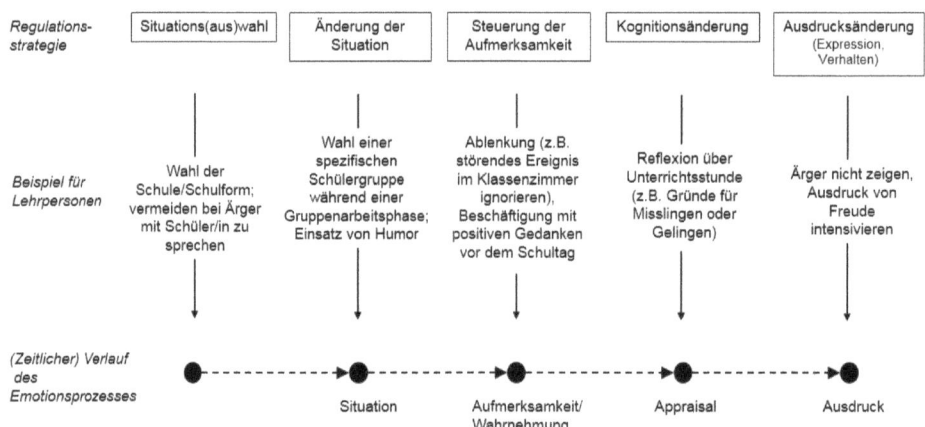

Abbildung 1:   Fünf Emotionsregulationsstrategien und Beispiele für Lehrpersonen (adaptiert nach Gross, z.B. 2014).

Ausdrucksänderung:
Bei dieser Emotionsregulationsstrategie geht es im Wesentlichen darum, die mit der Emotion einhergehenden typischen Verhaltensweisen, die physiologischen Prozesse (z.B. Herzklopfen) oder den Emotionsausdruck (expressiv, z.B. Mimik) zu regulieren, d.h. im Gegensatz zu den bisherigen Strategien wird hier nicht das individuelle Emotionsempfinden (der Affekt), sondern vielmehr die daraus resultierenden Verhaltensweisen und Expression gesteuert. Dies ist ein bei Lehrpersonen gut untersuchter Aspekt im Hinblick auf emotionale Arbeit, also der Unterdrückung negativer Emotionen wie Ärger, allerdings weniger im Hinblick auf die Intensivierung positiver Emotionen wie Freude. Letz-

teres war Ausgangspunkt für die im Folgenden dargestellte „Experience-Sampling Studie".

3. Regulation von Freude bei Lehrpersonen: Eine „Experience-Sampling Studie"

Regulation von Emotionen bei Lehrpersonen ist bisher fast ausschließlich im Kontext negativer Emotionen, vor allem Ärger, untersucht. Dabei werden gerade in sozialen Interaktionen auch positive Emotionen aus instrumentellen oder hedonistischen Gründen reguliert. Lehrpersonen selbst streben an, ein positives emotionales Bild nach außen zu zeigen (Sutton, 2004); gleichzeitig wissen wir allerdings auch, dass das Erleben positiver Emotionen, insbesondere Freude, stark von Tag zu Tag und Klasse zu Klasse variiert (Frenzel et al., 2015). Da es im Kontext der Regulation positiver Emotionen bei Lehrpersonen kaum empirische Evidenz gibt, war es zunächst Ziel der Studie, über Prävalenzraten von Freuderegulation Aufklärung zu erhalten. Darüber hinaus wurde untersucht, was Regulation von Freude auf Seiten der Lehrpersonen bedingt. Hier waren wir zunächst auf situationaler Ebene an der emotionalen Dissonanz, einem emotionsunspezifischen Indikator für emotionale Arbeit und zusammenhängend mit der Unterdrückung negativer Emotionen (z.B. Keller, Chang et al., 2014), interessiert. Darüber hinaus untersuchten wir, inwieweit generelle affektive Personenmerkmale mit der Regulation von Freude im Unterricht zusammenhängen. Spezifischer untersuchten wir hierbei: (a) positive und negative Affektivität als stabile Tendenzen einer Person, positive bzw. negative Emotionen zu erleben (Cropanzano, Weiss, Hale, & Reb, 2003); sowie (b) emotionale Erschöpfung als eine Facette von Burnout, die sich als zusammenhängend mit vor allem der Unterdrückung von Ärger gezeigt hat (siehe z.B. Chang, 2009), doch deren Zusammenhang mit der Regulation positiver Emotionen noch nicht geklärt ist.

3.1 Stichprobe und Methode

An der Studie nahmen insgesamt N = 38 Lehrpersonen (10 weiblich) aller Fächergruppen (z.B. Deutsch, Geschichte, Französisch, Mathematik, Sport) an baden-württembergischen Gymnasien teil. Die Lehrpersonen waren im Durchschnitt 42 Jahre alt (SD = 9.54 Jahre, Range 28-63) und hatten eine mittlere Lehrerfahrung von 13.78 Jahren (SD = 9.38, Range 1.5-36). Die Lehrpersonen nahmen freiwillig an der Studie teil; obwohl den teilnehmenden Lehrpersonen Anonymität zugesichert wurde und auf die Wichtigkeit einer unbefangenen Berichterstattung hingewiesen wurde, ist dennoch eine Verzerrung der Ergebnisse durch diese Positiv-Auswahl nicht auszuschließen.

Im Rahmen der Studie kam die „Experience-Sampling Methode" zum Einsatz, die zwar eine in-situ Erfassung momentanen emotionalen Erlebens ermöglicht, aber weiterhin (wie klassische Fragebögen auch) auf Selbstberichte zurückgreift. Nach einer trait-Befragung mittels Fragebogen wurden die teilnehmenden Lehrpersonen mit einem PDA-Gerät ausgestattet, das sie jeweils zu Beginn ihrer Unterrichtsstunden aktivierten und das dann im Verlauf dieser Stunde zu einem randomisierten Zeitpunkt per Signal die Lehrpersonen aufforderte, den state-Fragebogen auszufüllen. Auf das Signal hin hatten die Lehrpersonen fünf Minuten Zeit, den Fragebogen auszufüllen, so dass der Unterricht nicht abrupt unterbrochen werden musste. Das Ausfüllen der kurzen State-Fragebögen benötigte im Schnitt weniger als eine halbe Minute (weiterführende Informationen zum Design in Goetz et al., 2015). Die Lehrpersonen wurden gebeten, das PDA-Gerät in möglichst vielen ihrer Unterrichtsstunden im Zeitraum von ca. zwei Wochen und unabhängig vom Fach oder der Klasse bzw. Klassenstufe zu aktivieren (Ausnahmen bestanden, wenn z.B. eine Klausur geschrieben werden sollte); insgesamt wurden N = 411 Unterrichtsstunden von den Lehrpersonen eingeschätzt (Ø = 10.82, Range 1-35). Im trait-Fragebogen, den die Lehrkräfte unmittelbar vor der ESM Erhebung ausfüllten, wurden etablierte Instrumente zur Erfassung affektiver Merkmale eingesetzt (emotionale Erschöpfung: Enzmann & Kleiber, 1989; pos./neg. Affektivität: Watson, Clark, & Tellegen, 1988); die statistischen Kennwerte und jeweils (Beispiel-)Items sind in Tabelle 1 zusammengefasst. Momentanes Freuderleben wurde mittels eines Einzelitems erfasst („Wie stark erleben Sie im Moment Freude?", Ratingskala 1-5, vgl. auch Keller, Chang et al., 2014). Die Regulation von Freude wurde mit zwei Items erfasst: Gaben die Lehrpersonen bei der Erfassung der state-Freude an, zumindest etwas Freude zu empfinden (Skalenwert 2 oder höher), wurden sie im Anschluss zum Ausdruck der Freude gefragt (Unterdrückung oder Verstärkung; Ratingskala siehe Abbildung 2). Gaben die Lehrpersonen jedoch an, im Moment keine Freude zu empfinden, dann wurde ein Regulationsitem präsentiert, das nach möglicher Simulation der Freude fragte.

Tabelle 1: Skalen der trait- und state-Erhebungen und Deskriptivstatistiken.

Konstrukt	Beispielitem	Stat. Kennwerte		
		M	SD	α
Affektivität (trait)				
Positiv	Im Allgemein fühle ich mich freudig erregt.	3.67	0.56	.87
Negativ	Im Allgemein fühle ich mich nervös.	1.45	0.27	.65
Emotionale Erschöpfung (trait)	Durch meine Arbeit bin ich gefühlsmäßig am Ende.	1.86	0.51	.83
Freude (state; Single-Item)	Wie stark erleben Sie im Moment Freude?	3.44	0.65	--
Emotionale Dissonanz (state; single-item)	Im Moment muss ich meine Gefühle unterdrücken.	1.52	0.98	--
Regulation von Freude (state, je Single-Item)	Sie haben angegeben (keine) Freude zu empfinden…	--	--	--
Verstärkung oder Unterdrückung	… Wie zeigen Sie Ihre momentane Freude nach außen?[a]	--	--	--
Simulation	… Zeigen Sie trotzdem Freude nach außen?[b]	--	--	--

Anmerkung: Alle Items mit Ausnahme der Freuderegulation konnten auf einer Skala jeweils von 1-5 eingeschätzt werden.
[a] Die Ratingstufen des Items waren 1: viel schwächer, 2: etwas schwächer, 3: genau wie sie ist, 4: etwas stärker, 5: viel stärker;
[b] Die Ratingstufen des Items waren 1: nein, 2: ja, etwas, 3: ja, viel.

3.2 Ergebnisse

In 397 Unterrichtsstunden gaben die Lehrpersonen an, zumindest etwas Freude zu empfinden. Von diesen Unterrichtsstunden haben sie in der überwiegenden Mehrheit, nämlich in 274 Stunden (69 %), die Freude authentisch nach außen gezeigt (siehe Abbildung 2). Dennoch gaben die Lehrpersonen auch in einigen Unterrichtsstunden an, den Ausdruck von Freude zu regulieren: In insgesamt 49 Unterrichtsstunden (12 %) wurde die Freude verstärkt (diese Angaben verteilten sich auf auf 15 der 38 Lehrpersonen), in 74 Stunden (19 %) wurde sie unterdrückt (diese Angaben verteilten sich auf 29 der 38 Lehrpersonen). Es waren keine Geschlechterunterschiede in der Verstärkung bzw. Unterdrückung zu beobachten.

Dass Lehrpersonen im Unterricht häufig Freude empfinden, ist in der empirischen Forschung gut bestätigt und konnte auch hier wieder gezeigt werden. Dennoch gab es auch einige wenige Unterrichtsstunden (N = 23), in denen die Lehrpersonen berichteten keine Freude zu empfinden; war dies der Fall, dann gaben die Lehrpersonen in den meisten der Fälle, nämlich in 15 Stunden (65 %) an, dennoch Freude zu zeigen, d.h. den Ausdruck von Freude zu simulieren (siehe Abbildung 3). Die Fallzahlen waren insgesamt zu gering um belastbare Aussagen zu Geschlechterunterschieden zu gewinnen: Lediglich drei Lehrerinnen gaben in jeweils einer Stunde, in der sie keine Freude empfanden, an, auch keine Freude nach außen zu zeigen; die restlichen Angaben zur Simulation von Freude verteilten sich auf 9 Lehrer.

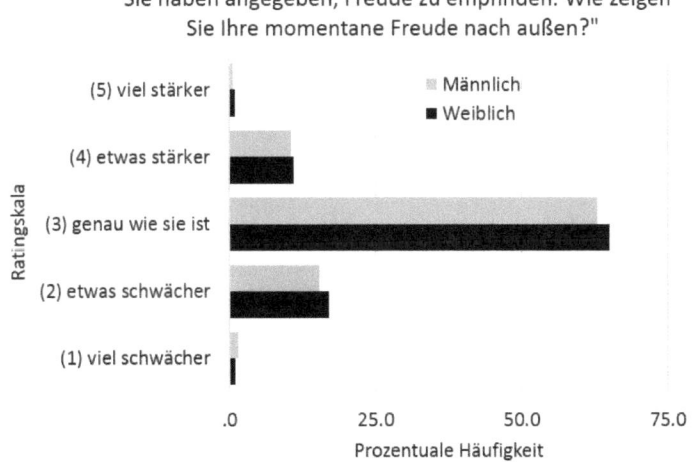

Abbildung 2: Verstärkung oder Unterdrückung von Freude

176 | Melanie M. Keller und Eva S. Becker

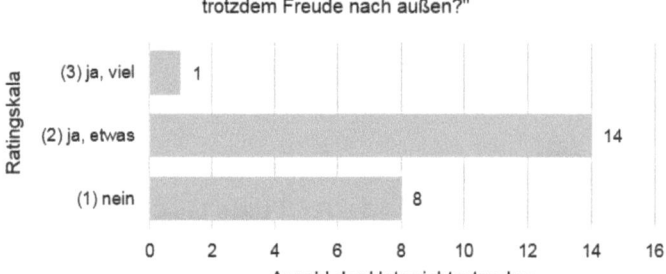

Abbildung 3: Simulation von Freude

In Tabelle 2 finden sich die Zusammenhänge von Unterdrückung bzw. Verstärkung von Freude[3] mit situativen Merkmalen (momentanes Freudeerleben und emotionale Dissonanz), sowie individuellen Merkmalen, der Affektivität und der emotionalen Erschöpfung.

Tabelle 2: Korrelationen.

		(1)	(2)	(3)	(4)	(5)	(6)	(7)
State-level								
(1)	Momentanes Freudeerleben	--	-.37	-.16	.19	.57***	.03	-.37+
(2)	Momentane emotionale Dissonanz	-.28***	--	.14	.50*	-.25	-.06	.31
Freuderegulation								
(3)	Unterdrückung	-.01	.14+	--	-.09	-.02	-.04	-.21
(4)	Verstärkung	-.25***	.14+	--	--	.39*	-.36	-.13
Trait-level								
(5)	Positive Affektivität	--	--	--	--	--	-.28*	-.55***
(6)	Negative Affektivität	--	--	--	--	--	--	.26+
(7)	Emotionale Erschöpfung	--	--	--	--	--	--	--

Anmerkung: Die Werte unterhalb der Diagonale geben die within-Level Korrelationen an (d.h. die Zusammenhänge auf der Situations- bzw. Stundenebene, nur anwendbar für state-Variablen); die Werte oberhalb der Diagonalen geben die between-Level Korrelationen an (d.h. die Zusammenhänge auf Personenebene). Die zugrundeliegenden Fallzahlen waren N = 397 Unterrichtsstunden auf within- und N = 38 Lehrpersonen auf between-Level.
*** $p < .001$, * $p < .05$, + $p < .1$

Momentanes Freudeerleben hängt auf der Situationsebene (unterhalb der Diagonale in Tabelle 2) negativ mit der Verstärkung von Freude zusammen: Je mehr Freude eine Lehrperson in einer Situation empfindet, desto weniger wird der Ausdruck von Freu-

---

3 Hierzu wurde die Variable „Freuderegulation Unterdrückung/Verstärkung" in zwei Variablen gesplittet: Die Stufen des ursprünglichen Items 1 = viel schwächer, und 2 = etwas schwächer wurden in die Variable Unterdrückung aufgenommen, die Stufen 3 = genau wie sie ist, 4 = etwas stärker und 5 = viel stärker gingen in der Variable Verstärkung auf; die jeweils anderen Stufen wurden in den beiden neuen Variablen mit 0 kodiert. Auf eine Regression auf die Simulation von Freude wurde aufgrund der geringen Fallzahlen bzw. Variabilität im Simulations-Item verzichtet.

de verstärkt; dies gilt nicht für die Unterdrückung von Freude auf der Situationsebene. Über Situationen hinweg, d.h. auf der Personenebene hängt das Freudeerleben tendenziell negativ mit der Regulation von Freude zusammen: Lehrpersonen, die generell berichten mehr Freude zu empfinden, regulieren generell weniger ihren Freudeausdruck.

Hohe positive Affektivität scheint zu mehr Verstärkung des Freudeausdrucks zu führen, wohingegen negative Affektivität tendenziell negativ mit der Verstärkung des Freudeausdrucks zusammenhängt. Emotionale Erschöpfung hängt tendenziell negativ mit sowohl der Unterdrückung als auch der Verstärkung von Freude zusammen: Lehrpersonen mit höherer Erschöpfung regulieren also weniger ihren Freudeausdruck im Unterricht als Personen mit niedrigerer Erschöpfung.

4. Ausblick

Obwohl die Erfassung der Freuderegulation in der vorliegenden Studie mit starken Einschränkungen verbunden ist (Selbstbericht, Einzelitem für Freuderegulation, das anschließend gesplittet wurde in Unterdrückung und Verstärkung, etc.), erlaubt die Studie erste Einblicke in ein bisher weitestgehend unerforschtes Themengebiet der (Ausdrucks-)Regulation von Freude im Unterricht. Insgesamt zeigte sich, dass (der Ausdruck von) Freude in gut einem Drittel der Unterrichtsstunden reguliert wird. In Stunden, in denen Lehrpersonen berichteten keine Freude zu empfinden, gaben die Lehrpersonen dennoch an, diese nach außen hin zu „simulieren". Dem folgend könnte man den negativen Zusammenhang zwischen momentanem Freudeerleben und Verstärkung als Hinweis darauf verstehen, dass Lehrpersonen tatsächlich versuchen, ein positive(re)s emotionales Bild nach außen zu präsentieren (siehe auch Sutton, 2004)[4]. Interessanterweise gab es einen tendenziell positiven Zusammenhang zwischen momentaner emotionaler Dissonanz und Regulation des Freudeausdrucks: Dies ist zwar insofern nicht verwunderlich, da die beiden Items spezifisch nach der Unterdrückung von Emotionen, einmal emotionsunspezifisch und einmal in Bezug auf Freude, fragen. Im Lichte allerdings der vielfältigen Untersuchungen, die einen Zusammenhang zwischen emotionaler Dissonanz und Unterdrückung negativer Emotionen wie Ärger sowie Burnout zeigen (Chang, 2013; Keller,, Chang et al., 2014), wirft der hier gefundene positive Zusammenhang die Frage auf, inwieweit auch emotionale Arbeit in Bezug auf positive Emotionen „anfällt". Dazu passt der Befund, dass emotionale Erschöpfung bei den untersuchten Lehrpersonen negativ mit der Regulation des Freudeausdrucks zusammenhing: Möglicherweise mangelt es erschöpften Lehrpersonen an den selbstregulativen Ressourcen zur Regulation des Emotionsausdrucks, wie es auch im Kontext der Regulation negativer Emotionen gefunden wurde (Keller, Chang et al., 2014). Es wäre sicherlich lohnend für zukünftige Forschung, den Aspekt der emotionalen Arbeit, Dissonanz und Erschöpfung nicht nur im Kontext negativer, sondern auch positiver Emotionen zu betrachten. Oder, anders gesprochen, welche Motive liegen der Regulation positiver Emotionen zugrunde,

---

4   Es wäre allerdings auch möglich, den negativen Zusammenhang dahingehend zu interpretieren, dass mehr Freudeerleben zu weniger Verstärkung führt, möglicherweise deshalb, weil in diesen Situationen keine Notwendigkeit zur Verstärkung gegeben ist.

und welche Effekte hat diese Regulation für Lehrpersonen, ihr unterrichtliches Verhalten und schließlich auch für ihre Schülerinnen und Schüler?

Aus praktischer Sicht lässt sich also (noch) keine eindeutige Empfehlung dahingehend geben, ob das Regulieren von Freude (bzw. des Freudeausdrucks) nun empfehlenswert ist oder nicht. Zwei Szenarien sind denkbar: (1) Die Verstärkung des Ausdrucks von Freude wirkt sich positiv auf die Schülerinnen und Schüler aus, die sich daraufhin möglicherweise interessierter und engagierter zeigen (tatsächlich ist der Zusammenhang zwischen behavioral gezeigter Freude bzw. Enthusiasmus hinsichtlich Schülermotivation und -affekt gut belegt, siehe Keller et al., 2016), was wiederum positive Auswirkungen auf die Lehrperson hat. Anderseits ist es auch denkbar, dass (2) die Verstärkung (oder Unterdrückung) von Freude im Sinne emotionaler Arbeit zu verstehen ist, was Ressourcen beansprucht und negative Konsequenzen für das Wohlbefinden und die Gesundheit der Lehrpersonen hat (siehe Taxer & Frenzel, 2015, April).

Insgesamt lässt sich eine stetige Entwicklung im Forschungsfeld der Emotionen von Lehrpersonen über die letzten Jahre festhalten: Von einem ehemals unbeachteten Randfeld der Bildungsforschung gibt es mittlerweile eine ganze Reihe empirischer qualitativer sowie quantitativer Studien, die sich verschiedensten Aspekten der Emotionen und Emotionsregulation von Lehrpersonen widmen. Dennoch lassen sich auch Defizite identifizieren, bezüglich derer zukünftige Forschung Klarheit verschaffen könnte. Mögliche Themen hierfür lägen beispielsweise in der Frage zu Stabilität und Variabilität von Emotionen bei Lehrpersonen (Frenzel et al., 2015) und was diese bedingt oder auch weiterführende Untersuchungen, insbesondere qualitativer Art, zur Regulation positiver Emotionen wie Freude oder auch Stolz (Stolz scheint eine von den Lehrpersonen selbst als „problematisch" eingeschätzte Emotion zu sein; so gaben einige Lehrpersonen an, dass sie es als unangemessen erachten würden, stolz zu sein oder Stolz zu zeigen, siehe hierzu Keller, Frenzel et al., 2014). Insbesondere die fortschreitende technische Entwicklung erleichtert eine Implementierung von state-Erhebungen in den Schulalltag; denkbar ist hier zukünftig auch die Inkludierung physiologischer Maße.

Literatur

Bakker, A. B. (2005). Flow among music teachers and their students: The crossover of peak experiences. *Journal of Vocational Behavior*, 66(1), 26–44.

Baumeister, R. F., Vohs, K. D., DeWall, C. N., & Zhang, L. (2007). How emotion shapes behavior: feedback, anticipation, and reflection, rather than direct causation. *Personality and Social Psychology Review*, 11(2), 167–203.

Becker, E., Götz, T., Morger, V., & Ranellucci, J. (2014). The importance of teachers' emotions and instructional behavior for their students' emotions: An experience sampling analysis. *Teaching and Teacher Education*, 43, 15–26.

Becker, E., Keller, M. M., Götz, T., & Frenzel, A. C. (2015). Antecedents of teachers' emotions in the classroom: An intraindividual approach. *Frontiers in Psychology*, 6:635. https://doi.org/10.3389/fpsyg.2015.00635

Byrne, T., Henskens, F., Johnston, P., & Katsikitis, M. (2003). FaceXpress: An integrated software suite for facial emotion stimulus manipulation and facial measurement. *Methods of Psychological Research Online*, 8(3), 97–111.

Carbonneau, N., Vallerand, R. J., Fernet, C., & Guay, F. (2008). The role of passion for teaching in intrapersonal and interpersonal outcomes. *Journal of Educational Psychology, 100*(4), 977–987.

Chang, M.-L. (2009). An appraisal perspective of teacher burnout: Examining the emotional work of teachers. *Educational Psychology Review, 21*, 193–218.

Chang, M.-L. (2013). Toward a theoretical model to understand teacher emotions and teacher burnout in the context of student misbehavior: Appraisal, regulation, and coping. *Motivation and Emotion, 37*(4), 799–817.

Chen, J. (2016). Understanding teacher emotions: The development of a teacher emotion inventory. *Teaching and Teacher Education, 55*, 68–77.

Cohn, J. F., Ambadar, Z., & Ekman, P. (2007). Observer-based measurement of facial expression with the Facial Action Coding System. In J. A. Coan, & J. B. Allen (Eds.), *Handbook of emotion elicitation and assessment* (pp. 203–221). New York, NY: Oxford University Press.

Cropanzano, R., Weiss, H. M., Hale, J. M., & Reb, J. (2003). The structure of affect: Reconsidering the relationship between negative and positive affectivity. *Journal of Management, 29*(6), 831–857.

Enzmann, D., & Kleiber, D. (1989). *Helfer Leiden. Streß und Burnout in psychosozialen Berufen.* Heidelberg: Asanger.

Fairclough, S. H., Tattersall, A. J., & Houston, K. (2006). Anxiety and performance in the British driving test. *Transportation Research Part F: Traffic Psychology and Behaviour, 9*(1), 43–52.

Fredrickson, B. L. (2001). The role of positive emotions in positive psychology: The broaden-and-build theory of positive emotions. *American Psychologist, 56*(3), 218–226.

Frenzel, A. C., Becker-Kurz, B., Pekrun, R., & Götz, T. (2015). Teaching this class drives me nuts!: Examining the person and context specificity of teacher emotions. *PLoS One, 10*(6), e0129630.

Frenzel, A. C., & Götz, T. (2007). Emotionales Erleben von Lehrkräften beim Unterrichten. *Zeitschrift für Pädagogische Psychologie, 21*, 283–295.

Frenzel, A. C., Pekrun, R., Götz, T., Daniels, L. M., Durksen, T. L., Becker-Kurz, B., & Klassen, R. M. (2016). Measuring enjoyment, anger, and anxiety during teaching: The Teacher Emotion Scales (TES). *Contemporary Educational Psychology, 46*, 148–163.

Gable, P., & Harmon-Jones, E. (2010). The motivational dimensional model of affect: Implications for breadth of attention, memory, and cognitive categorisation. *Cognition & Emotion, 24*(2), 322–337.

Götz, T., Becker, E., Bieg, M., Keller, M. M., Frenzel, A. C., & Hall, N. (2015). The glass half empty: How emotional exhaustion affects the state-trait discrepancy in self-reports of teaching emotions. *PLoS One, 10*(9), e0137441.

Gong, S., Chai, X., Duan, T., Zhong, L., & Jiao, Y. (2013). Chinese teachers' emotion regulation goals and strategies. *Psychology, 04*(11), 870–877.

Gross, J. J. (2014). Emotion regulation: Conceptual and empirical foundations. In J. J. Gross (Ed.), *Handbook of emotion regulation* (pp. 3–20). New York: Guilford Press.

Hargreaves, A. (1998). The emotional practice of teaching. *Teaching and Teacher Education, 14*(8), 835–854.

Hargreaves, A. (2000). Mixed emotions: Teachers' perceptions of their interactions with students. *Teaching and Teacher Education, 16*(8), 811–826.

Izard, C. E. (2010). The many meanings/aspects of emotion: Definitions, functions, activation, and regulation. *Emotion Review, 2*(4), 363–370.

Jiang, J., Vauras, M., Volet, S., & Wang, Y. (2016). Teachers' emotions and emotion regulation strategies: Self- and students' perceptions. *Teaching and Teacher Education, 54*, 22–31.

Keller, M. M., Chang, M.-L., Becker, E., Götz, T., & Frenzel, A. C. (2014). Teachers' emotional experiences and exhaustion as predictors of emotional labor in the classroom: An experience sampling study. *Frontiers in Psychology, 5*. https://doi.org/10.3389/fpsyg.2014.01442

Keller, M. M., Frenzel, A. C., Götz, T., Pekrun, R., & Hensley, L. (2014). Exploring teacher emotions: A literature review and an experience sampling study. In P. W. Richardson, S. A. Karabenick, & H. M. G. Watt (Eds.), *Teacher Motivation: Theory and Practice* (pp. 69–82). New York: Routledge.

Keller, M. M., Woolfolk Hoy, A. E., Götz, T., & Frenzel, A. C. (2016). Teacher enthusiasm: Reviewing and redefining a complex construct. *Educational Psychology Review, 28*(4), 743–769.

Koole, S. L. (2009). The psychology of emotion regulation: An integrative review. *Cognition & Emotion, 23*(1), 4–41.

Krapp, A. (2007). An educational-psychological conceptualisation of interest. *International Journal for Educational and Vocational Guidance, 7*, 5–21.

Kunter, M., & Holzberger, D. (2014). Loving teaching: Research on teachers' intrinsic orientations. In P. W. Richardson, S. A. Karabenick, & H. M. G. Watt (Eds.), *Teacher Motivation: Theory and Practice* (pp. 83–99). New York: Routledge.

Minor, L. C., Onwuegbuzie, A. J., Witcher, A., & James, T. L. (2002). Preservice teachers' educational beliefs and their perceptions of characteristics of effective teachers. *The Journal of Educational Research, 96*(2), 116–127.

Morris, J. A., & Feldman, D. C. (1996). The dimensions, antecedents, and consequences of emotional labor. *Academy of Management Review, 21*(4), 986–1010.

Pekrun, R. (2006). The control-value theory of achievement emotions: Assumptions, corollaries, and implications for educational research and practice. *Educational Psychology Review, 18*(4), 315–341.

Retelsdorf, J., & Günther, C. (2011). Achievement goals for teaching and teachers' reference norms: Relations with instructional practices. *Teaching and Teacher Education, 27*(7), 1111–1119.

Robinson, M. D., & Clore, G. L. (2002). Belief and feeling: Evidence for an accessibility model of emotional self-report. *Psychological Bulletin, 128*(6), 934–960.

Schall, M., Martiny, S. E., Götz, T., & Hall, N. C. (2016). Smiling on the Inside: The social benefits of suppressing positive emotions in outperformance situations. *Personality & Social Psychology Bulletin, 42*(5), 559–571.

Schult, J., Münzer-Schrobildgen, M., & Sparfeldt, J. R. (2014). Belastet, aber hochzufrieden?: Arbeitsbelastung von Lehrkräften im Quer- und Längsschnitt. *Zeitschrift für Gesundheitspsychologie, 22*(2), 61–67.

Sutton, R. E. (2004). Emotional regulation goals and strategies of teachers. *Social Psychology of Education, 7*(4), 379–398.

Taxer, J., & Frenzel, A. C. (2015, April). Fake enthusiasm, does it exist?: Discovering differing levels of expressed enthusiastic behaviors and enjoyment among teachers. In AERA (Ed.), *Annual Conference of the American Educational Research Association, Chicago IL*.

Vallerand, R. J., Blanchard, C., Mageau, G. A., Koestner, R., Ratelle, C. F., Leonard, M., & Gagné, M. (2003). Les passions de l'âme: On obsessive and harmonious passion. *Journal of Personality and Social Psychology, 85*, 756–767.

Watson, D., Clark, L. A., & Tellegen, A. (1988). Development and validation of brief measures of positive and negative affect: The PANAS scales. *Journal of Personality and Social Psychology, 54*(6), 1063–1070.

Zembylas, M. (2003). Caring for teacher emotion: Reflection on teacher self-development. *Studies in Philosophy and Education, 22*(2), 103–125.

Anne C. Frenzel und Jamie L. Taxer

„Das kannst Du doch besser!" – Effekte von Lehrerärger und -mitleid auf das Misserfolgs-Attributionsmuster und die Persistenz von Lernenden

Abstract
Gegenstand der hier berichteten Studie sind die Effekte von gezeigtem Ärger versus gezeigtem Mitleid nach Misserfolg auf Schülerinnen und Schüler. Auf Basis von attributionstheoretischen Überlegungen und Theorien der Selbst-Konsistenz postulierten wir, dass das a priori Fähigkeitsselbstkonzept die Effekte von Lehrerärger versus -mitleid auf die wahrgenommenen interpersonalen sowie intrapersonalen Attributionen der Lernenden sowie deren Persistenz bei der Aufgabenbearbeitung moderieren. Wir überprüften unsere Annahmen anhand von Daten von $N = 68$ Schülerinnen und Schülern der 6. Jahrgangsstufe, die in einer eigens programmierten virtuellen Lernumgebung eine Wortsuchaufgabe absolvierten und von einer virtuellen Lehrkraft wiederholt Misserfolg in dieser Aufgabe rückgemeldet bekamen, gekoppelt mit Ärger- oder Mitleidausdruck. Wie schon in den (wenigen) bestehenden empirischen Studien zur Fragestellung stützten auch die Ergebnisse unserer Studie nur vereinzelt die postulierten Hypothesen. Unser Fazit ist, dass die Zusammenhänge zwischen dem Emotionsausdruck von Lehrkräften und den selbst- und aufgabenbezogenen Kognitionen von Lernenden, wenngleich attributionstheoretisch gut fundiert und intuitiv plausibel, vermutlich komplexer sind als bisher angenommen. Nichtsdestotrotz scheint es empfehlenswert, dass sich Lehrkräfte selbstreflektiv mit den hier postulierten Ursachen und Folgen ihres eigenen Emotionsausdrucks im Klassenzimmer auseinandersetzen. So können sie gesunde Coping-Strategien im Umgang mit eigenen negativen Emotionen in Reaktion auf Schülermisserfolge entwickeln, anstatt diese unreflektiert zu unterdrücken.

1. Einführung

Emotionen sind nicht nur für den betroffenen „Fühlenden" relevant, sie haben auch soziale und kommunikative Funktionen (Anderson & Guerrero, 1998; Fischer & Manstead, 2008) und können insofern Effekte auch auf Interaktionspartner entfalten. Ziel der hier beschriebenen Studie war es, mögliche Effekte von Lehreremotionen auf Schüler/innen zu untersuchen. Unsere Überlegungen basieren auf einem klassischen theoretischen Paradigma: Der Attributionstheorie. In unserer Studie untersuchten wir den Einfluss von Lehrerärger und -mitleid nach Misserfolg auf Attributionen, Fähigkeitsselbstkonzept in der betroffenen Aufgabe und Verhalten bei erneuter Konfrontation mit der Aufgabe (Persistenz) bei Lernenden. Ärger und Mitleid sind die am typischsten erlebten Emotionen von Lehrkräften im Fall von Schülermisserfolg (Frenzel, 2014; Prawat, Byers, & Anderson, 1983; Sutton, 2007).

Ärger ist insgesamt die am häufigsten berichtete negative Emotion von Lehrkräften (Frenzel, 2014), wird jedoch als sozial unerwünscht empfunden (Chang, 2009; Sutton, 2007; Sutton & Wheatley, 2003). Lehrkräfte sind der Ansicht, dass der Ausdruck und das Erleben von Ärger beim Unterrichten Schüler/innen gegenüber inadäquat ist (z.B.

McPherson, Kearney, & Plax, 2003) und die Effektivität ihres Unterrichts beeinträchtigt. Dementsprechend berichten Lehrkräfte von Anstrengungen, ihren Ärger selbstregulativ zu mindern und den Ausdruck von Ärger im Klassenzimmer zu unterdrücken (Sutton, 2007; Sutton & Wheatley, 2003; Taxer & Frenzel, 2015).

Mitleid hingegen wird als prosoziale Emotion erlebt und zählt nicht zu den Emotionen, von denen Lehrkräfte typischerweise berichten, sie zu unterdrücken (Sutton, 2004; Taxer & Frenzel, 2015). Im Gegenteil, Lehrkräfte empfinden sich als authentisch, wenn sie ehrlich erlebtes Mitleid mit „schwachen" Schüler/innen ausdrücken (so auch berichtet in einer Fokusgruppe mit Sekundarschullehrkräften im Vorfeld unserer Studie). Aus attributionstheoretischer Sicht jedoch gibt es begründete Annahmen, dass gezeigtes Mitleid nach Misserfolgen ungünstige, gezeigter Ärger hingegen günstige Effekte bei den Lernenden entfalten könnte (Hareli & Weiner, 2002). Dies wurde in vereinzelten Studien auch schon empirisch gezeigt, wobei diese Studien mit der Vignetten-Methode arbeiteten, das heißt, die Proband/innen beurteilten Reaktionen von Lernenden in virtuellen, durch Vignetten beschriebenen Situationen (Barker & Graham, 1987; Butler, 1994; Weiner, Graham, Stern, & Lawson, 1982). Zentrales Ziel unserer Studie war es, die Reaktionen von Lernenden auf deren eigenen, tatsächlich erlebten Misserfolg, in Abhängigkeit von ärgerlicher versus mitleidiger Reaktion einer Lehrkraft, zu untersuchen.

1.1 Intrapersonale Prozesse

In der Attributionstheorie werden intra- und interpersonale Prozesse unterschieden (z.B. Weiner, 2000; vgl. Abbildung 1, gestrichelte Box zeigt interpersonale Prozesse, linierte Box zeigt intrapersonale Prozesse). Intrapersonale Attributionen betreffen Ursachenzuschreibungen bezüglich Ereignissen, die einem selbst zugestoßen sind. Die zentralen Ereignisse im Leistungskontext sind Erfolge und Misserfolge. Gerade Misserfolge führen häufig zur spontanen Frage, „Warum habe ich versagt?". Man kann sich diese Frage unterschiedlich beantworten, zum Beispiel mit mangelnder eigener Fähigkeit, mangelnder Anstrengung, Pech oder falscher Vorbereitung. Weiner (1985, 1986) hat drei zentrale Kausaldimensionen identifiziert, denen diese möglichen Ursachen für Leistungsergebnisse zugeordnet werden können. Diese sind, (1) Lokalisation der Verursachung (internal versus external), (2) Stabilität (dauerhaft versus vorübergehend), und (3) Kontrollierbarkeit (durch eigenes Bemühen kontrollierbar versus unkontrollierbar). Die intrapersonale Attribution auf mangelnde Fähigkeit entspricht typischerweise einer internalen, stabilen und unkontrollierbaren Ursache, während die intrapersonale Attribution auf mangelnde Anstrengung typischerweise als eine internale, instabile und kontrollierbare Ursache angesehen wird.

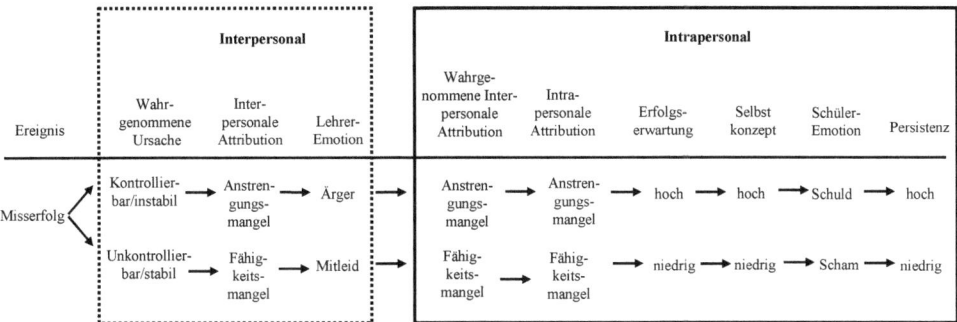

Abbildung 1: Angenommene Wirkkette von Leistungsergebnissen, über Lehrerärger versus Lehrermitleid, auf Schülervariablen aufgrund von inter- und intra-personalen Attributionsprozesse

Weiter wird in der Attributionstheorie postuliert, dass diese intrapersonalen Attributionen für Leistungsergebnisse die kognitiven Reaktionen der Betroffenen beeinflussen (Weiner, 1985, 1986, 2000). Die erlebte Stabilität der Ursache für ein Leistungsergebnis beeinflusst dabei insbesondere das Fähigkeitsselbstkonzept: Ein Misserfolg, der auf stabile Ursachen (mangelnde Fähigkeit) zurückgeführt wird, führt demgemäß zu einem geschwächten Fähigkeitsselbstkonzept (Weiner, 2000). Überzeugungen hinsichtlich der eigenen Fähigkeiten wiederum beeinflussen nachfolgendes Verhalten wie Persistenz bei der erneuten Konfrontation mit einer ähnlichen Aufgabenstellung (Weiner, 1986; Zimmerman, 2000): Sieht man einen Misserfolg als durch stabile, unkontrollierbare Faktoren verursacht, geht man bei einer erneuten Konfrontation mit einer ähnlichen Aufgabenstellung mit weniger Persistenz an die Aufgabe heran, als wenn ein vorangegangener Misserfolg in einer ähnlichen Aufgabe als durch instabile, kontrollierbare Faktoren verursacht angesehen wird.

1.2 Interpersonale Prozesse

Die spontane Suche nach möglichen Ursachen beschränkt sich nicht auf eigene Leistungsergebnisse. Auch im Falle von Erfolgen oder Misserfolgen anderer Personen stellt man oft Überlegungen an, warum diese eingetreten sein könnten (vgl. Abbildung 1, gestrichelte Box). In diesem Zusammenhang spricht Weiner (2000) auch von interpersonalen Attributionen. Dies trifft insbesondere auf Lehrkräfte zu, für die es große Relevanz hat zu verstehen, warum ihre Schüler/innen in – häufig von ihnen selbst konstruierten – Tests gut oder schlecht abgeschnitten haben. Da Lehrkräfte über einen längeren Zeitraum hinweg mit ihren Schüler/innen interagieren und deren Leistungsergebnisse wiederholt beobachten, formen sie früher oder später Repräsentationen der Leistungsfähigkeit ihrer verschiedenen Schüler/innen aus. Diese Leistungsfähigkeits-Repräsentationen stellen dann eine Basis für die interpersonalen Attributionen von Leistungsergebnissen der Schüler/innen dar. So wird eine Lehrkraft Misserfolge von Schüler/innen, die sie als prinzipiell für leistungsfähig hält, eher auf deren mangelnde Anstrengung in der Prüfung zurückführen. Im Unterschied dazu wird die Lehrkraft Misserfolge von als leistungsschwach beurteilten Schüler/innen eher auf deren mangelnde Fähigkeit zurückführen.

Diese differenziellen interpersonalen Misserfolgsattributionen durch die Lehrkräfte prägen wiederum deren emotionale Reaktionen auf Leistungsergebnisse der Lernenden (Graham & Weiner, 1986; Weiner, 2000). Eine interpersonale Misserfolgs-Attribution auf mangelnde Anstrengung (kontrollierbare Ursache) ruft typischerweise Ärger hervor; eine interpersonale Misserfolgs-Attribution auf mangelnde Fähigkeit (unkontrollierbare Ursache) ruft typischerweise Mitleid hervor. Zusammenhänge zwischen interpersonalen Attributionen und emotionalen Reaktionen von Lehrkräften sind anhand von Studien, die typischerweise die Vignetten-Methode verwendeten, empirisch gut belegt (Butler, 1994; Clark & Artiles, 2000; Georgiou, Christou, Stavrinides, & Panaoura, 2002; Prawat et al., 1983).

1.3 Zusammenspiel von intra- und interpersonalen Prozessen

Interpersonale Attributionen beeinflussen intrapersonale Attributionen (Weiner, 2000; vgl. Übergang zwischen der gestrichelten Box und der linierten Box in Abbildung 1): Es ist eine zentrale Annahme von sozial-kognitiven Theorien, dass man die Überzeugungen anderer hinsichtlich Wertüberzeugungen, aber auch der eigenen Leistungsfähigkeit, übernimmt, wenn diese anderen einem selbst hinreichend ähnlich sind oder die anderen als glaubhafte Quellen eingeschätzt werden (Bandura, 1997). So hat auch Meyer (1983) argumentiert, dass Personen aus dem Verhalten eines Beobachters (z.B. Hilfsangebote, Lob, Tadel) schlussfolgern, wie der Beobachter ihre Leistungsfähigkeit einschätzt. Lehrkräfte stellen hier für Lernende eine bedeutsame Quelle für die Beurteilung ihrer Leistungsfähigkeit dar. Die zentrale Annahme der vorliegenden Studie ist, dass die Emotionen einer Lehrkraft – zu dem Ausmaß, als diese ihren Emotionen auch Ausdruck verleiht – eine Bedeutung für den Lernenden entfalten. Die Emotionen kommunizieren indirekt, wie die Lehrkraft das Leistungsergebnis attribuiert und damit, für wie leistungsfähig sie den Lernenden hält. Dies wiederum dient dem Lernenden selbst als relevante Information dazu, worauf der eigene Misserfolg zurückzuführen sein könnte und wie leistungsfähig er sich selbst einschätzen kann, mit entsprechenden Wirkungen auf seine Persistenz bei nachfolgenden Herausforderungen. Für die beiden Emotionen, die wir in den Fokus dieser Arbeit gestellt haben, stellt sich das folgendermaßen dar: Zeigt eine Lehrkraft Mitleid in Reaktion auf einen Schülermisserfolg, signalisiert sie dem Schüler bzw. der Schülerin damit „Du kannst es einfach nicht besser". Entsprechend sollte auch der bzw. die betroffene Schüler/in mit größerer Wahrscheinlichkeit diesen Misserfolg auf mangelnde Fähigkeit attribuieren und in der Folge weniger zuversichtlich die eigene Fähigkeit bewerten und weniger persistent an ähnliche Aufgaben herantreten. Mit Ärger hingegen signalisiert die Lehrkraft „Das kannst Du doch besser!". Entsprechend sollte der bzw. die betroffene Schüler/in mit größerer Wahrscheinlichkeit diesen Misserfolg auf mangelnde Anstrengung attribuieren, die eigene Fähigkeit eher zuversichtlich bewerten und in der Folge mit größerer Persistenz an ähnliche Aufgaben herantreten.

1.4 Empirische Befunde zu den Effekten von Ärger und Mitleid nach Misserfolg

Die Wirkkette von emotionaler Rückmeldung im Kontext von Misserfolg auf Lernende ist also, wenn man sie wie hier in ihre einzelnen Elemente dekomponiert, recht komplex und vielschrittig – und zugleich intuitiv äußerst plausibel. Empirisch ist sie jedoch noch kaum belegt. Es gibt nur zwei empirische Studien aus den 80er Jahren des letzten Jahrhunderts (Graham, 1984; Rustemeyer, 1984), die einige dieser theoretischen Annahmen systematisch überprüft haben, indem Lernende tatsächlich einem Misserfolg ausgesetzt wurden, gekoppelt mit einer emotionalen Reaktion der Lehrkraft – mit durchaus uneinheitlichen Befunden, wie im Folgenden dargelegt wird.

In der Studie von Rustemeyer (1984) wurde den teilnehmenden Studierenden im Rahmen einer angeblichen Auslosung die Rolle des bzw. der „Schüler/in" zugewiesen; einem Vertrauten der Versuchsleitung wurde die Lehrerrolle zugewiesen. Die Teilnehmer/innen absolvierten einen optischen Wahrnehmungstest. Eine erste Runde diente angeblich der Lehrkraft zur Einordnung der Fähigkeit der Schüler/innen. In den folgenden Runden benannte die Lehrkraft durch Hochhalten von Karten, welche diskrete Emotion sie angesichts des angeblichen Ergebnisses der Teilnehmer/innen empfand (zur Auswahl standen Zufriedenheit, Mitleid, Ärger, Überraschung, Enttäuschung, Freude, Traurigkeit oder Erleichterung – gezeigt wurde lediglich entweder „Überraschung" in Reaktion auf den Erfolg bzw. „Mitleid" auf den Misserfolg oder „Zufriedenheit" nach Erfolg, sowie „Ärger" nach Misserfolg). Die Ergebnisse hinsichtlich der danach per Selbstbericht erfassten wahrgenommenen interpersonalen Attribution waren gemischt. Kein Effekt zeigte sich für die Attribution auf Anstrengung (obwohl erwartbar gewesen wäre, dass die Bedingung Zufriedenheit/Ärger signalisiert, dass in der Misserfolgs-Runde zu wenig Anstrengung investiert wurde). Erwartungskonsistent waren die Ergebnisse hinsichtlich der wahrgenommenen interpersonalen Attribution auf Fähigkeit: Diese war im Falle von gezeigter „Zufriedenheit" nach Erfolg höher als bei gezeigter „Überraschung". Hingegen vermuteten die Teilnehmer/innen im Misserfolgsfall bei gezeigtem „Mitleid" eher eine Attribution auf mangelnde Fähigkeit als bei gezeigtem „Ärger". Auch die Befunde hinsichtlich der eigenen Fähigkeitseinschätzung waren gemischt: Keine Effekte ergaben sich bei einer absoluten Fähigkeitseinschätzung, aber im Vergleich zu anderen Testteilnehmern schätzten sich die Teilnehmer/innen in der Bedingung Überraschung/Mitleid niedriger ein als in der Bedingung Zufriedenheit/Ärger. Neben einigen methodischen Schwächen dieser Studie (Einzel-Items zur Erfassung) ist an der Studie problematisch, dass die Emotionen auf sehr artifizielle Weise kommuniziert wurden (Hochhalten von Karten), und dass jeweils Kombinationen aus zwei emotionalen Rückmeldungen und nur eine einzige Sequenz von Leistungsergebnissen verwendet wurden (zuerst Erfolg, dann Misserfolg, gekoppelt mit Zufriedenheit/Ärger bzw. Überraschung/Mitleid), sodass unklar bleibt, ob sich eine der beiden oder die Kombination beider auf die Fähigkeitseinschätzung der Lernenden ausgewirkt hat.

Die Studie von Graham (1984) hatte hinsichtlich dieser Faktoren ein günstigeres Design: Hier wurde bei Sechstklässler/innen Misserfolg beim Lösen von Puzzles induziert, was durch die Versuchsleiterin durch real gezeigten Ärger oder Mitleid kommentiert wurde (Aussage „Du hast es nicht geschafft, dieses Puzzle in der vorgegebenen Zeit zu lösen – ich ärgere mich über dich", gekoppelt mit prosodischem und gestischem Ärger-Ausdruck versus Aussage „Du hast es nicht geschafft, dieses Puzzle in der vorgegebenen Zeit zu lösen – das tut mir leid für Dich", gekoppelt mit prosodischem und gestischem Mitleids-Ausdruck). Auch hier gab es zuvor eine Übungsrunde, in der sich die Lehrkraft angeblich zu den Puzzle-Lösungskompetenzen der Teilnehmer/innen ein Bild machte. Die Ergebnisse dieser Studie zeigten erwartungskonforme Effekte von Ärger im Vergleich zu Mitleid sowohl auf die inter- als auch auf die intrapersonalen Fähigkeits- und Anstrengungs-Attributionen (höhere Attributionen auf mangelnde Anstrengung nach Ärger und höhere Attributionen auf mangelnde Fähigkeit nach Mitleid). Keinerlei Effekte zeigten sich in dieser Studie jedoch auf die Fähigkeitseinschätzung der Schüler/innen oder auf deren Persistenz.

Zusammenfassend ist zu konstatieren, dass trotz einer starken und intuitiv sehr plausiblen theoretischen Fundierung der angenommenen Effekte von Lehreremotionen im Falle von Misserfolg auf aufgaben- und selbstbezogene Kognitionen und Persistenz von Lernenden, die empirischen Belege für die Gültigkeit dieser Annahmen bisher wenig überzeugend sind. Unsere Vermutung war nun, dass die bestehende uneinheitliche Befundlage dadurch erklärbar ist, dass das Fähigkeitsselbstkonzept der Lernenden in Bezug auf die betroffene Aufgabe hier eine moderierende Rolle spielt.

1.5 A priori Fähigkeitsüberzeugungen der Lernenden als Moderator

Nur selten ist man mit Aufgabenstellungen konfrontiert, hinsichtlich derer man keinerlei Vorerfahrung hat. Dies gilt auch für die Aufgabenstellungen der oben beschriebenen Studien von Rustemeyer (hier waren Studierende mit einer Wahrnehmungsaufgabe konfrontiert) und Graham (hier waren Sechstklässler/innen mit Puzzle-Aufgaben konfrontiert). Insofern ist anzunehmen, dass die Teilnehmer/innen hinsichtlich der Aufgaben a priori Fähigkeitsüberzeugungen mit in das experimentelle Setting gebracht haben. Sozialpsychologische Ansätze zur Konstruktion des Selbst postulieren und liefern empirische Evidenz dazu, dass Rückmeldungen in Abhängigkeit von selbstbezogenen Überzeugungen interpretiert werden, und dass Informationen, die mit den eigenen Überzeugungen konsistent sind, erhöhte Aufmerksamkeit geschenkt wird; wohingegen Feedback, das nicht den eigenen Überzeugungen entspricht, eher abgelehnt wird (Brown, 2014; Greenwald, 1980; Sherman & Cohen, 2006; Swann, 1985; Swann & Hill, 1982). Hieraus resultiert eine Ungenauigkeit der auf Basis der Attributionstheorie postulierten Effekte. Es ist anzuzweifeln, dass die durch Mitleid signalisierte interpersonale Attribution auf mangelnde Fähigkeit pauschal bei den Rezipienten dazu führt, dass sie diese Attribution übernehmen und ihre Fähigkeit entsprechend angepasst als niedrig bewerten. Genauso wenig mag die durch Ärger signalisierte Attribution auf mangelnde Anstrengung pauschal übernommen und so die Fähigkeitsüberzeugungen der Rezipienten durch den erlebten Misserfolg, wenn dieser mit Ärger gekoppelt wird, weniger stark beeinträchtigt werden. Vielmehr ist anzunehmen, dass diese Effekte sich nur bzw. in besonderer Weise für Lernende entfalten, deren a priori Fähigkeitsüberzeugungen mit den indirekten durch die Emotion signalisierten Attributionsmustern und Fähigkeitsüberzeugungen übereinstimmen (vgl. auch Försterling & Morgenstern, 2002 zur Bedeutung von „realistischen" Attributionen nach Misserfolg).

1.6 Ziel unserer Studie und Hypothesen

Ziel unserer Studie war es, in einer möglichst realistischen und doch maximal kontrollierten Weise Ärger im Vergleich zu Mitleid durch eine Lehrkraft nach einem Misserfolg bei Lernenden zu induzieren. Zu diesem Zweck programmierten wir eine virtuelle Lernumgebung, innerhalb derer Lernende von einer virtuellen Lehrkraft instruiert werden, eine Wortschatzaufgabe absolvieren und Fragen beantworten konnten. Die virtuelle Lehrkraft gab in Abhängigkeit von der (angeblichen) Leistung in der Aufgabe eine verbale Misserfolgsrückmeldung, wobei sie entweder Ärger oder Mitleid angesichts des Misserfolgs ausdrückte.

Wir erwarteten Moderationseffekte durch das a priori Fähigkeitsselbstkonzept bezüglich der betroffenen Aufgabendomäne auf die Effekte von Lehrerärger versus -mitleid auf wahrgenommene interpersonale Attributionen, intrapersonale Attribution, Fähigkeitsselbstkonzept und Persistenz in der betroffenen Aufgabe:

Hypothese 1: Das a priori Fähigkeitsselbstkonzept der Lernenden beeinflusst das Ausmaß, zu dem gezeigter Ärger stärker als gezeigtes Mitleid dazu führt,
a) dass Lernende denken, dass die Lehrkraft den Misserfolg durch mangelnde Anstrengung verursacht sieht;
b) dass Lernende selbst ihren Misserfolg durch mangelnde Anstrengung verursacht sehen.

Hypothese 2: Das a priori Fähigkeitsselbstkonzept der Lernenden beeinflusst das Ausmaß, zu dem gezeigtes Mitleid stärker als gezeigter Ärger dazu führt,
c) dass Lernende denken, dass die Lehrkraft den Misserfolg durch mangelnde Fähigkeit verursacht sieht;
d) dass Lernende selbst ihren Misserfolg durch mangelnde Fähigkeit verursacht sehen.

Hypothese 3: Das a priori Fähigkeitsselbstkonzept der Lernenden beeinflusst das Ausmaß, zu dem sie nach gezeigtem Ärger im Vergleich zu Mitleid
e) ihre eigenen Fähigkeiten in der betroffenen Aufgabe höher bewerten.
f) mit höherer Persistenz an der betroffenen Aufgabe weiterarbeiten.

2. Methode

2.1 Teilnehmer/innen

Teilnehmer/innen der Studie waren $N = 88$ Schüler/innen (42 % weiblich) mit einem durchschnittlichen Alter von $M = 13.01$ Jahren ($SD = 0.85$ Jahre). Die Schüler/innen besuchten die siebte Jahrgangsstufe an einer der drei Schularten des bayrischen Sekundarschulsystems (29 % Mittelschule, 27 % Realschule, 33 % Gymnasium). An jeder Schulart wurde eine vollständige Klasse durch Gelegenheits-Sampling rekrutiert (Bereitschaft zur Teilnahme nach Anfrage bei der Schule). Die Teilnehmer/innen wurden durch die Software zufällig den Bedingungen „Ärger" oder „Mitleid" zugeteilt. Die Studie wurde jeweils in schuleigenen Computerräumen administriert, auf denen vorab die Experimental-Lernumgebung installiert wurde. Es wurden jeweils ca. 15 Schüler/innen zu Gruppentestungen zusammengefasst.

2.1 Ablauf der Erhebung

Beim Betreten der Computerräume wurden die Schüler/innen aufgefordert, sich an einen Rechner zu setzen, die Kopfhörer aufzusetzen und den Anweisungen auf den Bildschirmen zu folgen. Den Teilnehmer/innen wurde auf der Startseite des aufgerufenen Programms schriftlich mitgeteilt, dass es sich um die Erprobung einer virtuellen Lernumgebung handle, innerhalb derer mathematische und sprachliche Fähigkeiten trainiert werden könnten. Besonderheit der Lernumgebung sei, dass sie interaktiv und adaptiv sei, und dass eine virtuelle Lehrkraft ihnen Rückmeldung zu ihrem Abschneiden geben und ihnen Aufgaben gemäß ihrer Leistungsfähigkeit zuweisen werde. Die virtuelle Lehrkraft war anhand einer Schwarz-Weiß-Zeichnung am Bildschirm dargestellt. Eigens aufgezeichnete Tonaufnahmen einer echten Lehrkraft wurden verwendet, um die Aufgabe zu erklären und um jeweils nach den Aufgaben eine verbale Rückmeldung zu geben. Die Schüler/innen wurden von der virtuellen Lehrkraft aufgefordert, zunächst die Option „sprachliche Aufgaben" anzuwählen, woraufhin die Lehrkraft die Aufgabe erklärte und ein Beispiel zeigte. Sodann beantworteten die Teilnehmer/innen einige Fragen, die der Erfassung der demographischen Daten und des a priori Fähigkeitsselbstkonzepts hinsichtlich der gestellten Aufgabe dienten.

Die Teilnehmer/innen durchliefen insgesamt fünf Aufgabenrunden. Die Aufgabe war, aus den Buchstaben eines langen vorgegebenen Wortes (z.B. Blumenkiste, Lebkuchenherz) innerhalb von zwei Minuten so viele neue Wörter mit mindestens vier Buchstaben zu generieren wie möglich. Zur Stärkung der Plausibilität der Misserfolgsrückmeldung wurde den Teilnehmer/innen mitgeteilt, dass Schüler/innen ihres Alters in zwei Minuten typischerweise ca. 30 verschiedene neue Worte mit mindestens vier Buchstaben finden, was eine unrealistisch hohe Schätzung ist.

Die ersten beiden Wörter dienten angeblich der Erfassung der Fähigkeit der Schüler/innen in dieser Aufgabenkategorie. Nach dem zweiten Wort teilte die virtuelle Lehrkraft den Teilnehmer/innen mit, sie werde nun auf Basis der Leistung in den ersten beiden Wörtern zwei weitere Wörter heraussuchen. Auch kündigte sie an, die Teilnehmer/innen erhielten von nun an Rückmeldung, wie gut sie jeweils abgeschnitten haben. Nach dem dritten und vierten Wort erhielten alle Teilnehmer/innen eine Misserfolgs-Rückmeldung, gekoppelt entweder mit Ärger oder mit Mitleid. In der Ärger-Bedingung sagte die Lehrkraft, „Hmm, Du warst bei dieser Aufgabe recht schlecht. Das ärgert mich! Ich suche dir nun ein neues Wort heraus.". In der Mitleid-Bedingung sagte sie, „Hmm, du warst bei dieser Aufgabe recht schlecht. Es tut mir leid. Ich suche dir nun ein neues Wort heraus." Je nach Bedingung wurden diese Sätze auch prosodisch entweder ärgerlich oder mitleidig intoniert. Nach dem vierten Wort erfolgte ein Manipulations-Check, in dem die Teilnehmer/innen gefragt wurden, wie die Lehrkraft sie bewertet hatte und wie sie selbst meinten, abgeschnitten zu haben (erfolgreich versus nicht erfolgreich). Nur bei denjenigen Teilnehmer/innen, die hier jeweils „nicht erfolgreich" angewählt hatten, wurde das Experiment fortgesetzt (N = 33 in der Ärger-Bedingung; N = 35 in der Mitleid-Bedingung)[1]. Sodann wurden weitere Fragen zur Erfassung der intra- und der wahrgenommenen interpersonalen Attribution des Misserfolgs und des Fähigkeitsselbstkonzepts in der Aufgabe gestellt. Zuletzt absolvierten die Teilnehmer/innen eine letzte Runde, in der sie, so lange sie wollten, aus einem weiteren vorgegebenen Wort neue Wörter bilden durften. Zum Schluss erfolgte eine ausführliche Aufklärung über die tatsächliche Absicht der Studie und über die Tatsache, dass alle eine falsche Misserfolgsrückmeldung erhalten hatten.

2.2 Erfasste Konstrukte

Alle Variablen wurden – soweit nicht anderweitig spezifiziert – mittels Selbstberichtsskalen mit einer 5-stufigen Likert Antwort-Skala von 1 (*stimmt gar nicht*) bis 5 (*stimmt genau*) erhoben.

2.2.1 Wahrgenommene interpersonale Attribution der Lehrkraft

Diese Items wurden eingeleitet durch den Itemstamm „Ich denke, die Lehrerin glaubt, dass ich nicht erfolgreich war, …". Attribution auf mangelnde Anstrengung wurde erfasst durch „weil ich mich nicht angestrengt habe" und „weil ich mich nicht genügend bemüht habe". Attribution auf mangelnde Fähigkeit wurde erfasst durch „weil ich für diese Art von Aufgaben unbegabt bin" und „weil ich in diesen Aufgaben schlecht bin". Die beiden Items erzielten jeweils hinreichend homogene Antworten (Cronbach's Alpha .84/.85 für Fähigkeit/Anstrengung).

2.2.2 Intrapersonale Attribution der Teilnehmer/innen

Diese Items wurden eingeleitet durch den Itemstamm „Ich glaube, ich war in der Aufgabe nicht so gut, …". Die Items waren dann mit denen zur Erfassung der interpersonalen Attribution identisch. Auch hier ergaben sich jeweils homogene Antworten über die beiden Items hinweg (Cronbach's Alpha .88/.89 für Fähigkeit/Anstrengung).

---

1 Vier Teilnehmer/innen gaben an, die Lehrkraft habe ihnen eine Erfolgsrückmeldung gegeben; elf glaubten selbst, sie hätten erfolgreich abgeschnitten. Weitere fünf Teilnehmer/innen wurden ausgeschlossen, da sie die Aufgabe falsch bearbeitet hatten.

2.2.3 Fähigkeitsselbstkonzept

Zur Erfassung des Fähigkeitsselbstkonzepts vor und nach dem Absolvieren der Aufgabenrunden und der emotionalen Misserfolgsrückmeldung wurden vier Items verwendet, adaptiert nach dem Self-Description Questionnaire von Marsh (1990). Ein Beispielitem ist „Ich glaube, ich bin in dieser Art von Aufgaben gut". Die internale Konsistenz der Skala war sehr gut (Cronbach's Alpha .90/.93 vor/nach der Aufgabenrunde).

2.2.4 Persistenz

Die Persistenz der Schüler/innen nach dem induzierten Misserfolg wurde operationalisiert durch die Zeit, die sie in der letzten Runde selbstbestimmt mit der Wortsuchaufgabe verbrachten. Diese Zeit (in Sek.) wurde von der programmierten Lernumgebung automatisch erfasst. Im Mittel verbrachten die Schüler/innen drei Minuten mit dieser fünften Wortsuchaufgabe (SD = 1.5 Min) – also trotz wiederholter vorheriger Misserfolgsrückmeldung und bereits vierfachen Absolvierens der Aufgabe freiwillig im Schnitt länger, als in den vorigen Runden gefordert.

3. Ergebnisse

Gemäß unserer Hypothesen stand die Moderation der Effekte von ärgerlicher im Vergleich zu mitleidiger Misserfolgsrückmeldung durch eine Lehrkraft durch das a priori Fähigkeitsselbstkonzept im Fokus unserer Analysen. Die Experimentalgruppen unterschieden sich nicht in ihrem a priori Fähigkeitsselbstkonzept ($M_{Ärger}$ = 2.96; $SD_{Ärger}$ = 0.66; $M_{Mitleid}$ = 2.86; $SD_{Mitleid}$ = 0.77; t = .56, p = .58). Sodann wurden drei Gruppen gebildet, um das a priori Fähigkeitsselbstkonzept der Schüler/innen zu unterscheiden in „gering" (N = 26, M = 2.18, SD = .53), „mittel" (N = 15, M = 3.00, SD = .00) und „hoch" (N = 27, M = 3.54, SD = .31). Zur Prüfung unserer Hypothesen führten wir eine multivariate Varianzanalyse (MANOVA) mit dem zweistufigen Faktor „Emotion" und dem dreistufigen Faktor „a priori Fähigkeitsselbstkonzept" und den abhängigen Variablen wahrgenommener interpersonaler und intrapersonaler Attributionen auf Fähigkeits- und Anstrengungsmangel, Fähigkeitsselbstkonzept nach der Leistungsrückmeldung und Persistenz in der letzten Aufgabenrunde.

Tabelle 1 zeigt die deskriptiven Statistiken hinsichtlich unserer Zielvariablen über alle Teilnehmer/innen hinweg sowie die zentralen Ergebnisse der MANOVA. Hinsichtlich der interpersonalen und intrapersonalen Attribution sowie Fähigkeitsselbstkonzept und Persistenz bei gezeigtem Ärger versus Mitleid der Lehrkraft nach Misserfolg ergaben sich in unserer Stichprobe keine signifikanten Haupteffekte. In teilweiser Übereinstimmung mit unseren Hypothesen jedoch fanden sich signifikante Interaktionseffekte zwischen dem a priori Fähigkeitsselbstkonzept und dem emotionalen Gehalt der Misserfolgsrückmeldung (vgl. die letzten beiden Spalten in Tabelle 1 und Abbildung 2) für die wahrgenommene interpersonale Attribution auf Anstrengungsmangel sowie für beide intrapersonalen Attributionen.

Tabelle 1: Vergleich der Zielvariablen über die Bedingungen hinweg

	Deskriptive Statistiken						Ergebnisse der MANOVA	
	Total		Ärger		Mitleid		F-Wert Haupteffekt Emotion	F-Wert Interaktionseffekt Emotion x a priori Selbstkonzept
	M	SD	M	SD	M	SD		
Wahrgenommene interpersonale Attribution der Lehrkraft								
Anstrengungsmangel	2.50	0.90	2.58	0.99	2.43	0.82	.01	7.77**
Fähigkeitsmangel	2.39	0.73	3.55	0.96	3.29	1.00	.73	1.81
Intrapersonale Attribution								
Anstrengungsmangel	2.22	0.99	2.36	1.03	2.09	0.94	.33	6.36**
Fähigkeitsmangel	3.22	0.94	3.32	0.81	3.13	1.05	.34	3.92*
Fähigkeitsselbstkonzept (post)	2.30	0.72	2.39	0.73	2.22	0.71	.28	0.07
Persistenz (Min:Sek)	03:00	01:47	03:07	01:40	02:53	01:55	.01	1.77

Anmerkung: Alle Variablen wurden anhand von Selbstberichtskalen auf einer Zustimmungsskala von 1 bis 5 erfasst, mit der Ausnahme von Persistenz; diese wurde operationalisiert durch die Zeit (in Min:Sek), die in der letzten freiwilligen Aufgabenrunde mit der Wortsuchaufgabe verbracht wurde (total min. 0:2, max. 8:46). ** p < .01; * p < .05

Geplante paarweise Kontraste ergaben, dass diese Interaktionen dadurch gekennzeichnet waren, dass nur bei Ärger-Rückmeldung, nicht jedoch bei Mitleids-Rückmeldung, die Tendenz auf mangelnde Anstrengung zu attribuieren mit steigendem a priori Fähigkeitsselbstkonzept anstieg – mit dem Effekt, dass nur bei Schüler/innen mit hohem a priori Fähigkeitsselbstkonzept die Attribution auf mangelnde Anstrengung im Falle von Ärger stärker ausgeprägt war als im Falle von Mitleid. Ein anderes Bild ergab sich für die Fähigkeitsattribution: Diese fiel im Falle von Mitleid, nicht jedoch im Falle von Ärger, mit steigendem a priori Fähigkeitsselbstkonzept ab. Dies hatte zur Folge, dass nur bei Schüler/innen mit mittlerer a priori Fähigkeitsausprägung theoriekonform die Fähigkeitsattribution im Falle von Mitleid stärker ausgeprägt war als im Falle von Ärger. Bemerkenswert ist, dass Schüler/innen mit hohem a priori Fähigkeitsselbstkonzept geradezu „reaktant" auf die Mitleids-Rückmeldung reagierten und auch hier zu nur geringem Ausmaß auf mangelnde Fähigkeit (sondern stärker auf mangelnde Anstrengung) attribuierten. Das gleiche Muster ergab sich für die interpersonale Fähigkeitsattribution; hier war jedoch der Interaktionseffekt nicht statistisch signifikant.

Für das Fähigkeitsselbstkonzept und die Persistenz in der letzten Aufgabenrunde ergaben sich ebenfalls keine signifikanten Interaktionseffekte. Die geplanten paarweisen Vergleiche ergaben jedoch, dass die Schüler/innen mit geringem a priori Fähigkeitsselbstkonzept nach ärgerlicher Rückmeldung signifikant länger mit der letzten freiwillig bearbeiteten Aufgabe verbrachten als nach mitleidiger Rückmeldung. Hier zeigte sich also ein hypothesenkonformer Effekt im direkten Verhaltensmaß, obwohl die explizit im Selbstbericht erfassten selbst- und aufgabenbezogenen Kognitionen dieses Muster nicht aufwiesen. In Abbildung 2 sind die Ergebnisse für die sechs abhängigen Variablen in Abhängigkeit von a priori Fähigkeitsselbstkonzept und Emotion summarisch dargestellt.

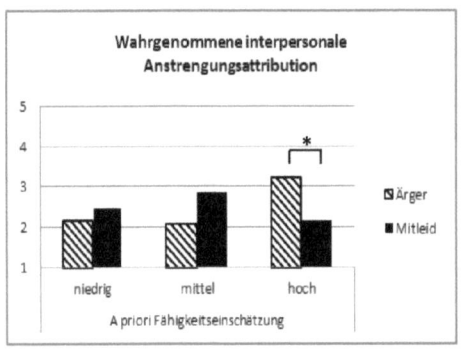
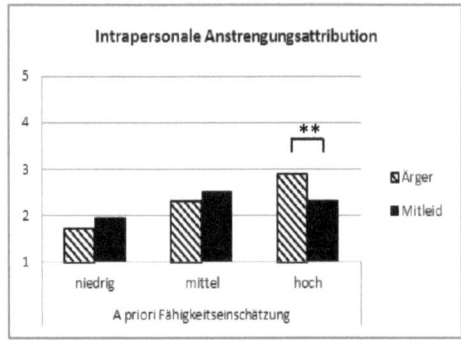
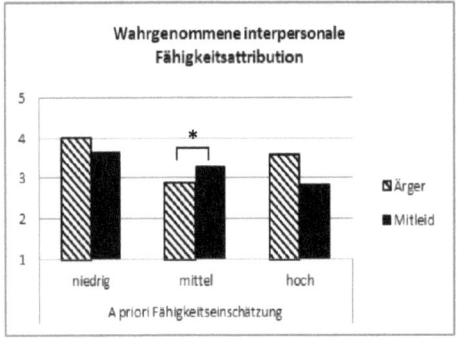
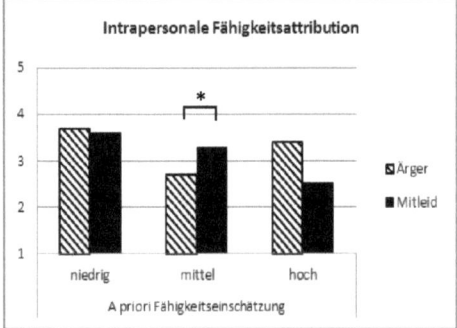
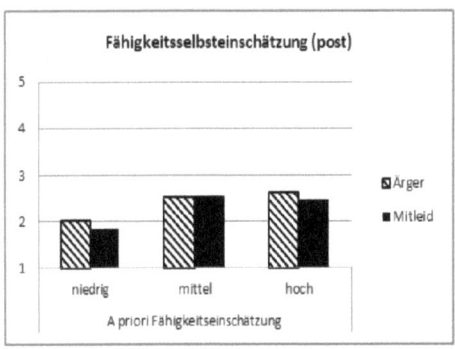
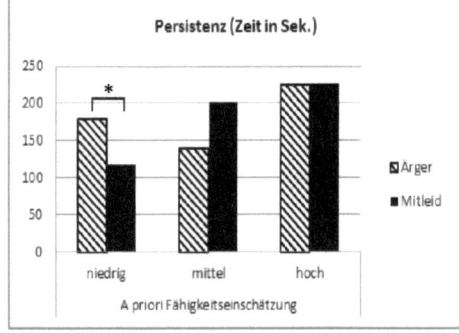

Abbildung 2: Zielvariablen der Studie in Abhängigkeit von a priori Selbstkonzept und Emotion und Ergebnisse der geplanten paarweisen Kontraste
* $p < .05$; ** $p < .01$

4. Diskussion

Jede Lehrkraft kennt das: Der Ärger, der aufkeimt, wenn man eine schwache und schlampig geschriebene Schülerarbeit korrigiert. Aber das gibt es auch: Das Gefühl von Mitleid zum Beispiel in einer mündlichen Prüfung, wenn sich ein/eine Prüfungskandidat/in – eigentlich sichtlich bemüht – in Widersprüche verstrickt und zunehmend verzweifelt die Fachbegriffe durcheinander bringt. Welche Ursachen – und noch wichtiger – welche Folgen kann es haben, wenn eine Lehrkraft gegenüber Lernenden ihren Ärger oder ihr Mitleid offen zeigt? Dieser Frage widmeten wir uns in der vorliegenden Studie.

Hierzu gestalteten wir eine virtuelle Lernumgebung, innerhalb derer Lernende von einer virtuellen Lehrkraft instruiert wurden, eine Wortschatzaufgabe absolvieren und Selbsteinschätzungen abgeben konnten. Die virtuelle Lehrkraft gab in Abhängigkeit von der (angeblichen) Leistung in der Aufgabe eine verbale Misserfolgsrückmeldung, gekoppelt entweder mit Ärger oder Mitleid. Unter diesen hoch kontrollierten Bedingungen und unter Anwendung strikter statistischer Tests konnten wir in unserer Studie keine Effekte der emotional geprägten Misserfolgsrückmeldung auf die wahrgenommene interpersonalen oder auch intrapersonalen Anstrengungs- und Fähigkeitsattributionen, das Fähigkeitsselbstkonzept und die Persistenz nachweisen. Die von Graham (1984) und Rustemeyer (1984) berichteten Befunde konnten wir insofern in keiner Weise replizieren.

Stellenweise ergaben sich aber Moderationseffekte durch das a priori Fähigkeitsselbstkonzept der teilnehmenden Schüler/innen: In Übereinstimmung mit unseren Annahmen zeigte sich nur bei Lernern mit hohem a priori Fähigkeitsselbstkonzept, dass nach Ärger stärker als nach Mitleid auf mangelnde Anstrengung attribuiert wurde (sowohl die wahrgenommenen inter- als auch die intrapersonale Attribution betreffend). Nur bei Lerner/innen mit mittlerem (nicht wie erwartet mit geringem) a priori Fähigkeitsselbstkonzept wurde nach Mitleid stärker als nach Ärger auf mangelnde Fähigkeit attribuiert (sowohl die wahrgenommenen inter- als auch die intrapersonale Attribution betreffend). Und schließlich ergaben sich für die Persistenz (operationalisiert durch die Zeit, die sie in einer letzten Runde selbstbestimmt mit der gleichen Aufgabe verbringen durften, zu der sie zuvor zweimaligen Misserfolg rückgemeldet bekommen hatten), dass diese nur bei Lerner/innen mit geringem a priori Fähigkeitsselbstkonzept nach Mitleid niedriger ausgeprägt war als nach Ärger.

5. Implikationen

Was ist das Fazit dieser Befunde? Zunächst ist einzuräumen, dass die ökologische Validität unserer Studie aufgrund der starken Standardisierung der Experimentalumgebung gewisse Einschränkungen hat. Insgesamt ist ansonsten angesichts der Inkonsistenz und der mangelnden Replizierbarkeit der Befunde unsere nüchterne Schlussfolgerung, dass die Netto-Effekte von Ärger versus Mitleid von Lehrkräften bei einer einmaligen Begegnung mit dem Lerner/innen minimal sind. Letztlich konnten auch wir nicht klar nachweisen, dass die angenommene Wirkkette von Lehreremotionen über wahrgenommene interindividuelle Attributionen, auf übernommene intrapersonale Attributionen, auf Fähigkeitsselbstkonzept und schließlich auf Verhalten (Persistenz) so gültig ist wie in der Attributionstheorie postuliert. Würde sie gelten, wäre zu erwarten gewesen, dass die der Lehreremotion in der Wirkkette näher liegenden Konstrukte stärker beeinflusst werden. Dies ist aber weder bei den bestehenden älteren Befunden noch bei unseren Daten – in denen das a priori Fähigkeitsselbstkonzept als möglicher Moderator berücksichtig wurde – systematisch der Fall. Womöglich sind die Prozesse noch komplexer, und die Wirkung von Lehreremotionen hängen von noch weiteren individuellen Voraussetzungen ab. Ob und wie Ärger als Signal für „mangelnde Anstrengung" und Mitleid als Signal für „mangelnde Fähigkeit" wirken kann, mag neben dem a priori Fähigkeitsselbstkonzept zum Beispiel auch von der tatsächlich subjektiv investierten Anstrengung abhängen. Hat sich ein Schüler/eine Schülerin bei einer Aufgabe sehr angestrengt und erlebt dann einen Misserfolg, der noch dazu ärgerlich rückgemeldet wird, fühlt sich der bzw. die Schüler/in womöglich ungerecht behandelt und reagiert wiederum selbst ärgerlich und reaktant – und strengt sich in der Folge gerade nicht mehr an (vgl. auch Hareli & Hess, 2008). Umgekehrt könnte gelten: Hat sich ein/e Lerner/nde bei einer Aufgabe subjektiv angestrengt und erlebt dann einen (unerwarteten) Misserfolg, der mitleidig rückgemeldet wird, könnte dies auch als empathisches Signal im Sinne von „Da hattest Du jetzt aber Pech" gewertet werden. Ein Manko an unserer Studie zur Wirkung emotionaler Leistungsrückmeldung war insofern, dass Attributionen auf andere Ursachen als mangelnde Anstrengung oder mangelnde Fähigkeit aus dem möglichen Ergebnisraum der empirischen Erhebung ausgeblendet wurden, und von einer zu rigiden Kopplung der gezeigten Emotionen mit den damit verbundenen interindividuellen Attributionen ausgegangen wurde. Derartige Kritik einer zu großen Rigidität in den Annahmen der Theorie hinsichtlich Zahl der Ursachendimensionen (Stabilität, Lokalisation, Kontrollierbarkeit) und auch der Zuordnung konkreter beispielhafter Ursachenzuschreibung (wie Anstrengung als „internal/stabil") ist schon häufiger geäußert worden (z.B. Manusov & Spitzberg, 2008; Stupnisky, Stewart, Daniels, & Perry, 2011). Als Fazit aus unseren Befunden schließen wir uns dieser Kritik insofern an, als die Zusammenhänge zwischen Ärger versus Mitleid im Rahmen einer Misserfolgsrückmeldung und den selbst- und aufgabenbezogenen Kognitionen und dem Verhalten des/der Lernenden offenbar auch nicht so pauschal gültig sind, wie es bisher angenommen wurde.

Trotz der Uneinheitlichkeit auch unserer Befunde und der daraus resultierenden Skepsis hinsichtlich der Gültigkeit einigen unserer Studie zugrundeliegenden theoretischen Annahmen, sehen wir dennoch weiterhin einen hohen Wert in der Auseinandersetzung mit den untersuchten Fragestellungen im Kontext der Forschung zu Emotionen im Lern- und Leistungskontext, auch anhand von experimentellen Ansätzen. Für Lehrkräfte sollte es im Rahmen von Selbstreflektion des eigenen Unterrichtshandelns und -erlebens günstig sein, sich den attributionalen Vorläufern der eigenen Emotionen bewusst zu werden. Fühlen sie Ärger oder Mitgefühl in sich aufwallen, sollten sie hinterfragen, ob es Ursachenzuschreibungen sind, die diese in ihnen ausgelöst haben. Sie können dann einordnen, welche Folgen dies für ihr Verhalten gegenüber den Lernenden haben mag und möglicherweise bewusst neubewerten, um ihr eigenes emotionales Erleben zu regulieren. Eine derartige zielgerichtete Reflexion auf das eigene Handeln und Erleben ist vielversprechend, damit es gelingt, Unterrichtsprozesse und Klassenklima für die Lernenden, aber auch für die Lehrkräfte selbst, günstiger zu gestalten.

Viele Lehrkräfte berichten, dass sie während des Unterrichtens intensive und teilweise belastende „emotionale Arbeit" betreiben (z.B. Keller, Chang, Becker, Götz, & Frenzel, 2014; Krause, Philipp, Bader, & Schüpbach, 2008; Philipp & Schüpbach, 2010; Tsang, 2011) und insbesondere versuchen, ihren Ärgerausdruck zu senken oder vollständig zu unterdrücken (Taxer & Frenzel, 2015), weil sie diese Emotion als inadäquat im Umgang mit den Schüler/innen empfinden (McPherson et al., 2003; Sutton,

2007; Sutton & Harper, 2009). Insofern erlauben unsere Befunde im Hinblick auf die emotionale Gesundheit von Lehrkräften ein entlastendes Fazit. Der Ausdruck von Ärger im Klassenzimmer im Zusammenhang von Schülermisserfolgen ist auf Basis unserer Daten zumindest nicht als schädlich zu bewerten. Demzufolge ist es durchaus adäquat, derartigem Ärger als Lehrkraft gelegentlich – wenn auch unbedingt auf sozial angemessene Weise – Luft zu machen, anstatt ihn zu unterdrücken.

Literatur

Anderson, P. A., & Guerrero, L. K. (1998). *Handbook of communication and emotion*. San Diego: Academic Press.
Bandura, A. (1997). *Self-efficacy: The exercise of control*: New York: Freeman.
Barker, G. P., & Graham, S. (1987). Developmental study of praise and blame as attributional cues. *Journal of Educational Psychology, 79*(1), 62–66.
Brown, J. (2014). *The self*: Psychology Press.
Butler, R. (1994). Teacher communications and student interpretations: Effects of teacher responses to failing students on attributional inferences in two age groups. British *Journal of Educational Psychology, 64*, 277–294.
Chang, M. L. (2009). An appraisal perspective of teacher burnout: Examining the emotional work of teachers. *Educational Psychology Review, 21*, 191–218.
Clark, M. D., & Artiles, A. J. (2000). A cross-national study of teachers' attributional patterns. *The Journal of Special Education, 34*(2), 77–89.
Fischer, A. H., & Manstead, A. S. R. (2008). Social functions of emotion. In M. Lewis, J. M. Haviland-Jones, & L. Feldman Barrett (Eds.), *Handbook of emotions* (3rd ed., pp. 456–468). New York: The Guilford Press.
Försterling, F., & Morgenstern, M. (2002). Accuracy of self-assessment and task performance: Does it pay to know the truth? *Journal of Educational Psychology, 94*(3), 576–585.
Frenzel, A. C. (2014). Teacher emotions. In E. A. Linnenbrink-Garcia, & R. Pekrun (Eds.), *International Handbook of Emotions in Education* (pp. 494–519). New York: Routledge.
Georgiou, S. N., Christou, C., Stavrinides, P., & Panaoura, G. (2002). Teacher attributions of student failure and teacher behavior toward the failing student. *Psychology in the Schools, 39*(5), 583–595.
Graham, S. (1984). Communicating sympathy and anger to black and white children: the cognitive (attributional) consequences of affective cues. *Journal of Personality and Social Psychology, 47*(1), 40–54.
Graham, S., & Weiner, B. (1986). From an attributional theory of emotion to developmental psychology: A round-trip ticket? *Social Cognition, 4*(2), 152–179.
Greenwald, A. G. (1980). The totalitarian ego: Fabrication and revision of personal history. *American Psychologist, 35*, 603–618.
Hareli, S., & Hess, U. (2008). The role of causal attribution in hurt feelings and related social emotions elicited in reaction to other's feedback about failure. *Cognition & Emotion, 22*(5), 862–880.
Hareli, S., & Weiner, B. (2002). Social emotions and personality inferences: A scaffold for new direction in the study of achievement motivation. *Educational Psychologist, 37*(3), 183–193.
Keller, M. M., Chang, M.-L., Becker, E. S., Götz, T., & Frenzel, A. C. (2014). Teachers' emotional experiences and exhaustion as predictors of emotional labor in the classroom: An experience sampling study. *Frontiers in Psychology, 5*. doi: 10.3389/fpsyg.2014.01442
Krause, A., Philipp, A., Bader, F., & Schüpbach, H. (2008). Emotionsregulation von Lehrkräften: Umgang mit Gefühlen als Teil der Arbeit. In A. Krause, H. Schüpbach, E. Ulich, & M. Wülser (Hrsg.), *Arbeitsort Schule* (S. 309–334): Springer.

Manusov, V., & Spitzberg, B. (2008). Attribution theory: Finding good cause in the search for theory. In L. A. Baxter, & D. O. Braithwaite (Eds.), *Engaging Theories in Interpersonal Communication: Multiple Perspectives*. Thousand Oaks, CA: Sage Publications.

Marsh, H. W. (1990). *Self Description Questionnaire-III: SDQ III Manual:* University of Western Sydney, Macarthur.

McPherson, M. B., Kearney, P., & Plax, T. G. (2003). The dark side of instruction: Teacher anger as classroom norm violations. *Journal of Applied Communication Research, 31*, 76–90.

Meyer, W.-U. (1983). Prozesse der Selbstbeurteilung: Das Konzept von der eigenen Begabung. *Zeitschrift für Entwicklungspsychologie und Pädagogische Psychologie, 15*, 1–25.

Philipp, A., & Schüpbach, H. (2010). Longitudinal effects of emotional labour on emotional exhaustion and dedication of teachers. *Journal of Occupational Health Psychology, 15*, 494–504.

Prawat, R., Byers, J., & Anderson, A. H. (1983). An attributional analysis of teachers' affective reactions to student success and failure. *American Educational Research Journal, 20*, 137–152.

Rustemeyer, R. (1984). Selbsteinschätzung eigener Fähigkeit – vermittelt durch die Emotionen anderer Personen. *Zeitschrift für Entwicklungspsychologie und Pädagogische Psychologie, 16*(2), 149–161.

Sherman, D. K., & Cohen, G. L. (2006). The psychology of self-defense: Self-affirmation theory. In M. P. Zanna (Ed.), *Advances in Experimental Social Psychology* (Vol. 38, pp. 183–242). San Diego, CA: Academic Press.

Stupnisky, R. H., Stewart, T. L., Daniels, L. M., & Perry, R. P. (2011). When do students ask why? Examining the precursors and outcomes of causal serach among first-year college students. *Contemporary Educational Psychology, 36*, 201–211.

Sutton, R. E. (2004). Emotional regulation goals and strategies of teachers. *Social Psychology of Education, 7*, 379–398.

Sutton, R. E. (2007). Teachers' anger, frustration, and self-regulation. In P. A. Schutz, & R. Pekrun (Eds.), *Emotion in education* (pp. 251–266). San Diego: Academic Press.

Sutton, R. E., & Harper, E. (2009). Teachers' emotion regulation. In L. J. Saha, & A. G. Dworkin (Eds.), *International Handbook of Research on Teachers and Teaching* (Vol. 21, pp. 389–401): Springer US.

Sutton, R. E., & Wheatley, K. F. (2003). Teachers' emotions and teaching: A review of the literature and directions for future research. *Educational Psychology Review, 15*, 327–358.

Swann, W. B. (1985). The self as architect of social reality. In B. Schlenker (Ed.), *The self and social life* (pp. 100–125). New York:: McGraw-Hill.

Swann, W. B., & Hill, C. A. (1982). When our idetnities are mistaken: Reaffirming selfconceptions through social interaction. *Journal of Personality and Social Psychology, 43*, 59–66.

Taxer, J. L., & Frenzel, A. C. (2015). Facets of teachers' emotional lives: A quantitative investigation of teachers' genuine, faked, and hidden emotions. *Teaching and Teacher Education, 42*, 78–88.

Tsang, K. K. (2011). Emotional labor of teaching. *Educational Research, 2*(8), 1312–1316.

Weiner, B. (1985). An attributional theory of achievement motivation and emotion. *Psychological Review, 92*(4), 548–573.

Weiner, B. (1986). *An attributional theory of motivation and emotion.* New York: Springer.

Weiner, B. (2000). Intrapersonal and interpersonal theories of motivation from an attributional perspective. *Educational Psychology Review, 12*(1), 1–14.

Weiner, B., Graham, S., Stern, P., & Lawson, M. E. (1982). Using affective cues to infer causal thoughts. *Developmental Psychology, 18*(2), 278–286.

Zimmerman, B. J. (2000). Self-efficacy: An essential motive to learn. *Contemporary Educational Psychology, 25*(1), 82–91.

Sonja Bieg und Markus Dresel

Förderung von Motivation und emotionalem Erleben von Schülerinnen und Schülern: Wie Humor dabei helfen kann

Abstract
Eine positive Lehrer-Schüler Beziehung sowie das Erleben von positiven Emotionen gelten als zentral für erfolgreiches schulisches Lernen und Leisten. Welche Rolle der Lehrerhumor hierbei spielt, ist Thema dieses Beitrags. Es wird ein Überblick gegeben über die Konzeption verschiedener Formen des Lehrerhumors (lerngegenstandsbezogen, ohne Bezug zum Unterricht, selbstabwertend und aggressiv) sowie ein konzeptionelles Modell vorgestellt mit theoretischen Annahmen zu den Effekten der Lehrerhumorformen auf sozio-emotionale, motivationale und kognitive Instruktionsdimensionen sowie zu Aspekten des Lernens bei Schülerinnen und Schülern. Zudem werden die Ergebnisse von eigenen empirischen Studien zusammengefasst, die die Zusammenhänge zwischen Lehrerhumor und insbesondere sozio-emotionalen Dimensionen des Unterrichts als auch dem emotionalen und motivationalen Erleben von Schülerinnen und Schülern analysieren. Zusammenfassend verweisen die Erörterungen darauf, dass vor allem der lerngegenstandsbezogene Humor positive Zusammenhänge und Wirkungen zeigt. Dagegen wird aggressiver Humor der Lehrkraft von den Lernenden allgemein negativ erlebt. Der Humor ohne Bezug zum Unterricht sowie der selbstabwertende Humor der Lehrkraft spielen für die Motivation und das Erleben von Emotionen bei Lernenden eher eine untergeordnete Rolle. Praktische Implikationen werden diskutiert.

1. Einführung

„Wenn Schüler im Unterricht auch lachen können, fühlen sie sich wohl und lernen effektiver" (Töpper, 14.12.2016). Diese Aussage wurde von einer Lehrerin getroffen, die sich um den Titel "weltbeste/r Lehrerin/Lehrer" beworben hat. Im konkreten Beispiel wie auch prinzipiell wird Humor im Unterricht eine positive Wirkung zugeschrieben. Überraschenderweise ist die bisherige Humorforschung dennoch kaum an die aktuelle Unterrichtsforschung oder Emotionsforschung angebunden. Es fehlt bislang an differenziertem Wissen darüber, in welcher Beziehung der Lehrerhumor mit Dimensionen der Unterrichtsgestaltung und Aspekten des Lernens von Schülerinnen und Schülern steht. Mit Bezug auf den bisherigen Forschungsstand zum Thema Humor der Lehrkraft wird angenommen, dass durch Humor im Unterricht sozio-emotionale, motivationale als auch kognitive Aspekte der Instruktion und des Lernens positiv beeinflusst werden können (Übersicht in Banas, Dunbar, Rodriguez, & Liu, 2011). Dabei ist zu beachten, dass Humor im Allgemeinen, sowie der Lehrerhumor im Besonderen ein mehrdimensionales Konzept darstellt, so dass zwischen verschiedenen Lehrerhumorformen differenziert werden muss (Bieg & Dresel, 2016; Frymier, Wanzer, & Wojtaszczyk, 2008; Martin, Puhlik-Doris, Larsen, Gray, & Weir, 2003; Wanzer, Frymier, & Irwin, 2010). Limitationen bisheriger Studien bestehen vor allem in der mangelnden Differenzierung verschiedener Humorformen, einem mangelnden Fokus auf die individuelle Ebene der Lernenden sowie einem Ignorieren der genesteten

Struktur der Daten (z.B. Bryant & Zillmann, 1989; Frymier et al., 2008; Wanzer et al., 2010). In diesem Beitrag wird ein Überblick über die Zusammenhänge und Wirkungen verschiedener Formen des Lehrerhumors mit sozio-emotionalen, motivationalen und kognitiven Bedingungen des Lernens sowie den emotionalen und motivationalen Aspekten des individuellen Lernens gegeben. Dabei wird nicht nur die individuelle Ebene der Lernenden berücksichtigt, sondern auch die gemeinsamen Erfahrungen in der Schulklasse über die Ebene der Lehrkräfte in Form von mehrebenenanalytischen Verfahren.

2. Lehrerhumor und seine Formen

Humor wird definiert als der intentionale Einsatz verbaler und nonverbaler Botschaften, die beim Rezipienten zu Lachen und/oder Freude führen; dies wird erreicht durch den Einsatz von inkongruenten Bedeutungen die, wenn sie aufgelöst werden, in irgendeiner Weise belustigend sind (Booth-Butterfield & Booth-Butterfield, 1991; Martin, 2007). Dabei ist Humor ein mehrdimensionales Konstrukt. So zielt der Einsatz von affiliativem Humor darauf ab, lustige Dinge oder Witze zu erzählen, um andere zu amüsieren und soziale Beziehungen zu unterstützen. Hierzu zählt auch die Selbstironie, bei der man lustige Dinge über sich selbst erzählt und sich selbst nicht so ernst nimmt. Zentral hierbei ist, dass dieser Humor nicht feindselig ist und von positiver Stimmung und positiven Emotionen begleitet wird. Demgegenüber steht der aggressive Humor, der Sarkasmus, Bloßstellen, Ärgern und lächerlich machen von Anderen beinhaltet (Martin et al., 2003). Will man den Humor der Lehrkräfte im Unterricht beschreiben, hat sich gezeigt, dass es notwendig ist, diesen ebenfalls multidimensional zu konzipieren (Bieg & Dresel, 2016; Frymier et al., 2008; Wanzer et al., 2010). Es lassen sich vier Formen des Lehrerhumors unterscheiden:

1. Humor mit Bezug zum Lerngegenstand: eine Lehrkraft nutzt diesen Humor, um einen Unterrichtsinhalt zu veranschaulichen oder anhand eines humorvollen Beispiels zu demonstrieren, indem sie z.B. einen lustigen Videoclip zum Thema präsentiert oder eine passende persönliche Anekdote zum Thema erzählt.
2. Humor ohne Bezug zum Lerngegenstand: Eine Lehrkraft erzählt humorvolle Geschichten oder Begebenheiten, die aber nichts mit dem Unterrichtsinhalt zu tun haben. Zum Beispiel schweift die Lehrkraft im Unterricht vom Thema ab und erzählt ein lustiges Erlebnis, das sie kürzlich hatte.
3. Selbstabwertender Humor: Eine Lehrkraft erzählt Dinge, die für sie selbst peinlich sind oder lacht über ihre eigenen Fehler, beispielsweise wenn sie einen Fehler an der Tafel bemerkt und diesen lustig kommentiert.

Diese drei Humorformen haben die Funktion, soziale Beziehungen aufzubauen bzw. zu unterstützen und sind dementsprechend freundlich. Sie werden fortan als affiliative Humorformen bezeichnet, da sie als sozial verträglich wahrgenommen werden und nicht darauf abzielen, den Anderen zu schädigen oder zu verletzen (Martin et al., 2003). Davon abweichend steht die vierte Form des Lehrerhumors, mit der Funktion die Lernenden herabzusetzen oder sich über sie lustig zu machen und damit zu schädigen.

4. Aggressiver Humor: Eine Lehrkraft macht sich über die Lernenden lustig oder stellt sie vor der ganzen Klasse oder einer Schülergruppe bloß. Zum Beispiel könnte sich die Lehrkraft über einen Fehler oder das Aussehen eines Schülers/einer Schülerin vor der Klasse lustig machen.

2.1 Lehrerhumor und seine Beziehungen zu sozial-emotionalen und motivationalen Unterrichtsaspekten

Humor wird häufig mit dem Ziel genutzt, soziale Interaktionen und soziale Beziehungen zu verbessern, etwa durch die Vermittlung positiver Stimmung und positiver emotionaler Reaktionen wie Freude oder Lachen bei den Rezipienten (Ziv, 1984). Frühere empirische Studien bestätigten, dass es mit Humor gelingt, die soziale Beziehung und damit zusammenhängend das emotionale Erleben der Humorempfänger positiv zu beeinflussen (Kane, Suls, & Tedeschi, 1977; Wanzer et al., 2010). Stuart und Rosenfeld (1994) übertrugen diese Befunde auf den sozialen Kontext des Unterrichts anhand einer Studie mit US-amerikanischen Studierenden. So konnten sie zeigen, dass die Lernumgebung von den Studierenden als angenehm und unterstützend erlebt wurde, wenn Lehrende Humor einsetzten. Im Gegenzug dazu zeigte der Einsatz von feindseligem Humor im Unterricht negative Beziehungen mit der Wahrnehmung einer angenehmen Lernumgebung. Einige weitere Studien bestätigten, dass affiliativer Humor in positiver Beziehung mit einer freudvoll erlebten Lernumgebung stand, wohingegen aggressiver Humor mit einer unangenehm erlebten Lernumgebung einherging (zusammenfassend siehe Booth-Butterfield & Wanzer 2010; Neuliep, 1991; Torok, McMorris, & Lin 2004).

Die Wirkung von Lehrerhumor auf das emotionale Erleben der Lernenden wurde anhand einiger experimenteller Studien mit humorvollem Lernmaterial bzw. humorvollen Aufgaben untersucht. Die Befundlage hierzu ist eher inkonsistent. So konnte zum einen gezeigt werden, dass humorvolle Stimuli eine Art Schutzfunktion gegen Angst einnehmen können, humorvolles Lernmaterial mit weniger Angst in Leistungssituationen einhergeht und dadurch bessere Leistungen erzielt werden können (Cann, Calhoun, & Nance, 2000; Ford, Ford, Boxer, & Armstrong, 2012). Allerdings konnten Matarazzo, Durik und Delaney (2010) nicht bestätigen, dass humorvoll gestaltete Aufgaben zu weniger negativen Emotionen (Angst und Ärger) und mehr positiven Emotionen (Freude) führen. Ein Interaktionseffekt in ihrer Studie zeigte jedoch, dass humorvolle Aufgaben dann zu weniger Ärger führten, wenn die Lernenden ein geringes Interesse an der Aufgabe zeigten. Abseits dieser experimentell angelegten Studien konnten Zusammenhänge zwischen selbstabwertendem Lehrerhumor und weniger Angst bei den Lernenden gezeigt werden (Bryant & Zillmann, 1989; Cornett, 1986; Neuliep, 1991; Torok, et al., 2004).

Humor hat das Potential, einen spannenden und abwechslungsreichen Unterricht herbeizuführen (Bergin, 1999), daher wird angenommen, dass Lehrerhumor ebenso mit motivationalen Unterrichtsaspekten in Beziehung steht. Aus der Interessensforschung ist bekannt, dass ein interessanter Unterricht bei den Lernenden situationales Interesse wecken kann (Krapp, 2002), und auch die Selbstbestimmungstheorie der Motivation postuliert, dass dies mit dem Erleben von intrinsischer Motivation und Freude gekoppelt ist, da die grundlegenden Bedürfnisse der Lernenden unterstützt werden (Krapp, 2002; Ryan & Deci, 2000). Dresel et al. (2014) konnten zeigen, dass Lehrerhumor ein positiver Prädiktor für die wahrgenommene Interessantheit des Unterrichts ist, sowohl auf der individuellen Schülerebene als auch auf der Ebene der geteilten Wahrnehmung. Jedoch konnte in dieser Studie Humor nur eindimensional erfasst werden – verschiedene Humorformen wurden nicht berücksichtigt. Die Studie von Askildson (2005) zeigte ebenso, dass Lernende abhängig vom Humor der Lehrenden ein höheres Interesse zeigten. Dies gilt jedoch nicht prinzipiell für jede Form des Lehrerhumors. Es wird angenommen, dass vor allem die affiliativen Humorformen das Interesse und die Motivation der Lernenden wecken können, da diese Humorformen von den Lernenden positiv und angemessen bewertet werden (Wanzer et al., 2010). Strati und Schmidt (2013) fanden dazu heraus, dass aggressiver Humor, indem die Lehrenden ihre Schüler/innen ärgerten und lächerlich machten, mit einem Rückgang deren Engagements einherging.

Zusammenfassend belegen die vorhergehenden Studien, dass Humor eine Möglichkeit für die Lehrenden darstellt, eine sozial-emotional angenehme und motivierende Lernumgebung zu schaffen. Hierbei ist jedoch wichtig zu erwähnen, dass einige Studien nicht zwischen den verschiedenen Humorformen differenzierten (z.B. Dresel et al., 2014; Torok, et al., 2004). Des Weiteren wurden bislang zumeist nur die individuellen Schülerwahrnehmungen der Lehrkraft berücksichtigt und nicht die geteilte Wahrnehmung aller Lernenden einer Klasse (z.B. Wanzer et al., 2010; Frymier et al., 2008). Limitierend ist auch, dass nur wenige, vorwiegend experimentelle Studien, die Wirkung von Humor in Aufgabenstellungen auf verschiedene Emotionen untersuchten (z.B. Matarazzo et al., 2010) und eine differenzierte Betrachtung der verschiedenen Formen des Lehrerhumors auf das emotionale Erleben der Lernenden noch nicht erfolgte. Weiterhin wurden die meisten der Studien an US-amerikanischen Hochschulen mit Studierenden durchgeführt und deren Ergebnisse sind angesichts der Kulturabhängigkeit von Humorinhalten, Humorverständnis und Humorwirkungen (z.B. Davies, 1998; Nevo, Nevo, & Yin, 2001) nicht grundsätzlich auf den deutschsprachigen Raum übertragbar.

Wir verfolgen mit diesem Beitrag das Ziel, die Zusammenhänge der verschiedenen Lehrerhumorformen mit Dimensionen des Unterrichts sowie sozial-emotionalen und motivationalen Schülervariablen systematisch darzustellen und beziehen uns hierfür auf ein theoretisches Modell über mögliche Wirkungen des Lehrerhumors (siehe Abbildung 1), das anschließend anhand verschiedener Studien validiert wird.

3. Theoretische Vorstellungen zur Verarbeitung und zu den Effekten von Lehrerhumor

Ein nützliches theoretisches Modell, um auf der Prozessebene zu erklären, ob Lehrerhumor im Unterricht Effekte hat oder nicht, bietet die Instructional Humor Processing Theory (IHPT; Wanzer et al., 2010). Diese integrative Theorie beinhaltet Elemente der Inkongruenz-Theorie (Lefcourt & Martin, 1986), der Dispositions-Theorie (Berlyne,

1960; LaFave, Haddad, & Maesen, 1996) und dem Elaboration Likelihood Model der Persuasion (ELM; Petty & Cacioppo, 1986). Gemäß der IHPT müssen die Lernenden zunächst eine Inkongruenz im verbalen oder nonverbalen Verhalten der Lehrperson feststellen und lösen. Die Inkongruenz-Theorie besagt hierzu, dass dieser überraschende oder gegensätzliche Moment entscheidend für den Humor ist (Berlyne, 1960). Kann ein/e Schüler/in die Inkongruenz nicht lösen, so wird der Humorgehalt der Botschaft nicht verstanden und sie/er wird durch die Botschaft eher verwirrt. Nach Auflösung der Inkongruenz als humorvolle Botschaft können die Lernenden diese Nachricht entweder positiv oder negativ bewerten. Hierzu lautet eine zentrale Annahme der Dispositions-Theorie, dass diese Bewertung davon abhängig ist, auf welche Person der Humor abzielt. Bezieht sich der Humor auf Personen, die dem Rezipienten nahe stehen, wird dieser Humor eher negativ bewertet. (Zillmann & Cantor, 1996; Frymier et al., 2008). In diesem Sinne sollten affiliative Humorformen positiv und aggressiver Humor negativ bewertet werden. Dieser positive Effekt, ausgelöst durch affiliativen Humor, kann die Lernenden motivieren, sich mit den Inhalten genauer zu beschäftigen. Dazu ist es nach der IHPT zusätzlich notwendig, dass die Lernenden auch in der Lage sind und die Fähigkeit dazu haben, die lehrreiche Botschaft zu verarbeiten, um von der durch Lehrerhumor erhöhten Aufmerksamkeit profitieren zu können (Gorham & Christophel, 1990; Neuliep, 1991; Wanzer et al., 2010). Besteht ein Zusammenhang zwischen Lehrerhumor und dem Inhalt des Unterrichts, wird nach dem ELM die Aufmerksamkeit auf den Inhalt erhöht und die Informationsverarbeitung der Lernenden positiv unterstützt.

Dementsprechend wird angenommen, dass Lehrende bestimmte Humorformen nutzen, um einen positiven Einfluss auf verschiedene Aspekte ihrer Instruktion und das Lernen der Schülerinnen und Schüler zu erwirken. Dies beinhaltet sozial-emotionale Aspekte wie die Qualität der Lehrer-Schüler Beziehung, Emotionen der Lernenden, aber auch motivationale Aspekte wie die wahrgenommene Interessantheit des Unterrichts und die intrinsische Motivation der Lernenden. Zudem wird angenommen, dass es durch den Humor im Unterricht auch möglich ist, kognitive Aspekte des Lernens wie z.B. die Klarheit der Instruktion und elaboriertes Lernen positiv zu beeinflussen (siehe hierzu Bieg & Dresel, submitted).

Um den Wissensstand über Lehrerhumor zu fördern, haben wir ein theoretisches Modell (siehe Abbildung 1) zu den Effekten des Lehrerhumors auf Unterrichtsaspekte sowie Aspekte des Lernens bei Schüler/innen konzipiert (Bieg & Dresel, submitted). Dieses Modell gründet auf drei zentralen Annahmen. (1) Es wird angenommen, dass Lehrerhumor ein multidimensionales Konstrukt ist und, dass es vier verschiedene Lehrerhumorformen gibt (lerngegenstandsbezogener Humor, Humor ohne Unterrichtsbezug, selbstabwertender und aggressiver Humor), die unterschiedliche Funktionen erfüllen und differentielle Effekte im Unterricht zeigen. (2) Weiterhin wird angenommen, dass es zwei grundlegende Arten von Humoreffekten gibt. Zum einen den Effekt auf soziale Beziehungen, Emotionen und Motivation und zum anderen kognitive Effekte. (3) Letztlich wird angenommen, dass die Effekte des Lehrerhumors auf das Lernen von Schülerinnen und Schülern durch deren Wahrnehmung des Unterrichts mediiert werden. Obgleich der Fokus in diesem Beitrag auf der zweiten Annahme liegt und wir uns vor allem auf den oberen Teil des Modells beziehen, werden die Beziehungen zwischen den Humorformen und der kognitiven Dimension berichtet.

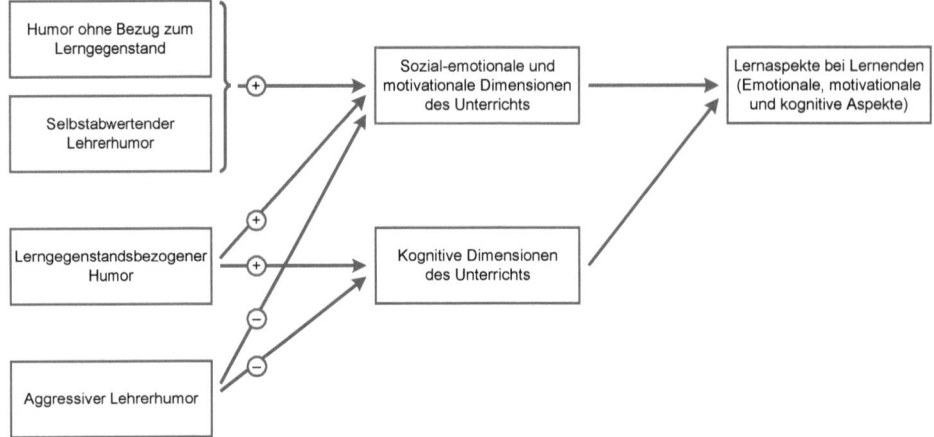

Abbildung 1: Konzeptionelles Modell der Effekte von Lehrerhumor auf Unterricht und Aspekte des Lernens bei Lernenden (+ = positive Wirkrichtung; − = negative Wirkrichtung; Bieg & Dresel, submitted)

Basierend auf diesen Annahmen werden spezifische Vorhersagen bezüglich der Effekte jeder einzelnen Lehrerhumorform in Bezug auf das emotionale und motivationale Erleben der Lernenden getroffen (siehe Abbildung 1). Im Speziellen werden positive Effekte für alle affiliativen Lehrerhumorformen (lerngegenstandsbezogen, ohne Unterrichtsbezug und selbstabwertend) auf soziale, emotionale und motivationale Unterrichtsaspekte vorhergesagt. Durch den Einsatz von affiliativen Humorformen kann die Lehrkraft eine emotionale Beziehung zu den Lernenden herstellen und hat zudem die Möglichkeit, den Unterricht interessant zu gestalten und die Lernenden dafür zu motivieren (Bieg & Dresel, submitted; Stuart & Rosenfeld, 1994). Weiterhin wird angenommen, dass durch aggressiven Lehrerhumor die Aufmerksamkeit der Lernenden vom Lerngegenstand abgezogen wird, z.B. dadurch dass sich der Betroffene ärgert und dem Unterricht nicht mehr folgt. Folglich kann das Aufkommen von Interesse und die tiefergehende Verarbeitung behindert werden (Gorham & Christophel, 1990; Stuart & Rosenfeld, 1994).

Im Folgenden geben wir einen Überblick über mehrere Studien zu den Effekten von Lehrerhumor, denen das dargestellte Modell zugrunde lag.

4. Querschnittstudie zu den Zusammenhängen von Lehrerhumor, Unterrichtsdimensionen und emotionalem Erleben

4.1 Methodisches Vorgehen und Stichprobe

Das Ziel der vorliegenden Studien war es, differentielle Effekte verschiedener Lehrerhumorformen systematisch in Bezug auf Unterricht und Aspekten des Lernens zu analysieren und damit eine Verbindung zwischen Humorforschung und aktueller pädagogischer Forschung herzustellen (Bieg & Dresel, submitted; Bieg, Grassinger, &

Dresel, 2017). Anhand eines Schülerfragebogens führten wir eine Querschnittsstudie bezüglich der schülerperzipierten Wahrnehmung des Lehrerhumors, der Unterrichtsdimensionen (Lehrer-Schüler Beziehung, Interessantheit und Klarheit des Unterrichts) und des emotionalen Erlebens sowie der erlebten Motivation durch. An der Befragung nahmen 985 Schülerinnen und Schüler (47 % weiblich) aus 45 Klassen an 12 Gymnasien teil. Davon befanden sich 509 in der neunten Klasse und 476 in der zehnten Klasse. Die Schüler/innen waren zwischen 13 und 19 Jahre alt ($M = 16.0$, $SD = 0.85$).

4.2 Messinstrumente

Die Teilnehmer/innen beantworteten alle Items mit Bezug auf das Unterrichtsfach Deutsch.

Die schülerperzipierten *Wahrnehmungen des Lehrerhumors* wurden mit dem Fragebogen zur Erfassung des Humors von Lehrkräften aus Schülersicht (HUMLAS, Bieg & Dresel, 2016) erhoben. Dieses validierte Instrument besteht aus insgesamt 17 Items und beinhaltet vier Subskalen, die sich auf die vier benannten Lehrerhumorformen beziehen: Lerngegenstandsbezogener Humor (sechs Items), Humor ohne Bezug zum Lerngegenstand (drei Items), selbstabwertender Humor (vier Items) und aggressiver Humor (vier Items). Die Reliabilität der Skalen lag zwischen $α = .81$ (selbstabwertender Humor) und $α = .93$ (lerngegenstandsbezogener Humor) und erwies sich als zufriedenstellend bis sehr gut.

Die *Lehrer-Schüler Beziehung* wurde mit acht Items der Lehrerfürsorglichkeitsskala von Saldern und Littig (1987) erfasst und gibt Auskunft darüber, inwiefern die Lernenden ihre Lehrkraft als unterstützend und kooperativ erleben. Die Reliabilität der Skala war sehr gut ($α = .91$).

Die Schülerwahrnehmung zur *Interessantheit des Unterrichts* wurde mit sechs Items einer Skala von Ditton und Merz (1999) erfasst und operationalisiert, inwieweit die Lehrkraft aus Sicht der Lernenden den Unterricht interessant gestaltet. Die Skala wies mit $α = .90$ eine sehr gute interne Konsistenz auf.

Die *Klarheit des Unterrichts* wurde mit einer Drei-Item-Skala aus der Coactiv-Studie (Baumert et al., 2008) erfasst und misst die Verständlichkeit der Erklärungen der Lehrenden. Die interne Konsistenz war gut ($α = .86$).

Mit vier Items aus dem Fragebogen zur Erfassung der motivationalen Selbstregulation von Jugendlichen (Bieg & Mittag, 2005) wurde die *intrinsische Motivation* erhoben. Die interne Konsistenz erwies sich als gut ($α = .86$).

Das *emotionale Erleben* der Lernenden wurde mit einer adaptierten Version des Achievement Emotions Questionnaire (AEQ-M, Pekrun, Götz, & Frenzel, 2006) erfasst, mit Anpassung an das zu untersuchende Fach. Die Items basieren auf einer Multikomponenten-Definition der Emotion und beziehen sich auf die affektiven, kognitiven, expressiven sowie motivationalen Komponenten der Emotionen. Jede Emotion wurde mit drei Items erfasst. Die Schüler/innen berichteten über ihre *Freude*, ihre *Langeweile* und über ihre *Angst*. Die Reliabilität der Skalen war zufriedenstellend bis gut ($α = .74 – .87$).

4.3 Analyse

Bei der Auswertung wurde die genestete Struktur der Daten berücksichtigt (jede Lehrkraft wird von mehreren Lernenden wahrgenommen) und zwischen der geteilten Wahrnehmung auf der Lehrerebene, als Indikator objektiver Bedingungen und den individuellen Wahrnehmungen der Lernenden als subjektive Abweichung der geteilten Wahrnehmung, unterschieden. Dazu wurden für die Querschnittstudie Mehrebenen-Regressionsanalysen in HLM 7.0 durchgeführt (Raudenbush, Bryk, Cheong, Congdon, & du Toit, 2011). Die Schülerwahrnehmungen des Lehrerhumors, die berichteten Emotionen und die intrinsische Motivation wurden auf Schülerebene analysiert. Auf der Lehrerebene gingen die aggregierten Wahrnehmungen der Lernenden einer Klasse zum Lehrerhumor als die geteilte Wahrnehmung ein.

4.4 Ergebnisse

Mit Blick auf die untersuchten Unterrichtsdimensionen Lehrer-Schüler Beziehung, Interessantheit und Klarheit erbrachten die Analysen, dass lerngegenstandsbezogener Humor auf beiden Ebenen ein signifikant positiver Prädiktor für alle erhobenen Unterrichtsmerkmale war. Selbstabwertender Lehrerhumor war ein positiver Prädiktor für die Lehrer-Schüler Beziehung auf beiden Ebenen. Wohingegen Humor ohne Unterrichtsbezug für Interessantheit und Klarheit einen negativen Prädiktor auf Lehrerebene darstellte. Aggressiver Humor dagegen war erwartungsgemäß ein signifikant negativer Prädiktor für die Lehrer-Schüler Beziehung und auf Individualebene ein negativer Prädiktor für die wahrgenommene Klarheit.

In Bezug auf die Lernaspekte wurde gezeigt, dass die verschiedenen Lehrerhumorformen mit den berichteten Emotionen und der intrinsischen Motivation der Lernenden in Beziehung stehen. Die Ergebnisse wiesen darauf hin, dass die Lehrerhumorformen differenzierte Effekte auf die Emotionen haben. So war lerngegenstandsbezogener Humor ein Prädiktor für die berichtete Freude (β = .36), das Ausmaß berichteter Langeweile (β = -.37) und die intrinsische Motivation der Lernenden (β = .25). Humor ohne Unterrichtsbezug war dagegen ein negativer Prädiktor für Freude und intrinsische Motivation sowie ein positiver Prädiktor für Langeweile. Die Wahrnehmung von aggressivem Lehrerhumor wurde vor allem auf der Individualebene negativ wahrgenommen und stand dort in negativer Beziehung zur Freude und in positiver Beziehung zu Langeweile und Angst (alle Ergebnisse hierzu in Bieg & Dresel, submitted; Bieg, Grassinger, & Dresel, 2017).

Die korrelativen Befunde bestätigten, dass die Art des wahrgenommenen Lehrerhumors in Zusammenhang mit der Wahrnehmung von Unterricht, Emotionen und Motivation der Lernenden steht, jedoch erlauben diese Ergebnisse keine kausalen Aussagen über die jeweilige Wirkrichtung.

5. Längsschnittliche Analyse der Beziehungen zwischen Lehrerhumor und Schüleremotionen

5.1 Methodisches Vorgehen und Stichprobe

Im Fokus dieser Studie stand die Überprüfung der Wirkung von Lehrerhumor auf die Schüleremotionen (Bieg, Grassinger, & Dresel, 2016). Dazu führten wir über den Zeitraum eines Schulhalbjahres eine Längsschnittstudie mit zwei Messzeitpunkten durch. An der Studie nahmen aus drei Gymnasien 774 Schülerinnen und Schüler aus 33 Klassen teil. 44 % der Lernenden waren weiblich und das Durchschnittsalter betrug 12.7 Jahre (SD = 1.82). Zu zwei Messzeitpunkten (sechs Wochen nach Schuljahresbeginn T1, sowie zu Beginn des zweiten Schulhalbjahrs, im April T2) wurden die Emotionen Freude, Langeweile und Ärger bei den Lernenden über einen Fragebogen erhoben, sowie zum ersten Messzeitpunkt die vier Lehrerhumorformen aus deren Sicht erfasst (Instrumente analog zur oben dargestellten Querschnittstudie).

5.2 Analyse

Die erhobenen Daten wurden in einem latenten Strukturgleichungsmodell mit Mplus 6.0 ausgewertet. Damit wurden die Wirkungen der vier Lehrerhumorformen zum Zeitpunkt T1 (unabhängige Variablen) auf das emotionale Erleben von Lernenden zum Zeitpunkt T2 (abhängige Variablen) analysiert. Die Ausgangswerte der Emotionen wurden kontrolliert und somit die Veränderungen in den Emotionen vom ersten zum zweiten Messzeitpunkt modelliert.

5.3 Ergebnisse

Reliabilität, Mittelwerte, Standardabweichungen der Skalen zu beiden Messzeitpunkten sind in Tabelle 1 dargestellt. Die Emotion Freude wurde von den Lernenden am häufigsten berichtet; am seltensten berichteten sie Ärger. Unter den Humorformen der Lehrkräfte wurde Humor mit Bezug zum Lerngegenstand am häufigsten wahrgenommen, während aggressiver Lehrerhumor am seltensten perzipiert wurde. Insgesamt scheint der Einsatz von Humor bei Lehrenden eher schwach ausgeprägt zu sein.

Tabelle 1: Deskriptive Statistik zu beiden Messzeitpunkten sowie die Intraklassenkorrelation

Skala	Items	T1				T2		
		α	M	SD	ICC	α	M	SD
Freude	3	.91	3.23	1.16	.15*	.93	3.07	1.19
Langeweile	3	.88	2.20	1.09	.16*	.91	2.34	1.14
Ärger	4	.85	2.02	0.97	.15*	.88	2.12	1.04
Humor mit Lerngegenstandsbezug	6	.95	2.50	1.15	.26*			
Humor ohne Lerngegenstandsbezug	3	.88	1.59	0.84	.07*			
Selbstabwertender Humor	4	.84	1.71	0.79	.06*			
Aggressiver Humor	4	.91	1.41	0.80	.18*			

Anmerkung: ICC = Intraklassenkorrelation; * min. $p < .05$

Das Strukturgleichungsmodell zeigte einen akzeptablen Fit χ^2 (590, n = 686) = 1863.29, $p < .001$, CFI = .93, TLI = .92, RMSEA = .06, SRMR = .05. Demnach berichteten die Lernenden zum zweiten Messzeitpunkt über signifikant mehr Freude (β = .14, S.E. = 0.07), weniger Langeweile (β = -.12, S.E. = 0.07) und weniger Ärger (β = -.15, S.E. = 0.07), wenn die Lehrkraft zu Beginn des Schuljahres viel lerngegenstandsbezogenen Humor einsetzte. Aggressiver Lehrerhumor zu T1 wirkte dagegen negativ auf die erlebte Freude (β = -.08, S.E. = 0.04) und positiv auf den erlebten Ärger (β = .21, S.E. = 0.05). Selbstabwertender Lehrerhumor sowie Humor ohne Unterrichtsbezug hatten auf das emotionale Erleben der Lernenden in dieser Analyse keine signifikanten Wirkungen.

6. Zusammenfassung und Diskussion

Die Ergebnisse der Querschnitt- als auch die ersten Ergebnisse der Längsschnittstudie bestätigten weitestgehend unsere theoretischen Modellannahmen (siehe Abbildung 1) über differentielle Effekte der verschiedenen Lehrerhumorformen auf das emotionale und motivationale Erleben der Lernenden. Sie weisen darauf hin, dass es wichtig und auch notwendig ist, zwischen den verschiedenen Humorformen der Lehrkräfte zu differenzieren und es nicht ausreichend ist, den Humor der Lehrkraft global oder eindimensional zu betrachten. Mit Blick auf den Zusammenhang zwischen den Lehrerhumorformen und den erhobenen Unterrichtsdimensionen zeigten die Ergebnisse deutlich, dass der Humor von Lehrkräften nicht per se positive Zusammenhänge zu wichtigen Unterrichtsmerkmalen wie der Lehrer-Schüler-Beziehung, der Interessantheit des Unterrichts oder der Klarheit aufweist. Es sind vor allem die affiliativen Humorformen, wie der lerngegenstandsbezogene und der selbstabwertende Lehrerhumor, die positiv mit den sozio-emotionalen, kognitiven sowie motivationalen Dimensionen des Unterrichts verbunden sind (Bieg & Dresel, submitted). Wenn Lehrerhumor die postulierten positiven Wirkungen entfalten soll, ist es notwendig, dass der Humor in passende Beispiele (z.B. in Anekdoten der Lehrkraft oder Wortspiele), in Aufgabenstellungen sowie in Materialien wie Bilder, Cartoons oder Videoclips integriert ist und für die Lernenden der Unterrichtsbezug deutlich wird. Auf diese Weise hat der Lehrerhumor das Potential Aufmerksamkeit und Interesse für den Unterrichtsinhalt zu wecken. Ebenso wurde unsere Annahme, dass aggressiver Lehrerhumor in negativer Beziehung zur Lehrer-Schüler Beziehung steht, unterstützt. Es zeigt sich deutlich, dass diese Lehrerhumorform im Kontext des Unterrichts dysfunktional ist (Stuart & Rosenfeld, 1994). Durch den Einsatz von aggressivem Lehrerhumor im Unterricht wird es wahrscheinlich, dass die Lernenden sich verletzt und gekränkt fühlen, die Atmosphäre im Klassenzimmer vergiftet wird und die Beziehung zwischen Lehrkraft und Lernenden leidet. Zumindest die/der Lernende, auf die/den dieser aggressive Humor abzielt, nimmt den Unterricht als weniger klar wahr und wird wahrscheinlich in ihrer/seiner Aufmerksamkeit auf die Inhalte gestört. Diese Ergebnisse sind vor allem in Anbetracht der unidimensionalen Betrachtung von Lehrerhumor wichtig, da sie deutlich machen, dass Lehrerhumor einer multidimensionalen Betrachtungsweise bedarf (Bieg & Dresel, 2016; Wanzer et al., 2010).

Mit Blick auf die Beziehungen zwischen den Lehrerhumorformen und den berichteten Emotionen von Lernenden und deren intrinsischer Motivation lieferten die Ergebnisse empirische Evidenz dafür, dass lerngegenstandsbezogener Humor dazu in positiver Beziehung steht. Demgegenüber korrelierte der aggressive Humor der Lehrkraft negativ mit dem emotionalen und motivationalen Erleben. Diese Ergebnisse entsprechen unseren theoretischen Modellannahmen und bestätigten frühere Befunde, dass vor allem lerngegenstandsbezogener Humor von signifikanter Bedeutung ist und zwar nicht nur für die Wahrnehmung von Unterrichtsaspekten, sondern auch mit Blick auf das Lernen im engeren Sinne (siehe auch Wanzer et al., 2010; Ziv, 1988 a, b).

Die Ergebnisse der Längsschnittstudie untermauerten, dass lerngegenstandsbezogener Humor auf die berichtete Freude positiv wirkt und folglich weniger negative Emotionen (Langeweile, Ärger) berichtet werden. Sie erweitern das Wissen der bis dato rein korrelativen Befunde. Dementsprechend könnten die Lehrkräfte bereits in der Planungsphase ihres Unterrichts überlegen, wie und an welcher Stelle sie die Lerninhalte mit Humor anreichern und beleben können. Eine Möglichkeit zur Umsetzung könnte der Beginn des Unterrichts sein, indem ein humorvoller Einstieg ins Thema helfen könnte, das Thema interessant zu machen. Jedoch ist auch denkbar, den Unterricht zwischendurch anhand humorvoller Themenbezüge anzureichern. Aggressiver Humor der Lehrkraft ist für das Erleben von Freude hinderlich und es wird über mehr Ärger berichtet. Dementsprechend sollten Lehrkräfte sarkastische und herabwürdigende Bemerkungen gegenüber den Lernenden strikt unterlassen. Diese helfen nicht den Unterricht interessanter zu gestalten, sind abträglich für die Beziehung und sorgen dafür, dass der/die Lernende vor Ärger nicht mehr dem Unterricht folgt.

Die Ergebnisse bezüglich des Humors ohne Unterrichtsbezug weichen hingegen von unseren Erwartungen ab. Wir haben diese Humorform der affiliativen Form zugeordnet, da sie ebenso auf soziale Beziehungen fokussiert und von sich aus nichts Abwertendes oder Erniedrigendes inne hat (Martin et al., 2003). Anscheinend werden durch Witze, die nicht zum Thema gehören oder abschweifende Geschichten, die ebenfalls nicht zum Unterricht passen und nicht situationsangemessen sind, die Lernenden eher irritiert und der Unterricht gewinnt dadurch nicht an Interessantheit und Klarheit. Es mag auch sein, dass vor allem die Lernenden in dieser Altersgruppe nicht an den persönlichen Anekdoten der Lehrkraft interessiert sind und sie dadurch eher gelangweilt als motiviert werden. Diese Art von Humor kann auch als der wenig erfolgreiche Versuch der Lehrkraft wahrgenommen werden, witzig zu sein und eine Beziehung zu den Lernenden aufbauen zu wollen (Dobransky & Frymier, 2004). Es ist auch möglich, dass diese Humorform bei jüngeren Kindern eher wirkt, da diese mehr an der Lehrperson interessiert sind als ältere Jugendliche. Die Studien um die Forschergruppe von Wanzer und Kollegen (2010) verweisen ebenfalls auf inkonsistente Ergebnisse bei dieser Humorform. Obwohl Humor ohne Unterrichtsbezug von Studierenden als angemessen bewertet wurde, konnten keine Zusammenhänge zu affektivem oder kognitivem Lernen aufgezeigt werden (Wanzer et al., 2010), jedoch aber Zusammenhänge zum Ausmaß verbaler Aggression der Lehrkraft (Frymier et al., 2008). Unsere Längsschnittstudie zeigte keine negativen Wirkungen dieser Humorform auf die Emotionen der Lernenden. Zukünftig wäre es wichtig, weitere Studien durchzuführen, um Klarheit in das Verständnis des Humors ohne Unterrichtsbezug zu bringen.

Mit den vorgestellten Studien konnten einige Defizite überwunden werden und unsere Annahmen über differenzierte Effekte des Lehrerhumors haben einer empirischen Überprüfung standgehalten. Es wurden erstmalig über eine Mehrebenen-Regressionsanalyse Formen des Lehrerhumors als Prädiktoren für emotionales und motivationales Erleben untersucht, und es konnten zentrale Ergebnisse auf der Ebene der geteilten Wahrnehmung gewonnen werden. Des Weiteren wurden zum ersten Mal die Wirkungen der Lehrerhumorformen auf die Emotionen der Lernenden über ein Schulhalbjahr hinweg untersucht. Auch hier konnten die differentiellen Effekte des Lehrerhumors bestätigt werden. Zukünftig gilt es die Limitationen dieser Arbeiten, wie die einseitige Betrachtung der Schülerwahrnehmung über Fragebogenerhebung, auszuräumen. In einer weiteren Längsschnittstudie sollten reziproke Beziehungen zwischen emotionalem Erleben der Lernenden und dem Lehrerhumor untersucht werden, um mögliche wechselseitige Beeinflussungen kontrollieren zu können. Hierbei wäre es künftig sicherlich auch aufschlussreich, die genauen Kontexte des Lehrerhumors eingehender zu analysieren und dessen Antezedenzien ins Visier zu nehmen. Es bleibt schließlich auch die Frage zu beantworten, inwieweit der Lehrerhumor als Kompetenz der Lehrkraft gesehen werden kann und damit auch trainierbar ist. An dieser Stelle scheint es uns noch wichtig zu erwähnen, dass, allem Anschein nach, der Einsatz von lerngegenstandsbezogenem Lehrerhumor positiv wahrgenommen wird, wir aber nicht davon ausgehen, dass Lehrerhumor eine notwendige Bedingung für erfolgreiches Unterrichten darstellt.

Literatur

Askildson, L. (2005). Effect of humor in the language classroom: Humor as a pedagogical tool in theory and practice. *Second language acquisition and teaching (SLAT), 12*, 45–61.

Banas, J. A., Dunbar, N., Rodriguez, D., & Liu, S.-J. (2011). A review of humor in educational settings. *Communication Education, 60*, 115–144.

Baumert, J., Blum, W., Brunner, M., Dubberke, T., Jordan, A., Klusmann, U., et al. (2008). *Professionswissen von Lehrkräften, kognitiv aktivierender Mathematikunterricht und die Entwicklung von mathematischer Kompetenz (COACTIV): Dokumentation der Erhebungsinstrumente*. Berlin, Germany: Max Planck Institute for Human Development.

Bergin, D. A. (1999). Influences on classroom interest. *Educational Psychologist, 34*, 87–98.

Berlyne, D. E. (1960). *Conflict, arousal and curiosity*. New York, NY: Mc Graw-Hill.

Bieg, S., & Dresel, M. (2016). Fragebogen zur Erfassung des Humors von Lehrkräften aus Schülersicht (HUMLAS): Konstruktion und Validierung. *Diagnostica, 62*, 3–15.

Bieg, S., & Dresel, M. (submitted). Relevance of perceived teacher humor types for instruction and student learning.

Bieg, S., Grassinger, R., & Dresel, M. (2016, September). *Fordern und Unterhalten: Zusammenhänge zwischen kognitiver Aktivierung im Unterricht, Humor von Lehrpersonen und emotionalem Erleben von Schülerinnen und Schüler*. Beitrag auf der 50. DGPs Tagung in Leipzig.

Bieg, S., Grassinger, R., & Dresel, M. (2017). Humor as a magic bullet? Associations of different teacher humor types with student emotions. *Learning and Individual Differences, 56*, 24–33.

Bieg, S., & Mittag, W. (2005). *Fragebogen zur Erfassung motivationaler Selbstregulation bei Jugendlichen (MOS-J)*. Unveröffentlichtes Manuskript, Pädagogische Hochschule Ludwigsburg, Deutschland.

Booth-Butterfield, S., & Booth-Butterfield, M. (1991). Individual differences in the communication of humorous messages. *Southern Communication Journal, 56*, 205–217.

Booth-Butterfield, S., & Wanzer, M. B. (2010). Humor and communication in instructional contexts: Goal-oriented communication. In D. L. Fassett, & J. T. Warren (Eds.), *The SAGE handbook of communication and instruction* (pp. 221–239). Thousand Oaks, CA: SAGE.

Bryant, J., & Zillmann, D. (1989). Chapter 2: Using humor to promote learning in the classroom. *Journal of Children in Contemporary Society, 20* (1-2), 49–78.

Cann, A., Calhoun, L. G., & Nance, J. T. (2000). Exposure to humor before and after an unpleasant stimulus: Humor as a preventative or a cure. *Humor, 13*, 177–191.

Cornett, C. E. (1986). *Learning through Laughter: Humor in the Classroom. Fastback 241*. Phi Delta Kappa, Eighth and Union, Box 789, Bloomington, IN 47402.

Davies, C. (1998). The dog that didn't bark in the night: A new sociological approach to the cross-cultural study of humor. In W. Ruch (Ed.), *The sense of humor: Explorations of a personality characteristic* (pp. 293–306). New York: Mouton de Gruyter.

Ditton, H., & Merz, D. (1999). QuaSSU – QualitätsSicherung in Schule und Unterricht. Skalenbildung Hauptuntersuchung. Entnommen von http://www.quassu.net/Sch_fgb1.pdf

Dobransky, N. D., & Frymier, A. B. (2004). Developing teacher-student relationships through out of class communication. *Communication Quarterly, 52*, 211–223.

Dresel, M., Bieg, S., Fasching, M. S., Steuer, G., Nitsche, S., & Dickhäuser, O. (2014). Humor von Lehrkräften in der Schülerwahrnehmung: Abgrenzung von Lehrerenthusiasmus und Zusammenhänge mit Dimensionen des Unterrichts. *Psychologie in Erziehung und Unterricht, 1*, 56–74.

Ford, T. E., Ford, B. L., Boxer, C. F., & Armstrong, J. (2012). Effect of humor on state anxiety and math performance. *Humor, 25*, 59–74.

Frymier, A. B., Wanzer, M. B., & Wojtaszczyk, A. M. (2008). Assessing students' perceptions of inappropriate and appropriate teacher humor. *Communication Education, 57*, 266–288.

Gorham, J., & Christophel, D. M. (1990). The relationship of teachers' use of humor in the classroom to immediacy and student learning. *Communication Education, 39*, 46–62.

Kane, T. R., Suls, J., & Tedeschi, J. T. (1977). Humor as a tool of social interaction. In A. J. Chapman, & H. C. Foot (Eds.), *It's a funny thing, humor* (pp. 13–16). Oxford, UK: Pergamon.

Krapp, A. (2002). An educational-psychological theory of interest and its relation to SDT. In E. L. Deci, & R. M. Ryan (Eds.), *Handbook of self-determination research* (pp. 405–430). Rochester: University Press.

LaFave, L., Haddad, J., & Maesen, W. A. (1996). Superiority, enhanced self-esteem, and perceived incongruity humor theory. In A. J. Chapman, & H. C. Foot (Eds.), *Humor and laughter: Theory research and applications* (pp. 63–91). New Brunswick, NT: Transaction

Lefcourt, H. M. & Martin, R. (1986). *Humor and life stress. Antidote to adversity.* New York: Springer-Verlag.

Martin, R. A. (2007). *The psychology of humor: An integrative approach.* Oxford: Elsevier.

Martin, R. A., Puhlik-Doris, P., Larsen, G., Gray, J., & Weir, K. (2003). Individual differences in uses of humor and their relation to psychological well-being: Development of the humor styles questionnaire. *Journal of Research in Personality, 37*, 48–75.

Matarazzo, K. L., Durik, A. M., & Delaney, M. L. (2010). The effect of humorous instructional materials on interest in a math task. *Motivation and Emotion, 34*, 293–305.

Neuliep, J. W. (1991). An examination of the content of high school teachers' humor in the classroom and the development of an inductively derived taxonomy of classroom humor. *Communication Education, 40*, 343–355.

Nevo, O., Nevo, B., & Yin, J. L. S. (2001). Singaporean humor: A cross-cultural, cross-gender comparison. *Journal of General Psychology, 128*, 143–156.

Petty, R. E., & Cacioppo, J. T. (1986). *Communication and persuasion: Central and peripheral routes to attitude change.* New York: Springer.

Pekrun, R., Götz, T., & Frenzel, A. C. (2006). *Academic Emotions questionnaire – Mathematik (AEQ-M). Manual Version.* Unveröffentlichtes Manuskript, Department für Psychologie, Universität München, Deutschland.

Raudenbush, S. W., Bryk, A. S., Cheong, Y. F., Congdon, R. T., & du Toit, M. (2011). *HLM 7: Hierarchical linear and nonlinear modeling.* Chicago, IL: Scientific Software International.

Ryan, R. M., & Deci, E. L. (2000). Self-determination theory and the facilitation of intrinsic motivation, social development and well-being. *American Psychologist, 55*, 68–78.

Saldern, M., v., & Littig, K. E. (1987). *Landauer Skalen zum Sozialklima.* Weinheim: Beltz.

Strati, A. D., & Schmidt, J. A. (2013, April). *Exploring the role of teacher challenge and support in high school general science classrooms.* Paper presented at the annual meetings of the American Educational Research Association. San Francisco, CA.

Stuart, W. D., & Rosenfeld, L. B. (1994). Student perceptions of teacher humor and classroom climate. *Communication Research Reports, 11*, 87–97.

Töpper, V. (2016). *Das ist vielleicht die beste Lehrerin der Welt. Ein Interview.* Verfügbar unter http://www.spiegel.de/lebenundlernen/schule/global-teacher-prize-lehrerin-aus-dem-muensterland-fuer-weltweiten-lehrerpreis-nominiert-a-1125777.html

Torok, S. E., McMorris, R. F., & Lin, W. C. (2004). Is humor an appreciated teaching tool? Perceptions of professors' teaching styles and use of humor. *College Teaching, 52*, 14–20.

Wanzer, M. B., Frymier, A. B., & Irwin, J. (2010). An explanation of the relationship between instruction humor and student learning: Instructional humor processing theory. *Communication Education, 59*, 1–18.

Zillmann, D., & Cantor, J. R. (1996). A disposition theory of humor and mirth. In A. J. Chapman, & H. C. Foot (Eds.), *Humor and laughter: Theory, research and applications* (pp. 93–115). New Brunswick, NJ: Transaction Publishers.

Ziv, A. (1984). *Personality and sense of humor.* New York, NY: Springer.

Ziv, A. (1988a). Teaching and learning with humor: Experiment and replication. *Journal of Experimental Education, 57*, 5–15.

Ziv, A. (1988b). Humor in teaching: Educational experiments in High School. *Zeitschrift für Pädagogische Psychologie, 2*, 127–133.

Robert Kordts-Freudinger und Katharina Thies

Regulate this! Emotionsregulation und Lehrorientierungen der Hochschullehrenden

Abstract

Die Studie baut auf Forschung zum emotionalen Erleben von Hochschullehrenden, zur effektiven Emotionsregulation sowie zu Zusammenhängen zwischen Emotionen und Lehrorientierungen der Lehrenden auf. Wir untersuchen eine Vielfalt von Emotionsregulationsstrategien der Lehrenden und deren Zusammenhänge zu Emotionen und zu Lehrorientierungen. Hierfür bearbeiteten 104 Lehrende deutscher Hochschulen im Querschnittsdesign den Approaches to Teaching Inventory (ATI) zur Erfassung der Lehrorientierungen, einen Fragebogen zur Häufigkeit erlebter spezifischer positiver und negativer Emotionen in der Lehre sowie das Emotionsregulations-Inventar (ERI), das insgesamt neun Strategien zur Regulation negativer und positiver Emotionen separat erfasst. Die Daten zeigen erstens, dass sowohl für negative als auch für positive Emotionen der kontrollierte Ausdruck die häufigste Regulationsstrategie darstellt; seltenste Strategie ist für negative Emotionen der unkontrollierte Ausdruck, für positive Emotionen die Ablenkung. Zweitens zeigten nur die Umbewertung negativer Emotionen und der unkontrollierte Ausdruck positiver Emotionen Zusammenhänge zum Erleben positiver Emotionen, was auf deren Effektivität hindeutet. Drittens fanden sich Zusammenhänge zwischen der studierendenfokussierten Lehrorientierung und beiden vorgenannten Regulationsstrategien. Der Zusammenhang war für den Ausdruck positiver Emotionen vollständig, für die Umbewertung negativer Emotionen teilweise durch das Erleben positiver Emotionen vermittelt. Verschiedene Mechanismen zur Erklärung dieser Zusammenhänge, methodische Limitationen sowie Implikationen für künftige Forschung und Praxis schließen den Beitrag ab.

1. Emotionen und Lehre

Emotionen verstanden als Episode synchronisierter Veränderungen auf den Ebenen Affekt, Kognition, Motivation, Expression und Physiologie als eine Reaktion auf die Bewertung von Reizen (vgl. Scherer, 2005), beeinflussen menschliches Handeln und Denken. Dies gilt auch für Lernen und Lehren an Hochschulen. Studierendenemotionen haben in den vergangenen Jahren Aufmerksamkeit in der empirischen Forschung erhalten (vgl. Pekrun, 2006). Emotionen von Hochschullehrenden sind hingegen unzureichend erforscht. Dieser Beitrag geht der Frage nach, wie Emotionen und Lehre zusammenhängen.

1.1 Emotionen der Hochschullehrenden

Obwohl Emotionen zentral für das Lehren sind, hat sich die Forschung bisher vor allem auf das Lehren in Schulkontexten konzentriert. Zahlreiche Studien haben die Bedeutung von Emotionen von Lehrkräften für verschiedene Prozesse untersucht. Eine Übersicht geben Sutton und Wheatley (2003). Die folgenden Absätze stellen den aktuellen Wissensstand über Emotionen der Hochschullehrenden (im Folgenden: Lehrenden) dar.

In einer qualitativen Studie haben Postareff und Lindblom-Ylänne (2011) Interview-Äußerungen von Lehrenden im Hinblick auf ihren emotionalen Gehalt analysiert. Obwohl die Interview-Fragen Emotionen nicht direkt thematisierten, fanden die Autorinnen in den Antworten der Lehrenden eine Bandbreite von positiven Emotionen, wie Freude, Enthusiasmus, und einige negativen Emotionen, wie Ablehnung gegenüber alternativen Lehrmethoden oder Frustration. Insgesamt wurden positive Emotionen häufiger berichtet als negative. Ähnlich analysierten Meanwell und Kleiner (2014) schriftliche Äußerungen von Lehrenden und fanden ebenfalls Hinweise auf positive Emotionen wie Freude und negative Emotionen wie Furcht. Direkt nach emotionalen Situationen und Erlebnissen fragten Hagenauer und Volet (2014b) Lehrende in Australien. Die Interviews ergaben ebenfalls ein Spektrum an positiven und negativen Emotionen, wobei sich die Erwartungen der Lehrenden an die Studierenden als auch die sozialen Interaktionen mit ihnen als relevant für die Emotionsentstehung zeigten.

In einer quantitativen Studie zu Lehrendenemotionen fanden Badia, Monereo und Meneses (2013) mit einem semantischen Differential bei spanischen und südamerikanischen Lehrenden drei Faktoren, die den Lehremotionen zugrunde liegen: Motivation zur Lehre, die Selbstbewertung und das eigene Lehrhandeln. Sie fanden Zusammenhänge zwischen den beiden ersten Faktoren und einer studierendenfokussierten Lehrorientierung (siehe Kapitel 1.3).

Basierend auf der Kontroll-Wert-Theorie akademischer Emotionen (vgl. Pekrun, 2006, Pekrun, Frenzel, Götz & Perry, 2007) untersuchten Stupnisky, Pekrun und Lichtenfeld (2014) Lehrendenemotionen qualitativ und quantitativ und fanden bis zu 20 verschiedene diskrete Emotionen. Mehrere positive Emotionen wie Freude und Stolz sagten den subjektiv wahrgenommenen Lehr- (und Forschungs-) Erfolg der Lehrenden positiv, mehrere negative Emotionen wie Schuld und Ärger negativ vorher.

Die vorgestellten Studien zeigen, dass nicht nur Lehren in der Schule, sondern auch Lehren in der Hochschule eine emotionale Tätigkeit darstellt. Lehrende sind ihren Emotionen jedoch nicht hilflos ausgeliefert und können diese regulieren.

1.2 Emotionsregulation der Hochschullehrenden

Emotionsregulation bedeutet die bewusste oder unbewusste Beeinflussung der eigenen Emotionen (vgl. Gross, 1998). Zur Emotionsregulation von Schullehrkräften liegen bereits einige Studien vor. So haben Sutton, Mudrey-Camino und Knight (2009) die Regulationsstrategien von Lehrkräften in der Tradition der Emotionsregulationstheorie von Gross und John (2003; Gross, 1998), die entstehungsorientierte (präventive, z.B. Aufmerksamkeitslenkung, Umbewertung) von reaktionsorientierten (reaktive, z.B. Unterdrückung, Ausdruck) Strategien unterscheidet, untersucht. Lehrkräfte wenden eine Vielzahl verschiedener Regulationsstrategien an, wobei die entstehungsorientierten Strategien mit einer höheren Lehreffektivität einhergehen (Sutton et al., 2009). Dieses Ergebnis steht im Einklang mit den allgemeinen gesundheitlichen, sozialen und emotionalen positiven Effekten, insbesondere der Strategie der kognitiven Umbewertung (reappraisal) emotionaler Situationen, die von Gross und John (2003) intensiv untersucht wurde. Analog zum vorhergehenden Kapitel ist zur Emotionsregulation von Lehrenden jedoch noch wenig bekannt.

Constanti und Gibbs (2004) führten Interviews mit Lehrenden über ihre Ansichten zu „emotionaler Arbeit" (Hochschild, 1983) in der Lehre durch. Lehrende nehmen demnach an, dass die Hochschule von ihnen emotionale Arbeit in der Lehre erwartete, genauer genommen: negative Emotionen in der Lehre nicht zu zeigen und positive Emotionen zu produzieren.

Hagenauer und Volet (2014a) untersuchten die Emotionsregulation australischer Lehrender. In Interviews gaben diese an, häufig Strategien zur Beeinflussung ihrer Emotionen anzuwenden, insbesondere in Beisammensein mit Studierenden. Weiter fanden die Autorinnen, dass Lehrende negative Emotionen nicht und positive Emotionen bewusst stärker ausdrückten. Neben dem Ausdruck spezifischer Emotionen und der Unterdrückung anderer Emotionen wurden kognitive Strategien wie die der Umbewertung emotionaler Situationen genannt.

Die Emotionsregulationsstrategien kognitive Umbewertung und expressive Unterdrückung wurden von Kordts-Freudinger (2017) quantitativ mit Lehrenden an deutschen und an australischen Hochschulen untersucht. Die Studien ergaben, dass Lehrende die Strategie der Umbewertung häufiger anwendeten als die der Unterdrückung. Ferner zeigte sich die Strategie der Umbewertung effektiv dahingehend, dass sie mit der Häufigkeit erlebter positiver Emotionen zusammenhing. Für die Unterdrückung galt dies nicht, was Befunde von Gross und John (2003) repliziert.

In zwei weiteren Studien wurden kulturspezifische Unterschiede in der Emotionsregulation gefunden, vor allem im Ausdruck positiver und negativer Emotionen. In Hagenauer, Gläser-Zikuda und Volets (2016) Studie gaben die australischen Lehrenden an, positive Emotionen in höherer Intensität auszudrücken, während deutsche Lehrende einen stärkeren Wert auf den Ausdruck von Ärger legten. Mendzheritskaya, Hansen und Horz (2015) fanden Unterschiede zwischen deutschen und russischen Lehrenden. So gaben russische Lehrende den Ausdruck negativer Emotionen in der Lehre als häufiger an als deutsche Lehrende.

Die zitierten Studien belegen die Bedeutung der Regulation der Lehrendenemotionen. Lehrende wenden zum Teil kulturspezifisch unterschiedlich stark präventive und reaktive Strategien an. Es fehlt bisher eine quantitative, theoriegeleitete Erfassung einer größeren Bandbreite an Emotionsregulationsstrategien, um ihre Vielfalt, ihre Anwendung und Wirkungen besser abzubilden.

1.3 Emotionen und Lehrorientierung

Wenn Emotionen und Emotionsregulation eine bedeutsame Rolle in der Lehre spielen, liegt die Annahme nahe, dass sich auch emotionale Auswirkungen und Korrelate in der Lehre wiederspiegeln. So könnten die Emotionen das Lehrverhalten über Veränderungen des Aufmerksamkeitsfokus, des Denkstils oder des Verhaltensrepertoires der Lehrenden beeinflussen (vgl. Scherer, 2005).

Lehrorientierungen sind als Set aus Überzeugungen oder zugrundeliegenden Intentionen und Strategien zur Gestaltung der Lehre gekennzeichnet (vgl. Kember, 1997; Trigwell & Prosser, 1996). Typischerweise wird eine studierendenfokussierte Lehrorientierung von einer lehrendenfokussierten Lehrorientierung unterschieden (vgl. Kember & Kwan, 2000; Trigwell & Prosser, 2004). Während eine ausgeprägte studierendenfokussierte Lehrorientierung den Fokus auf das studentische Lernen im Sinne eines Wandels der studentischen Konzepte von Lehrinhalten beinhaltet, impliziert eine starke lehrendenfokussierte Orientierung das Ziel, Informationen an die Studierenden zu vermitteln (vgl. Kember & Kwan, 2000; Trigwell & Prosser, 1996). Lehrorientierungen beeinflussen das tatsächliche Lehrhandeln und stehen im Zusammenhang mit der Qualität und dem Ausmaß des studentischen Lernens. Die studierendenfokussierte Lehrorientierung zeigte sich als lehr- und lernförderlich, die lehrendenfokussierte Orientierung hingegen nicht (vgl. Braun & Hannover, 2008; Johannes & Seidel, 2012).

In der Interviewstudie von Postareff und Lindblom-Ylänne (2011) wurden Lehrorientierungen und Lehrendenemotionen erstmals zusammen betrachtet. Konsonant lernfokussierte (konzeptuell ähnlich der studierendenfokussierten Orientierung) Lehrende berichteten am häufigsten positiv-emotionale Inhalte. Im Gegensatz dazu äußerten konsonant inhaltsorientierte (lehrendenfokussierte) Lehrende häufig neutrale oder negativ-emotionale Inhalte.

Einen ähnlichen Zusammenhang fanden Badia und Kollegen (2013) in ihrer quantitativen Studie: Je positiver die emotionalen Faktoren zur Lehrmotivation und zur Selbsteinschätzung waren, desto ausgeprägter war die studierendenfokussierte Orientierung. Auch Trigwell (2012) konnte in einer quantitativen Befragung mit australischen Lehrenden einen Zusammenhang zwischen erlebten positiven Emotionen und der studierendenfokussierten Orientierung feststellen. Je stärker Lehrende Stolz erlebten, desto stärker ihre studierendenfokussierte Orientierung. Zudem gab es einen Zusammenhang zwischen Frustration und Angst und der lehrendenfokussierten Lehrorientierung (vgl. Trigwell, 2012). Kordts-Freudinger (2017) hat den Zusammenhang zwischen positiven Emotionen und der studierendenfokussierten Lehrorientierung mit deutschen Stichproben mehrfach repliziert. Der Zusammenhang zu negativen Emotionen scheint dagegen auch vom kulturellen Kontext abhängig zu sein.

Angesichts der Studienlage bleibt unklar, welche Rolle der Emotions*regulation* in diesem Kontext zukommt. Unter der Annahme, dass Emotionsregulationen von Lehrenden ihre Emotionen beeinflussen und dass Lehrendenemotionen relevant für die Lehrorientierung sind, stellt sich die Frage, ob auch Zusammenhänge zwischen der Emotionsregulation und der Lehrorientierung bestehen.

1.4 Emotionsregulation und Lehrorientierung

Die oben genannten Studien von Kordts-Freudinger (2017) haben sich der Fragestellung, ob Zusammenhänge zwischen Emotionsregulation und der Lehrorientierung vorliegen, angenommen. In mehreren Stichproben zeigten sich eine effektive Emotionsregulation mittels kognitiver Umbewertung sowie Zusammenhänge dieser Strategie zur studierendenfokussierten Lehrorientierung. Dieser Befund unterstreicht die Bedeutung der positiven Wirkungen der Umbewertung (vgl. Gross & John, 2003). Allerdings ist dieser Befund nicht ungeachtet methodischer Limitierungen zu interpretieren:

Zum ersten untersuchte Kordts-Freudinger (2017) nur zwei Emotionsregulationsstrategien. In der Literatur werden allerdings weitere Strategien genannt, wie z. B. Unterdrückung, Aufmerksamkeitsablenkung oder Ausdruck (vgl. Gross & John, 2003; Sutton et al., 2009; Hagenauer & Volet, 2014a). Es ist empirisch zu ergründen, ob diese Strategien ebenfalls Zusammenhänge zur Lehrorientierung aufweisen.

Zweitens verwendete er nur ein Messinstrument zur Erfassung der Emotionsregulation, den Emotion Regulation Questionnaire (ERQ) von Gross und John (2003, deutsche Version Abler & Kessler, 2009). Methodeneffekte sind daher nicht auszuschließen. Dorn, Spindler, Kullik, Petermann und Barnow (2013) zeigten, dass im Vergleich zum ERQ auch breiter erfassende Fragebögen bestehen. Diese sollten zur Replikation der Befunde herangezogen werden.

Drittens konnte er durch den Einsatz des ERQ nicht die Regulation negativer von derer positiver Emotionen unterscheiden. Taxer und Frenzel (2015) haben allerdings für Schullehrkräfte Unterschiede in den Auswirkungen zwischen dem Ausdruck positiver und negativer Emotionen gefunden, indem Unterdrückung z. B. nur für negative Emotionen angewendet wurde, nicht aber für positive Emotionen. Eine Unterscheidung von positiven und negativen Emotionen ist folglich geboten.

Viertens bleibt bei Kordts-Freudinger (2017) offen, ob der gefundene Zusammenhang nur besteht, weil die Strategie per se positive Emotionen fördert. Gross und John (2003) haben gezeigt, dass eine Emotionsregulation mittels Umbewertung positive Emotionen verstärkt. Diese wiederum stehen in Zusammenhang zur Lehrorientierung (vgl. Trigwell, 2012). Basierend auf diesem Wissen ist eine Mediation naheliegend. Zudem können auch stabile Persönlichkeitsfaktoren den gefundenen Zusammenhang erklären. Umbewertung korreliert positiv mit Extraversion und negativ mit Neurotizismus (vgl. Gross & John, 2003). Es ist denkbar, dass beide Persönlichkeitseigenschaften auch einer studierendenfokussierten Lehrorientierung zu Grunde liegen und als gemeinsame Quelle der Varianz den Zusammenhang aufklären.

Aufbauend auf der Kritik an den zitierten Studien untersucht die vorliegende Studie den über Emotionen vermittelten Zusammenhang zwischen verschiedenen Emotionsregulationsstrategien und den Lehrorientierungen.

2. Forschungsfragen

Die folgenden Fragen wurden in der Studie untersucht:

Forschungsfrage 1: Welche Emotionsregulationsstrategien wenden Hochschullehrende in der Lehre wie häufig an?

Forschungsfrage 2: Welche Zusammenhänge gibt es zwischen Emotionsregulationsstrategien der Hochschullehrenden und positiven und negativen Emotionen?

Forschungsfrage 3: Gehen effektive Emotionsregulationsstrategien einher mit einer hohen studierendenfokussierten Lehrorientierung, vermittelt über positive Emotionen?

3. Methode

3.1 Stichprobe

Es nahmen N = 104 Hochschullehrende (60 weiblich, 41 männlich, ein anderes) deutscher Universitäten (46) und Hochschulen (44) im Jahr 2016 an einer Online-Befragung teil. Die Stichprobe umfasste 25 Professor/innen, 14 Post-Docs bzw. Habilitand/innen, 40 Wissenschaftliche Mitarbeitende sowie 23 Lehrbeauftragte. Die am häufigsten vertretenen Fachrichtungen waren Ingenieurswissenschaften (24), Sozialwissenschaften (15), Geistes- und Kulturwissenschaften (15) sowie Wirtschaftswissenschaften (13). Nach Bereinigung eines unplausiblen Wertes (> 50, n = 1) gab die Stichprobe eine mittlere Lehrerfahrung von M = 17.21 Semestern (SD = 12.88) an.

3.2 Instrumente

Die Teilnehmenden bearbeiteten mehrere Fragebögen:

Einen Fragebogen zu Emotionen in der Lehre (Kordts-Freudinger, 2017), mit dem die Häufigkeit von 14 diskreten Emotionen während der Lehre erfasst wird. Entsprechend der Vorgehensweise bei Kordts-Freudinger (2017) wurden die positiven Emotionen Freude, Zufriedenheit, Hoffnung, Stolz, Erleichterung, Überraschung) zu einem Skalenwert aggregiert (α = .65, M = 3.83, SD = 0.67), genauso wie die negativen Emotionen Ärger, Langeweile, Schuld, Frustration, Angst, Hoffnungslosigkeit, Traurigkeit (α = .72, M = 1.98, SD = 0.61).

Das Emotionsregulations-Inventar (ERI, König, 2011), das die selbstberichtete Häufigkeit der Verwendung mehrerer Emotionsregulationsstrategien erfasst. Die Teilnehmenden wurden gebeten, ihre Emotionsregulation „in ihrer Lehre" anzugeben. Das ERI differenziert dabei zwischen der Regulation negativer und der Regulation positiver Emotionen. Für die Regulation negativer Emotionen wurden die folgenden Strategien erfragt:
- Umbewertung (vier Items, α = .69)
- Ablenkung (vier Items, α = .83)
- kontrollierter Ausdruck (fünf Items, α = .96)
- unkontrollierter Ausdruck (fünf Items, α = .72)
- empathische Unterdrückung (vier Items, α = .90)

Für positive Emotionen wurden untersucht:
- Ablenkung (vier Items, α = .84)
- kontrollierter Ausdruck (vier Items, α = .90)
- unkontrollierter Ausdruck (vier Items, α = .78)
- empathische Unterdrückung (vier Items, α = .87)

Ferner eine deutsche Version des Approaches to Teaching Inventory (ATI, von Trigwell & Prosser, 2004; deutsche Version Braun & Hannover, 2008), der zwei Lehrorientierungen erfasst: die studierendenfokussierte Orientierung (sechs Items, Cronbach's α = .63, M = 3.71, SD = 0.67) und die lehrendenfokussierte Orientierung (fünf Items, Cronbach's α = .51, M = 3.39, SD = 0.68). Wegen der geringen Reliabilität der Skala zur lehrendenfokussierten Orientierung wurde diese in der Studie nicht weiter untersucht.

4. Ergebnisse

Die folgenden Absätze stellen die zentralen Ergebnisse entlang der Fragestellungen dar.

4.1 Ausprägung der Emotionsregulationsstrategien

Um die erste Forschungsfrage zu beantworten, wurden zunächst Skalenwerte nach dem bei König (2011) beschriebenen Vorgehen berechnet[1]. Abbildung 1 gibt die mittleren Ausprägungen der Regulationsstrategien wieder.

Lehrende wenden für die Regulation negativer Emotionen am häufigsten den kontrollierten Ausdruck an, am seltensten den unkontrollierten Ausdruck. Eine Varianzanalyse mit Messwiederholung mit den fünf Strategien ergab entsprechend signifikante Unterschiede zwischen den Regulationsstrateigen, $F(4, 74)$ = 37.76, $p < .01$, η^2 = .67. Zusätzliche Kontrastanalysen der höchsten und niedrigsten Werte jeweils mit allen anderen ergaben, dass sich der kontrollierte Ausdruck sowie der unkontrollierte Ausdruck von jeweils den anderen Strategien signifikant unterschied: kontrollierter Ausdruck wurde signifikant häufiger, $F(1, 77)$ = 43.78, $p < .01$; unkontrollierter Ausdruck signifikant seltener, $F(1, 77)$ = 117.80, $p < .01$, eingesetzt.

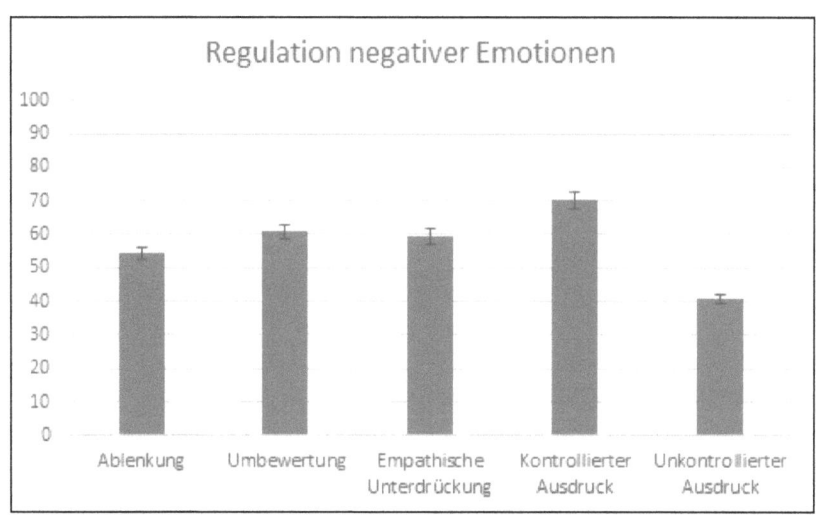

Abbildung 1: Mittlere Häufigkeit der Emotionsregulationsstrategien für negative Emotionen (Skala von 0 bis 100; Fehlerbalken geben den Standardfehler des Mittelwerts an.)

---

1 Da einige Teilnehmende den ERI oder einzelne Items des ERI nicht bearbeiteten, basieren die folgenden Ergebnisse in diesem Unterkapitel auf einer Teilstichprobe von n = max. 93 Personen.

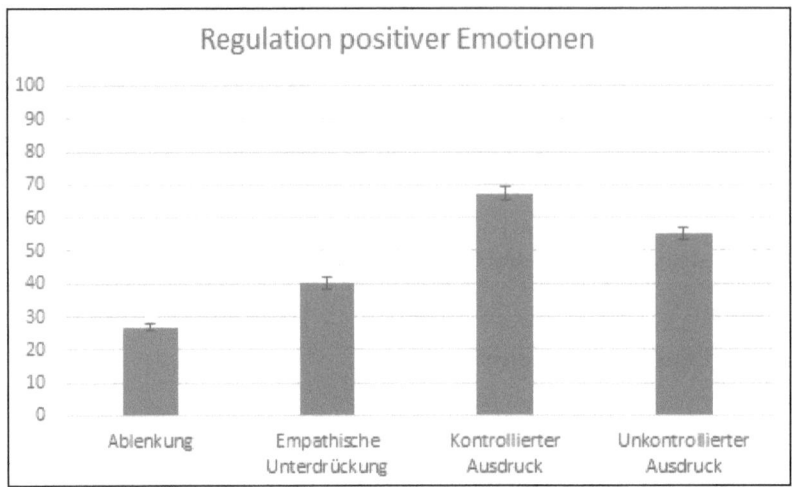

Abbildung 2: Mittlere Häufigkeit der Emotionsregulationsstrategien für positive Emotionen (Skala von 0 bis 100; Fehlerbalken geben den Standardfehler des Mittelwerts an.)

Positive Emotionen hingegen werden am häufigsten mittels kontrolliertem Ausdruck reguliert, am seltensten mittels Ablenkung (siehe Abbildung 2). Eine Varianzanalyse ergab ebenfalls Unterschiede zwischen Strategien, $F(3, 76) = 102.03$, $p < .01$, $\eta^2 = .80$. Auch bei den positiven Emotionen unterschied sich die am häufigsten vorkommende Strategie, kontrollierter Ausdruck, von allen anderen signifikant, $F(1, 78) = 170.94$, $p < .01$. Dasselbe gilt für die am seltensten angewendete Strategie, Ablenkung, $F(1, 78) = 97.97$, $p < .01$.

Zusammenfassend lässt sich festhalten: Kontrollierter Ausdruck ist für negative und für positive Emotionen die Strategie der Wahl. Sehr selten hingegen drücken Lehrende ihre negativen Emotionen unkontrolliert aus oder lenken sich von positive Emotionen auslösenden Situationen ab.

4.2 Zusammenhänge der Emotionsregulationsstrategien mit Emotionen

Zur Untersuchung der zweiten Forschungsfrage wurden die Regulationsstrategien in Beziehung mit den Skalenwerten der positiven und negativen Emotionen gesetzt.

Die Korrelationsanalysen ergaben zumindest marginal signifikante Zusammenhänge der folgenden Strategien mit positiven Emotionen:
- Umbewertung negativer Emotionen: $r(85) = .31$, $p < .01$
- kontrollierter Ausdruck negativer Emotionen: $r(89) = .18$, $p = .10$
- kontrollierter Ausdruck positiver Emotionen: $r(84) = .19$, $p = .08$
- unkontrollierter Ausdruck positiver Emotionen: $r(84) = .25$, $p = .02$

Die Zusammenhänge zu allen anderen Strategien waren nicht signifikant. Die aufgelisteten Strategien sind also insofern effektiv, als sie mit der Häufigkeit positiver Emotionen positiv zusammenhängen (unabhängig von der Kausalrichtung).

Analysen der Korrelationen mit negativen Emotionen ergaben nur einen signifikanten Zusammenhang, nämlich zum unkontrollierten Ausdruck negativer Emotionen: $r(89) = .47$, $p < .01$. Diese Regulationsstrategie kann als nicht effektiv im Sinn der Reduktion negativer Emotionen bezeichnet werden.

4.3 Emotionsregulationsstrategien bei studierendenfokussierter Lehrorientierung

Die folgenden Absätze stellen die Zusammenhänge zwischen Emotionsregulation und studierendenfokussierter Lehrorientierung detailliert dar.

4.4 Zusammenhangsanalysen

Um die dritte Forschungsfrage zu beantworten, wurden die Skalenwerte der in 4.2 als signifikant mit positiven Emotionen korrelierenden Regulationsstrategien mit denen der studierendenfokussierten Lehrorientierung in Beziehung gesetzt.

Die Korrelationsanalysen ergaben signifikante Zusammenhänge der folgenden Regulationsstrategien mit der studierendenfokussierten Lehrorientierung:
- Umbewertung negativer Emotionen: $r(85) = .33$, $p < .01$
- kontrollierter Ausdruck negativer Emotionen: $r(89) = .33$, $p < .01$
- kontrollierter Ausdruck positiver Emotionen: $r(84) = .33$, $p < .01$
- unkontrollierter Ausdruck positiver Emotionen: $r(84) = .25$, $p = .02$

Die als effektiv beschriebenen Regulationsstrategien (siehe 4.2) weisen positive Zusammenhänge mit der studierendenfokussierten Lehrorientierung auf. Dies untermauert die Vermutung, dass das Erleben positiver Emotionen den Zusammenhang zwischen Emotionsregulation und Lehrorientierung erklärt. Wenn dies der Fall ist, sollten positive Emotionen die benannten signifikanten Zusammenhänge als Mediator vermitteln.

4.4.1 Mediationsanalysen

Um die vorgenannte Fragestellung 4 zu untersuchen, wurden Mediationsanalysen (Baron & Kenny, 1986) mit den beiden Emotionsregulationsstrategien durchgeführt, die einen signifikanten Zusammenhang mit der studierendenfokussierten Lehrorientierung aufwiesen (siehe 4.3.1): Umbewertung negativer Emotionen und unkontrollierter Ausdruck positiver Emotionen. Hierfür diente die jeweilige Emotionsregulationsstrategie als unabhängige Variable, positive Emotionen als mediierende Variable und die studierendenfokussierte Lehrorientierung als abhängige Variable (siehe Abbildung 3).

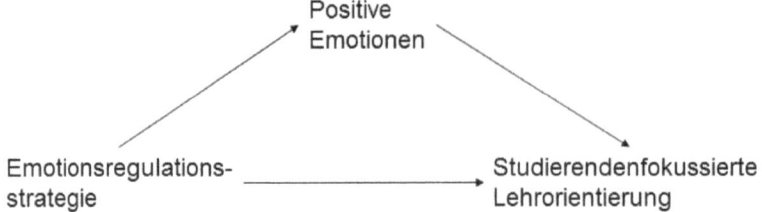

Abbildung 3: Variablen der Mediationsanalysen.

Eine erste Regressionsanalyse ergab, dass positive Emotionen die studierendenfokussierte Lehrorientierung positiv vorhersagten: $R^2 = .14$, $F(1, 102) = 16.34$, $β = .37$, $p < .01$. Die anschließenden Regressionsanalysen mit gleichzeitiger Vorhersage der studierendenfokussierte Lehrorientierung durch die Regulationsstrategie und positive Emotionen ergaben folgende Resultate.

a) Die Umbewertung negativer Emotionen sagt die studierendenfokussierte Lehrorientierung signifikant vorher ($β = .24$, $p = .03$), zusätzlich zur signifikanten Vorhersage durch positive Emotionen ($β = .29$, $p < .01$; Gesamtmodell $R^2 = .19$, $F(2, 82) = 9.38$, $p < .01$). Das signifikante Sobel Z ($z = 2.05$, $p = .04$), gibt an, dass der indirekte Effekt der Mediation vorhanden ist. Der Zusammenhang zwischen Umbewertung negativer Emotionen und studierendenfokussierter Lehrorientierung ist also zum Teil durch positive Emotionen vermittelt.

b) Der unkontrollierte Ausdruck positiver Emotionen sagte die studierendenfokussierte Lehrorientierung nicht signifikant vorher ($β = .17$, $p = .11$), im Gegensatz zu den positiven Emotionen ($β = .33$, $p < .01$; Gesamtmodell $R^2 = .17$, $F(2, 81) = 8.00$, $p < .01$). Sobel Z ($z = 1.95$, $p = .05$) lässt jedoch auf eine Mediation des Zusammenhangs zwischen unkontrolliertem Ausdruck positiver Emotionen schließen.

Das Erleben positiver Emotionen in der Lehre erklärt für die beiden als relevant eingeschätzten Emotionsregulationsstrategien zumindest teilweise (also nicht ausschließlich) den Zusammenhang zur studierendenfokussierten Lehrorientierung.

5. Diskussion

In den folgenden Absätzen werden die Ergebnisse diskutiert, methodische Limitationen aufgezeigt sowie ein Ausblick auf künftige Studien und Schlussfolgerungen für die Praxis gegeben.

5.1 Emotionsregulationsstrategien und Lehrorientierung

5.1.1 Emotionsregulationsstrategien

Wie die Daten gezeigt haben, wenden Lehrende mehrere Strategien zur Regulation ihrer Emotionen in der Lehre an. Dabei hat sich ein differenziertes Bild der Häufigkeit der Strategieanwendung ergeben.

Zum einen sind Unterschiede zwischen der Regulation positiver und negativer Emotionen offensichtlich, d.h. es werden jeweils verschiedene Strategien verwendet. Kontrollierter Ausdruck ist die häufigste Strategie zur Regulation negativer Emotionen.

Das Ergebnis repliziert konzeptuell den Befund von Hagenauer und Volet (2014a), dass deutsche Lehrende negative Emotionen wie Ärger gezielt ausdrücken. Die Bedeutung der Umbewertung als ebenfalls häufig angewendete Strategie für negative Emotionen (vgl. Kordts-Freudinger, 2017) wurde ebenfalls bekräftigt.

Kontrollierter Ausdruck wird für positive Emotionen häufiger angewendet als unkontrollierter Ausdruck. Obwohl an den Daten nicht direkt ablesbar, ist plausibel, dass für positive Emotionen die Motivation zur Regulation niedriger ist als für negative Emotionen. Dies lässt den Schluss zu, dass die Motivation zur Emotionsregulation positiver Emotionen primär über display rules (vgl. Mendzheritskaya et al., 2015) erklärt werden kann. Hagenauer und Kolleginnen (2016) hatten im Vergleich mit der australischen Stichprobe festgestellt, dass deutsche Lehrende weniger Wert auf den Ausdruck positiver Emotionen legten. Insofern können die aktuellen Ergebnisse als Triangulation der qualitativen Befunde gelten.

Die Ergebnisse sind, trotz unterschiedlicher Stichproben, sehr ähnlich den Befunden von König (2011, S. 123). Auch wenn die Werte der Lehrenden insgesamt leicht höher sind als die der Stichprobe bei König (2011), ist die Rangreihe der Regulationsstrategien sowohl für positive als auch für negative Emotionen identisch. Lehrende scheinen keine qualitativ andere Emotionsregulation zu verfolgen als andere Personen.

5.1.2 Zusammenhänge zwischen Emotionsregulation und Emotionen

Wie bei vorhergehenden Studien (vgl. Gross & John, 2003; Kordts-Freudinger, 2017) scheint auch in diesen Daten die kognitive Umbewertung die effektivste Strategie zur Regulation negativer Emotionen zu sein. Interessant ist hier der Befund, dass es keinen Zusammenhang zu (reduzierten) negativen Emotionen gibt, was darauf hindeuten kann, dass die Reduktion negativer Emotionen schwieriger ist als das Verstärken positiver Emotionen.

Für die Regulation positiver Emotionen korreliert der unkontrollierte Ausdruck positiver Emotionen am stärksten mit dem Erleben positiver Emotionen. Ausgedrückte Emotionen könnten über Body-Feedback-Prozesse das emotionale Erleben wieder verstärken (vgl. Niedenthal, 2007). Alternativ ist denkbar, dass Lehrende nur eine geringe Motivation für die Regulation bestimmter positiver Emotionen wie Freude oder Begeisterung aufweisen, da der Emotionsausdruck in diesem Fall kongruent mit den

Zielen der Lehrenden steht (vgl. Sutton, 2004). Wegen des Querschnittsdesigns der Studie kann diese Frage mit den vorliegenden Daten nicht abschließend geklärt werden.

5.1.3 Emotionsregulation und studierendenfokussierte Lehrorientierung

Die Daten haben gezeigt, dass zwei als effektiv (im Sinne der Zusammenhänge mit positiven Emotionen) beurteilte Regulationsstrategien mit der studierendenfokussierten Lehrorientierung zumindest ansatzweise zusammenhängen. Dieser Befund repliziert die Studie von Kordts-Freudinger (2017) und ergänzt sie im Hinblick auf weitere Regulationsstrategien.

Besonders interessant scheint hier der Zusammenhang zwischen dem kontrollierten Ausdruck negativer Emotionen und der studierendenfokussierten Lehrorientierung. Warum drücken Lehrende negative Emotionen bewusst aus? Die qualitativen Befunde von Hagenauer und Kolleginnen (2016) geben erste Hinweise: Wenn (deutsche) Lehrende negative Emotionen gegenüber Studierenden gezielt äußern, könnte dies dazu dienen, die Bedeutung z. B. des jeweiligen Themas oder der aktuellen Situation zu erhöhen. Lehrende könnten also versuchen, die Relevanz- oder Wert-Appraisals (vgl. Pekrun, 2006) der Studierenden zu beeinflussen, um damit die Motivation der Studierenden zu erhöhen. Inwieweit dies Teil der Motivation darstellt und ob dies gelingt, müssten weitere Studien untersuchen. Die Ergebnisse deuten allerdings darauf hin, dass Lehrende mit einer studierendenfokussierten Lehrorientierung nicht nur angenehme Zustände für die Studierenden herstellen wollen, sondern insbesondere solche, die den Lernerfolg erhöhen.

Die These, dass der Zusammenhang zwischen Emotionsregulation und Lehrorientierung über das Erleben positiver Emotionen vermittelt ist, also dass er nur dann vorhanden ist, wenn die Regulationsstrategie in diesem Sinn effektiv ist, konnte für beide untersuchten Strategien bestätigt werden: Für den unkontrollierten Ausdruck positiver Emotionen ist die Mediation vollständig; für die Umbewertung negativer Emotionen scheint die Mediation teilweise stattzufinden.

Der Mechanismus des Zusammenhangs scheint sich jedoch zwischen den beiden Strategien zu unterscheiden. Zumindest für die Strategie der Umbewertung negativer Emotionen gibt es offenbar noch weitere Quellen der Gemeinsamkeit. Die positiven Emotionen, die über ihren unkontrollierten Ausdruck verstärkt werden, hängen wiederum mit der Lehrorientierung zusammen. Für die Umbewertung negativer Emotionen sind verschiedene Mechanismen denkbar. Geteilte Persönlichkeitseigenschaften wie Extraversion und Neurotizismus könnten beiden Konstrukten zugrunde liegen. Auch gemeinsame kognitive und motivationale Mechanismen wie die Fähigkeit zur Perspektivenübernahme (vgl. Kordts-Freudinger, 2017) oder die Passung zu ähnlichen Zielen könnten den Zusammenhang zwischen Umbewertung und Lehrorientierung aufklären. Man könnte annehmen, dass der Zusammenhang zwischen Emotionsregulation und Lehrorientierung durch eine Mischung aus Persönlichkeits- und Prozess-Eigenschaften zu erklären ist. Bei aller gebotenen Vorsicht angesichts des Querschnittsdesigns der Studie lassen sich die Ergebnisse dahingehend deuten, dass sich

Emotionen auf die Lehrorientierung auswirken können. Ergänzende Studien, auch mit anderen Designs und Methoden, sind zur Klärung der Wirkrichtungen nötig.

5.2 Methodische Limitationen

Die Aussagen der Studie sind durch methodische Limitationen begrenzt.

Zum einen sind wegen des Querschnittsdesigns keine Kausalaussagen möglich. Die Studie hat zwar Klärung im Hinblick auf die Mediation zweier Zusammenhänge erbracht, zur weiteren Untersuchung wären aber andere Designs nötig, so z.B. die Erhebung der Emotionen und Regulationsstrategien im Längsschnitt und direkt bei der Entstehung (sog. Experience-Sampling, Thies & Kordts-Freudinger, 2016) sowie (quasi-) experimentelle Designs.

Zweitens weisen einige der verwendeten Skalen niedrige interne Konsistenzen auf, wodurch weitere theoretisch sinnvolle Zusammenhänge verborgen geblieben sein könnten. Zukünftige Forschung sollte an diesem Problem arbeiten und reliable Instrumente verwenden.

Drittens könnte die Anwendung der standardisierten Emotions- und regulationsfragebögen die Ergebnisse beeinflussen. Im Gegensatz zu Trigwell (2012) und Hagenauer und Volet (2014b) wurden Fragebögen verwendet, die mit ähnlicher Item-Formulierung auch zur Erfassung der allgemeinen Emotionen und Emotionsregulation verwendet werden können bzw. wurden (vgl. Gross & John, 2003; König, 2011). Eventuell haben einige Lehrende die Formulierung „in Ihrer Lehre" übersehen oder beim Ausfüllen nicht berücksichtigt. Zukünftige Studien könnten diese Spezifität des emotionalen Lebens der Lehrenden allerdings erhöhen.

Die untersuchte Gelegenheits-Stichprobe ist nicht repräsentativ, da von einer Selbstselektion der Teilnehmenden auszugehen ist: Den Studienteilnehmenden ist Lehre vermutlich wichtiger als dem repräsentativen Durchschnitt aller Lehrenden. Insofern sind insbesondere die Ergebnisse zur ersten Forschungsfrage mit Vorbehalt zu interpretieren; für die zweite und dritte Frage allerdings könnte die Stichprobe gerade als gut geeignet gelten, da starke Ziele als Bedingung für Emotionen und damit Emotionsregulation wirken (vgl. Carver & Scheier, 1990).

5.3 Ausblick

Kann man verlangen, dass Lehrende ihre Emotionen (ähnlich wie in Service-Einrichtungen) in der Lehre regulieren, um das studentische Lernen zu verbessern?

Nach den hier berichteten Ergebnissen hängt die Antwort weniger am *Ob* als am *Wie*. Dass Emotionen auch von Lehrenden in der Hochschullehre reguliert werden, kann als gesichert angesehen werden. Relevant ist, welche Strategien sie dabei anwenden. Emotionale Arbeit oder Emotionsregulation sollte sich aus mehreren Gründen auf kognitive Regulation, insbesondere kognitive Umbewertung, fokussieren: Zum einen sind diese Strategien erfolgreicher als andere Strategien wie Unterdrückung des Ausdrucks, zum anderen sind sie auch ein Anzeichen, eventuell sogar förderlicher Faktor für eine studierendenfokussierte Lehrorientierung und das damit zusammenhängende, erwünschte Lehrhandeln.

Für die Praxis bedeutet dies, Lehrenden die effektiveren Emotionsregulationsstrategien näher zu bringen und ihnen Raum zu geben, sie anzuwenden. Auch wenn in diesem Beitrag nur am Rande erwähnt, ist eine der besten Bedingungen für Umbewertung der Austausch mit anderen Menschen: In der Kommunikation mit Kolleginnen oder Kollegen können kognitive Strategien sehr gut, für manche vielleicht sogar am besten gelingen (vgl. Sutton et al., 2009). Ein kollegiales Miteinander sollte daher gefördert werden.

Für die Forschung zeigen sich Desiderate auf verschiedenen Ebenen. Neben den bereits genannten methodischen Herausforderungen bleibt das Thema der Emotionen in der Interaktion zwischen Lehrenden und Studierenden. Aus unserer Sicht wichtig ist dies, da sich positive Effekte der Emotionsregulation Lehrender auch auf das studentische Lernen zeigen werden.

Literatur

Abler, B., & Kessler, H. (2009). Emotion regulation questionnaire – eine deutschsprachige Fassung des ERQ von Gross und John. *Diagnostica, 55*(3), 144–152.

Badia, A., Monereo, C., & Meneses, J. (2013). Affective dimension of university professors about their teaching: An exploration through the semantic differential technique. *Universitas Psychologica, 13*(1), 161–173.

Baron, R. M., & Kenny, D. A. (1986). The moderator-mediator variable distinction in social psychological research: Conceptual, strategic, and statistical considerations. *Journal of Personality and Social Psychology, 51*, 1173–1182.

Braun, E., & Hannover, B. (2008). Zum Zusammenhang zwischen Lehr-Orientierung und Lehrgestaltung von Hochschuldozierenden und subjektivem Kompetenzzuwachs bei Studierenden. *Zeitschrift für Erziehungswissenschaft, [Sonderheft 9: Perspektiven der Didaktik]*, 277–291.

Carver, C. S., & Scheier, M. F. (1990). Origins and functions of positive and negative affect: A control-process view. *Psychological Review, 97*(1), 19–35.

Constanti, P., & Gibbs, P. (2004). Higher education teachers and emotional labour. *The International Journal of Educational Management, 18*(4/5), 243–249.

Dorn, C., Spindler, G., Kullik, A., Petermann, F., & Barnow, S. (2013). Erfassung von Emotionsregulationsstrategien – eine Übersicht. *Psychologische Rundschau, 64*(4), 217–227.

Gross, J. J. (1998). The emerging field of emotion regulation: An integrative review. *Review of General Psychology, 2*(3), 271–299.

Gross, J. J., & John, O. P. (2003). Individual differences in two emotion regulation processes: Implications for affect, relationships, and well-being. *Journal of Personality and Social Psychology, 85*(2), 348–362.

Hagenauer, G., Gläser-Zikuda, M., & Volet, S. E. (2016). University teachers' perceptions of appropriate emotion display and high-quality teacher-student relationship: Similarities and differences across cultural-educational contexts. *Frontline Learning Research, 4*(3), 44–74.

Hagenauer, G., & Volet, S. (2014a). "I don't hide my feelings, even though I try to": Insight into teacher educator emotion display. *Australian Educational Researcher, 41*, 261–281.

Hagenauer, G., & Volet, S. (2014b). 'I don't think I could, you know, just teach without any emotion': Exploring the nature and origin of university teachers' emotions. *Research Papers in Education, 29*(2), 240–262.

Hochschild, A. R. (1983). *The managed heart: Commercialization of human feeling.* Berkeley, CA: University of California Press.

Johannes, C., & Seidel, T. (2012). Professionalisierung von Hochschullehrenden. Lehrbezogene Vorstellungen, Wissensanwendung und Identitätsentwicklung in einem videobasierten Qualifikationsprogramm. *Zeitschrift für Erziehungswissenschaft, 15,* 233–251.

Kember, D. (1997). A reconceptualisation of the research into university academics' conceptions of teaching. *Learning and Instruction, 7*(3), 255–275.

Kember, D., & Kwan, K.-P. (2000). Lecturers' approaches to teaching and their relationship to conceptions of good teaching. *Instructional Science, 28,* 469–490.

König, D. (2011). *Die Regulation von negativen und positiven Emotionen. Entwicklung des Emotionsregulations-Inventars und Vergleich von Migränikerinnen mit Kontrollpersonen.* Unveröffentlichte Dissertation, Universität Wien.

Kordts-Freudinger, R. (2017). Feel, think, teach – Emotional underpinnings of approaches to teaching in higher education. *International Journal of Higher Education, 6*(1), 217–229.

Mendzheritskaya, J., Hansen, M., & Horz, H. (2015). Emotional display rules at universities in Russia and Germany. *Russian Psychological Journal, 12*(4), 54–77.

Meanwell, E., & Kleiner, S. (2014). The emotional experience of first-time teaching: reflections from graduate instructors. *Teaching Sociology 42*(1), 17–27.

Niedenthal, P. M. (2007). Embodying emotion. *Science, 316,* 1002–1005.

Pekrun, R. (2006). The control-value theory of achievement emotions: Assumptions, corollaries, and implications for educational research and practice. *Educational Psychological Review, 18,* 315–341.

Pekrun, R., Frenzel, A. C., Götz, T., & Perry, R. P. (2007). The control-value theory of achievement emotions: An integrative approach to emotions in education. In P. A. Schutz, & R. Pekrun (Eds.), *Emotion in education* (pp. 13–36). Amsterdam, NL: Academic Press.

Postareff, L., & Lindblom-Ylänne, S. (2011). Emotions and confidence within teaching in higher education. *Studies in Higher Education, 36*(7), 799–813.

Scherer, K. R. (2005). What are emotions? And how can they be measured? *Social Science Information, 44*(4), 695–729.

Stupnisky, R. H., Pekrun, R., & Lichtenfeld, S. (2014). New faculty members' emotions: a mixed-method study. *Studies in Higher Education,* 1–22.

Sutton, R. E., & Wheatley, K. F. (2003). Teachers' emotions and teaching: A review of the literature and directions for future research. *Educational Psychology Review, 15*(4), 327–358.

Sutton, R. E. (2004). Emotional regulation goals and strategies of teachers. *Social Psychology of Education, 7,* 379–398.

Sutton, R. E., Mudrey-Camino, R., & Knight, C.C. (2009). Teachers' emotion regulation and classroom management. *Theory Into Practice, 48*(2), 130–137.

Taxer, J. L., & Frenzel, A. C. (2015). Facets of teachers' emotional lives: A quantitative investigation of teachers' genuine, faked, and hidden emotions. *Teaching and Teacher Education, 49,* 78–88.

Thies, K., & Kordts-Freudinger, R. (2016). *Variability of higher education teachers' emotions in teaching and research: An experience-sampling study.* Poster presented at the Higher Education Conference (HEC), „The Scholarship of Learning, Teaching, and Organizing", Amsterdam, The Netherlands.

Trigwell, K. (2012). Relations between teachers' emotions in teaching and their approaches to teaching in higher education. *Instructional Science, 40,* 607–621.

Trigwell, K., & Prosser, M. (1996). Changing approaches to teaching: A relational perspective. *Studies in Higher Education, 21*(3), 275–284.

Trigwell, K., & Prosser, M. (2004). Development and use of the Approaches to Teaching Inventory. *Educational Psychology Review, 16,* 409–426.

Julia Mendzheritskaya, Miriam Hansen, Sonja Scherer und Holger Horz

„Wann, wie und wem gegenüber darf ich meine Emotionen zeigen?"

Regeln der emotionalen Darbietung von Hochschullehrenden in der Interaktion mit Studierenden in unterschiedlichen kulturellen Kontexten

Abstract

Basierend auf theoretischen Überlegungen und existierenden Befunden zu kulturspezifischen Darbietungsregeln für Emotionen (Ekman & Friesen, 1969), aktuellen Ergebnissen zu Emotionen von Hochschullehrenden (z.B. Hagenauer & Volet, 2014) und unter Einbezug des Ansatzes „unpackaging culture" (z.B. Heine, Lehman, Peng, & Greenholtz, 2002) wird in diesem Beitrag über zwei Studien berichtet, die Einflussfaktoren auf emotionale Darbietungsregeln von Hochschullehrenden analysieren: kulturell-pädagogischer Kontext, Lehrsituation und Art der Emotion. In der ersten Studie bearbeiteten 60 deutsche und 99 russische Dozenten online eine modifizierte Version des Display Rules Assessment Inventory (Matsumoto et al., 2008) und schätzten den angemessenen Emotionsausdruck in Interaktionen mit Studierenden für sieben Emotionen ein. In der zweiten Studie wurden 22 deutsche und 24 russische Lehrende in halbstrukturierten Interviews nach dem Emotionsausdruck in konkreten lehrbezogenen Situationen gefragt, die starke positive und negative Gefühle hervorgerufen haben. Die Ergebnisse der beiden Studien werden verglichen und bezüglich kultureller Einflüsse auf emotionale Darbietungsregeln, hinsichtlich der Rolle des Lehrkontexts und der Interaktionsinhalte für die Auswahl von emotionalen Darbietungsregeln für positive und negative Emotionen analysiert sowie im Zusammenhang mit methodischen Aspekten der Erfassung von Emotionskommunikation diskutiert.

1. Einführung

Emotionsregulation und Regeln eines angemessenen Emotionsausdrucks wurden als relevante Arbeitsanforderungen bereits für eine Reihe von Berufen untersucht, in denen Kommunikation eine wichtige Rolle spielt (z.B. Goldberg & Grandey, 2007; Rafaeli, 1989). Auch im Hochschulkontext sind Emotionen wichtig, und Hochschullehrende sehen den Umgang mit ihren eigenen Emotionen als alltägliche Aufgabe (Ogbonna & Harris, 2004), jedoch stand Emotionsdarbietung im Hochschulkontext bislang noch nicht im Fokus von Forschungsarbeiten. Dieses Kapitel stellt zwei Studien vor, die sich mit methodisch unterschiedlichen Herangehensweisen zur Erfassung der Darbietungsregeln für Emotionen diesem Themenbereich widmen und Aspekte der Erfassung von Emotionskommunikation sowie kulturell-pädagogische Einflüsse diskutieren.

1.1 Darbietungsregeln für Emotionen

Seit Ekman und Friesen (1969) das Konzept der Darbietungsregeln für Emotionen („display rules") auf Basis experimenteller kulturvergleichender Studien postuliert haben, wurden viele Forschungsarbeiten zu Darbietungsregeln durchgeführt (z.B. Banerjee, 1997; Gosserand & Dieffendorff, 2005; Matsumoto, Yoo, Hirayama, & Petrova, 2005). Diese Darbietungsregeln enthalten als gesellschaftlich angemessen angesehene Ausdrucksweisen für jede Emotion in Abhängigkeit des sozialen Kontextes insgesamt sowie bezüglich des Status, der Rolle, des Geschlechts und des Alters aller an einer Interaktion beteiligten Personen (Ekman & Friesen, 1969). Häufig wird folgende Einteilung der unterschiedlichen Ausdrucksmodi vorgenommen, die in den Darbietungsregeln festgelegt sind (z.B. Matsumoto et al., 2005): „amplify" (Emotion wird stärker ausgedrückt als empfunden), „express" (Emotion wird genauso ausgedrückt wie empfunden), „deamplify" (Emotion wird schwächer ausgedrückt als empfunden), „neutralize" (Emotion wird nicht ausgedrückt sondern unterdrückt), „qualify" (Emotion wird durch ein Lächeln kaschiert) oder „mask" (es wird eine andere als die empfundene Emotion ausgedrückt).

Eine vergleichende Analyse von Darbietungsregeln für Emotionen wurde in zahlreichen kulturvergleichenden Studien vorgenommen. Festgestellt wurde dabei beispielsweise, dass in sogenannten individualistischen Kulturen insgesamt ein höheres Ausmaß an Emotionsausdruck vorhanden ist im Vergleich mit sogenannten kollektivistischen Ländern (Matsumoto et al., 2005). Unterschiedliche Darbietungsregeln konnten dabei in Bezug auf die Beziehung der interagierenden Personen (Freunde/ Familie vs. Fremde) und auch für die Art der Emotion (positiv vs. negativ) gefunden werden: Beispielsweise gilt es gegenüber Fremden in individualistischen Kulturen als angemessen, positive Emotionen stärker auszudrücken, wohingegen in kollektivistischen Kulturen negative Emotionen eher stärker ausgedrückt werden können (Matsumoto et al., 2008). Auch wurde festgestellt, dass Mitglieder kollektivistischer Kulturen je nach Art der Beziehung zu einem Interaktionspartner ein größeres Repertoire an Darbietungsregeln nutzen (Safdar et al., 2009).

1.2 Emotionen von Hochschullehrenden

Bei der Betrachtung der Emotionsregulation im universitären Kontext stehen die Lehrenden als Zielgruppe nur in wenigen Arbeiten im Fokus (Hagenauer & Volet, 2014; Sutton & Wheatley, 2003; Trigwell, 2012). Hier wird vor allem der Zusammenhang zwischen Lehrendenemotionen und a) Lehrstrategien (Postareff & Lindblom-Ylänne, 2011), b) Leistungsbeurteilung (Stough & Emmer, 1998), Lehr-/Lernzielen (Gates, 2000), c) spezifischen Lehrsituationen (Hagenauer & Volet, 2014) oder d) zwischen Emotionsregulationsstrategien von Lehrenden und deren Einstellungen zur Lehre (Trigwell, 2012; Kordts-Freudinger, 2014) thematisiert. Es konnte gezeigt werden, dass die Interaktion mit Studierenden als eine der häufigsten Quellen für das Empfinden von positiven und negativen Emotionen in der Lehre genannt wird (Kordts-Freudinger, 2014), und es konnten emotional belastende Lehrsituationen identifiziert werden, die als Auslöser für positive und negative Emotionen bei Hochschullehrenden wirken (Hagenauer & Volet,

2014). In einer kulturvergleichenden Interviewstudie von Hagenauer, Gläser-Zikuda und Volet (2016) mit deutschen und australischen Universitätslehrenden konnte gezeigt werden, dass deutsche Lehrende bevorzugen, ihren empfundenen Ärger den Studierenden gegenüber mit einer höheren Intensität zu zeigen als die australischen Lehrenden.

1.3 Unterschiede im pädagogisch-kulturellen Kontext russischer und deutscher Universitäten

Die Betrachtung von kulturellen Unterschieden im Kontext steht im Fokus des Ansatz des "unpackaging culture"(z.B. Heine et al., 2002), nach dem die zu beobachteten Differenzen zwischen zwei Kulturgruppen nicht auf die Besonderheiten auf der nationalen Ebene zurückzuführen sind, sondern auf Unterschiede in der Bedeutung und Wertschätzung von bestimmten kulturellen Praktiken und Aktivitäten, die für alle beteiligten Individuen gleich zugänglich und verständlich sind (Volet, 2001). Dieser Ansatz stellt eine Alternative zur wohlbekannten Kulturklassifikation dar, nach der zwischen individualistischen und kollektivistischen Kulturen unterschieden wird (z.B. Markus & Kitayama, 1991; Hofstede, 2001) und die wegen ihrer Undifferenziertheit sowohl aus konzeptioneller wie auch aus methodologischer Perspektive kritisiert wird (z.B. Oyserman, Coon, & Kemmelmeier, 2002; Voronov & Singer, 2002).

Übertragen auf die universitäre Praxis werden nach dem Ansatz des „unpackaging culture" unter kulturellen Unterschieden die Differenzen im kulturell-pädagogischen Kontext verstanden (Hagenauer et al., 2016; Volet, 2001), die beispielsweise die affektive Kommunikationen zwischen Lehrenden und Studierenden auf unterschiedlicher Weise mitbestimmen.

Nur wenige Studien widmen sich dem Vergleich von pädagogischen Praktiken in Russland und Deutschland (Elliott & Tudge, 2007; Hufton, Elliott, & Illushin, 2002). Zentrale Unterschiede zeigen sich beispielsweise bezüglich der Organisation von Lernaktivitäten und Auswahl von Lerninhalten: Im Vergleich zu westeuropäischen kulturell-pädagogischen Praktiken, die mehr Mitspracherecht bei Entscheidungen hinsichtlich der Lernaktivitäten und Lerninhalten einräumt, ist für den russischen kulturell-pädagogischen Kontext charakteristisch, dass die komplette Lehr- und Lernorganisation als gesetzt und unveränderbar vermittelt wird (Alexander, 2000). Weiterhin neigen russische Lehrende im Vergleich zu westeuropäischen Lehrenden stärker dazu, ihre Studierenden in der Öffentlichkeit zu kritisieren und ihnen ein direktes negatives Feedback zu geben, mit dem Ziel, mehr Leistung und Anstrengung zu fordern (Hufton et al., 2002).

2. Forschungsfragen

Um der Frage nachzugehen, welche Darbietungsregeln für Emotionen Hochschullehrende internalisiert haben und inwiefern diese Regeln kontextspezifisch sind, wurden zwei Studien unter Verwendung unterschiedlicher Methodik (Online-Befragung und halbstrukturierte Interviews) durchgeführt. Folgende Forschungsfragen sollten durch die Studien beantwortet werden:

Studie 1:
- Unterscheiden sich die Emotionsdarbietungsregeln von Hochschullehrenden in Bezug auf den kulturell-pädagogischen Kontext, in dem sich die Lehrenden befinden?
- Unterscheiden sich die Darbietungsregeln in Bezug auf den Lehrkontext und die Art der Emotion?

Studie 2:
- Gibt es Unterschiede im Emotionsausdruck Hochschullehrender in konkreten lehrbezogenen Situationen in Abhängigkeit vom Lehrkontext, der Art der Emotion oder dem kulturell-pädagogischen Kontext?
- Unterscheiden sich die Auslöser für emotionsgeladene Lehrsituationen in Bezug auf den kulturell-pädagogischen Kontext, in welchem sich Hochschullehrende befinden?

3. Studie 1: Online-Fragebogenstudie zu den Emotionsdarbietungsregeln von Hochschullehrenden in Russland und Deutschland

3.1 Stichprobe

In Deutschland nahmen 60 Lehrende (davon 21 männlich) der Goethe-Universität Frankfurt, im Alter von 25 bis 64 Jahren ($M = 36.65$; $SD = 9.06$) an der Studie teil. In der russischen Stichprobe waren 99 Lehrende (davon 24 männlich) der Universität Rostow am Don, im Alter von 20 bis 73 Jahren ($M = 47.17$; $SD = 12.13$). Die Teilnehmenden lehrten in unterschiedlichen Disziplinen, hauptsächlich in den Sozial-, aber auch in den Geistes- und Naturwissenschaften. Die Versuchspersonen wurden per Email eingeladen, an der Studie zu Emotionen im Hochschulkontext teilzunehmen und erhielten einen Link zur online-Umfrage (erstellt mit Unipark©). Die durchschnittliche Bearbeitungszeit der Umfrage lag bei 7 Minuten ($SD = 4$).

3.2 Versuchsplan und -durchführung

Der kulturell-pädagogische Kontext (russisch vs. deutsch) stellte einen Zwischensubjektfaktor dar. Als Innersubjektfaktoren wurden der Lehrkontext (Lehrveranstaltung vs. Sprechstunde) und die Art der Emotion (positiv: Freude, Überraschung; negativ: Angst, Traurigkeit, Ärger, Ekel, Verachtung) variiert.

In der Online-Befragung gaben die Lehrenden zu vier Situationsbeschreibungen (Sprechstunde und Lehrveranstaltung; männliche und weibliche Studierende) Emotionsdarbietungsregeln als single-choice Items an.

3.3 Material

Verwendet wurde eine modifizierte Version des DRAI (Display Rules Assessment Inventory, Matsumoto et al., 2005; Matsumoto et al., 2008) in einer russischen und einer deutschen Fassung. Durch Rückübersetzung wurde die Äquivalenz der beiden Fassungen sichergestellt (z.B. van de Vijver & Leung, 2011). Es wurden die Emotionsdarbietungsregeln für die Emotionen Freude, Überraschung, Angst, Traurigkeit, Ärger, Ekel und Verachtung in vier Situationen erfragt, z.B. „Wie würden Sie Ihrer Einschätzung nach reagieren, wenn Sie in Ihrer SPRECHSTUNDE einer Studentin (WEIBLICH) gegenüber folgende Gefühle erleben: ..."")[1]. Die Versuchspersonen mussten für jede der sieben Emotionen eine Antwortalternative auswählen: „Ich zeige mein Gefühl mehr, als ich es empfinde.", „...genau so, wie ich es empfinde.", „...weniger, als ich es empfinde.", „Ich verstecke mein Gefühl und zeige keine Reaktion.", „Ich zeige mein Gefühl, indem ich es anders ausdrücke." oder „Ich verstecke mein Gefühl, indem ich lächle.". Diese Optionen entsprechen den Ausdrucksmodi „amplify", „deamplify", „neutralize", „qualify" und „mask".

3.4 Ergebnisse

In Analogie zum von Matsumoto und Kollegen (Matsumoto et al., 2005) beschriebenen Vorgehen wurden die nominalskalierten Daten in Häufigkeitszählungen transformiert: Für jeden Ausdrucksmodus, jede Emotion und jede der vier Situationsbeschreibungen (Lehrsituation x Geschlecht des Studierenden) wurden die Antworten auf die DRAI Items umkodiert in neue Variablen (gesamt 6 x 7 x 2 x 2). Wenn die Ausdrucksmodi „amplify", „mask" oder „qualify" gewählt wurden, wurde eine „1" in den neuen Variablen kodiert, ansonsten eine „0". Wenn „express" oder „deamplify" gewählt wurde, wurden diese Variablen ebenfalls mit „1" kodiert, ansonsten mit „0". Bei einer „neutralize" Antwort, wurden die entsprechenden Variablen mit „-1" kodiert, ansonsten mit „0". Hierdurch war die Berechnung von Häufigkeiten für jede der Variablen möglich. Die sieben Emotionen wurden für die Analysen zwei Gruppen zugeordnet: Positive (Freude, Überraschung) und negative Emotionen (Angst, Traurigkeit, Ärger, Ekel, Verachtung).

Es wurde eine multivariate Varianzanalyse (MANOVA) mit Messwiederholung (da alle Teilnehmenden alle vier Fragen beantworteten) für die Faktoren Lehrkontext und Art der Emotion sowie dem kulturell-pädagogischen Kontext als Zwischensubjektfaktor durchgeführt, um die Einflüsse der unabhängigen Variablen auf die Ausdrucksmodi („amplify", „express", „deamplify", „qualify" und „mask") zu untersuchen.

Die MANOVA ergab signifikante multivariate Haupteffekte für den kulturell-pädagogischen Kontext, $F(5,153) = 6.50$; $p = .000$; $\eta_p^2 = .175$, den Lehrkontext, $F(5,153) = 7.99$; $p = .000$; $\eta_p^2 = .207$, sowie die Art der Emotion, $F(5,153) = 182.6$; $p = .000$; $\eta_p^2 = .856$. Der Interaktionseffekt für den kulturell-pädagogischen Kontext und die Art der Emotion wurde nicht signifikant $F(5,153) = 1.90$; $p = .10$, jedoch ergaben sich signifikante Interaktionseffekte für Lehrkontext und Art der Emotion, $F(5,153) = 3.26$; $p = .008$; $\eta_p^2 = .096$ (siehe Tabelle 1).

---

[1] Es wurde als weiterer Faktor das Geschlecht des Studierenden variiert und auch in die Auswertung eingeschlossen. Aus Platzgründen werden hier jedoch keine weiteren Analysen berichtet werden. Bei Interesse können die Ergebnisse bei den Autor/innen erfragt werden.

Tabelle 1: Mittelwerte und Standardabweichungen für die Ausdrucksmodi nach kulturell-pädagogischem Kontext, Lehrkontext und Art der Emotion.

	Kulturell-pädagogischer Kontext		Lehrkontext		Art der Emotion	
	Russland	Deutschland	Sprechstunde	Lehrveranstaltung	Positiv	Negativ
Ausdrucksmodus	M (SD)	M (SD)	M (SD)	M (SD)	M (SD)	M (SD)
amplify	.04 (.09)	.02 (.05)	.02 (.06)	.02 (.07)	.05 (.14)	.01 (.04)
express	.17 (.29)	.15 (.24)	.00 (.26)	-.09 (.32)	.66 (.38)	-.33 (.32)
deamplify	.12 (.13)	.24 (.16)	.17 (.13)	.20 (.19)	.13 (.23)	.20 (.18)
qualify	.09 (.11)	.06 (.09)	.10 (.13)	.10 (.13)	.03 (.12)	.12 (.15)
mask	.05 (.08)	.07 (.12)	.08 (.12)	.07 (.13)	.02 (.09)	.09 (.15)

Die MANOVA ergab hinsichtlich einzelner Ausdrucksmodi einen signifikanten Unterschied zwischen russischen und deutschen Lehrenden bezüglich des Ausdrucksmodus „deamplify": Deutsche Lehrende gaben häufiger an, ihre Emotionen weniger stark zu zeigen als empfunden, $F(1,157) = 26.65$; $p = .000$; $\eta_p^2 = .145$.

Bezüglich des Lehrkontexts ergaben sich signifikante Unterschiede in den Ausdrucksmodi „express" und „deamplify": Die Lehrenden gaben an, ihre Emotionen in Lehrveranstaltungen im Vergleich zu Sprechstunden weniger authentisch auszudrücken, $F(1,157) = 26.66$; $p = .000$; $\eta_p^2 = .145$, oder sie stärker zu unterdrücken, $F(1,157) = 12.91$; $p = .000$; $\eta_p^2 = .076$.

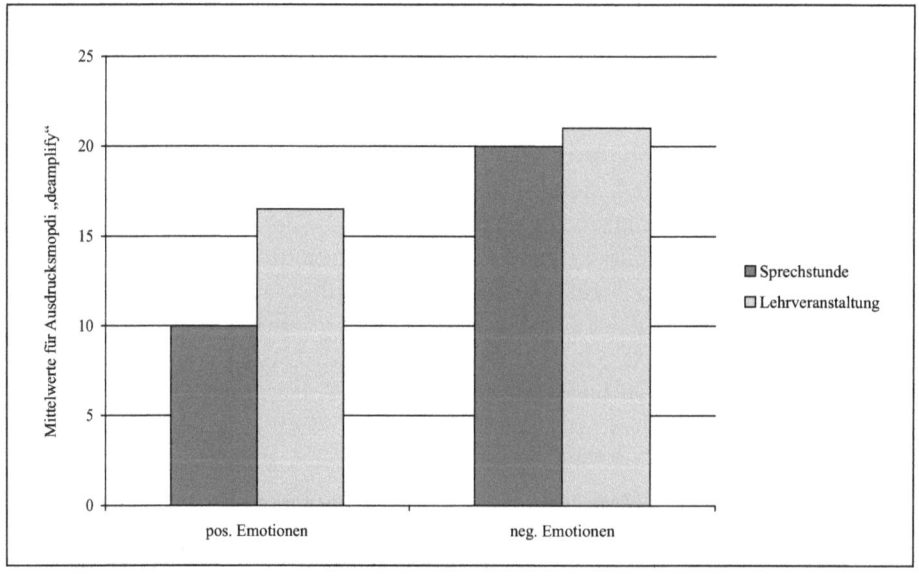

Abbildung 1: Interaktionseffekt zwischen Lehrkontext und Art der Emotion für den Ausdrucksmodus "deamplify"

Weiterhin zeigten sich für alle Ausdrucksmodi signifikante Effekte zwischen positiven und negativen Emotionen: Für positive Emotionen wurden häufiger die Ausdrucksmodi „amplify" $F(1,157) = 13.89; p = .000; \eta_p^2 = .081$, oder „express", $F(1,157) = 758{,}09; p = .000; \eta_p^2 = .828$, angegeben, und weniger häufig die Ausdrucksmodi „deamplify", $F(1,157) = 8.21; p = .005; \eta_p^2 = .050$, „qualify", $F(1,157) = 37.95; p = .000; \eta_p^2 = .195$, und „mask", $F(1,157) = 29.34; p = .000; \eta_p^2 = .157$, genannt.

Der Interaktionseffekt des Lehrkontextes und der Art der Emotion war signifikant für den Ausdrucksmodus „deamplify", $F(1,157) = 8.82; p = .003; \eta_p^2 = .053$: Der Unterschied zwischen den Lehrkontexten war nur bei positiven Emotionen deutlich: Lehrende gaben an, den Ausdrucksmodus „deamplify" in Lehrveranstaltungen stärker anzuwenden, d.h. in diesen Situationen positive Emotionen weniger stark auszudrücken, als diese empfunden wurden (siehe Abbildung 1).

3.5 Diskussion Studie 1

In Übereinstimmung mit früheren Studien (z.B. Matsumoto et al., 2005) außerhalb des Hochschulkontexts berichteten die Lehrenden in Studie 1 in eher öffentlichen (Lehrveranstaltungen) im Vergleich zu eher privaten Situationen (Sprechstunden), ihre Emotionen weniger authentisch auszudrücken oder sie stärker zu unterdrücken. Ebenfalls in Übereinstimmung mit früheren Befunden außerhalb von Hochschulen gaben die Lehrenden an, ihre positiven Emotionen authentischer und stärker auszudrücken verglichen mit negativen Emotionen. Weiterhin ergab die Analyse der Interaktionen zwischen den unterschiedlichen Faktoren, dass sich die Darbietungsregeln der Lehrenden in Sprechstunden stärker zwischen positiven und negativen Emotionen unterscheiden als in Lehrveranstaltungen.

Ergebnisse von Studie 1, die auf den ersten Blick früheren Forschungsarbeiten widersprechen, wonach Mitglieder „individualistischer" im Vergleich zu Mitgliedern „kollektivistischer Kulturen" insgesamt durch eine höhere Ausdrucksstärke der empfundenen Emotionen gekennzeichnet sind (z.B. Matsumoto et al., 2005, 2008), sind folgende: Deutsche im Vergleich zu russischen Lehrenden gaben an, ihre Emotionen häufiger weniger stark als empfunden auszudrücken („deamplify"). Bei genauerer Betrachtung des kulturell-pädagogischen Kontexts unter Berücksichtigung der Lehrenden-Studierenden Beziehung und des Rollenbildes von Lehrenden können die gefundenen Ergebnisse jedoch sinnvoll interpretiert werden: Lehrende in Russland könnten die Darbietungsregel des stärkeren Emotionsausdrucks daher verinnerlicht haben, weil sie durch einen intensiveren Emotionsausdruck ihre Dominanz gegenüber Studierenden verstärken können, welche sie als „out-group" Mitglieder wahrnehmen (Biehl et al., 1997; Matsumoto et al., 2008).

Insgesamt zeigen die Ergebnisse von Studie 1, dass Lehrende an Hochschulen über differenzierte Darbietungsregeln für Emotionen verfügen, die abhängig von der konkreten Interaktionssituation (z.B. Ausmaß an Öffentlichkeit des Lehrkontexts) sind. Darüber hinaus konnte gezeigt werden, dass sich diese Regeln zwischen unterschiedlichen kulturell-pädagogischen Kontexten unterscheiden und im Zusammenhang mit Faktoren stehen, die diese Kontexte prägen, wie beispielsweise die Art der Lehrenden-Studierenden-Beziehung oder das Rollenbild eines Lehrenden.

Durch die in Studie 1 verwendete Methodik mit vorgegebenen Situationen war es jedoch nicht möglich zu erfahren, welche emotionsauslösende Situationen tatsächlich von Lehrenden erlebt werden und wie der Emotionsausdruck in konkreten lehrbezogenen Situationen beschrieben wird. Daher wurde zur Beantwortung der zweiten Gruppe von Forschungsfragen Studie 2 als Interviewstudie durchgeführt.

4. Studie 2: Interviewstudie zum Emotionsausdruck von Hochschullehrenden in Russland und Deutschland in konkreten emotionsauslösenden Situationen

4.1 Stichprobe

In Deutschland nahmen 22 Lehrende (davon 8 männlich) der Goethe Universität Frankfurt im Alter von 26 bis 47 Jahren ($M = 34.36$; $SD = 5.71$) und einer durchschnittlichen Lehrerfahrung von 5.5 Jahren an der Interviewstudie teil. In der russischen Stichprobe waren 24 Lehrende (davon 4 männlich) der Universität Rostow am Don, im Alter von 29 bis 73 Jahren ($M = 45.19$; $SD = 13.20$) und durchschnittlicher Lehrerfahrung von 14.4 Jahren. Die Teilnehmenden lehrten in unterschiedlichen Disziplinen, hauptsächlich in den Sozial-, aber auch in den Geistes- und Naturwissenschaften. Die Lehrenden aus beiden Universitäten wurden persönlich zu Interviews eingeladen, die entweder face-to-face oder telefonisch durchgeführt wurden. Die Interviews wurden anhand von halbstrukturierten Interviewleitfäden durchgeführt und dauerten zwischen 5 Minuten und 30 Sekunden bis zu 20 Minuten und 50 Sekunden. Alle Interviews wurden mit Einwilligung der teilgenommenen Lehrenden aufgezeichnet, anonymisiert und anschließend transkribiert.

4.2 Durchführung

Nach einem Einführungsteil wurden die Lehrenden gebeten, an Interaktionen mit Studierenden in vergangenen Semestern zu denken, in denen sie starke Emotionen verspürt hatten. Zu jeder der durch die Lehrenden genannten Lehrsituation wurden folgende Fragen gestellt: 1) „Was kennzeichnete die Situation?"; 2) „Um welche Emotion handelte es sich?"; 3) „Was genau war der Grund (oder Auslöser) für Ihre Emotion?"; 4) „Wie haben Sie die Emotion ausgedrückt?". Um ein ausbalanciertes Bild über positive und negative Emotionen sowie über unterschiedliche Lehrkontexte zu erhalten, wurden die Teilnehmenden im Verlauf des Interviews gezielt nach Situationen mit positiven bzw. negativen Emotionen oder nach Situationen während Lehrveranstaltungen bzw. Sprechstunden gefragt.

4.3 Ergebnisse

Es wurden insgesamt 51 Situationen in der deutschen Stichprobe und 62 Situationen in der russischen Stichprobe aus den Interviewtranskripten extrahiert. Jede extrahierte Situation wurde nach der Art des Lehrkontextes (Sprechstunde vs. Lehrveranstaltung, sowie in der russischen Stichprobe zusätzlich mündliche Prüfung), nach der Art der Emotion (negative Emotion vs. positive Emotion) und nach dem beschriebenen Ausdrucksmodus (express, amplify, deamplify, neutralize, qualify oder mask) von jeweils zwei Ratern für beide Stichproben kodiert nach der Methodik der qualitativen Inhaltsanalyse (Mayring, 2000). Die Interrater-Reliabilität betrug κ = .64 für die Kodierung der deutschen Interviews und κ = .68 für die Kodierung der russischen Interviews.

4.3.1 Emotionsausdruck in Abhängigkeit von der Art der Emotion (positiv vs. negativ)

In der deutschen Stichprobe wurden insgesamt 20 Situationen und in der russischen Stichprobe 13 Situationen genannt, in denen Lehrende positive Emotionen (Freude, Glück, positive Überraschung) beim Interagieren mit Studierenden erlebt haben. Die beiden Teilnehmergruppen berichteten für alle Situationen mit positiven Emotionen unabhängig vom Lehrkontext, dass sie ihre Emotionen ausdrückten, so wie sie diese erlebt haben („express"; siehe Abbildung 2).

Negative Emotionen (z.B. Wut, Ärger, Enttäuschung, Verachtung, Unsicherheit) wurden in 31 Situationen in der deutschen Stichprobe und in 48 Situationen in der russischen Stichprobe genannt. Die Ausdrucksmodi „amplify" und „mask" wurden in keiner der beschriebenen Situationen kodiert. Ein χ^2-Test (χ^2 (1, N = 78) = 4.34, p = 0.04),

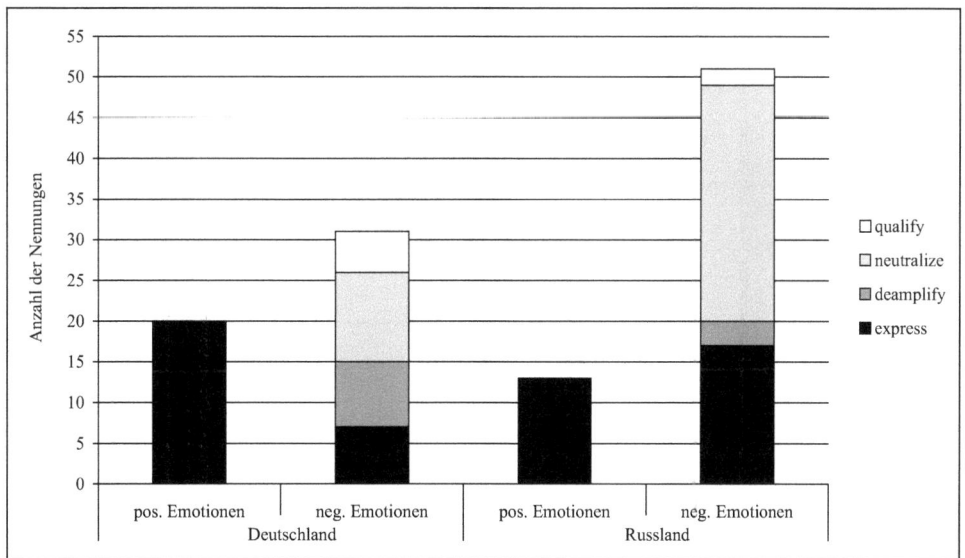

Abbildung 2: Verteilung der Ausdrucksmodi in der deutschen und russischen Lehrendengruppe in Abhängigkeit von der Art der Emotion

zeigte signifikante Ergebnisse in der Präferenz von Ausdrucksmodi für negative Emotionen zwischen der deutschen und der russischen Lehrendengruppe: Die deutschen Lehrenden beschrieben häufiger die Ausdrucksmodi „express", „deamplify" und „qualify" im Vergleich zu den russischen Lehrenden, die häufiger den Ausdrucksmodus „neutralize" angaben.

4.3.2 Emotionsausdruck in Abhängigkeit des Lehrkontexts (Lehrveranstaltung vs. Sprechstunde)

Um zu prüfen, inwiefern der kulturell-pädagogische Kontext einen Einfluss auf die Regeln zum Emotionsausdruck in spezifischen Lehrkontexten hat, wurden die vier Ausdrucksmodi „express", „deamplify", „qualify" und „amplify" zusammengefasst und als „expressed in any way" gekennzeichnet. Die Bezeichnung des Ausdrucksmodus „neutralize" blieb unverändert. In den Daten der russischen Stichprobe gab es zusätzlich Beschreibungen von emotionsauslösenden Situationen in mündlichen Prüfungen ($N = 16$ für negative Emotionen). Da es in der deutschen Stichprobe keine Beschreibung dieses Lehrkontextes gab, wurden die mündlichen Prüfungssituationen nicht in die Auswertung des Emotionsausdrucks in Lehrkontexten aufgenommen. Die Ergebnisse des χ^2-Tests weisen darauf hin, dass in der deutschen Stichprobe bei der Wahl der Ausdrucksmodi signifikant stärker zwischen den Situationen unterschieden wird ($\chi^2 (1, N = 30) = 5.44$, $p = .05$) als in der russischen Stichprobe ($\chi^2 (1, N = 31) = 0.56$, $p = .44$ n.s.) (siehe Abbildung 3).

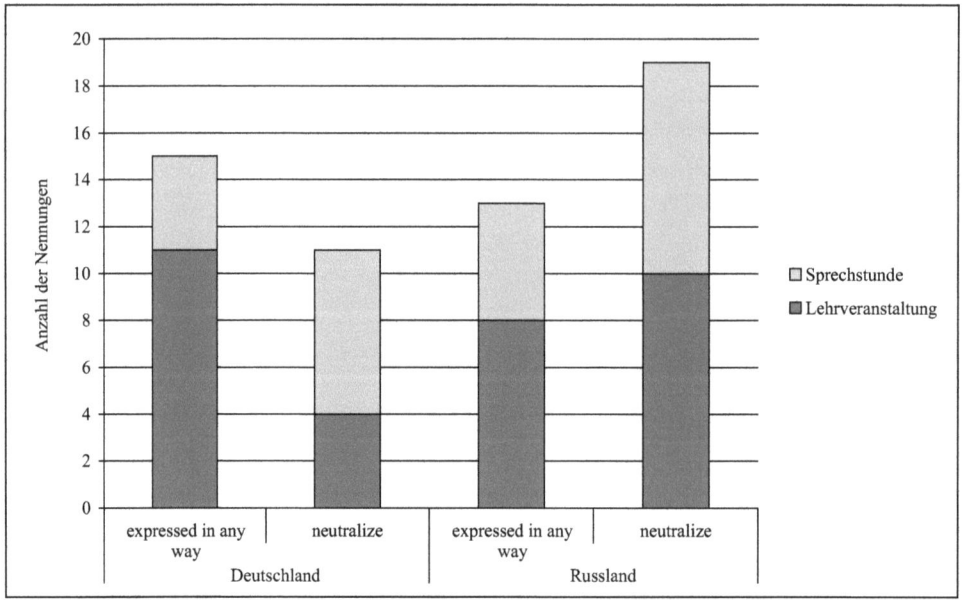

Abbildung 3: Verteilung der Ausdrucksmodi „expressed in any way" und „neutralize" in der deutschen und russischen Lehrendengruppe für negative Emotionen

4.3.3 Emotionsausdruck in Abhängigkeit von den Inhalten der Interaktionssituation (Emotionsauslöser)

Um die Auslöser von negativen Emotionen in Lehrkontexten näher zu betrachten, wurden die beschriebenen Situationen weiter analysiert und kategorisiert (Mayring, 2000). Es ließen sich für beide Stichproben zwei identische Typen von Auslösern identifizieren: 1) unzuverlässige Studierende ($N = 9$ in der deutschen Stichprobe; $N = 18$ in der russischen Stichprobe), 2) störende Studierende ($N = 7$ in der deutschen Stichprobe; $N = 7$ in der russischen Stichprobe). Zusätzlich ließ sich in jeder Probandengruppe ein dritter Auslöser identifizieren: In der Gruppe der deutschen Lehrenden betrifft dies die Situation „Studierende sind mit Benotung nicht einverstanden" ($N = 9$) und in der Gruppe der russischen Lehrenden die Situation „unmotivierte Studierende" ($N = 7$).

Die Wahl des Ausdrucksmodus in der Kommunikation mit unzuverlässigen Studierenden unterscheidet sich signifikant zwischen der deutschen und russischen Stichprobe (χ^2 (1, $N = 27$) = 4.91, $p = .04$). Die russischen Lehrenden gaben häufiger an, ihre negativen Emotionen durch einen neutralen Ausdruck zu ersetzen. Weiterhin zeigen die Ergebnisse keine signifikanten Unterschiede zwischen deutschen und russischen Lehrenden in ihren Präferenzen für Ausdrucksmodi gegenüber störenden Studierenden (χ^2 (1, $N = 14$) = 4.67, $p = .10$) (siehe Abbildung 4).

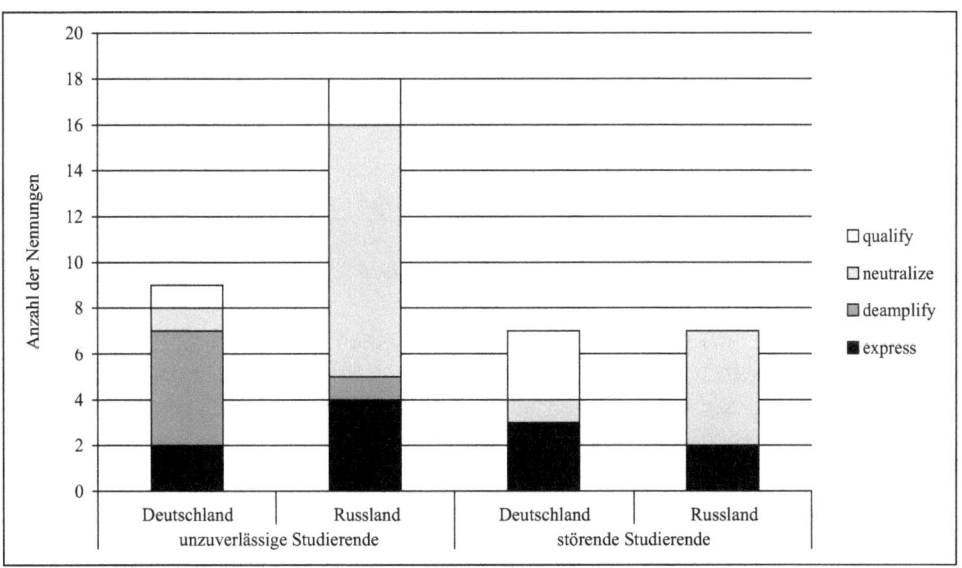

Abbildung 4: Ausdrucksmodi für negative Emotionen den unzuverlässigen und störenden Studierenden gegenüber in der deutschen und russischen Lehrendengruppe

Für die beiden weiteren, kulturspezifischen Situationen dominierte ein authentischer („express") Ausdruck der Emotion in der deutschen Stichprobe in Interaktionssituationen mit Studierenden, die mit ihrer Benotung nicht einverstanden waren. Russische Lehrende berichteten entweder von einem authentischen („express") oder neutralem („neutralize") Ausdruck der Emotion in Interaktionssituationen mit unmotivierten Studierenden.

4.4 Diskussion Studie 2

Die Ergebnisse der Interviewstudie zeigen, dass in konkreten emotionsauslösenden Situationen für beide pädagogisch-kulturellen Kontexte das berichtete Spektrum des Emotionsausdrucks bei negativen Emotionen höher als bei positiven Emotionen ist und dass bei negativen Emotionen der Ausdruck von den Inhalten der Interaktionssituation mit Studierenden abhängt (z.B. „störende" oder „unzuverlässige" Studierende). Unterschiede zwischen den Berichten deutscher und russischer Lehrender zeigten sich hinsichtlich des Ausdrucks negativer Emotionen im Zusammenhang mit dem Lehrkontext (Lehrveranstaltung vs. Sprechstunde) oder Inhalten der Lehrsituation: Die deutschen Lehrenden gaben an, stärker als die russischen Lehrenden während Lehrveranstaltungen als während Sprechstunden ihre negativen Emotionen in irgendeiner Form auszudrücken. Weiterhin dominierte in den Angaben der russischen Lehrenden die Tendenz, ihre negativen Emotionen den störenden und unzuverlässigen Studierenden gegenüber häufiger auf neutrale Weise auszudrücken. Die deutschen Lehrenden berichteten hingegen, dass sie ihre negativen Emotionen unzuverlässigen Studierenden gegenüber schwächer ausdrücken und den störenden Studierenden gegenüber authentisch oder zusammen mit einer anderen Emotion zeigen würden.

5. Gesamtdiskussion

5.1 Vergleich der Ergebnisse von Studie 1 und 2

Bezüglich der Darbietungsregeln für positive Emotionen, die Hochschullehrende in Lehrkontexten erleben, ergaben sich in beiden Studien übereinstimmende Ergebnisse: Unabhängig vom kulturell-pädagogischen Kontext und für beide untersuchten Lehrkontexte (Lehrveranstaltung und Sprechstunde) gaben Hochschullehrende an, positive Emotionen authentisch auszudrücken.

Jedoch ergaben sich deutliche Unterschiede zwischen den beiden Studien bezüglich der Darbietungsregeln für empfundene negative Emotionen: Die Ergebnisse der Studie 1 unter Verwendung des DRAI weisen auf Regeln für eine höhere Expressivität negativer Emotionen im russischen kulturell-pädagogischen Kontext hin. In den Interviewdaten von Studie 2 zeigt sich hingegen für den deutschen kulturell-pädagogischen Kontext, insbesondere für Lehrveranstaltungen, eine höhere Variabilität der untersuchten Ausdrucksmodi für negative Emotionen.

Eine Erklärung für diese widersprüchlichen Ergebnisse für den russischen kulturell-pädagogischen Kontext könnte in der unterschiedlichen Realitätsnähe und Konkretheit der jeweils betrachteten Situationen liegen: In Studie 1 wurden konkrete Emotionen den vorgegebenen Lehrsituationen zugeordnet, in die sich die Versuchsteilnehmenden hineinversetzen sollten, wohingegen Studie 2 explizit nach tatsächlich von den Interviewten erlebten Emotionen und spezifischen emotionsauslösenden Situationen fragte. Dieser Unterschied in der Konkretheit und Realitätsnähe kann bei der russischen Stichprobe dazu geführt haben, von einer eher „globalen" Wahrnehmung der im russischen kulturell-pädagogischen Kontext anzustrebenden Verhaltensweisen (Varnum, Grossmann,

Katunar, Nisbett, & Kitayama, 2008), die einen starken Ausdruck von negativen Emotionen Studierenden gegenüber als Mittel zur Dominanzstärkung vorsehen (Hufton et al., 2002), zu einer „lokalen" verhaltensnahen Wahrnehmungsebene zu gelangen. In diesem Sinne stellen die Ergebnisse von Studie 2 eine logische Ergänzung zu den Ergebnissen von Studie 1 dar. Demnach nützen beispielsweise die befragten russischen Lehrenden den Ausdruck ihrer negativen Emotionen situationsbezogen als didaktisches Mittel, wenn sie ihre Dominanz zeigen mussten, um das Arbeitsverhalten der unzuverlässigen oder unmotivierten Studierenden zu ändern (vgl. Hufton et al., 2002).

5.2 Methodische Implikationen

Das in Studie 1 verwendete Instrument DRAI (Matsumoto et al., 2005) kann aus unterschiedlichen Gründen als nicht optimal bezeichnet werden: Zunächst ist die Beantwortung der Fragen für die Versuchspersonen schwierig, da das Antwortformat (die Auswahl einer von sechs möglichen Ausdrucksmodi) ungewöhnlich ist. Zudem müssen die Versuchspersonen ihren präferierten Ausdrucksmodus für sechs Basisemotionen in einer Situation angeben, unabhängig davon, welche dieser Emotionen sie realistischerweise in dieser Situation tatsächlich empfinden würden. Insbesondere in kulturvergleichenden Studien ist beim vorliegenden Itemformat Potential für das Auftreten von Antworttendenzen gegeben, die sich im Gegensatz zu Likert-Skala-formatierten Items allerdings kaum berechnen und auspartialisieren lassen. Erste Schritte der Entwicklung eines Likert-skalierten Instrumentes zur impliziteren Messung von Emotionsdarbietungsregeln, beispielsweise durch einen Vergleich der Art und Stärke einer empfundenen Emotion mit der Art und Stärke der ausgedrückten Emotion, werden von den Autor/innen aktuell unternommen.

Die Ergebnisse der Interviewstudie ermöglichen eine detaillierte Analyse der konkreten Emotionsauslöser und konnten daher Darbietungsregeln verhaltensnäher und kontextspezifischer differenzieren. Jedoch ist – wie generell bei qualitativen Studien – die Verallgemeinerbarkeit der Ergebnisse nicht ausreichend gewährleistet. Es besteht dringender Bedarf, experimentelle Ansätze noch stärker in die Forschung zu Emotionen in der Hochschullehre einzubeziehen. Gemeinsam betrachtet können die beiden hier dargestellten Studien in einem ersten Schritt und im Sinne eines Mixed-Method-Ansatzes einen Beitrag leisten, zu verstehen, wann, wie und wem gegenüber Hochschullehrende ihre Emotionen zeigen dürfen.

5.3 Praktische Implikationen

Zum professionellen Verhalten eines Hochschullehrenden gehört es, empfundene Emotionen nicht offen auszudrücken und sie in angemessener Weise zu kommunizieren (Ogbonna, & Harris, 2004). Dies bedeutet jedoch nicht, dass diese Emotionen nicht vorhanden sind, worauf die hier berichteten Ergebnisse deutlich hinweisen. Einige praktische Implikationen, die aus diesen Ergebnissen gezogen werden könnten, beziehen sich auf hochschuldidaktische Weiterbildungsmaßnahmen. Es sollte die Möglichkeit zur Reflexion von üblicherweise angewandten Darbietungsregeln für empfundene Emotionen und zur Emotionsregulation durch Hochschullehrende angeboten werden. Des Weiteren gewinnen die Befunde zur Rolle des kulturell-pädagogischen Kontexts insbesondere in Zeiten der hohen Mobilität von Lehrenden und Studierenden an Bedeutung. Das Lehren in multikulturellen Gruppen oder in einem multikulturellen Team könnte reibungsloser ablaufen, wenn sich Hochschullehrende über kulturbedingte Unterschiede in Umgang mit Emotionen im Hochschulkontext bewusst sind.

Literatur

Alexander, R. (2000) *Culture and pedagogy: international comparisons in primary education.* Berkeley: University of California Press.
Banerjee, M. (1997). Hidden emotions: Preschoolers' knowledge of appearance-reality and emotion display rules. *Social Cognition, 15,* 107–132.
Biehl, M., Matsumoto, D., Ekman, P., Hearn, V., Heider, K., Kudoh, T., & Ton, V. (1997). Matsumoto and Ekman's Japanese and Caucasian facial expressions of emotion (JACFEE): Reliability data and cross-national differences. *Journal of Nonverbal Behavior, 21,* 3–21.
Diefendorff, J., Erickson, R., Grandey, A., & Dahling, J. (2011). Emotional display rules as work unit norms: A multilevel analysis of emotional labor among nurses. *Journal of Occupational Health Psychology, 16,* 170–186.
Ekman, P., & Friesen, W. V. (1969). The repertoire of nonverbal behavior: Categories, origins, usage, and coding. *Semiotica, 1,* 49–98.
Elliott, J. G., & Tudge, J. (2012). Multiple contexts, motivation and student engagement in the USA and Russia. *European Journal of Psychology of Education, 27,* 161–175.
Gates, G. S. (2000). The socialization of feelings in undergraduate education: A study of emotional management. *College Student Journal, 34,* 485–504.
Goldberg, L. S., & Grandey, A. A. (2007). Display rules versus display autonomy: emotion regulation, emotional exhaustion, and task performance in a call center simulation. *Journal of Occupational Health Psychology, 12,* 301–318.
Gosserand, R. H., & Diefendorff, J. M. (2005). Emotional display rules and emotional labor: the moderating role of commitment. *Journal of Applied Psychology, 90,* 1256–1264.
Hagenauer, G., & Volet, S. E. (2014). "I don't think I could, you know, just teach without any emotion": Exploring the nature and origin of university teachers' emotions. *Research Papers in Education, 29,* 240–262.
Hagenauer, G., Gläser-Zikuda, M., & Volet, S. E. (2016). University teachers' perceptions of appropriate emotion display and high-quality teacher-student relationship: Similarities and differences across cultural-educational contexts. *Frontline Learning Research, 4,* 44–74.
Heine, S.J., Lehman, D.R., Peng, K., & Greenholtz, J. (2002). What's wrong with cross-cultural comparisons of subjective Likert scales: The reference-group problem. *Journal of Personality and Social Psychology, 82,* 903–918.
Hofstede, G. (2001). *Culture's consequences: Comparing values, behaviors, institutions and organizations across nations* (2nd ed). Thousand Oaks, CA: Sage.
Hufton, N. R., Elliott, J. G., & Illjushin, L. (2002). Educational motivation and engagement: Qualitative accounts from three countries. *British Educational Research Journal, 28,* 265–289.
Kordts-Freudinger, R. (2014). *A social-emotional enterprise: Positive emotions in higher education teaching.* Paper presented at the 2nd GEBF conference. Frankfurt, Germany.
Markus, H. R., & Kitayama, S. (1991). Culture and the self: Implications for cognition, emotion, and motivation. *Psychological Review, 20,* 568–579.

Mayring, P. (2000). *Qualitative Inhaltsanalyse. Grundlagen und Techniken* (7. Aufl.). Weinheim: Beltz.
Matsumoto, D., Yoo, S. H., Hirayama, S., & Petrova, G. (2005). Validation of an individual-level measure of display rules: The display rule assessment inventory (DRAI). *Emotion, 5*, 23–40.
Matsumoto, D. et al. (2008). Mapping expressive differences around the world. The relationship between emotional display rules and individualism versus collectivism. *Journal of Cross-Cultural Psychology, 39*, 55–74.
Ogbonna, E., & Harris, L.C. (2004). Work intensification and emotional labour among UK university lecturers: An exploratory study. *Organizational Studies, 25*, 1185–1203.
Oyserman, D., Coon, H. M., & Kemmelmeier, M. (2002). Rethinking individualism and collectivism: Evaluation of theoretical assumptions and meta-analyses. *Psychological Bulletin, 128*, 3–72.
Postareff, L., & Lindblom-Ylänne, S. (2011). Emotions and confidence within teaching in higher education. *Studies in Higher Education, 36*, 799–813.
Rafaeli, A. (1989). When cashiers meet customers: An analysis of the role of supermarket cahiers. *Academy of Management Journal, 32*, 245–273.
Safdar, S., Friedlmeier, W., Matsumoto, D., Yoo, S. H., Kwantes, C. T., Kakai, H., & Shigemasu, E. (2009). Variations of emotional display rules within and across cultures: A comparison between Canada, USA, and Japan. *Canadian Journal of Behavioural Science/Revue canadienne des sciences du comportement, 41*, 1–10.
Stough, L. M., & Emmer, E. T. (1998). Teachers' emotions and test feedback. *International Journal of Qualitative Studies in Education, 11*, 341–361.
Sutton, R. E., & Wheatley, K. F. (2003). Teachers' emotions and teaching: A review of the literature and directions for future research. *Educational Psychology Review, 15*, 327–358.
Trigwell, K. (2012). Relations between teachers' emotions in teaching and their approaches to teaching in higher education. *Instructional Science, 40*, 607–621.
van de Vijver, F. J. R., & Leung, K. (2011). Equivalence and bias: A review of concepts, models, and data analytic procedures. In D. Matsumoto, & F. J. R. van de Vijver (Hrsg.), *Cross-cultural research methods in psychology* (pp. 17–45). New York, NY: Cambridge University Press.
Varnum, M.E.W., Grossmann, I., Katunar, D., Nisbett, R., & Kitayama, S. (2008). Holism in a European cultural context: Differences in cognitive style between Central and East Europeans and Westerners. *Journal of Cognition and Culture, 8*, 321–333.
Volet, S. (2001) Understanding learning and motivation in context: A multi-dimensional and multi-level cognitive-situative perspective. In S. Volet, & S. Järvelä (Eds.), *Learning and motivation in context: Theoretical advances and methodological implications* (pp. 57–82). Amsterdam, New York: Pergamon.
Voronov, M., & Singer, J. (2002). The myth of individualism–collectivism: A critical review. *Journal of Social Psychology, 142*, 461–480.

Hinweis

Teile der Daten von Studie 1 wurden auf Russisch publiziert in folgender Veröffentlichung: Mendzheritskaya, J., Hansen, M., & Horz, H. (2015). The rules of emotional display in lecturers of Russian and German universities. *Russian Psychological Journal, 12*, 54–77.

Jörn R. Sparfeldt, Christin Lotz und Rebecca Schneider

Leistungsangstverlauf im Vorfeld einer Klausur – kurz gefasst

Abstract
Im Vorfeld von Prüfungssituationen erleben viele Prüflinge Leistungsangst. Vor dem Hintergrund (1) der teils widersprüchlichen Befunde zum Leistungsangstverlauf im Vorfeld einer Prüfung sowie (2) Misstrauen gegenüber Kurz- und 1-Item-Skalen widmet sich dieser Beitrag den entsprechenden Fragestellungen anhand der Daten von N = 190 Studierenden einer Vorlesung, die im Laufe eines Semesters viermal zu ihrem Leistungsangsterleben befragt wurden. Die – bezogen auf die Klausur zur Vorlesung – erlebte Leistungsangst nahm mit zunehmender Nähe zur Klausur zu; die zum zweiten Messzeitpunkt in Bezug auf eine Probeklausur angegebene Leistungsangst war deutlich niedriger als zu den anderen Messzeitpunkten. Dieses Befundmuster zeigte sich in der 8-Item-Leistungsangst-Langskala und in der 1-Item-Kurzskala. Auf die diagnostische Eignung des 1-Item-Instruments verweisen zudem entsprechende Reliabilitäts- und (kriteriumsbezogene) Validitätshinweise.

1. Einführung

Viele Schülerinnen und Schüler sowie Studierende erleben im Umfeld schulischer und universitärer Prüfungen sowie weiterer Bewertungs- und Bewährungssituationen (z.B. Klassenarbeiten, Klausuren, Referate, Präsentationen) Prüfungs- bzw. Leistungsangst (Bundesministerium für Bildung und Forschung, 2006; Holm-Hadulla, Hofmann, Sperth, & Funke, 2009; Zeidner, 1998; Zeidner & Matthews, 2011). Verbreitet ist die empirisch nur in Teilen gestützte Annahme eines Leistungsangstanstiegs mit zunehmender zeitlicher Nähe zur Prüfung. Die Erfassung von Leistungsangst und Leistungsängstlichkeit erfolgt häufig fragebogenbasiert, wobei in groß angelegten Studien oft (u.a. aus Ökonomiegründen) auf Kurzskalen mit sehr wenigen Items oder 1-Item-Instrumente zurückgegriffen wird. Entsprechenden Kurzskalen wurde jedoch aus diagnostischer Perspektive immer wieder mit Misstrauen begegnet. Im Folgenden sollen daher zwei Forschungsfragen betrachtet werden: (1) eine inhaltliche Frage zum Leistungsangstverlauf über ein Semester im Vorfeld einer universitären Prüfung (Klausur) und (2) eine diagnostische Frage zur Eignung einer 1-Item-Kurzskala.

1.1 Leistungsängstlichkeit und Leistungsangst

Leistungsängstlichkeit wird als „überdauernde Bereitschaft, Leistungs- und Bewährungssituationen ... als persönliche Bedrohung zu bewerten", beschrieben (Helmke, 1983, S. 193). Allgemein wird zwischen dem dispositionalen Persönlichkeitsmerkmal (*trait*) Leistungsängstlichkeit und einer stärker situationsbezogenen Zustands-Leistungsangst (*state*) unterschieden (Spielberger, 1966; Spielberger & Vagg, 1995). Leistungsängstlichkeit als (situationsspezifischer) *trait* bezieht sich auf relativ stabile interindividuelle Unterschiede in der Neigung, Prüfungs-, Bewährungs- und Bewertungssituationen als bedrohlich einzuschätzen und auf bedrohliche Situationen mit erhöhter *state*-Leistungsangst zu reagieren. Im Gegensatz zur *trait*-Leistungsängstlichkeit beschreibt *state*-Leistungsangst also einen transitorischen emotionalen Zustand, der u.a. durch subjektive und temporäre Anspannungsgefühle, Befürchtungen, selbstwertbedrohliche Gedanken, die Wahrnehmung einer erhöhten körperlichen Erregung und Anspannung sowie deren leistungsangstbezogener Interpretation gekennzeichnet ist. Leistungsangst tritt insbesondere dann auf, wenn Lernende glauben, den Prüfungsanforderungen nicht oder nicht ausreichend gewachsen zu sein (vgl. z.B. Reeve, Bonaccio, & Charles, 2008). Die von einer Person in einer spezifischen Situation erlebte Leistungsangst hängt einerseits von der Ausprägung der *trait*-Leistungsängstlichkeit der Person und andererseits von spezifischen Charakteristika der Situation ab (Spielberger & Vagg, 1995). *Trait*-Leistungsängstlichkeit und *state*-Leistungsangst korrelieren in der Regel um $.40 \leq r \leq .70$ (z.B. Laux et al., 2013).

Seit Liebert und Morris (1967) werden die beiden *trait*-Leistungsängstlichkeitsfacetten *Aufgeregtheit* und *Besorgtheit* unterschieden. Aufgeregtheit bezieht sich auf die subjektive Wahrnehmung und Interpretation von in Leistungssituationen erlebter körperlicher Anspannung und Erregung; Besorgtheit ist durch selbstwertbedrohliche Gedanken und Grübeleien gekennzeichnet, die insbesondere auf mittel- und längerfristige Folgen von (Prüfungs-)Misserfolgen bezogen sind (vgl. z.B. Zeidner, 1998). Trotz hoher Korrelationen (manifest: $.55 \leq r \leq .76$; Keith, Hodapp, Schermelleh-Engel, & Moosbrugger, 2003) weisen beide Facetten jedoch phänomenologische Unterschiede, differenzielle Leistungszusammenhänge und unterschiedliche zeitliche Verläufe auf (vgl. Zeidner, 1998).

1.2 Leistungsangstverlauf im Vorfeld einer Prüfung

Wie eingangs erwähnt, ist die Annahme eines Anstiegs der auf eine spezifische Prüfung bezogenen Leistungsangst mit höherer zeitlicher Nähe zur Prüfung verbreitet (*anticipatory stage*, vgl. Zeidner, 1998, S. 54). Die wenigen einschlägigen, insbesondere älteren Studien zeigten jedoch ein heterogenes Ergebnismuster: So berichtete Martin (1971) für retrospektiv erfasste Daten ($N = 12$) einen Leistungsangstanstieg für Prüfungen mit moderatem Anspruchsniveau. Bei „schwierigen" Prüfungen resultierte hingegen ein umgekehrt U-förmiger Verlauf. Der auf einen anfänglichen Anstieg folgende Abfall mit zunehmender zeitlicher Nähe zur Prüfung wurde mit erlebter Kompetenzzunahme im Zuge der Prüfungsvorbereitung erklärt. Becker und Schneider (1976) fanden keine bedeutsamen Mittelwertunterschiede im vier versus zwei Wochen vor der Prüfung berichteten Leistungsangsterleben.

Neuere Studien dokumentierten höhere *state*-Leistungsangstmittelwerte kurz vor der Prüfung im Vergleich zu Erfassungen mit größerem Abstand zur Prüfung. Dieses Ergebnismuster zeigte sich sowohl für den Vergleich sieben Tage versus ein Tag vor der Prüfung (Lay, Edwards, Parker, & Endler, 1989) als auch beim Vergleich vier Wochen versus kurz vor der Prüfung (Zeidner, 1994). Bei täglicher Leistungsangstmessung um eine Prüfung – aufsummiert in drei Zeitintervallen: 17 bis 7 Tage vor der Prüfung, 7 Tage vor der Prüfung bis zur Prüfung, nach der Prüfung – gaben 50 Studierende für den Zeitraum in der Woche vor der Prüfung die höchste Leistungsangst an (Bolger, 1990). Eine Betrachtung des Leistungsangstverlaufsgraphen (S. 531) zeigt zunächst ein leichtes Absinken bis 14 Tage vor der Prüfung und danach einen deutlichen Anstieg bis zum Tag vor der Prüfung. Auch Raffety, Smith und Ptacek (1997) fanden – bezogen auf in der Woche vor der Prüfung täglich erfasste Leistungsangst bei 158 Studierenden – einen bedeutsamen Anstieg (vgl. auch Dimitriev, Saperova, & Dimitriev, 2016; Skinner & Brewer, 2002). Kürzlich berichteten Lotz und Sparfeldt (2017), die 192 Studierende zu vier Messzeitpunkten im Laufe einer einsemestrigen und mit einer Klausur abgeschlossenen Vorlesung zu ihrem Leistungsangsterleben befragten, von einem moderaten Leistungsangstmittelwert zu Semesterbeginn (bezogen auf die Pflichtklausur am Semesterende) und einem Anstieg bis zur Erhebung unmittelbar vor der Klausur. Die zum zweiten Messzeitpunkt (Semestermitte) erfasste und auf eine unbenotete Übungsaufgabensammlung (Probeklausur) bezogene mittlere Leistungsangst lag deutlich unterhalb der auf die Pflichtklausur bezogenen Leistungsangst der anderen Messzeitpunkte. Zusammengefasst ergaben sich also in bisherigen Studien verschiedene Leistungsangstverläufe im Vorfeld einer Prüfung; häufiger fanden sich Angstanstiege mit zunehmender zeitlicher Nähe zur Prüfung. Jedoch erlauben die gelegentlich in Studien realisierten nur zwei Messzeitpunkte kaum Aussagen zum Angstverlauf; zudem wurden mehrere Messzeitpunkte über einen längeren Zeitraum (von beispielsweise mehr als vier Wochen) vor der Prüfung kaum realisiert.

Es liegt nahe, einen Leistungsangstanstieg im Vorfeld einer Prüfung u.a. damit zu erklären, dass Prüfungen mit zunehmender zeitlicher Nähe psychologisch salienter und somit bedeutsamer werden. Hinzu kommt, dass viele Lernende (sehr oder zu) spät mit dem eigentlichen Lernen und der Prüfungsvorbereitung beginnen (vgl. Haag & Mischo, 2002) und/oder den Lernverlauf suboptimal planen, sodass Verständnis- und Kompetenzlücken in der verbleibenden Lernzeit kaum geschlossen werden können. Die Lernzeit wird dann zunehmend knapper, und unvorhergesehene Ereignisse können zeitliche Lernengpässe mit angststeigernden Konsequenzen zur Folge haben, wenn nicht entsprechende Puffer eingeplant worden sind. Auch kennen Prüflinge vor einer Prüfung in der Regel nicht die genauen Inhalte, Fragen und (trivialerweise) Prüfungsergebnisse; ein damit zusammenhängendes Maß an Unsicherheit – z.B. über die (Miss-)Erfolgswahrscheinlichkeit, aber auch entsprechende Konsequenzen – sollte ebenfalls mit erhöhter Leistungsangst einhergehen. Als Moderatorvariable des erlebten Leistungsangstniveaus und -verlaufs sollte – neben der *trait*-Leistungsängstlichkeit und der zeitlichen Nähe zur Prüfung – insbesondere die individuelle Bedeutung der Prüfung relevant sein (z.B. mit erheblichen Konsequenzen verbundene Studienabschlussprüfung vs. Übungsklausur; vgl. u.a. Reeve et al., 2008). In der Literatur werden Befunde weiterer bedeutsamer Korrelate von Leistungsängstlichkeit berichtet (z.B. [Schul-]Leistungen, Geschlecht, Motivation; vgl. u.a. Hembree, 1988; Rost, Schermer, & Sparfeldt, im Druck; Zeidner, 1998).

1.3 Leistungsängstlichkeits- und Leistungsangstmessung mit Kurzskalen

In Forschung und Praxis werden Leistungsängstlichkeit und Leistungsangst zumeist mit (standardisierten) Fragebogen erfasst. Dafür sprechen neben Ökonomiegründen (Zeit, Kosten) insbesondere die häufig mindestens zufriedenstellenden psychometrischen Kennwerte und weiteren Charakteristika etablierter Fragebogen (vgl. Rost et al., im Druck). Vor allem in Untersuchungen mit großen Stichproben und/oder mehreren Messzeitpunkten besteht ein erhebliches Interesse an einer ökonomischen Erfassung anhand von Skalen mit möglichst wenigen Items oder gar 1-Item-„Skalen". Die Herausforderung besteht dabei darin, das interessierende Konstrukt mit einer geringen Item-Zahl zufriedenstellend abzubilden. Insbesondere bei klar umrissenen und psychisch präsenten Phänomenen dürfte eine Erfassung mit wenigen Items oder nur einem Item zufriedenstellend gelingen (vgl. Rost, Sparfeldt, & Buch, 2008). Hingegen dürfte bei „breiteren" und psychisch weniger präsenten Konstrukten sowie bei Konstrukten, deren Randbereiche eher unscharf sind, eine Erfassung mit nur einem Item oder wenigen Items nur schwerlich überzeugend gelingen.

In der Literatur werden Vor- und Nachteile von Kurz- versus Langskalen ausführlich thematisiert (z.B. Gogol et al., 2014; Levy, 1968; Marsh, Ellis, Parada, Richards, & Heubeck, 2005; Rammstedt & Beierlein, 2014; Rost et al., 2008; Smith, McCarthy, & Anderson, 2000; vgl. auch Schroeders, Wilhelm, & Olaru, 2016). Zu den Vorteilen von Kurzskalen (verglichen mit Langskalen) zählen – neben der Ökonomie – u.a. die Vermeidung von Redundanzen und einer künstlichen Erhöhung der Reliabilität durch ähnlich formulierte Items, die Vermeidung von Langeweile und Frustration bei der Beantwortung sowie eine höhere Bereitschaft zur Befragungsteilnahme. Als Kritikpunkte an Kurzskalen werden hingegen häufig die höhere Anfälligkeit für Messfehler, Einschränkungen der Konstruktvalidität (durch z.B. Einengung eines breiteren Konstrukts auf ausgewählte Aspekte), Veränderungen der faktoriellen Struktur (z.B. nicht berücksichtigte Subfacetten), ungünstigere kriteriumsbezogene Validitätskoeffizienten und – teilweise – die fehlende Möglichkeit einer latenten Modellierung angeführt. Die Vor- und Nachteile von Kurz- versus Langskalen lassen vor dem Hintergrund der jeweiligen diagnostischen Fragestellung ein Abwägen und Entscheiden im Einzelfall sinnvoll erscheinen.

Mittels Kurzskalen bzw. 1-Item-Skalen lassen sich verschiedene pädagogische und psychologische Konstrukte psychometrisch recht zufriedenstellend erfassen (u.a. Persönlichkeit: z.B. Hahn, Gottschling, & Spinath, 2012; Rammstedt, Kemper, Klein, Beierlein, & Kovaleva, 2012; Schult, Schneider, & Sparfeldt, 2016; Selbstkonzept: Gogol et al., 2014; Marsh et al., 2005; Interesse: Rost et al., 2008). Spezifisch auf den Ängstlichkeitsbereich bezogen verglichen Gogol et al. (2014) systematisch jeweils schulfachübergreifende und schulfachspezifische Ängstlichkeitskurz- und 1-Item-Skalen mit Langskalen: Für die Kurzskalen mit drei Items pro Skala fanden sich zufriedenstellende Reliabilitäten ($.75 \leq \omega \leq .78$), sehr hohe konvergente Korrelationen mit den korrespondierenden Langskalen ($.88 \leq r \leq .92$) und vergleichbare Korrelationen mit Außenvariablen ($\Delta r_{max} = .04$). Für die 1-Item-Skalen hingegen fielen die Reliabilitäten ($.22 \leq \omega \leq .29$) und die Korrelationen mit den korrespondierenden Langskalen deutlich niedriger aus ($.50 \leq r \leq .56$), die Korrelationen mit Außenvariablen wichen zudem stärker von den Korrelationen der Langskalen mit den Außenvariablen ab (Δr_{max} = .14). In der Studie wurde jedoch nicht spezifisch Leistungsängstlichkeit mit Bezug zu Prüfungen, Bewertungs- oder Bewältigungssituationen im Allgemeinen oder Leistungsangst in Bezug auf eine spezifische Prüfung erfasst, sondern schulfachübergreifende und schulfachspezifische *trait*-Ängstlichkeit (z.B. „I am afraid of mathematics class"; Gogol et al., 2014, S. 194). Außerdem wurden die 3- sowie 1-Item-Kurzskalen nicht separat (und zusätzlich zu den Items der jeweiligen Langskala) administriert, sondern lediglich für die Analysen aus den jeweiligen Langskalen extrahiert.

1.4 Fragestellungen

In der nachfolgend berichteten Studie wurden Studierende einer Vorlesung mehrfach im Semesterverlauf zu ihrem Leistungsangsterleben im Vorfeld der Vorlesungsklausur am Semesterende befragt. Die hier bearbeiteten Forschungsfragen beziehen sich erstens inhaltlich auf den Leistungsangstverlauf im Vorfeld der Klausur und zweitens diagnostisch auf die Eignung einer 1-Item-Kurzskala.

Bezogen auf den Leistungsangstverlauf erwarteten wir höhere Leistungsangstwerte mit zunehmender zeitlicher Nähe zur Klausur. Im Gegensatz zu den übrigen Messzeitpunkten, an denen die Leistungsangst in Bezug auf die Abschlussklausur zum Semesterende eingeschätzt werden sollte, bezog sich die Leistungsangst zum zweiten Messzeitpunkt zur Semestermitte nicht auf die Abschlussklausur, sondern auf nicht bewertete Übungsaufgaben im Sinne einer Probeklausur mit geringerer Studienrelevanz. Daher erwarteten wir für den zweiten Messzeitpunkt niedrigere Leistungsangstwerte im Vergleich zum vorherigen (ersten) und nachfolgenden (dritten) Messzeitpunkt. Da die Klausur zum Semesterende zweimal angeboten wurde (in der letzten Semesterwoche sowie acht Wochen später in den Semesterferien) – einhergehend mit größerem zeitlichen Abstand der ersten drei Messzeitpunkte zum späteren Klausurtermin – erwarteten wir für die „frühe" verglichen mit der „späten" Klausurgruppe höhere Leistungsangstwerte zum ersten und dritten Messzeitpunkt, nicht jedoch zum zweiten (mit Bezug zur Probeklausur) sowie vierten Messzeitpunkt (unmittelbar vor dem Schreiben der Klausur im Hörsaal).

Die zweite Forschungsfrage bezog sich auf die diagnostische Eignung der 1-Item-Kurzskala. Wir erwarteten vergleichbare Leistungsangstverläufe in der 1-Item-Kurzskala und der 8-Item-Langskala. Außerdem erwarteten wir (a) substanzielle Korrelationen zwischen der 1-Item-Kurzskala und der korrespondierenden 8-Item-Langskala pro Messzeitpunkt sowie (b) substanzielle und vergleichbar hohe Korrelationen zwischen sowohl der 1-Item-Kurzskala als auch der 8-Item-Langskala mit den zu Semesterbeginn erhobenen *trait*-Facetten Aufgeregtheit und Besorgtheit.

2. Methode

2.1 Stichprobe und Ablauf

Die Stichprobe umfasste $N = 190$ Studierende[1] (Alter: $M = 22.36$ Jahre, $SD = 3.19$; 63 % weiblich), die eine wöchentliche, zweistündige Drittsemester-Vorlesung in den Lehramtsstudiengängen mit bildungswissenschaftlichem Inhalt („Pädagogisch-psychologische Diagnostik und Intervention") besuchten. Die Vorlesung endete mit einer Pflichtklausur. Die Datenerhebung fand an vier Messzeitpunkten im Semesterverlauf statt: In der ersten Vorlesungssitzung (T1) bearbeiteten die Studierenden – im Anschluss an einen *trait*-Leistungsängstlichkeitsfragebogen – sowohl eine 8-Item-*state*-Leistungsangst-Langskala als auch eine 1-Item-*state*-Leistungsangst-Kurzskala (s.u.). Die beiden *state*-Skalen bezogen sich jeweils auf die Pflichtklausur am Semesterende. In der sechsten Vorlesungssitzung (T2) administrierten wir erneut die beiden *state*-Leistungsangst-Verfahren, die sich jedoch einmalig auf nicht bewertete Übungsaufgaben (statt der Klausur am Semesterende) bezogen; diese Übungsaufgaben waren direkt im Anschluss an die Fragebogenerhebung in der Vorlesung zu bearbeiten, bezogen sich auf Inhalte der letzten beiden Vorlesungssitzungen und hatten ausschließlich Rückmeldecharakter im Sinne einer Probeklausur. In der vorletzten Semesterwoche (T3) wurden die beiden *state*-Leistungsangst-Verfahren – wiederum bezogen auf die Klausur am Semesterende – aus erhebungstechnischen Gründen einmalig online bearbeitet. Unmittelbar vor dem Bearbeitungsbeginn der Klausur im Hörsaal (T4) beantworteten die Studierenden die beiden *state*-Leistungsangst-Verfahren ein viertes Mal. Zum ersten, zweiten und vierten Messzeitpunkt füllten die Studierenden also einen Papierfragebogen vor Ort aus, zum dritten Messzeitpunkt die erwähnte online-Version.

Die Studierenden konnten zwischen zwei Klausurterminen wählen, entweder dem in der letzten Semesterwoche ($n = 96$) oder dem acht Wochen später in den Semesterferien ($n = 94$). Somit lag beispielsweise T3 für die „frühe Klausurgruppe" eine Woche und für die „späte Klausurgruppe" neun Wochen vor der Klausur. Diese unterschiedlichen Abstände zwischen den ersten drei Erhebungszeitpunkten (T1 – T3) und der Klausur (und damit der Leistungsangsterhebung zu T4) in beiden Klausurgruppen könnten für das Leistungsangsterleben relevant sein, weshalb wir dies in den Analysen berücksichtigten. Die Klausur hat unter Studierenden den Ruf, „eher schwierig" zu sein; ein Bestehen ist für den weiteren Studienverlauf relevant, da ein dreimaliges Nicht-Bestehen den Verlust des Prüfungsanspruchs – und damit das Studienende – im jeweiligen Studiengang bedeutet.

Nicht alle Studierenden nahmen zu allen Messzeitpunkten an der Datenerhebung teil. Von $N = 391$ Studierenden, die die Klausur an einem der beiden Termine schrieben und den dazugehörigen T4 *state*-Leistungsangst-Fragebogen beantworteten, nahmen $n = 355$ Studierende zu T1 teil, $n = 346$ zu T2 und $n = 271$ zu T3. Nur Studierende mit vollständigen Datensätzen wurden in die Auswertungen einbezogen, sodass die Analyse-

---

[1] Für die Analysen wurde auf die bei Lotz und Sparfeldt (2017) betrachtete Stichprobe zurückgegriffen. In der früheren Arbeit wurde die 8-Item-Langskala, nicht jedoch die 1-Item-Kurzskala und entsprechende Zusammenhänge betrachtet. Die hier um zwei Studierende geringere Stichprobengröße resultiert aus fehlenden Werten in der 1-Item-Kurzskala.

stichprobe, wie erwähnt, $N = 190$ Studierende umfasste. In Bezug auf beispielsweise T3 mit dem größten Stichprobenausfall resultierten zwischen Studierenden, die an diesem Messzeitpunkt teilnahmen bzw. nicht teilnahmen, keine bedeutsamen Unterschiede hinsichtlich der demographischen Variablen Geschlecht ($p = .84$) und Alter ($p = .14$). Gleiches galt auch für die Leistungsängstlichkeitsfacetten Besorgtheit ($p = .69$) und Aufgeregtheit ($p = .96$) sowie die *state*-Leistungsangsterfassung mit Kurz- bzw. Langskala zu T1, T2 und T4 (alle $p > .53$).

2.2 Instrumente

Die *trait*-Leistungsängstlichkeitsfacetten Aufgeregtheit und Besorgtheit erfassten wir mit Items der deutschen Adaption (Hodapp, 1991) des Test-Anxiety-Inventory (Spielberger, 1980). Wir wählten vier Aufgeregtheits-Items (Item-Nummern in Hodapp, 1991: 12, 16, 18, 25) und fünf Besorgtheits-Items (Item-Nummern in Hodapp, 1991: 6, 9, 10, 17, 27) aufgrund ihrer inhaltlichen Breite, Passung zum Hochschulkontext, hohen Trennschärfe sowie Bewährung in vorherigen Untersuchungen (z.B. Sparfeldt, Schilling, Rost, Stelzl, & Peipert, 2005; Sparfeldt, Rost, Baumeister, & Christ, 2013) aus (vierstufige Antwortskala: *fast nie* – 1, *fast immer* – 4).

Bei der *state*-Leistungsangsterfassung wurden die Studierenden gebeten anzugeben, wie sie sich fühlen würden, wenn sie „gleich zur Klausur antreten müssten". Die Langskala bestand aus acht Items (Adjektive: „ängstlich", „nervös", „besorgt", „aufgeregt", „unsicher", „angespannt", „furchtsam", „angsterfüllt"; Jacobs, 1981), die auf einer siebenstufigen Antwortskala von *sehr* (1) bis *überhaupt nicht* (7) zu beantworten waren. Die Antworten der Langskala wurden rekodiert, sodass numerisch höhere Werte einem intensiveren Angsterleben entsprechen. Bei der 1-Item-Kurzskala (Jacobs, 1981) sollten die Studierenden ihr aktuelles Leistungsangsterleben auf einer elfstufigen Antwortskala von *überhaupt keine Angst* (0) bis *panische Angst* (10) einschätzen.

2.3 Analysen

Zur Beantwortung der ersten Fragestellung zum Leistungsangstverlauf berechneten wir – getrennt für die 8-Item-Langskala und die 1-Item-Kurzskala – 2 (frühe vs. späte Klausurgruppe) × 4 (Messzeitpunkte T1 bis T4) mixed ANOVAs ($\alpha = .05$). Im Falle eines statistisch signifikanten Haupteffekts der Klausurgruppe analysierten wir den *state*-Leistungsangstverlauf pro Gruppe mithilfe von Messwiederholungs-ANOVAs pro Instrument (8-Item-Langskala, 1-Item-Kurzskala). Im statistisch signifikanten Fall berechneten wir gerichtete a priori Kontraste, die einseitig prüften, ob das *state*-Leistungsangst-Niveau (1) zu T1 höher als zu T2 (unbenotete Übungsaufgaben) war, (2) zu T2 niedriger als zu T3 war, (3) zu T3 das zu T1 überstieg und (4) zu T4 höher als zu T3 war. Zusätzlich berechneten wir vier (einseitige) *t*-Tests, um Unterschiede zwischen den beiden Klausurgruppen für die vier Messzeitpunkte zu untersuchen (aufgrund von Mehrfachvergleichen: $\alpha = .01$). Inferenzstatistische Mittelwertbefunde ergänzten wir um geeignete Effektstärken (*d* bzw. η^2; vgl. Cohen, 1988). Die Ähnlichkeit der Leistungsangstverläufe beider Operationalisierungen (8-Item-Langskala, 1-Item-Kurzskala) quantifizierte der Korrelationskoeffizient der Rangreihe der Leistungsangstmittelwerte der vier Messzeitpunkte der 8-Item-Langskala mit der Rangreihe der Leistungsangstmittelwerte der vier Messzeitpunkte der 1-Item-Kurzskala – getrennt für die frühe und die späte Klausurgruppe.

Zur Beantwortung der zweiten Fragestellung zur diagnostischen Eignung der 1-Item-Kurzskala berechneten wir zudem pro Messzeitpunkt die Korrelation beider *state*-Leistungsangsterfassungsinstrumente (getrennt für die frühe und späte Klausurgruppe). Außerdem verglichen wir – ebenfalls separat für beide Klausurgruppen – die Korrelationen beider *state*-Leistungsangsterfassungsinstrumente mit Aufgeregtheit und Besorgtheit, indem wir für alle vier Messzeitpunkte die Effektstärke q (Cohen, 1988) berechneten. Werte unterhalb der Grenze für kleine Effekte ($|q| < .10$) interpretierten wir als Hinweis darauf, dass die Höhe der Korrelationen nicht substantiell unterschiedlich ausgefallen und damit für beide Skalenversionen vergleichbar sind.

3. Ergebnisse

Mittelwerte und Standardabweichungen deuteten in beiden Klausurgruppen und zu allen Erhebungszeitpunkten keine bedeutsamen Boden- oder Deckeneffekte an (am ehesten zu T2 in der 1-Item-Kurzskala). Einen ersten Hinweis auf eine mindestens ausreichende Messgenauigkeit lieferten die Cronbachs α-Werte von α ≥ .93 der *state*-Leistungsangst-Langskala und α ≥ .84 für Aufgeregtheit und Besorgtheit (siehe Tabelle 1).

Bezogen auf den in der ersten Fragestellung adressierten Leistungsangstverlauf zeigte die zweifaktorielle Varianzanalyse für die 8-Item-Langskala eine statistisch signifikante Leistungsangstveränderung im Semesterverlauf ($p < .01$, $\eta^2 = .452$), einen bedeutsamen Unterschied zwischen beiden Klausurgruppen ($p < .01$, $\eta^2 = .057$) sowie eine signifikante Interaktion ($p = .01$, $\eta^2 = .022$). Bei getrennter Betrachtung der frühen und späten Klausurgruppe verwies die einfaktorielle Varianzanalyse für die frühe Klausurgruppe auf eine bedeutsame Leistungsangstveränderung über die Zeit ($p < .01$, $\eta^2 = .515$). Die anschließenden gerichteten Kontraste zur genaueren Inspektion dieses Leistungsangstverlaufs ergaben (a) einen Leistungsangstabfall von T1 zu T2 (unbenotete Übungsaufgaben/Probeklausur), (b) einen Anstieg von T2 zu T3, (c) jedoch nicht den erwarteten Leistungsangstzuwachs von T1 zu T3 und (d) einen Leistungsangstanstieg von T3 zu T4 (siehe Tabelle 2, Abbildung 1). Für die späte Klausurgruppe ergab sich ein vergleichbares Ergebnismuster der Leistungsangstveränderung im Semesterverlauf (einfaktorielle Varianzanalyse: $p < .01$, $\eta^2 = .380$; siehe Tabelle 2 für die Kontrastanalysen sowie Abbildung 1). Zudem wiesen die Studierenden der frühen im Vergleich zur späten Klausurgruppe höhere Leistungsangstwerte kleiner bis mittlerer Effektgröße zu T1 ($d = 0.40$, $p < .01$), T3 ($d = 0.54$, $p < .01$) und T4 ($d = 0.50$, $p < .01$), nicht aber T2 auf ($d = 0.14$, $p = .18$).

Die Ergebnisse zum Leistungsangstverlauf der 1-Item-Kurzskala fielen ähnlich zu denen der Langskala aus: In der zweifaktoriellen Varianzanalyse ergab sich eine signifikante Leistungsangstveränderung im Semesterverlauf ($p < .01$, $\eta^2 = .410$), ein bedeut-

Tabelle 1: Mittelwerte, Standardabweichungen und Cronbachs Alpha α der Leistungsangstinstrumente sowie Besorgtheit und Aufgeregtheit, ergänzt um Interkorrelationen über die vier Messzeitpunkte (T1 – T4) für die frühe (unterhalb der Diagonalen) und späte Klausurgruppe (oberhalb der Diagonalen)

	M		SD		α		1-Item-Kurzskala				8-Item-Langskala				Trait	
	früh	spät	früh	spät	früh	spät	T1	T2	T3	T4	T1	T2	T3	T4	Besorgtheit	Aufgeregtheit
1-Item-Kurzskala																
T1	4.75	4.07	2.84	2.63	–	–	–	.53	.64	.61	.81	.51	.60	.66	.55	.76
T2	1.90	1.61	2.28	2.04	–	–	.35	–	.46	.43	.53	.76	.43	.45	.26	.40
T3	5.17	3.99	2.73	2.79	–	–	.59	.42	–	.79	.57	.47	.91	.75	.49	.58
T4	5.47	4.40	2.74	2.92	–	–	.64	.35	.76	–	.52	.40	.71	.87	.45	.45
8-Item-Langskala																
T1	4.27	3.70	1.40	1.45	.93	.94	.84	.29	.62	.64	–	.60	.57	.64	.57	.78
T2	2.56	2.37	1.48	1.25	.95	.93	.41	.78	.43	.42	.42	–	.49	.52	.37	.49
T3	4.46	3.64	1.37	1.60	.94	.96	.56	.37	.90	.74	.64	.44	–	.71	.46	.58
T4	4.79	4.03	1.54	1.49	.96	.95	.65	.30	.77	.85	.66	.35	.81	–	.46	.61
Trait																
Besorgtheit	2.69	2.56	0.75	0.71	.84	.84	.57	.20	.40	.46	.52	.35	.35	.42	–	.63
Aufgeregtheit	2.10	1.96	0.80	0.76	.87	.88	.77	.31	.55	.59	.78	.39	.51	.53	.68	–

Anmerkung: Alle Korrelationen differieren statistisch signifikant von Null ($p < .05$); theoretischer Range 1-Item-Kurzskala: 0–10, 8-Item-Langskala: 1–7, Besorgtheit und Aufgeregtheit: 1–4.

samer Unterschied zwischen beiden Klausurgruppen ($p = .01$, $\eta^2 = .034$), jedoch – im Unterschied zur Langskala – kein signifikanter Interaktionseffekt ($p = .06$, $\eta^2 = .013$). Eine getrennte Betrachtung der Klausurgruppen zeigte in der frühen Klausurgruppe eine bedeutsame Leistungsangstveränderung über die Zeit ($p < .01$, $\eta^2 = .449$). Die anschließenden gerichteten Kontraste ergaben einen zur Langskala vergleichbaren Angstverlauf, jedoch ohne den signifikanten Leistungsangstanstieg von T3 zu T4 (siehe Tabelle 2, Abbildung 1). In der späten Klausurgruppe resultierte hingegen ein identisches Befundmuster wie bei der Langskala (einfaktorielle Varianzanalyse: $p < .01$, $\eta^2 = .369$; siehe Tabelle 2 für die Kontrastanalysen sowie Abbildung 1). Mittelwertvergleiche der Leistungsangstwerte beider Klausurgruppen zeigten für den ersten Messzeitpunkt (im Gegensatz zu den Befunden der Langskala) keinen bedeutsamen Gruppenunterschied ($d = 0.25$, $p = .05$). Zum zweiten Messzeitpunkt ergab sich in Übereinstimmung mit den Befunden der Langskala kein bedeutsamer Gruppenunterschied ($d = 0.13$, $p = .18$), jedoch weisen die Studierenden der frühen Klausurgruppe zu T3 ($d = 0.43$, $p < .01$) und T4 ($d = 0.38$, $p < .01$) die auch in der Langskala gefundenen bedeutsam höheren Leistungsangstwerte auf. In der frühen Klausurgruppe korrelierte die Rangreihe der mit der 8-Item-Langskala erfassten Leistungsangstmittelwerte der vier Messzeitpunkte mit

Tabelle 2: Ergebnisse der gerichteten Kontraste der Messzeitpunktvergleiche in der 8-Item-Langskala und 1-Item-Kurzskala (p-Werte) der frühen/späten Klausurgruppe, ergänzt um Effektstärken (d)

	8-Item-Langskala		1-Item-Kurzskala	
	p	d	p	d
T1-T2	<.01 / <.01	-1.19 / -0.98	<.01 / <.01	-1.11 / -1.05
T2-T3	<.01 / <.01	1.33 / 0.88	< 01 / <.01	1.30 / 0.97
T1-T3	.06 / .51	0.14 / -0.04	.05 / .53	0.15 / -0.03
T3-T4	<.01 / <.01	0.23 / 0.25	.06 / .03	0.11 / 0.14

den Leistungsangstmittelwerten der 1-Item-Kurzskala zu $r = .998$, in der späten Klausurgruppe zu $r = .995$.

Bezogen auf die in der zweiten Fragestellung angesprochene diagnostische Eignung der 1-Item-Kurzskala betrachteten wir die Korrelationen der 1-Item-Kurzskala mit der 8-Item-Langskala. Wir ermittelten sehr hohe Korrelationen sowohl für die frühe ($r_{T1} = .84$, $r_{T2} = .78$, $r_{T3} = .90$, $r_{T4} = .85$) als auch für die späte Klausurgruppe ($r_{T1} = .81$, $r_{T2} = .76$, $r_{T3} = .91$, $r_{T4} = .87$). Die als nächstes vorgenommenen Vergleiche der Korrelationskoeffizienten der *trait*-Leistungsängstlichkeitsfacetten Besorgtheit und Aufgeregtheit mit einerseits der 1-Item-Kurzskala und andererseits der 8-Item-Langskala ergaben häufig q-Werte unterhalb der Grenze kleiner Effekte ($|q| < .10$, vgl. Cohen, 1988; siehe Tabelle 3). So korrelierte Aufgeregtheit zum ersten Messzeitpunkt – in der frühen

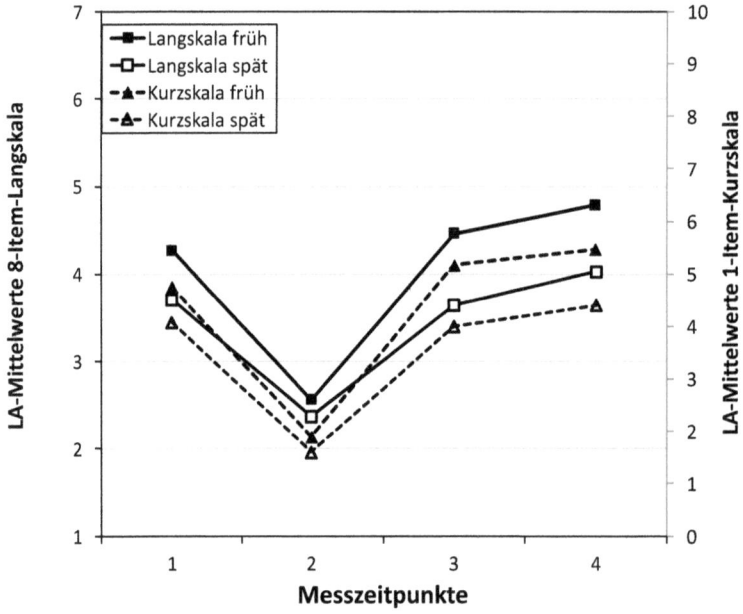

Abbildung 1: Verlauf der Leistungsangst gemessen mit der 8-Item-Langskala (linke y-Achse) und mit der 1-Item-Kurzskala (rechte y-Achse) für die frühe und die späte Klausurgruppe (T1: zu Semesterbeginn; T2: in der Semestermitte mit Bezug zur Probeklausur; T3: vorletzte Semesterwoche; T4: direkt vor der Klausur)

Klausurgruppe mit der 1-Item-Kurzskala zu $r = .77$ und mit der 8-Item-Langskala zu $r = .78$ (siehe Tabelle 1); der resultierende Korrelationsunterschied von $q = -.03$ (siehe Tabelle 3) liegt unterhalb der Grenze für kleine Effekte. Die Ausnahmen mit mindestens kleinen Effektgrößen dieser Korrelationsdifferenzen waren die Korrelationen mit Aufgeregtheit zu T4 in der späten Klausurgruppe (Kurzskala: $r = .45$, Langskala: $r = .61$, $q = -.22$) sowie drei der vier Korrelationsvergleiche zum zweiten Messzeitpunkt. Die Korrelationskoeffizienten zwischen *trait*-Leistungsängstlichkeit und der mit der Kurzskala erfassten Leistungsangst fielen hier jeweils numerisch niedriger als die Korrelationskoeffizienten zwischen *trait*-Leistungsängstlichkeit und der mit der Langskala erfassten Leistungsangst aus.

Tabelle 3: Effektstärke *q* als Maß der Differenz zwischen den Korrelationen der *trait*-Leistungsängstlichkeitsfacetten Besorgtheit oder Aufgeregtheit mit der *state* 8-Item-Langskala und der *state* 1-Item-Kurzskala zu den vier Messzeitpunkten (T1 – T4) für die frühe und späte Klausurgruppe

	T1		T2		T3		T4	
	früh	spät	früh	spät	früh	spät	früh	spät
Besorgtheit	.07	-.03	-.16	-.12	.06	.04	.05	-.01
Aufgeregtheit	-.03	-.05	-.09	-.11	.06	.00	.09	-.22

4. Diskussion

Ausgangspunkte unserer Arbeit waren die Fragen nach (1) dem Leistungsangstverlauf im Vorfeld einer Prüfung und nach (2) der diagnostischen Eignung einer 1-Item-Kurzskala zur Erfassung des Leistungsangsterlebens. Bei den von uns befragten Studierenden zeigte sich im Wesentlichen ein Anstieg der auf die Pflichtklausur bezogenen Leistungsangst vom ersten Messzeitpunkt am Semesterbeginn bis zum vierten Messzeitpunkt unmittelbar vor dem Schreiben der Klausur – abgesehen von erwartungsgemäß deutlich niedrigeren Leistungsangstwerten zum zweiten Messzeitpunkt. Die diagnostisch (weitgehend) zufriedenstellenden Befunde der 1-Item-Kurzskala sprechen, insgesamt gesehen, für eine attraktive Alternative zu umfänglicheren Skalen.

Zur inhaltlichen Fragestellung des Leistungsangstverlaufs im Vorfeld einer Klausur zeigte sich bereits zum ersten Messzeitpunkt eine – bezogen auf die Klausur zum Semesterende – moderate Leistungsangst (weitergehende Vergleichswerte zur Einordnung liegen leider nicht vor), die dann bis zum Zeitpunkt unmittelbar vor dem Schreiben der Klausur im Hörsaal zum vierten Messzeitpunkt deutlich anstieg, abgesehen von deutlich niedrigeren Leistungsangstwerten zum zweiten Messzeitpunkt. Bei der Interpretation ist zu beachten, dass die Studierenden zu T2 ihr Leistungsangsterleben nicht in Bezug auf die Klausur am Semesterende, sondern bezüglich einer unbenoteten Übungsaufgabensammlung/Probeklausur einschätzten. Insofern waren die Leistungsangstwerte zum zweiten Messzeitpunkt nicht nur erwartungsgemäß niedriger, sondern verweisen zudem auf die Sensitivität der Erhebungsinstrumente, derart erwartete Leistungsangstunterschiede abzubilden. Das Befundmuster höherer Leistungsangst mit zunehmender zeitlicher Prüfungsnähe (wenn auch in den Kontrastanalysen nicht durchgängig statistisch signifikant) steht im Einklang mit den im Theorieteil genannten aktuelleren Studien. Auch die Mittelwertunterschiede der Leistungsangstwerte zwischen der frühen und späten Klausurgruppe sind mit zum einen dem größeren zeitlichen Abstand zur Klausur der ersten drei Messzeitpunkte in der späten Klausurgruppe erklärbar, was für den ersten und dritten Messzeitpunkt niedrigere Leistungsangstwerte der späten Klausurgruppe erwarten ließ. Zum anderen waren die Ergebnisse der Klausur des früheren Klausurtermins (mit vielen eher besseren Noten) zum Zeitpunkt des zweiten Klausurtermins bereits veröffentlicht; dies dürfte die Erfolgserwartung der Teilnehmenden der späteren Klausur gesteigert und die Leistungsangst zum vierten Messzeitpunkt reduziert haben.

Ein Vergleich der beiden Leistungsangstoperationalisierungen (8-Item- vs. 1-Item-Skala) verweist auf ein hohes Maß an Ähnlichkeit und Vergleichbarkeit der Befunde: Trotz gelegentlich geringfügig differierender Ergebnisse fallen insbesondere die in Tabelle 2 berichteten sehr ähnlichen Effektstärken zum Leistungsangstverlauf ins Auge, aber auch die Vergleiche beider Klausurgruppen pro Messzeitpunkt, obgleich die Effektstärken für die 1-Item-Kurzskala numerisch häufig etwas geringer ausfielen.

Bezogen auf die Frage nach der weiteren diagnostischen Eignung der 1-Item-Kurzskala interpretieren wir die Befunde als ermutigend. Für diese Einschätzung sprechen erstens die bedeutsamen Korrelationen der beiden Leistungsangstoperationalisierungen pro Messzeitpunkt im Sinne von Paralleltestreliabilitätshinweisen bzw. kriteriumsbezogenen Validitätshinweisen (frühe Klausurgruppe: $.78 \leq r \leq .90$; späte Klausurgruppe: $.76 \leq r \leq .91$) und zweitens die hohen Stabilitäts- bzw. Retest-Reliabilitäts-Koeffizienten der diesbezüglich vergleichbaren Messzeitpunkte T1, T3 und T4 (frühe Klausurgruppe: $.59 \leq r_{tt} \leq .76$; späte Klausurgruppe: $.61 \leq r_{tt} \leq .79$). Drittens liegen die Effektstärken q der Korrelationsvergleiche der beiden Leistungsangstoperationalisierungen (8-Item-Langskala, 1-Item-Kurzskala) mit den Leistungsängstlichkeitsfacetten Aufgeregtheit und Besorgtheit zumeist unterhalb der Grenze kleiner Effekte und liefern damit Hinweise auf weitgehend vergleichbare Zusammenhänge (abgesehen von T2; zu beachten ist, dass die Leistungsangst zu T2 nicht in Bezug auf die Abschlussklausur einzuschätzen war). Der Einbezug weiterer Variablen zur kriterienbezogenen Validitätsbestimmung wäre wünschenswert gewesen und sollte zur Unterstützung der Ergebnisse in künftigen Untersuchungen berücksichtigt werden (vgl. Gogol et al., 2014). Selbstredend sind in künftigen Studien – wie erwähnt – die Vor- und Nachteile der Verwendung einer Kurzskala oder einer umfänglicheren und ggf. mehrfaktoriellen Langskala vor dem Hintergrund der jeweiligen diagnostischen Fragestellung abzuwägen.

Zudem ist bei der Interpretation unserer Ergebnisse zu beachten, dass sie auf einer Stichprobe aus Teilnehmenden einer bildungswissenschaftlichen Vorlesung für Lehramtsstudierende und einer Prüfung mit diagnostischem Inhalt beruhen. In zukünftigen Studien könnten im Sinne der Generalisierbarkeitsprüfung weitere Stichproben (z.B. Studierende anderer Fachrichtungen, Schülerinnen und Schüler) und Prüfungen (wie Prüfungen in anderen Fächern, mündliche Prüfungen) untersucht werden. Eine Realisierung weiterer Messzeitpunkte (ggf. auch während oder im Anschluss an die Klausur) in engerem zeitlichen Abstand könnte genauere Verlaufsinformationen liefern. Da die *trait*-Leistungsängstlichkeitsfacetten Besorgtheit und Aufgeregtheit auch zum ersten Messzeitpunkt erfasst worden sind, könnten die etwas engeren Zusammenhänge der *trait*-Leistungsängstlichkeit mit der *state*-Leistungsangst zu T1 (im Vergleich zu den Zusammenhängen zu späteren *state*-Leistungsangst-Erfassungen) auch auf den geringeren zeitlichen Abstand zurückzuführen sein. Zu beachten ist zudem, dass die Erhebung zum dritten Messzeitpunkt einmalig als Online-Erhebung erfolgte; zu prüfen wäre, ob dieser Wechsel der Erhebungsmethode die Befunde beeinflusst (vgl. für Leistungsmessungen in vergleichbar unterschiedlichen Settings: Schult, Stadler, Becker, Greiff, & Sparfeldt, 2017).

Bemerkenswert erscheint uns abschließend, dass wir Leistungsangst an einer größeren Studierendenstichprobe im Längsschnitt mehrfach über ein Semester hinweg und in Bezug auf eine „tatsächliche" Klausur erfassten (deren Nicht-Bestehen – wie erwähnt – folgenreich für den weiteren Studienverlauf ist). Die hier berichteten und ermutigenden Befunde bilden einen Ausgangspunkt für künftige Studien, die den Leistungsangstverlauf – ggf. mit wenigen Items oder nur einem Item erfasst – im Umfeld tatsächlicher Prüfungssituationen, entsprechende Prädiktoren des Niveaus und entsprechender Verläufe, aber auch Ansatzpunkte für Prävention und Intervention genauer in den Blick nehmen.

Literatur

Becker, R. P., & Schneider, W. (1976). Persönlichkeitsspezifische Reaktionen auf eine Streßsituation: Studenten vor der Prüfung. *Zeitschrift für Experimentelle und Angewandte Psychologie, 23*, 1–29.

Bolger, N. (1990). Coping as a personality process: A prospective study. *Journal of Personality and Social Psychology, 59*, 525–537.

Bundesministerium für Bildung und Forschung (2006). *Die wirtschaftliche und soziale Lage der Studierenden in der Bundesrepublik Deutschland 2006: 18. Sozialerhebung des Deutschen Studentenwerks durchgeführt durch HIS Hochschul-Informations-System*. http://www.sozialerhebung.de/download/18/Soz18_Hauptbericht_internet.pdf. Zugegriffen: 12.06.2017.

Cohen, J. (1988). *Statistical power analysis for the behavioral sciences* (2nd ed.). New York, NY: Psychology Press.

Dimitriev, D. A., Saperova, E. V., & Dimitriev, A. D. (2016). State anxiety and nonlinear dynamics of heart rate variability in students. *PLoS ONE 11(1)*, e0146131.

Gogol, K., Brunner, M., Götz, T., Martin, R., Ugen, S., Keller, U., Fischbach, A. & Preckel, F. (2014). „My questionnaire is too long!" The assessments of motivational-affective constructs with three-item and single-item measures. *Contemporary Educational Psychology, 39*, 188–205.

Haag, L., & Mischo, C. (2002). Saisonarbeiter in der Schule – einem Phänomen auf der Spur. *Zeitschrift für Pädagogische Psychologie, 16*, 109–115.

Hahn, E., Gottschling, J., & Spinath, F. M. (2012). Short measurements of personality: Validity and reliability of the GSOEP Big Five Inventory (BFI-S). *Journal of Research in Personality, 46*, 355–359.

Helmke, A. (1983). Prüfungsangst. Ein Überblick über neue theoretische Entwicklungen und empirische Ergebnisse. *Psychologische Rundschau, 34*, 193–211.

Hembree, R. (1988). Correlates, causes, effects, and treatment of test anxiety. *Review of Educational Research, 58*, 47–77.

Hodapp, V. (1991). Das Prüfungsängstlichkeitsinventar TAI-G: Eine erweiterte modifizierte Version mit vier Komponenten. *Zeitschrift für Pädagogische Psychologie, 5*, 121–130.

Holm-Hadulla, R. M., Hofmann, F.-H., Sperth, M., & Funke, J. (2009). Psychische Beschwerden und Störungen von Studierenden. *Psychotherapeut, 54*, 346–356.

Jacobs, B. (1981). *Angst in der Prüfung – Beiträge zu einer kognitiven Theorie der Angstentstehung in Prüfungssituationen*. Frankfurt/Main: Fischer.

Keith, N., Hodapp, V., Schermelleh-Engel, K., & Moosbrugger, H. (2003). Cross-sectional and longitudinal confirmatory factor models for the German test anxiety inventory: A construct validation. *Anxiety, Stress, and Coping, 16*, 251–270.

Laux, L., Hock, M., Bergner-Köther, R., Hodapp, V., Renner, K.-H., & Merzbacher, G. (2013). *Das State-Trait-Angst-Depressions-Inventar (STADI)*. Göttingen: Hogrefe.

Lay, C. L., Edwards, J. M., Parker, J. D. A., & Endler, N. S. (1989). An assessment of appraisal, anxiety, coping, and procrastination during an examination period. *European Journal of Personality, 3*, 195–208.

Levy, P. (1968). Short-form tests: A methodological review. *Psychological Bulletin, 69*, 410–416.

Liebert, R. M., & Morris, L. W. (1967). Cognitive and emotional components of test anxiety: A distinction and some initial data. *Psychological Reports, 20*, 975–978.

Lotz, C., & Sparfeldt, J. R. (2017). Does test anxiety increase as the exam draws near? – Students' state test anxiety recorded over the course of one semester. *Personality and Individual Differences, 104*, 397–400.

Marsh, H. W., Ellis, L. A., Parada, R. H., Richards, G., & Heubeck, B. G. (2005). A short version of the Self Description Questionnaire II: Operationalizing criteria for a short-form evaluation with new applications of confirmatory factor analysis. *Psychological Assessment, 17*, 81–102.

Martin, R. P. (1971). *The development of anxiety in persons anticipating a highly stressful event*. Dissertation, University of Texas, Austin.

Raffety, B. D., Smith, R. E., & Ptacek, J. T. (1997). Facilitating and debilitating trait anxiety, situational anxiety, and coping with an anticipated stressor: A process analysis. *Journal of Personality and Social Psychology, 72*, 892–906.

Rammstedt, B., & Beierlein, C. (2014). Can't we make it any shorter? The limits of personality assessment and ways to overcome them. *Journal of Individual Differences, 35*, 212–220.

Rammstedt, B., Kemper, C. J., Klein, M. C., Beierlein, C., & Kovaleva, A. (2012). *Eine kurze Skala zur Messung der fünf Dimensionen der Persönlichkeit: Big-Five-Inventory-10 (BFI-10)*. http://www.gesis.org/fileadmin/kurzskalen/working_papers/BFI10_Workingpaper.pdf. Zugegriffen: 12.06.2017.

Reeve, C. L., Bonaccio, S., & Charles, J. E. (2008). A policy-capturing study of the contextual antecedents of test anxiety. *Personality and Individual Differences, 45*, 243–248.

Rost, D. H., Schermer, F.-J., & Sparfeldt, J. R. (im Druck). Leistungsängstlichkeit. In D. H. Rost, J. R. Sparfeldt, & S. R. Buch (Hrsg.), *Handwörterbuch Pädagogische Psychologie* (5. Aufl.). Weinheim: Beltz.

Rost, D. H., Sparfeldt, J. R., & Buch, S. R. (2008). Kann denn Kürze Sünde sein? Erfassung schulfachspezifischer Interessen mit nur einem Item. In F. Hofmann, C. Schreiner, & J. Thonhauser (Hrsg.), *Qualitative und quantitative Aspekte: Zu ihrer Komplementarität in der erziehungswissenschaftlichen Forschung* (S. 225–237). Münster: Waxmann.

Schroeders, U., Wilhelm, O., & Olaru, G. (2016). Meta-heuristics in short scale construction: Ant colony optimization and genetic algorithm. *PLoS ONE, 11(11)*, e0167110.

Schult, J., Schneider, R., & Sparfeldt, J. R. (2016, in press). Assessing personality with multi-descriptor items: More harm than good? *European Journal of Psychological Assessment*.

Schult, J., Stadler, M., Becker, N., Greiff, S., & Sparfeldt, J. R. (2017). Home alone: Complex problem solving performance benefits from individual online assessment. *Computers in Human Behavior, 68*, 513–519.

Skinner, N., & Brewer, N. (2002). The dynamics of threat and challenge appraisals prior to stressful achievement events. *Journal of Personality and Social Psychology, 83*, 678–692.

Smith, G. T., McCarthy, D. M., & Anderson, K. G. (2000). On the sins of short-form development. *Psychological Assessment, 12*, 102–111.

Sparfeldt, J. R., Rost, D. H., Baumeister, U. M., & Christ, O. (2013). Test anxiety in written and oral examinations. *Learning and Individual Differences, 24*, 198–203.

Sparfeldt, J. R., Schilling, S. R., Rost, D. H., Stelzl, I., & Peipert, D. (2005). Leistungsängstlichkeit: Facetten, Fächer, Fachfacetten? – Zur Trennung nach Angstfacetten und Inhaltsbereich. *Zeitschrift für Pädagogische Psychologie, 19*, 225–236.

Spielberger, C. D. (1966). Theory and research on anxiety. In C. D. Spielberger (Ed.), *Anxiety and behavior* (pp. 3–20). New York, NY: Academic Press.

Spielberger, C. D. (1980). *Test anxiety inventory (preliminary professional manual)*. Palo Alto, CA: Consulting Psychologists Press.

Spielberger, C. D., & Vagg, P. R. (1995). Test anxiety: A transactional process model. In C. D. Spielberger, & P. R. Vagg (Eds.), *Test anxiety: Theory, assessment, and treatment* (pp. 3–14). Washington, DC: Taylor & Francis.

Zeidner, M. (1994). Personal and contextual determinants of coping and anxiety in an evaluative situation: a prospective study. *Personality and Individual Differences, 16*, 899–918.

Zeidner, M. (1998). *Test anxiety: The state of the art*. New York, NY: Plenum Press.

Zeidner, M., & Matthews, G. (2011). *Anxiety 101*. New York, NY: Springer.

Elisabeth Vogl, Reinhard Pekrun und Krista R. Muis

Validierung eines deutschsprachigen Instruments zur Messung epistemischer Emotionen: Die Epistemic Emotion Scales – Deutsch (EES-D)

Abstract

Epistemische Emotionen, wie Überraschung, Neugier und Verwirrung, spielen eine wichtige Rolle bei der Wissensgenerierung. Dennoch gibt es erst seit kurzem ein Messinstrument, das mehrere diskrete Emotionen während epistemischer Aktivitäten ökonomisch erfasst: die *Epistemic Emotion Scales* (EES; Pekrun, Vogl, Muis, & Sinatra, 2016). Dieses Messinstrument ist für die weitere Erforschung dieser bisher wenig untersuchten Gruppe akademischer Emotionen geeignet. Hier beschreiben wir die Konstruktion und Validierung der deutschsprachigen Version dieses Messinstruments. Die Epistemic Emotion Scales (EES) bestehen aus sieben Skalen zur Messung von epistemischer Überraschung, Neugier, Freude, Verwirrung, Angst, Frustration und Langeweile. Das deutschsprachige Messinstrument wurde im Rahmen einer Studie zum Lernen aus Texten über genetisch manipulierte Nahrungsmittel getestet ($N = 160$). Die Ergebnisse bestätigen die Reliabilität sowie interne und externe Validität der Skalen. Die internen Konsistenzen fielen gut aus. Die Korrelationen der Skalen und die Ergebnisse konfirmatorischer Faktorenanalysen sprechen dafür, dass es sich wie erwartet um distinkte Emotionen handelt, die hypothesenkonform mit externen Kriterien einschließlich Kontroll- und Wertüberzeugungen sowie selbstberichteten Lernstrategien korrelieren.

1. Einführung

Die psychologische und pädagogische Forschung schenkt dem Einfluss von Emotionen auf Lernen und Leistung zunehmend Beachtung (im Überblick Pekrun & Linnenbrink-Garcia, 2014). Allerdings konzentrierte sie sich bisher primär auf Leistungsemotionen, die eng an Erfolgs- bzw. Misserfolgserlebnisse gekoppelt sind (Pekrun, 2006). Typische Leistungsemotionen sind beispielsweise Angst vor drohendem Misserfolg, Hoffnung auf ein positives Leistungsergebnis und Scham oder Stolz nach einem bereits eingetretenem Misserfolg bzw. Erfolg (Pekrun & Perry, 2014). Nicht weniger relevant, aber seltener erforscht, ist der Einfluss einer anderen Gruppe akademischer Emotionen, die auf Wissen und den wissensgenerierenden Prozess gerichtet sind, nämlich epistemischer Emotionen wie Überraschung, Neugier oder Verwirrung.

Empirische Ergebnisse stützen die Bedeutung verschiedener epistemischer Emotionen für kognitive Prozesse (z.B. D'Mello, Lehman, Pekrun, & Graesser, 2014; Kang et al., 2009; Muis, Pekrun et al., 2015; Muis, Psaradellis, Lajoie, Di Leo, & Chevrier, 2015). Bisher beschränkte sich die Forschung jedoch größtenteils auf die Analyse einzelner epistemischer Emotionen. Messinstrumente gab es entsprechend auch nur für einzelne dieser Emotionen (insbesondere für Neugier; z.B. Jirout & Klahr, 2012), oder die Messung beschränkte sich auf qualitative Sebstberichte oder Einzelitems (z.B. D'Mello & Graesser, 2012). Die parallele Untersuchung mehrerer epistemischer Emotionen hat jedoch den Vorteil, dass das Zusammenspiel verschiedener Emotionen während wissensgenerierender Prozesse und deren gemeinsame Einflüsse auf epistemische Aktivitäten untersucht werden können. Zur parallelen Erfassung sieben distinkter Emotionen während epistemischer Aktivitäten wurden die *Epistemic Emotion Scales* (EES; Pekrun, Vogl, Muis & Sinatra, 2017) entwickelt, deren deutschsprachige Version in diesem Kapitel vorgestellt wird.

Wir definieren zunächst, was epistemische Emotionen sind und beschreiben im nächsten Schritt die Entwicklung der deutschsprachigen Skalen (EES-D). Im Anschluss diskutieren wir auf Basis der Daten einer Studie zum Lernen aus Texten über genetisch manipulierte Nahrungsmittel die Reliabilität sowie interne und externe Validität der EES-D.

1.1 Definition epistemischer Emotionen

Epistemische Emotionen stellen eine wichtige Gruppe von Emotionen dar, die der Generierung von Wissen über sich selbst und über die Welt dienen. In der Literatur wurden im Zusammenhang mit Wissen und wissensgenerierenden Prozessen die folgenden Emotionen als besonders relevant identifiziert: Überraschung, Neugier, Freude, Verwirrung, Angst, Frustration und Langeweile (Brun & Kuenzle, 2008; D`Mello & Graesser, 2012; Pekrun & Stephens, 2012; Silvia, 2010). Prototypischerweise werden epistemische Emotionen aufgrund kognitiver Inkongruenzen erlebt. So kann beispielsweise die Konfrontation mit widersprüchlichen Informationen in erster Reaktion Überraschung und Neugier auslösen (Kang et al., 2009); Verwirrung, Frustration oder Langeweile, wenn die kognitive Inkongruenz nicht aufgelöst werden kann; Angst, wenn die Informationen fundamentalen Überzeugungen oder Einstellungen widersprechen (Hookway, 2008); oder Freude, wenn die kognitive Inkongruenz aufgelöst wird.

Der Fokus epistemischer Emotionen liegt wie bei anderen epistemischen Variablen, z.B. epistemischer Kognition, epistemischer Metakognition und epistemischen Überzeugungen, auf Wissen und dem wissensgenerierenden Prozess (d.h. Wissen und Wissensgenerierung sind der Objektfokus all dieser Variablen). Epistemische Emotionen unterscheiden sich jedoch von anderen epistemischen Variablen durch ihren affektiven Kern. Im Sinne multidimensionaler Ansätze bestehen Emotionen aus mehreren Komponenten (z.B. Scherer, 2009). Jede Emotion ist durch ein für sie typisches psychisches Erleben gekennzeichnet (affektive Komponente), geht mit emotionstypischen Gedankeninhalten einher (kognitive Komponente), ist mit einer motivationalen Tendenz verknüpft (motivationale Komponente) und ist von einem typischen verbalen und nonverbalen Ausdrucksverhalten (expressive Komponente) sowie typischen physiologischen Reaktionen (physiologische Komponente) gekennzeichnet. Epistemische affektive Zustände qualifizieren sich in diesem Sinne als Emotionen, wenn sie die genannten Komponenten aufweisen. In diesem Sinne können Überraschung, Freude, Angst, Frustration und Langeweile als Emotionen klassifiziert werden. Aber auch Neugier und Verwirrung, die nicht immer als Emotionen bezeichnet wurden, haben einen affektiven Kern, gehen mit einer emotionsspezifischen motivationalen Tendenz einher und sind durch ein spezifisches Ausdrucksverhalten und bestimmte physiologischen Reaktionen gekennzeichnet (z.B. Markey & Loewenstein, 2014; Reeve, 1993; Rozin & Cohen, 2003).

In Anlehnung an Circumplex-Modelle (Feldman Barrett & Russell, 1999), die affektive Zustände entlang einer Valenz- (positiv versus negativ) und einer Aktivierungsdimension (aktivierend bis deaktivierend) beschreiben, können diskrete epistemische Emotionen anhand einer 2 x 2 Taxonomie kategorisiert werden. Demnach können Freude und Neugier als positiv-aktivierende Emotionen, Verwirrung, Frustration und Angst als negativ-aktivierende Emotionen und Langeweile als negativ-deaktivierende Emotion bezeichnet werden. Interessanterweise wird die Valenz von Überraschung kontrovers diskutiert (Ortony & Turner, 1990). Überraschung kann jedoch in jedem Fall als aktivierende Emotion bezeichnet werden. Epistemische Emotionen können affektive Eigenschaften mit Emotionen anderer Kategorien teilen, unterscheiden sich jedoch gleichzeitig von diesen durch ihren spezifischen Objektfokus (Brun, Doğuoğlu, & Kuenzle, 2008). Von Leistungsemotionen unterscheiden sie sich beispielsweise dadurch, dass der Fokus auf dem wissensgenerierenden Prozess und kognitiven Aufgabenqualitäten und nicht auf den eigenen Fähigkeiten und aus ihnen resultierendem Erfolg oder Misserfolg liegt. So kann z.B. Angst als eine Leistungsemotion bezeichnet werden, wenn sie aufgrund eines drohenden Misserfolgs wegen angenommener geringer Fähigkeiten erlebt wird. Hingegen wird Angst als epistemische Emotion bezeichnet, wenn sie zum Beispiel dadurch zustande kommt, dass eine Person mit Informationen konfrontiert wird, die ihren fundamentalen Werten oder Überzeugungen widersprechen. Obwohl die verschiedenen Objektfoki die affektive Qualität der Emotion nicht ändern, verändern sie doch die kognitiven Inhalte der Emotion und deshalb potenziell auch Effekte auf nachfolgende Lern- und Leistungsprozesse.

1.2 Korrelate epistemischer Emotionen

Laut Appraisal-Theorien (z.B. Scherer, Schorr, & Johnstone, 2001) hängt das emotionale Erleben einer Person in einer Situation von der kognitiven Einschätzung des emotionsauslösenden Stimulus ab. In der pädagogisch-psychologischen Forschung wurden insbesondere Kontroll- und Wertüberzeugungen als entscheidende Prädiktoren für lern- und leistungsrelevante Emotionen identifiziert. Der Kontroll-Wert-Theorie (Pekrun, 2006) zufolge ist es für das Erleben von Freude, Angst und Frustration notwendig, dass eine Lernaktivität als wichtig eingestuft wird. Freude wird jedoch nur erlebt, wenn eine Lernaktivität zusätzlich als kontrollierbar erlebt wird. Wenn nicht genau eingeschätzt werden kann, ob die Aktivität kontrollierbar ist oder sie sogar als unkontrollierbar beurteilt wird, kann Angst auf treten. Langeweile wird erlebt, wenn eine Lernaktivität als unbedeutend und uninteressant betrachtet wird. Auch eine sehr hohe oder sehr niedrige Kontrollüberzeugung (Unter- bzw. Überforderung) können zur Langeweile beitragen. Weitere epistemische Emotionen wurden ebenfalls mit Kontroll- und Wertüberzeugungen in Zusammenhang gebracht. Loewenstein (1994) schlug vor, dass für das Erleben von Neugier hohe Kontroll- und Wertüberzeugungen vorhanden sein müssen. Aus Silvias (2010) Überlegungen kann abgeleitet werden, dass Verwirrung dann erlebt wird, wenn die Situation wenig kontrollierbar erscheint. Größtenteils in Einklang mit diesen theoretischen Überlegungen fanden Muis, Psaradellis und Kollegen (2015) positive Zusammenhänge von Kontroll- und Wertüberzeugungen mit positiven epistemischen

Emotionen (Neugier und Freude) und negative Zusammenhänge mit negativen epistemischen Emotionen (Verwirrung, Angst, Frustration und Langeweile).

Empirische Befunde deuten darauf hin, dass sich diskrete Emotionen unterschiedlich auf wissensgenerierende Prozesse auswirken können. Demnach scheinen kognitive Prozesse von positiv-aktivierenden Emotionen (wie Neugier und Freude) vor allem positiv und von negativ-deaktivierenden Emotionen (wie Langeweile) primär negativ beeinflusst zu werden. Es zeigte sich beispielsweise, dass Freude und Neugier mit tiefenorientierten Lernstrategien wie Elaboration, kritischem Denken und metakognitiven Lernstrategien positiv korrelieren (z.B. Muis, Pekrun et al., 2015) sowie Gedächtnisleistung und Lernergebnisse verbessern (z.B. Gruber, Gelman, & Ranganath, 2014; Kang et al., 2009; Marvin & Shohamy, 2016). Langeweile korreliert im Gegensatz dazu mit Lernstrategien und Lernergebnissen konsistent negativ (z.B. Muis, Pekrun et al., 2015; Muis, Psaradellis et al., 2015). Die Befundlage zu Überraschung und negativ-aktivierenden Emotionen (Verwirrung, Angst und Frustration) ist weniger konsistent, deutet jedoch interessanterweise darauf hin, dass sich diese Emotionen positiv auf Wissensgenerierung auswirken können (z.B. Baker, D'Mello, Rodrigo, & Graesser, 2010; Craig, Graesser, Sullins, & Gholson, 2004; D'Mello & Graesser, 2014; Fazio & Marsh, 2009; Muis, Pekrun, et al., 2015; Muis, Psaradellis, et al., 2015). Solche positiven Effekte können möglicherweise damit erklärt werden, dass das Erleben von Verwirrung, Angst oder Frustration aufgrund kognitiver Inkongruenzen die Nutzung von tiefergehenden Informationsverarbeitungsprozessen anregt, um dem negativen Zustand zu entfliehen (z.B. Brown & VanLehn, 1980; Mandler, 1990).

1.3 Entwicklung der EES

Ziel der Entwicklung der EES war es, ein Messinstrument bereitzustellen, mit dem mehrere epistemische Emotionen gleichzeitig und ökonomisch erfasst werden können. Die EES sollten es ermöglichen, Veränderungen dieser fluktuierenden Zustandsemotionen während des wissensgenerierenden Prozesses einfach, schnell und dennoch reliabel und valide zu erfassen. Dazu mussten Skalen entwickelt werden, welche die Emotionen mit Hilfe mehrerer Items pro Skala erfassen und deren Beantwortung dennoch möglichst wenig Zeit in Anspruch nimmt. Aus diesem Grund wurden Emotionsadjektive anstelle komplexerer Items verwendet, da Adjektive eine rasche Bearbeitung der Skalen ermöglichen. Um dennoch eine reliable Erfassung zu gewährleisten, wurden drei Items pro Emotion ausgewählt. Die Auswahl der Items basierte auf etablierten Emotionsfragebögen (Bourgeois, LeUnes, & Meyers, 2010; Kercher, 1992; Litman & Spielberger, 2003; Renaud & Unz, 2006; Zuckerman, Lubin, & Rinck, 1983) und häufig benutzten Adjektiven laut Google Books Ngram Viewer 2000-2008 (Michel et al., 2011).

Insgesamt bestehen die EES in ihrer kompletten Version (Langform) aus sieben Skalen mit je drei Items (21 Items, siehe Tabelle 1). Die EES werden mit einer Instruktion eingeleitet, die je nach Kontext variiert werden kann (siehe Anmerkung Tabelle 1). Die Beantwortung der Items erfolgt auf einer 5-stufigen Likert-Skala zur Einschätzung der Intensität jeder Emotion (1 = *überhaupt nicht* [z.B. überrascht] bis 5 = *sehr* [z.B. überrascht]). Zusätzlich wurde eine Kurzform der EES entwickelt, die jede Emotion mit nur jeweils einem Item erfasst (siehe Tabelle 1). Dazu wurde für jede Emotion dasjenige Item ausgewählt, das die Emotion am besten repräsentiert. Die Auswahl erfolgte auf Basis semantischer und empirischer Überlegungen (Pekrun et al., 2017). Die Anwendung der Kurzversion ist besonders dann nützlich, wenn epistemische Emotionen während des Wissensgenerierungsprozesses erhoben werden sollen, ohne dass der Prozess unnötig gestört wird, wie beispielsweise direkt nach der Konfrontation mit widersprüchlichen Informationen.

1.4 Ziel der Analysen

Auf Basis der Daten einer Studie zum Lernen aus Texten über genetisch manipulierte Nahrungsmittel analysierten wir die Item- und Skalenstatistiken, Reliabilität sowie interne und externe Validität der EES-D. Mit Hilfe von Korrelationsanalysen und konfirmatorischer Faktorenanalysen wurde die interne Validität des Messinstruments in Hinblick auf die Differenzierbarkeit der sieben diskreten Emotionen überprüft. Wir erwarteten hinreichend niedrige Korrelationen zwischen den Emotionen, mit positiven Korrelationen zwischen verschiedenen positiven Emotionen und zwischen verschiedenen negativen Emotionen sowie negativen Korrelationen zwischen positiven und negativen Emotionen. Wir nahmen an, dass eine siebenfaktorielle Struktur die Daten besser abbilden würde als ein zweifaktorielles Modell, das lediglich zwischen positivem (Neugier und Freude) und negativem Affekt (Verwirrung, Angst, Frustration und Langeweile) unterscheidet, oder gar einer einfaktoriellen Lösung. Da die Valenz der Emotion Überraschung umstritten ist, wurden zwei zweifaktorielle Modelle konzipiert und miteinander verglichen. Dabei wurde Überraschung einmal dem positiven und einmal dem negativen Affekt zugeordnet. Zur Überprüfung der externen Validität analysierten wir die Zusammenhänge der EES-D mit Kontroll- und Wertüberzeugungen sowie selbstberichteten Lernstrategien. Wir erwarteten positive Zusammenhänge von Wertüberzeugungen mit positiven Emotionen (Neugier und Freude) und negativ-aktivierenden Emotionen (Verwirrung, Angst, Frustration), jedoch negative Zusammenhänge mit Langeweile sowie positive Zusammenhänge von Kontrollüberzeugungen mit allen positiven und negative Zusammenhänge mit allen negativen Emotionen. Außerdem nahmen wir an, dass die aktivierenden Emotionen Überraschung, Neugier, Freude, Verwirrung, Angst und Frustration positiv und nur die deaktivierende Emotion Langeweile negativ mit Lernstrategien korrelieren würden.

2. Methoden

2.1 Versuchsteilnehmer

Insgesamt nahmen 160 Studierende (64.4 % weiblich, 34.4 % männlich, 1.3 % andere) an der Untersuchung teil. Der Altersdurchschnitt betrug 23.35 Jahre ($SD = 5.24$). Die Teilnehmer/innen studierten größtenteils Psychologie (45 %). Die Studie wurde an einer deutschen Universität durchgeführt. 8.1 % gaben jedoch an, an einer anderen Universität oder Hochschule eingeschrieben zu sein. Es wurden alle Teilnehmer/innen in die Analysen eingeschlossen.

2.2 Versuchsdurchführung

Die EES wurden im Rahmen einer Studie zum Lernen aus Texten zum Thema „Genetisch manipulierte Nahrungsmittel" erhoben. Da sich die Konfrontation mit erwartungswidrigen oder widersprüchlichen Informationen als effizient zur Induktion epistemischer Emotionen erwiesen hat (Muis & Duffy, 2013), wurden die Versuchsteilnehmer mit Argumenten für und gegen genetisch manipulierte Nahrungsmittel konfrontiert. Die Studienteilnehmer/innen beantworteten zuerst einige Fragen zu ihrer positiven oder negativen Einstellung zu genetisch manipulierten Nahrungsmitteln (Wertüberzeugung) und zu ihrer Einschätzung, ob es ihnen leicht fallen würde, Informationen zu diesem Thema zu lernen (Kontrollüberzeugung). Im nächsten Schritt wurden die Teilnehmer/innen mit Argumenten für genetisch manipulierte Lebensmittel (Bedingung 1, $n = 40$), Argumenten gegen solche Lebensmittel (Bedingung 2, $n = 40$) oder sowohl Argumenten für wie auch Argumenten gegen diese Lebensmittel (Reihung in Bedingung 3: pro-contra, $n = 40$; in Bedingung 4: contra-pro, $n = 40$) konfrontiert. Nachdem die Studierenden die Argumente gelesen hatten, wurden sie mit Hilfe der Langversion der EES-D zu den Emotionen befragt, die sie während der Auseinandersetzung mit den Texten erlebt hatten. Zuletzt berichteten sie über die Lernstrategien, die sie während des Lesens der Texte angewandt hatten. Da sich keine signifikanten Unterschiede im emotionalen Erleben zwischen den Bedingungen zeigten ($F(7,21) = 1.45$, $p = .091$) und demzufolge epistemische Emotionen in allen Bedingungen gleichermaßen erlebt wurden, wurde auf die Aufnahme von Bedingung als Kontrollvariable bei den folgenden Analysen verzichtet.

2.3 Messinstrumente

Die EES und die Skalen zur Erfassung von Kontroll- und Wertüberzeugungen sowie Lernstrategien wurden von zwei Emotionsexperten und zwei bilingualen Sprachexperten vom Englischen ins Deutsche und wieder zurück übersetzt.

2.3.1 Epistemische Emotionen

Die epistemischen Emotionen wurden mit Hilfe der Langversion der EES-D erhoben (siehe Tabelle 2).

2.3.2 Kontrollüberzeugung

Die subjektive Kontrolle über die Aufgabe wurde in Anlehnung an Pekrun et al. (2007) mit vier deutschsprachig adaptierten Items erfasst (z.B. „Ich bin davon überzeugt, dass ich mit Lernmaterialien zum Thema veränderte Lebensmittel sehr gut umgehen kann"). Die Items waren auf einer 5-stufigen Likert-Skala von (1 = *überhaupt nicht zuversichtlich* bis 5 = *vollkommen zuversichtlich*) zu beantworten. Die Reliabilität der Skala fiel gut aus (α = .87).

2.3.3 Wertüberzeugung

Der wahrgenommene Wert der Aufgabe wurden mit sieben Items erfasst (adaptiert nach Wigfield, 1994). Die Skala fragt drei Facetten des Wert-Konstrukts ab: Interesse (z.B. „Ich finde es sehr interessant, etwas über genetisch veränderte Lebensmittel zu lernen"), Nützlichkeit (z.B. „Es ist nützlich, etwas über genetisch veränderte Lebensmittel zu lernen") und Wichtigkeit (z.B. „Ich glaube, dass es sehr wichtig für mich ist, etwas über genetisch veränderte Lebensmittel zu lernen"). Die Items waren auf einer 7-stufigen Likert-Skala von (1 = *stimme überhaupt nicht zu* bis 5 = *stimme vollkommen zu*) zu beantworten. Die Reliabilität der Skala fiel gut aus (α = .84).

2.3.4 Lernstrategien

Die Lernstrategien wurden mit den folgenden vier Skalen der deutschen Version des Motivated Strategies for Learning Questionnaire (MSLQ; Pintrich, Smith, Garcia, & McKeachie, 1993) erfasst: Wiederholen (4 Items, z.B. „Beim Lernen der Texte habe ich mir die Inhalte immer wieder selbst vorgesagt"), kritisches Denken (5 Items, z.B. „Wann immer eine Theorie, Interpretation oder Schlussfolgerung in den Texten vorgestellt wurde, habe ich versucht zu entscheiden, ob es dafür gute, tragfähige Belege gibt"), Elaboration (6 Items, z.B. „Beim Lesen der Texte habe ich versucht, die Inhalte zu dem in Beziehung zu setzen, was ich schon wusste") und Metakognitive Selbstregulation (12 Items, z.B. „Als ich die Texte zu der Aufgabe gelesen habe, dachte ich mir Fragen aus, die mir halfen, mich auf das Lesen zu konzentrieren"). Die Items waren auf einer 7-stufigen Likert-Skala (1 = *stimme überhaupt nicht zu* bis 7 = *stimme vollkommen zu*) zu beantworten. Wegen geringer Trennschärfen mussten aus den Skalen Wiederholen und Elaboration jeweils ein Item und aus der Skala Metakognitive Selbstregulation drei Items ausgeschlossen werden. Nach Ausschluss der Items fielen die Reliabilitäten befriedigend bis gut aus: Wiederholen α = .71, kritisches Denken α = .81, Elaboration α = .82 und Metakognitive Selbstregulation α = .83.

3. Ergebnisse und Diskussion

3.1 Item- und Skalenstatistiken

Wie aus den Item- und Skalenstatistiken ersichtlich wird, gab es ausreichend Varianz auf allen Items und Skalen der EES-D. Auffällig ist, dass einige Skalen, insbesondere Langeweile, eine schiefe Verteilung zeigen. Niedrigere Ausprägungen negativer Emotionen sind jedoch erwartungskonform. Die Trennschärfen aller Items lagen über .44. Die Reliabilitäten der Skalen fielen trotz ihrer Kürze (mit nur drei Items pro Skala) befriedigend bis sehr gut aus (.73 - .87).

Tabelle 1: Item- und Skalenstatistiken der EES-D

	M	SD	$r_{i(t-i)}$ [a]	Schiefe	Alpha
Überraschung	*2.28*	*0.96*		*0.36*	.86
1 überrascht*[4]	2.44	1.13	.74		
2 verwundert[10]	2.20	1.06	.74		
3 verblüfft[17]	2.21	1.06	.73		
Neugier	*3.50*	*0.92*		*-0.38*	.84
1 neugierig*[1]	3.41	1.08	.66		
2 interessiert[5]	3.64	1.01	.75		
3 wissbegierig[8]	3.44	1.09	.70		
Freude	*1.76*	*0.85*		*1.06*	.83
1 glücklich[12]	1.64	0.91	.73		
2 begeistert*[16]	1.99	1.16	.60		
3 fröhlich[20]	1.64	0.88	.77		
Verwirrung	*1.56*	*0.68*		*1.14*	.83
1 verwirrt*[3]	1.57	0.78	.68		
2 durcheinander[13]	1.59	0.80	.66		
3 konfus[21]	1.51	0.78	.71		
Angst	*1.83*	*0.72*		*0.95*	.73
1 ängstlich*[6]	1.69	0.88	.66		
2 besorgt[11]	2.37	1.03	.58		
3 nervös[19]	1.43	0.77	.44		
Frustration	*1.77*	*0.91*		*1.32*	.87
1 verärgert1[4]	1.69	1.00	.76		
2 frustriert*[7]	1.66	0.92	.74		
3 unzufrieden[18]	1.95	1.14	.77		
Langeweile	*1.45*	*0.66*		*2.00*	.78
1 gelangweilt*[2]	1.43	0.73	.53		
2 angeödet[9]	1.35	0.79	.66		
3 monoton[15]	1.58	0.86	.65		

Anmerkung: [a] Part-whole korrigierte Item-Trennschärfen; * Kurzversion der EES [1-21]; Die Nummerierung beschreibt die Reihenfolge der Items in der Langform der EES-D; Instruktion: „Wir interessieren uns für die Gefühle, die Sie während [z.B. des Lesens der Texte zum <Thema>] erlebt haben. Geben Sie bitte für jede Emotion an, wie intensiv Sie sie während [z.B. des Lesens der Texte] erlebt haben, indem Sie die entsprechende Zahl markieren."

3.2 Interne Validität

3.2.1 Korrelationen der Emotionsskalen

Die Korrelationen der Emotionsskalen bewegten sich größtenteils zwischen r = .10 und .48 (siehe Tabelle 2). Dieses Ergebnis deutet darauf hin, dass es sich bei den gemessenen Konstrukten in der Tat um distinkte Emotionen handelt. Erwartungsgemäß korrelierten sowohl die positiven Emotionen wie auch die negativen Emotionen untereinander überwiegend positiv. Interessanterweise zeigten Überraschung und Neugier positive Zusammenhänge mit positiven wie auch mit negativen Emotionen; Überraschung korrelierte positiv mit Verwirrung und Angst, Neugier mit Angst. Dieses ungewöhnliche Korrelationsmuster entlang der Arousal-Dimension anstelle der Valenz-Dimension wurde bereits in anderen Studien zu epistemischen Emotionen gefunden (Pekrun et al., 2017) und ist womöglich ein besonderes Merkmal dieser Gruppe von Emotionen. Die Korrelationen von Langeweile mit positiven wie auch negativ-aktivierenden Emotionen hingegen waren erwartungsgemäß negativ bzw. nicht signifikant.

3.2.2 Konfirmatorische Faktorenanalyse

Zur Überprüfung der Faktorenstruktur der EES-D wurde eine CFA mit Mplus 7.3 (Muthén & Muthén, 2012) durchgeführt. Zur Parameterschätzung wurde der MLR-Schätzer benutzt. Laut Trautwein und Kollegen (2012) sollten zumindest zwei der folgenden Kriterien erfüllt sein, um von einer akzeptablen Passung des Modells sprechen zu können: CFI und TLI > .90, RMSEA und SRMR ≤ .10 (Hu & Bentler, 1999). Das einfaktorielle Modell zeigte erwartungsgemäß keine gute Passung zu den Daten ($\chi^2(189)$ = 1395.36, p < .01, CFI = .352, TLI = .280, RMSEA = .200 und SRMR = .194). Die beiden zweifaktoriellen Modelle zeigten einen besseren Fit, der aber ebenfalls noch nicht angemessen war. Interessanterweise zeigte das Modell, bei dem Überraschung auf dem latenten Faktor „positiver Affekt" lud ($\chi^2(188)$ = 1046.37, p < .01, CFI = .539, TLI = .485, RMSEA = .169 und SRMR = .156), bessere Fitindizes als das Modell, bei dem Überraschung auf dem latenten Faktor „negativer Affekt" lud ($\chi^2(188)$ = 1115.04, p < .01, CFI = .502, TLI = .444, RMSEA = .176 und SRMR = .166). Dieses Ergebnis legt nahe, dass Überraschung in epistemischen Kontexten eher eine positive Valenz hat. Das siebenfaktorielle Modell zeigte den besten Fit ($\chi^2(168)$ = 363.09, p < .01, CFI = .895, TLI = .869, RMSEA = .085 und SRMR = .065).

Das Muster der latenten Korrelationen zwischen den Emotionen (Tabelle 2) gleicht dem Muster der manifesten Korrelationen, das mit Ausnahme von Überraschung und Neugier positive Korrelationen zwischen verschiedenen positiven Emotion und zwischen verschiedenen negativen Emotionen sowie negative Korrelationen zwischen diesen beiden Emotionsgruppen zeigt. Die Korrelationen von Überraschung und Neugier orientierten sich wiederum stärker entlang der Arousal- anstatt der Valenz-Dimension. Obwohl einige der Korrelationen relativ hoch sind, handelt es sich eindeutig um voneinander abgrenzbare Emotionskonstrukte in Anbetracht der Tatsache, dass latente Korrelationen für Unreliabiliät korrigiert sind und die höchstmöglichen Schätzungen der jeweiligen Zusammenhänge darstellen. Die Ergebnisse der CFA belegen damit, dass es sich bei den epistemischen Emotionen der EES-D um sieben differenzierbare diskrete Emotionen handelt.

3.3 Externe Validität

Die Korrelationen mit der Wertüberzeugung fielen in erwarteter Richtung aus (die Korrelationen waren für alle Emotionen mit Ausnahme von Langeweile positiv). Allerdings wurden diese positiven Korrelationen nur für Neugier und Freude signifikant. Erwartungsgemäß korrelierten Neugier positiv und Verwirrung und Angst negativ mit der Kontrollüberzeugung (siehe Tabelle 2; Muis, Psaradellis et al., 2015; Pekrun et al., 2017). Die Korrelationen von Freude und Frustration mit der Kontrollüberzeugung fielen tendenziell, jedoch nicht signifikant positiv bzw. negativ aus. Überraschung korrelierte signifikant negativ mit dem subjektiven Kontrollerleben.

Ferner korrelierten Neugier und Freude signifikant positiv mit tiefenorientierten Lernstrategien (mit Ausnahme der Korrelationen zwischen Freude und kritischem Denken). Überraschung korrelierte positiv mit Wiederholen und metakognitiver Selbstregulation. Wie erwartet zeigten sich jedoch auch signifikant positive Korrelationen von negativ-aktivierenden Emotionen und oberflächlichen wie auch tiefenorientierten Lernstrategien: Verwirrung korrelierte positiv mit Wiederholen und metakognitiver Selbstregulation, Angst korrelierte positiv mit Wiederholen, kritischem Denken und metakognitiver Selbstregulation, und Frustration korrelierte positiv mit kritischem Denken und metakognitiver Selbstregulation. Langeweile zeigte mit keiner der Lernstrategien signifikante Zusammenhänge.

Diese Ergebnisse entsprechen dem etablierten Forschungsstand zu positiven Effekten positiv-aktivierender Emotionen (z.B. Gruber et al., 2014; Kang et al., 2009; Marvin & Shohamy, 2016; Muis, Pekrun et al., 2015) und negativen Effekten der negativ-deaktivierenden Emotion Langeweile (z.B. Muis, Pekrun et al., 2015; Muis, Psaradellis et al., 2015). Sie passen aber auch zu den sich häufenden empirischen Befunden zu positiven Effekten negativ-aktivierender epistemischer Emotionen und Überraschung (z.B. Baker et al., 2010; Craig et al., 2004; D'Mello & Graesser, 2014; Fazio & Marsh, 2009; Muis, Pekrun et al., 2015; Muis, Psaradellis et al., 2015). Kognitive „Sackgassen", die mit negativen epistemischen Emotionen wie Verwirrung, Angst oder Frustration einhergehen, können für Lernprozesse förderlich sein, wenn sie tiefenorientierte Verarbeitungsstrategien anregen, um dem negativen Zustand zu entfliehen (z.B. Brown & VanLehn, 1980; Mandler, 1990). Positive Effekte sind jedoch wahrscheinlich nicht in jedem Fall anzunehmen (vgl. z.B. D'Mello et al., 2014, zu produktiver vs. unproduktiver Verwirrung). Daher sollten insbesondere länger andauernde negativ-aktivierende Emotionen mit Vorsicht betrachtet werden.

Tabelle 2: Interkorrelationen der Emotionsskalen und Korrelationen mit Kontroll- und Wertüberzeugung sowie Lernstrategien

	1	2	3	4	5	6	7
1 Überraschung	-	.45***	.30***	.57***	.41***	.11	-.15
2 Neugier	.39***	-	.43***	.10	.33***	.06	-.49***
3 Freude	.34***	.44***	-	.02	-.18*	-.27*	-.20*
4 Verwirrung	.48***	.09	.04	-	.74***	.57***	.20*
5 Angst	.32***	.26***	-.10	.61***	-	.86***	.08
6 Frustration	.10	.06	-.23**	.48***	.71***	-	.35***
7 Langeweile	-.15	-.38***	-.20*	.15	.03	.28***	-
Kontrollüberzeugung	-.16*	.12	.21**	-.21**	-.16*	-.08	.05
Wertüberzeugung	.13	.41***	.19*	.07	.15	.04	-.12
Wiederholen	.37***	.12	.22**	.17*	.18*	.12	-.03
Kritisches Denken	.12	.22**	.06	.13	.22**	.32***	.08
Elaboration	.01	.25**	.18*	-.03	.06	.15	.10
Metakognitive Selbstregulation	.36***	.30***	.29***	.18*	.26**	.16*	-.04

Anmerkung: manifeste Korrelationen zwischen Emotionen unterhalb der Diagonalen, latente Korrelationen oberhalb der Diagonalen; *p < .05, **p < .01, ***p < .001

4. Fazit

Die vorliegenden Ergebnisse geben deutliche Hinweise auf die Reliabilität und Validität der EES-D, die eine Reihe von wichtigen Emotionen während epistemischer Aktivitäten erfassen. Es sollten jedoch einige Punkte bei der Anwendung der EES(-D) und Interpretation dieser Befunde beachtet werden. Da die EES(-D) auf Adjektiven basieren, kann nicht ausgeschlossen werden, dass Antworten von Versuchsteilnehmer/innen sich auf nicht-epistemischen Emotionen während der Aufgabenbearbeitung beziehen, also z.B. auf Freude über Lernerfolge oder Angst vor Versagen. Aus diesem Grund wäre es wünschenswert, das Untersuchungsdesign in zukünftigen Studien so anzupassen, dass eine noch klarere Trennung zu anderen Gruppen von Emotionen möglich ist. Allerdings zeigte eine think aloud-Studie von Muis, Pekrun und Kollegen (2015) mit 56 kanadischen Studierenden, dass während einer Konfrontation mit widersprüchlichen Texten (wie den Texten in dieser Untersuchung) tatsächlich primär epistemische Emotionen erlebt werden. 83 % der berichteten Emotionen wurden in dieser Studie als epistemische Emotionen klassifiziert. Dennoch sollten die Ergebnisse der EES(-D) mit Vorsicht und unter Berücksichtigung des jeweiligen Aufgabenkontextes und der jeweiligen Instruktion für die Skalen interpretiert werden (siehe Beispielinstruktion für den epistemischen Kontext in der Legende zu Tabelle 1). Es bieten sich unter anderem Aufgaben an, die kognitive Inkongruenzen erzeugen, wie beispielsweise die Konfrontation mit widersprüchlichen Informationen oder die Konfrontation mit Informationen, die dem Vorwissen widersprechen. Interessant wäre es, die Rolle epistemischer Emotionen auch bei anderen Arten von epistemischen Problemstellungen (z.B. Problemlöseaufgaben) zu untersuchen. Ferner ist zu berücksichtigen, dass die EES(-D) in ihrer gegenwärtigen Fassung nicht alle Emotionen erfassen, die in epistemischen Kontexten eine Rolle spielen können. Für zukünftige Forschung könnte es je nach Fragestellung sinnvoll sein, weitere epistemische Emotionen einzubeziehen (z.B. ehrfürchtiges Staunen, awe; z.B. Shiota, Keltner & Mossman, 2007).

Im Vergleich zu anderen Messmethoden wie think-aloud-Protokollen, physiologischen Verfahren oder Verhaltensbeobachtungen stellen die EES-(D) ein minimal invasives Verfahren zur Erfassung epistemischer Emotionen während epistemischer Aktivitäten dar. Epistemische Emotionen sind von besonderer Bedeutung für Lernen, Problemlösen und Wissensgenerierung. Zukünftige Forschung sollte sich daher stärker um diese Emotionen kümmern. Die hier berichteten Befunde bestätigen, dass die EES-D ein reliables und valides Instrument sind, das für solche Forschung eingesetzt werden kann.

Literatur

Baker, R., D'Mello, S., Rodrigo, M., & Graesser, A. C. (2010). Better to be frustrated than bored: The incidence and persistence of affect during interactions with three different computer-based learning environments. *International Journal of Human-Computer Studies, 68,* 223–241.

Bourgeois, A., LeUnes, A., & Meyers, M. (2010). Full-scale and short-form of the Profile of Mood States: A factor analytic comparison. *Journal of Sport Behavior, 33*(4), 355–376.

Barrett, L. F. & Russell, J. A. (1999). The structure of current affect: Controversies and emerging consensus. *Current Directions in Psychological Science, 8,* 10–14.

Brun, G., Doğuoğlu, U., & Kuenzle, D. (Hrsg.). (2008). *Epistemology and emotions.* Aldershot, United Kingdom: Ashgate.

Brun, G., & Kuenzle, D. (2008). Introduction: A new role for emotions in epistemology? In G. Brun, U. Doğuoğlu, & D. Kuenzle (Eds.), *Epistemology and emotions* (pp. 1–31). Aldershot, United Kingdom: Ashgate.

Brown, J., & VanLehn, K. (1980). Repair theory: a generative theory of bugs in procedural skills. *Cognitive Science, 4,* 379–426.

Craig, S., Graesser, A., Sullins, J., & Gholson, B. (2004). Affect and learning: An exploratory look into the role of affect in learning with AutoTutor. *Journal of Educational Media, 29,* 241–250.

D'Mello, S., & Graesser, A. (2012). Dynamics of affective states during complex learning. *Learning and Instruction, 22,* 145–157.

D'Mello, S., & Graesser, A. (2014). Confusion and its dynamics during device comprehension with breakdown scenarios. *Acta Psychologica, 151,* 106–116.

D'Mello, S., Lehman, B., Pekrun, R., & Graesser, A. (2014). Confusion can be beneficial for learning. *Learning and Instruction, 29,* 153–170.

Fazio, L. K., & Marsh, E. J. (2009). Surprising feedback improves later memory. *Psychonomic Bulletin & Review, 16,* 88–92.

Gruber, M. J., Gelman, B. D., & Ranganath, C. (2014). States of curiosity modulate hippocampus-dependent learning via the dopaminergic circuit. *Neuron, 84,* 486–496.

Hookway, C. (2008). Epistemic immediacy, doubts and anxiety: On a role for affective states in epistemic evaluation. In G. Brun, U. Doğuoğlu, & D. Kuenzle (Eds.), *Epistemology and emotions* (pp. 51–65). Aldershot, UK: Ashgate.

Hu, L., & Bentler, P. M. (1999). Cutoff criteria for fit indexes in covariance structure analysis: Conventional criteria versus new alternatives. *Structural equation modeling: a Multidisciplinary Journal, 6*, 1–55.

Jirout, J., & Klahr, D. (2012). Children's scientific curiosity: In search of an operational definition of an elusive concept. *Developmental Review, 32,* 125–160.

Kang, M. J., Hsu, M., Kajbich, I. M., Loewenstein, G., McClure, S. M., Wang, J. T., & Camerer, C. F. (2009). The wick in the candle of learning: Epistemic curiosity activates reward circuitry and enhances memory. *Psychological Science, 20,* 963–973.

Kercher, K. (1992). Assessing subjective well-being in the old-old. *Research on Aging, 14,* 131–168.

Litman, J. A., & Spielberger, C. D. (2003). Measuring epistemic curiosity and its diversive and specific components. *Journal of Personality Assessment, 80,* 75–86.

Loewenstein, G. (1994). The psychology of curiosity: A review and reinterpretation. *Psychological Bulletin, 116,* 75–98.

Mandler, G. (1990). Interruption (discrepancy) theory: review and extensions. In S. Fisher, & L. Cooper (Eds.), *On the move: The psychology of change and transition* (pp. 13–32). Chichester, UK: Wiley.

Markey, A., & Loewenstein, G. (2014). Curiosity. In R. Pekrun, & L. Linnenbrink-Garcia (Eds.), *International handbook of emotions in education* (pp. 228–245). New York: Routledge.

Marvin, C. B., & Shohamy, D. (2016). Curiosity and reward: Valence predicts choice and information prediction errors enhance learning. *Journal of Experimental Psychology: General, 145,* 266–272.

Michel, J.-B., Shen Y. K., Aiden A. P., Veres, A., Gray, M. K. & The Google Books Team (2011). Quantitative analysis of culture using millions of digitized books. *Science, 331,* 176–182.

Muis, K. R., & Duffy, M. C. (2013). Epistemic climate and epistemic change: Instruction designed to change students' epistemic beliefs and learning strategies and improve achievement. *Journal of Educational Psychology, 105,* 213–225.

Muis, K. R., Pekrun, R., Sinatra, G. M., Azevedo, R., Trevors, G., Meier, E., & Heddy, B. C. (2015). The curious case of climate change: Testing a theoretical model of epistemic beliefs, epistemic emotions, and complex learning. *Learning and Instruction, 39,* 168–183.

Muis, K. R., Psaradellis, C., Lajoie, S. P., Di Leo, I., & Chevrier, M. (2015). The role of epistemic emotions in mathematics problem solving. *Contemporary Educational Psychology, 42,* 172–185.

Muthén, L. K., & Muthén, B. O. (2012). *Mplus user's guide: Seventh edition.* Los Angeles, CA: Muthén & Muthén.

Ortony, A., & Turner, T. J. (1990). What's basic about basic emotions? *Psychological Review, 97,* 315–331.

Pekrun, R. (2006). The control-value theory of achievement emotions: Assumptions, corollaries, and implications for educational research and practice. *Educational Psychology Review, 18,* 315–341.

Pekrun, R., & Linnenbrink-Garcia, L. (Hrsg.). (2014). *International handbook of emotions in education.* New York: Routledge.

Pekrun, R., & Perry, R. P. (2014). Control-value theory of achievement emotions. In R. Pekrun, & L. Linnenbrink-Garcia (Eds.), *International handbook of emotions in education* (pp. 120–141). New York: Routledge.

Pekrun, R., & Stephens, E. J. (2012). Academic emotions. In K. R. Harris, S. Graham, T. Urdan, S. Graham, J. M. Royer, & M. Zeidner (Eds.), *APA educational psychology handbook, Vol 2: Individual differences and cultural and contextual factors* (pp. 3–31). Washington, DC: American Psychological Association.

Pekrun, R., Vogl, E., Muis, K. R., & Sinatra, G. M. (2017). Measuring emotions during epistemic activities: the Epistemically-Related Emotion Scales. *Cognition and Emotion, 31,* 1268–1276.

Pekrun, R., vom Hofe, R., Blum, W., Frenzel, A. C., Goetz, T., & Wartha, S. (2007). Development of mathematical competencies in adolescence: The PALMA longitudinal study. In M. Prenzel (Eds.), *Studies on the educational quality of schools* (pp. 17–37). Münster: Waxmann.

Pintrich, P., Smith, D. A. F., Garcia, T., & McKeachie, W. J. (1993). Reliability and predictive validity of the Motivated Strategies for Learning Questionnaire (MSLQ). *Educational and Psychological Measurement, 53*, 801–813.

Reeve, J. (1993). The face of interest. *Motivation and Emotion, 17*, 353–375.

Renaud, D., & Unz, D. (2006). Die M-DAS – eine modifizierte Version der Differentiellen Affekt Skala zur Erfassung von Emotionen bei der Mediennutzung. *Zeitschrift für Medienpsychologie, 18*, 70–75.

Rozin, P., & Cohen, A. B. (2003). High frequency of facial expressions corresponding to confusion, concentration, and worry in an analysis of naturally occurring facial expressions of Americans. *Emotion, 3*, 68–75.

Scherer, K. R. (2009). The dynamic architecture of emotion: Evidence for the component process model. *Cognition & Emotion, 23*, 1307–1351.

Scherer, K. R., Schorr, A., & Johnstone, T. (Eds.). (2001). *Appraisal processes in emotion: Theory, methods, research*. Oxford, UK: Oxford University Press.

Shiota, M. N., Keltner, D., & Mossman, A. (2007). The nature of awe: Elicitors, appraisals, and effects on self-concept. *Cognition and Emotion, 21*, 944–963.

Silvia, P. J. (2010). Confusion and interest: The role of knowledge emotions in aesthetic experience. *Psychology of Aesthetics, Creativity, and the Arts, 4*, 75–80.

Trautwein, U., Marsh, H. W., Nagengast, B., Lüdtke, O., Nagy, G., & Jonkmann, K. (2012). Probing for the multiplicative term in modern expectancy–value theory: A latent interaction modeling study. *Journal of Educational Psychology, 104*, 763–777.

Wigfield, A. (1994). Expectancy-value theory of achievement motivation: A developmental perspective. *Educational Psychology Review, 6*, 49–78.

Zuckerman, M., Lubin, B., & Rinck, C. M. (1983). Construction of new scales for the multiple affect adjective check list. *Journal of Behavioral Assessment, 5*, 119–129.

Ulrike E. Nett, Thomas Götz und Maike Krannich

Skalen zur Erfassung von Langeweile-Coping im Lern- und Leistungskontext

Abstract

Langeweile ist eine in akademischen Kontexten alltäglich erlebte Emotion. Sie geht dort mit einer Vielzahl kritischer Merkmale (z.B. verringerter Leistung) einher. Lernende sind daher besonders gefordert, mit Langeweile angemessen umzugehen. In einer ursprünglichen Version der Skalen zur Erfassung von Langeweile-Coping (Götz & Nett, 2008; Nett, Götz, & Daniels, 2010) werden vier Strategiegruppen, nämlich *Cognitive-Approach*, *Behavioral-Approach*, *Cognitive-Avoidance* und *Behavioral-Avoidance* unterschieden. Im vorliegenden Kapitel wird eine revidierte Version dieser Skalen zur Erfassung von Langeweile-Coping vorgestellt und auf ihre Güte untersucht. Insgesamt 748 Studierende (M_{Alter} = 21.42 Jahre, SD_{Alter} = 3.16 Jahre, 52 % weiblich) nahmen an der Untersuchung teil. Sie beantworteten Fragen zu ihrem Langeweile-Coping, ihren Emotionen und weiteren kognitiven und motivationalen Aspekten während Veranstaltungen im Studium.

Die revidierten Skalen erweisen sich als reliabel und valide. Mit Hilfe von konfirmatorischen Faktorenanalysen kann belegt werden, dass die Skalen eine theoriekonforme Struktur aufweisen. Darüber hinaus zeigen sich theoriekonforme Korrelationsmuster mit den Validierungskonstrukten. Während Cognitive-Approach negativ mit Langeweile verknüpft ist, steht Behavioral-Approach nicht mit Langeweile im Allgemeinen, sondern ausschließlich mit Unterforderungslangeweile in einem positiven Zusammenhang. Avoidance-Strategien gehen mit verstärkter Langeweile einher. Der Nutzen der vorgestellten Skalen für Forschung und Praxis wird abschließend diskutiert.

1. Einführung

Langeweile wird häufig als Plage unserer modernen Gesellschaft bezeichnet und erlebt aktuell eine Renaissance in Literatur und Feuilleton (z.B. Kalle, 2017); insbesondere im akademischen Kontext spielt diese allgegenwärtige Emotion eine große Rolle und rückte in den vergangenen Jahren ebenfalls vermehrt ins Zentrum des Forschungsinteresses (Götz, Hall, & Krannich, in press). Langeweile wird meist als negativ empfunden (affektive Komponente). Personen, die Langeweile erleben, haben den Eindruck, dass die Zeit stillstehe (kognitive Komponente) sowie das Bedürfnis, der Situation zu entfliehen (motivationale Komponente). Sie fühlen sich körperlich schlapp und müde (oder aber zappelig; physiologische Komponente) und können ein Gähnen kaum unterdrücken (expressive Komponente). So beschreiben Pekrun, Götz, Daniels, Stupnisky und Perry (2010) Langeweile als eine Emotion entsprechend des Komponenten-Prozessmodells der Emotionen (Kleinginna & Kleinginna, 1981; Scherer, 2000).

Insbesondere in Lern- und Leistungskontexten wird sehr häufig das Erleben von Langeweile berichtet (vgl. Csikszentmihalyi & Larson, 1984; Won, 1989; Götz et al., 2014). Chin, Markey, Bhargava, Kassam und Loewenstein (2017) belegen, dass Langeweile in Lern- und Leistungskontexten häufiger erlebt wird als in Kontexten, die nicht mit Lernen oder Leistung verknüpft sind. Empirische Studien zeigen hierbei, dass sich Schülerinnen und Schüler zwischen 32 % und 58 % der Unterrichtszeit langweilen (vgl. Larson & Richards, 1991; Götz, Frenzel, & Pekrun, 2007; Nett, Götz, & Hall, 2011).

Angesichts der Tatsache, dass Langeweile in Lern- und Leistungskontexten nicht nur mit verringerter Leistung (z.B. Götz et al., 2007; Pekrun et al., 2010; Pekrun, Götz, Frenzel, Barchfeld, & Perry, 2011; Pekrun, Hall, Götz, & Perry, 2014), sondern auch mit geringerer Nutzung von Lernstrategien (z.B. Pekrun et al., 2010; Pekrun et al., 2011) und verringerter Aufmerksamkeit (z.B. Farmer & Sundberg, 1986) einhergeht, um nur wenige Beispiele bedenklicher Auswirkungen von Langeweile zu nennen, erscheint es unumgänglich, Langeweile in Lern- und Leistungskontexten zu verringern. Selbstverständlich können zum einen Lehrende stark durch die Gestaltung der Lernkontexte auf das Langeweileerleben der Schülerinnen und Schüler einwirken. Weiterhin stellt sich jedoch die Frage, ob die Lernenden selbst ebenfalls ihr Langeweileerleben regulieren und eventuell sogar vollständig überwinden können. Bezüglich des Umgangs mit Langeweile wird neben dem Begriff der Regulation auch der Begriff des Coping (z.B. Hamilton, Haier, & Buchsbaum, 1984; Nett, Götz, & Daniels, 2010) verwendet. Gross (2014) versteht *emotion regulation* und *coping* als Unterkonstrukte der *affect regulation*. Diese beiden Konstrukte werden wiederum anhand von zwei Aspekten differenziert. Zum einen bezieht Gross (2014) den Begriff Coping ausschließlich auf Prozesse, die der Reduzierung einer negativen Empfindung dienen. Der Begriff der Emotionsregulation hingegen umfasst alle Prozesse der Reduzierung und des Aufbaus positiver, wie auch negativer Emotionen. Zum anderen bezieht Gross (2014) den Begriff des Coping auf Prozesse, die über einen längeren Zeitraum andauern. Da im Folgenden insbesondere Strategien zum Umgang mit Langeweile besprochen werden, die vor allem der Reduzierung einer negativ erlebten Langeweile dienen und dies im akademischen Kontext auch über einen gewissen Zeitraum hinweg relevant sein kann, wird der Begriff des Langeweile-Coping genutzt.

1.1 Existierende Skalen und empirische Befunde zum Umgang mit Langeweile

Hamilton und Kollegen (1984) entwickelten einen ersten Fragebogen zum Umgang mit Langeweile, die *Boredom Coping Scale*. Mit Hilfe von insgesamt zehn Auswahlitems (sechs Items zu Langeweile in der Schule bzw. bei der Arbeit, vier Items zu Langeweile zu Hause) wird der allgemeine Umgang mit Langeweile erfragt. Jedes Item beinhaltet zwei Antwortalternativen zu einem allgemeinen Setting (z.B. im Setting „In school or at my job:" hat man die Wahl zwischen „A – I often wish that I was somewhere else or doing something else." und „B – It is generally easy to concentrate on what I'm doing."). Ziel dieser Skala ist, die Tendenz zu erfassen, in langweiligen Situationen die Langeweile zu reduzieren bzw. intrinsische Motivation aufzubauen (Hamilton et al, 1984). Die Studie von Hamilton und Kollegen (1984) ebenso wie Folgestudien belegen die Reliabilität der Skalen und finden darüber hinaus beispielsweise einen negativen Zusammenhang zwischen der Fähigkeit zum Langeweile-Coping und negativem Affekt und einen positiven Zusammenhang mit positiven Konstrukten wie intrinsischer Motivation oder Freude (z.B. Vodanovich & Watt, 2016). Allerdings kann an den Skalen kritisiert werden, dass unklar ist, ob sie wirklich die Fähigkeit zum konstruktiven Umgang mit Langeweile erfassen. Darüber hinaus kann eine mangelnde theoretische Fundierung und Messgenauigkeit des Itemformats kritisiert werden (vgl. Vodanovich, 2003; Vodanovich & Watt, 2016).

Studien, welche den Umgang mit Langeweile untersuchten (nicht notwendigerweise in Lern- und Leistungskontexten), zählen eine Vielzahl unterschiedlicher Strategien auf, wie beispielsweise Freizeitaktivitäten (z.B. lesen, Musik oder Sport machen), soziale Aktivitäten (z.B. Freunde treffen) oder organisatorische und praktische Aktivitäten (z.B. Hausaufgaben erledigen), mit deren Hilfe Schülerinnen und Schüler (vgl. Vandewiele, 1980) oder Studierende (vgl. Harris, 2000) mit Langeweile umgehen. In einer Interviewstudie von Götz und Kollegen (2007) wird berichtet, dass Schülerinnen und Schüler der 9. Jahrgangsstufe am häufigsten „sich ablenken" (86 %), „akzeptieren der Langeweile" (23 %), „die Aufmerksamkeit steigern" (15 %) und „einfach entspannen" (8 %) als Langeweileregulationsstrategien angeben.

1.2 Klassifikation von Strategien zum Umgang mit Langeweile

Zur Klassifikation von Coping-Strategien bzw. der Affekt- oder Emotionsregulation existieren eine Vielzahl vorgeschlagener Schemata (z.B. Lazarus & Folkman, 1984, 1987; Skinner, Edge, Altman, & Sherwood, 2003; Parkinson & Totterdale, 1999; Gross, 2014). In Arbeiten von Nett und Kollegen (vgl. Nett et al., 2010; Nett et al., 2011) wurde ein Klassifikationssystem zum Umgang mit Stress von Holahan, Moos und Schaefer (1996) für den Umgang mit Langeweile adaptiert. Entsprechend dieses Klassifikationsschemas können Strategien zum Umgang mit Langeweile anhand von zwei Dimensionen differenziert werden: Zum einen wird zwischen *Approach* und *Avoidance* (Annäherungs- und Vermeidungsstrategien), zum anderen zwischen kognitivem und behavioralem Copingverhalten unterschieden.[1] Während *Cognitive-Approach-Strategien* darauf abzielen, durch kognitive Prozesse die Wahrnehmung der aktuellen Situation zu verändern und somit die Langeweile zu reduzieren, dienen *Behavioral-Approach-Strategien* der aktiven Veränderung der Situation durch Handlungen. Mithilfe von *Cognitive-Avoidance bzw. Behavioral-Avoidance-Strategien* versuchen Lernende sich mental bzw. durch konkrete Handlungen der langweilenden Situation zu entziehen. In Tabelle 1 finden sich Beispiele für die einzelnen Kategorien in Bezug auf den Umgang mit Langeweile in Lernkontexten.

---

1 Der Begriff Approach meint ein Verhalten, welches im Deutschen am ehesten mit Annäherungsverhalten übersetzt werden kann. Damit sind Verhaltensweisen gemeint, die darauf abzielen eine Situation zu verändern bzw. ein Problem zu bewältigen. Der Begriff Avoidance fasst Verhaltensweisen zusammen, die der Vermeidung einer Situation dienen. Da die Begriffe Approach und Avoidance in der Forschung etabliert und die Übersetzungen problematisch sind, werden in diesem Kapitel die Begrifflichkeiten in ihrer originalen Form verwendet.

Tabelle 1: Klassifikationsschema von Strategien zum Coping mit Langeweile in Lernkontexten

	Approach	Avoidance
Cognitive	Veränderung der Wahrnehmung der Situation (z.B. Lernende machen sich bewusst, wie wichtig das aktuelle Lernthema ist).	In Gedanken der Situation entfliehen (z.B. Lernende denken an etwas anderes).
Behavioral	Veränderung der Situation durch aktive Handlungen (z.B. Lernende gestalten die Lernumgebung durch Beteiligung aktiv mit).	Der Situation durch Handlungen entfliehen (z.B. Lernende unterhalten sich mit Mitlernenden).

Die Unterscheidung in diese vier basalen Dimensionen stellt auch den größten gemeinsamen Nenner vieler verwandter Klassifikationsschemata dar und ähnelt insbesondere dem System von Parkinson und Totterdale (1999) zur Klassifikation von Emotionsregulationsstrategien.

Entsprechend des vorgeschlagenen Klassifikationsschemas zum Umgang mit Langeweile entwickelten Nett und Kollegen (2010) Skalen für Schülerinnen und Schüler, die *Coping with Boredom Scales* (vgl. Nett et al., 2010; Nett et al., 2011). Diese ursprüngliche Version des Instruments umfasst vier Skalen mit je fünf Items. *Cognitive-Approach* (z.B. „Wenn ich mich in einer Veranstaltung langweile, ... dann mache ich mir bewusst, dass das Thema aber wichtig ist"); *Behavioral-Approach* (z.B. „... dann sage ich der Lehrerin/dem Lehrer, er/sie soll den Unterricht abwechslungsreicher gestalten"); *Cognitive-Avoidance* (z.B. „... dann lerne ich für die nächste Stunde"); *Behavioral-Avoidance* (z.B. „... dann schwätze ich mit der Nachbarin/dem Nachbarn"). An einer ersten Fragebogenstudie, die mit diesen Skalen durchgeführt wurde, nahmen Schülerinnen und Schüler der 5. bis 10. Jahrgangsstufe teil (Nett et al., 2010). Die Autorinnen und Autoren konnten in dieser Stichprobe mit Hilfe einer latenten Profilanalyse unterschiedliche Arten von Copingverhalten ermitteln. Während eine Schülergruppe insbesondere *Cognitive-Approach* bevorzugte, zog eine relativ kleine Gruppe die Anwendung von *Behavioral-Approach* vor und eine dritte Gruppe beide Vermeidungsstrategien, insbesondere aber *Behavioral-Avoidance*. Darüber hinaus konnten die Autorinnen und Autoren zeigen, dass diejenigen Schülerinnen und Schüler, die *Cognitive-Approach* bevorzugt anwendeten, zum einen weniger Langeweile im Unterricht erlebten und darüber hinaus insgesamt ein günstigeres Profil in Bezug auf unterrichtsbezogene Kognitionen, Emotionen und motivationale Konstrukte aufwiesen. Diese Befunde konnten durch weitere Studien weitgehend bestätigt werden (vgl. Nett et al., 2011; Tze, Daniels, Klassen, & Li, 2013; Daniels, Tze, & Götz, 2015). Inzwischen existieren Versionen der *Coping with Boredom Scales* nicht nur in deutscher, sondern auch in englischer und chinesischer (kanadische und chinesische Stichprobe, Tze et al., 2013), türkischer (Eren, 2013) und spanischer Sprache (argentinische Stichprobe, Sánchez Rosas & Bedis, 2015). In all diesen Studien zeigte sich die Struktur der vier Faktoren. Auch die weiteren Befunde der Studien, wie der Zusammenhang zu Langeweile (z.B. negativer Zusammenhang zwischen *Cognitive-Approach* und Langeweile, positiver Zusammenhang zwischen Avoidance-Strategien und Langeweile) und weiteren Konstrukten, sind weitgehend konsistent und bestätigen damit die Güte der Skalen.

1.3 (Revidierte) Skalen zum Langeweile-Coping im Studium

Um das Copingverhalten von Lernenden auch außerhalb der Schule detailliert und angemessen erfassen zu können, wurde eine revidierte Version der Skalen zum Langeweile-Coping entwickelt. Diese revidierte Version ist aktuell auf die Erhebung von Langeweile-Coping im Studium zugeschnitten, indem sie im Rahmen des Fragebogens entsprechend eingeführt wird und die Items jeweils mit der Formulierung beginnen *„Wenn ich mich in einer Veranstaltung langweile, ..."*. Die aktuelle Version kann jedoch problemlos auch auf weitere akademische Kontexte angepasst werden. In Abbildung 1 sind die Revisionen der ursprünglichen Skala, die im Folgenden detailliert erläutert werden, im Überblick dargestellt.

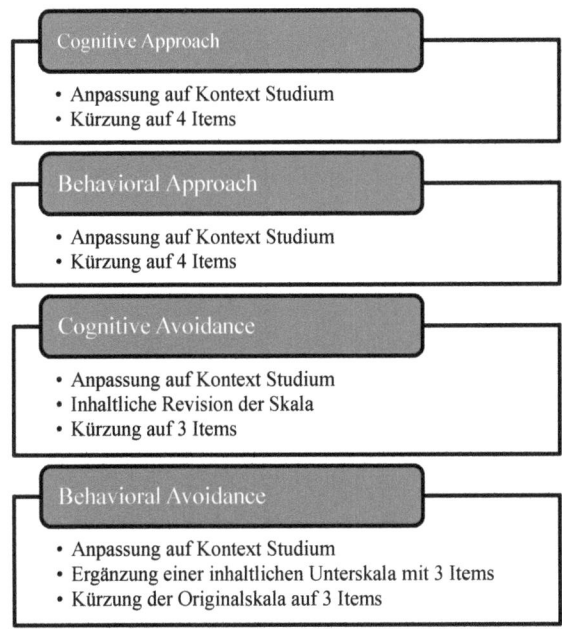

Abbildung 1: Revision der Skalen zur Erfassung von Langeweile-Coping im Überblick

1.3.1 Neue Cognitive-Avoidance-Skala

Wie bereits belegt werden konnte (z.B. Nett et al., 2010; Nett et al., 2011; Tze et al., 2013; Daniels et al., 2015), ist die Nutzung von Avoidance-Strategien eine häufige Antwort auf das Erleben von Langeweile. Allerdings zeigen sich insbesondere bei den Skalen zur Erfassung dieser Vermeidungsstrategien Schwierigkeiten. In der Skala *Cognitive-Avoidance* wird in der ursprünglichen Version der Skalen (Götz & Nett, 2008) Lernverhalten erfasst, das mit einem anderen Fach bzw. einer anderen Unterrichtsstunde verknüpft ist (z.B. „...dann lerne ich für ein anderes Fach"). Auch wenn Lernen selbst als überwiegend kognitiv verstanden werden kann, ist in dieser Skala eine klare Trennung zwischen kognitivem und behavioralem Verhalten nicht möglich.

Eine Strategie, die ausschließlich auf die kognitive Komponente abzielt und damit eindeutig dem Konstrukt *Cognitive-Avoidance* zugeordnet werden kann, ist *das Tagträumen* oder *das Denken an etwas anderes*. Diese ist jedoch in der ursprünglichen Version nicht enthalten. Um hier eine klarere inhaltliche Abgrenzung zwischen kognitiven und behavioralen Strategien zu ermöglichen, wurde in der revidierten Version der Skalen daher die ursprüngliche Version von *Cognitive-Avoidance* (z.B. „… dann lerne ich für die nächste Stunde") durch eine neue Skala, die *Cognitive-Avoidance* allgemeiner als *Tagträumen* operationalisiert (z.B. „… dann träume ich vor mich hin"), ersetzt. Im Hinblick auf den Einsatz der revidierten Version im Studium ist dies von besonderer Relevanz, da in diesem Kontext unterschiedliche Fächer oft nicht mehr eindeutig voneinander abgegrenzt werden können. Darüber hinaus stellt das Tagträumen vermutlich eine alltäglichere Version von *Cognitive-Avoidance* dar als die kognitive Beschäftigung mit einem „anderen" Universitätsfach.

1.3.2 Zusätzliche Behavioral-Avoidance-Skala

Die zweite Revision bezieht sich auf die Skala *Behavioral-Avoidance*. Die Ablenkung in langweiligen Unterrichtssituationen durch eine Mitschülerin oder einen Mitschüler ist zwar im Studium ebenfalls ein gängiges Vermeidungsverhalten, in den vergangenen Jahren hat jedoch zunehmend auch die Beschäftigung mit digitalen Medien (Smartphone, Laptop etc.) an Bedeutung gewonnen. Aktuelle Studien legen die Vermutung nahe, dass die Beschäftigung mit digitalen Medien als Nebentätigkeit in Lernkontexten eine hohe Relevanz hat und mit dem Erleben von Langeweile verknüpft ist (z.B. Bachmann, Grunschel, & Fries, 2017). Da diese Form des Ablenkungsverhaltens in Lernsettings des Studiums (z.B. Vorlesung oder Seminar) im Gegensatz zur Schule durchaus gestattet ist, stellt dies eine Strategie dar, deren Ergänzung zu den bisherigen Skalen von Bedeutung ist.

1.3.3 Kürzungen der Skalen

Um den Fragebogen nicht zu sehr zu verlängern, wurden die ursprünglichen Skalen um jeweils ein Item gekürzt und enthalten in der revidierten Version nur noch vier Items. Basierend auf den Empfehlungen von Little (2013) enthalten die neuen Skalen jeweils drei Items. Mit der Revision der Skala zum Langeweile-Coping im Studium erhoffen wir uns, ein Instrument zur Verfügung zu stellen, das sich gewinnbringend für eine theoriebasierte Erforschung der Emotion Langeweile und des Umgangs mit dieser Emotion in Lern- und Leistungskontexten einsetzen lässt. In Tabelle 2 sind die Formulierungen der Einzelitems der revidierten Version aufgeführt.

2. Ziele

Ziel der aktuellen Studie war, die revidierte Version der Skalen zum Langeweile-Coping auf ihre Güte zu überprüfen. Dabei wurde zunächst geprüft, ob die Skalen reliabel (1) sind und ob die Struktur der Skalen der theoretischen Grundlage entspricht (2). Darüber hinaus wurde die konvergente und divergente Validität der Skalen mit verwandten Konstrukten überprüft (3).

3. Methode

3.1 Ablauf der Studie und Stichprobe

Die Datenerhebung erfolgte im Rahmen einer Befragung von Studierenden unterschiedlicher Fächer an einer deutschen Universität mit naturwissenschaftlich-technischem Schwerpunkt. Geschulte Testleiter und Testleiterinnen führten die Befragung zu Beginn des Wintersemesters in Vorlesungen durch, die üblicherweise von Studierenden im dritten Fachsemester besucht werden. Insgesamt 748 Studierende (M_{Alter} = 21.42 Jahre, SD_{Alter} = 3.16 Jahre, 52 % weiblich) nahmen an der Fragebogenuntersuchung teil. Von diesen Studierenden beantworteten 726 Studierende den Teil des Fragebogens zur Langeweileregulation vollständig (3 Studierende beantworteten lediglich einen Teil der Fragen, 19 Studierende beantworteten diesen Teil nicht). Ein Großteil der Teilnehmenden (79 %) befand sich im dritten oder vierten Fachsemester ihres Studiums, nur wenige (2 %) befanden sich im ersten Studienjahr, 18 % der Studierenden studierten ihr Fach bereits seit fünf oder mehr Semestern, 1 % machte keine diesbezügliche Angabe.

3.2 Messinstrumente

Coping mit Langeweile im Studium
Für die aktuelle Studie wurden die Skalen zum Langeweile-Coping für Schülerinnen und Schüler (vgl. Götz & Nett, 2008; Nett et al., 2010) für den Universitätskontext adaptiert, gekürzt und ergänzt bzw. ersetzt. Die Revision der Skalen ist detailliert in Abschnitt 1.3 beschrieben, einen Überblick über die Veränderungen gibt Abbildung 1. Die Formulierung der Einzelitems ist in Tabelle 2 dargestellt.

Validierungskonstrukte
Zur Überprüfung der Validität der Skalen zum Langeweile-Coping wurden die Emotionen Freude (3 Items), Angst (4 Items) und Langeweile (3 Items) erfasst (adaptiert von Pekrun, Götz, & Perry, 2005; Pekrun et al., 2011). Zur Spezifizierung der Emotion Langeweile wurden zusätzlich die Unterfacetten Überforderungslangeweile („Wenn ich mich langweile, liegt es daran, dass der Stoff zu schwierig für mich ist.") und Unterforderungslangeweile („Wenn ich mich langweile, liegt es daran, dass der Stoff keine Herausforderung für mich ist.") mit jeweils einem Item erfasst. Mit Hilfe dieser Items soll überprüft werden, inwieweit bestimmtes Copingverhalten nicht nur mit dem Er-

leben von Langeweile, sondern auch mit weiteren Emotionen verknüpft ist und ob es unterschiedliche Zusammenhänge mit den Unterfacetten von Langeweile gibt. Über die Konstrukte Selbstkonzept (3 Items, adaptiert von Schöne, Dickhäuser, Spinath, & Stiensmeier-Pelster, 2002) und Selbstwirksamkeit (4 Items, adaptiert von Pintrich, Smith, Garcia, & McKeachie, 1993) wurde das Kontrollerleben der Studierenden operationalisiert. Der persönliche Wert des Studiums wurde mit 4 Items erfasst (z.B. „Es war für mich von großer persönlicher Bedeutung, gerade dieses Fach studieren zu können."; adaptiert von Schiefele, Krapp, Wild, & Winteler, 1993). Diese Konstrukte gelten als wichtige Antezendenzien für das Erleben von Lern- und Leistungsemotionen (vgl. Pekrun et al., 2011) und damit auch von Langeweile im Lernkontext. Darüber hinaus wurden Annäherungsleistungsziele, Vermeidungsleistungsziele und Lernziele (je 4 Items, adaptiert von Spinath, Stiensmeier-Pelster, Schöne, & Dickhäuser, 2002) mit in den Fragebogen aufgenommen. Diese Konstrukte wurden gewählt, um den Zusammenhang zwischen den einzelnen Copingstrategien und wichtigen Zielstrukturen zu validieren und zu überprüfen, ob motivationale Persönlichkeitsstrukturen einen Einfluss auf den Umgang von Studierenden mit Langeweile haben.

4. Ergebnisse

4.1 Interne Konsistenz der Skala

In Tabelle 2 sind die deskriptiven Statistiken der Items dargestellt, weiterhin die Werte zur Überprüfung der internen Konsistenz der Skalen. Die internen Konsistenzen der Skalen sind mindestens akzeptabel (*Cognitive-Avoidance;* a = .74), in der Regel jedoch gut oder sogar exzellent (.89 ≤ a ≤ .91).

Tabelle 2: Deskriptive Statistiken der Items zum Langeweile-Coping

Items *Wenn ich mich in einer Veranstaltung langweile,...*	M	SD	$r_{j(t-j)}$	Cronbach's a
(1) *Cognitive-Approach*				0.89
... dann sage ich mir, dass ich mich jetzt wieder konzentrieren soll.	3.65	0.89	0.86	
... dann mache ich mir bewusst, dass das Thema aber wichtig ist.	3.60	0.87	0.88	
... dann versuche ich mir wieder klar zu machen, dass die Veranstaltung wichtig ist.	3.59	0.93	0.84	
... dann bringe ich mich selbst dazu, wieder aufzupassen, weil das Thema wichtig ist.	3.50	0.94	0.86	
(2) *Behavioral-Approach*				0.91
... dann frage ich den Dozenten, ob wir auch mal etwas anderes machen können.	1.55	0.77	0.86	
... dann sage ich dem Dozenten, er soll die Veranstaltung abwechslungsreicher gestalten.	1.53	0.79	0.88	
... dann versuche ich, den Dozenten auf ein Thema zu lenken, das mich interessiert.	1.66	0.81	0.90	
... dann schlage ich ein Thema vor, bei dem ich denke, dass es für uns alle interessanter ist.	1.63	0.84	0.87	
(3) *Cognitive-Avoidance*				0.74
... dann träume ich vor mich hin.	3.48	1.10	0.67	
... dann schweife ich ab.	3.53	1.02	0.58	
... dann überlege ich mir etwas Schönes.	3.40	1.07	0.69	
(4a) *Behavioral-Avoidance – Kommilitonen*				0.89
... dann schwätze ich mit einem Kommilitonen.	3.31	1.15	0.84	
... dann fange ich mit einem Kommilitonen ein Gespräch an.	3.56	1.04	0.84	
... dann lenke ich mich durch einen Kommilitonen ab.	3.30	1.11	0.84	
... dann nehme ich Kontakt mit anderen Kommilitonen auf, denen auch langweilig ist.	3.58	1.06	0.91	
(4b) *Behavioral-Avoidance – Elektronisches Gerät*				0.91
... dann beschäftige ich mich mit meinem Handy, Laptop etc.	3.27	1.22	0.84	
... dann spiele ich auf meinem Handy, Laptop etc.	3.34	1.27	0.87	
... dann schreibe ich meinen Freunden oder Kommilitonen eine Nachricht auf meinem Handy, Laptop etc.	3.24	1.25	0.90	

4.2 Struktur der Skalen

Die Struktur der Skalen wurde mit Hilfe von fünf konfirmatorischen Faktorenanalysen bzw. Strukturgleichungsmodellen überprüft (vgl. Abbildung 2). In Tabelle 3 sind die Kennwerte der entsprechenden Modelle dargestellt.

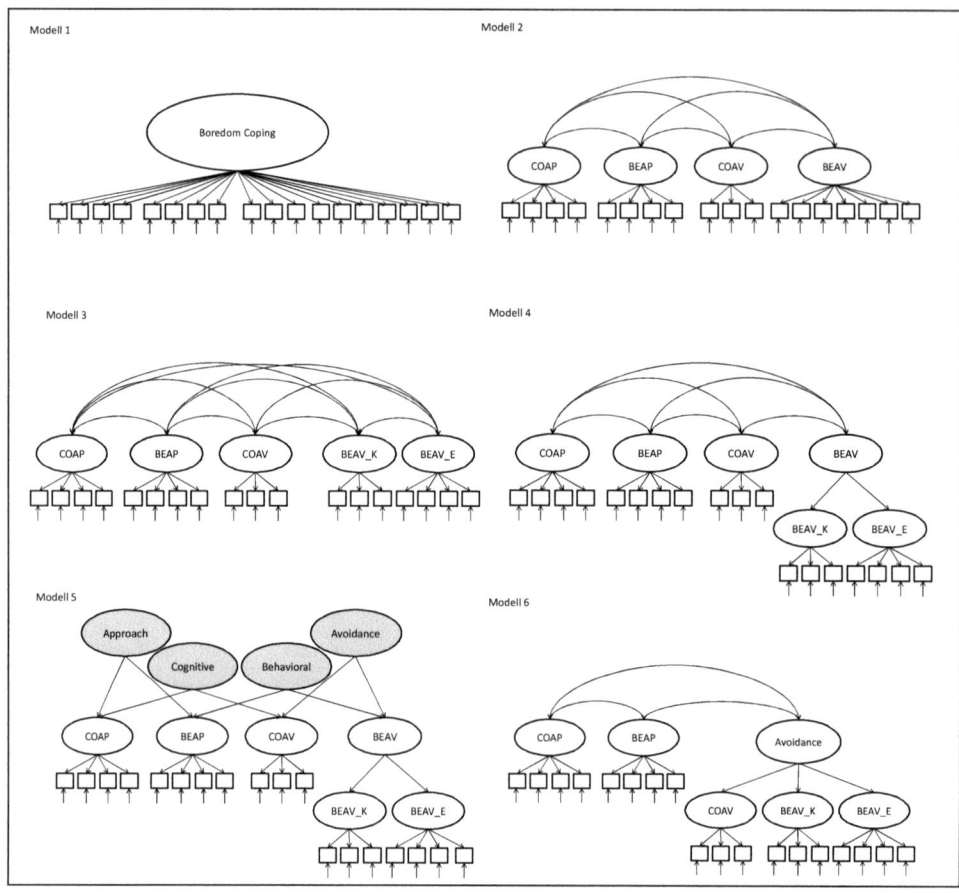

Anmerkung: COAP: Cognitive-Approach; BEAP: Behavioral-Approach; COAV: Cognitive-Avoidance; BEAV: Behavioral-Avoidance; BEAV_K: Behavioral-Avoidance – Kommilitonen; BEAV_E: Behavioral-Avoidance – Elektronisches Gerät

Abbildung 2: Modelle zur Überprüfung der Struktur der Skalen zum Coping mit Langeweile

Tabelle 3: Fit Indices der Strukturmodelle zum Langeweile-Coping

	Chi-Square, df (p)	CFI/TLI	RMSEA	SRMR
Modell 1	4904.62; 135 (<0.001)	0.40/0.32	0.22	0.18
Modell 2	1280.53; 129 (<0.001)	0.86/0.83	0.11	0.06
Modell 3	362.56; 125 (<0.001)	0.97/0.96	0.05	0.04
Modell 4	362.63; 127 (<0.001)	0.97/0.97	0.05	0.04
Modell 5	387.77; 131 (<0.001)	0.97/0.96	0.05	0.06
Modell 6	437.61; 132 (<0.001)	0.96/0.96	0.06	0.05

Im Einklang mit den theoretischen Vorüberlegungen weist das Modell mit nur einem angenommenen Faktor (Modell 1) keine akzeptablen Kennwerte (z.B. CFI = .40; vgl. Hu & Bentler, 1999) auf. Auch Modell 2, welches vier Faktoren, jedoch keine Differenzierung zwischen den beiden *Behavioral-Avoidance* Skalen (Skala 4a und Skala 4b) vorsieht, scheint nicht ausreichend den Daten zu entsprechen (z.B. CFI = .86). Modell 3 und Modell 4 zeichnen sich beide durch gute Fit Indices aus (z.B. CFI = .97). Während Modell 3 eine 5-Faktorenlösung darstellt, spiegelt Modell 4 eine 4 Faktorenlösung wider, in welcher der Faktor *Behavioral-Avoidance* als latente Variable zweiter Ordnung modelliert wird, die durch zwei Unterfaktoren definiert ist. Da Modell 4 einen leicht besseren Fit (TLI = .97 versus .96) aufweist und darüber hinaus den theoretischen Grundlagen expliziter entspricht, wird es bevorzugt. In Modell 5 wurde Modell 4 um vier weitere, gekreuzte, latente Variablen erweitert. Diese entsprechen den Dimensionen „Approach versus Avoidance" und „Cognitive versus Behavioral". Auch dieses Modell entspricht in seiner Güte, trotz der komplexeren Modellstruktur, den Modellen 3 und 4 (z.B. CFI = .97). Allerdings unterscheidet sich die Varianz der latenten Variable *Behavioral* (Varianz = 0.04; p = 0.08) lediglich marginal von Null. Die Varianzen der latenten Variablen *Cognitive* (Varianz = 0.01, p = 0.40) und *Approach* (Varianz = 0.03, p = 0.17) sind nicht von Null verschieden. Ausschließlich die latente Variable *Avoidance* erklärt einen bedeutsamen Anteil gemeinsamer Varianz (Varianz = 0.46, $p < 0.001$) derjenigen Skalen, die Vermeidungsverhalten darstellen. Dieses Ergebnis legt nahe, dass sich die Skalen des Vermeidungsverhalten deutlich ähnlicher sind als die weiteren Skalen. Diese Vermutung wird durch die Zusammenhänge zwischen den Skalen, dargestellt in Tabelle 4, untermauert.

Tabelle 4: Korrelationen zwischen latenten Variablen des Langeweile-Coping

	Cognitive-Approach $r (p)$	Behavioral-Approach $r (p)$	Cognitive-Avoidance $r (p)$
Behavioral-Approach	0.05 (0.26)	–	
Cognitive-Avoidance	-0.09 (0.04)	-0.10 (0.03)	–
Behavioral-Avoidance	-0.19 (< 0.001)	0.00 (0.99)	0.80 (< 0.001)
Behavioral-Avoidance_K	-0.16 (< 0.001)	0.00 (0.94)	0.70 (< 0.001)
Behavioral-Avoidance_E	-0.13 (= 0.001)	-0.01 (0.85)	0.54 (< 0.001)

Lediglich die Korrelationen zwischen den Strategien der Vermeidung von Langeweile sind hoch. Allerdings gibt es auch signifikante negative Zusammenhänge zwischen den Konstrukten *Cognitive-Approach* und *Cognitive-Avoidance* sowie *Behavioral-Avoidance*, ebenso wie zwischen *Behavioral-Approach* und *Cognitive-Avoidance*. Diese Zusammenhänge sind jedoch sehr gering und erklären lediglich 0.8 % bis 3.6 % der gemeinsamen Varianz zwischen den Konstrukten. Dies belegt, dass Modell 5 wenig Zusatzinformationen zu Modell 4 gibt. Modell 6 wurde als weiteres Alternativmodell berechnet, um dem besonders starken Zusammenhang zwischen den Avoidance-Konstrukten Rechnung zu tragen. Aufgrund der leicht schlechteren Fit Indices von Modell 6 (z.B. CFI = .96) im Vergleich mit dem theoretisch begründeten Modell 4 wird Modell 4 als finales Modell angenommen.

4.3 Kriteriumsvalidität

Die Zusammenhänge zwischen den einzelnen Skalen zum Coping mit Langeweile und den Validierungskonstrukten sind in Tabelle 5 dargestellt. Es zeigt sich, dass in der Regel der Zusammenhang zwischen den Regulationsskalen mit der Emotion Langeweile am stärksten ausgeprägt ist. Ausnahmen bilden hier die Strategien des *Approach*.

Cognitive-Approach weist neben einem mittleren negativen Zusammenhang mit Langeweile auch einen mittleren positiven Zusammenhang mit der Emotion Freude auf. Darüber hinaus gibt es überzufällige, wenn auch kleine, positive Zusammenhänge mit den Konstrukten Selbstwirksamkeit, Wert des Studiums, Annäherungsziele und Lernziele. *Behavioral-Approach* scheint vom Erleben von Langeweile unabhängig zu sein, weist jedoch einen schwachen, positiven Zusammenhang mit Angst auf. Obwohl *Behavioral-Approach* nicht mit Langeweile im Allgemeinen verbunden zu sein scheint, zeigte sich ein schwacher Zusammenhang mit Unterforderungslangeweile. Darüber hinaus besteht ein schwach ausgeprägter, positiver Zusammenhang mit Wert des Studiums und Vermeidungszielen. *Cognitive-Avoidance* weist einen mittleren Zusammenhang mit Langeweile auf, darüber hinaus einen schwach negativen Zusammenhang mit Freude. Hervorzuheben ist zudem, dass mit „Tagträumen" als eine Strategie der Langeweileregulation auch die Überforderungslangeweile positiv und das Erleben von Selbstwirksamkeit negativ verknüpft sind. Die Unterfacetten von *Behavioral-Avoidance* hängen beide schwach positiv mit Langeweile zusammen und marginal negativ mit Freude. Für die Ablenkung mit einem elektronischen Gerät zeigen sich darüber hinaus schwach positive Zusammenhänge mit Überforderungslangeweile und negative mit Selbstwirksamkeit und Lernzielen.

Tabelle 5: Korrelationen zwischen latenten Variablen des Langeweile-Coping und weiteren Konstrukten

	Cognitive-Approach r (p)	Behavioral-Approach r (p)	Cognitive-Avoidance r (p)	Behavioral-Avoidance Kommilitonen r (p)	Behavioral-Avoidance Elektronisches Gerät r (p)
Freude	0.30 (<0.001)	0.09 (0.04)	-0.14 (0.00)	-0.09 (0.05)	-0.10 (0.02)
Angst	-0.06 (0.20)	0.16 (<0.001)	0.06 (0.23)	-0.07 (0.08)	0.02 (0.60)
Langeweile	-0.30 (<0.001)	-0.00 (0.94)	0.38 (<0.001)	0.25 (<0.001)	0.29 (<0.001)
Überforderungslangeweile	0.00 (1.00)	0.02 (0.70)	0.11 (<0.01)	-0.01 (0.78)	0.11 (<0.001)
Unterforderungslangeweile	-0.01 (0.84)	0.11 (<0.01)	-0.01 (0.91)	0.02 (0.56)	-0.06 (0.15)
Selbstkonzept	0.07 (0.09)	-0.01 (0.48)	-0.08 (0.09)	0.07 (0.11)	-0.03 (0.53)
Selbstwirksamkeit	0.16 (<0.001)	-0.01 (0.84)	-0.12 (<0.01)	-0.04 (0.33)	-0.11 (<0.01)
Wert des Studiums	0.10 (0.04)	0.12 (0.01)	-0.02 (0.66)	0.06 (0.19)	0.01 (0.90)
Annäherungsziele	0.26 (<0.001)	0.08 (0.08)	-0.06 (0.20)	0.01 (0.92)	0.01 (0.76)
Vermeidungsziele	-0.01 (0.89)	0.12 (<0.01)	0.04 (0.39)	0.01 (0.75)	0.04 (0.32)
Lernziele	0.29 (<0.001)	-0.01 (0.77)	0.01 (0.86)	-0.07 (0.12)	-0.16 (<0.001)

5. Diskussion

Insgesamt zeichnen sich die revidierten Skalen durch eine gute Reliabilität und Konstruktvalidität aus. Die Mittelwerte der Einzelitems belegen, dass durch die Skalen Verhaltensweisen abgebildet werden, die von Studierenden in Lern- und Leistungskontexten durchaus genutzt werden, um mit Langeweile umzugehen. Lediglich die Skala zum *Behavioral-Approach* weist, wie bereits in vorangegangenen Studien (vgl. Nett et al., 2010; Nett et al., 2011), leichte Bodeneffekte auf. Studierende scheinen kaum die Möglichkeit zu sehen, Einfluss auf die Gestaltung einer Lehrveranstaltung zu nehmen oder die bzw. den Lehrenden zu Veränderungen anzuregen.

Die konfirmatorischen Faktorenanalysen belegen, dass sich die angenommenen Skalen sinnvoll und theoriekonform voneinander abtrennen lassen. Strategien, die dem Avoidance zugeordnet werden können, hängen dabei stärker miteinander zusammen als die übrigen Skalen. Dies belegen die Ergebnisse zu Modell 5 ebenso wie die Korrelationen der latenten Variablen. Die fehlenden Zusammenhänge zwischen den Approach-Strategien könnten ebenfalls, zumindest teilweise, durch die Sonderrolle (Verschiebung des Fokus auf den Dozenten), die die Operationalisierung von *Behavioral-Approach* spielt, erklärt werden. Bezüglich *Behavioral-Approach-Strategien* im Allgemeinen stellt sich die Frage, ob nicht doch sinnvolle Handlungsalternativen existieren, die genutzt werden können, um die langweilige Situation selbst zu verändern. So könnten Lehrende ihre Studierenden beispielsweise hinsichtlich der Nutzung von *Behavioral-Approach-Strategien* unterstützen und um Rückmeldung und gegebenenfalls Anregungen zu Veränderungen ihrer Veranstaltungen bitten. Auf diese Weise könnten Lehrende die Studierenden verstärkt auf Möglichkeiten der Mitgestaltung aufmerksam machen und Offenheit für konstruktive Anregungen der Studierenden zeigen.

Die Korrelationsmuster geben weitere Hinweise auf mögliche Gründe und Auswirkungen eines bestimmten Copingverhaltens. Wichtig ist hierbei, dass sie lediglich als Hinweise betrachtet werden können, da tatsächliche Wirkmechanismen durch das querschnittliche Design der Studie nicht beantwortet werden können. Insgesamt weist die Skala des *Cognitive-Approach* das günstigste Korrelationsmuster auf. Neben einem negativen Zusammenhang mit Langeweile ist hier besonders der positive Zusammenhang mit Freude, aber auch mit Annäherungszielen und Lernzielen zu betonen. Diese Ergebnisse stehen im Einklang mit angenommenen positiven Auswirkungen von *Reappraisal* und untermauern bisherige Befunde in Bezug auf Langeweile-Coping im Besonderen (z.B. Nett et al., 2011) und Emotionsregulation im Allgemeinen (z.B. Heiy & Cheavens, 2014). Die Strategie des *Cognitive-Approach* hat damit möglicherweise nicht nur das Potential, Langeweile zu vermeiden, sondern auch darüber hinaus eine günstige Stimmung und Haltung der Lernsituation gegenüber zu entwickeln.

Das Korrelationsmuster der Strategie *Behavioral-Approach* stellt wiederum die Sonderrolle dieser Coping-Strategie in den Vordergrund. Obwohl die Itemformulierungen die Nutzung dieser Strategie in Bezug auf Langeweile auch im Falle dieser Strategie voraussetzen, zeigt sich kein signifikanter Zusammenhang mit der Emotion Langeweile im Allgemeinen. Es besteht jedoch ein geringer Zusammenhang sowohl mit der Emotion Angst als auch mit der spezifischen Unterforderungslangeweile. Die geringe, aber positive Korrelation mit Angst in Verbindung mit der Korrelation zum Konstrukt „Wert des

Studiums" deuten darüber hinaus darauf hin, dass diese Strategie möglicherweise nur in Situationen ergriffen wird, die den Studierenden besonders wichtig sind und in welchen sie keinen anderen Ausweg sehen. Insbesondere im Zusammenhang mit dem Konstrukt „Wert des Studiums" zeigt sich, dass hier die beiden Approach-Strategien möglicherweise durchaus Gemeinsamkeiten in ihrer Anwendung haben.

In den Korrelationsmustern der Avoidance-Strategien mit den Validierungskonstrukten spiegelt sich die Ähnlichkeit dieser Strategien zueinander nochmals wider. Alle Avoidance-Strategien weisen ein eher ungünstiges emotionales Muster auf. *Cognitive-Avoidance*, ebenso wie *Behavioral-Avoidance – Elektronisches Gerät*, hängen nicht nur mit Langeweile im Allgemeinen, sondern auch mit Überforderungslangeweile zusammen. Insbesondere überforderte Lernende scheinen damit in reines Vermeidungsverhalten auszuweichen, unterforderte Lernende dagegen verfügen möglicherweise noch über ausreichend kognitive Kapazitäten, um *Behavioral-Approach* anzuwenden. Die Skala *Behavioral-Avoidance – Elektronisches Gerät* hängt darüber hinaus als einzige Skala negativ mit Selbstwirksamkeit und Lernzielen zusammen. Diese Befunde könnten als erste Hinweise interpretiert werden, dass insbesondere eine Form von Langeweile, die mit wenig Kontrolle und Valenz einhergeht, ein Verhalten auslöst, das die Studierenden noch stärker von der Situation isoliert und damit langfristig möglicherweise zu noch mehr Kontrollverlust führt.

6. Ausblick

Insgesamt stellen die Skalen zur Erfassung von Langeweile-Coping ein reliables und valides Instrument dar. Für Forschung und Praxis wäre es ein Gewinn, die Zusammenhänge von Ursachen, Formen von Langeweile und dem mit Langeweile verbundenen Copingverhalten noch genauer zu analysieren. Beispielsweise die differenzierten Befunde zu Unter- und Überforderungslangeweile geben Hinweise darauf, dass unterschiedliche Formen von Langeweile sehr wahrscheinlich auch mit unterschiedlichem Copingverhalten verknüpft sind. Auf Basis weiterer Forschungsarbeiten könnten Hilfestellungen für Lehrende und Lernende entwickelt werden, um einen günstigen Umgang mit dieser Emotion zu fördern.

Literatur

Bachmann, O., Grunschel, C., & Fries, S. (2017). *SriAS – Ergebnisse des Projektstandorts Bielefeld* (unveröffentlichter Vortrag). Universität Bielefeld.

Chin, A., Markey, A., Bhargava, S., Kassam, K. S., & Loewenstein, G. (2017). Bored in the USA: Experience sampling and boredom in everyday life. *Emotion, 17*(2), 359–368.

Csikszentmihalyi, M., & Larson, R. (1984). *Being adolescent*. New York: Basic Books.

Daniels, L. M., Tze, V. M. C., & Götz, T. (2015). Examining boredom: Different causes for different coping profiles. *Learning and Individual Differences, 37*, 255–261.

Eren, A. (2013) Prospective teachers' perceptions of instrumentality, boredom coping strategies, and four aspects of engagement. *Teaching Education, 24*(3), 302–326.

Farmer, R., & Sundberg, N. D. (1986). Boredom proneness: The development and correlates of a new scale. *Journal of Personality Assessment, 50*, 4–17.

Götz, T., Frenzel, A. C., & Pekrun, R. (2007). Regulation von Langeweile im Unterricht. Was Schülerinnen und Schüler bei der 'Windstille der Seele' (nicht) tun. *Unterrichtswissenschaft, 35*(4), 312–333.

Götz, T., & Nett, U. E. (2008). *Coping with boredom scales. Codebook of the Coping with Boredom Scales. Math related version.* Unpublished Scales: Empirical Educational Research, University of Konstanz / Thurgau University of Teacher Education.

Götz, T., Haag, L., Lipnevich, A. A., Keller, M. M., Frenzel, A. C., & Collier, A. P. M. (2014). Between-domain relations of students' academic emotions and their judgments of school domain similarity. *Frontiers in Psychology, 5*, 1153.

Götz, T., Krannich, M., & Hall, N. (in press). Boredom. In A. Renninger, & S. Hidi, *Cambridge Handbook on Motivation and Learning*, Cambridge, Cambridge University Press.

Gross, J. J. (2014). Emotion regulation: Conceptual and empirical foundations. In J. J. Gross (Ed.), *Handbook of emotion regulation* (pp. 3–22). New York: The Guildford Press.

Hamilton, J. A., Haier, R. J., & Buchsbaum, M. S. (1984). Intrinsic enjoyment and boredom coping scales: Validation with personality, evoked potential, and attention measures. *Personality and Individual Differences, 5*, 183–193.

Harris, M. B. (2000). Correlates and characteristics of boredom proneness and boredom. *Journal of Applied Social Psychology, 30*(3), 576–598.

Heiy, J. E., & Cheavens, J. S. (2014). Back to basics: a naturalistic assessment of the experience and regulation of emotion. *Emotion, 14*(5), 878–891.

Holahan, C. J., Moos, R. H., & Schaefer, J. A. (1996). Coping, stress resistance, and growth: Conceptualizing adaptive functioning. In M. Zeidner, & N. S. Endler (Eds.), *Handbook of coping. Theory, research, applications* (pp. 24–43). New York: Wiley.

Hu, L. T., & Bentler, P. M. (1999). Cutoff criteria for fit indexes in covariance structure analysis: Conventional criteria versus new alternatives. *Structural Equation Modeling: a Multidisciplinary Journal, 6*(1), 1–55.

Kalle, M. (2017). Erinnerungen an die Langeweile. *ZEITmagazin 13*. Retrieved from: http://www.zeit.de/zeit-magazin/2017/13/kindheit-langeweile-forschung-erwachsene-smartphones

Kleinginna, P. R., & Kleinginna, A. M. (1981). A categorized list of emotion definitions, with suggestions for a consensual definition. *Motivation and Emotion, 5*, 345–379.

Larson, R.W., & Richards, M. H. (1991). Boredom in the middle school years: Blaming schools versus blaming students. *American Journal of Education, 99*(4), 418–443.

Lazarus, R. S., & Folkman, S. (1984). *Stress, appraisal, and coping*. New York: Springer.

Lazarus, R. S., & Folkman, S. (1987). Transactional theory and research on emotions and coping. *European Journal of Personality, 1*(3), 141–169.

Little, T. D. (2013). *Longitudinal Structural Equation Modeling*. New York: Guilford.

Nett, U., Götz, T., & Daniels, L. (2010). What to do when feeling bored? Students' strategies for coping with boredom. *Learning and Individual Differences, 20*, 626–638

Nett, U. E., Götz, T., & Hall, N. C. (2011). Coping with boredom in school: An experience sampling perspective. *Contemporary Educational Psychology, 36*(1), 49–59.

Parkinson, B., & Totterdell, P. (1999). Classifying affect-regulation strategies. *Cognition & Emotion, 13*(3), 277–303.

Pekrun, R., Götz, T., & Perry, R.P. (2005). *Academic Emotions Questionnaire (AEQ). User's manual.* Department of Psychology, University of Munich.

Pekrun, R., Götz, T., Daniels, L. M., Stupnisky, R. H., & Perry, R. P. (2010). Boredom in achievement settings: Exploring control-value antecedents and performance outcomes of a neglected emotion. *Journal of Educational Psychology, 102*(3), 531–549.

Pekrun, R., Götz, T., Frenzel, A. C., Barchfeld, P., & Perry, R. P. (2011). Measuring emotions in students' learning and performance: The achievement emotions questionnaire (AEQ). *Contemporary Educational Psychology, 36*(1), 36–48.

Pekrun, R., Hall, N. C., Götz, T., & Perry, R. P. (2014). Boredom and academic achievement: Testing a model of reciprocal causation. *Journal of Educational Psychology, 106*(3), 696–710.

Pintrich, P. R., Smith, D. A. F., Garcia, T., & McKeachie, W. J. (1993). Reliability and predictive validity of the Motivated Strategies for Learning Questionnaire (MSLQ). *Educational and Psychological Measurement, 53,* 801–813.

Sánchez Rosas, J., & Bedis, J. (2015). Measuring Ssrategies to cope with boredom in Spanish speaking population: A study with Argentinian university students. *Evaluar, 15,* 99–122.

Scherer, K. R. (2000). Emotions as episodes of subsystems synchronization driven by nonlinear appraisal processes. In M. D. Lewis, & I. Granic (Eds.), *Emotion, development, and self-organization* (pp. 70–99). Cambridge, United Kingdom: Cambridge University Press.

Schiefele, U., Krapp, A., Wild, K. P., & Winteler, A. (1993). Der „Fragebogen zum Studieninteresse" (FSI). *Diagnostica, 39*(4), 335–351.

Schöne, C., Dickhäuser, O., Spinath, B., & Stiensmeier-Pelster, J. (2002). *SESSKO - Skalen zur Erfassung des schulischen Selbstkonzepts (PSYNDEX Tests Review)*. Göttingen: Hogrefe.

Skinner, E. A., Edge, K., Altman, J., & Sherwood, H. (2003). Searching for the structure of coping: A review and critique of category systems for classifying ways of coping. *Psychological Bulletin, 129*(2), 216–269.

Spinath, B., Stiensmeier-Pelster, J., Schöne, C., & Dickhäuser, O. (2002). *SELLMO - Skalen zur Erfassung der Lern- und Leistungsmotivation*. Göttingen: Hogrefe.

Tze, V. M. C., Daniels, L. M., Klassen, R. M., & Li, J. C. (2013). Canadian and Chinese university students' approaches to coping with academic boredom. *Learning and Individual Differences, 23,* 32–43.

Vandewiele, M. (1980). On boredom of secondary school students in Senegal. *The Journal of Genetic Psychology, 137,* 267–274.

Vodanovich, S. J. (2003). Psychometric measures of boredom: A review of the literature. *The Journal of Psychology, 137*(6), 569–595.

Vodanovich, S. J., & Watt, J. D. (2016). Self-report measures of boredom: An updated review of the literature. *Journal of Psychology: Interdisciplinary and Applied, 150*(2), 196–228.

Won, H. J. (1989). *The daily leisure of Korean school adolescents and its relationship to subjective well-being and leisure functioning* (unpublished doctoral dissertation). University of Oregon, Department of Leisure Studies and Service

Jessica Lang, Bettina Schumacher, Josephine Berger, Carolin Rupp und Bernhard Schmitz

Lebenskunst zur verbesserten Regulation von Emotionen im Lernkontext

Zusammenhänge, Interventionsansätze und Möglichkeiten für zukünftige Forschung

Abstract

Es ist vielfach nachgewiesen, dass positive Emotionen mit einer verbesserten Lernleistung zusammenhängen. Fühlen sich Lernende wohl und sind sie zufrieden, können sie sich besser konzentrieren, sind aufmerksamer und erzielen bessere Ergebnisse. Es lohnt daher sich nicht nur mit Lernleistungen auseinanderzusetzen, sondern sich auch mit dem Wohlbefinden der Lernenden zu befassen. Das Konzept der Lebenskunst setzt hier an. Es verfolgt einen holistischen Interventionsansatz, der den einzelnen Lernenden und sein Umfeld im Ganzen betrachtet. Es beinhaltet eine Vielzahl von Komponenten, die auch auf emotionaler Ebene von Bedeutung sind, und stellt eine Auswahl von funktionalen Emotionsregulationsstrategien bereit. Lebenskunststrategien eignen sich für Grundschulkinder bis hin zu Studierenden im universitären Kontext. Die Vermittlung der Strategien führt einerseits zur Reduzierung negativer Gefühle und andererseits zur Steigerung positiver Emotionen und fördert somit das Wohlbefinden.

1. Lebenskunst und positive Emotionen im Lernkontext

Werden Eltern gefragt, was sie sich für ihre Kinder wünschen, lauten die häufigsten Antworten Gesundheit, Selbstvertrauen, Zufriedenheit und Liebe (Seligman, Ernst, Gillham, Reivich, & Linkins, 2009). Es werden also allgemeine Grundwerte eines glücklichen Lebens angesprochen. Auch wenn es inzwischen Ansätze gibt, die auch das Wohlbefinden der Schüler/innen fokussieren, werden in der Schule weitestgehend akademische Werte, wie Leistung, Denkvermögen und Disziplin gelehrt. Es offenbart sich also eine Diskrepanz zwischen dem, was sich Eltern für ihre Kinder wünschen, und dem, was tatsächlich gelehrt wird. Das bedeutet keinesfalls, dass akademische Werte nicht von Bedeutung sind. Allerdings gestaltet es sich schwierig, beide Inhaltsbereiche gleichermaßen in den gängigen Schulkontext zu integrieren. Die Schule nimmt im Leben der Kinder einen großen Stellenwert ein. Daher ist es umso wichtiger, dass es den Kindern dort gut geht. Neben der Vermittlung von akademischen Werten sollte also auch die Vermittlung von Werten des Wohlbefindens in den Schulkontext eingebunden werden.

Während positive Emotionen und Wohlbefinden zum einen Zielvariablen darstellen – es soll den Kindern gut gehen – gibt es weitere Gründe, warum sie für den Lehr-Lernkontext eine Rolle spielen. Im Folgenden sollen daher Zusammenhänge zwischen positiven Emotionen und der Lernleistung beschrieben werden. Gute Lernleistung basiert nicht einzig und allein auf dem Einsatz kognitiver Fertigkeiten. Es ist vielfach nachgewiesen, dass auch Emotionen einen Einfluss auf die Lernleistung haben können (vgl.

Frederickson, 2004). Die Broaden-and-Build-Theorie (Frederickson, 2004) besagt, dass positive Emotionen einerseits zu einer Erweiterung der menschlichen Wahrnehmung führen (broaden) und andererseits Ressourcen, wie Kompetenz, Problemlösefähigkeit und Resilienz, aufbauen (build). In Bezug auf das Lernen bedeutet das, dass positive Emotionen eine divergente und kreative Arbeitsweise fördern und somit die Lernleistung begünstigen (Götz, 2011). Positive Emotionen und Wohlbefinden nehmen demnach auch im Lernkontext eine zentrale Rolle ein, was im Schulkontext berücksichtigt und bewusst aufgegriffen werden sollte. Fühlen sich Lernende wohl und sind sie zufrieden, können sie sich besser konzentrieren und sind aufmerksamer, wodurch bessere Ergebnisse erzielt werden können (Abe, 2011). Pekrun, Götz, Titz und Perry (2002) konnten zudem zeigen, dass positive Emotionen, wie Freude und Hoffnung, mit Elaborationsstrategien, Selbstregulation und motivationalen Variablen, etwa Interesse und Anstrengung, zusammenhängen. Auch das Prozessmodell von Schmitz und Wiese (2006) berücksichtigt diesen Zusammenhang: Wurden gute Ergebnisse erreicht, entstehen positive Emotionen. Der Lernende ist zufrieden mit seiner Lernhandlung, was sich wiederum positiv auf die folgende Lernhandlung auswirkt. In der Schule kann das bewusste Wahrnehmen positiver Emotionen speziell schon in jungen Jahren gefördert werden. Es ist daher naheliegend, dass die Forschung zu positiven Emotionen und Konzepten des Wohlbefindens im Lern- und Leistungskontext zunehmend an Bedeutung gewinnt.

Obwohl Befunde die Wichtigkeit von positiven Emotionen und Wohlbefinden nahelegen, konnten andere Forschungsergebnisse zeigen, dass sich Aspekte des Wohlbefindens im Verlauf der Schulzeit sogar verringern. Bereits in der Grundschule nimmt die Freude zum Lernen ab (Helmke, 1993). Hascher und Hagenauer (2011) untersuchten Grundschüler/innen mit dem Fokus auf Wohlbefinden genauer und fanden heraus, dass der schulische Selbstwert sowie die positive Einstellung zum Unterricht und auch das Erleben von Freude im Verlauf der Grundschulzeit sinken. Gleichzeitig scheinen körperliche und soziale Probleme zuzunehmen. Diese Befunde decken sich mit früheren Erkenntnissen; so zeigten Baumert und Köller (1998), dass sich motivationale und emotionale Komponenten im Verlauf der Schulzeit verringern. Besonders in den Klassenstufen 7 bis 10 verlieren die Schüler/innen über verschiedene Schulformen hinweg das Interesse am Unterricht (Prenzel, 1988).

Welche Ursachen kommen für diese Entwicklung infrage? Neben Diskrepanzen zwischen Unterrichtsinhalten und den Interessen der Kinder (Daniels, 2008) ist das Benotungssystem als möglicher Erklärungsansatz denkbar, welches soziale Vergleiche, Konkurrenzverhalten und Leistungsdruck hervorruft. Dies kann von den Schüler/innen als unangenehm oder sogar beängstigend empfunden werden (vgl. LBS-Kinderbarometer Deutschland, 2009). Einen weiteren möglichen Erklärungssatz stellt die Entwicklungspsychologie bereit: Die Phase der frühen Adoleszenz geht naturgemäß mit einer Reihe von gravierenden Veränderungen einher (Daniels, 2008). Beispielsweise wandeln sich soziale Beziehungen und erhalten einen neuen Stellenwert, Freizeitinteressen verschieben sich und die Identifikation mit dem eigenen Geschlecht geht mit einer Aktualisierung des Selbstkonzepts einher. Diese Neuorientierungen können Kinder unter Druck setzen und psychosomatische Beschwerden wie Kopf- oder Gliederschmerzen können auftreten. Insgesamt zeigt sich eine Zunahme solcher Symptome (Milde-Busch et al., 2010). Auch die Zahl von Depressionen steigt in dieser Zeit an (Seligman et al., 2009).

Um dem beschriebenen Trend entgegenzuwirken, bietet es sich an, dass Schüler/innen auf konkrete Strategien zurückgreifen können, mit denen sie die eigenen Emotionen in Dauer, Intensität und Häufigkeit beeinflussen können. Negative Emotionen, wie Ärger und Trauer, sollten hierdurch kontrolliert werden. Dies kann beispielsweise durch Ablenkung, Neubewertung oder Abreagieren gelingen. Positive Emotionen, wie Freude, Dankbarkeit oder Stolz, hingegen sollen verstärkt werden, indem sie fokussiert und ausgelebt werden (Larsen & Prizmic; 2004; zit. n. nach Hagenauer & Hascher, 2012). Die Fähigkeit, flexibel und bedarfsgerecht auf die eigenen Emotionen einwirken zu können, wird Emotionsregulation genannt. Diese wird als ein Teilbereich der emotionalen Kompetenz aufgefasst (Neubauer & Freudenthaler, 2001, 2006; zit. n. nach Hagenauer & Hascher, 2012).

Sowohl Emotionen als auch deren Regulation weisen eine situative Beeinflussbarkeit auf und sind daher nicht unbedingt als zeitstabile Variablen zu betrachten (Sheppes & Gross, 2011). Eine systematische Übersicht zur Erfassung von Emotionsregulation geht auf Dorn, Spindler, Kullik, Petermann und Barnow zurück (2013) und zeigt, dass diese oftmals situativ oder mit einer geringen zeitlichen Verzögerung erhoben wird (vgl. Fahrenberg, Myrtek, Pawlik, & Perrez, 2007; Shiffman, Stone, & Hufford, 2008). Dabei stellt eine mögliche Methode der Erhebung die Beobachtung des Verhaltens dar (Kullik & Petermann, 2012).

1.1 Lebenskunst als langfristiger Ansatz zur Steigerung des Wohlbefindens

Emotionsregulation umschreibt zusammenfassend einen eher situativen Ansatz, der auf die kurz- bis mittelfristige Beeinflussung von zumeist negativen Affekten abzielt, um das Wohlbefinden zu verbessern. Ein Konstrukt, das ebenfalls die Absicht verfolgt Wohlbefinden zu erhöhen und sowohl auf das habituelle als auch auf das aktuelle Wohlbefinden abzielt, ist die Lebenskunst. Lebenskunst beschreibt einen achtsamen, selbstbestimmten und reflektierten Umgang mit dem Selbst und dem Leben (Schmid, 2013). Ziel ist ein gesteigertes Wohlbefinden, welches durch das Führen eines gelungenen und bejahenswerten Lebens erreicht werden soll. Zentral im Lebenskunst-Modell (Schmitz, 2016) ist der Umgang mit sich selbst, der in verschiedenen sich überschneidenden Bereichen bedacht wird. Lebenskunst ergibt sich aus den folgenden 17 Komponenten:

- Selbstbestimmte Lebensgestaltung: das eigene Leben selbst gestalten
- Selbstwirksamkeit: überzeugt sein, Schwierigkeiten effektiv bewältigen zu können
- Selbstkenntnis: die eigenen Stärken entdecken und einsetzen können
- Körperliche Fürsorge: den eigenen Körper gut behandeln z.B. durch Sport und Ernährung
- Genuss: die schönen Dinge des Lebens bewusst und intensiv auskosten
- Balance: immer wieder ein Gleichgewicht finden, z.B. zwischen Emotionen und Kognitionen
- Vereinbarkeit verschiedener Lebensbereiche: verschiedene Lebensbereiche miteinander vereinbaren können, z.B. Arbeit und Freizeit
- Coping: über ein Repertoire von Problembewältigungsstrategien verfügen und diese nutzen

- Positive Lebenseinstellung: dem Leben dankbar und optimistisch gegenüberstehen
- Gelassenheit: auch in schwierigen Situation Ruhe bewahren
- Offenheit: sich für neue Entwicklungen öffnen
- Optimierung: sich stetig verbessern, sich stets neue Ziele setzen
- Soziale Kontakte: die zwischenmenschlichen Beziehungen aktiv gestalten
- Umgebungsgestaltung: die Umgebung nach den eigenen Bedürfnissen gestalten
- Sinn: dem eigenen Leben einen Sinn verleihen
- Reflexion: das eigene Verhalten beobachten und daraus lernen
- Selbstaktualisierung: stets nach persönlichem Wachstum streben

Lebenskunst ist als Ansatz zu betrachten, der zwar ebenfalls situative Komponenten enthält (Genuss und Coping sind beispielsweise Lebenskunst-Strategien, die eher kurzfristig auf die Stimmung einwirken), aber darüber hinaus an der längerfristigen Beeinflussung des Wohlbefindens ansetzt. Dementsprechend beinhaltet Lebenskunst auch Komponenten, die über eine Beeinflussung der aktuellen Befindlichkeit hinausgehen (etwa Sinn, Reflexion, Positive Lebenseinstellung und Selbstbestimmte Lebensgestaltung). Grundsätzlich können temporäre negative Affekte und Stimmungen besser verarbeitet werden, wenn die Lebenszufriedenheit insgesamt als hoch eingeschätzt wird und man sich grundsätzlich wohl fühlt (Schmitz & Schmidt, 2014). Das Lebenskunst-Modell basiert also auf Einstellungen und Strategien zur Verbesserung der allgemeinen Befindlichkeit, die sowohl kurzzeitige als auch langfristige Effekte haben. Diese Einstellungen und Strategien können durch gezielte Interventionen beeinflusst werden und sind dementsprechend lernbar (Lang & Schmitz, 2016; Schmitz, 2016). Aus dem holistischen Ansatz ergeben sich vielfache Interventionen, welche die Lernenden sowie das Umfeld einbinden. Das Erlernen und Trainieren dieser Strategien kann daher in den schulischen Unterricht transferiert werden. Auf den Schulkontext übertragen bedeutet dies, dass Schüler/innen Verhaltensstrategien zur Verbesserung des allgemeinen Wohlbefindens als Teil des Unterrichts erlernen, die auch außerhalb des Unterrichts wirksam sind. Somit ist Lebenskunst sowohl für den schulischen als auch für den freizeitlichen Kontext relevant; günstigstenfalls entsteht daraus eine Positivspirale: Fühlen Kinder sich allgemein zufrieden, findet ein Transfer auf den Schulkontext statt; erfahren Kinder den Unterricht als angenehm, wirkt sich dies wiederum auf andere Lebensbereiche aus.

Eingeordnet werden kann der Ansatz der Lebenskunst in den Bereich Positive Psychologie. Disziplinen der Psychologie, wie die klinische Psychologie, fokussieren auf die Linderung und Eliminierung psychischer Störungen und verweisen auf präventive Möglichkeiten. Dabei zielt Positive Psychologie auf menschliche Stärken und auf die Verbesserung und Erhaltung des alltäglichen, psychischen Wohlbefindens ab (für einen Überblick zur Positiven Psychologie siehe Gable und Haid, 2005).

Anhand der Kurzbeschreibung der einzelnen Lebenskunst-Komponenten wird ersichtlich, dass das Lebenskunst-Modell eine Vielzahl von Komponenten enthält, die auch auf emotionaler Ebene von Bedeutung sind und zu einem guten psychischen Befinden beitragen können. Im Folgenden wollen wir daher entsprechende Zusammenhänge aufzeigen, die statistisch ermittelt wurden (Schmitz, Treichel, Schumacher, Lautz, & Linten, 2016). Eine Korrelation von $r = .71$ zeigt sich zwischen den Konstrukten Lebenskunst und Emotionale Kompetenz nach Rindermann (2009). Dessen Emotionale-Kompetenz-Fragebogen erhebt unter anderem emotionale Fähigkeiten wie das Erkennen, Regulieren und Steuern eigener Emotionen. Als besonders relevante Lebenskunst-Komponenten für die Zusammenhänge zu diesem Konstrukt haben sich Positive Lebenseinstellung, Balance, Selbstkenntnis, Selbstbestimmte Lebenseinstellung und Selbstwirksamkeit herausgestellt; die Korrelationen bewegten sich im Wertebereich zwischen $r = .55$ und $r = .59$. Diese statistischen Zusammenhänge lassen sich inhaltlich gut nachvollziehen: Abgeleitet vom Modell ergibt sich eine Auswahl von Strategien, die einen Bezug zum emotionalen Erleben aufweisen.

Lebenskunststrategien eignen sich für Zielgruppen unterschiedlichen Alters: So wurden Trainings zur Förderung der Lebenskunst sowohl für Schüler/innen der Grundschule und der Oberstufe (Lang & Schmitz, 2016) als auch für Studierende im universitären Kontext konzipiert (z.B. Ankenbrand & Schmitz, 2016). Die Vermittlung von Lebenskunststrategien wurde hierbei anschaulich aufbereitet, um den Transfer in den Alltag zu erleichtern.

Die Anwendung der Lebenskunst-Strategien führt sowohl zur Reduzierung negativer als auch zur Steigerung positiver Emotionen und fördert somit Wohlbefinden. Diese Zusammenhänge konnten mehrfach in Studien nachgewiesen werden (vgl. Schmitz, 2016), so hat sich eine Korrelation von .59 mit Lebenszufriedenheit gezeigt, $r = .62$ mit Wohlbefinden, sowie ein negativer Zusammenhang mit Depressivität von $r = -.59$. Trainings im Rahmen von prospektiv kontrollierten Studien mit randomisierter Zuteilung in Experimental- und Kontrollgruppen haben zudem bestätigt, dass Lebenskunst-Strategien trainierbar sind und dass deren Anwendung das Wohlbefinden steigern kann (vgl. Lang & Schmitz, 2016).

1.2 Wie kann Wohlbefinden in den Lernkontext eingebunden werden?

Wir haben Lebenskunst als Ansatz zur Steigerung des langfristigen Wohlbefindens eingeführt, der grundsätzlich lernbar ist und eine Kombination aus situativen und langfristigen Komponenten enthält. Nun wollen wir die Frage erörtern, inwieweit die Vermittlung dieser Lehrinhalte im schulischen Kontext lohnend und umsetzbar ist.

In bestehenden Curricula ist die Vermittlung von Wohlbefinden zunächst nicht vorgesehen. Daher gestaltet sich die Integration derartiger Lerninhalte in den Unterricht meist schwierig. Dennoch gibt es bereits Vorläufermodelle, etwa die Willy-Hellpach-Schule in Heidelberg, in der das Schulfach Glück in das Curriculum integriert wurde. Eine weitere Option stellen extracurriculare Angebote wie z.B. Projektwochen dar, bei denen die Inhalte gelehrt werden.

Auch in Bezug auf die Forschung zeigt sich, dass ein weiterer Bedarf an Studien besteht, die Interventionen zur Förderung von Wohlbefinden und positiven Emotionen in den Lehr-Lernkontext einbinden. So konnte beispielsweise die Metaanalyse von Bolier et al. (2013) keine schulkontextbasierten Studien aufnehmen. Es besteht daher eine Diskrepanz zwischen dem Wissen um die Wichtigkeit von Interventionen im Lehr-Lernkontext, die auf die Verbesserung des Wohlbefindens abzielen, und der Empirie.

Fassen wir daher noch einmal zusammen, weshalb es sinnvoll ist, Inhalte der Lebenskunst in den Schulkontext aufzunehmen:

Lebenskunst ...
... vermehrt positive Emotionen und verstärkt das Wohlbefinden,
... beugt Stress und Belastungen vor,
... kann die eigene Lernleistung verbessern und
...erzielt langfristige Effekte.
Im Folgenden beschreiben wir eine Auswahl an Interventionsstudien, welche die Konzeption, Durchführung und Evaluation von Trainings zum Ziel hatten, um Lebenskunst zu verbessern und Wohlbefinden sowie das Erleben von positiven Emotionen zu steigern.

2. Interventionen zur Steigerung der Lebenskunst im Lernkontext

2.1 Lebenskunsttraining für Studierende mit dem Fokus auf einer positiven Lebenseinstellung

Ein Training zur Steigerung der Lebenskunst mit dem Fokus auf der Komponente Positive Lebenseinstellung (Ankenbrand & Schmitz, 2016) legte den Grundstein für folgende Interventionsstudie. Die Studie untersuchte, inwiefern Lebenskunst durch positive Interventionen gefördert werden kann. Die Komponente Positive Lebenseinstellung korreliert hoch mit der Lebenskunstgesamtskala ($r = .80$), weshalb sie als ein essentieller Baustein der Lebenskunst gesehen werden kann, und rückt daher in den Trainingsfokus der im Folgenden vorgestellten Studie. Zu einer positiven Lebenseinstellung zählen unter anderem Dankbarkeit, Freude und Optimismus (Seligman, 2011). Unterteilt wurde die vorwiegend studentische Stichprobe ($N = 72$) in drei Gruppen: Experimentalgruppe 1 (EG1) war auf kognitiv-fokussierte Übungen beschränkt, wohingegen Experimentalgruppe 2 (EG2) zusätzlich körperfokussierte Übungen erhielt. Die Intervention beinhaltete zwei Sitzungen zu jeweils zwei Stunden. Die Prätestung erfolgte zu Beginn der ersten Trainingseinheit. Zwischen den Trainings lag eine Woche, in der die Teilnehmenden eigenständig die zuvor besprochenen Übungen durchführen sollten. Nach der zweiten Trainingseinheit erfolgte dann die Posttestung. Die Kontrollgruppe (KG) erhielt kein Training. Mit dem Fragebogen von Schmitz und Schmidt (2014) wurde die Lebenskunst erfasst ($α = .96$). Zusätzlich wurde die Lebenszufriedenheit mittels der Satisfaction with Life Scale (Glaesmer, Grande, Braehler, & Roth, 2011; $α = .86$), die Ausprägung des Optimismus mit der Revision des Life Orientation Test (Glaesmer, Hoyer, Klotsche, & Herzberg, 2008; $α = .89$) und das subjektive Wohlbefinden mit der Subjective Happiness Scale (Lyubomirsky, 2008; $α = .82$) erhoben. Vor allem sollte untersucht werden, inwieweit Gruppenunterschiede festgestellt werden können in Bezug auf die beiden Trainingsvarianten (rein kognitive Übungen vs. kognitiv-körperfokussierte Übungen). Zu den kognitiven Trainingsinhalten zählten Übungen, wie der Ausdruck von Dankbarkeit in Form eines Briefs oder das Vorstellen eines Wunsch-Ichs, welches den Optimismus der Teilnehmer stärken sollte. Die kognitiv-körperfokussierten Übungen sollten den Fokus auf den eigenen Körper richten und dabei die Emotionen positiv beeinflussen. Die Experimentalgruppe dieser Trainingsvariante erhielt Übungen mit einer Bewegungskomponente oder übte die bewusste Wahrnehmung ihrer Sinneseindrücke. Dazu zählten Übungen, wie das aufrechte Gehen, bei dem die Teilnehmer die positive Wirkung einer aufrechten Haltung im Gegensatz zu einer gekrümmten Haltung spüren sollten.

Die Ergebnisse der t-Tests (siehe Tabelle 1) zeigen, dass beide Trainingsvarianten einen positiven Effekt auf die Lebenskunst der Teilnehmenden hatten. Die Kontrollgruppe zeigte keine Steigerung der Lebenskunstwerte. In den Gruppen mit Training konnten folgende Lebenskunst-Skalen signifikant verbessert werden: Balance, Genuss, Umgebungsgestaltung, Körperliche Selbstfürsorge, Offenheit, Optimierung, Selbstbestimmte Lebensgestaltung, Selbstkenntnis und Selbstwirksamkeit. Auch für weitere Zielvariablen (Optimismus und subjektives Wohlbefinden) ergaben sich signifikante Effekte. Es konnten keine Unterschiede zwischen den beiden Trainingsvarianten gezeigt werden, einzig die Komponenten Gelassenheit und Lebenszufriedenheit konnten ausschließlich in der kombinierten Trainingsvariante gesteigert werden. Zusammenfassend zeigen die Ergebnisse, dass Lebenskunst erfolgreich trainiert werden kann.

Tabelle 1: Ergebnisse der Vergleiche zwischen den Experimentalgruppen und der Kontrollgruppe

LK-Skala	Experimentalgruppen (n = 47) vs. Kontrollgruppe (n = 25)			Experimentalgruppe 1 (n = 23) vs. Experimentalgruppe 2 (n = 24)		
Skalen	t	df	d	t	df	d
Balance	- 3.07**	69	-0.74	0.34	69	-
Gelassenheit	- 1.60	69	-	2.97**	69	0.72
Genuss	- 2.22**	69	-0.53	1.15	69	-
Gestaltung von Lebensbedingungen	- 3.81**	69	-0.92	- 1.10	69	-
Körperliche Selbstfürsorge	- 3.20**	69	-0.77	- 1.11	69	-
Offenheit	- 2.05*	69	-0.49	0.03	69	-
Optimierung	- 3.21**	69	-0.77	1.05	69	-
Positive Lebens-einstellung	- 3.35**	69	-0.81	0.33	69	-
Selbstkenntnis	- 3.19**	69	-0.77	- 0.99	69	-
Selbstbestimmte Lebensgestaltung	- 3.24**	69	-0.78	0.82	69	-
Selbstwirksamkeit	- 3.94**	69	-0.95	0.24	69	-
Lebenskunst-Gesamt	-4.78**	69	-1.15	0.75	69	-

* $p < .05$, ** $p < .01$

2.2 Lebenskunsttraining für Schüler/innen der Oberstufe und der Grundschule

Bezugnehmend auf eine Studie von Lang und Schmitz (2016) wurden Trainings zur Steigerung von Lebenskunst bei Schüler/innen der Oberstufe (Studie 1) und bei Schüler/innen der Grundschule (Studie 2) entwickelt und getestet. Ziel war es, erste Trainingskonzepte mit Schüler/innen zu entwickeln, deren Einsatz die Lebenskunstwerte der teilnehmenden Kinder verbessern kann.

Für das zwei Sitzungen á 90 Minuten umfassende Training mit Schüler/innen der Oberstufe (Alter 16-19, $N = 58$) wurden aufgrund theoretischer Überlegungen fünf zu trainierende Komponenten ausgewählt. Diese wurden in drei Trainingsbedingungen, zwei Experimentalgruppen und einer Kontrollgruppe, untersucht. Die trainierten Komponenten waren Coping, Selbstkenntnis, Positive Lebenseinstellung, Genuss und Körperliche Fürsorge. Die erste Bedingung umfasste ein kognitives Training (EG1) mit Übungen zu den Komponenten Coping, Selbstkenntnis und Positive Lebenseinstellung. Z.B. sollten die Teilnehmenden als Coping-Übung das ABCDE Schema nach Ellis (1985) anwenden. Hierfür lernten sie, dass sie Situationen selbst positiv beeinflussen können. In der zweiten Bedingung (EG2) erhielten die Schüler/innen ein kombiniertes Training mit kognitiven und körperfokussierten Inhalten zu Coping, Selbstkenntnis, Genuss und Körperlicher Selbstfürsorge. Um im kombinierten Training einen Fokus auf den eigenen Körper zu erzielen, wurde beispielsweise eine progressive Muskelentspannung durchgeführt. Erneut wurde der Fragebogen zur Erfassung der Lebenskunst von Schmitz und Schmidt (2014) eingesetzt. Für den Gesamtscore der Lebenskunst ergab sich im Prätest ein Wert von $α = .95$. Die Retest-Reliabilität lag bei $r > .89$.

Die Ergebnisse der Varianzanalysen mit Messwiederholung zeigen, dass sowohl der Gesamtwert der Lebenskunst sowie einzelne Komponenten bereits mit zwei kurzen Trainingssitzungen gesteigert werden konnten. Zwischen den beiden Experimentalbedingungen konnte jedoch kein signifikanter Unterschied bestätigt werden.

In Studie 2 wurde ein Training für Grundschulkinder konzipiert (Alter 8-11, $N = 88$). Sowohl die Teilnehmer/innen der Experimentalgruppe als auch die Teilnehmer/innen der Wartekontrollgruppe erhielten ein 60-minütiges Lebenskunsttraining. Eine Geschichte über eine Schatzsuche diente als Rahmen für das Training. Die Schüler/innen wurden im Zusammenhang mit der Schatzsuche dazu animiert, Übungen zu den folgenden Komponenten zu bearbeiten: Positive Lebenseinstellung, Genuss und Gelassenheit. Für die Erfassung der Lebenskunst wurden einzelne Items aus dem Lebenskunstfragebogen von Schmitz und Schmidt (2014) verwendet und kindgerecht aufbereitet. Der so modifizierte Fragebogen wies interne Konsistenzen von $α = .90$ im Prätest und $α = .80$ im Posttest auf.

Die Ergebnisse der multivariaten Varianzanalyse zeigen, dass die Lebenskunstausprägungen im Gesamten sowie in den einzelnen Skalen durch das Training gesteigert werden konnten. Außerdem zeigte sich, dass die Lebensqualität der Schüler/innen in der Experimentalgruppe signifikant anstieg. Dies wurde durch ein Inventar zur Messung der Lebensqualität von Kindern und Jugendlichen festgestellt (Mattejat & Remschmidt, 2006).

Es ist ungewiss, ob das komplexe Konstrukt der Lebenskunst bereits mit den wenigen ausgewählten Skalen beschrieben werden kann. Wegen des Alters der untersuchten

Grundschulkinder und aufgrund kognitiver Fähigkeiten der Grundkinder erscheint es notwendig, nur wenige Dimensionen auszuwählen, um ein erfolgreiches und durchführbares Training zu gestalten. Zusammenfassend wird deutlich, dass Lebenskunst bereits durch kurze zweimalige Interventionen gesteigert werden kann.

2.3 Der Einsatz von Tagebüchern zur Förderung der Lebenskunst

Eine weitere Maßnahme Lebenskunst und somit Wohlbefinden zu steigern und darüber hinaus positive Effekte auf die Lernleistung zu erzielen, stellt die Verwendung eines Tagebuchs dar (vgl. Bruder, Perels, Schmitz, & Bruder, 2004). Basierend auf dem Fragebogen zur Erfassung der Lebenskunst (Schmitz, 2016) entwickelte Berger (2016) ein Online-Tagebuch für Studierende und erweiterte dieses durch eine Feedbackkomponente. Untersucht wurde, inwiefern sich personalisiertes Feedback auf die Lebenskunstwerte der Proband/innen auswirkt. Um diesen Effekt zu untersuchen, führten die Proband/innen über 28 Tage ein Online-Tagebuch, welches aus Items des Lebenskunstfragebogens und zwei offenen Fragen bestand, die den Einsatz von sogenannten Lebenskunststrategien abfragten. Die studentische Stichprobe wurde in zwei Interventionsgruppen (n = 46) aufgeteilt. Eine dritte Gruppe diente als Kontrollgruppe (n = 14) und erhielt keine Form einer Intervention. Aufgeteilt waren die Teilnehmenden der Interventionsgruppe in zwei Bedingungen, dabei erhielt die EG1 wöchentlich ein personalisiertes Feedback auf ihre Tagebucheinträge, die EG2 hingegen erhielt kein Feedback, sondern führte ausschließlich das Tagebuch. Jeweils vor und nach der Intervention beantworteten die Proband/innen ein Frageninventar bestehend aus dem Lebenskunstfragebogen (Schmitz & Schmidt, 2014; α = .96), Satisfaction with Life Scale (Glaesmer, Grande, Braehler & Roth, 2011; α = .84) und Questionnaire of Eudaimonic Well-Being (Waterman et al., 2010; α = .73).

Die Analysen der Ergebnisse (siehe Tabelle 2) konnte in der EG1 einen signifikanten Anstieg der SWLS und der Lebenskunstskalen Balance, Coping, Optimierung und Sinn zeigen. In der EG2 ergaben sich hingegen keine signifikanten Effekte zwischen den zwei Messzeitpunkten, jedoch stieg auch in dieser Gruppe die SWLS signifikant an. Auch wenn es kein gezieltes Feedback auf die Tagebucheinträge der Proband/innen in der EG2 gab, wurde trotzdem ein Effekt des Tagebuchs auf die Lebenskunstskalen vermutet, allein dadurch bewirkt, dass eine regelmäßige Reflexion durch das Niederschreiben der Tagesereignisse stattfand (Wilz & Brähler, 1997). Da in beiden Interventionsgruppen der Wert der Satisfaction-with-Life-Scale signifikant gestiegen ist, lässt sich ein positiver Effekt des Tagebuchs auf das subjektive Wohlbefinden annehmen. In der KG hingegen kam es zu keinem signifikanten Anstieg der erhobenen Werte. Die Follow-up-Untersuchung erfolgte vier Wochen nach der Posttestung und zeigte keine signifikanten Veränderungen der Werte, jedoch wurde in allen Gruppen ein eher positiver Trend der Mittelwerte festgestellt.

Die prozessualen Ergebnisse zeigten sowohl in der EG1 $F(1, 26) = 9.05$, $p = .006$ wie auch in der EG2 $F(1, 26) = 9.82$, $p = .004$ einen signifikanten positiven linearen Trend der Tagebucheinträge. Somit haben die Teilnehmenden über die Zeit höhere Werte in den Lebenskunstitems des Tagebuchs erzielt. Auch Wilz und Brähler (1997) postulierten, dass ein Festhalten von Erlebnissen, Gedanken und Empfindungen in vielen Lebensphasen als ein hilfreiches Instrument der Selbstreflexion gesehen werden kann. In der Psychologie und in der Psychotherapie finden Tagebücher überwiegend ihre Anwendung als Instrument zur Selbstbeobachtung, Selbstkonfrontation und Selbsterkenntnis. Zusammenfassend zeigte die Studie von Berger (2016) ebenfalls den positiven Effekt eines Tagebuchs auf das Wohlbefinden und auch auf die Lebenskunst der Personen auf.

Tabelle 2: Vergleich von Prä- und Posttest. Mittelwerte und Standardabweichungen der einzelnen Lebenskunstskalen von EG1 und EG2

Skala	Experimentalgruppe 1 (n = 23)						Experimentalgruppe 2 (n = 23)					
	Prätest		Posttest				Prätest		Posttest			
	M	SD	M	SD	$V(23)$	d	M	SD	M	SD	$V(23)$	d
Balance	3.00	0.45	3.60	0.42	67*	-1.38	2.99	0.57	3.58	0.56	75.5	–
Coping	3.93	0.79	4.50	0.62	25***	-0.8	3.85	0.87	4.34	0.91	75.5	–
Optimierung	3.47	0.56	4.66	0.45	19***	-2.34	3.39	0.62	4.74	0.57	82.5	–
Sinn	4.51	0.35	4.59	0.32	58.5*	–	4.54	0.40	4.63	0.40	89.5	–
SWLS	4.48	0.84	5.57	0.99	60*	-1.19	4.59	1.12	4.94	1.21	14.5**	-0.30

Anmerkung: Die Signifikanz des V-Wertes (Wilcoxon-Vorzeichen-Rangtest) wird mit * gekennzeichnet, wobei folgendes gilt: * $p < .05$, ** $p < .01$ und *** $p < .001$

3. Zusammenfassung und Ausblick

Wir haben gezeigt, dass sich emotionale Aspekte, die für das Wohlbefinden von Bedeutung sind, durch das Lebenskunst-Modell vorhersagen lassen. Die Förderung von positiven Emotionen sowie des Wohlbefindens sind dabei besonders im Lernkontext relevant. Wohlbefinden und positive Emotionen stellen zum einen Zielvariablen dar. Zum anderen wirken sie wie ein Mediator positiv auf die Lernleistung, indem etwa Konzentration und Aufmerksamkeit begünstigt werden.

Der Zusammenhang zwischen Wohlbefinden und besseren Lernergebnissen zeigt die Relevanz der gezielten Förderung von Wohlbefinden im Lehr- und Lernkontext. Eine Möglichkeit stellt dabei das Trainieren von Lebenskunst dar. In unterschiedlichen Untersuchungen konnte einerseits der positive Effekt von Lebenskunst auf das Wohlbefinden und andererseits die Trainierbarkeit von Lebenskunst gezeigt werden (Schmitz, 2016). In den zuvor beschriebenen Studien wird deutlich, dass Lebenskunststrategien für unterschiedliche Zielgruppen aufbereitet werden können, so wurden unter anderem ein Training für Schüler/innen der Grundschule und der Oberstufe (Lang & Schmitz, 2016) sowie ein Training für Studierende entwickelt und durchgeführt (z.B. Ankenbrand & Schmitz, 2016).

Für zukünftige Studien ist es zentral, den Transfer der Trainingsinhalte bzw. der geförderten positiven Emotionen in das alltägliche Leben der Teilnehmer/innen zu gewährleisten, um weiterhin die eigenen positiven Emotionen achtsam wahrzunehmen. Das selbständige Durchführen der Übungen im täglichen Leben erfordert jedoch einige selbstregulatorische Fähigkeiten. Bisherige Studien konnten zeigen, dass sich ein freiwilliges Fortführen der Übungen besonders vorteilhaft auf die Effektivität auswirkt (Gander, René, Ruch, & Wyss, 2012).

Da es sich bei dem hier vorgestellten Zusammenhang zwischen Lebenskunst und Emotionsregulation um korrelative Ergebnisse handelt, müssten für genauere Aussagen diesbezüglich Studien mit einem experimentellen Design durchgeführt werden, welche den Zusammenhang auf ihre Kausalität prüfen, also die Frage klären, inwieweit sich Emotionsregulation durch Lebenskunst steigern lässt und welche Lebenskunst-Komponenten diesbezüglich die ausschlaggebenden sind. Die direkten Zusammenhänge zwischen Lebenskunst und Leistungsmaßen wurden ebenfalls bisher noch nicht untersucht. Um daher einen tatsächlichen Effekt eines Lebenskunsttrainings auf die schulische Leistung zeigen zu können, müssten in folgenden Studien die Schulnoten beziehungsweise effektive Leistungen der Schüler/innen miterhoben werden. Zukünftige Studien zur Erforschung der Lebenskunst sind notwendig.

Literatur

Abe, J. A. A. (2011). Positive emotions, emotional intelligence, and successful experiential learning. *Personality and Individual Differences, 51*, 817–822.

Ankenbrand, J., & Schmitz, B. (2016). Comparison of a cognitive and a combined cognitive/body-related intervention for enhancing art-of-living. In B. Schmitz (Ed.), *Art-of-Living: A Concept to Enhance Happiness* (pp. 109–128). Cham, Schweiz: Springer.

Baumert, J., & Köller, O. (1998). Nationale und internationale Schulleistungsstudien: Was können sie leisten, wo sind ihre Grenzen? *Pädagogik, 50*, 12–18.

Berger, J. (2016). *Lebenskunst und Feedback. Eine Interventionsstudie zur Auswirkung von personalisiertem Feedback auf Lebenskunst* (Unveröffentlichte Masterthesis). Technische Universität Darmstadt.

Bolier, L., Haverman, M., Westerhof, G. J., Riper, H., Smit, F., & Bohlmeijer, E. (2013). Positive psychology interventions: A meta-analysis of randomized controlled studies. *BMC Public Health, 13*, 119.

Bruder, S., Perels, F., Schmitz, B., & Bruder R. (2004). Die Förderung selbstregulierten Lernens bei der Hausaufgabenbearbeitung- Evaluation eines Schüler- und Elterntrainings auf der Basis von Prozessdaten. In J. Doll, & M. Prenzel (Hrsg.), *Schulische und außerschulische Ansätze zur Verbesserung der Bildungsqualität* (S. 377–398). Münster: Waxmann.

Daniels, Z. (2008). *Entwicklung schulischer Interessen im Schulalter*. Münster: Waxmann.

Dorn, C., Spindler, G., Kullik, A., Petermann, F., & Barnow, S. (2013). Erfassung von Emotionsregulationsstrategien – eine Übersicht. *Psychologische Rundschau, 64*(4), 217–227.

Ellis, A. (1985). Expanding the ABC's of rational-emotive therapy. In M. Mahoney, & A. Freeman (Eds.), *Cognition and psychotherapy* (pp. 313–323). New York: Plenum.

Fahrenberg, J., Myrtek, M., Pawlik, K., & Perrez, M. (2007). Ambulatory assessment – monitoring behavior in daily life settings: A behavioral-scientific challenge for psychology. *European Journal of Psychological Assessment, 23*, 206–213.

Fredrickson, B. L. (2004). The broaden-and-build theory of positive emotions. *Philosophical transactions of the royal society, 359*, 1367–1377.

Gable, S. L., & Haid, J. (2005). What (and why) is positive psychology? *Review of General Psychology, 9*, 103–110.

Gander, F., René, T. P., Ruch, W., & Wyss, T. (2012). Strength-based positive interventions: Further evidence for their potential in enhancing well-being. *Journal of Happiness Studies, 14*(4), 1241–1259.

Glaesmer, H., Hoyer, J., Klotsche, J., & Herzberg, P. Y. (2008). Die deutsche Version des Life-Orientation-Tests (LOT-R) zum dispositionellen Optimismus und Pessimismus. *Zeitschrift für Gesundheitspsychologie, 16,* 26–31.

Glaesmer, H., Grande G., Braehler E., & Roth, M. (2011). The German version of the satisfaction with life scale – psychometric properties, validity and population based norms. *European Journal of Psychological Assessment, 27*(2), 127–132.

Götz, T. (2011). *Emotion, Motivation und selbstreguliertes Lernen.* Paderborn: Schöningh UTB.

Hagenauer, G., & Hascher, T. (2012). Erfassung kognitiver Regulationsstrategien bei Schulunlust. *Empirische Pädagogik, 26*(4), 452–477.

Hascher, T., & Hagenauer, G. (2011). Schulisches Wohlbefinden im Jugendalter – Verläufe und Einflussfaktoren. In A. Ittel, H. Merkens, L. Stecher, & J. Zinnecker (Hrsg.), *Jahrbuch Jugendforschung* 2010 (S. 15–45). Wiesbaden: VS.

Helmke, A. (1993). Die Entwicklung der Lernfreude vom Kindergarten bis zur 5. Klassenstufe. *Zeitschrift für Pädagogische Psychologie, 7,* 77–86.

Kullik, A., & Petermann, F. (2012). *Emotionsregulation im Kindesalter.* Göttingen: Hogrefe.

Lang, J., & Schmitz, B. (2016). Art-of-Living Training: Developing an intervention for students to increase art-of-living. *Applied Psychology Health and Well-Being, 8*(3), 279–300.

LBS-Kinderbarometer Deutschland (2009). Zugriff am 9.1.2017 unter https://www.lbs.de/media/unternehmen/west_6/kibaro/Kibaro_2009.pdf

Lyubomirsky, S. (2008). *Glücklich sein.* Frankfurt a. M.: Campus.

Mattejat, F., & Remschmidt, H. (2006). *Inventar zur Erfassung der Lebensqualität bei Kindern und Jugendlichen.* Schweiz: Huber.

Milde-Busch, A., Blaschek, A., Borggraefe, I., Von Kries, R., Straube, A., & Heinen, F. (2010). Besteht ein Zusammenhang zwischen der verkürzten Gymnasialzeit und Kopfschmerzen und gesundheitlichen Belastungen bei Schülern im Jugendalter? *Klin Padiatr, 222*(4), 255–260.

Pekrun, R., Götz, T., Titz, W., & Perry, R. P. (2002). Academic emotions in students' self-regulated learning and achievement: A program of qualitative and quantitative research. *Educational Psychologist, 37*(2), 91–105.

Prenzel, M. (1988). *Die Wirkungsweise von Interesse.* Opladen: Westdeutscher Verlag.

Rindermann, H. (2009). *Emotionale-Kompetenz-Fragebogen (EKF). Manual.* Göttingen: Hogrefe.

Schmid, W. (2013). *Mit sich selbst befreundet sein: Von der Lebenskunst im Umgang mit sich selbst.* Frankfurt a.M.: Suhrkamp.

Schmitz, B. (2016). *Art-of-Living. A concept to enhance happiness.* Cham, Schweiz: Springer.

Schmitz, B., Treichel, K., Schumacher, B., Lautz, A., & Linten, J. (2016). Validation Studies for Art-of-Living. In B. Schmitz (Ed.), *Art-of-Living: A Concept to Enhance Happiness* (pp. 45–91). Cham, Schweiz: Springer.

Schmitz, B., & Schmidt, A. (2014). Entwicklung eines Fragebogens zur Lebenskunst. Psychologie in Erziehung und Unterricht. *Psychologie in Erziehung und Unterricht, 61*(4), 252–266.

Schmitz, B., & Wiese, B. S. (2006). New perspectives for the evaluation of training sessions in self-regulated learning: Time series-analyses of diary data. *Contemporary Educational Psychology, 31*(1), 64–96.

Seligman, M. E. P. (2011). *Der Glücksfaktor: Warum Optimisten länger leben* (8. Aufl.). Köln: Bastei Lübbe.

Seligman, M. E. P., Ernst, R. M., Gillham, J., Reivich, K., & Linkins, M. (2009). Positive education: Positive psychology and classroom interventions. *Oxford Review of Education, 35*(3), 293–311.

Seligman M. E. P., Steen, T. A., Park, N., & Peterson, C. (2005). Positive psychology progress: Empirical validation of interventions. *American Psychologist, 60*(5), 410–421.

Sheppes, G., & Gross, J. J. (2011). Is timing everything? Temporal considerations in emotion regulation. *Personality and Social Psychology Review, 15,* 319–331.

Shiffman, S. S., Stone, A. A., & Hufford, M. R. (2008). Ecological momentary assessment. *Annual Review of Clinical Psychology, 4,* 1–32.

Waterman, A. S., Schwartz, S. J., Zamboanga, B., Ravert, R. D., Williams, M. K., Bede-Agocha, V., Kim, S. Y., & Donnellan, M. B. (2010). The questionnaire for eudaimonic well-being: Psychometric properties, demographic comparisons, and evidence of validity. *The Journal of Positive Psychology, 5*(1), 41–61.

Wilz, G., & Brähler, H. (1997). *Tagebücher in Therapie und Forschung. Ein anwendungsorientierter Leitfaden*. Göttingen: Hogrefe.

Gerda Hagenauer, Alexander Strahl, Josef Kriegseisen und Franz Riffert

Emotionen von Schülerinnen und Schülern im Physikunterricht auf Basis des Lernzyklenunterrichts
Befunde einer zweijährigen Interventionsstudie

Abstract

Die Freude am Naturwissenschaftsunterricht ist bei Österreichs Schüler/innen eher gering ausgeprägt. Basierend auf dem Unterrichtsansatz der Lernzyklen setzte sich die vorliegende Studie daher das Ziel, die positiven Emotionen von Schüler/innen im Physikunterricht auf der Sekundarstufe I zu fördern und die negativen Emotionen zu reduzieren. Der Lernzyklenunterricht beruht auf einer gemäßigt konstruktivistischen Unterrichtskonzeption und findet in drei Phasen statt: Romance, Precision und Generalization. An einer zweijährigen Interventionsstudie (Treatment- und Kontrollgruppen) nahmen 120 Schüler/innen aus drei Neuen Mittelschulen (6 Klassen; Klassenstufen 6 und 7) und ihre Physiklehrkräfte teil. Die Schüler/innen wurden sowohl zu ihren Trait- als auch ihren State-Emotionen wiederholt befragt. Ebenso wurden das akademische Selbstkonzept und das Interesse an Physik erfasst. Die Ergebnisse belegen positive Effekte für die Trait-Emotionen Freude, Ärger, Stolz und Langeweile (umgepolt) für die Schüler/innen, die Lernzyklenunterricht erhielten, im Vergleich zur Kontrollgruppe. Des Weiteren waren die positiven State-Emotionen in der Romance- und Generalization-Phase in der Treatmentgruppe höher als in der Kontrollgruppe. Ein Physikunterricht, der am Lernzyklenansatz fokussiert, kann folglich als förderlich für das situative emotionale Erleben der Schüler/innen eingestuft werden, sowie er auch den Rückgang an positiven und die Zunahme an negativen Trait-Emotionen über die Zeit abschwächen kann. Kein Effekt zeigte sich für das akademische Selbstkonzept und das Interesse.

1. Einleitung

Emotionen sind bedeutsam für das schulische Lernen. Positive Emotionen unterstützen beispielsweise die Anstrengungsbereitschaft, wodurch indirekt auch die Leistung gefördert wird (im Überblick Pekrun & Linnenbrink-Garcia, 2014). Allerdings zeigen Forschungsarbeiten auch, dass eine positive emotional-motivationale Besetzung dem Lernen gegenüber im Laufe der Schulzeit abnimmt (z.B. Interesse, Lernfreude, intrinsische Lernmotivation), wobei von diesem negativen Trend insbesondere Lernende der Sekundarstufe 1 betroffen sind (Eder, 2007; Hagenauer, 2011).

Emotionen sind domainspezifisch, d.h. sie variieren ihrem Auftreten und in ihrer Intensität zwischen den Schulfächern (Götz, Frenzel, Pekrun, & Hall, 2006). Bisherige Studien haben überwiegend die Emotionen im Fach Mathematik untersucht, während sich im Vergleich dazu weniger Arbeiten mit dem Emotionserleben von Schüler/innen in weiteren MINT-Fächern befasst haben (Sinatra, Broughton, & Lombardi, 2014). Generell zeigen Studien, dass Schüler/innen in den Naturwissenschaften eine eher geringe Motivation aufweisen (Schwantner, 2009). Dies betrifft insbesondere die Fächer Physik und Chemie (im Vergleich zur Biologie), welche überwiegend von Mädchen negativ bewertet werden (Weiglhofer, Stadler, & Lembens, 2009).

Das Interesse am Unterrichtsfach Physik gilt ebenso als gering (Hoffmann, Häußler, & Lehrke, 1998; Merzyn, 2008). Einige Schüler/innen entwickeln sogar Aversionen gegen das Fach (Heise, Sinzinger, Stuck, & Wodzinski, 2014; Hopf, Schecker, & Wiesner 2011). Allerdings gibt es Hinweise, dass sich die Einstellung der Schüler/innen zum Positiven ändert (Herbst, Fürtbauer, & Strahl, 2016). Eine geringe Motivation bzw. ein geringes Interesse für ein Fach – Merkmale, die eng an die Emotionen gebunden sind – haben mittelbare negative Folgen für den Kompetenzerwerb; längerfristig auch für die Berufs- und Studienwahl. Diese Faktenlage steht in einem Spannungsverhältnis zum immer wieder berichteten Fachkräftemangel im MINT-Bereich (z.B. MINT 2020, für Österreich).

Der Unterrichtsgestaltung kommt eine Schlüsselfunktion bezüglich des Aufbaus und des Erhalts der positiven emotional-motivationalen Besetzung von naturwissenschaftlichen Inhalten zu (DeWitt & Archer, 2015; Osborne, Simone, & Collins, 2003). Basierend auf dieser Ausgangslage setzte sich die vorliegende Studie das Ziel, eine spezifische Instruktionsmethode – den so genannten Lernzyklenunterricht (Whitehead, 1929/1967) – in den Physikunterricht der Sekundarstufe 1 zu implementieren und im Hinblick auf seine Effektivität zu überprüfen. Entsprechend seiner Konzeption sollte dieser Unterrichtsansatz sowohl die Scientific-Reasoning-Fähigkeit der Schüler/innen fördern, als auch zu einem erhöhten positiven und einem reduzierten negativen emotionalen Erleben beitragen. In diesem Beitrag wird auf die Effekte des Lernzyklenunterrichts auf die Emotionen der Schüler/innen eingegangen. Methodisch wird an bisherigen Interventionsstudien deren zu kurze Dauer kritisiert, da Veränderungen im Emotionserleben der Schüler/innen hinreichend Zeit benötigen (Gläser-Zikuda, 2010). Daher wurde die vorliegende Interventionsstudie auch auf zwei Unterrichtsjahre angelegt.

1.1 Emotionen im Physikunterricht

Emotionen treten in der Schule sowohl im als auch außerhalb des Unterrichts vielfältig auf. Der vorliegende Beitrag legt den Fokus auf fachspezifische Lern- und Leistungsemotionen, worunter jene Emotionen subsummiert werden, die durch die Beschäftigung mit Lerninhalten, durch die Erbringung von Leistung sowie den schulischen Fachunterricht im Allgemeinen ausgelöst werden (Pekrun, Götz, Titz, & Perry, 2002).

Entsprechend eines Mehrkomponentenansatzes zeichnen sich Emotionen neben einer affektiven noch durch motivationale, kognitive, physiologische und expressive Komponenten aus (Scherer, 2004). Je nachdem, wie eine Situation bewertet wird, kann ein und dieselbe Unterrichtssituation bei Schüler/innen unterschiedliche Emotionen hervorrufen (Appraisal-Theorie, Ellsworth & Scherer, 2003). Die Kontroll-Wert-Theorie schreibt dabei den Kontroll- und Wertkognitionen eine zentrale Rolle zu (Pekrun, 2006; Pekrun & Perry, 2014): Wenn Schüler/innen davon überzeugt sind, eine Situation kontrollieren zu können und ihnen die Situation auch wertvoll erscheint, erhöht sich die Wahrscheinlichkeit, dass positive Emotionen, z.B. Lernfreude oder Stolz, auftreten. Die Unterrichtsgestaltung bestimmt zentral die Bewertung und folglich auch das emotionale Erleben. Gläser-Zikuda und Fuß (2008) konnten den engen Zusammenhang zwischen der Lehrer/innenkompetenz (z.B. bezüglich der Klarheit der Instruktion oder der Fähigkeit zu motivieren) und den Schüler/innenemotionen im Physikunterricht empirisch belegen (siehe auch Gläser-Zikuda, Fuß, Laukenmann, Metz, & Randler, 2005). In diesem Zusammenhang sind ebenso das akademische Selbstkonzept und das Interesse zu nennen: Das akademische Selbstkonzept stellt einen (Trait-)Indikator der persönlich wahrgenommenen Kontrolle im schulischen Feld dar und sollte folglich eng mit den Emotionen korrelieren (Götz, Cronjäger, Frenzel, Lüdtke, & Hall, 2010); ebenso wie das Interesse, das neben einer affektiven Komponente auch eine wertbezogene Komponente enthält (Krapp, 1999).

Des Weiteren sind die Dimensionen Aktivierung und Zeit in der Konzeptualisierung von Emotionen zu berücksichtigen. Emotionen können sowohl aktivierenden wie auch deaktivierenden Charakter aufweisen, und sie können vor, während und nach dem Lernen auftreten (Wild, Hofer, & Pekrun, 2001). So wird Langeweile beispielsweise als negative deaktivierende Emotion klassifiziert, während eine moderate Ausprägungsform von Angst zwar auch negativ erlebt wird, jedoch durchaus auch aktivierend sein kann. Ebenso ist zwischen den (situativen) State-Emotionen und den (habituellen) Trait-Emotionen (= Emotionseigenschaften) zu unterscheiden (Izard, 1999): Schüler/innen erleben in der aktuellen Unterrichtssituation bestimmte Emotionen; sie bringen dem Unterrichtsfach jedoch auch eine gewisse emotionale Grundhaltung entgegen, die sich biographisch entwickelt hat (Gläser-Zikuda, 2001). Diese emotionale Haltung und das aktuelle Emotionserleben beeinflussen einander wechselseitig.

Wie bereits erwähnt, gibt es relativ wenige Untersuchungen, die sich mit dem emotionalen Erleben von Schüler/innen im Physikunterricht beschäftigten. Götz, Keller und Martiny (2012) konnten belegen, dass die positiven Emotionen und auch die Kontroll- und Wertkognitionen im Physikunterricht bei Jungen deutlich höher ausgeprägt sind als bei Mädchen. Gläser-Zikuda (2001) konnte des Weiteren für den regulären Physikunterricht (Klassenstufe 8) zeigen, dass Freude vor allem durch das Beherrschen des Lernstoffs und die Unterrichtsgestaltung (z.B. Experimentieren) ausgelöst wurde und weniger durch die physikalischen Lerninhalte. Das Verstehen von Inhalten kann zudem Stolz hervorrufen, wie die in Australien durchgeführte Studie von Bellocci und Ritchie (2015) ergab. Physikalische Inhalte werden ebenso besonders dann geschätzt, wenn sie eine unmittelbare Relevanz für die Schüler/innen und ihre Lebenswelt aufweisen (Bennett & Hogarth, 2009; Osborne et al., 2003). Häußler, Bünder, Duit, Gräber und Mayer (1998) und auch Herbst et al. (2016) untersuchten, welche Tätigkeiten im Physikunterricht gerne gemacht werden. Es liegen vor allem praktische Tätigkeiten im Ranking vorne. Eine Interventionsstudie, in der ein Portfoliokonzept im Physikunterricht implementiert wurde, welches sich an den konstruktivistischen Prinzipien Schüler/innenorientierung, Kompetenzorientierung und Förderung von Selbststeuerung orientierte (Klassenstufe 8), zeigte zudem, dass die Langeweile bei Schüler/innen reduziert werden konnte, insbesondere bei Schüler/innen mit ungünstigen kognitiv-motivationalen Voraussetzungen (Vorwissen, Selbstwirksamkeit). Keine Effekte konnten für das Wohlbefinden und für die Freude festgestellt werden. Mädchen entwickelten sich ebenfalls nicht unterschiedlich im Vergleich zu den Jungen (Hagenauer, Klaß & Gläser-Zikuda, 2016).

Die Förderung positiver Emotionen in den Naturwissenschaften ist besonders für Österreichs Schüler/innen relevant, da die PISA Ergebnisse wiederholt gezeigt haben, dass die Freude an den Naturwissenschaften sehr gering ausgeprägt ist und deutlich unter dem OECD-Schnitt liegt. In PISA 2015 weisen lediglich die niederländischen Schüler/innen eine noch geringere Freude an den Naturwissenschaften auf als die österreichischen Schüler/innen (Salchegger, Wallner-Paschon, Schmich, & Höller, 2016).

1.2 Der Lernzyklenansatz

Der klassische Lernzyklus (Dewey, 1916; Whitehead 1929/1967, Karplus & Thier 1967; einen Überblick über die historischen Einflusslinien bei der Entwicklung der Lernzyklen bietet Riffert, Hagenauer, Kriegseisen, & Strahl, 2018) stellt einen gemäßigt konstruktivistischen Instruktionsansatz dar, der vor allem vom Physiker und Chemiker Robert Karplus (Karplus & Thier 1967) für den Bereich des Physik- und Chemieunterrichts, sowie von Biologen Anton Lawson für den Biologieunterricht nutzbar gemacht wurde und seither fast ausschließlich in diesen naturwissenschaftlichen Fächern implementiert und beforscht wurde[1]. Er besteht aus einer festgelegten Sequenz von drei Phasen, deren Abfolge für einen effektiven Unterricht optimal ist (Abraham & Renner, 1986): Romance, Precision und Generalization.

In der ersten Phase (*Romance*) liegt der Fokus auf dem Vorwissen der Schüler/innen und deren freien Exploration von naturwissenschaftlichen Phänomenen. Die Rolle der Lehrkraft in dieser Phase besteht neben der adäquaten Problemauswahl in der des wohlwollenden (motivierenden), aber auch kritischen, durch gezielte Fragen indirekt auf Fehlentwicklungen beim Lösungsversuch hinweisenden Mentors.

In der zweiten Phase (*Precision*) wechselt die Lehrkraft in eine aktivere Rolle, indem sie in gebotener Kürze jene aktuellen fachwissenschaftlichen Konzepte und Theorien vorstellt, welche für die Lösung der in der Romance-Phase gestellten Aufgaben relevant sind. Hierbei ist insbesondere darauf zu achten, dass sie bei der Einführung der Begriffe auf Lernerfahrungen der Schüler/innen in der Romance-Phase explizit Bezug nimmt, sodass also nicht Antworten auf nie von Schüler/innen gestellte Fragen gegeben werden, sondern die Relevanz der neuen Konzepte für die Schüler/innen klar wird. In dieser Phase sind die Schüler/innen eher passiv, sodass die Precision-Phase eine starke Ähnlichkeit zum klassischen Frontalunterricht aufweist.

Schließlich werden in der dritten Phase (*Generalization*) die gerade erworbenen Kenntnisse entweder an einer sehr ähnlichen Problemstellung gefestigt oder in einen größeren und neuen Zusammenhang gestellt und dort wiederum anhand eines zu bearbeitenden Problems angewendet und exploriert. Nach Whitehead stellt diese letzte Phase der Generalization eine Rückkehr in die Romance-Phase dar; der Zyklus wird also abgeschlossen und ein neuer beginnt (siehe auch Riffert, 2005).

Da die Phase 1 (Romance) und Phase 3 (Generalization) stark schüler/innenzentriert angelegt sind, lassen sich nur schwer genauere Angaben zur Durchführungsdauer

---

1 Neben diesem klassischen dreigliedrigen Learning Cycle Ansatz liegen noch verschiedene weitere Varianten vor, erwähnt seien hier nur der 5E Learning Cycle Ansatz (Bybee 2009), sowie der nicht im naturwissenschaftlichen Bereich entwickelte Experiential Learning Cycle Ansatz von David Kolb, der auch zumindest gelegentlich außerhalb des naturwissenschaftlich-technischen Bereichs Anwendung fand; erwähnenswert ist hier vor allem der Einsatz im Zweitsprachenunterricht (Kohonen, Jaatinen, Kaikkonen, & Lehtovaara, 2014; Domagala-Zysk, 2016).

machen; jedenfalls ist darauf hinzuweisen, dass in diesen Phasen der Unterricht dann nicht unterbrochen werden sollte, wenn die Schüler/innen gerade emotional engagiert am Problem arbeiten. Hier stellen sich, wie in offenen Lernformen grundsätzlich, die 45- bzw. 50-Minuten-Einheiten einer traditionellen Unterrichtsstunde als Störquelle heraus. Im Learning Cycle Unterricht sollte daher darauf geachtet werden, dass möglichst in Doppeleinheiten unterrichtet wird, damit zumindest nicht die Phasen 1 und 3 künstlich unterbrochen werden müssen. Außerdem hängt die Dauer eines vollständigen Learning Cycles auch von der Struktur, dem Schwierigkeitsgrad und der Komplexität des von den Schüler/innen zu bearbeitenden Problems in den Phasen 1 und 3 ab. Diese Variable lässt sich aber einigermaßen von Seiten der Lehrenden durch die Auswahl des Problems steuern.

Da der Lernzyklenansatz einen möglichen Forschungsprozess nachahmt, können die Schüler/innen zumindest ansatzweise in und durch ihr eigenes Handeln (insbesondere in der Romance- und Generalization-Phase) das forschende Vorgehen und damit die Grundzüge der wissenschaftlichen Methode erfahren (Riffert, 2014). Es wird also nicht nur Faktenwissen erworben, sondern auch Erfahrungen mit der Natur und Methode der Naturwissenschaften, sowie dem Forschungsprozess und den damit häufig einhergehenden positiven Emotionen ermöglicht. Wesentlich zum Erfolg dieser Lernprozesse trägt nach Whitehead bei, dass die Schüler/innen „vom ersten Tag ihrer Erziehung an die Freude des Entdeckens erfahren" (Whitehead 1929/1967, S. 2, Übersetzung F.R.). Insbesondere die erste Phase (aber auch die letzte) eines Lernzyklus ist dabei nach Whitehead von entscheidender Bedeutung: Ihre vorrangigste Aufgabe ist es dabei „die Gefühle [der Schüler/innen] anzuregen, ihre Wertschätzung zu stimulieren und ihre Impulse für verwandte Aktivitäten anzuspornen" (Whitehead 1929/1967, S. 21, Übersetzung F.R.).

1.3 Die vorliegende Studie

Die Studie verfolgte das Ziel zu überprüfen, ob die emotional-motivational positive Besetzung des Physikunterrichts durch die Implementation des Lernzyklenunterrichts gefördert werden kann. Konkret wurden die folgenden Hypothesen getestet:
- *H1:* Der Lernzyklenunterricht führt zu (a) positiveren Trait-Emotionen und zu (b) geringeren negativen Trait-Emotionen bei den Schüler/innen im Vergleich zum regulär geführten Unterricht.
- *H2:* Die Phasen des Lernzyklenunterrichts, in denen die Schüler/innenorientierung und deren Eigenaktivität dominieren, führen zu höheren positiven und geringeren negativen State-Emotionen. Diese Annahme betrifft die (a) Romance und die (b) Generalization-Phase, wobei die positiven Emotionen insbesondere in der Romance-Phase hoch sein sollten. In der (c) Precision-Phase sollten sich theoriegemäß die Emotionen der Schüler/innen im Lernzyklenunterricht nicht von den Emotionen der Schüler/innen im regulären Unterricht unterscheiden.

Zusätzlich zu den Emotionen wurden auch noch das akademische Selbstkonzept und das Interesse an Physik untersucht, da der Lernzyklenunterricht auf Grund seiner

Konzeption diese Merkmale, die eng an die Emotionen geknüpft sind, ebenso fördern sollte. Folgende Hypothesen wurden geprüft:
- *H3*: Es wird erwartet, dass der Lernzyklenunterricht das akademische Selbstkonzept positiv tangiert.
- *H4*: Das Interesse an Physik, das als Merkmal kognitive (Wertkomponente) und affektive Anteile (positive Emotionen) enthält (Krapp, 1999), wird durch den Lernzyklenunterricht stärker gefördert als durch den Regelunterricht.

2. Methode

2.1 Design und Stichprobe

Die Interventionsstudie erstreckte sich über ein (= bei Schüler/innen in den Abschlussklassen) oder zwei Schuljahre (zur Pilotstudie, siehe Hascher, Hagenauer, Kriegseisen, & Riffert, 2009). Insgesamt partizipierten 356 Schüler/innen aus sechs Neuen Mittelschulen (NM; Sekundarstufe I; sieben Lehrkräfte) in Österreich an der Studie. Von diesen 356 Schüler/innen nahmen 136 an der zweijährigen Intervention teil (3 NM, 6 Klassen, 3 weibliche Lehrkräfte); der folgende Beitrag fokussiert auf diesen Schüler/innen der zweijährigen Intervention, die zu Beginn der Untersuchung die 7. Schulstufe (4 Klassen) oder die 6. Schulstufe (2 Klassen) besuchten.

Abbildung 1 verdeutlicht das Design: Zur Messung der Veränderung auf Trait-Ebene fanden drei Datenerhebungen statt: Vor der Intervention (Prä), nach einem Jahr Intervention (Post-1) und nach zwei Jahren Intervention (Post-2). Zusätzlich wurde das emotionale Erleben der Schüler/innen während der Durchführung der Learning-Cycles erfasst. Nach Abschluss einer jeden Phase (Romance/Precision/Generalization) wurde ein Kurzfragebogen eingesetzt. Im ersten Schuljahr wurden pro Klasse mindestens zwei Lernzyklen evaluiert; im zweiten Schuljahr ein Lernzyklus. Im vorliegenden Beitrag wird der Lernzyklus im 2. Schuljahr näher analysiert.

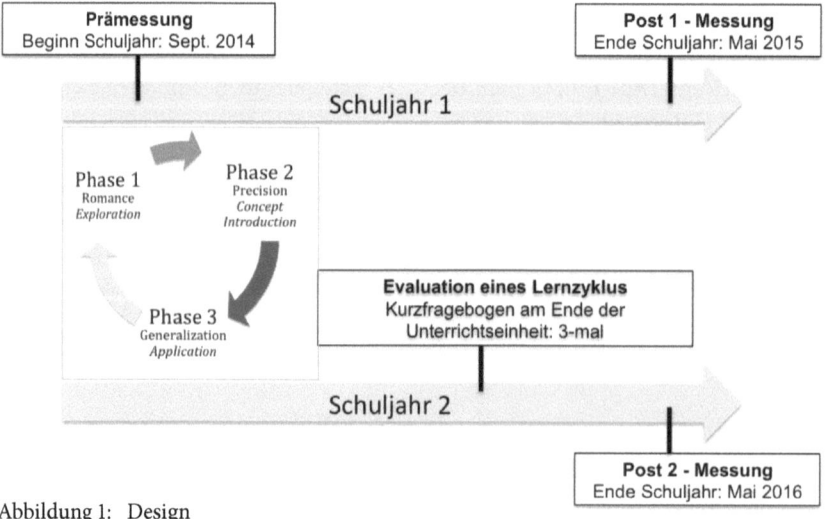

Abbildung 1: Design

Für die Berechnungen werden jene Schüler/innen berücksichtigt, bei denen gültige Messungen zu den Trait-Emotionen aus mindestens zwei der drei Messzeitpunkte vorliegen. Daraus resultiert eine Stichprobe von 120 Schüler/innen: 60 Schüler/innen sind der Treatmentgruppe (davon 78.8 % Mädchen; mittleres Alter = 12.06 Jahre (Range: 11-14 Jahre), 71.2 % Muttersprache Deutsch) und 60 Schüler/innen der Kontrollgruppe (davon 54.4 % Mädchen; mittleres Alter = 12.25 Jahre (Range: 11-14 Jahre), 61.4 % Muttersprache Deutsch) zuzuordnen.

Die Lehrkräfte unterrichteten sowohl eine Treatmentklasse als auch eine Kontrollklasse, um Lehrkrafteffekte (möglichst) konstant zu halten. Der Unterricht in den Kontrollklassen fand nicht phasiert statt und es herrschte eine stärkere Lehrer/innenzentrierung vor. Es fanden regelmäßige Fortbildungs- und Reflexionstreffen zwischen den Lehrkräften und dem Forscherteam statt, um den Lernzyklenunterricht zu reflektieren und Materialien gemeinsam zu entwickeln und auszutauschen. Vor dem Start der Intervention wurden die Lehrkräfte intensiv im Hinblick auf die Anwendung des Lernzyklenunterrichts geschult.

2.2 Messinstrumente

Merkmale der Schüler/innen: Emotionen, akademisches Selbstkonzept und Interesse
Eine Kurzversion des AEQ („Achievement Emotions Questionnaire"; Pekrun, Götz, & Frenzel, 2007; Pekrun, Götz, Frenzel, Barchfeld, & Perry, 2011) wurde zur Erfassung der Trait-Emotionen in der Prä-, Post 1- und Post 2-Messung eingesetzt. Ebenso wurden das Interesse in Physik (Köller, Schnabel, & Baumert, 2000) und das akademische Selbstkonzept (Frey et al., 2009) erfasst. Ein Überblick über die erhobenen Merkmale ist Tabelle 1 zu entnehmen.

Tabelle 1: Eingesetzte Skalen

Skala	Beispielitem	Skalierung
AEQ		
• Freude	Ich freue mich auf die Physikstunde. (6)	1-5
• Stolz	Ich bin stolz auf meine Beiträge im Unterricht. (4)	1-5
• Ärger	Im Unterricht bin ich genervt. (4)	1-5
• Angst	Wenn ich an den Unterricht denke, bekomme ich ein komisches Gefühl im Magen. (3)	1-5
• Scham	Wenn ich im Unterricht etwas sage, habe ich das Gefühl, mich zu blamieren. (4)	1-5
• Hoffnungslosigkeit	Ich fühle mich im Unterricht niedergeschlagen. (4)	1-5
• Langeweile	Vor Langeweile schalte ich im Unterricht ab. (4)	1-5
Interesse	An einem physikalischen Problem zu knobeln, macht mir einfach Spaß. (5)	1-4
akad. Selbstkonzept	Es fällt mir leicht, neue Ideen im Physikunterricht zu verstehen. (6)	1-4

Die Dartscheibe zur Erfassung der State-Emotionen und der Treatmentcheck

Jeweils am Ende der drei Phasen eines Lernzyklus schätzten die Schüler/innen die erlebten Emotionen und auch die Gestaltung der vorangegangenen Physikstunde ein (Treatmentcheck). Die Beantwortung der Fragen fand am Ende der Unterrichtsstunde statt. Auch wenn sich eine Phase über mehrere Unterrichtsstunden erstreckte, so erfolgte die Bewertung mit Bezug auf die soeben beendete Unterrichtsstunde (bzw. die Doppelstunde). Die Kontrollgruppe füllte parallelisiert zum gleichen Thema ebenfalls den Kurzfragebogen aus.

Zur Messung der State-Emotionen wurde eine Dartscheibe verwendet, die während der Intervention leicht adaptiert wurde. Auf einer Skala von 1 (geringe Intensität) bis 5 (hohe Intensität) schätzten die Schüler/innen verschiedene Emotionen ein. Ab dem 2. Schuljahr stand ihnen auch die Antwortmöglichkeit „gar nicht erlebt" zur Verfügung (siehe Abbildung 2).

Explorative Faktorenanalysen bestätigen die Zweifaktorenstruktur bestehend aus den Dimensionen positive Emotionen (Freude, Interesse[2], Stolz, Langeweile; umgepolt) und negative Emotionen (Angst, Ärger, Scham, Hoffnungslosigkeit). Reliabilitätsanalysen ergeben zufriedenstellende Kennwerte für alle drei Phasen ($\alpha = > .70$).

Der Treatmentcheck erfolgte durch eine Einschätzung der Unterrichtsstunden durch die Schüler/innen. Die Romance- und die Generalization-Phase sollten durch eine offene Unterrichtsgestaltung gekennzeichnet sein (3 Items; z.B. „In dieser Stunde haben wir in Kleingruppen (bzw. zu Zweit) gearbeitet"), während die Precision-Phase eine stärkere Lehrer/innenlenkung aufweisen sollte (3 Items, z.B. „In dieser Stunde hat die Lehrkraft Unterrichtsstoff vorgetragen"; (1) „gar nicht" bis (5) „(fast) die ganze Stunde").

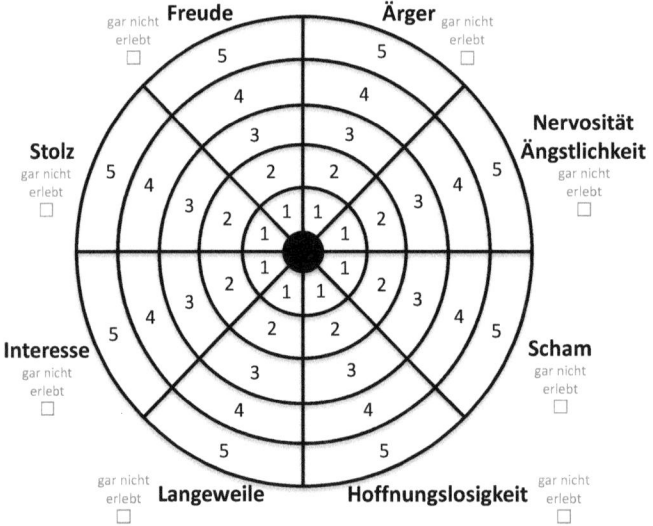

Abbildung 2: Messung der situativen Emotionen: die Dartscheibe

---

2 Das Interesse wird bei der State-Messung den positiven Emotionen zugeordnet, da es eine affektive Komponente enthält und bisherige situative Messungen zu den Emotionen im Naturwissenschaftsunterricht das Interesse ebenfalls als „Emotion" berücksichtigten (Randler et al., 2011).

2.3 Datenanalyse

Die Analysen wurden mit Hilfe der Statistik-Software SPSS Version 24 vorgenommen. Missingwerte wurden durch den EM-Algorithmus imputiert.

Es wurden zwei MANCOVAS zur Überprüfung von Interventionseffekten auf Trait-Ebene durchgeführt (einjähriger und zweijähriger Effekt). Unter Kontrolle der Prämessungen konnte die Veränderung der abhängigen Variablen mit Berücksichtigung der Gruppenzugehörigkeit berechnet werden. Kontrolliert wurde zudem der Grade Point Average (GPA) der Schüler/innen zu t1 (Mathematik, Deutsch und Englisch) sowie die Schulstufenzugehörigkeit (6. Schulstufe und 7. Schulstufe). Im österreichischen Schulsystem wird das Schulfach Physik in der 6. Schulstufe erstmals als eigenes Schulfach unterrichtet. Die Schüler/innen haben somit keine, bis geringe Vorerfahrungen hinsichtlich des Physikunterrichts. Um diesen Unterschied in den Vorerfahrungen der Schüler/innen der 6. Schulstufe im Vergleich zu den Schüler/innen der 7. Schulstufe wurde daher auch kontrolliert.

Eine MANCOVA wurde ebenso für die Überprüfung möglicher Treatmenteffekte auf situativer Ebene berechnet. Kontrolliert wurden die Eingangsmerkmale Trait-Emotionen, akademisches Selbstkonzept und Interesse an Physik.

3. Ergebnisse

3.1 Deskriptive Ergebnisse

Die Mittelwerte verdeutlichen, dass das positive emotionale Erleben im Physikunterricht höher ausgeprägt ist als das negative emotionale Erleben. Die Mittelwerte und Standardabweichungen getrennt nach Gruppenzugehörigkeit und Messzeitpunkt sind den Tabellen 2 und 3 zu entnehmen.

Die Interkorrelationen zeigen die erwarteten Zusammenhänge zwischen den Variablen: Die positiven Emotionen korrelieren negativ mit den negativen Emotionen. Dies zeigt sich für die Trait und State Messungen. Zudem sind die positiven Emotionen positiv mit dem akademischen Selbstkonzept und dem Interesse assoziiert. Zwischen den positiven Trait-Emotionen und den positiven State-Emotionen ergeben sich moderate positive Zusammenhänge. Die negativen State-Emotionen sind nur schwach mit den Trait-Emotionen korreliert (siehe Korrelationstabelle im Anhang).

Tabelle 2: Deskriptive Kennwerte der Treatmentgruppe (N = 60)

		Prä-Messung (vor der Intervention)		Post 1 Messung (nach 1 Schuljahr)		Post 2 Messung (nach 2 Schuljahren)	
		M	*SD*	*M*	*SD*	*M*	*SD*
Trait	Freude	3.82	0.92	3.37	0.94	3.34	0.99
	Stolz	3.92	0.87	3.52	0.97	3.64	0.89
	Ärger	1.72	0.75	1.90	0.86	1.81	0.84
	Angst	1.67	0.80	1.58	0.83	1.80	0.95
	Scham	2.05	0.86	1.97	0.92	1.84	0.92
	Hoffnungslosigkeit	1.59	0.82	1.72	0.89	1.72	0.88
	Langeweile	1.71	0.89	1.86	0.84	1.94	0.82
	Interesse	2.57	0.70	2.36	0.77	2.36	0.77
	Ak. Selbstkonzept	2.89	0.66	2.79	0.71	3.00	0.70
		Romance		Precision		Generalization	
		M	*SD*	*M*	*SD*	*M*	*SD*
State	Pos. Emotionen	3.34	1.29	3.16	1.24	3.32	1.37
	Neg. Emotionen	0.65	0.90	0.41	0.72	0.46	0.59

Anmerkung: Emotionen: Min = 1; Max = 5; Interesse und Selbstkonzept: Min = 1; Max = 4

Tabelle 3: Deskriptive Kennwerte der Kontrollgruppe (N = 60)

		Prä-Messung (vor der Intervention)		Post 1 Messung (nach 1 Schuljahr)		Post 2 Messung (nach 2 Schuljahren)	
		M	*SD*	*M*	*SD*	*M*	*SD*
Trait	Freude	3.59	1.07	2.87	0.98	2.80	1.10
	Stolz	3.85	0.99	3.19	1.00	3.09	1.03
	Ärger	1.95	1.12	2.20	0.95	2.35	0.92
	Angst	1.64	0.80	1.78	0.87	2.10	0.93
	Scham	1.90	0.89	1.98	1.04	1.87	0.88
	Hoffnungslosigkeit	1.72	0.95	1.87	0.82	1.92	0.89
	Langeweile	1.94	0.94	2.38	1.15	2.81	1.21
	Interesse	2.55	0.74	2.19	0.84	2.17	0.88
	Ak. Selbstkonzept	2.86	0.82	2.58	0.69	2.77	0.80
		Romance		Precision		Generalization	
		M	*SD*	*M*	*SD*	*M*	*SD*
State	Pos. Emotionen	2.45	1.51	2.90	1.33	2.65	1.63
	Neg. Emotionen	0.65	0.82	0.43	0.69	0.31	0.68

Anmerkung: Emotionen: Min = 1; Max = 5; Interesse und Selbstkonzept: Min = 1; Max = 4

3.2 Interventionseffekte: Trait-Emotionen, Selbstkonzept und Interesse

Es ergaben sich signifikante Treatmenteffekte für das berechnete Modell mit den abhängigen Variablen Emotionen, Interesse und akademisches Selbstkonzept ($V = 0.21$, $F(9,100) = 2.95$, $p = .004$, $\eta^2 = .21$). Die detaillierten Effekte sind im Überblick in Tabelle 4 dargestellt. Interaktionseffekte von Geschlecht und Gruppenzugehörigkeit ergaben sich für keine der erfassten Merkmale ($p > .05$).

Tabelle 4: Interventionseffekte

Merkmal	Effekte nach einem Jahr Interventionsdauer (Prä / Post 1)		Effekte nach zwei Jahren Interventionsdauer (Prä / Post 2)	
	$F(1, 108)$	η^2	$F(1, 108)$	η^2
Freude	8.23**	.071	4.24*	.038
Stolz	2.49	.023	6.53*	.057
Ärger	2.01	.018	8.59**	.074
Angst	1.54	.014	2.06	.019
Scham	0.04	.000	0.02	.000
Hoffnungslosigkeit	0.44	.00	0.42	.004
Langeweile	8.19**	.070	14.61***	.119
Interesse	0.27	.002	0.18	.002
Ak. Selbstkonzept	1.96	.018	1.97	.018

Die Ergebnisse belegen signifikant unterschiedliche Veränderungen zwischen Schüler/innen der Treatmentgruppe und der Kontrollgruppe in den Emotionen Freude, Stolz, Ärger und Langeweile. Abbildungen 3 und 4 verdeutlichen, dass es grundsätzlich bei beiden Gruppen zu einer Abnahme der positiven und einer Zunahme der negativen Emotionen kam. Allerdings ist dieser Trend bei der Kontrollgruppe deutlich stärker ausgeprägt, d.h. die Intervention konnte den negativen Trend im emotionalen Erleben der Schüler/innen abschwächen. Dies betrifft im Besonderen die Langeweile: Die Langeweile nahm in der Kontrollgruppe deutlich zu, während der Anstieg in der Treatmentgruppe minimal war. Des Weiteren ist in der Treatmentgruppe zwischen Messzeitpunkt 2 und 3 ein Anstieg im Erleben von Stolz beobachtbar, während das Stolzempfinden bei der Kontrollgruppe kontinuierlich abnahm.

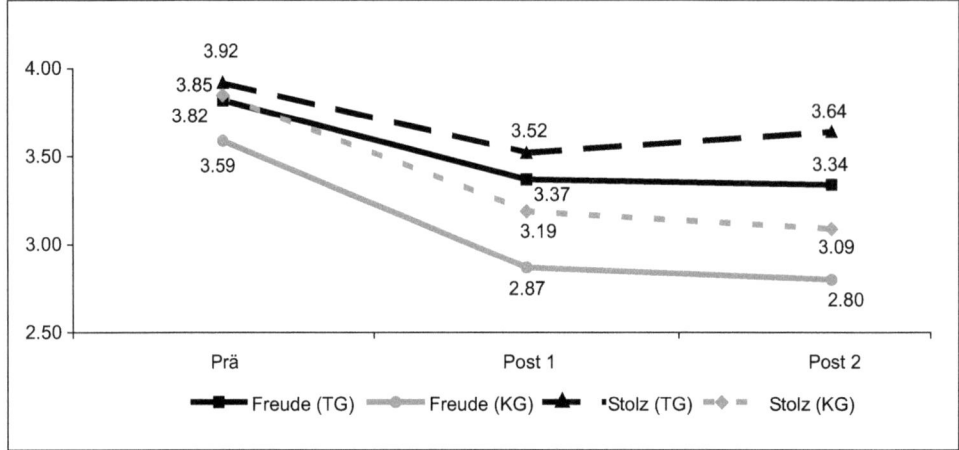

Abbildung 3: Treatmenteffekte im Erleben von Freude und Stolz (Trait)

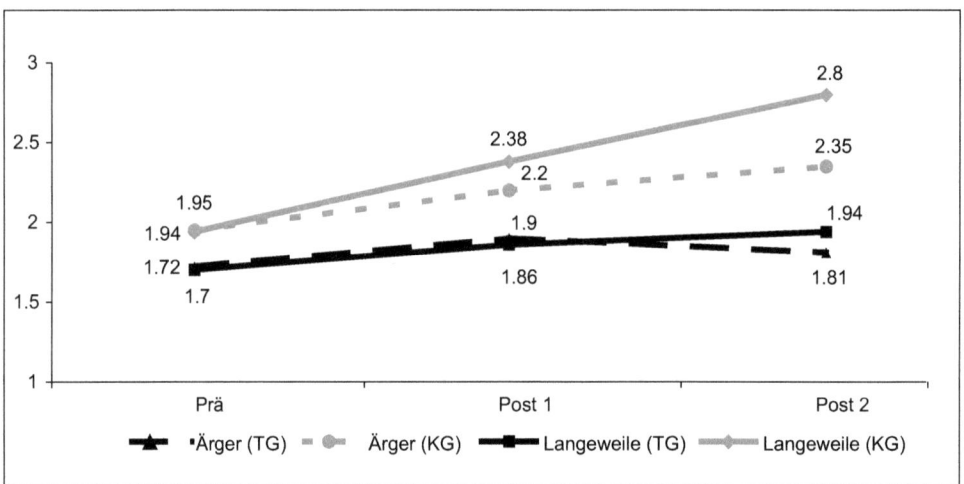

Abbildung 4: Treatmenteffekte im Erleben von Langeweile und Ärger (Trait)

3.3 Interventionseffekte: Die Lernzyklen-Phasen und State-Emotionen

Unter Kontrolle der Eingangsmerkmale (Trait-Emotionen, akademisches Selbstkonzept und Interesse in Physik) ergab eine MANCOVA signifikante Unterschiede zwischen der Treatmentgruppe und der Kontrollgruppe in den State-Emotionen im Physikunterricht ($V = 0.21$, $F(6,100) = 4.71$, $p < .001$, $\eta^2 = .21$). Konkret zeigten Schüler/innen in der Treatmentgruppe in der Romance-Phase positivere Emotionen ($F\ 1,109 = 10.75$, $p = .001$, $\eta^2 = .090$) und auch in der Generalization-Phase ($F\ 1,109 = 5.60$, $p = .020$, $\eta^2 = .049$), wobei der Unterschied zu Gunsten der Treatmentgruppe in der Romance-Phase höher war. Kein Unterschied zeigte sich in der Precision-Phase ($F\ 1,109 = 0.59$,

$p = .446$, $\eta^2 = .005$). Das negative emotionale Erleben unterschied sich nicht zwischen den Gruppen in der Romance-Phase ($F\,1{,}109 = 0.205$, $p = .652$, $\eta^2 = .002$) und in der Precision-Phase ($F\,1{,}109 = .043$, $p = .835$, $\eta^2 = .000$). Tendenziell berichteten die Schüler/innen der Treatmentgruppe etwas höhere negative Emotionen in der Generalization-Phase ($F\,1{,}109 = 3.51$, $p = .061$, $\eta^2 = .031$). Die Unterschiede zwischen den Gruppen sind in Abbildung 5 dargestellt.

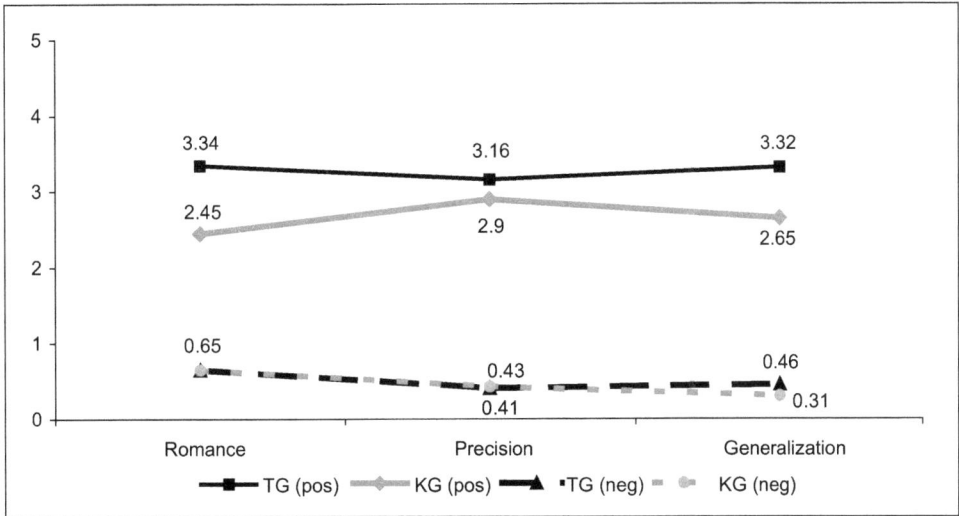

Abbildung 5: Emotionen während der Durchführung eines Lernzyklus (State)

Der Treatmentcheck, basierend auf der Schüler/inneneinschätzung der Unterrichtsstunde, belegt die erfolgreiche Umsetzung des Treatments: Die Schüler/innen arbeiteten signifikant häufiger selbstständig (alleine oder in Gruppen) in der Romance- und Generalization-Phase im Vergleich zur Kontrollgruppe. Die direkte Instruktion (Erklärung durch die Lehrkraft) fand dahingegen signifikant weniger häufig statt. Die Precision-Phase unterschied sich hingegen in der Unterrichtsgestaltung nicht von jener der Kontrollgruppe.

4. Diskussion

Die Studie verfolgte das Ziel, die Effektivität des Lernzyklenunterrichts (Whitehead, 1929/1967) auf die Trait- und State-Emotionen der Schüler/innen zu überprüfen. Zudem wurden das akademische Selbstkonzept und das Interesse an Physik erfasst. Zusammengefasst kann zunächst darauf hingewiesen werden, dass es den Lehrer/innen gelungen ist, das Lernzyklenkonzept theoriekonform umzusetzen (Treatmentcheck). Darüber hinaus belegen die Ergebnisse die Erwartungen, dass der Lernzyklenunterricht die situativen positiven Emotionen der Schüler/innen, in der, durch Schüler/innenaktivität geprägten Romance und Generalization-Phase, positiv unterstützt, während sich keine Unterschiede zwischen den Gruppen in der Precision-Phase zeigten. Entgegen der Erwartungen waren keine signifikanten Unterschiede für das negative situative emotionale Erleben sichtbar. Bezogen auf die Trait-Emotionen konnten beide Unterrichtsformen den Rückgang an positiven und den Anstieg an negativen Emotionen nicht verhindern, jedoch war der Negativtrend in den Klassen, die auf Basis der Lernzyklen unterrichtet wurden, deutlich geringer, wodurch die Effektivität des Lernzyklenansatz für die Emotionen Freude, Stolz, Langeweile und Ärger bestätigt werden konnte. Die Entwicklungsverläufe der überdauernden Schüler/innenmerkmale müssen mit Blick auf den Messzeitpunkt interpretiert werden: Die Prämessung fand am Anfang des Schuljahres statt und die beiden Postmessungen am Ende der beiden Schuljahre. Eine geringfügig negativere emotionale Besetzung des Physikunterrichts war am Ende des Schuljahres, ausgelöst beispielsweise durch Erschöpfungseffekte, plausibel als Konsequenz des Schuljahres-Rhythmus, zu erwarten.

Keine Effekte waren für die negativen Emotionen Scham, Hoffnungslosigkeit und Angst sowie für das akademische Selbstkonzept und das Interesse feststellbar. Die fehlenden Interventionseffekte könnten darin begründet liegen, dass in der Schulung zum Lernzyklenunterricht die Ausgestaltung von Leistungssituationen (Leistungserbringung und -rückmeldung) nicht thematisiert wurde. Angst, Scham, Hoffnungslosigkeit und akademische Selbstkonzepte sind jedoch eng an Leistungssituationen gebunden, z.B. an die Form des Feedbacks oder an die Schulnoten (Pekrun, Cusack, Murayama, Elliot, & Thomas, 2014). Es wäre anzudenken, in zukünftigen Studien die Interventionsinhalte des Lernzyklenunterrichts um den emotionssensiblen Umgang mit Leistungssituationen zu ergänzen.

Zusammenfassend kann konkludiert werden, dass der Lernzyklenunterricht im Physikunterricht, der als Unterrichtsansatz zu verstehen ist, der sich an konstruktivistischen Prinzipien orientiert, in den Phasen Romance und Generalization eine hohe Schüler/innenaktivierung betont und dem entdeckenden Lernen zuzuordnen ist, Potential besitzt, vor allem das positive emotionale Erleben der Schüler/innen – sowohl auf Trait- als auch auf State- Ebene – zu fördern, sowie Langeweile und Ärger zu reduzieren.

Die vorliegende Studie weist einige methodische Stärken, aber auch einige Limitationen auf. Diese werden im Folgenden mit Blick auf die Emotionsmessungen diskutiert. Eine Stärke der Studie liegt in der zweijährigen Interventionsdauer (mit regelmäßigen Lehrer/innenfortbildungen), die es ermöglichte, in den für Veränderungen weniger sensiblen Trait-Emotionen Effekte zwischen den Gruppen aufzudecken. Zudem wurde eine neue Form der State-Emotionserfassung entwickelt. Die Dartscheibe erscheint uns für die Erfassung der State-Emotionen praktikabel, im Besonderen für Längsschnittstudien, in denen wiederholt Messungen stattfinden, die u.U. Messmüdigkeit und Reaktanz bei den Schüler/innen auslösen können. Die Dartscheibe stellt somit eine Alternative zu bisherigen situativen Emotionsmessungen im Unterricht dar (z.B. Randler et al., 2011). Es sollte zukünftig geprüft werden, welche Anordnung der Emotionsintensität („5" als höchste Intensität am Rande oder in der Mitte der Scheibe) von den Schüler/innen intuitiv als optimaler eingeschätzt wird. Einschränkend muss erwähnt werden, dass die Dartscheibe eine Form der kumulativen und retrospektiven Einschätzung des eigenen Emotionserlebens (bezogen auf die letzte Unterrichtsstunde) darstellt. Dies unterscheidet die Messung beispielsweise von den klassischen Experience-Sampling-Methoden, die emotionales Erleben unmittelbar in der Situation erfassen (Nett, Götz, & Hall, 2011). Eine engmaschigere Beobachtung des emotionalen Erlebens sowie dessen Regulation im Lernprozess würde ebenso der Einsatz von Videoanalysen oder Beobachtungen, z.B. bei Gruppenarbeitsprozessen (z.B. Bellocchi & Ritchie, 2015; Meier, 2015; Riffert, 2008; Tomas, Rigano, & Ritchie, 2006), ermöglichen.

Abschließend ist anzumerken, dass in der vorliegenden Studie die Emotionen zwar domain- allerdings nicht inhaltsspezifisch erfasst wurden (z.B. Tomas et al., 2016). Aktuelle und relevante Themen sind für die Schüler/innen jedoch besonders interessant (Herbst et al., 2016). Es ist daher zu erwarten, dass die Effekte des Lernzyklenunterrichts je nach untersuchtem Thema variieren. Zukünftige Studien sollten folglich diesen Unterrichtsansatz nicht nur fach- sondern auch themenspezifisch untersuchen.

Literatur

Abraham, M. R., & Renner, J. W. (1986). The sequence of learning cycle activities in high school chemistry. *Journal of Research in Science Teaching, 23*, 121–143.

Baker, M. A., Robinson, J. S., & Kolb D. A. (2012). Aligning Kolb's experiential learning theory with a comprehensive agricultural education model. *Journal of Agricultural Education, 53*, 1–16.

Bellocchi, A., & Ritchie, S. M. (2015). "I was proud of myself that I didn't give up and I did it": Experiences of pride and triumph in learning science. *Science Education, 99*, 638–668.

Bennett, J., & Hogarth, S. (2009). „Would YOU want to talk to a scientist at a party?": High school students' attitudes to school science and to science. *International Journal of Science Education, 31*, 1975–1998.

Bybee, R. W. (2009). *The BSCS 5E instructional model and 21st century skills.* Online verfügbar unter http://sites.nationalacademies.org/cs/groups/dbassesite/documents/webpage/dbasse_073327.pdf

Dewey, J. (1916). Method in science teaching. *General Science Quarterly, 1*, 3–9.

DeWitt, J., & Archer, L. (2015). Who aspires to a science career? A comparison of survey responses from primary and secondary school students. *International Journal of Science Education, 37*, 2170–2192.

Domagala-Zysk, E. (2016). Teaching english as a second language to deaf and hard-of-hearing students. In M. Marschark, & P. E. Spencer (Eds.), *The Oxford Handbook of Deaf Studies in Language* (pp. 231–243). Oxford: Oxford University Press.

Eder, F. (2007). *Das Befinden von Kindern und Jugendlichen in der österreichischen Schule.* Innsbruck: Studienverlag.

Ellsworth, P. C., & Scherer, K. R. (2003). Appraisal processes in emotion. In R. J. Davidson, K. R. Scherer, & H. Hill Goldsmith (Eds.), *Handbook of affective sciences* (pp. 572–595). Oxford: Oxford University Press.

Frey, A., Taskinen, P., Schütte, K., Prenzel, M., Artelt, C., Baumert, J., Blum, W., Hammann, M., Klieme, E., & Pekrun, R. (2009). *PISA 2006. Skalenhandbuch. Dokumentation der Erhebungsinstrumente.* Münster: Waxmann.

Gläser-Zikuda, M. (2001). *Emotionen und Lernstrategien in der Schule. Eine empirische Studie mit qualitativer Inhaltsanalyse.* Weinheim & Basel: Beltz.

Gläser-Zikuda, M. (2010). Emotionen. In T. Hascher, & B. Schmitz (Hrsg.), *Pädagogische Interventionsforschung. Theoretische Grundlagen und empirisches Handlungswissen* (S. 111–132). Weinheim & München: Juventa.

Gläser-Zikuda, M., Fuß, St., Laukenmann, M., Metz, K., & Randler, Ch. (2005). Promoting students' emotions and achievement – Instructional design and evaluation of the ECOLE-approach. *Learning and Instruction, 15*, 481–495.

Gläser-Zikuda, M., & Fuß, S. (2008). Impact of teacher competencies on student emotions: A multi-method approach. *International Journal of Educational Research, 47*, 136–147.

Götz, T., Cronjäger, H., Frenzel, A. C., Lüdtke, O., & Hall, N. C. (2010). Academic self-concept and emotion relations: Domain specificity and age effects. *Contemporary Educational Psychology, 35*, 44–58.

Götz, T., Frenzel, A., Pekrun, R., & Hall, N. (2006). The domain specificity of academic emotional experiences. *The Journal of Experimental Education, 75*, 5–29.

Götz, T., Keller, M., & Martiny, S. (2012). Emotionales Erleben in den MINT-Fächern: Ursachen, Geschlechterunterschiede und Interventionsmöglichkeiten. In H. Stöger, A. Ziegler, & M. Heilemann (Hrsg.), *Mädchen und Frauen in MINT: Bedingungen von Geschlechtsunterschieden und Interventionsmöglichkeiten* (S. 136–161). Münster: LIT.

Hagenauer, G. (2011). *Lernfreude in der Schule*. Münster: Waxmann.

Hagenauer, G., Gläser-Zikuda, M., & Klaß, S. (2016). Emotionales Erleben von SchülerInnen im Kontext von Portfolioarbeit im Physikunterricht. In S. Ziegelbauer, & M. Gläser-Zikuda (Hrsg.), *Portfolio als Innovation in Schule, Hochschule und LehrerInnenbildung* (S. 100–117). Bad Heilbrunn: Klinkhard.

Hascher, T., Hagenauer, G., Kriegseisen, J., & Riffert, F. (2009). Lernzirkel im Physik- und Chemieunterricht in der Sekundarstufe 1. *Erziehung und Unterricht, 9/10*, 1021–1027.

Häußler, P., Bünder, W., Duit, R., Gräber, W., & Mayer, J. (1998). *Naturwissenschaftsdidaktische Forschung: Perspektiven für den Unterricht*. Kiel: IPN.

Heise, H., Sinzinger, M., Struck, I., & Wodzinksi, R. (2014). *DPG-Studie zur Unterrichtsversorgung im Fach Physik und zum Wahlverhalten der Schülerinnen und Schüler im Hinblick auf das Fach Physik*. Studien der DPG. Bad Honnef: Deutsche Physikalische Gesellschaft.

Herbst, M., Fürtbauer, E. M., & Strahl, A. (2016) Interesse an Physik – in Salzburg. *PhyDid B*. Online verfügbar unter http://phydid.physik.fu-berlin.de/index.php/phydid-b/article/view/682

Hoffmann, L., Häußler, P., & Lehrke, M. (1998). *Die IPN-Interessensstudie Physik*. IPN 158. Kiel: IPN.

Hopf, M., Schecker, H., & Wiesner, H. (2011). *Physikdidaktik kompakt*. Köln: Aulis Verlag.

Izard, C. E. (1999). *Die Emotionen des Menschen. Eine Einführung in die Grundlagen der Emotionspsychologie* (4. Aufl.). Weinheim: Beltz.

Karplus, R., & Thier, H. D. (1967). *A new look at elementary school science*. Chicago: Rand McNally.

Kohonen, V., Jaatinen, R., Kaikkonen, P., & Lehtovaara, J. (2014). *Experiential learning in foreign language education*. London: Routledge.

Krapp, A. (1999). Intrinsische Lernmotivation und Interesse. Forschungsansätze und konzeptuelle Überlegungen. *Zeitschrift für Pädagogik, 45*, 387–406.

Köller, O., Schnabel, K. U., & Baumert, J. (2000). Der Einfluß der Leistungsstärke von Schulen auf das fachspezifische Selbstkonzept der Begabung und das Interesse. *Zeitschrift für Entwicklungspsychologie und Pädagogische Psychologie, 32*, 70–80.

Meier, A. (2015). *Motivation, Emotion und kognitive Prozesse beim Lernen in der Lernwerkstatt*. Berlin: Logos.

Merzyn, G. (2008). *Naturwissenschaften Mathematik Technik – immer unbeliebter?* Schorndorf & Schneider Verlag: Hohengehren.

MINT 2020 (2013) *MINT 2020. Der Unterricht von Morgen. Auf dem Weg zu mehr Zukunftsqualifikationen für Österreich*. Industriellenvereinigung. Online verfügbar unter https://www.iv-net.at/media/filer_public/a6/12/a6124a4a-131e-43f0-8e6e-b57211a71ac8/file_609.pdf

Nett, U., Götz, T., & Hall, N. C. (2011). Coping with boredom in school: An experience sampling perspective. *Contemporary Educational Psychology, 36*, 49–59.

Osborne, J., Simone, S., & Collins, S. (2003). Attitudes towards science: A review of the literature and its implications. *International Journal of Science Education, 25*, 1049–1079.

Pekrun, R. (2006). The control-value theory of achievement emotions: assumptions, corollaries, and implications for educational research and practice. *Educational Psychology Review, 18*, 315–341.

Pekrun, R., Cusack, A., Murayama, K., Elliot, A. J., & Thomas, K. (2014). The power of anticipated feedback: Effects on students' achievement goals and achievement emotions. *Learning and Instruction, 29*, 115–124.

Pekrun, R., Götz, T., & Frenzel, A. C. (2007). *Achievement Emotions Questionnaire – Mathematics (AEQ-M). German Version. User's Manual.* München: LMU.

Pekrun, R., Götz, T., Frenzel, A. C., Barchfeld, P., & Perry, R. P. (2011). Measuring emotions in students' learning and performance: The Achievement Emotions Questionnaire (AEQ). *Contemporary Educational Psychology, 36*, 36–48.

Pekrun, R., Götz, T., Titz, W., & Perry, R. P. (2002). Academic emotions in students' self-regulated learning and achievement: a program of qualitative and quantitative research. *Educational Psychologist, 37*, 91–105.

Pekrun, R., & Linnenbrink-Garcia, L. (Eds.). (2014). *International handbook of emotions in education.* New York: Routledge.

Pekrun, R., & Perry, R. P. (2014). Control-value theory of achievement emotions. In R. Pekrun, & L. Linnenbrink-Garcia (Eds.), International handbook of emotions in education (pp. 120–141). New York: Routledge.

Randler, C., Hummer, E., Gläser-Zikuda, M., Vollmer, C., Bogner, F. X., & Mayring, P. (2011). Reliability and validation of a short scale to measure situational emotions in science education. *International Journal of Environmental & Science Education, 6*, 359–370.

Riffert, F. (2005). Whitehead's cyclic theory of learning and contemporary empirical educational research. In F. Riffert (Ed.), *Alfred North Whitehead on learning and education. Theory and application* (pp. 89–119). Newcastle: Cambridge Scholar Press.

Riffert, F. (2008). Lernzyklen und ihre Beobachtung im Unterricht. Zwischenbericht zur Entwicklung eines Beobachtungsinstruments. *Salzburger Beiträge zur Erziehungswissenschaft, 12*, 67–99.

Riffert, F. (2014). Whitehead on cycles of learning and on cyles of research: A synopsis and two consequences. In D. Sölch (Hrsg.), *Erziehung, Politik und Religion* (S. 73–100). Beiträge zu Whiteheads Kulturphilosophie. Alber: Freiburg.

Riffert, F., Hagenauer, G., Kriegseisen, J., & Strahl, A. (2018, in print). Whitehead on emotions in learning – theoretical, historical, and empirical aspects. In V. Petrov, & A. Scarfe (Eds.): *Education from a Whiteheadian Point of View.* Newcastle: Cambridge Scholars Publishing.

Salchegger, S., Wallner-Paschon, C., Schmich, J., & Höller, I. (2016). Kompetenzentwicklung im Kontext individueller, schulischer und familiärer Faktoren. In B. Suchan, & S. Breit (Hrsg.), *PISA 2015. Grundkompetenzen am Ende der Pflichtschulzeit im internationalen Vergleich* (S. 77–100). Graz: Leykam.

Scherer, K. R. (2004). Feelings integrate the central representation of appraisal-driven response organization in emotion. In A. S. R. Manstead, N. Frijda, & A. Fischer (Eds.), *Emotion, development, and self-organizing: Dynamic systems approaches to emotional development* (pp. 70–99). Cambridge, UK: Cambridge University Press.

Schwantner, U. (2009). Die Motivation der Jugendlichen im Naturwissenschaftsunterricht. In C. Schreiner, & U. Schwantner (Hrsg.), *PISA 2006. Österreichischer Expertenbericht zum Naturwissenschafts-Schwerpunkt* (S. 266–282). Graz: Leykam.

Sinatra, G. M., Broughton, S. H., & Lombardi, D. (2014). Emotions in science education. In R. Pekrun, & L. Linnenbrink-Garcia (Eds.), *International handbook of emotions in education* (pp. 415–436). New York: Routledge.

Tomas, L., Rigano, D., & Ritchie, S. M. (2016). Students' regulation of their emotions in a science classroom. *Journal of Research in Science Teaching, 53*, 234–260.

Weiglhofer, H., Stadler, H., & Lembens, A. (2009). Unterricht in Naturwissenschaft: Österreichische Ergebnisse aus fachdidaktischer Sicht. In C. Schreiner, & U. Schwantner (Hrsg.), *PISA 2006. Österreichischer Expertenbericht zum Naturwissenschaftsschwerpunkt* (S. 351–358). Graz: Leykam.

Wild, E., Hofer, W., & Pekrun, R. (2001). Psychologie des Lerners. In A. Krapp, & B. Weidenmann (Hrsg.), *Pädagogische Psychologie* (4. Aufl., S. 207–270). Weinheim: Beltz.

Whitehead, A. N. (1929/1967). *The aims of education and other essays.* New York: Free Press.

Zeidner, M. (1998). *Test anxiety: the state of the art.* New York: Plenum

Danksagung

Wir bedanken uns bei der Industriellenvereinigung Salzburg für die finanzielle Unterstützung des Projekts und bei allen beteiligten Lehrerinnen und Lehrern sowie Schülerinnen und Schülern für ihr Engagement.

Anhang: Interkorrelationen

	Trait-Emotionen (Prämessung)							Interesse und Selbstkonzept		Positive State-Emotionen			Negative State-Emotionen		
	(1)	(2)	(3)	(4)	(5)	(6)	(7)	(8)	(9)	(10)	(11)	(12)	(13)	(14)	(15)
(1) Freude	-														
(2) Stolz	**.78**	-													
(3) Ärger	**-.61**	**-.57**	-												
(4) Angst	**-.34**	**-.36**	**.57**	-											
(5) Scham	-.12	-.17	*.20*	*.20*	-										
(6) Hoffnungslosigkeit	**-.64**	**-.62**	**.64**	**.51**	**.25**	-									
(7) Langeweile	**-.67**	**-.64**	**.72**	**.49**	.06	**.72**	-								
(8) Interesse	**.73**	**.51**	**-.45**	**-.26**	-.07	**-.43**	**-.47**	-							
(9) Akad. Selbstkonzept	**.51**	**.55**	**-.29**	**-.23**	**-.32**	**-.39**	**-.26**	**.46**	-						
(10) Romance: Pos. Em.	*.23*	.09	*-.21*	-.09	-.07	-.00	*-.19*	*.21*	.03	-					
(11) Precision: Pos. Em.	**.32**	**.30**	*-.22*	-.08	.09	-.08	*-.23*	**.34**	.06	**.62**	-				
(12) Generaliz.: Pos. Em.	**.32**	*.28*	-.11	-.07	.02	-.07	*-.23*	**.34**	.15	**.63**	**.78**	-			
(13) Romance: Neg. Em.	-.11	.04	.14	.14	.04	.11	.13	.03	.12	**-.33**	-.10	-.04	-		
(14) Precision: Neg. Em.	-.16	-.17	*.20*	.17	-.11	*.27*	*.19*	-.06	.17	-.09	*-.24*	.05	**.60**	-	
(15) Generaliz.: Neg. Em.	-.14	-.10	.15	-.61	-.17	.01	.12	-.14	.08	-.02	*-.20*	*-.21*	**.41**	**.44**	-

Anmerkung: Fettdruck: $p < .001$; Fett- und Kursivdruck: $p < .05$; keine Hervorhebung: n.s.

Claudia C. Brandenberger und Nicole Moser

Förderung der Lernfreude und Reduzierung der Angst im Mathematikunterricht in der Sekundarstufe 1

Abstract

Besonders im Jugendalter ist ein Rückgang positiver emotionaler Faktoren bzw. ein Anstieg negativen emotionalen Befindens gegenüber der Schule und dem Lernen zu verzeichnen. Dies geht mit pädagogisch unerwünschten Folgen für das Lern- und Leistungsverhalten und somit für den Schulerfolg, z.B. mangelndes Interesse an schulischen Inhalten, fehlendes Engagement im Unterricht oder niedriges Selbstkonzept einher. Eine besondere Bedeutung wird der Förderung positiver Emotionen sowie der Vermeidung bzw. Reduzierung negativer Emotionen zugemessen, wofür insbesondere den Lehrpersonen eine wichtige Rolle zukommt, denn sie sind u.a. für die Gestaltung positiver Lern- und Arbeitsbedingungen verantwortlich. Vor diesem Hintergrund wurden Unterrichtsinterventionen im Fach Mathematik für Lernende der 7. Jahrgangsstufe und deren Lehrpersonen entwickelt. Diese haben zum Ziel, die Lernfreude zu fördern und die Angst zu reduzieren. Überprüft wurden die Effekte von zwei Interventionsprogrammen, die sich entweder an Lernende (Schüler/innen-Treatment: 8 Klassen) oder an Lernende und ihre Mathematiklehrpersonen (kombiniertes Schüler/innen/Lehrpersonen-Treatment: 8 Klassen) richten, im Vergleich zur Entwicklung von Lernfreude und Angst in der Kontrollgruppe (6 Klassen). Die Evaluation erfolgte anhand eines quasi-experimentellen Prä-Post-Designs mit insgesamt 22 Klassen. Im Vergleich zur Kontrollgruppe und zum nur Schüler/innen-Treatment zeigten sich für Lernende im kombinierten Treatment positive Effekte, d.h. eine Zunahme der Lernfreude und ein Rückgang der Angst.

1. Einleitung

Neben der Vermittlung und Verbesserung von leistungsbezogenen Merkmalen ist es der Auftrag der Schule, auch nicht-kognitive Merkmale von Bildungsprozessen in den Fokus zu nehmen (Bieg & Mittag, 2011). Ein positives emotionales Befinden begünstigt das Lern- und Leistungsverhalten und ist essentiell für schulisches Wohlbefinden (Hascher & Hagenauer, 2011). Über die Schulkarriere hinweg, insbesondere im Verlauf der Sekundarstufe 1, sinken jedoch positive Emotionen wie die Lernfreude, wohingegen negative Emotionen wie Angst vermehrt auftreten (Eccles et al., 1993).

Das Fach Mathematik scheint im Hinblick auf diese negative Entwicklung besonders betroffen zu sein, weil es in der Regel als schwierig empfunden wird und diverse negative Emotionen und Einstellungen sowie geschlechtsspezifische Diskrepanzen hervorruft (Hagenauer, 2011; Hannover & Kessels, 2004). Nicht zuletzt ist Mathematik eines der Hauptfächer in der Schweiz und damit für die schulische wie berufliche Laufbahn der Lernenden von wesentlicher Bedeutung. Gerade in Mathematik haben schulische Leistungen nicht nur hinsichtlich der Selektion am Ende der Primarstufe, sondern auch bezüglich der zertifizierenden nachobligatorischen Ausbildung weitreichende Konsequenzen (Meyer, 2003). Lernende im Schultyp mit den niedrigsten Anforderungen sind dabei insbesondere von der problematischen emotionalen Entwicklung betroffen, da sie bereits mit negativen Erfahrungen in die Sekundarstufe 1 eintreten (Fend, 1997). Zudem spielen in diesem Schultyp die Noten in Mathematik bei der Suche einem Ausbildungsplatz eine besonders entscheidende Rolle.

Bei dieser Ausgangslage stellt sich die Frage, inwiefern dieser negativen emotionalen Entwicklung in Mathematik entgegengewirkt werden kann. Die vorliegende Untersuchung verfolgt daher das Ziel, anhand eines quasi-experimentellen Interventionsdesigns mit zwei Treatment- und einer Kontrollgruppe die Lernfreude von Lernenden der Realschule[1] des Kantons Bern zu fördern und die Angst zu mindern.

2. Emotionen in der Schule

Emotionen sind als Reaktionen auf persönlich bedeutsame Ereignisse zu verstehen (Gerrig & Zimbardo, 2008). Kinder und Jugendliche werden in der Schule tagtäglich mit für sie relevanten Ereignissen konfrontiert, womit der schulische Kontext zahlreiche Anlässe für die Entstehung von Emotionen bietet. Wie z.B. Pekrun und Linnenbrink-Garcia (2012) betonen, sind Klassenzimmer emotionsgeladene Orte, in denen Lernende Stunden damit verbringen, dem Unterricht zu folgen, Projekte zu bearbeiten, Prüfungen zu schreiben, soziale Beziehungen aufzubauen und Ziele zu verfolgen. So ist es nicht erstaunlich, dass die Emotionen in der Schule häufig, mannigfaltig und intensiv zu Tage treten, da eine gute schulische Grundbildung von großer persönlicher, sozialer und finanzieller Bedeutung ist. Emotionen haben dabei im schulischen Kontext mehrere Funktionen. Diesen liegt die Annahme zugrunde, dass nicht nur Kognition und Motivation Handlungen steuern und regulieren, sondern auch Emotionen: Emotionen (1) beeinflussen die Aktivierung und Antriebskraft von Lernenden, (2) beeinflussen die Motivation und Absichten der Lernenden und (3) sind Schaltstellen für kognitive Prozesse (Hascher, 2005). Hascher (2005) legt außerdem dar, dass mit Bezug auf die Ergebnisse zwei Forschungszweige diskutiert werden: einerseits Emotionen, welche von Lernenden im Alltag erlebt werden (empirische Schulforschung) und andererseits Emotionen, welche gezielt induziert werden (experimentelle Emotionsforschung). Im vorliegenden Beitrag wird ersteres untersucht.

Im Zuge der Entwicklung der Curricula werden zudem Schlüsselkompetenzen als immer wichtiger erachtet. Dazu gehören unter anderem die Fähigkeit, sich den eigenen Emotionen bewusst zu sein, die Emotionen anderer wahrzunehmen und verstehen zu können, über Emotionen zu kommunizieren, sowie die Fähigkeit zu Empathie und zum Umgang mit negativen Emotionen (Gläser-Zikuda, 2010). Diese Fähigkeit zur Emotionsregulation wird als Teil der Selbstregulation verstanden (Larsen & Prizmic, 2004), wobei durch adaptive Emotionsregulation negative Emotionen abgeschwächt und positive Emotionen gestärkt werden können.

Trotz der Bedeutung von Emotionen hat sich die Forschung viele Jahre überwiegend auf motivationale und kognitive Merkmale und deren Bedeutung für Lernprozesse beschränkt und das Emotionserleben wenig berücksichtigt (Pekrun, Goetz, Titz, & Perry,

---

1 Niedrigstes Anforderungsniveau auf Sekundarstufe in der Schweiz. Entspricht dem Hauptschulniveau in Deutschland.

2002). Lediglich Prüfungsangst hat als Emotion eine lange Forschungstradition, vereinzelt wurden auch Studien zu weiteren Emotionen wie Freude oder Langeweile durchgeführt (Götz, Frenzel, & Haag, 2006; Hagenauer, 2011). Die Emotionen im Schulgeschehen beschränken sich allerdings nicht auf diese. Pekrun (2005, S. 504) fordert daher verständlicherweise, dass das Forschungsfeld erweitert werden muss: „It no longer seems justifiable to conceptually reduce students' emotional life to anxiety (as implied by many studies on test anxiety), or to the four emotions of pride, shame, hope and fear, as addressed by traditional achievement motivation theories".

Neben der Spektrumserweiterung an Emotionen wird außerdem ein Bedarf an fachspezifischen Betrachtungen (Götz, Zirngibl, & Pekrun, 2004) sowie pädagogischen Interventionen konstatiert (Terhart, 2002). Dabei werden nicht nur Motivation, Interesse und Leistung ein hoher Stellenwert zugeschrieben, sondern auch Emotionen als bedeutsame Größen des Lernens und Lehrens angesehen (Gläser-Zikuda, 2010).

Pekrun (2006) z.B. geht im sogenannten Kontroll-Wert-Ansatz davon aus, dass Kontrollüberzeugungen (z.B. akademisches Selbstkonzept) und Wertüberzeugungen (z.B. positive/negative; intrinsische/extrinsische Wertzuschreibung) für die Entstehung von Leistungsemotionen von Bedeutung sind. Hohe Kontrollüberzeugungen (z.B. ein hohes akademisches Selbstkonzept) sowie positive, intrinsische Wertüberzeugungen (z.B. interessante Lerninhalte) führen nach diesem Modell zu positiven Lern- und Leistungsemotionen, niedrige Kontrollüberzeugungen oder negative, extrinsische Wertüberzeugungen hingegen zu negativen Lern- und Leistungsemotionen. Dabei beeinflussen Kontextbedingungen wie sozialer Bezug, Instruktion, Autonomieunterstützung, Erwartungen und Ziele sowie Leistungsrückmeldungen die subjektiven Kontroll- und Wertüberzeugungen (Götz, Zirngibl, Pekrun, & Hall, 2003).

Besonders wenn es um die Prävention bzw. Reduzierung negativer und Förderung bzw. Unterstützung positiver Emotionen geht, konstatiert Pekrun (2005) eine lückenhafte Befundlage. Daher wird im vorliegenden Beitrag ein Interventionsprogramm zur Förderung positiver Emotionen (Lernfreude) und Abbau negativer Emotionen (Angst) im Mathematikunterricht vorgestellt.

3. Die Entwicklung der Lernfreude und Angst im Fach Mathematik im Jugendalter

Ein positives emotionales und motivationales Befinden stellt eine wesentliche Voraussetzung für schulisches Lernen und somit für längerfristigen Bildungserfolg dar (Edlinger & Hascher, 2008). Empirische Befunde zeigen etwa, dass die Lernfreude mit einem hohen schulischen Selbstkonzept, einem hohen Ausmaß an selbstbestimmten Formen von Lernmotivation, schulischem Interesse und Engagement sowie hohen Leistungen zusammenhängen (Fend, 1997; Hagenauer, 2011; Reschly, Huebner, Appleton, & Antaramian, 2008). Gleichzeitig haben Untersuchungen (Fend, 1997; Waldis, 2012) im Bereich der Schul-und Unterrichtsforschung nachgewiesen, dass sich beim Übergang von der Primar- zur Sekundarstufe (insbesondere das 7. Schuljahr erweist sich als kritisches Jahr) und für Lernende mit niedrigem Anforderungsniveau diese positiven Aspekte verringern und stattdessen negative Emotionen und Einstellungen ansteigen

(Fend, 1997). Dies scheint vor allem im Fach Mathematik der Fall zu sein (Gottfried, Fleming, & Gottfried, 2001; Hannover & Kessels, 2004; Waldis, 2012).

Als ein theoretischer Ansatz zur Erklärung des Rückgangs der selbstbestimmten Motivation und in der Folge eines positiven emotionalen Erlebens dient die Selbstbestimmungstheorie der Motivation (SDT; Deci & Ryan, 1993). Diese Theorie differenziert zwischen verschiedenen Formen schulischer Lernmotivation, die sich im Ausmaß der erlebten Selbst- bzw. Fremdbestimmung unterscheiden. Selbstbestimmte Motivation liegt dann vor, wenn Lernende intrinsisch motiviert lernen (der Lerngegenstand bzw. die Lernhandlung an sich ist motivierend) oder eine identifizierte Motivationslage aufweisen, d.h. die Lernenden lernen aus persönlicher Relevanz, häufig im Hinblick auf längerfristige Handlungsziele wie z.B. ihre berufliche Zukunft (Deci & Ryan, 1993; Müller, Hanfstingl, & Andreitz, 2007). Neben diesen beiden Formen der selbstbestimmten Motivation werden die introjizierte (Lernende lernen, weil es sich gehört oder um ein schlechtes Gewissen zu vermeiden) und die externale Regulation (Lernende lernen, um belohnt zu werden oder negative Konsequenzen zu vermeiden) unterschieden, die hohe Anteile an Fremdbestimmung aufweisen.

Die Entstehung von selbstbestimmter Motivation wird im Rahmen der SDT durch die Erfüllung drei psychologischer Grundbedürfnisse (*basic needs*) erklärt: das Bedürfnis nach Autonomie, Kompetenz und sozialer Eingebundenheit (Deci & Ryan, 2002). Werden diese Bedürfnisse beim Lernen erfüllt, so erleben die Lernenden den Ort der Handlungskontrolle eher als intern (statt extern), sie können die (vorgegebenen) Lernziele wertschätzen und gegebenfalls in ihre eigene Zielhierarchie integrieren. Eine erfolgreiche Internalisierung schulischer Lernziele erweist sich nicht nur für die Entstehung einer selbstbestimmten Lernmotivation, sondern auch für die Entwicklung von schulischer Lernfreude als wesentliche Voraussetzung. Die SDT bietet somit wesentliche Kernelemente zur Erklärung schulischer Lernfreude bzw. zur Erklärung des Rückgangs schulischer Lernfreude, denn die Nicht-Erfüllung der *basic needs* führt zu einem negativen emotionalen Erleben (Hagenauer, 2011).

Weiterhin spielen zur Erklärung des Rückgangs positiven emotionalen und motivationalen Erlebens häufig auch Kontexteinflüsse eine wesentliche Rolle (Fend, 1997). Eine anknüpfende Theorie, welche explizit entwicklungspsychologische Einflüsse als auch Kontexteinflüsse betrachtet, ist die Stage-Environment-Fit-Theory (SEFT; Eccles et al., 1993). Gemäß dieser Theorie ist der Rückgang der Lernfreude primär das Ergebnis einer mangelnden Passung zwischen den Bedürfnissen der Lernenden und Umweltbedingungen. Nach Eccles und Kolleg/innen (Eccles et al., 1993; Midgley, Feldlaufer, & Eccles, 1989) scheint die Grundschule relativ gut auf die Bedürfnisse der Lernenden einzugehen. Die Passung zwischen den Bedürfnissen der Lernenden und den Schulbedingungen wie Unterrichtsmethode und Klassenklimavariablen verschlechtert sich jedoch in der Sekundarschule. Der Mangel an Passung steht im Zusammenhang mit strukturellen und sozialen Änderungen. Eccles et al. (1993) und Midgley et al. (1989) gehen davon aus, dass die Unterrichtsgestaltung in der Sekundarstufe stärker von der Lehrperson geführt und kontrolliert wird. Lernende haben häufig weniger Beteiligungs- und Wahlmöglichkeiten. Diese erhöhte Fremdbestimmung wirkt sich negativ auf die Lernfreude und die (intrinsische) Lernmotivation aus (Hagenauer, 2011). Weiter wird eher Frontal- und Gesamtklassenunterricht zu Ungunsten von Gruppenarbeiten und individuellen Arbeitsformen geführt (Eccles et al., 1993). Auch die Beziehung zwischen den Lehrpersonen und den Lernenden verändert sich: Sie wird als weniger (individuell) unterstützend und positiv erlebt. Die Leistungsergebnisse orientieren sich verstärkt an einer sozialen Bezugsnorm, woraus vermehrt soziale Vergleichsprozesse resultieren, welche wiederum negative Konsequenzen auf das Fähigkeitsselbstkonzept, die Lernfreude und Lernmotivation haben (Eccles et al., 1993). Der Rückgang einer positiv emotionalen Haltung und die Zunahme eines negativ emotionalen und motivationalen Befindens gegenüber dem Mathematiklernen gilt jedoch nicht für alle Lernenden, sondern steht im Zusammenhang mit zahlreichen Faktoren, beispielsweise dem Schulniveau bzw. der Leistungsstärke und dem Geschlecht (Hagenauer, 2011).

Ein wesentlicher Faktor im Hinblick auf eine positive emotionale Haltung gegenüber dem Lernen stellt die Leistung dar. Leistungsschwache Lernende, die bereits zu Beginn der Sekundarstufe 1 unzureichende mathematische Leistungen erbringen, sind besonders gefährdet. Zum Ende der obligatorischen Schulzeit gehören sie überdurchschnittlich häufig zur Gruppe der Risikoschüler in Mathematik, wie sich aus den PISA-Erhebungen schließen lässt (Pekrun et al., 2004). Diese Lernenden weisen eine ungünstigere Entwicklung im emotionalen Erleben auf. Eine Zielgruppe im Hinblick auf die Förderung positiver Emotionen und Motivation sowie die Reduzierung negativer Emotionen im Mathematikunterricht sind somit Lernende, welche Ende der Primarstufe aufgrund ihrer Leistungen dem niedrigsten Anforderungsniveau der Sekundarstufe zugewiesen werden (Pekrun et al., 2004).

Ein weiterer Einflussfaktor in Bezug auf die Entwicklung der Lernfreude ist das Geschlecht. Jungen berichten von einer höheren Lernfreude, einer höheren intrinsischen Motivation und einem höheren Fähigkeitsselbstkonzept im Mathematikunterricht (Vieluf, Ivanov, & Nikolova, 2011) als Mädchen. Im deutschsprachigen Raum sind diese Geschlechterunterschiede im Mathematikinteresse besonders ausgeprägt (PISA Konsortium, 2014). Zudem berichten Mädchen über mehr Angst gegenüber dem Fach Mathematik (Bauer, Ramseier, & Blum, 2014). Insgesamt ergibt sich demnach eine positivere emotional-motivationale Haltung der Jungen gegenüber dem Mathematikunterricht.

4. Förderung von positiven Emotionen im Mathematikunterricht

Die Förderung von Lernfreude ist, angesichts der Schlüsselfunktion für Lernverhalten und Kompetenzerwerb, als zentrales Anliegen von Schule und Unterricht zu betrachten (Gläser- Zikuda, 2010). Dies stellt in der Sekundarstufe 1 eine besonders große Herausforderung dar (Gläser-Zikuda, 2010), weil in dieser Altersphase ein Rückgang von positiven Emotionen und Einstellungen zu verzeichnen ist (Fend, 1997). Zwar haben vor dem Hintergrund dieser negativen Entwicklungen Bemühungen im Sinne von pädagogischen Interventionen zur Berücksichtigung von Emotionen im schulischen Kontext in den vergangenen zwei Jahrzehnten zugenommen (Gläser-Zikuda, Fuß, Laukenmann, Metz, & Randler, 2005), dennoch besteht noch ein großer Entwicklungs- und Forschungsbedarf.

Die Interventionsforschung im Bereich Emotionen befindet sich, vor allem im Hinblick auf die Förderung von Lernfreude, in den Anfängen. Bislang bestehen wenige

Interventionsprogramme (für einen Überblick siehe Gläser-Zikuda, 2010), und diese unterliegen insbesondere drei Limitationen (für eine Ausnahme, siehe z.B. die Interventionsstudie von Mittag, Bieg, Hiller, Metz, and Melenk (2009), welche jedoch im Fach Deutsch implementiert wurde).

Erstens beziehen sich die Maßnahmen auf eine kurze Interventionsdauer und untersuchen damit keine langfristigen Effekte. Insbesondere bei Sekundarschüler/innen haben bereits Habitualisierungen durch die mehrjährigen schulischen Erfahrungen stattgefunden, die kaum durch einzelne Interventionseinheiten zu beeinflussen sind. Sollen Emotionen in Schule und Unterricht nachhaltig beeinflusst werden, sind daher längerfristige Interventionen notwendig.

Zweitens ist der explizite Einbezug von Lernenden und Lehrpersonen wesentlich, denn es bedarf auch der Veränderung der Rahmenbedingungen, in denen sich neue Inhalte oder Kompetenzen entfalten können. Nicht nur die Lernenden selbst profitieren von einem direkten Interventionstraining, auch die Gestalter/innen der Rahmenbedingungen – die Lehrpersonen – müssen trainiert werden, wie positive Emotionen im Unterricht gefördert werden können.

Drittens sollten Interventionsstudien bereits zu Beginn des Übergangs von der Primar- in die Sekundarstufe ansetzen, um dem mit der Transition zusammenhängenden Rückgang von positiven Emotionen und Lernmotivation möglichst effektiv entgegenzuwirken.

Das Interventionsprojekt, auf das im vorliegenden Beitrag genauer eingegangen wird, berücksichtigt gezielt die oben genannten Aspekte.

5. Fragestellungen und Annahmen

Im Hinblick auf den Rückgang des positiven emotionalen und motivationalen Befindens von Lernenden in der Sekundarstufe 1 beschreibt die Selbstbestimmungstheorie drei wichtige psychologische Grundbedürfnisse (Autonomie, Kompetenz und soziale Eingebundenheit), die erfüllt sein müssen, um dieser negativen Entwicklung entgegenzuwirken. Aufbauend auf den theoretischen Überlegungen sowie den dargelegten Limitationen bisheriger Interventionsstudien untersucht die vorliegende Studie, ob und inwieweit aus der Selbstbestimmungstheorie abgeleitete Interventionsmaßnahmen die Lernfreude von Realschüler/innen der siebten Jahrgangsstufe im Mathematikunterricht im Kanton Bern gefördert und die Angst reduziert werden können. Konkret werden die Effekte von zwei Treatments untersucht, die sich an Lernende (Schüler/innen) und ihre Mathematiklehrpersonen (LP) (kombiniertes Schüler/innen/Lehrpersonen-Treatment) oder nur an Lernende richten – im Vergleich zur Entwicklung von Lernfreude und Angst in der Kontrollgruppe (ohne Treatment). Es wird davon ausgegangen, dass (1) die Lernfreude der Lernenden im kombinierten Schüler/innen/Lehrpersonen-Interventionsprogramm und im nur Schüler/innen-Interventionsprogramm positiv beeinflusst wird. Die positivste Entwicklung ist dabei bei den Lernenden in der kombinierten Interventionsbedingung zu erwarten, da zwei Interventionen, Schüler/innen-Intervention und Lehrpersonen-Intervention, kombiniert werden. Weiter wird davon ausgegangen, dass sich (2) die Angst in den beiden Treatmentgruppen reduziert. Letztendlich soll (3) überprüft werden, ob es differentielle Effekte der Intervention im Hinblick auf das Geschlecht gibt.

6. Methode

6.1 Interventionsdesign, Stichprobe und Untersuchungsverlauf

Das vom Schweizerischen Nationalfonds geförderte Interventionsprojekt „Maintaining and fostering students' positive learning emotions and learning motivation in maths instruction during early adolescence" verfolgt das Ziel, die Motivation und positive Emotionen im Mathematikunterricht zu fördern sowie negative Emotionen zu reduzieren. Die Intervention ist über einen Zeitraum von zwei Schuljahren (7. Schuljahr 2015/16 und 8. Schuljahr 2016/17) angelegt. Sie richtet sich an Lernende, die in Mathematik das niedrigste Anforderungsniveau (Realschulniveau) besuchen, da diese eine Risikogruppe im Hinblick auf das emotionale Befinden darstellen.

Im vorliegenden Beitrag werden die Interventionen sowie Ergebnisse des siebten Schuljahres bzw. des ersten Interventionsjahres (2015/16) präsentiert. Da bisherige Studien Bezüge zwischen dem Erleben von Freude, Angst und Schulerfolg zeigen (Götz, Pekrun, et al., 2004), steht die Lernfreude als positive Emotion und die Angst als negative Emotion im Vordergrund. Dazu wurden im Rahmen eines Treatment-Kontrollgruppen-Designs die Lernfreude und Angst zu zwei Messpunkten (zu Beginn und am Ende des 7. Schuljahres) erfasst (siehe Abbildung 1).

Die an der Studie teilnehmenden Lehrpersonen wurden über Informationsmeetings an der Pädagogischen Hochschule Bern sowie direktes Anschreiben der Schulleitungen angeworben und konnten sich und ihre Klasse für die Teilnahme an einer der beiden

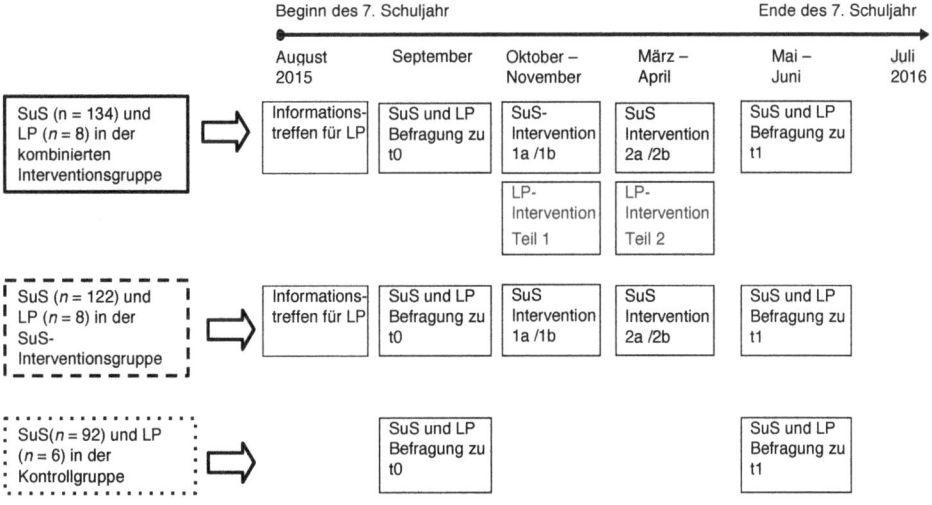

Abbildung 1: Projekt-Timeline für das 7. Schuljahr (2015/2016)

Treatmentgruppen bzw. in der Kontrollgruppe anmelden. An der Untersuchung im siebten Schuljahr (Teilnahme an beiden Befragungen) nahmen insgesamt 22 Mathematiklehrpersonen (77.3 % männlich, Durchschnittsalter 42.86 Jahre (SD = 11.18)) mit ihren 348 Lernenden teil (Treatmentgruppe Schüler/innen und Lehrpersonen: n = 134, Treatmentgruppe nur Schüler/innen: n = 122, Kontrollgruppe: n = 92). Das Durchschnittsalter betrug zu Beginn der Studie 12.75 Jahre (SD = 0.64), 48.6 % der Jugendlichen waren männlich.

6.2 Verwendete Erhebungsinstrumente

Die Emotionen im Mathematikunterricht wurden mit Hilfe einer gekürzten Version des „Achievement Emotions Questionnaire – Mathematics (AEQ-M) – German" (Pekrun, Götz, & Frenzel, 2005) erhoben. Die Emotionen Freude und Angst wurden auf einer fünfstufigen Skala (1 = stimmt gar nicht, 5 = stimmt genau) zu je vier Items erfasst (z.B. „Der Mathematikunterricht macht mir Spaß"; „Aus Angst vor Mathematik würde ich am liebsten nicht in die Schule gehen"). Die interne Konsistenz der Skalen erwies sich als gut bzw. sehr gut (Freude α_{t0} = .92 und α_{t1} = .90; Angst α_{t0} = .86 und α_{t1} = .84).

Zur Erfassung der Mathematikleistung als Kontrollvariable wurden Testbögen aus HarmoS 2007[2] übernommen, welche für Lernende am Ende von Klasse 6 konzipiert und in dieser Untersuchung zu Beginn des 7. Schuljahres eingesetzt wurden (Wälti, 2014).

Die Lernenden erhielten vier Testbögen zu den Themen funktionale Zusammenhänge, Maße und Größen sowie Zahl und Variablen, wovon sie mindestens drei bearbeiteten. Die Aufgaben wurden bei der Konzipierung so ausgewählt, dass jeweils mindestens eine Aufgabe aus jedem Feld der heuristischen Matrix des Lehrplans 21 vertreten war. Die Testleistungen orientieren sich dabei an der bereits bestehenden Skala von HarmoS 2007 (M = 500, SD = 100) (Wälti, 2014).

6.3 Interventionsmaßnahmen

Intervention für Lernende
Für Lernende in beiden Treatmentgruppen wurden über das Schuljahr verteilt vier Workshops à drei Lektionen (= jeweils 45 Minuten) im gewohnten Setting im Klassenzimmer der Mathematikklasse von geschulten Interventionsleiterinnen der Universität Bern durchgeführt. Theoretischer Hintergrund der Interventionsinhalte ist die Selbstbestimmungstheorie der Motivation und die im Rahmen dieser Theorie aufgegriffenen Erfüllung der drei psychologischen Grundbedürfnisse (*basic needs*) Autonomie, Kompetenz und sozialer Eingebundenheit (Deci & Ryan 1993). Da das Zusammenspiel von Motivation, Emotion und selbstreguliertem Lernen entscheidend für den Lernerfolg von Lernenden ist (Pekrun, 2011), wurde bei der Konzeption der Interventionsinhalte

---
2   Die interkantonale Vereinbarung über die Harmonisierung der obligatorischen Schule in der Schweiz ist ein interkantonales Konkordat mit dem Ziel der Vereinheitlichung der obligatorischen Schule (Bauer, Ramseier, & Blum, 2014).

zudem auf das Konzept der Emotionen (Pekrun, 2014) und Selbstregulation (Perels, Schmitz & Bruder, 2003) im Mathematikunterricht zurückgegriffen. Die pilotierten Interventionsinhalte bzw. -materialien behandelten die Themen Emotionen und Motivation (Workshop 1a), Lernziele (Workshop 1b), Lernstrategien (Workshop 2a) sowie Selbstregulation (Workshop 2b). Konkret wurde das Autonomieerleben durch das Bereitstellen von Wahlmöglichkeiten (Wahl zwischen verschiedenen zur Verfügung gestellten Aufgaben und Aktivitäten), selbstaktivierendenden Aufgaben (sich eigene Lernziele setzten) und die Verdeutlichung von Relevanz von Mathematik unterstützt. Das Kompetenzerleben wurde durch Aufgaben zur Selbstregulation des eigenen Lernprozesses (Lernziele; Lernstrategien auf konkrete Mathematikaufgaben und Lernziele anwenden), Emotionsregulation sowie zum positiven Umgang mit Fehlern und Misserfolg gefördert. Zudem folgten die Materialien einer systematischen Didaktik und Erklärungen zu den jeweiligen Erarbeitungsphasen erfolgten schrittweise. Die soziale Eingebundenheit wurde durch kooperative Lern- und Arbeitsformen gefördert. Die Lernenden präsentierten Ergebnisse, gaben und erhielten Feedback, äußerten eigene Positionen und lernten, die Meinungen anderer zuzulassen. Die Leiterinnen standen dabei als Ansprechpartnerinnen und Beraterinnen zur Seite (Bieg & Mittag, 2011).

Intervention für Lehrpersonen
Bei der kombinierten Schüler/innen/Lehrpersonen-Interventionsgruppe nahmen die Lehrpersonen zudem an zwei Workshops teil. Dabei wurden im Herbst 2015 die SDT und ihre pädagogischen Umsetzungsmöglichkeiten thematisiert und im Frühjahr 2016 die Partizipation der Lernenden im Unterricht in den Fokus genommen. Die Lehrpersonen erarbeiteten in kooperativen Lernsettings Grundlagen für die Gestaltung von motivationsförderndem Unterricht. Fokussiert wurden einerseits die Bedeutung der drei Grundbedürfnisse für das selbstbestimmte Lernen, zum anderen förderliche Lehrerverhaltensweisen und Unterrichtsmerkmale zur Unterstützung des Lernverhaltens wie die Transparenz von Leistungsanforderungen, die Alltagsrelevanz der Unterrichtsinhalte, individuelles, positives Feedback sowie eine positive Fehlerkultur. Ebenso wurden die Lehrpersonen mit den für die Lernenden erarbeiteten Materialien vertraut gemacht und darum gebeten, diese im Unterricht regelmäßig einzubauen.

6.4 Datenanalyse

Die Auswertung der Ergebnisse erfolgte mit Hilfe der Statistiksoftware SPSS (Version 23.0). Die Anzahl fehlender Werte betrug weniger als 2 %. Die Daten wurden mittels einfacher Imputation mit dem EM-Algorithmus nach der Maximum-Likelihood-Methode geschätzt. Die Datenanalyse erfolgte zunächst mittels t-Tests für abhängige Stichproben, um die Veränderungen innerhalb der einzelnen Gruppen zu beschreiben. Danach wurden multivariate Kovarianzanalysen mit dem Messwiederholungsfaktor „Zeit" mit Lernfreude und Angst als abhängige Variablen durchgeführt. Die Leistung in Mathematik zum ersten Erhebungszeitpunkt ging als Kontrollvariable ein. Im Hinblick auf die zentrale Fragestellung nach der Wirksamkeit der Interventionen sind insbesondere Interaktionseffekte von Gruppe und Zeit bedeutsam. Ebenso interessant sind weitere Interaktionen mit dem Geschlecht.

7. Ergebnisse

7.1 Deskriptive Ergebnisse

Zu Beginn des 7. Schuljahres (Prä-Messung) unterscheiden sich die drei Gruppen nicht signifikant im Hinblick auf die Lernfreude und die Angst. Über die Gesamtstichprobe hinweg zeigen die Mädchen zum Zeitpunkt der Prä-Messung signifikant geringere Werte für Lernfreude ($M_{Mädchen}$ = 2.91 (1.03), M_{Jungs} = 3.18 (1.09), p = .017) und Angst ($M_{Mädchen}$ = 1.96 (0.76), M_{Jungs} = 2.16 (0.97), p = .031).

Während sich für Lernende in der Kontrollgruppe keine signifikanten Änderungen in der Lernfreude zeigen (siehe Tabelle 1), verzeichnet sich entgegen unseren Erwartungen für die Lernende in der „nur Schüler/innen"-Gruppe eine bedeutsam negative Entwicklung. Nur für Lernende in der kombinierten Interventionsgruppe zeigt sich eine positive Entwicklung in der Lernfreude. Für die im Mathematikunterricht erlebte Angst hingegen zeigt sich ein bedeutsamer Rückgang in allen drei Gruppen, wobei der Rückgang für Lernende in der kombinierten Gruppe besonders deutlich ausgeprägt ist.

Tabelle 1: Nach Interventionsbedingungen getrennte Fallzahlen, Mittelwerte (M) und Standardabweichungen (SD) im Prä- und Posttest sowie gepaarte T-Test Kennwerte (t, df, p) und Cohen's d (d) für Lernfreude und Angst

	Prä	Post			
	M (SD)	M (SD)	t (df)	p	d
Kombinierte SuS/LP-Interventionsgruppe (n = 134)					
Lernfreude	2.97 (0.98)	3.19 (0.93)	-.2.68 (133)	< 010	.23
Angst	1.98 (0.79)	1.67 (0.65)	4.55 (133)	< .001	-.43
SuS-Interventionsgruppe (n = 122)					
Lernfreude	3.16 (1.11)	2.97 (0.92)	2.07 (121)	< .050	-.19
Angst	2.03 (0.88)	1.87 (0.72)	1.99 (121)	< .050	-.20
Kontroll-Wartegruppe (n = 92)					
Lernfreude	2.99 (1.11)	2.99 (1.17)	-0.02 (0.91)	n.s.	0
Angst	2.20 (0.97)	1.88 (0.80)	3.24 (0.91)	< .010	-.36

7.2 Wirksamkeit der Intervention

Die Mancova ergibt einen signifikanten Interaktionseffekt für Zeit und Gruppe (Pillai's Trace = .040 $F(4, 688) = 3.502$, $p = .008$, $\eta^2_p = .020$). Die univariaten Tests zeigen, dass sich die Entwicklung der Lernfreude in Abhängigkeit von der Gruppenzugehörigkeit unterscheidet ($F(2, 344) = 6.244$ $p = .002$, $\eta^2_p = .036$) (siehe Abbildung 2a). Dieser Interventionseffekt ist entsprechend den Werten in Tabelle 1 auf die positive Entwicklung der Lernfreude für Lernende in der kombinierten Interventionsgruppe und die negative Entwicklung der Lernfreude für Lernende in der "nur-Schüler/innen" Interventionsgruppe zurückzuführen.

Die Entwicklung der Angst hingegen unterscheidet sich nicht signifikant in Abhängigkeit der Gruppenzugehörigkeit ($F(2, 344) = .934$ $p = .303$, $\eta^2_p = .007$) (siehe Abbildung 2b).

Um zu überprüfen, ob die Interventionen einen differentiellen Effekt in Abhängigkeit vom Geschlecht hatten, wurde zusätzlich das Geschlecht als Zwischen-Subjekt-Faktor ins Modell aufgenommen. Es ergab sich kein signifikanter Interaktionseffekt unter Einbezug des Geschlechts (Pillai's Trace = .006 $F(4, 682) = .523$, $p = .719$, $\eta^2_p = .003$), was darauf hinweist, dass der Interventionseffekt sowohl für Mädchen als auch für Jungen gilt.

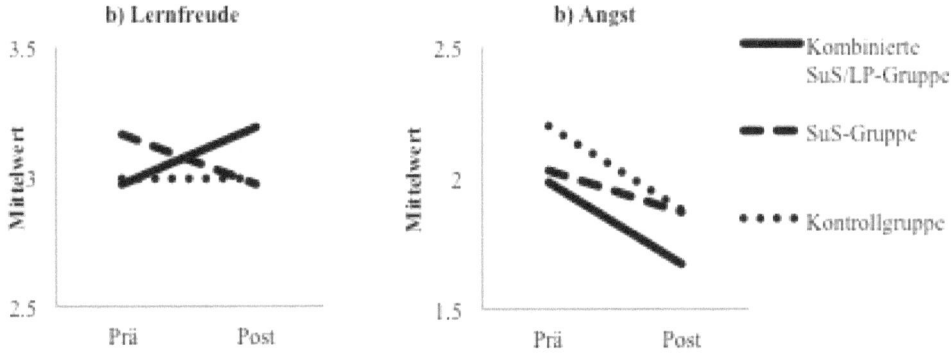

Abbildung 2a und 2b: Interaktionseffekte auf die abhängige Variablen (Prä-/Postvergleich)

8. Diskussion

Im vorliegenden Beitrag wurde die Wirksamkeit von zwei Interventionsprogrammen zur Förderung von positiven Emotionen und Lernmotivation auf die Lernfreude und Angst im Fach Mathematik untersucht. Die Ergebnisse zeigen, dass es bedeutsame Entwicklungen innerhalb der drei Gruppen sowie unterschiedliche Entwicklungsverläufe zwischen den Gruppen gibt. Ein zentraler Befund ist, dass sich bei den Lernenden in der kombinierten Schüler/innen/Lehrpersonen-Interventionsgruppe eine positive Entwicklung in der Lernfreude im siebten Schuljahr vollzieht. Trotz den eher kleinen

Effektstärken deuten die Ergebnisse darauf hin, dass es möglich ist, die selbstbestimmte Motivation von Siebtklässlern des niedrigsten Anforderungsniveaus mit einer auf der Selbstbestimmungstheorie sowie dem Konzept der Emotionen und der Selbstregulation basierenden kombinierten Intervention zu fördern. Wesentlich scheint dabei die Kombination direkter und indirekter Förderungsmaßnahmen zu sein (Hagenauer & Hascher, 2011), was auf die bedeutsame Rolle der Lehrperson – insbesondere deren Gestaltung des Unterrichts, welcher das emotionale Befinden der Lernenden beeinflusst (Autonomieunterstützung, Alltagsrelevanz der Unterrichtsinhalte, konstruktives Feedback, positive Beziehung zwischen Lehrpersonen-Lernenden) – sowie die Sensitivität der Lernenden auf Veränderungen der Rahmenbedingungen hinweist.

Während sich in der Kontrollgruppe keine bedeutsamen Veränderungen in der Lernfreude zeigen, vollzieht sich entgegen den Erwartungen bei Lernenden in der „nur-Schüler/innen"-Interventionsgruppe eine negative Entwicklung in der Lernfreude. In engem Zusammenhang mit dem Erleben von Lernfreude im Unterricht steht die Erfüllung der psychologischen Grundbedürfnisse der Lernenden (Bedürfnis nach Autonomie, Kompetenz und sozialer Eingebundenheit). Eine mögliche Erklärung für die unerwartete Entwicklung der Lernfreude (sowie der schwächeren Abnahme der Angst gegenüber der Kontrollgruppe) lässt sich entsprechend aus SDT und SEFT ableiten: Möglicherweise führt die Intervention in dieser Gruppe zu einem verstärkten Mismatch zwischen den Bedürfnissen bzw. den durch die Intervention hervorgerufenen Erwartungen der Lernenden und dem Angebot der Lehrpersonen, weil diese nicht für autonomie- und kompetenzerwerbunterstützenden Unterricht sensibilisiert wurden.

Im Hinblick auf die Angst zeigen die Ergebnisse, dass sich bei allen Lernenden ein Rückgang verzeichnet, wobei der Rückgang für Lernende in der kombinierten Schüler/innen-/Lehrpersonen-Gruppe am bedeutsamsten ist. Der unerwartete Rückgang in der Kontrollgruppe lässt sich möglicherweise durch den Referenzgruppeneffekt (Schumann, Oepke, & Eberle, 2012) erklären, welcher sich über das Selbstkonzept hinaus auf weitere Variablen, wie z.B. die Angst, ausweiten lässt (ein negatives Selbstkonzept steht in engem Zusammenhang mit dem Entstehen von negativen Emotionen, etwa Angst vor Misserfolg). Die Lernenden der vorliegenden Stichprobe gehörten in der Primarschule zu den Leistungsschwächeren, was durch den Vergleich mit Leistungsstärkeren ein tieferes Selbstkonzept und möglicherweise höhere Angst vor Lern- und Leistungssituationen zur Folge hat. Nach dem Übergang in das niedrigste Anforderungsniveau und damit in eine leistungsschwächere Referenzgruppe sind Erfolgserlebnisse vermehrt möglich, was ein Rückgang von Angst begünstigt. Dieser Referenzgruppeneffekt als mögliche Erklärung wird durch weitere Ergebnisse von Brandenberger, Hagenauer & Hascher (2017) unterstützt, welche zeigen, dass das Selbstkonzept für Lernende in allen drei Gruppen im Verlauf des 7. Schuljahres ansteigt.

Zu den Stärken der vorliegenden Studie gehört das Längsschnittdesign mit zwei verschiedenen Interventionsbedingungen und einer Kontrollgruppe. Neben der Berücksichtigung der Interaktion von Lehrpersonen und Lernenden zählt die Berücksichtigung des Zusammenspiels von Emotion, Motivation und selbstreguliertem Lernen zu den Stärken der Studie. Ein Vorteil dieser Mehrkomponenten-Struktur der Interventionsinhalte wird darin gesehen, dass die Intervention mehr Lernende erreicht, da sie mit verschiedenen motivationalen Facetten konfrontiert werden. Weiter ist Studie auf zwei Jahren angelegt, wodurch Langzeiteffekte überprüft werden können.

Bei der Interpretation der Ergebnisse sind einige organisatorische und methodische Schwächen zu bedenken. So basierte die Teilnahme der Lehrpersonen an der Intervention auf Freiwilligkeit, weshalb die Repräsentativität der Stichprobe und damit die Generalisierbarkeit der Ergebnisse gewissen Einschränkungen unterliegen. Zudem zielt die Studie (bewusst) nur auf eine bestimmte Zielgruppe ab: Lernende, die in Mathematik das niedrigste Anforderungsniveau belegen. Verallgemeinerungen der Ergebnisse auf andere Schüler/innengruppen sind daher nicht möglich.

Trotz dieser Einschränkungen stellt die vorliegende Studie einen Beitrag zur Klärung der Frage dar, inwieweit sich positive Emotionen und Motivation in Mathematik fördern lassen. In künftigen Analysen sollte nicht nur der weitere Verlauf der Emotionen von Lernenden über die Sekundarstufe untersucht werden, sondern auch die Entwicklung von der Primar- in die Sekundarstufe würde wichtige Hinweise auf Veränderungen der *basic needs* im Rahmen der SDT und SEFT liefern.

Literatur

Bauer, C., Ramseier, E., & Blum, D. (2014). *PISA 2012: Porträt des Kantons Bern (deutschsprachiger Teil)*. Bern: Forschungsgemeinschaft PISA Deutschschweiz.

Bieg, S., & Mittag, W. (2011). Leistungsverbesserungen durch Förderung der selbstbestimmten Lernmotivation. In M. Dresel, & L. Lämme (Hrsg.), *Motivation, Selbstregulation und Leistungsexzellenz* (Vol. Talentförderung – Expertiseentwicklung – Leistungsexzellenz, Bd. 9, S. 219–236). Münster: LIT.

Brandenberger, C. C., Hagenauer, G., & Hascher, T. (2017). Promoting students' self-determined motivation in maths: Results of a one-year classroom intervention. *European Journal of Psychology of Education*. doi: 10.1007/s10212-017-0336-y

Deci, E. L., & Ryan, R. M. (1993). Die Selbstbestimmungstheorie der Motivation und ihre Bedeutung für die Pädagogik. *Zeitschrift für Pädagogik, 39*(2), 223–238.

Deci, E. L., & Ryan, R. (2002). Overview of self-determination theory: An organismic dialectical perspective. *Handbook of self-determination research*, 3–33.

Eccles, J. S., Midgley, C., Wigfield, A., Buchanan, C. M., Reuman, D., Flanagan, C., & Mac Iver, D. (1993). Development during adolescence: The impact of stage-environment fit on young adolescents' experiences in schools and in families. *American Psychologist, 48*(2), 90–101.

Edlinger, H., & Hascher, T. (2008). Von der Stimmungs-zur Unterrichtsforschung: Überlegungen zur Wirkung von Emotionen auf schulisches Lernen und Leisten. *Unterrichtswissenschaft, 36*(1), 55–70.

Fend, H. (1997). *Der Umgang mit Schule in der Adoleszenz. Aufbau und Verlust von Lernmotivation, Selbstachtung und Empathie*. Bern: Huber.

Gerrig, R. J., & Zimbardo, P. (2008). *Psychologie* (18. Aufl.). Hallbergmoos: Pearson.

Gläser-Zikuda, M. (2010). Emotionen. In T. Hascher & B. Schmitz (Hrsg.), *Pädagogische Interventionsforschung. Theoretische Grundlagen und empirisches Handlungswissen* (S. 111–132). Weinheim & München: Juventa.

Gläser-Zikuda, M., Fuß, S., Laukenmann, M., Metz, K., & Randler, C. (2005). Promoting students' emotions and achievement–Instructional design and evaluation of the ECOLE-approach. *Learning and Instruction, 15*(5), 481–495.

Gottfried, A. E., Fleming, J. S., & Gottfried, A. W. (2001). Continuity of academic intrinsic motivation from childhood through late adolescence: A longitudinal study. *Journal of Educational Psychology, 93*(1), 3–13.

Götz, T., Frenzel, A. C., & Haag, L. (2006). Ursachen von Langeweile im Unterricht. *Empirische Pädagogik, 20*(2), 113–134.

Götz, T., Pekrun, R., Zirngibl, A., Jullien, S., Kleine, M., vom Hofe, R., & Blum, W. (2004). Leistung und emotionales Erleben im Fach Mathematik: Längsschnittliche Mehrebenenanalysen. *Zeitschrift für Pädagogische Psychologie, 18*(3/4), 201–212.

Götz, T., Zirngibl, A., & Pekrun, R. (2004). Lern-und Leistungsemotionen von Schülerinnen und Schülern. In T. Hascher (Hrsg.), *Schule positiv erleben. Ergebnisse und Erkenntnisse zum Wohlbefinden von Schülerinnen und Schülern* (S. 49–66). Bern: Haupt.

Götz, T., Zirngibl, A., Pekrun, R., & Hall, N. (2003). Emotions, learning and achievement from an educational-psychological perspective. In P. Mayring, & C. v. Rhoeneck (Eds.), *Learning emotions. The influence of affective factors on classroom learning* (pp. 9–28). Frankfurt am Main: Peter Lang.

Hagenauer, G. (2011). *Lernfreude in der Schule*. Münster: Waxmann.

Hagenauer, G., & Hascher, T. (2011). Schulische Lernfreude in der Sekundarstufe 1 und deren Beziehung zu Kontroll- und Valenzkognitionen. *Zeitschrift für Pädagogische Psychologie, 25*(1), 63–80.

Hannover, B., & Kessels, U. (2004). Self-to-prototype matching as a strategy for making academic choices. Why high school students do not like math and science. *Learning and Instruction, 14*(1), 51–67.

Hascher, T. (2005). Emotionen im Schulalltag: Wirkungen und Regulationsformen. *Zeitschrift für Pädagogik, 51*(5), 610–625.

Hascher, T., & Hagenauer, G. (2011). Schulisches Wohlbefinden im Jugendalter–Verläufe und Einflussfaktoren. In A. Ittel, H. Merkens, L. Stecher, & J. Zinnecker (Hrsg.), *Jahrbuch Jugendforschung* (S. 15–45). Wiesbaden: VS.

Larsen, R., & Prizmic, Z. (2004). Affect regulation. In R. F. Baumeister, & K. D. Vohs (Eds.), *Handbook of Self-Regulation* (pp. 40–61). New York & London: The Guilford Press.

Meyer, T. (2003). Jugendliche mit Migrationshintergrund. *Wege in die nachobligatorische Ausbildung. Die ersten zwei Jahre nach Austritt aus der obligatorischen Schule. Zwischenergebnisse des Jugendlängsschnitts TREE* (S. 111–118). Neuchâtel: BFS.

Midgley, C., Feldlaufer, H., & Eccles, J. S. (1989). Change in teacher efficacy and student self-and task-related beliefs in mathematics during the transition to junior high school. *Journal of Educational Psychology, 81*(2), 247–258.

Mittag, W., Bieg, S., Hiller, F., Metz, K., & Melenk, H. (2009). Förderung selbstbestimmter Lernmotivation im Deutschunterricht. *Psychologie in Erziehung und Unterricht, 56*(4), 271–286.

Müller, F. H., Hanfstingl, B., & Andreitz, I. (2007). *Skalen zur motivationalen Regulation beim Lernen von Schülerinnen und Schülern. Adaptierte und ergänzte Version des Academic Self-Regulation Questionnaire (SRQ-A) nach Ryan & Connell. Wissenschaftliche Beiträge aus dem Institut für Unterrichts- und Schulentwicklung*. Klagenfurt: Alpen-Adria-Universität.

Pekrun, R. (2005). Progress and open problems in educational emotion research. *Learning and Instruction, 15*(5), 497–506.

Pekrun, R. (2006). The control-value theory of achievement emotions: Assumptions, corollaries, and implications for educational research and practice. *Educational Psychology Review, 18*(4), 315–341.

Pekrun, R. (2011). Emotion, Motivation, Selbstregulation: Gemeinsame Prinzipien und offene Fragen. In T. Götz (Hrsg.), *Emotion, Motivation und Selbstreguliertes Lernen* (S. 186–205). Paderborn: Ferdinand Schöningh.

Pekrun, R. (2014). Emotions and Learning. Educational Practices Series-24. *UNESCO International Bureau of Education*.

Pekrun, R., Götz, T., & Frenzel, A. (2005). *Achievement Emotions Questionnaire—Mathematics (AEQ-M) user's manual.* University of Munich: Department of Psychology.

Pekrun, R., Goetz, T., Titz, W., & Perry, R. P. (2002). Academic emotions in students' self-regulated learning and achievement: A program of qualitative and quantitative research. *Educational Psychologist, 37*(2), 91–105.

Pekrun, R., Götz, T., vom Hofe, R., Blum, W., Jullien, S., Zirngibl, A., Jordan, A. (2004). Emotionen und Leistung im Fach Mathematik: Ziele und erste Befunde aus dem „Projekt zur Analyse der Leistungsentwicklung in Mathematik "(PALMA). In J. Doll, & M. Prenzel (Hrsg.), *Bildungsqualität von Schule: Lehrerprofessionalisierung, Unterrichtsentwicklung und Schülerförderung als Strategien der Qualitätsverbesserung* (S. 345–363). Münster: Waxmann.

Pekrun, R., & Linnenbrink-Garcia, L. (2012). Academic emotions and student engagement. In S. L. Christenson, A. L. Reschly, & C. Wylie (Eds.), *Handbook of research on student engagement* (pp. 259–282). New York: Springer.

Perels, F., Schmitz, B., & Bruder, R. (2003). Trainingsprogramm zur Förderung der Selbstregulationskompetenz. *Unterrichtswissenschaft, 31*(1), 23–37.

PISA Konsortium (2014). *PISA 2012: Erste Ergebnisse.* Bern: EDK/SBFI und Konsortium PISA.ch.

Reschly, A. L., Huebner, E. S., Appleton, J. J., & Antaramian, S. (2008). Engagement as flourishing: The contribution of positive emotions and coping to adolescents' engagement at school and with learning. *Psychology in the Schools, 45*(5), 419–431.

Schumann, S., Oepke, M., & Eberle, F. (2012). Referenzgruppeneffekte auf die Lernmotivation in den Fächern Mathematik und Biologie an Schweizer Gymnasien. *Schweizerische Zeitschrift für Bildungswissenschaften, 34*(3), 575–594.

Terhart, E. (2002). *Nach PISA: Bildungsqualität entwickeln.* Hamburg: Europäische Verlagsanstalt.

Tulis, M. (2010). *Individualisierung im Fach Mathematik: Effekte auf Leistung und Emotionen.* Berlin: Logos.

Vieluf, U., Ivanov, S., & Nikolova, R. (2011). *KESS 10/11–Kompetenzen und Einstellungen von Schülerinnen und Schülern an Hamburger Schulen am Ende der Sekundarstufe I und zu Beginn der gymnasialen Oberstufe.* Münster: Waxmann.

Waldis, M. (2012). *Interesse an Mathematik: zum Einfluss des Unterrichts auf das Interesse von Schülerinnen und Schülern der Sekundarstufe I.* Münster: Waxmann.

Wälti, B. (2014). *Alternative Leistungsbewertung in der Mathematik: mathematische Beurteilungsumgebungen: theoretische Auseinandersetzung und empirische Studie.* Bern: Schulverlag plus.

Tina Hascher und Bernhard Schmitz

Emotionen in Schule und Hochschule – Perspektiven

Abstract
Noch in den 1990er Jahren bezeichnete Reinhard Pekrun (1998) das Forschungsfeld der Emotionen in der Schule als einen „blinden Fleck der Unterrichtsforschung". Das vorliegende Buch ist ein eindrückliches Beispiel dafür, wie die Forschungslandschaft diesbezüglich in den letzten 20 Jahren bereichert wurde: Anhand von 21 Beiträgen wird der aktuelle Stand der Forschung zu Emotionen in Schule und Hochschule dargestellt. Im Folgenden werden wir zunächst die theoretischen Zugänge, die in den Beiträgen dargelegt werden, kommentieren. In einem zweiten Schritt werden die empirischen Zugänge klassifiziert. Daraus leiten wir schließlich Perspektiven für künftige Forschungsarbeiten ab.

1. Themenbereiche und Theorien zu Emotionen in Schule und Hochschule

Mittlerweile kann die Emotionsforschung auf eine Vielzahl an theoretischen Zugängen zurückgreifen. Das Spektrum der hier angesprochenen Zugänge erweist sich entsprechend als mannigfaltig: Es reicht von Studien zur Beschreibung von Einzelemotionen über Analysen der Ursachen und Wirkungen von Emotionen bis hin zu Hinweisen zur Wirksamkeit von Interventionen, der Regulation von Emotionen und zur Entstehung des Wohlbefindens. Die Kontexte Schule und Hochschule werden dabei spezifisch beleuchtet. Trotz der Breite der Zugänge entsteht jedoch nicht der Eindruck der Beliebigkeit, da die systematische Verknüpfung von Theorie, Empirie und Praxisbezug ebenfalls zugenommen hat. So etwa beziehen sich zahlreiche Autor/innen auf die Selbstbestimmungstheorie von Deci und Ryan (2002) oder die Kontroll-Wert-Theorie der Emotionen von Pekrun (z.B. Pekrun & Perry, 2014). Vier Themenbereiche lassen sich aus unserer Sicht identifizieren:

a) Theorie und Diagnostik von distinkten Emotionen
Es besteht Konsens dahingehend, dass in Lehr-Lernsituationen vielfältige Emotionen erlebt werden. Um es mit Hargreaves (1998) bzw. Emmer und Stough (2001) zu formulieren: Teaching and learning are full of emotions. Diese Betrachtungsweise stimulierte die Wissenschaft dahingehend, dass Emotionen zu einem relevanten Forschungsthema avancierten. Sie entbindet sie aber nicht von der Aufgabe, einzelne Emotionen präziser in den Blick zu nehmen. Im vorliegenden Sammelband wird der Gewinn einer differenzierten Betrachtung von distinkten Emotionen anhand von mehreren Beiträgen deutlich: So untersuchen Judith Fränken und Marold Wosnitza Stolz von Schüler/innen; Jörn Sparfeldt, Christin Lotz und Rebecca Schneider den Verlauf der Angstentwicklung von Studierenden; Anne Frenzel und Jamie Taxer Ärger von Lehrpersonen. Justine Stang und Detlef Urhahne verbinden die Perspektive von Schüler/innen und Lehrpersonen in Bezug auf die Emotionen Freude und Angst. Ein Instrument zur Diagnostik von sieben epistemischen Emotionen (Überraschung, Neugier, Freude, Verwirrung, Angst, Frustration, Langeweile) wird von Elisabeth Vogl,

Reinhard Pekrun und Krista Muis vorgestellt. Ulrike Nett, Thomas Götz und Maike Krannich verdeutlichen anhand der Emotion Langeweile, dass ebenfalls der Umgang mit Emotionen zu berücksichtigen ist. Damit wird deutlich, dass Angst nach wie vor eine für die Forschung interessante Emotion darstellt. Wie aber der Beitrag von Alex Bertrams und Chris Englert zur Wirkung von Stereotype Threat verdeutlicht, haben sich die Zugänge zur Angstforschung deutlich erweitert.

b) Emotionsregulation aus Sicht der Lernenden oder Lehrer/innen bzw. Hochschul-Lehrende

Emotionen werden als „… holistic episodes that include physiological, psychological, and behavioral aspects" definiert (Schutz, Hong, Cross, & Osbon, 2006, S. 345). Lernende und Lehrende sind ihnen aber nicht einfach ausgeliefert. Stattdessen verfügen Individuen über Gestaltungs- und Kontrollmöglichkeiten. Wie diese bei unterschiedlichen Lehr-Lernkontexten aussehen können, stellen einige Beiträge dar. Die untersuchten Zielgruppen reichen von Kindern zu Erwachsenen: Emotionsregulation von Grundschulkindern untersuchen Catherine Gunzenhauser, Anne-Kathrin Stiller und Antje von Suchodoletz; Lehramtsstudierende werden von Annette Lohbeck, Juliane Schlesier, Uta Wagner-Praed und Barbara Moschner adressiert; um Lehrpersonen geht es bei Melanie Keller und Eva Becker; Hochschullehrer/innen werden bei Robert Kordts-Freudiger und Katharina Thies sowie Julia Mendzheritskaya, Miriam Hansen, Sonja Scherer und Holger Horz thematisiert. Verbindend ist den Beiträgen, dass nicht die Regulation negativer Emotionen im Mittelpunkt steht, sondern der Emotion Freude eine besondere Rolle beigemessen wird.

c) Relevanz im Praxiskontext und Verbesserung von Lehr-Lern-Situationen

Während die oben genannten Beiträge sich der Emotionsforschung aus der Perspektive der Emotionen nähern, wird in den weiteren Beiträgen stärker der Kontext akzentuiert. Maria Tulis und Markus Dresel legen ihren Fokus auf das Lernen aus Fehlern; Caroline Schultz und Marold Wosnitza auf kollaborative Lernsituationen; Carmen Zurbriggen und Martin Venetz auf inklusiven Unterricht. Sie verdeutlichen mit Nachdruck, dass Emotionen nicht nur als individuelle Erlebnisse, sondern als situierte Erfahrungen untersucht werden sollten. Weiterhin stellt sich die Frage, wie Emotionen im Unterricht gefördert werden können. Hier erweisen sich fachspezifische Zugäng als vielversprechend: Gerda Hagenauer, Alexander Strahl, Josef Kriegseisen und Franz Riffert zeigen, wie dies mit Hilfe des Einsatzes von sog. Lernzyklen im Physikunterricht erfolgen kann; Claudia Brandenberger und Nicole Moser anhand eines Motivationstrainings für den Mathematikunterricht sowie Sonja Bieg und Markus Dresel mit Hilfe von Humor im Deutschunterricht.

d) Wohlbefinden

Das breite Spektrum emotionalen Erlebens wird in der Emotionsforschung anhand des Konzepts Wohlbefinden abgebildet. Wohlbefinden wird als ein holistisches Konstrukt, bestehend aus mehreren Dimensionen bzw. Komponenten verstanden. Die Beiträge des Buchs adressieren unterschiedliche Einflussfaktoren auf Wohlbefinden: Bei Florian Hofmann, Melanie Bonitz, Nikoletta Lippert und Michaela Gläser-Zikuda geht es um das

Erleben von Schulqualität und die Rolle individueller, sozialer und schulischer Faktoren als Prädiktoren des Wohlbefindens in der Primarschule; bei Tina Hascher und Gerda Hagenauer am Beispiel des Mathematikunterrichts, um die Rolle einzelner Schulfächer für die Entwicklung des Wohlbefindens auf der Sekundarstufe. Jessica Lang, Bettina Schumacher, Josephine Berger, Carolin Rupp und Bernhard Schmitz legen dar, wie die Lebenskunst zur Förderung des Wohlbefindens über verschiedene Lehr-Lernkontexte beitragen kann.

2. Empirisch-methodische Zugänge zu Emotionen in Schule und Hochschule

So vielfältig die Theorien, so reichhaltig sind die in diesem Buch ausgewählten, empirisch-methodischen Zugänge. Der Versuch unserer Systematisierung dieser ausnahmslos anspruchsvollen Vorgehensweisen resultiert in dem folgenden Überblick:

- In Bezug auf die Studienanlage können die Beiträge in vier grosse Kategorien eingeteilt werden: Es finden sich Querschnittstudien (z.B. Hofmann et al.), experimentelle Designs (z.B. Bertrams & Englert sowie Frenzel & Taxer), klassische Längsschnittstudien mit zwei bis vier Messzeitpunkten (z.B. Sparfeldt et al.) oder verdichtete Längsschnitte durch die Experience Sampling Methode (z.B. Keller & Becker sowie Fränken & Wosnitza), sowie Interventionsstudien (z.B. Brandenberger & Moser). Darüber hinaus werden Kombinationen aus Teilstudien vorgestellt (z.B. Lang et al.).
- In den Studien werden einzelne Instrumente wie Fragebogen oder kombinierte Verfahren wie Experience Sampling und Fragebogen (Zurbriggen & Venetz) eingesetzt.
- Es finden sich qualitative Zugänge wie Interviews mit und ohne Prompts (z.B. Tulis & Dresel), quantitative Verfahren mittels paper pencil oder online (Kordts-Freudiger & Thies) und Mixed-Methods mit Videographie, Interview und Fragebogen (Schultz & Wosnitza).
- Emotionen werden als state versus trait oder in beiden Formen analysiert (Hagenauer et al.). Zudem werden mimische Ausdrucksformen erfasst und physiologische Messungen vorgenommen (Tulis & Dresel).
- Überwiegend werden die Daten aus einer Quelle generiert, aber es finden sich auch Studien, die zwei Perspektiven aufeinander beziehen (z.B. Stang & Urhahne).
- Darüber hinaus wird eine kulturvergleichende Perspektive eingenommen (Mendzheritskaya et al.).
- Das Spektrum der Analysemethoden reicht von Standardverfahren bis hin zu Modellierungen mittels Strukturgleichungsmodellen (zu konfirmatorischen Faktorenanalysen siehe z.B. Vogl et al. sowie Nett et al.; zu Kovarianzanalysen Hascher & Hagenauer) und hierarchische lineare Modellierung (Bieg & Dresel). Auch der Überprüfung von Moderator- (Gunzenhauser et al.) und Mediatoreffekten (Lohbeck et al.) wird nachgegangen.

Alle Studien zeigen auf ihre je spezifische Art und Weise auf, welche Wege beschritten werden können, um Emotionen differenziert zu erfassen. Aus unserer Sicht ist es daher essentiell, die vorgestellten Zugänge nicht als rivalisierend, sondern als sich gegenseitig ergänzend und bereichernd zu verstehen.

3. Perspektiven

Die aktuelle Emotionsforschung befindet sich in der guten Situation, über eine breite Akzeptanz und vielfältige Impulse für die theoretische Rahmung emotionalen Erlebens zu verfügen. Eine weitere Ausdifferenzierung und Vertiefung der Ansätze sollte dennoch in Betracht gezogen werden, um neue Erkenntnisse zu ermöglichen. Zu prüfen wäre dabei auch, inwiefern sich Konzepte aus anderen Teildisziplinen für eine Adaption in der Emotionsforschung eignen. Des Weiteren könnten die Ideen der Positiven Psychologie (z.B. Lopez, 2013) noch stärker aufgegriffen werden. In Bezug auf die Analyse distinkter Emotionen ergäbe sich z.B. dann eine Erweiterung, wenn Emotionen vermehrt als Prozesse, also durch ihre Temporalität, beschrieben und erforscht werden würden. Das gleichzeitige Auftreten mehrerer, mitunter ambivalenter Emotionen, zu verstehen als Emotionscluster, sollte ebenfalls in wachsendem Maße in den Blick genommen werden. Generell wäre es wünschenswert, das Emotionsspektrum kontinuierlich zu erweitern, z.B. durch Emotionen wie Enthusiasmus oder Vertrauen.

Die Forschung zur Regulation von Emotionen als ein Teilbereich der emotionalen Kompetenz hat sich bereits dahingehend weiterentwickelt, dass es nicht nur um das Coping negativer Emotionen geht, sondern der Umgang mit positiven Emotionen ein stärkeres Gewicht erhalten hat. Entsprechend könnte „Savoring", als eine Strategie, positive Emotionen als Ressourcen zu stärken (z.B. Seligman, 2002), intensiver untersucht werden. Solche Weiterentwicklungen können einerseits in experimentellen Settings erfolgen. Für die Verbesserung von Schule und Hochschule ist es aber andererseits von Relevanz, authentische Lehr-Lernsituation detailliert zu analysieren, da Lehren und Lernen stets situativ eingebettet sind. Emotionen entstehen in der Regel in Interaktionen, was eine explizite Berücksichtigung von Person- und Kontextbezügen notwendig macht. Ebenfalls beachtenswert scheint uns dabei die kommunikative Funktion von Emotionen, die sich im Interaktionsalltag zunehmend auch symbolisch (z.B. durch Emojis) manifestiert.

Die hier vorgelegten Beiträge verbindet das Anliegen, nicht nur die Prävalenz von Emotionen in Lehr-Lernkontexten darzulegen, sondern vielmehr die fundamentale Bedeutsamkeit von Emotionen differenziert herauszuarbeiten. Nachdem die Forschung zunehmend Wissen zu den Prädiktoren von Emotionen in Schule und Hochschule generiert, sollte künftig die Frage der spezifischen Wirkungen von Emotionen, z.B. auf die Qualität von Lernprozessen und Lernergebnissen, noch gezielter adressiert werden. Die Emotionsforschung darf sich aber nicht damit begnügen, die Relevanz von Emotionen auf ihre Funktionalität für das Lehren und Lernen zu beziehen. Vielmehr gilt es, der eigenständigen Bedeutsamkeit emotionaler Phänomen und Prozesse gerecht zu werden und Möglichkeiten zu deren Förderung zu eruieren. Beispielsweise gibt es inzwischen belastbare Befunde für die Annahme, dass sich Wohlbefinden durch Lebenskunststrategien gezielt verbessern lässt. Es ist aber auch festzustellen, dass das Potential von Fördermöglichkeiten bei weitem noch nicht ausgeschöpft ist.

Literatur

Deci, E. L., & Ryan, R. M. (Eds.). (2002). *Handbook of self-determination research*. Rochester, NY: University of Rochester Press.

Emmer, E. T., & Stough, L. M. (2001). Classroom management: A critical part of educational psychology with implications for teacher education. *Educational Psychologist, 36*, 103–112.

Hargreaves, A. (1998). The emotions of teaching and educational change. In A. Hargreaves, A. Lieberman, M. Fullan, & D. Hopkins (Eds.), *International handbook of educational change* (pp. 558–575). Dordrecht: Kluwer Academic Publishers.

Pekrun, R. (1998). Schüleremotionen und ihre Förderung: Ein blinder Fleck der Unterrichtsforschung. *Psychologie in Erziehung und Unterricht, 45*, 230–248.

Pekrun, R., & Perry, R. P. (2014). Control-value theory of achievement emotions. In R. Pekrun, & L. Linnenbrink-Garcia (Eds.), *International handbook of emotions in education* (pp. 120–141). New York & London: Routledge.

Schutz, P. A., Hong, J. Y., Cross, D. I., & Osbon, J. N. (2006). Reflections on investigating emotion in educational activity settings. *Educational Psychology Review, 18*, 343–360.

Lopez, S. J. (Ed.). (2013). *The encyclopedia of positive psychology*. Chicester, UK: Wiley-Blackwell Publishing.

Seligman, M. E. P. (2002). *Authentic happiness*. New York: Free Press.

Autorinnen und Autoren

Eva Becker, Dr., ist Oberassistentin am Lehrstuhl für Gymnasialpädagogik sowie Lehr- und Lernforschung am Institut für Erziehungswissenschaft an der Universität Zürich. Sie promovierte zum Thema der Ursachen und Wirkungen von Emotionen bei Lehrpersonen und nutzte für ihre Studien u.a. die Experience-Sampling Methode. Neben diesen Arbeitsschwerpunkten beschäftigt sie sich in ihrer Forschung und Lehre mit der Gesundheit von Lehrpersonen sowie der Gestaltung der berufspraktischen Ausbildung in der Lehrerinnen- und Lehrerbildung.

Josephine Berger, M.Sc., ist wissenschaftliche Mitarbeiterin der AG Pädagogische Psychologie der TU Darmstadt. Sie beschäftigt sich vorwiegend mit dem Gebiet der Reflexion. Der Forschungsschwerpunkt liegt hierbei insbesondere auf der Entwicklung objektiver Messmethoden zur Erfassung des Reflexionsvermögens.

Alex Bertrams, Prof. Dr., ist Professor für Pädagogische Psychologie am Institut für Erziehungswissenschaft der Universität Bern. Seine Arbeitsschwerpunkte sind Selbstkontrolle, Leistungsangst und Stress sowie Vitalität im Bildungskontext.

Sonja Bieg, PD Dr., ist akademische Rätin am Lehrstuhl für Psychologie der Universität Augsburg. Ihre Arbeitsschwerpunkte liegen im Bereich der Motivationsförderung, der Emotionen sowie der Humorforschung im Lehr-Lernkontext.

Melanie Bonitz, M.A., ist wissenschaftliche Mitarbeiterin am Lehrstuhl für Schulpädagogik, Institut für Erziehungswissenschaft der Universität Erlangen-Nürnberg. Ihre Arbeitsschwerpunkte sind Medienpädagogik und -didaktik, Entwicklung innovativer Lernumgebungen, Schulentwicklung, Emotion und Wohlbefinden in Schule und Hochschule, Lehrerbildung.

Claudia C. Brandenberger, M.Sc., ist Doktorandin am Institut für Erziehungswissenschaft der Universität Bern. Ihre Arbeitsschwerpunkte sind Motivation im schulischen Kontext, motivationsförderliche Unterrichtsgestaltung, Determinanten des Schulerfolgs sowie Migration und Bildung.

Markus Dresel, Prof. Dr., ist Professor für Psychologie der Universität Augsburg. Seine Forschungsinteressen richten sich auf die Motivation und die Motivationsförderung in Bildungskontexten, das selbstregulierte Lernen im schulischen und universitären Kontext, die Zusammenhänge zwischen Geschlecht, Herkunft und Bildungserfolg, die Unterrichtsforschung sowie die Evaluation und Qualitätsentwicklung universitärer Lehre.

Chris Englert, PD Dr., ist Privatdozent an der Abteilung Pädagogische Psychologie am Institut für Erziehungswissenschaft der Universität Bern. Seine Arbeitsschwerpunkte sind Selbstkontrolle, Leistungsangst und die Umsetzung von Verhaltensintentionen.

Judith Fränken, Dipl.-Gyml., ist wissenschaftliche Mitarbeiterin am Lehrerbildungszentrum der RWTH Aachen und promoviert am Institut für Erziehungswissenschaft der RWTH am Lehrstuhl für Schulpädagogik und empirische Bildungsforschung. Ihr Arbeitsschwerpunkt sind positive Emotionen von Schülerinnen und Schülern mit dem Fokus auf Stolz.

Anne C. Frenzel, Prof. Dr., ist Professorin für „Psychology in the Learning Sciences" am Department für Psychologie und wissenschaftliche Direktorin des internationalen Masterstudiengangs M.Sc. Psychology: Learning Sciences. Ihre Arbeitsschwerpunkte sind Ursachen und Wirkungen von Emotionen von Lehrkräften und Lernenden sowie deren reziprokes Zusammenspiel im Klassenzimmer.

Michaela Gläser-Zikuda, Prof. Dr., ist Professorin für Schulpädagogik am Institut für Erziehungswissenschaft der Universität Erlangen-Nürnberg. Ihre Arbeitsschwerpunkte sind: Unterrichtsforschung, Allgemeine und (Fach)Didaktik, Schul- und Unterrichtsentwicklung, Lehrerbildung, Emotion und Wohlbefinden in Schule und Hochschule, selbstreguliertes Lernen, Lerntagebuch und Portfolio, qualitative Forschungsmethoden und Mixed Methods.

Thomas Götz, Prof. Dr., ist Professor für Empirische Bildungsforschung an der Universität Konstanz (Deutschland) und der Pädagogischen Hochschule Thurgau (Schweiz). Seine Forschungsschwerpunkte sind Strukturen, Ursachen und Wirkungen von Lern- und Leistungsemotionen – insbesondere von Langeweile.

Catherine Gunzenhauser, Dr., ist wissenschaftliche Mitarbeiterin an der Professur für Pädagogische Psychologie, Universität Leipzig. In ihrer Forschung konzentriert sie sich auf Selbstregulationsstrategien bei Kindern im Vor- und Grundschulalter und deren kognitive und akademische Folgen.

Gerda Hagenauer, PD Dr., ist Dozentin am Institut für Erziehungswissenschaft der Universität Bern. Ihre Arbeitsschwerpunkte sind Emotionen und Motivation in Lehr-Lernprozessen in der Schule und Hochschule, Lehrpersonen-Schüler/innen-Verhältnis und Lehrer/innenprofessionalisierung.

Miriam Hansen, Dr., ist als operative Leitung des Interdisziplinären Kollegs Hochschuldidaktik (IKH) der Goethe-Universität Frankfurt tätig und unterstützt Lehrende bei der Professionalisierung ihrer Lehrtätigkeit. Ihre Forschungsschwerpunkte sind computerbasierte Kommunikation, kulturelle Einflüsse auf netzbasierte Kommunikation und auf Emotionen in der Hochschule, sowie Förderung von professioneller Hochschullehre.

Tina Hascher, Prof. Dr., ist Professorin für Schul- und Unterrichtsforschung am Institut für Erziehungswissenschaft der Universität Bern. Ihre Forschungs- und Arbeitsschwerpunkte sind Lehr-Lern-Forschung, Emotionen und Wohlbefinden in Schule und Unterricht, Lernmotivation, schulische Gesundheitsförderung, Lehrer/innenbildung.

Florian Hofmann, Dr., ist wissenschaftlicher Mitarbeiter am Lehrstuhl für Schulpädagogik, Institut für Erziehungswissenschaft der Universität Erlangen-Nürnberg. Seine Arbeitsschwerpunkte sind Pädagogische Diagnostik (insb. formative und kompetenzorientierte Leistungsmessung), Allgemeine Didaktik, Unterrichtsforschung, Lehrerbildung, Emotionen und Wohlbefinden in Lehr-Lernprozessen.

Holger Horz, Prof. Dr., ist geschäftsführender Direktor (gD) der Akademie für Bildungsforschung und Lehrerbildung (ABL), wiss. Leiter des Interdisziplinären Kolleg Hochschuldidaktik (IKH) sowie Leiter der Arbeitseinheit „Psychologie des Lehrens und Lernens im Erwachsenenalter". Wichtige Forschungsthemen in seiner Arbeit sind die didaktische Optimierung des Angebots in der Hochschullehre sowie der Einsatz computer- und netzwerkbasierter Medien.

Melanie Keller, Dr., ist Post-Doc an der Abteilung Physikdidaktik am Institut für die Pädagogik der Naturwissenschaften und Mathematik an der Universität in Kiel. Ihre Arbeitsschwerpunkte sind Emotionen, Emotionsregulation und Motivation von Lehrpersonen. Ein besonderer Fokus ihrer Arbeit liegt dabei auf Lehrerenthusiasmus.

Robert Kordts-Freudinger, Jun.-Prof. Dr., ist Juniorprofessor für Pädagogische Psychologie mit dem Schwerpunkt Lehren und Lernen an Hochschulen an der Universität Paderborn. Seine Forschungsschwerpunkte umfassen Emotionen in der Hochschullehre, Evaluation an Hochschulen sowie das Scholarship of Teaching and Learning.

Maike Krannich, M.Sc., ist wissenschaftliche Mitarbeiterin an der Universität Konstanz (Deutschland) und der Pädagogischen Hochschule Thurgau (Schweiz). Ihr Forschungsinteresse gilt den Wirkungen und Entwicklungsverläufen von Lern- und Leistungsemotionen mit einem Schwerpunkt auf den differenziellen Wirkungen schulischer Langeweile aus Über- und Unterforderung.

Josef Kriegseisen, M.A., ist Lehrender an der PH Salzburg Stefan Zweig in den Bereichen Naturwissenschaftsdidaktik der Primarstufe und Sekundarstufe, Schulpraxis der Sekundarstufe und Koordinator der Fort- und Weiterbildung in den Fächern Physik und Chemie an neuen Mittelschulen.

Jessica Lang, M.Sc., ist wissenschaftliche Mitarbeiterin der AG Pädagogische Psychologie an der TU Darmstadt. Ihre Forschungsschwerpunkte sind das selbstregulierte Lernen und die Lebenskunst von Kindern und Jugendlichen.

Nikoletta Lippert, B.A., ist Studierende des Masterstudiengangs „Erziehungswissenschaftlich-Empirische Bildungsforschung" und Tutorin für quantitative Forschungsmethoden am Lehrstuhl für Schulpädagogik, Institut für Erziehungswissenschaft der Universität Erlangen-Nürnberg. Ihre Arbeitsschwerpunkte sind Emotion und Motivation in Lehr-Lernprozessen, Bildung und Migration.

Annette Lohbeck, PD Dr., verwaltet die Professur für Pädagogische Psychologie und Allgemeine Psychologie II an der Leuphana Universität Lüneburg. Ihre Forschungsschwerpunkte sind Selbstkonzept, Motivation und Emotionen sowie die Entwicklung von Grundschulkindern.

Christin Lotz, Dipl.-Psych., ist wissenschaftliche Mitarbeiterin in den Bildungswissenschaften der Universität des Saarlandes. Neben Leistungsängstlichkeit sind ihre Forschungsschwerpunkte Intelligenz, komplexes Problemlösen und Motivation.

Julia Mendzheritskaya, Dr., ist als wissenschaftliche Mitarbeiterin am Interdisziplinären Kolleg Hochschuldidaktik (IKH) der Goethe-Universität Frankfurt tätig. Ihre Forschungsschwerpunkte sind Emotionen und emotionale Darbietungsregeln in Lehr-/Lernprozessen in der Hochschule sowie Förderung von professioneller Hochschullehre.

Barbara Moschner, Prof. Dr., ist Professorin für Empirische Lehr- und Lernforschung an der Fakultät für Bildungs- und Sozialwissenschaften der Carl von Ossietzky Universität Oldenburg. Ihre Forschungsschwerpunkte sind Selbstkonzept, Motivation, Lernstrategien und epistemische Überzeugungen. Zudem beschäftigt sie sich mit dem Lernen mit digitalen Medien im (Klein)-Kindsalter.

Nicole Moser, M.A, ist Doktorandin am Institut für Erziehungswissenschaft der Universität Bern. Ihre Arbeitsschwerpunkte sind Motivation von Schüler/innen und Lehrpersonen, Lehrer-Schüler-Verhältnis, Lehrerbildung sowie motivationsförderliche Unterrichtsgestaltung.

Krista R. Muis, Prof. Dr., ist Associate Professor am Department of Educational and Counselling Psychology an der McGill University in Montreal, Kanada. Ihre Forschungsschwerpunkte beinhalten epistemische Kognition, Emotionen und selbstreguliertes Lernen in Mathematik und naturwissenschaftlichen Fächern.

Ulrike E. Nett, Jun.-Prof. Dr., ist Juniorprofessorin für Empirische Bildungsforschung an der Universität Augsburg. Ihre Forschungsschwerpunkte sind im Bereich der Selbstregulation von Schülerinnen und Schülern und Studierenden im Lern- und Leistungskontext. Dabei liegt ein Fokus auf der Regulation von Emotionen – insbesondere von Langeweile.

Reinhard Pekrun, Prof. Dr., ist Professor für Persönlichkeitspsychologie und Pädagogische Psychologie an der Ludwig-Maximilians-Universität München. Seine Forschungsschwerpunkte liegen in Studien zu Leistungsemotion und -motivation, Persönlichkeitsentwicklung in Kindheit und Jugend sowie pädagogisch-psychologischer Diagnostik und Evaluation.

Franz Riffert, a. o. Univ. Prof. Dr., ist Professor am Fachbereich Erziehungswissenschaft der Universität Salzburg. Seine Forschungsschwerpunkte sind Lehr-Lernforschung, evidenzbasierte partizipative Schulentwicklung, wissenschaftstheoretische Grundlagen der Erziehungswissenschaften (Popper, Bunge, Whitehead).

Carolin Rupp, M.Sc., ist wissenschaftliche Mitarbeiterin der AG Pädagogische Psychologie an der TU Darmstadt. Sie untersucht die Lebenskunstfacette Genuss. Hierbei bezieht sie verschiedene Dimensionen von Genuss mit ein, die im alltäglichen Kontext durch gezieltes Training gefördert werden sollen. Die bisherige Forschung umfasst ein webbasiertes Training sowie den Zusammenhang weiterer Dimensionen der Lebenskunst mit Genuss.

Sonja Scherer, Dipl.-Psych., ist wissenschaftliche Mitarbeiterin am Institut für Psychologie in der Arbeitseinheit Psychologie des Lehrens und Lernens im Erwachsenenalter der Goethe-Universität Frankfurt. Ihre Forschungsschwerpunkte sind Emotionsregulation und Gesundheit, emotionale Kompetenzen, sowie Begleitforschung innovativer Lehr-Lern-Formate im Hochschulkontext.

Juliane Schlesier, M.Ed., ist wissenschaftliche Mitarbeiterin der Empirischen Lehr- und Lernforschung (Pädagogische Psychologie) an der Carl von Ossietzky Universität Oldenburg. Neben den Emotionsregulationsprozessen bei Kindern im (Grund-)Schulalter liegen ihre Arbeits- und Forschungsschwerpunkte auf den Theorie-Praxis-Bezügen sowie der Curriculumsentwicklung mit dem Schwerpunkt kompetenzorientierte Professionalisierung und Beratung in der Lehrerbildung.

Bernhard Schmitz, Prof. Dr., ist Professor für Pädagogische Psychologie an der Technischen Universität Darmstadt. Zu seinen Forschungsschwerpunkten zählen unter anderem Selbstreguliertes Lernen und Lebenskunst.

Carolin Schultz, M.A., ist wissenschaftliche Mitarbeiterin am Institut für Erziehungswissenschaft der RWTH Aachen. Ihre Arbeitsschwerpunkte sind Emotionen in Lehr-/Lernprozessen sowie kooperatives und kollaboratives Arbeiten.

Bettina Schumacher, M.Sc., ist wissenschaftliche Mitarbeiterin der AG Pädagogische Psychologie an der TU Darmstadt. Sie erforscht Zusammenhänge zwischen Wohlbefinden und Lebenskunst. Derzeit untersucht sie, welche Rolle Lebenskunst und Wohlbefinden beim selbstregulierten Lernen von Studierenden spielen.

Rebecca Schneider, M.Sc., ist wissenschaftliche Mitarbeiterin in den Bildungswissenschaften der Universität des Saarlandes. Forschungsschwerpunkte sind u.a. akademische Selbstkonzepte von Schülerinnen und Schülern sowie Leistungsängstlichkeit.

Jörn R. Sparfeldt, Prof. Dr., ist Professor in den Bildungswissenschaften der Universität des Saarlandes. Seine Forschungsschwerpunkte sind – neben Leistungsängstlichkeit – Motivation im pädagogischen Feld, Begabung und Hochbegabung sowie pädagogische und pädagogisch-psychologische Diagnostik.

Justine Stang, Dr., ist wissenschaftliche Mitarbeiterin am Institut für Schulentwicklungsforschung (IFS) der Technischen Universität Dortmund. Ihre Arbeitsschwerpunkte sind im Bereich der Pädagogischen Psychologie und der empirischen Bildungsforschung zu verorten. Zu ihren Forschungsschwerpunkten zählen die Urteilsgenauigkeit von Lehrkräften und die Unterrichtsqualität.

Anne-Kathrin Stiller (geb. Scheibe), Dipl.-Psych., war wissenschaftliche Mitarbeiterin der Arbeitsgruppe Pädagogische Psychologie, Technische Universität Darmstadt, und ist für die Karg-Stiftung im Bereich der Begabungsförderung mit Fokus auf Beratung und Diagnostik tätig. In ihrer Forschung widmet sie sich dem Zusammenspiel von Emotionsregulation und Selbstkontrolle im akademischen Kontext.

Alexander Strahl, Ass. Prof. Dr., ist Leiter der AG Didaktik der Physik an der School of Education der Universität Salzburg. Seine Forschungsgebiete sind Mathematisierung der Naturwissenschaften, Physik des Alltags und Natur der Naturwissenschaften. Weitere Informationen siehe www.strahl.info

Antje von Suchodoletz, Prof. Dr., ist Professorin für Psychologie an der New York University, Campus Abu Dhabi, VAE. Ihr Forschungsinteresse liegt im Bereich Entwicklung, Lernen und Lehren in unterschiedlichen soziokulturellen Kontexten.

Jamie L. Taxer, Dr., ist Post-Doctoral Fellow an der Universität Stanford. Ihre Forschungsschwerpunkte sind Emotionen und Emotionsregulation in Lehr-Lern-Kontexten.

Katharina Thies, Dipl. Sozialwiss., ist wissenschaftliche Mitarbeiterin an der Hochschule Ostwestfalen Lippe. Ihre Arbeitsschwerpunkte sind kooperatives und selbstgesteuertes Lernen in studentischen Lerngruppen und studentische Lernbegleitung.

Maria Tulis, Dr., war Akademische Rätin a. Z. am Lehrstuhl für Psychologie der Universität Augsburg und ist Post-Doc am Fachbereich Psychologie der Universität Salzburg. Ihre Forschungs- und Arbeitsschwerpunkte beziehen sich auf die Regulation von Motivation und Emotionen in Lernprozessen, insbesondere bei der Bewältigung von Hindernissen und Misserfolg. In erster Linie fokussiert ihre Forschung das Zusammenspiel zwischen Selbstregulation von Affekt, Motivation, (Meta-)Kognitionen und Lernen aus Fehlern.

Detlef Urhahne, Prof. Dr., ist Professor für Pädagogische Psychologie der Universität Passau. Seine Arbeitsschwerpunkte liegen im Bereich der psychologischen Lehr-Lern-Forschung. Besonderes Augenmerk gilt der Messung von Lehrerzielen und der Urteilsgenauigkeit von Lehrkräften.

Martin Venetz, Prof. Dr., ist Leiter des Zentrums Forschung und Entwicklung an der Interkantonalen Hochschule für Heilpädagogik Zürich. Seine Arbeitsschwerpunkte sind Qualität des Erlebens im Alltag, Professionalisierung und Diagnostik.

Elisabeth Vogl, Dr., ist akademische Rätin am Lehrstuhl für Persönlichkeitspsychologie und Pädagogische Psychologie an der Ludwig-Maximilians-Universität München. Ihr Forschungsschwerpunkt ist das Zusammenspiel von Emotionen, Motivation und Kognition in Bildungskontexten.

Uta Wagener, Dr., ist wissenschaftliche Mitarbeiterin am Lehrstuhl für Lehr-Lernforschung an der Carl von Ossietzky Universität Oldenburg. Ihre Forschungsschwerpunkte liegen in der qualitativen Forschung zu Themen wie selbstreguliertes Lernen und Metakognition im Grundschulalter, Übergänge im Bildungssystem sowie Lehrerinnen- und Lehrerbildung.

Marold Wosnitza, Prof. Dr., ist Professor für Erziehungswissenschaft an der RWTH Aachen und Adjunct Professor an der Murdoch University in Perth (Australien). Seine Forschungsschwerpunkte sind Motivation und Emotionen in verschiedenen Lern- und Arbeitsumwelten, Self-Assessments, Übergänge und Resilienz.

Carmen Zurbriggen, Prof. Dr., ist Professorin an der Fakultät für Erziehungswissenschaft der Universität Bielefeld. Ihre Arbeitsschwerpunkte sind Emotion und Motivation im Kontext von Inklusion, Klassenkompositionseffekte sowie soziale Partizipation.

UNSERE BUCHEMPFEHLUNG

Martin Gartmeier, Hans Gruber, Tina Hascher, Helmut Heid (Hrsg.)

Fehler:
Ihre Funktionen im Kontext individueller und gesellschaftlicher Entwicklung

*2015, 312 Seiten, br., 36,90 €,
ISBN 978-3-8309-3321-2*

*E-Book: 32,99 €,
ISBN 978-3-8309-8321-7*

In allen Sektoren gesellschaftlicher Praxis werden Fehler gemacht, die sich außerordentlich verschieden und ambivalent auf den Erfolg dieser Praxis auswirken können. Im Zentrum der Beiträge dieses Bandes steht die Frage nach den Bedingungen, unter denen sich Fehler als Ausgangspunkte für Lern- und Entwicklungsprozesse konzipieren und nutzen lassen.

Die Autorinnen und Autoren in Teil eins des Bandes reflektieren grundlegende Fragestellungen zur Konzeption und zu verschiedenen Funktionen von Fehlern in Lern- und Entwicklungsprozessen. Im zweiten Teil des Bandes werden Fehler aus lebenszeitlichen, lebensweltlichen und systemischen Perspektiven betrachtet. So wird z.B. der Frage nach den gesellschaftlichen Instanzen nachgespürt, durch deren Einfluss Fehler erst zu Verfehlungen gemacht werden. Die Beiträge in Teil drei analysieren Funktionen von Fehlern in Bildungskontexten. So wird etwa die Rolle von Peernetzwerken in Schulklassen beim Umgang mit Fehlern beleuchtet. Teil vier schließlich fokussiert Funktionen und Bedingungen eines produktiven und lernorientierten Umgangs mit Fehlern in der Arbeitswelt.

www.waxmann.com